Design
du XXe siècle

Design
du XXe siècle

Charlotte & Peter Fiell

TASCHEN
Bibliotheca Universalis

Sommaire

6
Introduction

10
Index des matières

12
Catalogue A–Z

752
Tableau chronologique

756
Bibliographie
Remerciements
Crédits photographiques

> « *Quelles que soient les choses que vous étudiez, vous découvrirez toujours que celles qui sont bonnes et utiles sont aussi douées de beauté.* »
> Baldassare Castiglione, *Le Courtisan*, 1528

Au XXe siècle, le design est devenu un fait majeur de la culture et de la vie quotidienne. Il englobe de nombreux domaines, les objets tridimensionnels mais aussi la communication graphique et les systèmes intégrés, qu'il s'agisse de technologie de l'information ou d'environnement urbain. Défini dans son sens le plus large comme la conception et la réalisation de tous les produits fabriqués par l'homme, le design se veut essentiellement un instrument d'amélioration de la qualité de vie.

Les origines du design remontent en toute hypothèse à la révolution industrielle et à la naissance de la production mécanisée. Auparavant, les objets étaient fabriqués artisanalement, ce qui signifie que leur conception et leur réalisation étaient souvent le fait d'un créateur individuel. L'avènement de l'industrialisation et de la division du travail a entraîné une séparation entre design (conception de l'objet et de sa fabrication) et fabrication proprement dite. A l'époque, cependant, le design n'était considéré que comme l'un des nombreux aspects de la production mécanisée. Dénué de fondements intellectuels, théoriques ou philosophiques, limité dans son ambition, il ne pouvait avoir qu'un impact positif minime sur le processus industriel ou la société elle-même.

Le design moderne est issu de la tentative des réformateurs du XIXe siècle, en particulier **William Morris**, d'imaginer les moyens pratiques de concrétiser leurs idées. Cette tentative devait s'avérer infructueuse, principalement à cause du caractère artisanal de la fabrication qui l'entravait, mais les conceptions réformatrices de Morris ont néanmoins eu des conséquences fondamentales sur le développement du **Mouvement Moderne**. Il a pourtant fallu attendre le début du XXe siècle et des personnalités comme **Walter Gropius**, désireuses de réconcilier théorie et pratique et ouvertes aux nouvelles méthodes de fabrication industrielles, pour que le design moderne s'inscrive vraiment dans la réalité. Avec la fondation du **Bauhaus** en 1919, Gropius aspire à combler le fossé entre idéalisme social et réalité commerciale, qui a perduré jusqu'à la fin de la Première Guerre mondiale. Il veut élaborer la réponse appropriée à l'apparition de la nouvelle culture technologique. Le design moderne tel que l'enseignent et le pratiquent les fondateurs du Bauhaus, vise à conjuguer des préoccupations intellectuelles, pratiques, commerciales et esthétiques dans un travail de création qui associe exigence artistique et exploration des nouvelles technologies. Mais le Bauhaus, malgré le renouvellement qu'il a apporté, a échoué à accomplir l'intégration du design et de l'industrie. Les principes qu'il avait posés devaient être développés par le New Bauhaus de Chicago, fondé par **László Moholy-Nagy** en 1937 et la **Hochschule für Gestaltung d'Ulm**, créée en 1953. Ces deux établissements d'enseignement ont contribué de manière décisive à l'intégration de la théorie et de la pratique du design en symbiose avec les méthodes de production industrielles.

Au XXe siècle, produits, styles, théories et philosophies du design n'ont cessé de se diversifier. Ce phénomène est dû, pour une grande part à la complexification du processus de design : les relations entre conception, planification et fabrication sont fragmentées et compliquées par une série d'interventions de multiples spécialistes : maquettistes, services de marketing, experts en matériaux, ingénieurs et techniciens de production. Les produits issus de ce processus de design éclaté ne sont plus le fruit d'un labeur de création solitaire mais l'aboutissement d'efforts d'équipes dont chaque membre a une attitude et une conception différente sur la meilleure façon de procéder. La pluralité des facettes du design de notre siècle est aussi liée à d'autres facteurs : modification des habitudes et des goûts des consommateurs, diversité des impératifs moraux et commerciaux des inventeurs-designers-fabricants, progrès technologiques et particularismes nationaux.

Quand on étudie l'histoire du design, il faut se rappeler qu'une compréhension en profondeur de ses produits suppose la connaissance du contexte social, économique, politique, culturel et technologique qui conditionne leur conception et leur réalisation. Les cycles économiques qui ont modelé l'histoire des économies occidentales au XXe siècle ont eu un impact évident sur le design, faisant alternativement prévaloir stylisme sur le design et vice-versa. Le stylisme, complémentaire du design, est en effet une discipline bien distincte de celui-ci : il s'intéresse avant tout au traitement de surface, à l'apparence, bref aux qualités expressives d'un produit. Le design, au contraire, se consacre avant tout à la résolution d'un problème. Voué à une approche globale, il recherche avant tout la simplification, l'essentiel. Le **Fonctionnalisme** tend à l'emporter dans les périodes de crise tandis que les périodes de prospérité économique sont en général favorables à l'épanouissement de l'anti-rationalisme (qui met l'accent sur le stylisme).

Au cours du XXe siècle, la recherche de la compétitivité a imprimé une marque de plus en plus profonde sur l'évolution et la diversification du design, comme sur les carrières des créateurs. Le design n'est pas seulement un processus lié à la production mécanisée, c'est aussi un moyen efficace de transmettre des idées, des attitudes et des valeurs qui reflètent autant de buts, voire d'idéaux, individuels, institutionnels ou nationaux. Moyen de communication entre les hommes, le design nous fait pénétrer la personnalité et la pensée d'un créateur. Il nous renseigne sur ses croyances concernant l'objet (en tant que solution d'un problème et dans sa relation au consommateur), le design lui-même, et au-delà, la société.

> *« Le design... est une manifestation de la capacité de l'esprit humain à dépasser ses limites. »*
> George Nelson, The Problems of Design, 1957

Compte tenu de cette diversité, l'objectif de cet ouvrage ne peut être de défendre une théorie ou une idéologie unilatérale du design, mais au contraire de souligner sa nature éclatée et multiple. Il se propose aussi de montrer que les créations du design cristallisent un moment d'un débat contradictoire : celui-ci concerne le rôle de la technologie et du processus industriel ; l'utilité, la simplicité et l'accessibilité par opposition au luxe et à l'élitisme ; et enfin le rôle de la fonction, de l'esthétique, de l'ornement et du symbolisme dans les objets de la vie quotidienne.

Cette étude sur le design au XXe siècle présente les concepts, styles, mouvements, designers et entreprises ou institutions ayant façonné le design moderne. Nous nous sommes attachés aux domaines suivants : mobilier, objets, textiles, verre, céramique, travail du métal et graphisme, en mentionnant occasionnellement le design intérieur et l'architecture. En ce qui concerne le design industriel, succinctement évoqué ici, nous préparons un ouvrage spécifique sur ce thème, intitulé *Le Design Industriel,* qui couvrira, entre autres, les domaines du transport, des équipements militaires, médicaux, de l'industrie lourde, des sports et des matériels de sécurité.

Pour ce qui est de son extension géographique, cette étude se limite à l'Europe et à l'Amérique du Nord, à quelques exceptions près. Confrontés à la nécessité d'un tri sévère, nous avons cherché, dans les articles qui suivent, à représenter la multiplicité des courants de pensée et des conceptions du design qui se sont succédés depuis un siècle. Ces articles sont présentés par ordre alphabétique. Des renvois en caractères gras mettent en évidence les relations croisées qu'entretiennent designers, écoles, fabricants, mouvements et styles. Un tableau chronologique, à la fin de l'ouvrage fait apparaître le chevauchement des styles et des mouvements. Nous nous sommes efforcés de fournir le maximum d'informations dans l'espace qui nous était imparti. Nous espérons que le lecteur ne nous tiendra pas rigueur des opinions et parti pris personnels que nous avons pu laisser filtrer, sans le vouloir, ici et là.

Nous n'avons pas seulement voulu montrer la diversité du design, mais aussi que les attitudes, les idées et les valeurs des designers et des fabricants ne sont pas absolues, mais conditionnelles et sujettes à évolution. Les solutions qu'apporte le design, serait-ce au plus simple des problèmes, sont intrinsèquement éphémères, exactement comme les besoins et les préoccupations des designers, des fabricants et des membres d'une société par définition changeante. Mais l'explication la plus pertinente de la diversité du design réside peut-être dans une opinion communément admise : malgré l'autorité et la réussite de solutions particulières de design, il existe toujours une meilleure façon de *faire*.

Catalogue

D'Aalto à Zsolnay

Alvar Aalto · Eero Aarnio · AEG · Aesthetic Movement · Agitprop · Otl Aicher · Anni Albers · Josef Albers · Franco Albini · Don Albinson · Studio Alchimia · Alessi · Emilio Ambasz · Anti-Design · Ron Arad · Junichi Arai · André Arbus · Archizoom Associati · Art deco · Art nouveau · Artemide · Arts & Crafts Movement (Angleterre & Etats-Unis) · Charles Robert Ashbee · Erik Gunnar Asplund · Sergio Asti · Gae Aulenti · Avant-garde · Mackay Hugh Baillie Scott · Giacomo Balla · Ercole Barovier · Saul Bass · Helmut Bätzner · Bauhaus · Hans Theo Baumann · Herbert Bayer · BBPR · Aubrey Beardsley · Henry Beck · Peter Behrens · Mario Bellini · Ward Bennett · S.H. Benson's · Hendrik Petrus Berlage · Lucian Bernhard · Harry Bertoia · Fulvio Bianconi · Max Bill · Siegfried Bing · Biomorphism · Misha Black · Mariani Cini Boeri · Theodor Bogler · Osvaldo Borsani · Mario Botta · Marianne Brandt · Andrea Branzi · Braun · Marcel Breuer · Neville Brody · Carlo Bugatti · California New Wave · George Carwardine · A.M. Cassandre · Anna Castelli Ferrieri · Livio, Pier Giacomo & Achille Castiglioni · Wendell Castle · Don Chadwick · Pierre Chareau · Serge Ivan Chermayeff · Chermayeff & Geisman · Pietro Chiesa · Antonio Citterio · Clarice Cliff · Nigel Coates · Wells Coates · Luigi Colani · Gino Colombini · Joe Colombo · Compasso d'Oro · Terence Conran · Constructivism · Coop Himmelb(l)au · Hans Coper · Hans Coray · Corporate Identity · Craft Revival · Cranbrook Academy of Art · Walter Crane · Riccardo Dalisi · Darmstädter Künstlerkolonie · Daum Frères · Lucienne Day · Robin Day · Georges de Feure · Michele De Lucchi · William De Morgan · De Pas, D'Urbino & Lomazzi · De Stijl · Deconstructivism · Paolo Deganello · Christian Dell · Donald Deskey · Desny · Deutscher Werkbund · Erich Dieckmann · Niels Diffrient · Nanna Ditzel · Tom Dixon · Dresdener Werkstätten für Handwerkskunst · Christopher Dresser · Henry Dreyfuss · Nathalie du Pasquier · Raoul Dufy · Charles & Ray Eames · Charles Eastlake · Tom Eckersley · Otto Eckmann · École de Nancy · Egon Eiermann · Jan Eisenloeffel · Harvey Ellis · August Endell · Ergonomi Design Gruppen · L.M. Ericsson · Hartmut Esslinger · Willy Fleckhaus · Paul Follot · Piero Fornasetti · Norman Foster · Kaj Franck · Jean-Michel Frank · Josef Frank · Paul Theodore Frankl · Marguerite Friedlaender-Wildenhain · Frogdesign · Adrian Frutiger · Richard Buckminster Fuller · Functionalism · Futurism · Eugène Gaillard · Émile Gallé · Abram Games · Garouste & Bonetti · Malcolm Garrett · Antoni Gaudí i Cornet · Norman Bel Geddes · Frank O. Gehry · Gesamtkunstwerk · Eric Gill · Ernest Gimson · Stefano Giovannoni · Alexander Hayden Girard · Giorgetto Giugiaro · Milton Glaser · Glasgow School · Global Tools · Edward William Godwin · William Golden · Good Design · Kenneth Grange · Michael Graves · Eileen Gray · Green Design · Greene & Greene · Vittorio Gregotti · April Greiman · Walter Gropius · William H. Grueby · Gruppo Strum · Hans Gugelot · Guild of Handicraft · Hector Guimard · Werkstätten Hagenauer · Ambrose Heal · John Heartfield · Jean Heiberg · Poul Henningsen · Frederick Henri Kay Henrion · René Herbst · Herman Miller · High-Tech · Matthew Hilton · Hochschule für Gestaltung, Ulm · Josef Hoffmann · Hans Hollein · Victor Horta · Vilmos Huszár · Independant Group · Institute of Design, Chicago · International Style · Massimo Iosa Ghini · Paul Iribe · Maija Isola · Arata Isozaki · Johannes Itten · Arne Jacobsen · Jacob Jacobsen · Pierre Jeanneret · Charles A. Jencks · Georg Jensen · Jakob Jensen · Philip Johnson · Jugendstil · Finn Juhl · Wilhelm Kåge · Kartell · Edward McKnight Kauffer · Frederick Kiesler · King-Miranda · Rodney Kinsman · Toshiyuki Kita · Kitsch · Poul Kjaerholm · Kaare Klint · Knoll International

Archibald Knox · Mogens Koch · Jakob & Josef Kohn · Jurriaan Jurriaan Kok · Henning Koppel · Yrjö Kukkapuro · Shiro Kuramata · René Lalique · Nils Landberg · Gerd Lange · Jack Lenor Larsen · Carl Larsson · Le Corbusier · Yonel Lébovici · Pierre-Émile Legrain · Jules-Émile Leleu · Liberty & Co. · Stig Lindberg · Otto Lindig · Vicke Lindstrand · El Lissitzky · Josep Lluscà · Loetz · Raymond Loewy · Adolf Loos · Ross Lovegrove · Wassili & Hans Luckhardt · Charles Rennie Mackintosh · Arthur Heygate Mackmurdo · Vico Magistretti · Louis Majorelle · John Makepeace · Kasimir Malevich · Robert Mallet-Stevens · Angelo Mangiarotti · Gerhard Marcks · Enzo Mari · Maurice Marinot · Javier Mariscal · Sven Markelius · Dino Martens · Bruno Mathsson · Herbert Matter · Ingo Maurer · Alberto Meda · Richard Meier · David Mellor · Memphis · Alessandro Mendini · MetaDesign · Ludwig Mies van der Rohe · Modern Movement · Moderne · Børge Mogensen · László Moholy-Nagy · Carlo Mollino · Monotype Corporation · William Morris · Jasper Morrison · Koloman Moser · Serge Mouille · Olivier Mourgue · Gabriele Mucchi · Alphonse Mucha · Bruno Munari · Peter Murdoch · Keith Murray · Museum of Modern Art · George Nakashima · George Nelson · Richard Neutra · Marc Newson · Marcello Nizzoli · Isamu Noguchi · Jean Nouvel · Novecento · Eliot Fette Noyes · Antti Nurmesniemi · Hermann Obrist · George Edgar Ohr · Joseph Maria Olbrich · Olivetti · Omega Workshops · Organic Design · Jacobus Johannes Pieter Oud · Guiseppe Pagano · Sven Palmqvist · Bernhard Pankok · Verner Panton · Bruno Paul · Pierre Paulin · Dagobert Peche · PEL · Jorge Pensi · Pentagram · Charlotte Perriand · Gaetano Pesce · Giancarlo Piretti · Flavio Poli · Gio Ponti · Pop Design · Ferdinand Alexander Porsche · Post-Industrialism · Post-Modernism · Robert Propst · Jean Prouvé · Otto Prutscher · A.W.N. Pugin · Jean-Émile Puiforcat · (Nguyen Manhkhan'n) Quasar · Jens Quistgaard · Ernest Race · Radical Design · Dieter Rams · Omar Ramsden · Paul Rand · Heinz & Bodo Rasch · Rationalism (Italie) · Eric Ravilious · Lilly Reich · Lucie Rie · Richard Riemerschmid · Gerrit Thomas Rietveld · Jens Risom · Alexander Rodchenko · Gilbert Rohde · Charles Rohlfs · Aldo Rossi · François-Eugène Rousseau · Royal College of Art · Roycrofters Workshop · Jacques-Émile Ruhlmann · Gordon Russell · Eero Saarinen · Eliel Saarinen · Lino Sabattini · Richard Sapper · Timo Sarpaneva · Raymond Savignac · Carlo Scarpa · Tobia & Afra Scarpa · Xanti Schawinsky · Secession (Vienne) · Semiotics · Gustave Serrurier-Bovy · Shaker · Peter Shire · Gustav Siegel · Jutta Sika · Silver Studio · Bořek Šípek · Peter & Alison Smithson · Ettore Sottsass · George Sowden · Mart Stam · Standardization · Philippe Starck · Varvara Stepanova · Gustav Stickley · Gunta Stölzl · Marianne Straub · Streamlining · Bill Stumpf · Nikolai Suetin · Gerald Summers · Superstudio · Surrealism · Swiss School · Martin Székély · Kazuhide Takahama · Roger Tallon · Vladimir Tatlin · Walter Dorwin Teague · Guiseppe Terragni · Michael Thonet · Matteo Thun · Louis Comfort Tiffany · Total Design · Jan Tschichold · Wolfgang Tümpel · Oscar Tusquets Blanca · Masanori Umeda · Joseph Urban · Utility furniture · Henry van de Velde · Theo van Doesburg · Harold van Doren · Dirk Van Erp · Paolo Venini · Robert Venturi · Vereinigte Werkstätten für Kunst im Handwerk · Victoria & Albert Museum · Massimo Vignelli · Vitra · Vkhutemas · Charles F.A. Voysey · Wilhelm Wagenfeld · Otto Wagner · George Walton · Kem Weber · Hans Wegner · Bruno Weil · Daniel Weil · Wiener Werkstätte (Atelier viennois) · Tapio Wirkkala · Frank Lloyd Wright · Russel Wright · Sori Yanagi · Marco Zanini · Marco Zanuso · Hermann Zapf · Eva Zeisel · Zsolnay

Hugo Alvar Hendrik Aalto étudie l'architecture à l'Institut de Technologie Korkeakoulu d'Helsinki de 1916 à 1921. Les deux années suivantes, il travaille à la préparation d'une exposition et multiplie les voyages en Europe centrale, en Italie et en Scandinavie. En 1923, il fonde sa propre agence d'architecture à Jyväskyla. Il installe ensuite ses bureaux à Turku (1927–1933), puis à Helsinki (1933–1976). En 1924, il épouse l'architecte Aino Marsio (1894–1949) avec laquelle, durant cinq ans, il mène des recherches sur le cintrage du bois. Ces recherches déboucheront, dans les années 1930, sur des concepts de fauteuils révolutionnaires. En 1929, Aalto collabore à la conception d'une exposition pour la célébration du 700e anniversaire de Turku – son premier projet architectural complet et moderne révélé au public scandinave. Ses plus célèbres réalisations architecturales sont sa propre maison de Turku (1927), généralement considérée comme une des premières expressions du modernisme scandinave, la bibliothèque Viipuri (1927–1935), le sanatorium de Paimio (1929–1933) et le pavillon de la Finlande pour l'Exposition Internationale de New York (1939).

En 1929, Aalto fait du contreplaqué son matériau favori et il commence à explorer les possibilités des plaquages et les limites du contreplaqué thermoformé avec Otto Korhonen. Celui-ci est directeur technique d'une usine

Alvar Aalto
1898 Kuortane, Finlande
1976 Helsinki

◄ Fauteuil *Paimio*, modèle n° *41*, pour Huonekalu-ja Rakkennustyötehdas (fabriqué plus tard par Artek), 1930–1931

◄◄ Vase *Savoy*, modèle n° *3031*, pour Karhula (fabriqué plus tard par Iittala), 1936

de mobilier en bois des environs de Turku. Ces expériences débouchent sur les fauteuils les plus innovants d'un point de vue technique, le n° *41* (1931–1932) et le n° *31*, deux modèles en porte-à-faux, tous deux contemporains de l'aménagement du sanatorium de Paimio. Ces créations ont révélé à l'avant-garde internationale une nouvelle tendance dans l'utilisation de matériaux comme le contreplaqué, et imposé Aalto comme une des figures marquantes du design de ce siècle. Le succès commercial de ses meubles, comme le tabouret empilable à piètement en L (*L-leg*) de

1933, conduit Aalto et sa femme à fonder l'entreprise Artek en 1935, désormais chargée de leur fabrication.

Aalto estimait que sa plus importante contribution à la conception de mobilier était sa résolution de l'ancestral problème de l'articulation des éléments verticaux et horizontaux. La solution du cintrage du bois (développé en collaboration avec Korhonen) qu'Aalto surnommait « la petite sœur de la colonne architectonique », permet de fixer les pieds à l'assise du fauteuil, sans recours à un châssis ou à une structure porteuse surajoutée. Cette innovation technique est à l'origine de sa série de meubles à piètements en L (1932–1933), en Y (*Y-Leg*) (1946–1947) et en éventail (*fan-leg*) (1954). Les créations d'Aalto, comme son vase *Savoy* de 1936, sont caractérisées par leurs formes organiques. Intitulé à l'origine « Eskimoerindens skinnbuxa » (pantalon de cuir de femme eskimo) et fabriqué par Iittala, le vase *Savoy* aurait été inspiré par l'aspect des fjords côtiers de sa Finlande natale. Partisan convaincu d'un design humanisé, Aalto rejetait l'utilisation de matériaux artificiels pour le mobilier – comme les tubes métalliques – incapables, selon lui, de satisfaire les attentes des êtres humains.

L'œuvre d'Alvar Aalto a été très bien accueillie en Angleterre et en Amérique durant les années 1930 et 1940 et sa philosophie, celle d'un des pères

◄ Fauteuil, modèle n° 31, pour Huonekalu-ja Rakkennustyötehdas (fabriqué plus tard par Artek), 1930–1931

▼ Table roulante, modèle n° 98, pour Artek, 1935–1936

▲ Tabourets, modèle n° 60, pour Huonekalu-ja Rakkennustyötehdas (fabriqué plus tard par Artek), 1933

▶ Tabourets aux pieds en Y pour Artek, 1946–1947

fondateurs du **Design Organique**, a exercé une grande influence sur des designers d'après-guerre comme **Charles et Ray Eames**. Opposant précoce au **Mouvement Moderne**, à son esthétique mécaniste aliénante et à son approche rigidement rationaliste du design, Aalto a déclaré : « Le meilleur comité de standardisation du monde est la nature elle-même, mais, dans la nature, la standardisation concerne principalement les unités les plus petites : les cellules. Le résultat, ce sont des millions de combinaisons souples dans lesquelles on ne rencontre jamais de stéréotypes. » (Cité par André Gozak, *Alvar Aalto vs. the Modern Movement*, Helsinki 1981, p. 78.)

Aalto pensait que le design ne devait pas seulement répondre à des exigences fonctionnelles mais satisfaire aussi les besoins psychologiques de l'utilisateur et que les matériaux naturels étaient les plus indiqués à cet égard, à commencer par le bois, qu'il décrivait comme « un matériau inspirateur de formes et profondément humain » (Göran Schildt, *Alvar Aalto Sketches*, Cambridge, Mass. 1987, p. 77). Les concepts pionniers d'Aalto en design organique ne sont pas seulement à l'origine d'une nouvelle syntaxe, ils ont aussi incarné avec éloquence aux yeux du grand public un visage acceptable du modernisme.

En 1952, Aalto épouse l'architecte Elissa Mäkiniemi, avec qui il collabore jusqu'à sa mort. La vie et l'œuvre d'Alvar Aalto ont été commémorées par le **Museum of Modern Art de New York**, lors de trois expositions, en 1938, 1984 et 1997.

▶ Tabourets aux pieds en éventail, modèles n° *X601* et *X600*, pour Artek, 1954

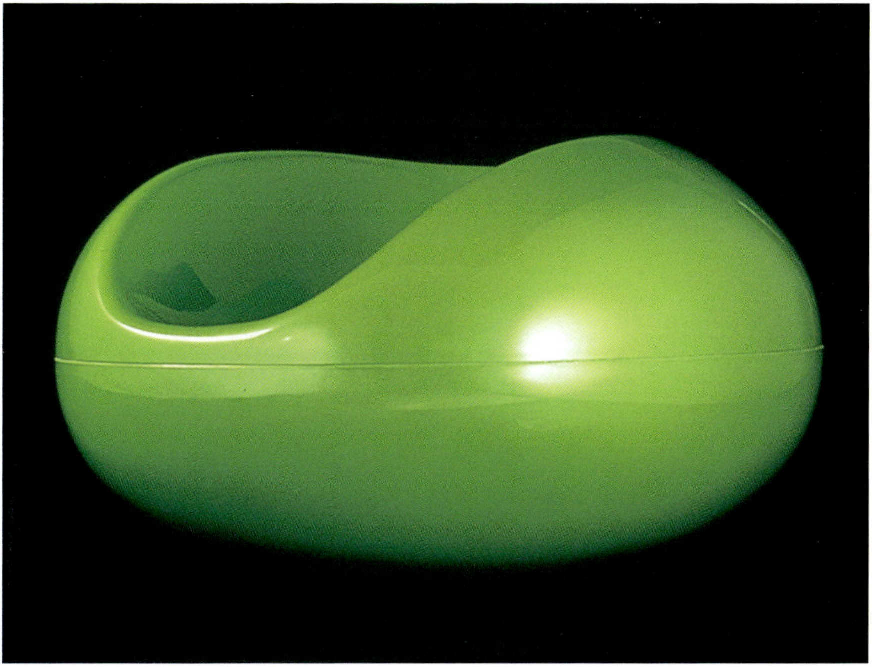

Eero Aarnio étudie à l'Ecole des Arts Appliqués d'Helsinki, où il obtient son diplôme en 1957. Il crée son studio de design en 1962, privilégiant dans un premier temps les matériaux naturels et le recours à des techniques artisanales, comme le montre son tabouret *Jattujakkare* en osier. Durant les années 1960, il commence à explorer les possibilités de la fibre de verre, grâce à laquelle il va créer ses séries de meubles les plus connus, parmi lesquels ses chaises *Ballon* ou *Globe* (1963–1965) et *Pastille* (1967–1968) pour lesquelles il a reçu le prix ADI (Associazione per il Disegno Industriale) en 1968. Ses propositions esthétiques hardiment iconoclastes – on pense par exemple à la *Bulle* (1968), un fauteuil suspendu en plexiglas – ont su capter l'esprit des années 1960 et les formes visuellement excitantes de l'ère spatiale. Aarnio ne se rallie pas pour autant à l'éthique de l'éphémère et du jetable, typiques de la culture pop. Ses créations, ouvertes sur le monde, restent d'une grande singularité et son design est toujours marqué par la préoccupation scandinave traditionnelle de la solidité et de la longévité. Aarnio attend avec optimisme le moment où « la démarche individuelle d'autrefois et la fabrication automatisée de l'avenir marcheront main dans la main » (A. Lee Morgan, *Contemporary Designers,* Londres, 1985, p. 10).

Eero Aarnio
Né en 1932 Helsinki

▲ Fauteuil *Pastille* pour Asko, 1967–1968

◀ Fauteuil *Ballon* ou *Globe* pour Asko, 1963–1965

AEG

Fondée en 1883
Berlin

▲ Peter Behrens, bâtiment principal de l'usine de turbines d'AEG, perspective, 1908

▶ Peter Behrens, lampes pour AEG, vers 1908

Après avoir vu l'ampoule électrique de Thomas Edison à l'Exposition Internationale d'Electricité à Paris en 1881, Emil Rathenau (1838–1915) acquiert les droits d'exploitation du brevet. Il fonde en 1883 la DEG, Deutsche Edison Gesellschaft (Compagnie Edison allemande pour l'électricité appliquée), plus tard rebaptisée Allgemeine Elektricitäts-Gesellschaft, AEG. **Otto Eckmann**, le créateur Jugendstil, réalise son catalogue pour l'Exposition Universelle de 1900 à Paris.

En 1907, AEG nomme l'architecte et designer **Peter Behrens** directeur artistique, et le charge de créer un design industriel complètement intégré pour la marque. Behrens ne se contente pas de remanier le logo d'AEG, mais il conçoit également une gamme cohérente d'ustensiles électriques, bouilloires, ventilateurs, horloges, et dessine les bâtiments hébergeant les unités de production de ces appareils.

Michael von Dolivo-Dobrowolsky, le directeur de la production d'AEG, a compris que la production en série de produits de qualité suppose la

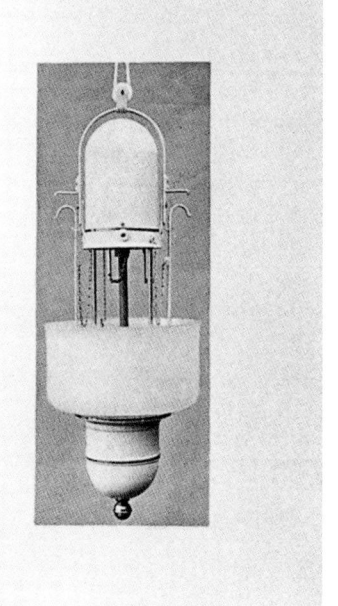
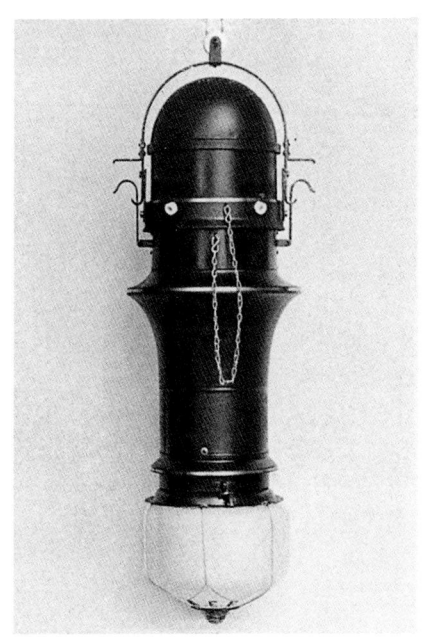

▲ Peter Behrens, brochure publicitaire pour les bouilloires AEG, vers 1910

standardisation de composants interchangeables, utilisables dans divers produits. La standardisation et les méthodes modernes de fabrication employées par AEG reflètent les idéaux du **Deutscher Werkbund** (Union allemande pour l'œuvre), dont Behrens est l'un des cofondateurs en 1907.

Aujourd'hui, AEG est une grande entreprise réputée pour l'excellente qualité et le design de ses produits électriques et électroménagers.

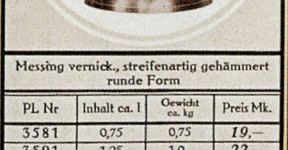

▶ Peter Behrens, bouilloire électrique pour AEG, 1909

Aesthetic Movement

Mouvement Esthétique

Grande-Bretagne

Le Mouvement Esthétique est issu de différentes écoles artistiques anglaises, notamment la renaissance des styles gothique et Queen Anne, auxquels s'ajoutent des influences orientales. Bruce Talbert (1838–1881) et Thomas Jeckyll (1827–1881), entre autres, sont responsables de cette fusion hybride qui débouche sur un style anglo-oriental. Inspirés par des gravures sur bois japonaises, et par les céramiques orientales et moyen-orientales qu'importent des sociétés comme **Liberty & Co.**, les initiateurs du Mouvement Esthétique, comme **E. W. Goodwin** et **Christopher Dresser**, tentent de réformer le design en introduisant des lignes pures et ordonnées. L'esthétisme devient le « choix d'un mode de vie » pour les classes moyennes éclairées, par exemple les habitants de Bedford Park à l'ouest de Londres. Liberty & Co. n'a pas imposé ce style seulement dans le mobilier de maison mais aussi dans une nouvelle ligne de vêtements féminins amples et fluides. James Abbot McNeill Whistler (1804–1903) et Thomas Jeckyll avec sa « Peacock Room » pour la résidence de F. R. Leyland (1876–1877) – maintenant à la Freer Gallery de Washington – incarnent la tendance la plus exotique du Mouvement Esthétique. Ses partisans les plus marquants sont incontestablement Oscar Wilde (1854–1900) et **Aubrey Beardsley** qui célèbrent l'idéal de l'art pour l'art, dans l'atmosphère euphorique de la fin du siècle. Le Mouvement Esthétique, symbolisé par le motif du tournesol, est aussi représenté aux Etats-Unis, principalement dans l'œuvre des Frères Herter et de **Louis Comfort Tiffany**, et en France dans celle de **François-Eugène Rousseau**. Le Mouvement Esthétique a aussi influencé deux écoles bien distinctes : l'**Art nouveau**, avec l'utilisation de motifs empruntés à la nature, et le **Mouvement Moderne**, avec l'adoption de formes japonaises abstraites.

▶ **Thomas Jeckyll**, *Tournesol* en acier pour Barnard, Bishop & Barnard, vers 1880

▶▶ Cabinet en ébène, années 1870

Serge Vassiliévitch Tcherkhonine, assiette de propagande pour la faïencerie d'Etat de Petrograd, 1919

Agitprop
Russie

Le terme Agitprop, contraction de la formule « agitation propagande » forgée par Lénine, résume un aspect de la doctrine communiste dans laquelle agitation et propagande doivent se combiner pour assurer la victoire politique.

L'agitation utilise des slogans et demi-vérités pour pousser les masses à la révolte contre les injustices, alors que la propagande martèle les arguments historiques et scientifiques pour rallier à la cause communiste. Au lendemain de la révolution russe de 1917, le parti communiste crée le Bureau de l'Agitation et de la Propagande chargé de développer l'art et le design soviétiques subventionnés par l'Etat, institution qui garde le nom d'Agitprop. Utilisant des stocks pré-révolutionnaires de porcelaines vierges, des artistes comme Serge Vassiliévitch Tcherkhonine (1878–1936), **Kasimir Malévitch**, Maria Vassilievna Lebedeva (1895–1942) et Nicolas Suétine les ornent de slogans et de motifs empruntés à la communication politique. A l'occasion du premier anniversaire de la révolution, Natan Altman (1889–1970) dessine des édifices et des monuments futuristes inspirés par l'Agitprop pour la place Uritskii à Saint-Pétersbourg. Un an plus tard, en 1919, Vassili Ermilov (1884–1968) participe à plusieurs projets de l'Agitprop, affiches, décoration de trains et de clubs. L'Agitprop doit susciter l'adhésion populaire à la révolution et ses projets grandioses, comme le monument constructiviste de **Vladimir Tatline** (1919–1920, Petrograd) à la IIIe Internationale, reflètent l'aspiration à un nouvel ordre mondial.

Otl Aicher étudie la sculpture à l'Académie des Beaux-Arts de Munich, en 1946 et 1947 avant de créer son propre atelier de graphisme en 1948 à Ulm. Il s'installe ensuite à Munich en 1967, puis à Rotis, Allgäu, en 1972. Durant les années 1950, aux côtés de **Hans Gugelot** et de **Dieter Rams**, Aicher est chargé d'une refonte cohérente et rationnelle de l'identité visuelle de Braun. De 1949 à 1954, il participe à la création et au développement de la **Hochschule für Gestaltung d'Ulm**, l'école de design allemande la plus influente d'après-guerre. En 1952, il épouse Inge Scholl, cofondatrice de l'école, et, de 1954 à 1965, il y enseigne la communication visuelle. Il est également professeur invité à l'université de Yale (Etats-Unis). Il assure ensuite la direction de la Hochschule für Gestaltung d'Ulm de 1962 à 1964 et la propagation de ses idées jouera un rôle important dans le développement d'idéaux utopiques puis du **Design Radical**. Bien qu'Aicher ait principalement travaillé comme concepteur d'identité visuelle, c'est son travail sur les pictogrammes universellement reconnaissables des Jeux Olympiques de Munich, en 1972, qui l'a rendu célèbre.

Otl Aicher
1922 Ulm, Allemagne
1991 Rotis, Allemagne

▼ Pictogrammes dessinés pour les Jeux Olympiques de Munich, 1972

Anni Albers

1899 Berlin
1994 Orange, Connecticut

Anni Albers étudie le design avec Martin Brandenburg à Berlin de 1916 à 1919 et de 1919 à 1920 à la Kunstgewerbeschule (Ecole des Arts Appliqués) de Hambourg. Elle s'inscrit au Bauhaus où elle suit les cours de stylisme textile dispensés par Georg Muche (1895–1987), **Gunta Stölzl** et Paul Klee (1879–1940). En 1929 / 1930, elle commence à enseigner dans les ateliers textiles du Bauhaus à Weimar, et plus tard à Dessau. Anni Albers est la première créatrice textile à avoir utilisé de la cellophane dans ses tissages. En 1925, elle épouse l'artiste et designer allemand **Josef Albers** qui devient, la même année, maître du cours préparatoire du Bauhaus. En 1933, le couple émigre aux Etats-Unis et de 1933 à 1949, Anni Albers est professeur assistante au Black Mountain College, en Caroline du Nord. Elle a aussi travaillé comme créatrice indépendante de textiles artisanaux et industriels. Anni Albers pensait qu'une conception formelle rigoureuse alliée à une fabrication d'excellente qualité permettrait à l'artisanat moderne d'être esthétiquement plaisant et d'exercer une attraction intemporelle.

Elle a conçu des gammes de textiles aux motifs géométriques abstraits qui mettent en valeur la texture du matériau, pour **Knoll International** à partir de 1959 et pour Sunar à partir de 1978. En 1961, l'Institut Américain d'Architecture a décerné à Anni Albers une médaille d'or.

◄ Tenture murale
n° 175, 1925

Josef Albers, après des études d'instituteur, enseigne en école primaire de 1905 à 1913. Il poursuit ensuite des études d'art à la Königliche Kunstschule, de Berlin, de 1913 à 1915 et à la Kunstgewerbeschule (Ecole des Arts Appliqués) d'Essen, où il est l'élève de Jan-Thorn Prikker et où il donne lui-même des cours pendant trois ans. Albers s'inscrit en 1919 à l'Akademie der Bildenden Künste (Académie des Beaux-Arts) de Munich et, de 1920 à 1933, étudie et enseigne au **Bauhaus**, d'abord à Weimar puis à Dessau. Après avoir suivi le cours préparatoire en 1921, il contribue à la création d'un atelier de peinture sur verre, qu'il dirige à partir de 1923. Albers, premier étudiant du Bauhaus à être promu maître en 1925, devient enseignant au cours préparatoire. La même année, il épouse la créatrice textile Anni Fleischmann et, en 1928, devient responsable de l'atelier de menuiserie. Quand les nazis ferment le Bauhaus en 1933, il émigre aux Etats-Unis et devient professeur au Black Mountain College (Caroline du Nord) où il enseigne pendant seize ans. De 1950 à 1960, Albers dirige le département de design à l'université de Yale, New Haven, et en 1953–1954 est nommé professeur invité à la **Hochschule für Gestaltung d'Ulm**. Son travail, bien qu'éclectique, se caractérise essentiellement par la recherche de formes abstraites simplifiées et un usage minimaliste des matériaux.

Josef Albers
1888 Bottrop, Allemagne
1976 New Haven, Connecticut

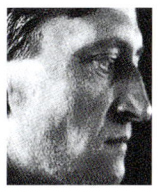

▲ Verre à thé par Jenaer Glaswerke Schott & Gen. et l'usine de porcelaines de Meissen pour le Bauhaus de Dessau, 1926

Josef Albers · 29

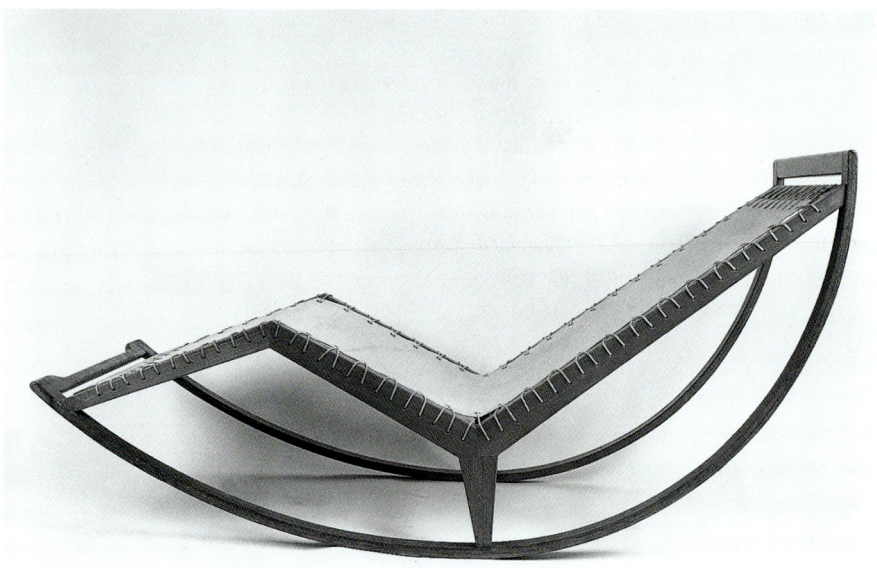

Franco Albini

1905 Robbiate, Italie
1977 Milan

Franco Albini étudie l'architecture à l'Ecole Polytechnique de Milan, où il obtient son diplôme en 1929. Il travaille dans l'agence de **Gio Ponti** jusqu'en 1930, date de sa rencontre avec le rationaliste Edoardo Persico (1900–1936). La même année, il fonde sa propre agence d'architecture où il sera rejoint par trois associés : Franca Helg (1920–1989) en 1952, Antonio Piva (né en 1936) en 1962 et son fils, Marco Albini (né en 1940), en 1965. Ses célèbres bibliothèques-cloisons suspendues de 1940 illustrent par leur modernité le **Rationalisme** italien dont il fut une figure de premier plan. Albini, tenu en haute estime pour ses formules d'aménagement intérieur, a aussi accompli un remarquable travail d'urbaniste. Il est rédacteur en chef de *Casabella* en 1945–1946 et enseigne la composition architecturale à l'Ecole Polytechnique de Milan de 1963 à 1977. Il a reçu un **Compasso d'Oro** (compas d'or) en 1955, 1958 et 1964. Les dessins d'Albini témoignent d'une logique intérieure qui allie souci de construction et de fabrication. Ses chaises en osier et rotin, conçues en collaboration avec Franca Helg dans les années 1950, révèlent aussi une remarquable sensibilité aux matériaux. En 1962, avec le concours de Franca Helg et de Bob Noorda (1927–2010), Albini repense les équipements et la signalétique du métro de Milan.

▲ Fauteuil à bascule, modèle n° *PS16*, pour Carlo Poggi, 1956

Don Albinson étudie en Suède, puis à l'**Académie de Cranbrook**, et enfin à l'université de Yale (Etats-Unis). A Cranbrook, il suit les cours de design industriel de **Charles Eames**. En 1946, il intégre l'agence Eames et travaille sur les séries de chaises en contreplaqué moulé de Charles et Ray Eames. Traité comme un fils par ceux-ci, il habite leur appartement de Los Angeles durant six mois. Du fait de sa position influente dans l'agence, Albinson joue un rôle décisif dans la mise au point de nombreux modèles de meubles créés pour **Herman Miller**, notamment l'*Aluminium Group*, une série de chaises en aluminium de 1958. Le talent majeur d'Albinson réside dans sa compréhension des processus de fabrication, et nombre des innovations techniques et esthétiques des Eames dans le design de mobilier sont à porter à son crédit. Albinson quitte l'agence Eames en 1959 et, en 1964, est nommé directeur général du développement chez **Knoll International**. Son premier projet pour Knoll a été la chaise *Albinson* de 1965 en aluminium coulé sous pression et polypropylène, qui a connu un énorme succès.

Don Albinson
1915 Sparta, Michigan
2008 Minneapolis, Minnesota

◀ Chaises empilables *Albinson*, modèle n° *1601*, pour Knoll International, 1965

Studio Alchimia

Fondé en 1976
Milan

▲ Collections *Olli* et *Solli*, 1988

▶ Placard de la série *Mobile Infinito* (poignées d'Ugo la Pietra, pieds par Denis Santachiara, images d'Andrea Branzi, drapeaux de Kazuko Sato, décorations magnétiques par Francesco Clemente, Sandro Chia et Enzo Cucchi, etc.), 1981

Alchimia a été fondé en 1976 par l'architecte Alessandro Guerriero (né en 1943). L'atelier est d'abord une galerie qui se propose d'exposer un travail expérimental et créatif refusant les contraintes de la fabrication industrielle. L'allusion à l'alchimie constitue une attaque directe contre le rationalisme scientifique du modernisme. Alchimia devient bientôt un pôle influent, notamment grâce aux contributions **d'Ettore Sottsass**, **Alessandro Mendini**, **Andrea Branzi**, Paola Navone (née en 1950) et **Michele De Lucchi**. Les collections de 1978 et 1979, intitulées, par dérision, *Bau.Haus 1 et Bau.Haus 2* tirent leur inspiration et leurs références de la culture pop et, en dernière analyse, **Kitsch**. Durant les années 1980, Mendini est devenu le créateur-phare du groupe et sa reprise ironique de modèles de meubles classiques comme les chaises *Superleggera* de **Gio Ponti** et *Wassily*, de **Marcel Breuer**, voulait ridiculiser les prétentions du **Bon Design** et donc du bon goût.

La série de 1981 de Mendini, *Mobile Infinito,* avec ses éléments décoratifs permutables, facilite une interaction entre créateur et utilisateur. Politiquement engagées, élitistes et d'un intellectualisme affiché, les créations du groupe Alchimia préparent la deuxième vague du **Design Radical** italien qui culmine avec la popularisation de l'**Anti-Design** dans les années 1980.

▲ **Alessandro Mendini & Giorgio Gregori**, vase *Manici* fabriqué par Zabro pour Alchimia, 1984

▲ **Alessandro Mendini**, chaise *Scivolando* fabriquée par Gavina pour Alchimia, 1983

Alessi

Fondé en 1921
Omegna, Italie

FAO (Fratelli Alessi Omegna) est fondé par Giovanni Alessi à Omegna, Italie, en 1921. Carlo (1916–2009), le fils de Giovanni, entre en 1935 comme designer dans la firme, au moment même où celle-ci s'éloigne de ses origines artisanales pour engager sa mutation industrielle. En 1945, l'année où il crée son service à café *Bombé*, Carlo Alessi est nommé directeur général de FAO. A cause de la pénurie de maillechort et de cuivre dans l'immédiat après-guerre, Alessi commence à utiliser de l'acier inoxydable et, pour rester compétitif, passe des commandes à des designers réputés. A la fin des années 1970, Carlo étant devenu président, la firme se lance dans l'édition limitée d'objets signés par des designers internationalement reconnus comme **Ettore Sottsass** et **Richard Sapper**. 1983 voit la création d'une nouvelle marque, Alessi Officina, vouée aux produits de design expérimental. C'est ainsi qu'en 1983, Alberto, le fils de Carlo, lance le projet d'édition limitée de *Tee & Coffee Piazza*, un service à café et thé, sur lequel travaillent onze architectes dont **Michael Graves**, **Robert Venturi**, **Aldo Rossi**, **Hans Hollein** et **Richard Meier**. Ce projet d'« architecture en miniature », motivé par des besoins publicitaires, apportera à Alessi une reconnaissance internationale et fera de la compagnie un des représentants les plus en vue du **Post-Modernisme** des années 1980.

▲ **Michael Graves**, bouilloire, sucrier et crémier pour Alessi, 1985

Emilio Ambasz étudie l'architecture à l'université de Princeton où il obtient son diplôme en 1966. En 1967, il enseigne à Princeton et un an plus tard à la **Hochschule für Gestaltung d'Ulm** avant de retourner à Princeton enseigner l'architecture pendant deux ans. En 1967, il est cofondateur de l'avant-gardiste Institut d'Architecture et d'Etudes Urbaines de New York. De 1970 à 1976, il est conservateur du département de design du **Museum of Modern Art de New York**, où il organise en 1972 une exposition qui fait date : « Italie, le nouveau paysage domestique ». Ambasz fonde en 1977 l'agence d'architecture et de design Emilio Ambasz and Associates et l'Emilio Ambasz Design Group en 1981, tous deux à New York. L'enseignement et les écrits d'Emilio Ambasz sur le design lui ont valu une immense célébrité, mais il est aussi l'auteur de quelques modèles de meubles et de lampes réputés, comme les célèbres chaises *Vertebra* (1977) et *Dorsal* (1981) et la ligne de luminaires *Logotec* (1981). Parmi ses projets architecturaux, citons le Center for Applied Computer Research and Programming, Las Promesas, Mexique (1975), le Musée d'Art de Grand Rapids, Michigan (1975), le Museum of American Folk Art de New York (1980) et le Jardin botanique de San Antonio, Texas (1982).

Ambasz estime que le design doit transcender la satisfaction d'exigences fonctionnelles, et adopter une forme poétique afin de satisfaire nos besoin métaphysiques – une philosophie où l'on reconnaît l'ascendant de **Charles Rennie Mackintosh**, entre autres.

Selon Emilio Ambasz, les différences intrinsèques entre le design américain et le design européen résultent d'attitudes opposées : « La quête éternelle de l'Europe demeure l'Utopie, le mythe de la fin. Le mythe récurrent de l'Amérique est l'Arcadie, l'éternel recommencement. » (Ann Lee Morgan, *Contemporary Designers*, Londres 1985, p. 25). Il soutient que les designers doivent apprendre à réconcilier passé et futur dans leur travail et à « donner une forme poétique au pragmatique » (ibid).

Emilio Ambasz
Né en 1943
Resistencia,
Argentine

▼ **Emilio Ambasz & Giancarlo Piretti**, fauteuil de bureau *Vertebra* pour Castelli et Krueg, 1977

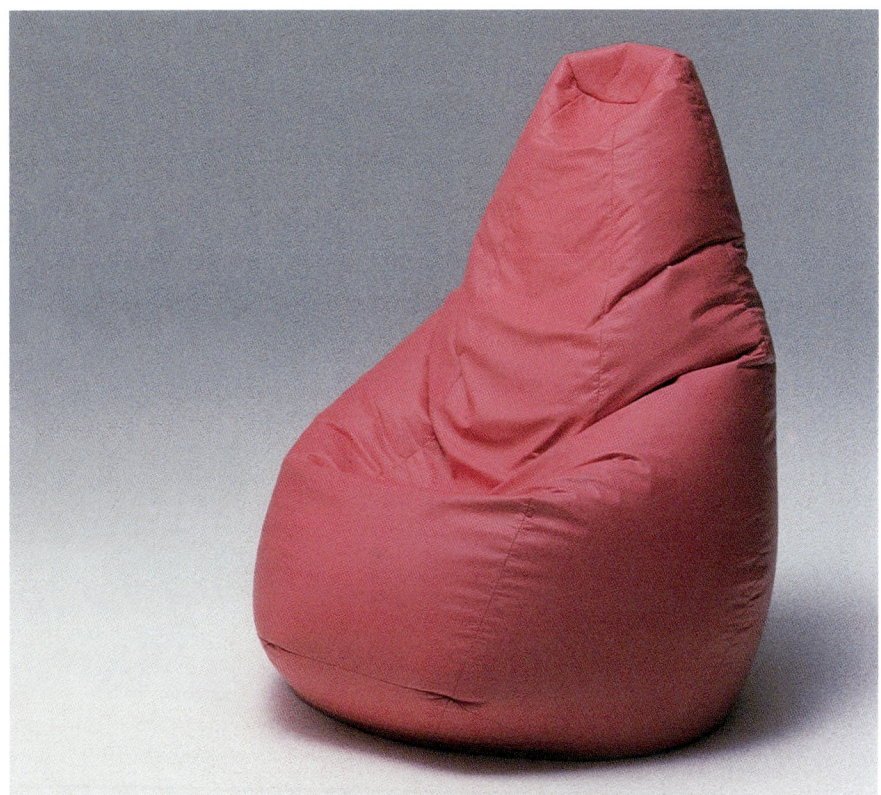

Anti-Design

Rejetant les préceptes rationnels du **Mouvement Moderne**, l'Anti-Design s'efforce de valoriser l'expression créative individuelle dans le design. Le surréalisme fut un des premiers exemples conscients de design alternatif, et il a influencé, dans les années 1940, des designers anti-rationalistes du baroque turinois comme **Carlo Mollino**. L'Anti-Design n'est pourtant pas devenu un courant d'**avant-garde** avant la fin des années 1960, époque où plusieurs groupes prônant un **Design Radical** sont apparus en Italie. Des groupes, comme **Archizoom**, **Superstudio**, UFO, **Gruppo Strum**, et 9999, estimaient que le modernisme, asservi aux intérêts industriels et devenu un pur stratagème de marketing ne reflétait plus les préoccupations de l'avant-garde et avait perdu son rôle culturel dynamique.

Le design alternatif, très en pointe dans sa critique de la surenchère technologique et de la société de consommation, a prôné un design de l'évasion et cherché à prouver, à travers des projets provocateurs, comme les

▲ **Piero Gatti, Cesare Paolini & Franco Teodoro**, *Sacco*, 1968

◄ **Guido Drocco & Franco Mello**, portemanteau *Cactus* pour Gufram, 1972

▲ **Alessandro Mendini**, canapé *Kandissi* pour Studio Alchimia, 1978

superstructures de Superstudio et *No-Stop City* d'Archizoom qu'à ses limites le rationalisme était porteur de conséquences absurdes. **Global Tools**, école d'anti-architecture et d'anti-design, est officiellement fondée en 1974. Son objectif : explorer des techniques simples, non-industrielles pour tenter de promouvoir la créativité individuelle. Un an plus tard, l'équipe de Global Tools se disperse, marquant la fin de la première époque de l'Anti-Design des années 1970. A l'époque, de nombreux designers associés au mouvement, tels **Alessandro Mendini** et Ugo La Pietra (né en 1938) estiment que le courant radical du design alternatif n'a pas d'avenir. Dans la croisade de l'anti-design, la relève est rapidement assurée par d'autres : trois ans plus tard, des designers emmenés par **Studio Alchimia** reprennent le flambeau. Ils rejettent le conservatisme dominant des années 1970 et ambitionnent de redonner au design sa spontanéité, sa créativité et son sens.

Pour les membres de Studio Alchimia, le contenu politique, les allusions ironiques à la culture de masse et les références conscientes au passé l'emportent sur les préoccupations fonctionnelles. Ils déclarent notamment que « l'on ressent le besoin, aujourd'hui, de situer plus près des hommes et du monde, des objets distants, très distants, comme les signaux de notre vocation à la magie de la pensée, comme des bouées dans la mer houleuse de la modernité. Des objets paradoxaux, uniques, isolés, complets et auto-définis. »

Au début des années 1980, avec l'émergence de **Memphis** en Italie et de critiques américains comme **Charles Jencks** qui réclame des « éléments qui soient hybrides plutôt que purs... une vitalité brouillonne plutôt qu'une unité évidente » (M. Collins & A. Papadakis, *Post-Modern Design*, Londres 1989, p. 49), le design alternatif avec sa libération de la décoration pour elle-même a produit un style international reconnaissable, le **Post-Modernisme**. Durant le boom des années 1980, le design alternatif a taillé des croupières au design dominant, nombre de consommateurs plaçant la signature du designer au-dessus de tout autre considération.

◄ **Alessandro Mendini**, chaise / table *Zabro* pour Zanotta, 1984

Ron Arad

Né en 1951 Tel-Aviv

Ron Arad étudie à la Jerusalem Academy of Art de 1971 à 1973, avant de s'installer à Londres pour poursuivre ses études à l'Architectural Association sous la houlette de Peter Cook. Diplômé en 1979, il travaille brièvement dans une agence architecturale avant de monter son propre atelier / show-room de design, One Off (pièce unique). D'abord établi à Covent Garden puis à Chalk Farm (Londres), One Off se veut un lieu d'échanges, dans lequel Arad expose ses propres créations ainsi que celles d'autres designers de l'avant-garde britannique, comme **Tom Dixon** et Danny Lane (né en 1955).

Ses premiers modèles de meubles comme la chaise *Rover* (1981) mêlant matériaux à connotation **High-Tech**, écoperches d'échafaudage et objets trouvés se veulent des « readymade » post-industriels. Les objets en acier doux qu'Arad a conçus vers la fin des années 1980, comme la série des *Big Easy* (1988–1989), sont moins « bruts » dans leur construction et font appel à des techniques de fabrication complexes qui les rendent coûteux à produire. Affichant sa différence avec les meubles destinés au grand public, ce type de design se rapproche de la notion de « meuble artistique ». Il a valu à Arad une reconnaissance internationale, et l'attention de grands industriels de l'ameublement.

Créateur de meubles reconnu, Arad est aussi l'auteur d'importants projets d'architecture d'intérieur comme le foyer de l'Opéra de Tel-Aviv (1990). C'est durant les années 1990 qu'Arad a créé quelques-uns de ses modèles les plus diffusés comme son système d'étagères *Bookworm* (1997) (1000 kilomètres produits par **Kartell**). Signalons parmi ses modèles novateurs récents la chaise *Tom Vac* en aluminium embouti sous vide (1998) et la *Fantastic Plastic Chair* (1998) pour Kartell.

▶ Fauteuil *Little Heavy* pour One Off, 1989

▼ Chaise empilable *Tom Vac* (prototype), 1997

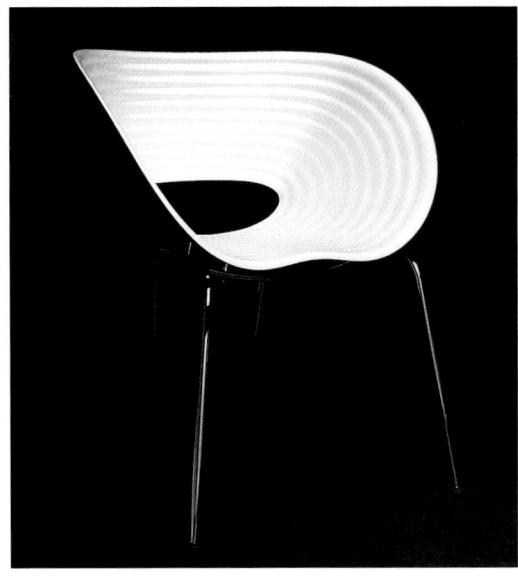

▶ Textile *Melted Off Contour*, 1958 (produit par Nuno Corporation à partir de 1988)

Junichi Arai

1932 Kiryu / Gunma, Japon
2017 Kiryu / Gunma, Japon

Junichi Arai a conçu quelques-uns des textiles techniquement les plus intéressants et novateurs des années 1980 et 1990. Il se concentrait sur des étoffes d'une texture extrêmement élaborée, tissées avec des matériaux inhabituels comme le celluloïd, le ruban aluminium et divers fils métalliques. Par la suite, il s'attacha à des projets à dominante High-Tech, multipliant matériaux et procédés de pointe, tel *Nuno me Gara* (motif tissé), un textile de 1983. Arai mêlait, froissait et photocopiait des fragments de tissages différents avant de scanner la composition qui en résultait pour créer un motif jacquard. D'autres textiles comme *Melted Off Contour*, conçu en 1958, mais réalisé seulement trente ans plus tard, étaient aussi inventifs. Dans ce cas, il avait recours à un procédé breveté dans lequel le film aluminium était dissous dans une solution à faible teneur alcaline et déposé sous vide sur le tissu pour produire un dessin au contour subtil. Depuis la fermeture de sa société Anthologie en 1987, Arai travaillait comme créateur textile indépendant et c'est Nuno, sa boutique de Tokyo, qui diffuse ses créations. Arai a également créé des textiles pour des stylistes, dont Issey Miyake et R. Kawakubo (Comme des Garçons).

André Arbus étudie d'abord aux Beaux-Arts de Toulouse avant d'apprendre l'ébénisterie dans l'atelier de son père et de son grand-père. En 1925, il rejoint la Société des Artistes Décorateurs et participe à leur Salon ainsi qu'au Salon d'Automne. Il expose aussi à l'Exposition Internationale des Arts Décoratifs de 1925 à Paris. En 1930, il ouvre un magasin, Epoque, à Paris où il s'installe deux ans plus tard. Ses aménagements intérieurs et ses meubles typiquement **Art déco**, comme ceux de ses contemporains, **Jacques-Emile Ruhlmann** et **Jules-Emile Leleu**, privilégient matériaux luxueux et bois exotiques. Même si certains de ses modèles sont ornés de motifs peints exécutés par Marc Saint-Saëns, le travail d'Arbus se caractérise moins par l'usage d'ornements que par la pureté de ses lignes. En 1926, Arbus dessine un bar pour le paquebot Île-de-France et monte vers 1935 un département de décoration intérieure, Les Beaux Métiers, au Palais de la Nouveauté. En 1937, il expose un intérieur d'inspiration **Moderne** à l'Exposition Internationale des Arts et Techniques dans la Vie Moderne. A la fin des années 1930, Arbus se consacre à l'architecture, sa commande la plus importante étant celle du Ministère de l'Agriculture, à Paris (1937). Il a aussi travaillé sur certains aspects de la décoration des paquebots Bretagne, Provence et sur celle du France. On lui doit aussi un pont, à Martigues (1961).

André Arbus
1903 Toulouse
1969 Paris

◄ Salon de musique créé pour l'Exposition des Arts et Techniques dans la Vie Moderne, Paris, 1937

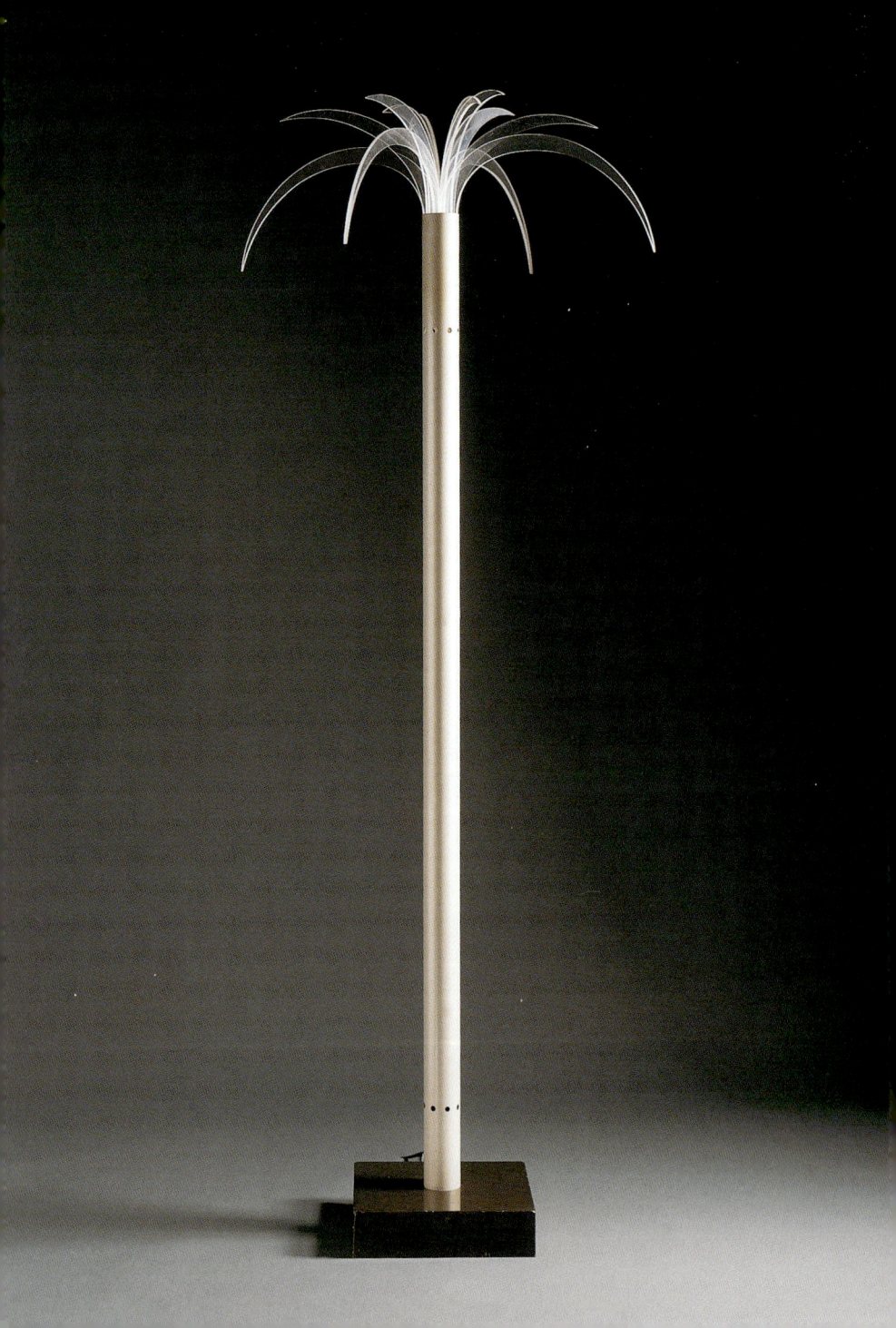

Archizoom Associati est fondé par **Andrea Branzi**, **Paolo Deganello**, Gilberto Corretti (né en 1941) et Massimo Morozzi (1941–2014), à Florence en 1966. Il s'inspire du groupe d'architectes britanniques Archigram et d'un numéro de leur revue *Zoom*. Archizoom est l'auteur de projets architecturaux « radicaux » comme *Wind City* (1969) et *No-Stop City* (1970) qui se proposent notamment de démontrer que le **Rationalisme**, poussé à l'extrême, devient absurde et par conséquent anti-rationnel. L'équipe d'Archizoom a ainsi déclaré : « Le but ultime de l'architecture moderne est l'élimination de l'architecture elle-même. » (A. Branzi, *The Hot House; Italian New Wave Design*, Londres 1984, pp. 73–74). En 1966 et 1967, Archizoom organise deux expositions « Superarchitettura » (super architecture) avec **Superstudio** à Pistoia et Modène. En 1968, Dario (né en 1943) et Lucia Bartolini (née en 1944) rejoignent le groupe qui s'investit dans la mode de 1971 à 1973. L'équipe d'Archi-zoom a aussi créé quelques modèles de meubles remarquables, dont la série des *Dream Beds* (lits de rêve) (1967), le canapé modulaire *Safari* (1968), le canapé *Superonda* (1966) et la chaise *Mies* (1969). Tous inspirés de la culture pop et **Kitsch**, ces meubles tournent en dérision les prétentions du **Bon Design**. En 1972, Archizoom participe, dans le secteur « Le design alternatif comme postulat », à l'importante exposition « Italie : Le nouveau paysage domestique » du **Museum of Modern Art de New York**.

Archizoom Associati
1966–1974
Florence

◀ **Dario Bartolini**, lampe *Sanremo* fabriquée par Poltronova pour Archizoom Associati, 1968

▼ **Archizoom Associati**, « Espace de vie » modulaire *Safari* pour Poltronova, 1968

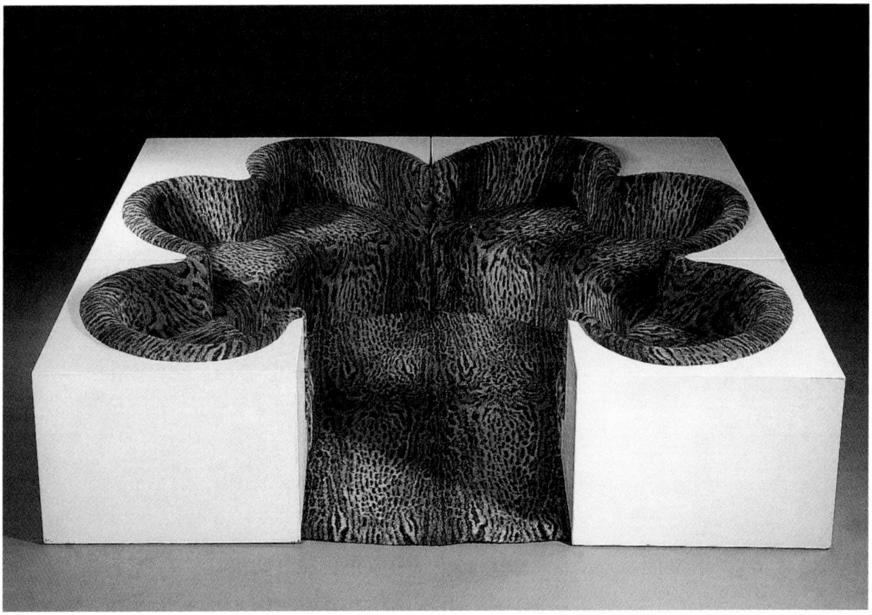

Art Deco
Art déco

Fondé vers 1925
Paris

◄ Jacques-Emile **Ruhlmann**, le Grand Salon, Hôtel du Collectionneur, 1925

▼ Edgar-William **Brandt**, lampadaire *La Tentation*, vers 1925 (base d'E.-W. Brandt, abat-jour de Daum Frères)

La formule Art déco caractérise, plutôt qu'un mouvement de décoration proprement dit, un style décoratif international apparu à Paris dans les années 1920. Des éléments de ce style sont déjà présents dans le travail de la **Wiener Werkstätte**, chez le créateur de meubles italien **Carlo Bugatti** et chez les constructivistes russes. Prenant la relève de **l'Art nouveau**, que son refus de l'historicisme pousse à privilégier les formes naturelles et qui marque le tournant du siècle, l'Art déco emprunte ses références stylistiques à un éventail éclectique de sources, dont l'Egypte ancienne, l'art tribal, le Surréalisme, le Futurisme, le **Constructivisme**, le Néo-Classicisme, l'abstraction géométrique, la culture populaire et le **Mouvement Moderne**. Les figures marquantes de ce nouveau style, comme **Jacques-Emile Ruhlmann**, optent presque toutes pour un idéal de perfection artisanale et emploient des matières luxueuses (cuir et nacre) et des bois exotiques. Reposant principalement sur des commandes de riches particuliers, parmi lesquels les couturiers français Paul Poiret et Jacques Doucet, ce style, réfractaire aux exigences d'une production industrielle, ne connut qu'une existence éphémère et devait inévitablement céder la place à une approche plus populaire du design.

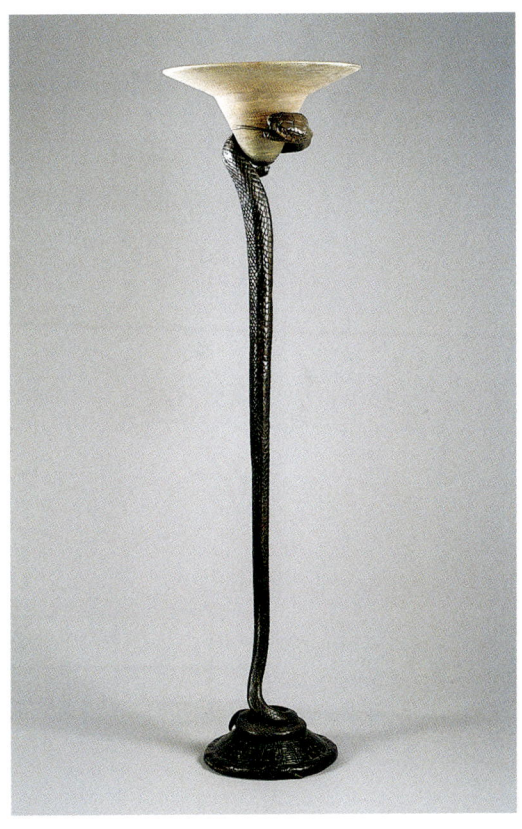

L'Exposition Internationale des Arts Décoratifs qui se tient à Paris en 1925 accueille aussi bien le Pavillon de l'Esprit Nouveau de **Le Corbusier** que l'Hôtel du Collectionneur de Ruhlmann et des projets d'autres décorateurs célèbres de l'époque comme Pierre-Emile Legrain. Cette exposition donne son nom au mouvement. Le style Art déco rassemble aussi bien les œuvres d'artisans comme **René Lalique**, Jean Dunand (1877–1942) et Edgar-William Brandt (1880–1960) que celles d'architectes modernistes comme **Eileen Gray**, **Pierre Chareau** et **Robert Mallet-Stevens**. A vrai dire, même des personnalités étroitement associées au Mouvement Moderne comme Le Corbusier et **Jean Prouvé** ont été,

◀ **Emory Seidel**, chandeliers pour Roman Bronze Works de New York, vers 1930

▶ **Ernest Boiceau**, paire de torchères, vers 1930

▼ **Edgar-William Brandt**, *Le Paon*, écran de cheminée en fer forgé, 1926

dans certains aspects de leur travail, inspirées par la somptuosité du style Art déco.

A partir de 1925, ce style s'exprime dans l'œuvre de nombreux architectes et décorateurs. Il ne se cantonne pas à la France et à l'Europe continentale mais se propage en Angleterre et aux Etats-Unis où il est particulièrement bien accueilli. Les meubles *Skyscraper* de **Paul Frankl** ou le Chrysler Building (1928–1930) de William van Alen à New York, peut-être l'ultime expression de l'architecture Art déco, semblent alors incarner parfaitement les aspirations de l'Amérique moderne.

En Angleterre, le style Art déco reste contenu dans des limites plus strictes qu'ailleurs et trouve une expression subtile dans l'architecture et les objets de **Wells Coates**. Il se généralise aussi dans l'aménagement de nombreux cinémas, notamment ceux de la société Odeon, qui restituent l'ambiance des salons chromés et rutilants de Hollywood par la sophistication de leur conception Art déco. Au cours des années 1930, ce style qui évoque le rêve hollywoodien connaît une popularité croissante et finit par être complètement adopté par de grands industriels. Bien que la bakélite ait été inventée aux Etats-Unis en 1907, cette résine plastique n'est devenu un matériau utilisé dans l'industrie qu'à la fin des années 1920. Le style sculptural Art déco convenait parfaitement aux contraintes du moulage de cette nouvelle matière et durant les années 1930 on a vu proliférer toutes sortes d'objets en bakélite, à commencer par les boîtiers de radios. Mais le style Art déco s'est déprécié de plus en plus avec la production d'objets kitsch n'ayant qu'un lointain rapport avec l'excellence artisanale prévalant chez les créateurs français des années vingt. La Seconde Guerre mondiale donnera le coup de grâce à une esthétique maximaliste et essentiellement décorative qu'elle rend obsolète.

Dans les années 1960, le style Art déco a suscité un regain d'intérêt, à la fois chez les collectionneurs et parmi les jeunes designers déçus par le Modernisme. Dans les années 1980, des designers comme **Robert Venturi**, **Hans Hollein** et **Charles Jencks** rendent hommage à l'Art déco dans leur propre travail, qui, comme celui de leurs prédécesseurs se complaît dans l'excès et l'exubérance.

▶ **René Prou**, bureau, vers 1929

▼ **Jean Dunand**, vase aux serpents, vers 1913

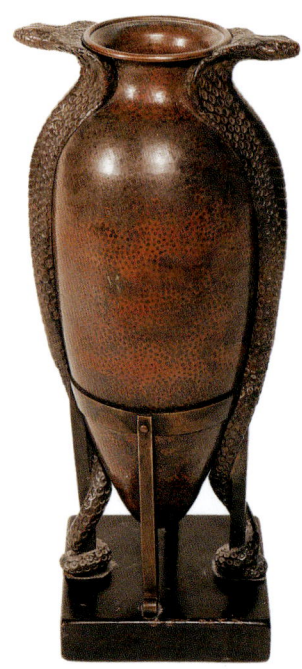

Le style Art nouveau, caractérisé par son anti-historicisme, apparaît dans les années 1880. Il s'inspire du mouvement anglais des **Arts & Crafts**, également qualifié de « New Art ». Durant les années 1890, **Charles Rennie Mackintosh** et des designers liés au mouvement de la **Sécession viennoise**, comme **Josef Maria Olbrich**, adoptent un style naturaliste abstrait qui privilégie l'arabesque, tandis que d'autres, comme **Hermann Obrist** et **August Endell**, inventent les motifs en « coup de fouet ».

Une des figures majeures de l'Art nouveau est l'architecte belge **Victor Horta**, dont l'Hôtel Tassel (Bruxelles, 1892–1893) fut l'une des premières expressions de ce style en architecture. Ce projet mêlait de façon novatrice les usages structurels et décoratifs du fer et l'usage de colonnes en forme de tiges qui se développent en vrilles tourbillonnantes a été baptisé de « Style Horta ». Ce style est connu en France sous le nom de style Guimard, en hommage aux formes sinueuses et entrelacées chères à Hector Guimard, dont les entrées du métro parisien (vers 1900) restent l'expression la plus connue.

Art Nouveau
Fondé en 1895
Paris

◂ **Emile Gallé**, vase en camée à décor automnal de crocus, 1899

◂◂ **Reuben Haley**, vase *Ruba Rombic* pour Consolidated Lamp & Glass, vers 1928

On utilise aussi la formule de « Style Moderne » comme un synonyme d'Art nouveau, alors qu'en Allemagne c'est le terme de **Jugendstil** qui se généralise. En Espagne, surtout en Catalogne c'est dans le travail d'**Antoni Gaudí i Cornet** et de ses successeurs que s'incarne le style Art nouveau. Ceux-ci comprenaient en général l'Art nouveau comme un Modernisme, tandis qu'en Italie c'est l'expression de « Stile Liberty » qui définit le renouveau de la décoration de l'époque en hommage au rôle joué par le grand magasin londonien **Liberty & Co**. dans la propagation de ce style.

▶ **Eugène Gaillard,** piédestal pour J. P. Christophe, vers 1901–1902

▶▶ **Victor Horta**, intérieur de l'Hôtel Tassel à Bruxelles, 1893

▲ **Friedrich Adler**, service à café pour Metallwarenfabrik Orion, 1904

◄ **Paul Hankar**, devanture de la boutique « New England » à Bruxelles, vers 1900

Emile Gallé et d'autres créateurs proches de l'**Ecole de Nancy** créent des meubles et des verreries Art nouveau remarquables. Récusant les styles passés et puisant leur inspiration directement dans la nature, ces artisans affectionnent les lignes étirées et sinueuses empruntées à l'univers botanique qui donnent son identité si typique à ce style. Les formes abstraites et bulbeuses des vases *Favrile* de **Louis Comfort Tiffany** captent à l'évidence l'essence même de la nature. Les travaux scientifiques de l'époque sur les mécanismes naturels ont joué un grand rôle dans l'attirance des designers des années 1890 pour la nature. On pense notamment à l'ouvrage de Darwin, *De l'origine des Espèces,* publié en 1859, ainsi qu'aux illustrations botaniques de Ernst Haeckel (1834–1919) ou encore aux exquises études photographiques de fleurs de Karl Blossfeldt (1865–1932).

Par son rejet catégorique de l'historicisme, l'Art nouveau peut être considéré comme le premier style international vraiment moderne. Il est devenu inextricablement lié à la décadence fin-de-siècle, à cause de la prépondérance des motifs ornementaux. Ce qui explique qu'il ait été surclassé, au début du XXe siècle, par une esthétique mécaniste et que l'avant-garde lui ait préféré des formes géométriques simples, mieux adaptées à une production industrielle.

◄ **Vico Magistretti**, lampe *Chimera* pour Artemide, 1966

◄◄ **Emile Gallé**, table *Libellule*, vers 1900

Ernesto Gismondi (1931–2020) fonde Artemide, entreprise spécialisée dans la conception et la fabrication de meubles et de luminaires, en 1959. Parmi les premiers succès d'Artemide, citons, de **Vico Magistretti**, les tables *Demetrio* 45 (1963) et *Stadio* (1966), ainsi que les chaises *Selene* et *Gaudí* (1969 et 1970) d'abord construites en plastique renforcé et plus tard en ABS. L'excellente qualité de ces modèles a encouragé le grand public à considérer le plastique comme un matériau noble et contribué à focaliser l'attention internationale sur le design italien. Artemide a aussi conçu de nombreux systèmes d'éclairage qui ont fait date, notamment la lampe *Boalum* en forme de serpent par Gianfranco Frattini (1926–2004) et **Livio Castiglioni** (1969), le lampadaire *Chimera* de Vico Magistretti (1966) et la lampe de bureau *Tizio* par **Richard Sapper** (1972). Toujours à la pointe du design, Gismondi a accueilli dans le showroom d'Artemide le lancement de la collection **Memphis** de 1981. Artemide a aussi diffusé des luminaires de **Michele De Lucchi**, **Enzo Mari**, **Ettore Sottsass** et Santiago Calatrava (né en 1951), et leurs produits sont représentés dans plus de cent musées du monde entier.

Artemide
Fondé en 1959
Milan

Arts & Crafts Movement

Mouvement Arts & Crafts

Grande-Bretagne

Le mouvement britannique des Arts & Crafts regroupe des architectes et des créateurs progressistes très divers qui ont voulu réformer le design et la société elle-même par un retour à l'artisanat. Consternés par les conséquences sociales et écologiques de l'industrialisation et par le déferlement de produits manufacturés de mauvaise qualité au décor surchargé, les designers de la seconde partie du XIXe siècle comme **William Morris** s'insurgent contre l'époque dans laquelle ils vivent et plaident pour une démarche plus simple et une éthique du design et de la fabrication. Leur méfiance envers la production industrielle, qui transforme des artisans talentueux en « esclaves salariés », les pousse à insuffler un nouvel élan à l'artisanat traditionnel.

La première phase du mouvement britannique des Arts & Crafts révèle l'ascendant de la Confrérie préraphaélite et du retour au Moyen Age qu'elle a popularisé (les artistes Dante Gabriel Rossetti (1828–1882), Edward Burne-Jones (1833–1898) et Ford Madox Brown (1821–1893) ont tous travaillé pour Morris & Co.). Elle porte aussi l'empreinte du néogothique tardif qu'incarne l'architecte George Edmund Street (1824–1881). Mais les idées réformatrices qui ont exercé la plus grande influence sur le mouvement, sont celles d'**Augustus Pugin** et de John Ruskin (1819–1900). William Morris est un des premiers à essayer d'appliquer leurs théories quand il fonde, en 1861, Morris, Marshall & Faulkner & Co. (devenu Morris & Co. en 1874). Les produits de Morris & Co., rebelles à toute fabrication mécanisée, veulent exprimer la simplicité enracinée dans un terroir et l'intégrité du travail manuel. Plutôt que

▸ **Walter Crane**, textile *L'Oranger* pour Jeffrey & Co., 1902 (réédité par Arthur Sanderson & Sons)

▸▸ **William De Morgan**, plat lustré à motif de galion, vers 1880

◄ **Charles Voysey**, etoffe tissée, vers 1900

◄◄ **Charles Voysey**, *Tempus Fugit*, pendule en aluminium et cuivre, vers 1895

d'essayer de réformer la production industrielle et sa finalité commerciale, les premiers responsables Arts & Crafts cherchent à promouvoir la démocratie et la cohésion sociale à travers l'artisanat. Dans une société soumise au capitalisme, Morris, socialiste convaincu, utopiste, estime que le travail manuel est la condition du salut moral aussi bien des travailleurs que des consommateurs. Il n'admet les bienfaits de la mécanisation que dans la mesure où celle-ci produit des objets de qualité et réduit le fardeau du travail, au lieu d'augmenter la productivité. Paradoxe : la fabrication coûteuse des objets artisanaux de Morris & Co. les réserve à une petite élite fortunée.

Une deuxième génération de créateurs Arts & Crafts s'inspire des plaidoyers de Ruskin et Morris en faveur de la moralité dans le design et de leur croyance dans l'importance sociale du travail manuel et de la vie communautaire. Willliam R. Lethaby (1857–1931), **Arthur Heygate Mackmurdo** et **Charles R. Ashbee** fondent des organisations comme la Century Guild (1882), la St. George's Art Society (1883) et l'Art Workers' Guild (1884) pour produire des objets conformes à l'esprit du nouveau design.

Dans cette seconde phase, les designers Arts & Crafts se rapprochent de plus en plus d'une expression vernaculaire et certains d'entre eux, comme **Charles Voysey** et Ashbee arrivent à la conclusion que la volonté de Morris – mettre des objets de qualité supérieure à la disposition du grand public – est irréalisable sans mécanisation. Ashbee, qui fonde la **Guild of Handicraft** (Guilde de l'artisanat) en 1888, a même été jusqu'à accuser Morris, avec sa hantise du passé et son rejet presque total du machinisme d'« intellectual luddism » (anti-industrialisme intellectuel primaire). C'est toutefois Ashbee qui s'approche de la réalisation du rêve d'un « idéal rural » cher au mouvement quand il installe sa Guilde de l'artisanat à Chipping Campden en 1902. A l'époque, le mouvement Arts & Crafts travaille en étroite liaison avec les Cotswolds, grâce notamment à **Ernest Gimson** et aux frères Barnsley, Sidney (1865–1926) et Ernest (1863–1926), qui sont installés à Pinbury depuis les années 1990. A partir de 1910, **Gordon Russell** dessine des meubles dans le style Arts & Crafts à Broadway, mais vers 1926 sa production est largement mécanisée, avec le souci permanent de concilier qualité irréprochable et prix abordables. Russell supervisera plus tard la production de meubles **Utility** (utilitaires) et la moralité sous-jacente du mouvement Arts & Crafts a certainement joué un rôle essentiel dans l'élaboration de ce programme étatique. Autres acteurs essentiels dans la diffusion du style Arts & Crafts, **Liberty & Co**. et Heal & Sons, possèdent tous deux leurs propres ateliers de design et diffusent des objets d'ameublement et de ferronnerie Arts & Crafts. La seconde phase du mouvement, parfois qualifiée de « New Art », est dans une certaine mesure l'équivalent de l'**Art nouveau** continental et, comme celui-ci, il est resté populaire jusqu'au déclenchement de la Première Guerre mondiale. Les vertus de simplicité, d'utilité et d'adéquation que défendait le mouvement ainsi que sa proposition fondamentale selon laquelle le design peut et doit être utilisé comme un outil démocratique de changement social ont considérablement influencé les pionniers du **Mouvement Moderne**. Au XXe siècle, le vocabulaire Arts & Crafts s'est perpétué dans l'idiome de créateurs associés au **Renouveau artisanal**.

▼ **Sidney Barnsley**, armoire, vers 1911

66 · Mouvement Arts & Crafts (GB)

◄ Hugh Garden, vase *Teco* pour Gates Pottery, vers 1900

Beaucoup de designers américains ont été inspirés par les idéaux du mouvement anglais des Arts & Crafts et sa démonstration concrète qu'un style national puisant dans son inspiration vernaculaire traditionnelle pouvait jouer un rôle de premier plan. Le plaidoyer de **William Morris** et **Charles R. Ashbee** en faveur de communautés artistiques rurales a séduit des designers américains comme **Gustav Stickley**, Charles P. Limbert (1854–1923) et Elbert G. Hubbard (1856–1915).

En 1898, Gustav Stickley rencontre Charles R. Ashbee et **Charles Voysey** lors d'un voyage en Europe. A son retour, Stickley crée ses propres ateliers à Syracuse (New York) et fait paraître *The Craftsman*, une revue extrêmement influente. Ses modèles de meubles rustiques marquent un retour aux formes vernaculaires du temps des pionniers et il défend l'honnêteté et la simplicité dans le design.

Le style Arts & Crafts américain est en général moins compliqué dans la construction et d'un décor moins chargé que son homologue britannique, car ce sont les aspects sociaux et démocratiques implicites du mouvement plutôt que son insistance sur l'excellence de l'artisanat qui ont séduit les designers américains. L'architecte William L. Price (1861–1916), par exemple,

Arts & Crafts Movement

Mouvement Arts & Crafts
Etats-Unis

Mouvement Arts & Crafts (USA) · 67

▶ **William Gates** (attribué à), vase en faïence fabriqué par Gates Pottery sous marque Teco, vers 1910

▼ Couverture du magazine *The Craftsman*, 1904

est tellement marqué par le roman utopique de William Morris *News from Nowhere* (1889–1890) qu'il fonde la communauté Rose Valley Community à Moylan, Philadelphie, en 1901. Le progressisme du mouvement a aussi attiré beaucoup de femmes car, défenseurs convaincus de l'égalité des sexes et de l'accès des femmes à l'éducation, ses membres souhaitent leur émancipation. Nombre de ces communautés ont toutefois connu une existence éphémère, à cause des difficultés inhérentes à la conciliation d'un artisanat de haute qualité et d'un prix de vente abordable.

Seule la communauté des **Roycrofters**, fondée par Elbert G. Hubbard en 1893, devient célèbre pour sa réussite commerciale. En 1906, les ateliers des Roycrofters emploient plus de quatre cents artisans et la communauté doit même ouvrir une auberge pour les touristes et les clients potentiels.

En Californie, les architectes et designers liés au mouvement s'inspirent aussi de l'héritage hispano-mexicain, de l'art japonais et du style Mission.

Charles et Henry **Greene** ont éloquemment fondu ces styles dans leurs projets de maisons pour de riches clients mais leur travail diffère sensiblement de l'inspiration de Stickley et Limbert par l'exquis raffinement de ses détails. De même, **Frank Lloyd Wright**, le plus grand architecte et designer américain héritier des Arts & Crafts, opère la synthèse des traditions orientale et occidentale. Le style de ses maisons de la Prairie, longues et basses, allié à sa maîtrise virtuose des matériaux naturels favorise l'insertion harmonieuse de ses constructions dans leur environnement naturel. Le **Design Organique** cher à Wright établit une passerelle entre le mouvement Arts & Crafts et le **Mouvement Moderne** et exercera une infuence considérable sur les designers de la génération suivante, aussi bien en Amérique qu'en Europe.

Charles R. Ashbee

1863
Isleworth / Londres
1942 Godden Green,
Grande-Bretagne

▲ Coupe en argent à larges anses pour la Guilde de l'Artisanat, 1901

▶ Calice en argent avec couvercle pour la Guilde de l'Artisanat, vers 1900

Charles R. Ashbee étudie l'histoire à l'université de Cambridge, puis l'architecture avec G. F. Bodley (1827–1907). Figure centrale des Arts & Crafts anglais, Ashbee est tellement influencé par John Ruskin (1819–1900) et **William Morris** qu'il fonde en 1888 la Guild and School of Handicraft à Toynbee Hall, dans les quartiers Est de Londres, avant de l'installer deux ans plus tard à Essex House, Mile End. En 1902, Ashbee tente de réaliser l'idéal d'une communauté rurale, cher au mouvement Arts & Crafts, et la Guild and School déménage à Chipping Campden dans les Cotswolds. Son éloignement de la capitale empêche cependant le succès commercial de cette entreprise et elle est dissoute, à cause de problèmes financiers, en 1908. Auparavant, en 1898, Ashbee avait fondé la Essex House Press, une maison d'édition qui édite des livres précieux, imprimés à la main. En 1906, il publie *A Book of Cottages and Little Houses* et, en 1909, *Modern English Silverwork*. Sa célébrité, Ashbee la doit cependant à son travail d'orfèvre aux décors sinueux et organiques qui ont profondément influencé **Liberty & Co.**, le travail du métal de la **Sécession viennoise** et, plus tard, l'**Art nouveau**. Ashbee construit plusieurs édifices, à Budapest, en Sicile et à Londres et il donne des conférences en Angleterre et aux Etats-Unis. De 1915 à 1919, Ashbee est professeur d'anglais à l'université du Caire et il travaille durant quatre ans à des projets de restauration à Jérusalem.

Erik Gunnar Asplund

1885 Stockholm
1940 Stockholm

Erik Gunnar Asplund étudie au Kungliga Konsthögskolan, Stockholm, de 1905 à 1909 avec l'ambition de devenir peintre. A partir de 1909, il se tourne vers l'architecture et ouvre une agence à Stockholm. En 1917, il devient rédacteur en chef de la revue *Teknisk Tidskrift Arkitektur* et est primé pour ses décorations d'intérieurs qui font l'objet d'une exposition à la Galerie Liljelvachs, à Stockholm.

Architecte et créateur de meubles, il conçoit, de 1911 à 1930, des projets d'esprit néoclassique comme sa chaise *Senna* de 1925, destinée à une bibliothèque publique. L'exposition de Stockholm de 1930, dont il est architecte en chef, lui vaut une renommée internationale. Le restaurant « Paradiset » d'Asplund présente pour la première fois en Suède le **Style International**. Dans ses projets, Asplund combine modernisme et néoclassicisme scandinave. De 1931 à 1940, il est professeur d'architecture à l'école Kungliga Konsthögskolan de Stockholm.

▲ Restaurant « Paradiset » à l'exposition « Stockholmsutställningen », 1930

Sergio Asti étudie l'art et l'architecture à l'Ecole Polytechnique de Milan de 1947 à 1953. Il fonde son propre atelier à Milan en 1953 et travaille comme designer indépendant. Il réalise décorations intérieures, expositions, meubles, luminaires, verreries, céramiques et appareils ménagers pour Brionvega, Poltronova, **Knoll International**, **Venini** et **Kartell**, entre autres. En 1953, Asti commence à travailler sur les plastiques. Il dessine, l'année suivante, quelques poignées de porte extrêmement sculpturales et organiques saluées pour leur « qualités plastiques ». En 1956, l'année où il conçoit son célèbre siphon d'eau de Seltz pour Saccab, il devient l'un des membres fondateurs de l'ADI (Associazione per il Disegno Industriale). En 1957–1958, il dessine les toutes premières lampes en résine acrylique pour Kartell. Asti a reçu le **Compasso d'Oro** (compas d'or) en 1955, 1956, 1959, 1962 et 1970 pour ses produits et ses meubles novateurs grand public, particulièrement représentatifs du design italien d'après-guerre par l'élégance de leur lignes.

Sergio Asti
1926 Milan
2021 Milan

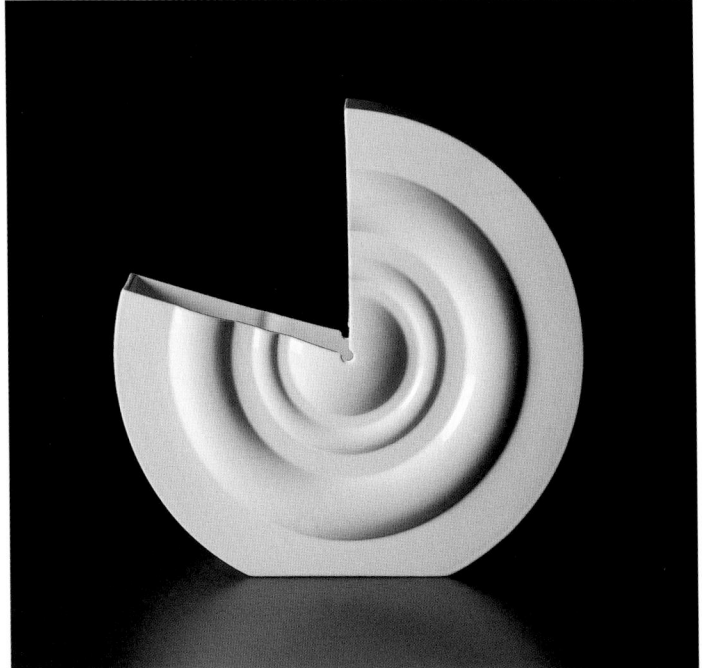

◄ Vase en terre cuite vernissée *Ruota* pour Knoll International, 1972

Gae Aulenti étudie l'architecture à l'Ecole Polytechnique de Milan où elle obtient son diplôme en 1954. Depuis lors, elle travaille en indépendante dans son agence milanaise où elle conçoit des objets d'ameublement et des décorations d'intérieurs notamment pour **Knoll International** et **Olivetti**. Elle a aussi dessiné des luminaires pour Stilnovo et **Artemide**. En 1980, Aulenti crée l'architecture intérieure du Musée d'Orsay et aménage des espaces d'exposition au Musée National d'Art Moderne (Centre Georges Pompidou). Reflétant sa conviction que l'espace doit être défini par son esprit intrinsèque plutôt que par les objets qui s'y trouvent, les projets d'Aulenti allient originalité et sophistication tranquille. Alors que la rhétorique implicite de son architecture et de ses objets est moderne, Aulenti rejette un formalisme géométrique stérile et s'emploie à défendre une forme de modernisme humanisé. Elle est l'une des très rares femmes designers de sa génération à bénéficier d'une reconnaissance internationale.

Gae Aulenti
1927 Palazzolo della Stella, Italie
2012 Milan

◀ Table basse pour Fontana Arte, 1980

◀◀ Lampe *La Ruspa* pour Martinelli Luce, 1969

Avant-garde

Le design d'avant-garde n'a traditionnellement produit qu'un petit nombre d'objets manufacturés mais son influence sur l'histoire du design est énorme. L'impact de ces créations dépasse en général largement les cercles restreints pour lesquels elles ont été conçues au départ, surtout du fait de la publicité médiatique. Durant presque tout le XXe siècle, l'esprit intransigeant de leur travail a cependant tenu les designers d'avant-garde à l'écart de la production industrielle de masse et il a fallu parfois de nombreuses années pour que leurs démarches et leurs propositions soient admises dans un large public. Les meubles précurseurs de **Marcel Breuer** en métal tubulaire, de la fin des années 1920 et du début des années 1930, par exemple, étaient loin de faire l'unanimité en leur temps comme dans les années 1960 et 1970. L'avant-garde guide nécessairement la mode et c'est dans son sillage que naissent styles et tendances. Le style du **Design Organique** d'après-guerre a ainsi influencé le **Biomorphisme** des années 1950. Le travail de l'avant-garde se voit souvent qualifié de « nouveau ». **Art nouveau**, nouvelle vague, la nouveauté désigne une démarche résolument tournée vers l'avenir et il faut bien reconnaître que la plupart des innovations pratiques et théoriques du design du XXe siècle sont le résultat direct du talent et de la perspicacité des avant-gardes.

▶ **April Greiman**, encart pour *Design Quarterly*, 1986

▼ **Marcel Breuer**, table, modèle n° *B27*, et chaise, modèle n° *B46*, pour Thonet, 1928 et 1928–1929

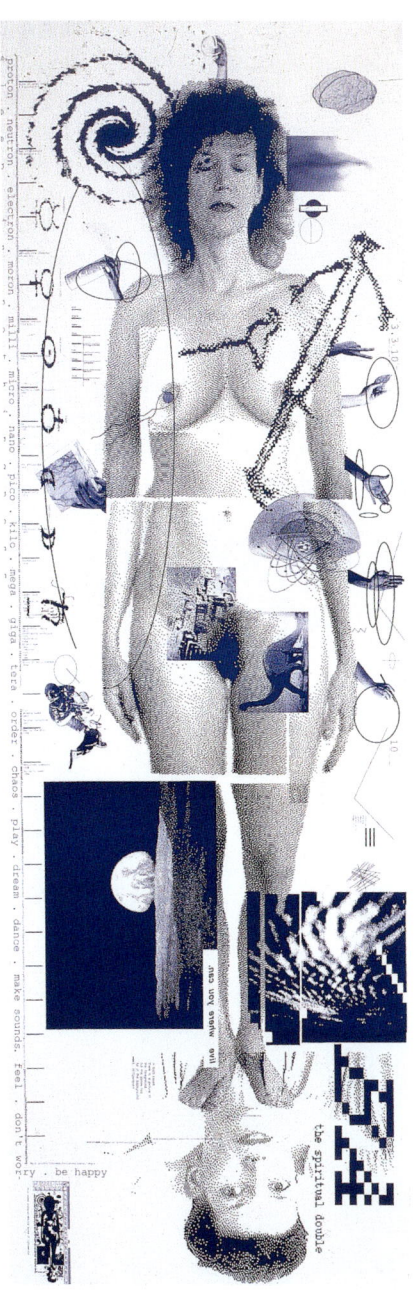

Mackay Hugh Baillie Scott

1865 Ramsgate, Grande-Bretagne
1945 Londres

Mackay Hugh Baillie Scott descend d'une famille écossaise aristocratique et fortunée. Il étudie d'abord à l'Agricultural Cirencester College, avant de devenir apprenti chez l'architecte Charles E. Davis à Bath en 1886. En 1889, il s'installe sur l'île de Man et suit l'enseignement d'**Archibald Knox** à la Douglas School of Art. Il collabore avec Knox dans la création de pièces de ferronerie et de vitraux influencés par l'art celtique. Ses premiers projets de maisons font largement appel au bois et rappellent le style architectural Vieille Angleterre du mouvement **Arts & Crafts**, qu'incarne par exemple Norman Shaw (1831–1912). Son style plus tardif est influencé par l'esprit vernaculaire de **Charles Voysey**. Pour sa Maison Rouge, à Douglas (1892–1893), Baillie Scott utilise des cloisons repliables originales et, en 1894, il écrit un article dans *The Studio* qui définit sa maison idéale, faite de « briques simples et blanchie à la chaux ». Il expose meubles, objets en métaux non précieux et papiers peints à l'Exposition de la Société des Arts & Crafts en 1896 et, la même année, conçoit un piano pour la société Manxman. Il devient une figure majeure du mouvement, surtout sur le continent où le grand-duc Ernst-Ludwig de Hesse-Darmstadt lui demande de repenser la décoration intérieure de son palais de Darmstadt et de concevoir un nouvel ameublement. Les lambris blancs d'une saisissante simplicité sont parfaitement assortis aux meubles sur mesure, fonctionnels mais rehaussés de splendides incrustations. Baillie Scott reçoit par la suite d'autres commandes d'Allemagne et redécore une maison de campagne pour la princesse royale de Roumanie. Après la Première Guerre mondiale, l'esprit vernaculaire Arts & Crafts passe de mode si bien que, dans les années 1920 et 1930, Baillie Scott adopte un style néo-georgien. Il continue cependant à plaider en faveur d'un artisanat manuel et contre la production mécanisée.

▼ Chaise, probablement pour John P. White, Pyghtle Works, vers 1905

Giacomo Balla étudie à l'Académie Albertine de Turin avant d'enseigner lui même la peinture. Il comptera notamment Gino Severini (1883–1966) parmi ses élèves. Durant un séjour à Paris en 1900–1901, il est profondément influencé par le Divisionnisme. En 1910, acquis au Futurisme, il signe le *Manifeste des Peintres Futuristes* et *La Peinture futuriste – Manifeste technique.* A partir de 1912, il expose avec les membres du groupe. Il s'installe ensuite à Düsseldorf et conçoit la décoration intérieure de la maison Löwenstein, détruite depuis, pour laquelle, en 1913–1914, il réalise aussi des meubles peints. En 1913, il déclare : « Balla est mort » et vend aux enchères toutes ses peintures, concentrant désormais ses efforts sur le design. En 1914, il dessine des vêtements et écrit le *Manifeste Futuriste du vêtement masculin,* qui se prononce en faveur de vêtements pratiques et « dynamiques ». Vers 1918, il décore sa Maison Futuriste, à Rome, dont les meubles peints de motifs en à-plats de couleurs vives rompent délibérément avec la tradition. Il est aussi l'auteur d'un intérieur futuriste pour une salle de danse du Bal Tik-Tak en 1921. Avec ses amis futuristes, Fortunato Depero (1892–1960) et Enrico Prampolini (1894–1956), Balla a exposé de grandes tentures colorées à l'Exposition des Arts Décoratifs de Paris en 1925. A la fin des années 1930, Balla abandonne le style futuriste en faveur d'une approche plus abstraite du design.

Giacomo Balla
1871 Turin
1958 Rome

▲ Projet de paravent
Paravento, 1916–1920

Giacomo Balla · 79

▸ Vase *Vetro parabolico* avec inclusion de bulles d'air pour Barovier & Toso, vers 1961

Ercole Barovier
1889 Murano, Italie
1974 Venise

La famille Barovier est une dynastie de maîtres verriers depuis le XIVe siècle. En 1878, Benvenuto Barovier (1855–1932) et ses deux frères, Benedetto (1857–1930) et Giuseppe (1863–1942), ouvrent une usine sur l'île de Murano et la société Fratelli Barovier produit des verreries inspirées des formes de la Renaissance. Ercole Barovier, le fils de Benvenuto, ouvre son propre atelier, Artisti Barovier (rebaptisé plus tard Barovier e. C.), en 1919. Durant les années 1920, il contribue à revivifier l'art des maîtres verriers de Murano et réalise plus de 25 000 dessins de verreries aussi bien décoratives que fonctionnelles. Il expérimente nouvelles techniques et couleurs inhabituelles, et développe de nouveaux types d'aspects de surface dont le « vetro gemmato » ou verre gemmé, le « vetro barbarico » d'aspect irrégulier et brut et son modèle le plus connu, le « vetro parabolico » à motif patchwork. Dans les années 1930, il invente un type de verre dans lequel sont emprisonnées de petite bulles d'air, le « vetro rugiada ». Par la suite, il met au point avec son fils Angelo, qui rejoint l'entreprise en 1947, des plats rayés (« vetro a fili ») à partir de baguettes de verre de couleur. En 1936, Ercole reprend la direction de Fratelli Barovier, plus tard rebaptisé Barovier & Toso.

Saul Bass étudie à la Art Students League de New York, de 1936 à 1939. Il travaille ensuite comme graphiste au département artistique de la Warner Bros qui maintient la tradition de création graphique et photographique dans la publicité de ses films. L'approche graphique des responsables de la Warner est conservatrice, picturale, et la promotion consiste plus à mettre en valeur certains éléments des films qu'à révéler leur essence. Déçu par cette démarche, Bass quitte la Warner en 1946 et s'installe à Los Angeles. Il y travaille pour différentes agences publicitaires et, en 1949, conçoit les placards publicitaires du film « Champion » qui brise toutes les normes en vigueur de ce style de graphisme : l'annonce est complètement noire avec seulement, en demi-teinte, un petit logo et le titre du film placé au milieu de la page pour accentuer son impact.

Saul Bass
1920 New York
1996 Los Angeles

▼ Affiche de cinéma pour « L'homme au bras d'or », 1955

Dans les années 1950, Bass travaille comme graphiste indépendant et développe un style graphique et symbolique qui s'efforce de capter les qualités essentielles des films pour les besoins de leur promotion. Il conçoit notamment deux affiches emblématiques, d'une grande efficacité visuelle, pour des films d'Otto Preminger : « L'homme au bras d'or » (1955) et « Autopsie d'un meurtre » (1959). Impressionné par la force de telles images, Preminger demande à Bass de créer des génériques utilisant ses graphismes puissants et accompagnés d'une bande-son. C'est le début d'une nouvelle conception de l'animation graphique. L'impact visuel du travail graphique de Saul Bass fut énorme et sut parfaitement rendre l'esprit de son époque. L'abstraction qu'on trouve dans son œuvre d'affichiste a trouvé un prolongement logique dans le travail d'élaboration d'identité visuelle qu'il poursuivit à partir des années 1970 pour différentes entreprises.

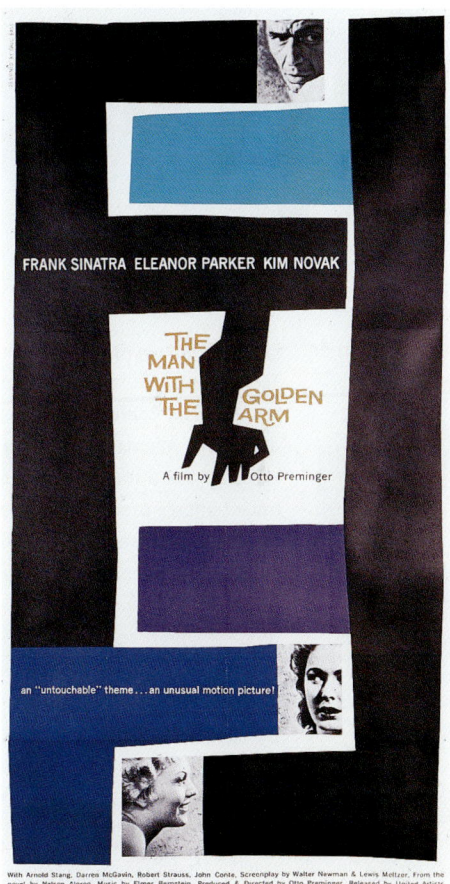

Helmut Bätzner

1928 Stuttgart
2010 Karlsruhe

▲ Chaise, modèle
n° *BA 1171*,
pour Bofinger,
1964–1966

Helmut Bätzner étudie la menuiserie avant de s'inscrire à l'Ecole Supérieure Technique de Stuttgart pour étudier l'architecture. De 1962 à 1963, il poursuit ses études à Rome et, à son retour, devient professeur à la Werkkunstschule de Krefeld, Allemagne, jusqu'en 1966.

De 1964 a 1965, Bätzner réalise la premiere chaise monobloc en plastique renforcé produite en série pour le Badisches Staatstheater de Karlsruhe. Depuis leur présentation en 1966, plus de 120 000 chaises Bofinger ont été fabriquées. Leur cycle de production de cinq minutes n'exige qu'un minimum de finitions. La chaise empilable Bofinger était moulée sous pression selon le procédé «prepreg» sur une presse de dix tonnes à double moule. Ce modèle a eu une influence énorme sur la conception contemporaine du mobilier de plein air.

Depuis 1964, Bätzner travaille comme designer et architecte indépendant. Il est notamment l'auteur de la clinique psychiatrique de Karlsruhe et du bâtiment administratif de la Rheinisch-Westfälische Technische Hochschule d'Aix-la-Chapelle.

Bien que la candidature de **Walter Gropius** ait été proposée pour la direction de l'Ecole des Arts Appliqués de Weimar, fondée par **Henry van de Velde** en 1908, celle-ci ferme en 1915 avant qu'il ait pu occuper son poste. Gropius a cependant maintenu ses contacts avec l'autre école d'art de Weimar, l'Ecole des Beaux-Arts. Mobilisé pendant la Première Guerre mondiale, Gropius se convertit à l'anti-capitalisme : ses sympathies le rapprochent désormais plus des idéaux artisanaux des ateliers Helgar que du **Deutscher Werkbund** (Union allemande pour l'œuvre) qui défend une production industrielle standardisée. Au front, Gropius formule ses « propositions pour l'établissement d'une institution éducative qui fournirait des conseils artistiques à l'industrie, au commerce et à l'artisanat ». En janvier 1916, ses recommandations pour la fusion de l'Ecole des Arts Appliqués et de l'Ecole des Beaux-Arts en une seule école interdisciplinaire d'arts appliqués et décoratifs sont transmises au gouvernement de la Saxe.

En avril 1919, Gropius est officiellement nommé directeur du nouveau Staatliches Bauhaus à Weimar. Le Manifeste du Bauhaus paraît la même année. Les membres du Bauhaus veulent réformer la pédagogie des arts afin d'unifier ceux-ci. Pour Gropius, la construction ou l'acte de faire est une expérience sociale, symbolique et intellectuelle importante et cette idée gouverne tout l'enseignement du Bauhaus.

Bauhaus
1919–1933 Weimar, Dessau & Berlin

◄ Fritz Schleifer, affiche pour l'exposition du Bauhaus, Weimar, 1923

▶ **Gyula Pap**, chandelier fabriqué dans l'atelier de métal de Weimar, 1922–1923

Le cursus comprend une année de cours préparatoire où l'on enseigne aux étudiants les principes de base de la théorie du dessin et de la couleur. Après cette année de formation, les étudiants entrent dans les différents ateliers situés dans les deux bâtiments et apprennent au moins un art manuel. Ces ateliers sont censés s'autofinancer, grâce à des commandes privées. Les professeurs portent le titre de « maîtres » et certains d'entre eux, sont membres des guildes locales ; les étudiants, quant à eux, sont des « apprentis ».

Dès la première année du Bauhaus, Gropius engage trois artistes : **Johannes Itten** qui est responsable du cours préparatoire, Lyonel Feininger (1871–1956) et **Gerhard Marcks**. Ces professeurs seront rejoints par d'autres expressionnistes : Georg Muche (1895–1987) fin 1919, Paul Klee (1879–1940) et Oskar Schlemmer (1888–1943) en 1921, puis Vassili Kandinsky (1866–1944) en 1922.

Durant les premières années du Bauhaus, c'est le charismatique Itten qui joue le rôle prépondérant. Les cours d'Itten qui commencent souvent par des exercices respiratoires et gymnastiques sont basés sur « l'intuition et la méthode » ou « l'expérience subjective et la reconnaissance objective ». Il pense que l'étude des matériaux doit révéler leurs qualités intrinsèques et il encourage ses étudiants à improviser des constructions originales à partir d'objets trouvés. Itten enseigne aussi les théories de la forme, de la couleur et du contraste ainsi que l'évaluation de l'histoire de l'art. D'accord sur ce point avec Gropius, Itten estime que la composition spatiale est soumise aux lois de la nature exactement comme la composition musicale et il apprend aux étudiants l'importance des formes géométriques élémentaires, comme le cercle, le carré et le cône. Comme Kandinsky, Itten a tenté de réintroduire le spirituel dans l'art.

Itten et Muche, adeptes du culte mazdéen, ont essayé d'en introduire les préceptes dans le Bauhaus. Les étudiants doivent se raser la tête, porter des vêtements amples semblables à des robes de moines, suivre un régime végétarien, manger de grandes quantités d'ail purificateur, jeûner régulièrement, pratiquer l'acupuncture et prendre des bains chauds.

◄ **Lena Bergner**, projet de tapis pour une chambre, 1928

▲ Walter Gropius, complexe scolaire pour le Bauhaus de Dessau, 1925–1926

◀ Joost Schmidt, affiche pour l'exposition du Bauhaus de Weimar, 1923

Mais cette aventure mazdéenne, avec ses rituels et ses méditations, finit par saper l'autorité de Gropius et par dresser les étudiants contre lui. Finalement un conflit se déclare entre Gropius et Itten et celui-ci doit démissionner en mars 1923, marquant la fin de la période expressionniste du Bauhaus. **Josef Albers** et **László Moholy-Nagy** sont engagés pour succéder à Itten et, tout en adhérant aux principes fondamentaux de son cours préparatoire, ils rejettent ses thèses sur le développement individuel créatif et imposent une démarche plus industrielle, qui se traduit notamment par des visites d'usine avec les étudiants. Etant donné les méthodes pédagogiques insolites d'Itten et les options socialistes implicites de l'école, il n'est guère surprenant que celle-ci, institution d'Etat, ait suscité de vigoureuses oppositions politiques à Weimar. Les autorités locales, sous la pression des guildes locales inquiètes de voir des commandes confiées à des étudiants du Bauhaus au détriment de leurs membres, demandent que soit organisée une exposition afin de justifier le maintien des subventions de l'Etat. L'exposition qui a lieu en 1923 ne montre pas seulement des œuvres du Bauhaus mais aussi des projets du mouvement **De Stijl** comme la chaise *Rouge et Bleu* de **Gerrit Rietveld** (1918–1923). L'influence de De Stijl sur le Bauhaus ne saurait être sous-estimée compte tenu de l'enseignement dispensé par **Theo van Doesburg** au Bauhaus. Autre évolution révélée par l'exposition de 1923 : le Bauhaus s'est forgé une nouvelle image. Le graphisme de cette période est délibérément moderne et recourt à la « Nouvelle Typographie », incontestablement inspirée par De Stijl et le **Constructivisme** russe. Bien que saluée par la critique internationale, particulièrement aux Etats-Unis, cette exposition importante n'apaise pas les peurs locales. En 1924, les partis de droite se retrouvent majoritaires après les élections du troisième Landtag de Thüringe : la fin du Bauhaus de Weimar est en vue. En 1925, Gropius est contraint de fermer le Bauhaus, considéré comme un foyer de communisme et de subversion, pour l'installer ailleurs.

L'école rouvre à Dessau, une ville administrée par les sociaux-démocrates, dont le maire libéral est politiquement beaucoup plus favorable à sa survie et à sa réussite. Cette cité industrielle qui bénéficie des prêts de secours débloqués par le plan Dawes offre au Bauhaus le soutien financier dont il a tellement besoin. Cette aide est accordée à condition que l'école s'autofinance partiellement grâce à la production et à la diffusion de ses projets. L'importance de la subvention accordée permet de construire de nouveaux bâtiments pour l'école, si bien qu'en 1926 le Bauhaus s'installe dans les locaux conçus par Walter Gropius. Dans les bois voisins, une série de maisons aux lignes rigoureusement géométriques ont été construites pour les maîtres ; elles

▶ **Marcel Breuer**, fauteuil *Lattenstuhl* fabriqué dans l'atelier de mobilier, Weimar, 1922-1924

▲ Marcel Breuer, fauteuil *Wassily*, modèle n° *B3*, Bauhaus de Dessau, 1926

serviront de modèles pour le mode de vie futur. Les bâtiments de l'école euxmêmes, avec leur structure extrêmement rationnelle, symbolisent un virage décisif pour le Bauhaus. Celui-ci s'éloigne de l'artisanat pour se tourner vers un **Fonctionnalisme** industriel. Les maîtres sont désormais des professeurs sans lien avec les guildes. L'école assure désormais elle-même la délivrance de ses diplômes. Gropius a perdu ses illusions sur le socialisme et considère que la forme d'organisation industrielle élaborée par Henry Ford peut être bénéfique pour les travailleurs. Il croit aussi que pour survivre, le Bauhaus doit adopter une conception industrielle du design.

Avec la conviction que l'application du fonctionnalisme pourra créer un type de société meilleur, les projets du Bauhaus adoptent délibérément une esthétique mécaniste et se tournent vers l'industrie. En décembre 1925, avec le soutien financier d'Adolf Sommerfeld, Gropius réalise son ancienne ambition de fonder une entreprise ayant pour vocation de promouvoir et de vendre les produits fabriqués par l'école. La SARL Bauhaus édite même un catalogue, mis en page par **Herbert Bayer**, qui présente ses produits. La vente de ces objets ne dégage toutefois pas des rentrées très importantes, loin de là. Cet insuccès relatif est sans aucun doute lié à l'esthétique austère des produits du Bauhaus, mais il révèle un autre problème : bien que fabriqués mécaniquement, la plupart de ces produits restent inadaptés à une production industrielle. Quelques accords de sous-traitance sont passés entre l'école et des entreprises extérieures mais les bénéfices escomptés par Gropius ne sont pas au rendez-vous. En 1928, celui-ci souhaite passer la main afin de pouvoir mieux se consacrer à ses projets d'architecte et il demande à **Mies van der Rohe** de le remplacer à la direction du Bauhaus. Après le refus de celui-ci, c'est finalement le Suisse Hannes Meyer (1889-1954) engagé comme professeur d'architecture à l'ouverture de l'école en 1927, qui accepte de diriger l'école qui se nomme désormais « Hochschule für Gestaltung » (Ecole Supérieure de Design).

Meyer, qui est communiste, occupe le poste de directeur jusqu'en juillet 1930. Il pense que la forme doit être subordonnée à la fonction et au prix de revient afin que les produits soient à la fois pratiques et abordables pour les consommateurs des classes laborieuses. Il tente d'introduire des cours d'économie, de psychologie, de sociologie, de biologie et de marxisme dans le cursus. Il ferme l'atelier de théâtre et réorganise les autres ateliers pour essayer de débarrasser l'école des « prétentions artistiques » qui lui ont coûté si cher les années précédentes. Sous la tutelle de Meyer, l'approche du design au Bauhaus devient plus scientifique et l'héritage initial du constructivisme est réduit à la portion congrue. Le Bauhaus se politise de plus en plus et l'école

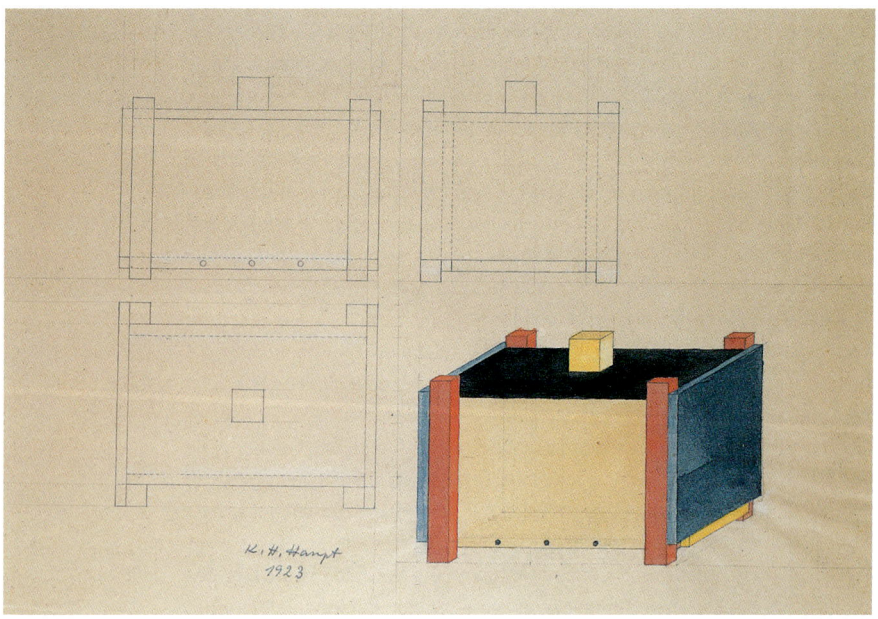

▼ **Karl Hermann Haupt**, projet de boîte à couvercle, 1923

◄ Livres d'échantillons de papiers peints du Bauhaus, 1930

devient un foyer de militantisme actif pour un groupe d'étudiants marxistes. En 1930, la cellule communiste de l'école compte trente-six étudiants et la réputation du Bauhaus commence à pâtir de cette politisation. A l'instigation de Kandinsky et de Gropius, les autorités municipales de Dessau renvoient Meyer, quand on découvre qu'il a versé des fonds à des mineurs en grève.

Pressé de toutes parts de dépolitiser le Bauhaus pour le sauver, Mies van der Rohe accepte d'en assumer la direction. Il ferme aussitôt l'école et réforme ses statuts avant de la rouvrir et de contraindre les 170 étudiants à se réinscrire individuellement. Cinq étudiants proches de Meyer sont exclus. Dans le nouveau cursus, le cours préparatoire n'est plus obligatoire. L'étude de l'architecture prend une importance croissante, ce qui a pour effet de transformer le Bauhaus en école d'architecture. Bien que les ateliers d'arts appliqués continuent à fonctionner, il leur est fait obligation de ne réaliser que des produits qui puissent être fabriqués en série. Avec Mies, la théorie architecturale l'emporte quelque temps sur la politique. Il expose avec son associée **Lilly Reich** le nouveau programme apolitique : « Bau und Ausbau » (Construction et développement). En octobre 1931, les nazis qui avaient réclamé la fermeture du Bauhaus, obtiennent la majorité des sièges (19 sur 36) à la municipalité de Dessau et le 22 août 1932, une motion ordonnant la fermeture de l'école est votée. Transféré par Mies van der Rohe à Berlin, le Bauhaus y devient une école privée. Mais son passé politique le rattrape quand les nazis prennent le pouvoir dans la capitale. La Gestapo perquisitionne les locaux de l'école, en quête de littérature communiste compromettante, et appose les scellés sur les portes, ce qui revient à la fermer. Le 19 juillet 1933, les maîtres se rassemblent et votent la dissolution du Bauhaus, marquant la fin officielle de cette remarquable aventure.

Beaucoup d'entre eux, dont Mies van der Rohe, **Marcel Breuer**, Walter Gropius et Josef Albers émigrent alors aux Etats-Unis pour fuir les persécutions et en 1937, László Moholy-Nagy devient le directeur du nouveau Bauhaus de Chicago, à l'existence éphémère. Un an plus tard, une rétrospective des créations du Bauhaus est organisée au **Museum of Modern Art de New York** et la réputation de l'école, considérée comme la plus grande institution de design du XXe siècle, croît encore. La démarche fonctionnaliste initiée par le Bauhaus a eu un impact fondamental sur la pratique du design industriel du siècle et posé les fondements philosophiques dont est issu le **Mouvement Moderne**. L'expérience du Bauhaus a aussi eu un impact profond et global sur la pédagogie du design et notamment à la **Hochschule für Gestaltung d'Ulm**.

▼ **Wilhelm Wagenfeld**, service à thé pour Jenaer Glaswerke Schott & Gen., vers 1930

Hans Theo Baumann a étudié l'art et le design à Dresde et Bâle, avant de créer son propre atelier en 1955. Il s'est ensuite spécialisé dans la vaisselle de table en porcelaine et verre, et a employé des formes géométriques simples, sans ornement, qu'il adoucissait par une finition sculpturale des bords. L'aspect visuel des objets de Baumann allie raffinement et solidité. Parmi ses principaux clients, citons Rosenthal, Thomas, **Daum**, Arzberg, Süssmuth et Schönwald. Ses projets de vaisselle de table, comme le service *Brasilia* de 1971 pour Arzberg, lui ont apporté une reconnaissance internationale. Baumann a aussi créé des textiles, des meubles et des luminaires, qui relèvent tous de la même esthétique épurée. Son travail a été présenté dans une exposition personnelle au Kunstgewerbemuseum en 1979–1980 et il a participé à l'exposition « Le design depuis 1945 » du musée d'Art de Philadelphie.

Hans Theo Baumann
1924 Bâle
2016 Schopfheim

▲ Service de table *Brasilia* pour Arzberg, 1971

Herbert Bayer

1900 Haag am Hausruch, Autriche
1985 Montecito, Californie

▶ Affiche pour l'exposition « 50 Jahre Bauhaus », Stuttgart, 1968

▼ Couverture du catalogue de l'exposition « Staatliches Bauhaus in Weimar 1919–1923 », 1923

Herbert Bayer effectue son apprentissage en 1919–1920 dans l'atelier d'art décoratif de Georg Schmidthammer, à Linz, et y réalise ses premiers travaux de graphiste. En 1920, il travaille dans l'atelier d'Emanuel Margold (1889–1962) à Darmstadt, avant de poursuivre ses études au Bauhaus, à Weimar, de 1921 à 1923, où il suit l'enseignement pictural d'Oskar Schlemmer (1888–1943) et de Vassili Kandinsky (1866–1944). En 1923–1924, il se consacre à la peinture et entreprend un voyage qui l'entraîne à Berchtesgaden et en Italie. A son retour en Allemagne, en avril 1925, il devient enseignant et « jeune maître » au Bauhaus de Dessau. Jusqu'en 1928, il dirige le nouvel atelier d'imprimerie et de réclame de l'école qui deviendra plus tard l'atelier de typographie et de publicité. A ce titre, Bayer est responsable de tous les supports publicitaires de l'école et de la conception graphique des livres édités par le Bauhaus. Il a notamment introduit l'usage de l'antique en bas-de-casse dans les graphismes du Bauhaus et encouragé l'utilisation d'images photographiques dans le design publicitaire. A partir de 1928, Bayer est directeur artistique de l'agence de publicité Dorland et il sera plus tard responsable de la section allemande des arts graphiques à l'Exposition de la Société des Artistes Décorateurs à Paris. En 1938, Bayer émigre aux Etats-Unis et il rédige le catalogue de l'exposition « Bauhaus 1919–1928 » organisée au **Museum of Modern Art de New York**. Il est directeur de Dorland International jusqu'en 1945 et, de 1946 à 1956, consultant pour la Container Corporation of America. A partir de 1946, installé à Aspen (Colorado), il participe à la conception architecturale de divers bâtiments de la ville dont le Centre Culturel d'Aspen. Bayer a aussi travaillé comme consultant en design pour d'autres grandes sociétés américaines dont l'Atlantic Richfield et la General Electric. En 1975, il s'installe à Montecito, Californie.

BBPR

Fondée en 1932
Milan

▲ Fauteuil *Urania*
pour Arflex, 1954

▲▶ Chaise *Elettra*
pour Arflex, 1954

La BBPR, fondée en 1932 par Gianluigi Banfi (1910–1945), Lodovico Barbiano di Belgiojoso (1909–2004), Enrico Peressutti (1908–1976) et Ernesto Rogers (1909–1969), fut l'une des plus importantes agences architecturales italiennes d'inspiration rationaliste. En 1935, la BBPR devient membre du CIAM (Congrès International d'Architecture Moderne) et en 1939 l'agence s'installe dans un édifice religieux du XVIe siècle, le couvent des Bénédictines de San Simpliciano. A la fin de la Seconde Guerre mondiale, Banfi disparaît dans un camp de concentration et Rogers est interné en Suisse, mais après la guerre les trois associés survivants reconstituent l'agence et jouent un rôle important dans le développement du **Rationalisme**. Le groupe se consacre aussi bien à des projets d'architecture (sa réalisation la plus notable est la tour Velasca de Milan, de 1950–1951, achevée en 1958), d'urbanisme, de rénovation, qu'à la conception d'expositions et au design d'objets. De 1954 à 1964, BBPR conçoit des meubles pour Arflex avec une garniture innovante en mousse de latex et crée la série de meubles de bureau en métal *Spazio* (1956) et *Arco* (1960) pour **Olivetti**. BBPR joue aussi un rôle intellectuel majeur dans le design, ses membres occupant d'importantes positions d'enseignants en Italie comme à l'étranger. De 1950 à 1962, Peressutti enseigne à l'Association Architecturale de Londres, au Massachusetts Institute of Technology, aux universités de Princeton et Yale, alors que Rogers est professeur à l'Ecole Polytechnique de Milan.

Aubrey Beardsley

1872 Brighton,
Grande-Bretagne
1898 Menton

Aubrey Beardsley n'a semble-t-il reçu qu'une formation artistique très brève – de deux mois – et pourtant, durant sa carrière artistique d'un peu plus de six ans, il crée des centaines d'illustrations en noir et blanc d'esprit **Art nouveau**. Son travail, souvent très osé, a su rendre la décadence fin-de-siècle et lui a apporté la célébrité très jeune. En 1894, il est nommé directeur de la revue *The Yellow Book*, publication dans laquelle il entremêle érotisme et exotisme d'un coup de crayon sinueux. Ses premières illustrations importantes pour la *Mort d'Arthur* révèlent l'influence des gravures sur bois d'Edward Burne-Jones (1833–1898), mais ses dessins pour la *Salomé* d'Oscar Wilde laissent entrevoir un style plus grotesque et sensuel. L'érotisme ostensible de ses planches pour *The Rape of the Lock* et *Lysistrata* qui bousculent les convenances et les normes morales de son temps lui assurent une renommée durable. Les illustrations et les affiches de théâtre délibérément choquantes de Beardsley sont pertinentes par leur efficacité visuelle. Ses formes exubérantes et torturées incarnent le style Art nouveau mais de plus, avec leurs contours accusés, elles marqueront profondément les graphistes du XXe siècle.

◀ Couverture de *The Yellow Book*, 1894

Henry Beck
1903–1974

A partir de 1909, le directeur commercial du métro de Londres, Frank Pick, devient responsable de la signalétique et du graphisme. Il commande des projets à des graphistes comme Edward Johnson (1872–1944) et **Edward McKnight Kauffer**. Mais le plus important travail de conception graphique réalisé pour la société sera l'œuvre d'Henry Beck qui a reçu une formation de dessinateur industriel. Les plans du métro de Londres devenaient de plus en plus complexes et à partir des années 1920 de moins en moins lisibles, à cause de la volonté des graphistes de restituer la position géographique réelle des stations. Beck redessine le plan en 1933 en utilisant une démarche schématique qui montre les relations spatiales entre les stations plutôt que les distances qui les séparent. Cet ingénieux système de représentation repose sur un usage symbolique des couleurs et une grille octogonale dans laquelle lignes et stations sont placées à des angles de 90° ou de 45° d'où une grande clarté de lecture. L'insertion de la Tamise sur le plan lui confère aussi une forte identité londonienne.

▲ Plan du métro londonien, 1933

De 1886 à 1889, Peter Behrens étudie à l'Ecole des Arts Appliqués de Hambourg, à la Kunstschule de Karlsruhe et à la Düsseldorfer Akademie. A partir de 1890, il travaille comme graphiste et peintre à Munich où il assimile l'apport **Jugendstil**. Il réalise des gravures sur bois, des reliures et des illustrations aux couleurs éclatantes inspirées par ce mouvement. Il est, en 1893, l'un des cofondateurs de la sécession munichoise, un groupe d'artistes et d'artisans progressistes qui décident d'exposer ensemble. En 1896, Behrens voyage en Italie et, l'année suivante, se joint à **Hermann Obrist**, **August Endell**, **Bruno Paul**, **Richard Riemerschmid** et **Bernhard Pankok** pour créer les **Vereinigte Werkstätten für Kunst im Handwerk** (Ateliers Unis pour le Travail Artisanal) à Munich. Ceux-ci ont pour vocation la fabrication artisanale d'objets et ustensiles domestiques. En 1898, Behrens travaille pour la revue *Pan* et dessine des objets d'ameublement, qui sont exposés au Glaspalast de Munich l'année suivante. De 1899 à 1903, il est membre actif de la **Darmstädter Künstlerkolonie** (Colonie d'artistes de Darmstadt), fondée par le grand-duc Ernst-Ludwig de Hesse-Darmstadt. A Darmstadt, Behrens conçoit son premier bâtiment, la maison Behrens. Ce projet se veut une **Gesamtkunstwerk**, une œuvre d'art totale, c'est-à-dire que son mobilier, y compris la vaisselle, est dessiné spécialement pour elle. Cette maison marque un virage important pour Behrens qui s'écarte du Jugendstil et élabore une conception plus rationnelle du design. En 1902 et 1903, Behrens enseigne au Bayerisches Gewerbemuseum de Nuremberg et présente ses réalisations à l'Exposition Internationale d'Art Décoratif Moderne de Turin. De 1903 à 1907 il est directeur de la Kunstgewerbeschule de Düsseldorf. Le sens commercial de l'art industriel amène Emil Rathenau, le fondateur d'**AEG**, – à l'instigation de Paul Jordan, l'un de ses directeurs – à nommer Peter Behrens directeur artistique de la firme en 1907. C'est la première fois qu'une société emploie un designer pour la conseiller sur tous les aspects du design. Dans ses nouvelles fonctions, Behrens réalise des bâtiments pour les habitations des ouvriers et les usines. Il réalise aussi l'usine de turbines d'AEG en ciment, acier et verre (1908–1909).

Peter Behrens
1868 Hambourg
1940 Berlin

▼ Pot en grès pour Reinhold Hanke, vers 1903

Ce projet, l'une des premières expressions authentiques de l'architecture industrielle moderne, a un énorme retentissement. Behrens crée aussi des appareils électriques, bouilloires, ventilateurs, horloges, équipés de composants standards interchangeables pour rationaliser les méthodes de production. Il est aussi l'auteur de tous les graphismes de la société qu'il dote d'une identité visuelle forte et extrêmement cohérente. Peu après sa nomination chez AEG, Behrens fonde le **Deutscher Werkbund** (Union allemande pour l'œuvre) en octobre 1907, avec Peter Bruckmann (1865-1937), **Josef Maria Olbrich**, Fritz Schumacher (1869-1947), Richard Riemerschmid et Hermann Muthesius (1861-1927). Le Deutscher Werkbund s'inspire du mouvement anglais des **Arts & Crafts** et s'efforce de réhabiliter le prestige de l'artisanat et de s'en inspirer pour la production industrielle. Authentiques précurseurs du **Mouvement Moderne**, les membres du Deutscher Werkbund comprennent que, pour que les objets manufacturés atteignent le haut niveau de qualité des objets artisanaux, la standardisation – et l'approche rationnelle du design qu'elle suppose – est inévitable. En 1907, Behrens fonde une grande agence d'architecture et de design à Berlin où il collabore avec **Walter Gropius** de 1907 à 1910, **Ludwig Mies van der Rohe** de 1908 à 1911

▲ Verres à pied pour Rheinische Glashütte AG (conçus à l'origine pour la Maison Behrens), 1900–1901

◄ Façade nord de la Maison Behrens, sur la Mathildenhöhe, Darmstadt, 1901

▲ Horloge électrique *Synchron* pour AEG, vers 1930

et **Le Corbusier** en 1910 et 1911. Ce groupe extrêmement prolifique enchaîne les réalisations architecturales, notamment l'ambassade d'Allemagne à Saint-Pétersbourg (1911-1912), et réalise de nombreuses commandes pour l'industrie. Après la Première Guerre mondiale, le style architectural de Behrens s'éloigne d'un « classicisme usé jusqu'à la corde » et puise dans l'expressionnisme, comme le révèle son projet d'immeuble de bureaux pour l'I. G. Farben Höchst (1920-1925). En 1926, Behrens dessine *New Ways*, une maison pour l'industriel anglais Wynne Bassett-Lowke (Northampton), premier exemple complet d'architecture moderne en Angleterre. Au cours des années 1930, Behrens s'inspire du **Style International**, comme le montre son projet d'entrepôt pour l'administration autrichienne des tabacs à Linz. Behrens a aussi créé de la vaisselle de table en porcelaine pour Franz Anton Mehlem (Bonn) et les frères Bauscher (Weiden), en verre pour la Rheinische Glashütten (Cologne), et des linoléums à motifs géométriques pour la Delmenhorster Linoleum Fabrik. De 1922 à 1936 il est directeur de l'architecture à l'Ecole Supérieure des Arts Appliqués de Vienne où il enseigne à des professeurs. En 1936, il devient directeur du département d'architecture de l'Académie Prussienne des Arts à Berlin, position qu'il occupera jusqu'à sa mort. Parmi les tout premiers initiateurs du design industriel, Behrens fut le praticien allemand du design le plus influent du XXe siècle. Ses solutions simples, pratiques et rationnelles ont eu un énorme impact sur la formation et la propagation du modernisme.

Mario Bellini étudie à l'Ecole Polytechnique de Milan et obtient son diplôme en 1959. De 1961 à 1963, il est directeur artistique à La Rinascente, une chaîne italienne de grands magasins. En 1963, il fonde son agence d'architecture avec Marco Romano et en 1973, il ouvre l'agence Bellini à Milan. Depuis 1963, il est responsable du design chez **Olivetti**. Parmi ses projets pour Olivetti, citons la calculette *Divisumma 18/28* (1973) ainsi que les machines à écrire *Praxis 35* et *45* (1981). De 1969 à 1971, il est président de l'ADI (Associazione per il Disegno Industriale) et, en 1972, il présente son environnement mobile *Kar-a-Sutra* à l'exposition « Italie : Le nouveau paysage domestique », organisée au **Museum of Modern Art de New York**. C'est après celle-ci qu'il est engagé comme consultant en design par Renault en 1978. Dans les années 1970, Bellini organise des ateliers où il explore les relations complexes qu'entretiennent les hommes avec leur environnement artificiel – thème présent dans l'ensemble de son œuvre. De 1886 à 1991, Bellini est rédacteur en chef de la revue *Domus* et, depuis 1979, il est membre du conseil scientifique de la section design de la Triennale de Milan. Il a aussi été professeur de design à l'Institut Supérieur de Design Industriel de Venise de 1962 à 1965, professeur de design industriel à la Hochschule für Angewandte Kunst de Vienne de 1982 à 1983 et professeur de design industriel à l'Académie Domus de Milan de 1986 à 1991. Bellini a été professeur invité dans de nombreux

Mario Bellini
Né en 1935 Milan

▼ Calculatrice
Programma 1a pour Olivetti, 1965

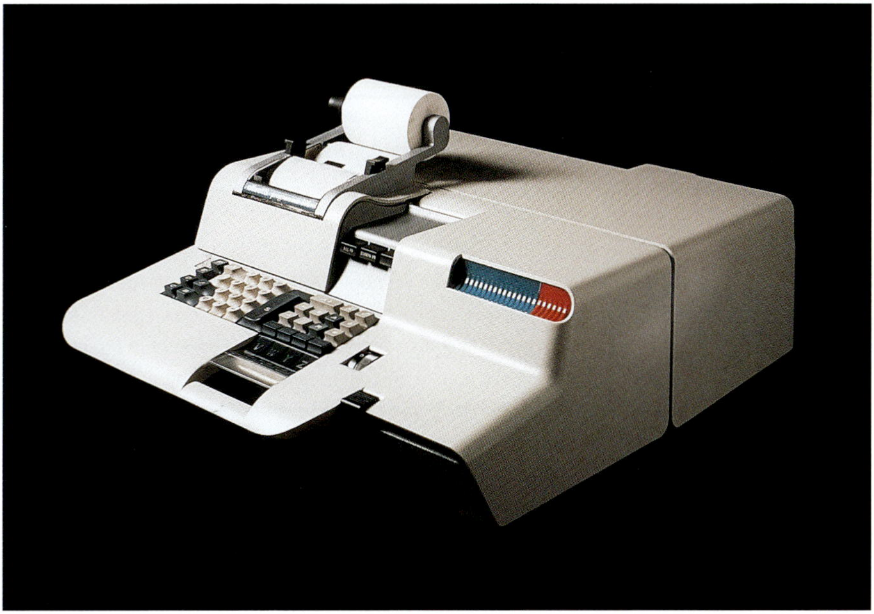

▲ Fauteuil et chaise *Cab* pour Cassina, 1982 et 1976

autres établissements, parmi lesquels le **Royal College of Art de Londres**. Parmi ses créations les plus célèbres, citons la ligne de sièges *Le Bambole* pour B&B Italia (1972), la chaise *Cab* pour Cassina (1976) et le projet de mobilier de bureau *Figura* réalisé en collaboration avec Dieter Thiel pour **Vitra** (1985). Il est également l'auteur de luminaires pour Flos, **Artemide** et Erco et de systèmes audio pour Yamaha et BrionVega. Bellini a reçu de nombreux prix de design, et sept **Compasso d'Oro** (compas d'or).

Ward Bennett
1917 New York
2003 New York

Dès l'âge de quatorze ans, Ward Bennett travaille comme styliste de mode pour Saks, le grand magasin de la Cinquième avenue, et plus tard pour Joe Junior, avant de s'inscrire à l'Ecole d'Art Porto Romano (Florence) en 1937. En 1937–1938, il est élève à l'Académie de la Grande Chaumière à Paris et il collabore aussi avec le sculpteur Constantin Brancusi (1876–1957). A son retour aux Etats-Unis, il s'installe à Los Angeles puis à San Francisco où il travaille comme décorateur de vitrine. De 1940 à 1943, il sert dans l'armée américaine, et, une fois démobilisé, suit l'enseignement de Hans Hoffmann (1880–1966) à New York. En 1947, il réalise l'aménagement intérieur d'un penthouse pour Harry Jason à New York. De 1948 à 1950, il travaille dans l'agence de **Le Corbusier** à Paris et à son retour à New York, en 1950, il ouvre sa propre agence de décoration intérieure. Il réalise des aménagements de bureaux pour de grandes sociétés américaines, italiennes et anglaises comme la Chase Manhattan Bank et de riches particuliers (familles Rockefeller et Agnelli). C'est Ward Bennett qui aurait inventé le coin causerie en contrebas et le canapé en U. Les décorations intérieures de Bennett sont aussi remarquables par leur recours au placard-cloison et aux paravents japonais pour diviser les surfaces. Au long de sa carrière, Bennett a réalisé plus d'une centaine de projets de meubles et de textiles pour Brickel Associates, New York. Il est aussi l'auteur de vaisselle de table en porcelaine et verre et de couverts pour Tiffany & Co., New York. En 1962–1963, il est professeur invité à l'université Yale et de 1969 à 1971, il enseigne au Pratt Institute de New York où il devient professeur associé. Bennett qui eut souvent recours à des matériaux de récupération industriels (poteaux télégraphiques) est généralement considéré comme un des créateurs du style **High-Tech**.

◄ Appartement de célibataire avec salon-salle à manger et bureau, vers 1952

S. H. Benson's

Fondée en 1893
Londres

L'agence de publicité S. H. Benson a été fondée par Samuel Herbert Benson en 1893 sur le conseil de John Johnson, le propriétaire de la firme Bovril Ltd., un fabricant de bouillon de bœuf. Outre Bovril, qui fut le premier client de l'agence, S. H. Benson a réalisé des campagnes pour Colman's, Rowntree et surtout pour Guinness. S'adjoignant les talents de graphistes et de dessinateurs réputés comme **Abram Games**, **Tom Eckersley**, Tom Purvis (1888–1959), H. M. Bateman (1887–1970) et John Gilroy (1898–1985), l'agence S. H. Benson sera l'une des premières à utiliser l'arme de l'humour dans la publicité. De 1928 à 1969, John Gilroy dessine des affiches pour Guinness avec les slogans emblématiques « My Goodness my Guinness », « Guinness for Strength » et « Guinness is good for you » qui mettent en scène des personnages et des créatures humoristiques comme le pélican de Guinness que la plupart des Anglais reconnaissaient immédiatement dans les années 1920 et 1930. Durant la Seconde Guerre mondiale, les thèmes – liés à la guerre – des affiches de Benson se font délibérément plus gais. L'imagerie de l'agence, essentiellement britannique, est vitale pour fixer l'identité des produits promus. Ses campagnes démontrent pour la première fois qu'une publicité peut faire plus que montrer simplement un produit : le recours à l'humour permet de capter plus longtemps l'attention du spectateur et de renforcer l'association avec le produit. Le travail de S. H. Benson's a eu une énorme influence sur les campagnes publicitaires et la promotion des marques au XXe siècle.

▼ **John Gilroy**, affiche *My Goodness, My Guinness* pour Guinness, 1936

◄ Service à café en verre moulé pour la verrerie Leerdam, 1926

Hendrik Petrus Berlage étudie à l'Académie des Beaux-Arts d'Amsterdam avant de suivre l'enseignement de Gottfried Semper (1803–1879) à l'Ecole d'Architecture du Polytechnicum de Zurich de 1875 à 1878. Il collabore ensuite avec l'architecte hollandais néogothique Petrus Cuypers (1827–1921). En 1889, Berlage ouvre sa propre agence d'architecture à Amsterdam et abandonne l'historicisme en faveur de la simplicité et de l'honnêteté de la construction. Il est l'architecte de la Bourse d'Amsterdam (1897–1903) dans laquelle subsistent des influences du style roman, mais dont le traitement extrêmement original annonce l'expressionnisme hollandais. Durant un voyage en Amérique en 1911, Berlage découvre l'apport de **Frank Lloyd Wright** et de Louis Sullivan (1856–1924) dont il fera connaître l'œuvre aux architectes hollandais et suisses dès son retour. Ses projets de meubles assez lourds sont exécutés par l'atelier Het Binnenhuis à Amsterdam. Berlage s'établit à La Haye en 1911. De 1914 à 1919, il dirige le département de construction de W. H. Müller & Co. avant de devenir architecte indépendant. A partir de 1924, il enseigne à l'école polytechnique de Delft et, en 1928, assiste au premier congrès du CIAM (Congrès International d'Architecture Moderne). Bien que le travail de Berlage ait influencé **De Stijl**, il doit plus être considéré comme un témoignage de l'Expressionnisme que du Modernisme.

Hendrik Petrus Berlage

1856 Amsterdam
1934 La Haye

Lucian Bernhard

1883 Stuttgart
1972 New York

Lucian Bernhard étudie à l'Académie des Beaux-Arts de Munich avant de s'installer à Berlin en 1901 où il commence à dessiner des affiches avec des caractères à empattement arrondi et des formes aux contours accentués avec une palette de couleurs réduite. Ces affiches sont influencées par le travail de deux graphistes anglais, William Nicholson (1872–1949) et James Pryde (1869–1941), plus connus sous le nom de « Beggarstaffs » en Angleterre. Bernhard réalise l'un de ses premiers projets à l'occasion d'une compétition pour les allumettes Priester. Son affiche lauréate, d'un grand impact visuel avec ses caractères audacieux et son élimination des détails superflus, contribue à établir sa réputation. Bernhard est l'une des figures majeures du « Plakatstil » allemand, qui privilégie les formes stylisées sur des fonds unis, avec une ligne de texte ou le nom de la marque. Bernhard est aussi une personnalité marquante dans l'élaboration du « Sachplakat », l'affiche-objet, qui présente audacieusement le produit et sa marque mais sans le moindre commentaire sur ses mérites. En 1909, il participe à la création de *Das Plakat*, un magazine pour collectionneurs (qui deviendra plus tard *Gebrauchsgraphik*). Celui-ci reproduit ses projets d'affiche et utilise le caractère Bernhard Antiqua qu'il a créé pour la société Bauer de Francfort. En 1914, Bernhard conçoit des affiches et papiers d'emballage audacieux et colorés pour les bougies

▼ Affiche lithographique pour les chaussures Stiller, vers 1908

automobiles Bosch. A Berlin, Bernhard fait partie d'une écurie de graphistes, dont Hans Rudi Erdt (1883–1918) et Julius Gipkens (1883–années 1960), qui présentent régulièrement leurs projets aux imprimeurs Hollerbaum & Schmidt, réputés pour leur conceptions novatrices en publicité par l'objet. En 1920, Bernhard devient le premier professeur de graphisme publicitaire de l'Académie des Beaux-Arts de Berlin. Trois ans plus tard, il s'installe à New York et y ouvre un atelier de design, tout en continuant à diriger son agence berlinoise. Aux Etats-Unis, il dessine plusieurs polices pour une fonderie, l'American Type Founders et une multitude de logos et d'affiches (durant sa carrière il aura inventé trente-six nouveaux caractères). Il conçoit notamment des campagnes pour Amoco. En Amérique, Bernhard crée également des scénographies et des aménagements d'intérieurs. En 1928, avec deux amis émigrés, Paul Poiret (1879–1944) et **Bruno Paul**, ainsi que l'artiste américain Rockwell Kent (1882–1971), il crée un atelier d'art décoratif, Contempora.

▼ Affiche lithographique pour les bougies Bosch, 1914

Harry Bertoia

1915 San Lorenzo, Italie
1978 Bally, Pennsylvanie

Harry Bertoia émigre aux Etats-Unis avec sa famille en 1930. En 1936, il obtient son diplôme de la Cass Technical High School à Detroit, Michigan. Il étudie ensuite à l'Ecole d'Art de la Detroit Society of Arts and Crafts jusqu'en 1937. De 1937 à 1939, grâce à une bourse, il suit les cours de l'**Académie de Cranbrook**, Michigan. Bertoia y rouvre l'atelier de travail de métaux, qui avait fermé en 1933 et en devient le chef. Il y enseigne de 1939 à 1943, date à laquelle l'atelier ferme à cause de la pénurie de matériaux due à la guerre. Pendant une brève période, Bertoia travaille dans l'atelier d'arts graphiques de l'Académie de Cranbrook. Son beau-père, William Valentiner, directeur de l'Institut des Arts de Detroit est un fervent défenseur de l'art abstrait. Il a certainement influencé l'évolution progressive de Bertoia vers une abstraction radicale qui l'éloigne de son style «streamline» (profilage) primitif. En 1943, Bertoia s'installe à Venice, Californie, où il collabore avec **Charles et Ray Eames** pour la Evans Products Company où il développe des techniques de cintrage du contreplaqué. Après la Seconde Guerre mondiale, il est employé quelque temps par la Plyformed Products Company qui appartient

▶ Chaise *Diamond*, modèle n°421LU, pour Knoll International, 1950–1952

▲ Service à café
(prototype exécuté
à l'Académie de
Cranbrook),
vers 1937–1943

aux Eames. Après plusieurs désaccords sur son contrat avec ceux-ci, Bertoia quitte la société et commence à travailler pour **Knoll**. En 1946, Bertoia devient citoyen américain et s'installe à Bally, Pennsylvanie, à proximité de l'usine Knoll. Quatre ans plus tard, il y ouvre son atelier de design et de sculpture et devient designer de Knoll Associates. Ses chaises novatrices en fil de métal, réalisées pour Knoll en 1951, enregistrent un tel succès commercial, bien qu'entièrement fabriquées à la main, que les royalties qu'il en retire lui permettent de se consacrer entièrement à sa carrière de sculpteur. A cet égard, Bertoia est surtout connu pour ses œuvres sur pied, partiellement mobiles, qui résonnent sous l'effet du vent ou quand on les touche. Il s'est vu décerner une médaille d'or de l'Architectural League de New York, une médaille pour un paravent commandé par la Manufacturers Hanover Trust Co. (1954) et il a aussi été lauréat de l'American Institute of Architects en 1973 et de l'American Academy of Letters en 1975. Les meubles de Bertoia ne satisfont pas seulement des exigences fonctionnelles, mais, comme ses sculptures, se veulent aussi des recherches sur la forme et l'espace.

Harry Bertoia · 111

La famille de Fulvio Bianconi s'installe à Venise alors que celui-ci est encore enfant. Pendant sa jeunesse, il travaille dans un atelier de verrerie à la Madonna dell'Orto et plus tard étudie à l'Académie des Beaux-Arts et au Lycée scientifique de Venise. Il travaille d'abord comme peintre sur verre et gagne sa vie en réalisant des portraits de touristes dans des hôtels vénitiens. En 1935, il s'installe à Milan où il dessine des flacons de parfum pour Visconti di Modrone. Puis, en 1939, il travaille pour Motta et, après la Seconde Guerre mondiale, est employé par Gi Vi Emme, un fabricant de parfums, à la définition de l'identité visuelle des produits maison, notamment des flacons. Il peint aussi une fresque dans la cantine de l'entreprise. En 1948, Bianconi rencontre **Paolo Venini** et entame une collaboration avec sa verrerie. La même année, Venini expose les figurines ludiques de la Commedia dell'Arte de Bianconi à la Biennale de Venise. De 1948 à 1951, Bianconi dessine d'autres figurines pour Venini ainsi que son fameux vase *Fazzoletto* (mouchoir) souvent copié. Parmi ses autres créations pour Venini on retiendra les lignes de vaisselle de table *Pezzato* (morcelé) et *A Spicchi* (tranché), à motifs de marqueterie et de rayures colorées, qui sont exposées en 1951 à la IXe Triennale de Milan. A partir de 1951, Bianconi travaille comme designer indépendant pour de multiples sociétés dont Cenedese et Danese. La décennie suivante, il continue à dessiner des verreries biomorphes aux motifs inspirés par l'expressionnisme abstrait et ses articles de vaisselle *Scozzese* à motifs de tartan pour Venini. Durant les années 1960, Bianconi dessine un vase à un motif de spirale interne pour Vistosi qui est primé à la XIIIe triennale de Milan en 1964, ainsi qu'une série de vases, les *Informali*. Peu à peu, au cours des années 1970, son travail devient de plus en plus sculptural. Les dernières années, il crée pour le verrier suisse Hergiswil. Durant sa longue carrière, Bianconi a aussi travaillé comme graphiste pour HMV, Pathé, Fiat et Pirelli ainsi que pour les éditeurs Mondadori et Garzanti.

Fulvio Bianconi
1915 Padoue, Italie
1996 Milan

◄ Bouteille rayée avec bouchon pour Venini, vers 1950

▼ Vase *Pezzato* pour Venini, 1951

Max Bill

1908 Winterthur, Suisse
1994 Berlin

Max Bill étudie l'orfèvrerie à l'Ecole des Arts Décoratifs de Zurich de 1924 à 1927, période durant laquelle ses créations révèlent l'ascendant du Cubisme et de Dada. Il suit ensuite l'enseignement du **Bauhaus** de Dessau et adhère entièrement à la conception fonctionnaliste du design professée à l'école. Bill retourne à Zurich poursuivre ses études et travaille comme peintre, architecte et graphiste. Il devient la figure majeure du **Constructivisme** suisse dans l'école suisse de graphisme et, durant les années 1930, travaille comme graphiste pour le magasin Wohnbedarf de Zürich. Il crée sa propre agence d'architecture en 1930 et, en tant que membre du Schweizerischer Werkbund (Union pour l'Œuvre Suisse), conçoit la résidence Neubühl près de Zurich (1930–1932), un édifice typiquement modern style. En 1931, il adopte le concept d'«Art Concret» de **Theo van Doesburg**, selon lequel la clarté seule permet d'atteindre l'universalité. A partir de 1932, il travaille aussi comme sculpteur et devient membre de diverses organisations artistiques, dont le groupe Abstraction-Création à Paris, l'Allianz (l'Association des artistes suisses modernes), le CIAM (Congrès International d'Architecture Moderne) et l'UAM (Union des Artistes Modernes). En 1944, il s'oriente vers le design industriel et son horloge murale en aluminium pour Junghans (1957) ainsi que son tabouret minimaliste *Ulmer Hocker* (1954) figurent parmi ses créations les plus connues. M. Bill est responsable, en Allemagne, de l'orga-

▶ *Ulmer Hocker*, 1954 (réédité par Zanotta)

▲ Horloge murale, modèle n° 32/0389, pour Junghans, 1957

nisation des expositions et des concours de « Die Gute Industrieform » et cofondateur de l'influente **Hochschule für Gestaltung d'Ulm** en 1951. Il en devient le directeur des études et le directeur du département d'architecture et de design de produit pendant les cinq années suivantes. A Ulm, Bill prône un formalisme géométrique inspiré du Bauhaus, convaincu que les produits conçus selon des lois mathématiques recèlent une pureté esthétique et par conséquent une séduction plus universelle. Quand il reprend la direction du département de design de produit de l'école d'Ulm, **Hans Gugelot** se situe dans le droit fil de cette conception du design qui influence profondément son élève **Dieter Rams**. Après avoir quitté Ulm, Bill ouvre son atelier de design à Zurich en 1957, et se concentre sur la sculpture et la peinture. Il est l'architecte en chef du pavillon « Eduquer et Créer » à l'Exposition Nationale Suisse de 1964 et devient membre honoraire de l'AIA (American Institute of Architects). Si le formalisme géométrique de Bill et bien d'autres représentants du **Mouvement Moderne** était conçu comme le moyen d'atteindre une plus grande universalité, sa sévérité et son manque de convivialité l'auront empêché d'être adopté par le grand public.

Siegfried Bing travaille chez un fabricant de porcelaines à Hambourg jusqu'au déclenchement de la guerre franco-allemande de 1870-1871. En 1877, il ouvre à Paris une première boutique spécialisée dans les objets orientaux, comme Arthur Liberty à Londres deux ans avant, pour répondre à la vogue des objets asiatiques et surtout japonais suscitée par le **Mouvement Esthétique**. Il se lie d'amitié avec le verrier **Louis Comfort Tiffany** dont il commercialise les créations. En 1895, Bing ouvre son célèbre magasin « l'Art nouveau » au 22, rue de Provence où il vend des créations d'**Emile Gallé** et de **René Lalique**, à côté d'objets d'art orientaux. C'est ce magasin qui est à l'origine de l'expression **Art Nouveau**. Bing diffuse aussi les tissus **Liberty & Co**. et Morris & Co. ainsi que des objets de métal réalisés par W. A. S. Benson (1854-1924). Bing expose son Pavillon de l'Art nouveau en 1900 à l'Exposition Universelle de Paris avec un succès considérable. Ce pavillon se compose de six pièces aménagées par **Georges de Feure**, **Eugène Gaillard** et Edouard Colonna (1862-1948). Les deux décors de de Feure reçoivent un accueil enthousiaste du critique de The Studio et, en 1903, Bing consacre une exposition entière à son travail.

Il vend aussi des œuvres d'artistes comme Toulouse-Lautrec (1864-1901), Edouard Vuillard (1868-1940), du décorateur Alexandre Charpentier (1856-1909) et du céramiste Auguste Delaherche (1857-1940) ainsi que des vitraux de Pierre Bonnard (1867-1947), fabriqués par Tiffany. Une succursale américaine de la « Maison de l'Art nouveau » est ouverte en 1887 à New York par John Getz et, vers 1900, Siegfried Bing commence à importer en Europe des objets de créateurs américains comme les faïences de **Grueby**. Marcel, le fils de Bing reprend la direction de la boutique en 1905, ce qui permet à Siegfried de se consacrer entièrement à son travail d'antiquaire.

Siegfried Bing
1838 Hambourg
1905 Vaucresson

◄ Entrée principale du Pavillon de l'Art nouveau de Siegfried Bing pour l'Exposition Universelle de Paris de 1900 (peintures de G. de Feure)

▼ Publicité pour la Maison de l'Art nouveau, vers 1900

Biomorphism
Biomorphisme

A la différence du **Design Organique** qui s'inspire de la nature mais en s'efforçant de restituer son essence abstraite, le Biomorphisme copie et souvent altère les formes qu'il trouve dans le monde naturel à des fins purement décoratives. Le Biomorphisme est non seulement caractéristique de certains styles du XXe siècle, mais on le trouve aussi dans un certain nombre d'époques antérieures, comme le Baroque et le Rococo. Durant le dernier quart du XIXe siècle, tirant parti des progrès significatifs des sciences naturelles, des dessinateurs comme **William Morris** et **Christopher Dresser** puisent leur répertoire de formes dans la nature. Au tournant du siècle, l'intérêt général pour la botanique s'exprime à travers les formes biomorphiques adoptées par les tenants de l'**Art nouveau**. Une fois le style Art nouveau supplanté par le style **Art déco** et par le Modernisme, le Biomorphisme ne réapparaîtra plus dans le design jusqu'aux années 1940. A cette époque, le mobilier extrêmement biomorphique du designer italien **Carlo Mollino** et de ses disciples, parfois appelé style baroque turinois, pousse à ses limites le potentiel expressif du bois. En revanche, les designers de l'**avant-garde** américaine, comme **Charles** et **Ray Eames** développent un vocabulaire du design intrinsèquement organique. Les formes de leurs produits comme la chaise LCW de 1945 sont le fruit d'une solide réflexion, notamment ergonomique, sur leur utilisation humaine. Ce type de conceptions a exercé une influence considérable et un grand nombre de designers ont par la suite adopté des formes biomorphiques (voir la forme du haricot asymétrique). Ce sont d'ailleurs ces formes biomorphiques fréquemment **Kitsch** qui sont le plus souvent associées avec le style des années 1950. Dans les années 1990, le design organique est réapparu et avec lui une tendance biomorphique. Cette résurgence est particulièrement manifeste dans le design automobile, où des formes organiques avancées se mêlent à des répétitions formelles du Biomorphisme des années 1950.

► Vase *Deep Sea*, fabriqué par Amphora, vers 1900

▼ **Carlo Graffi & Franco Campo**, fauteuil, vers 1955

Misha Black

1910 Bakou, Azerbaidjan
1977 Londres

▲ **Misha Black & Ronald Armstrong**, casseroles en acier inoxydable pour Ernest Stevens, 1958

Les parents de Misha Black émigrent en Angleterre en 1912. Il étudie à la Central School of Arts and Crafts de Londres pour une courte période mais est, pour l'essentiel, un designer et un architecte autodidacte. Il débute sa carrière en 1928 en concevant des stands d'exposition et, en 1929, réalise une série de cafétérias pour Kardomah à Londres et Manchester. En 1930, il ouvre son agence, le Studio Z. Trois ans plus tard, il entame sa collaboration avec Milner Gray (1899–1997) et rejoint le groupe d'artistes et d'écrivains Bassett-Gray qui deviendra en 1935 l'Industrial Design Partnership. Ce groupe de consultants interdisciplinaire, le premier en Grande-Bretagne, doit sa notoriété aux postes de radio et de télé qu'il a créés pour Ekco. Black adhère à l'Artists' International Association et soutient activement les positions antimilitaristes du groupe. En 1938, il est nommé secrétaire général de MARS (Groupe de Recherche sur l'Architecture Moderne) et, de 1940 à 1945, il organise des expositions pour le Ministère de l'Information. En collaboration avec Milner Gray, Black est cofondateur de l'Unité de Recherche sur le Design en 1943 et, deux ans plus tard, du Groupe de Recherche sur le Design. Black apportera une contribution importante à l'exposition de 1946, «L'Angleterre peut y arriver». Il a également participé à la conception du «Festival of Britain» de 1951 et, tout au long de sa carrière, s'est fait l'infatigable promoteur du design moderne. En tant que professeur de Design Industriel au **Royal College of Art de Londres**, de 1959 à 1975, Black a tenté d'unir les principes du design et de l'ingénierie, contribuant ainsi à consacrer l'ingénierie du design comme une discipline à part entière.

Cini Mariani Boeri étudie l'architecture à l'Ecole Polytechnique de Milan dont elle sort diplômée en 1951. De 1952 à 1963, elle travaille dans l'agence de design de **Marco Zanuso**, avant d'ouvrir sa propre agence à Milan. À partir du milieu des années 1960, elle crée des meubles pour la marque italienne Arflex, comme son fauteuil monobloc en mousse de polyuréthane *Bobo* (1967) et son canapé *Serpentone* (1971) également en mousse de polyuréthane (y compris le revêtement) qui peut s'agrandir indéfiniment par l'addition de modules. En 1966, Boeri commence à explorer les possibilités des plastiques et crée une gamme de valises en résine ABS pour Franzi. Ses tables *Lunario* créées pour Gavina en 1970 ont été fabriquées plus tard par **Knoll**. Elle conçoit aussi des showrooms pour Knoll de 1972 à 1983 et, en 1976, la société lance son siège *Brigadier*. Elle reçoit un **Compasso d'Oro** (compas d'or) en 1979 pour sa gamme de lits et sièges *Strips* (1972) (conçue avec Laura Griziotti, née en 1942), qui utilisait des couvertures en piqué. De 1980 à 1983, Boeri enseigne à l'Ecole Polytechnique de Milan ainsi qu'à l'université de Berkeley. En 1983, la société Misawa de Tokyo lui commande des habitations en préfabriqué. Elle conçoit avec Tomu Katayanagi le fauteuil en verre courbé monobloc *Ghost* pour Fiam en 1987. Elle a également créé des luminaires pour **Artemide**, Arteluce, Stilnovo et Venini.

Cini Mariani Boeri
1924 Milan
2020 Milan

◀ Chaise *Bobo* pour Arflex, 1967

Theodor Bogler

1897 Hofgeismar, Allemagne
1968 Maria Laach, Allemagne

Theodor Bogler fait partie de la première promotion d'étudiants à intégrer le **Bauhaus** en 1919 et, à partir de 1920, il travaille dans une annexe de l'école, l'atelier de poterie de Dornburg an der Saale, près de Weimar. Ses théières en faïence vernissée de 1923, fabriquées à l'atelier, sont conçues comme prototypes pour une fabrication en série et leurs parties aux formes élémentaires (anse, bec et couvercle) peuvent être positionnées selon quatre variantes. De 1923 à 1924, Bogler dirige l'atelier de poterie avec **Otto Lindig** et milite pour un design industriel. En 1923, il conçoit une cafetière en céramique démontable destinée à une fabrication industrielle produite par Aelteste Volkstedter Porzellanfabrik. Bogler crée également des récipients en faïence pour la cuisine, fabriqués par la société Steingutfabrik Velten-Vordam dont il deviendra le directeur artistique en 1925 et pour laquelle il concevra de nombreux objets. Les faïences de Bogler sont présentées à l'exposition du Bauhaus de 1923 et sont illustrées dans différentes revues, *Staatliches Bauhaus, Weimar, 1919–1923* (1923) et *Neue Arbeiten der Bauhaus Werkstätten* (1925). Bogler, devenu moine bénédictin en 1932, n'en continue pas moins à concevoir quelques objets pour la HB-Werkstätten de Hedwig Bollhagen, Marwitz, de 1934 à 1938 et pour la Staatliche Majolika-Manufaktur, Karlsruhe, de 1936 à 1948.

▲ Théière en faïence pour l'atelier de céramiques du Bauhaus à Dornburg, 1923

Osvaldo est le fils de Gaetano Borsani qui remporta une médaille d'argent à la première Triennale de Monza en 1927. Il étudie à l'Ecole Polytechnique de Milan dont il est diplômé en 1937. Après ses études, il travaille dans l'atelier de son père, l'Arredamento Borsani, à Varedo (anciennement Atelier Varedo). En 1953, Osvaldo et son frère jumeau Fulgenzio fondent la société Tecno. Celle-ci, qui ne fabrique au début que les projets de meubles d'Osvaldo Borsani, s'ouvre ensuite à d'autres designers mais Osvaldo en reste le directeur artistique. Le logo de Tecno avec son grand T a été conçu en collaboration avec Robert Mango (né en 1920) et utilisé pour la première fois à la triennale de Milan de 1954. Pour celle-ci, O. Borsani construit une petite maison dans le parc et y présente son fauteuil de relaxation *P40* qui peut être réglé dans 468 positions différentes et son canapé *D70* qui peut être transformé en canapé-lit (tous deux : 1954). Ces concepts de meubles modulables sont adaptés aux logements d'après-guerre qui imposent d'optimiser l'espace. La chaise pliante très légère en contreplaqué *S80*, de 1954, est tout aussi novatrice. En 1956, Tecno ouvre son premier magasin sur la Via Montenapoleone, à Milan pour vendre ses gammes de produits intégrés. Comme l'explique Osvaldo Borsani, « plutôt que d'être la conséquence d'une inspiration soudaine et géniale, nos produits se complètent les uns les autres. Nos collections ont été progressivement étendues et intégrées sans caprice soudain. »

Avec sept autres designers, Borsani crée la revue de design *Ottagono* en 1966, dans le but d'apporter une audience internationale au design italien. Puis en 1968, avec Eugenio Gerli (1923–2013), Borsani conçoit une ligne de mobilier de bureau blanc *Graphis* qui traduit une nouvelle conception du cadre de travail. Deux ans plus tard, Borsani crée le Centro Progetti Tecno réservé au design et au développement du mobilier de bureau sur commande.

Osvaldo Borsani
1911 Milan
1985 Milan

▼ Canapé, modèle n° *D70*, pour Tecno, 1954

Mario Botta

Né en 1943
Mendrisio, Suisse

▶ Lampadaire *Shogun Terra* pour Artemide, 1985

▼ Fauteuil *Seconda* pour Alias, 1982

Mario Botta étudie le dessin architectural dans l'agence de Tita Carloni et Luigi Camenischi de 1958 à 1961. Il poursuit ses études au Liceo Artistico de Milan, de 1961 à 1964, et conçoit un bâtiment aux formes rigoureusement géométriques pour des religieux de Genestretta. De 1964 à 1969, Botta étudie l'architecture à l'Istituto Universitario di Architettura de Venise et travaille quelque temps dans l'agence parisienne de **Le Corbusier** et dans l'atelier vénitien de Jullian de la Fuente et José Oubrerie. Il crée sa propre agence d'architecture et de design à Lugano en 1969. La même année, il rencontre Louis Kahn (1901–1974) et participe à la conception du nouveau Palais des Congrès de Venise. Durant les années 1970, Botta se concentre sur des projets architecturaux, dont l'immeuble de bureaux pour la Staatsbank à Fribourg et de nombreuses maisons, comme sa maison à rayures de Ligornetto. Dans les années 1980, Botta se consacre aussi à la création de meubles. Ses fauteuils *Seconda* (1982) et *Quinta* (1986), tous deux fabriqués par Alias, incarnent parfaitement l'éphémère style «Mat Noir» des années 1980. Les lignes très graphiques et épurées de ces objets ainsi que leur structure géométrique bien pensée montrent les compétences de Botta en dessin technique et en ingénierie. Son lampadaire *Shogun Terra* d'inspiration totémique pour **Artemide** (1985) avec ses audacieuses formes géométriques, soulignées de rayures noires et blanches, affirme élégamment sa conviction: «La géométrie, c'est l'équilibre.» Le travail de Mario Botta peut être qualifié de «néo-high-tech» et se caractérise par un retour **post-moderniste** à une rationalité sophistiquée.

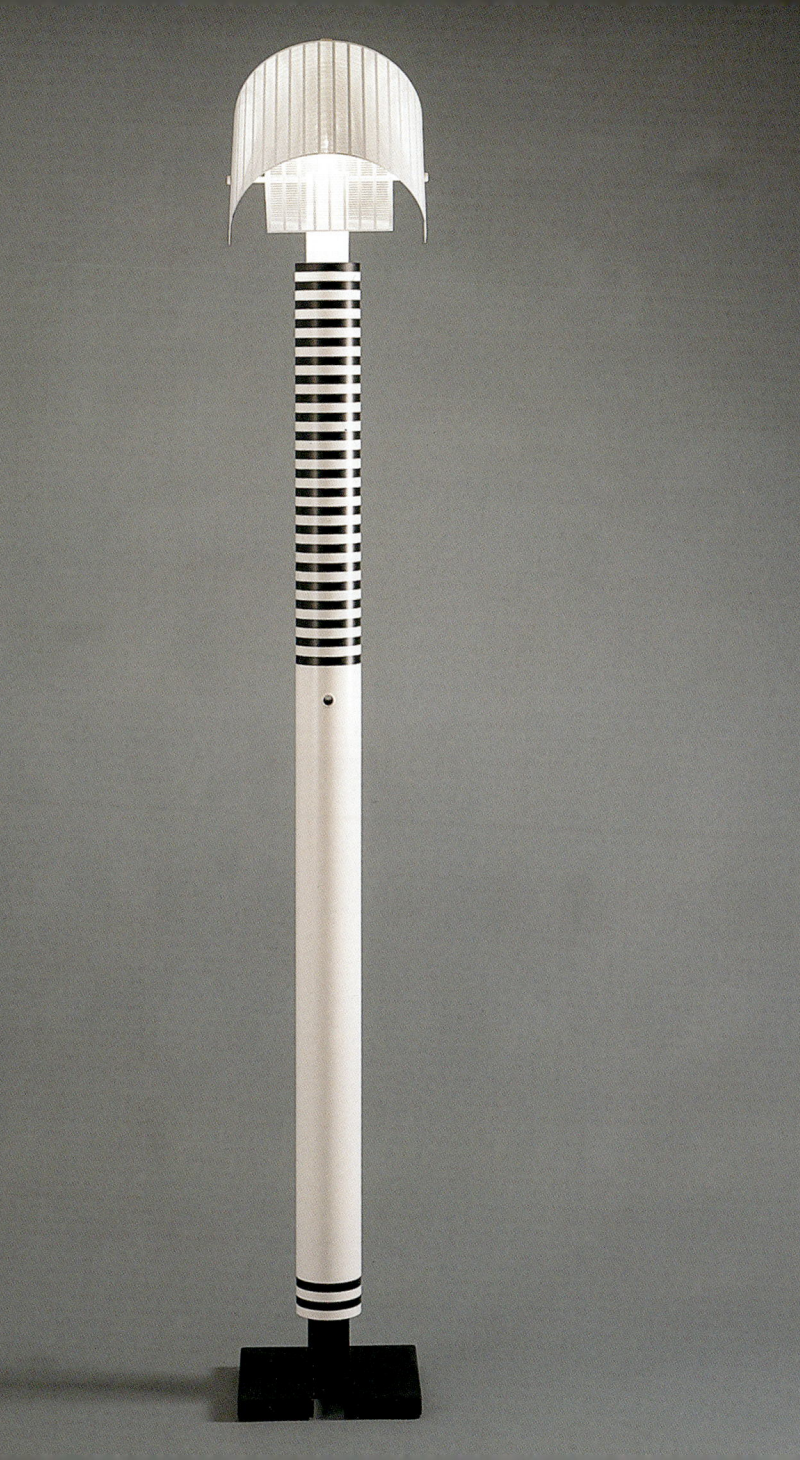

Marianne Brandt s'inscrit au **Bauhaus** (Weimar) en 1924. Elle effectue son apprentissage dans l'atelier de métal, alors dirigé par **László Moholy-Nagy**. Après avoir obtenu son diplôme de compagnon, Brandt devient directrice adjointe de l'atelier et réalise des projets avec les fabricants de luminaires Körting & Mathiesen AG (Kandem), Leipzig, et Schwintzer & Gräff (Berlin). Au Bauhaus, elle travaille avec **Christian Dell** et Hans Przyrembel (1900–1945), ses compagnons d'atelier, et crée la lampe *Kandem* avec Hin Bredendieck (1904–1995) en 1928. De 1928 à 1929, Brandt est maître adjoint de l'atelier de métal du Bauhaus de Dessau. En 1929, elle collabore à l'agence architecturale de **Walter Gropius**, à Berlin, et, durant les trois années qui suivent, développe de nouveaux concepts de design pour la Metallwarenfabrik Ruppelwerk à Gotha. Elle retourne ensuite à Chemnitz où elle se consacre à nouveau à la peinture et essaie de vendre certaines de ses créations au grand magasin Wohnbedarf. De 1949 à 1951, Brandt enseigne à l'Ecole Supérieure d'Arts Appliqués de Dresde et à l'Institut für angewandte Kunst, Berlin-Est, de 1951 à 1954. Durant cette période, elle fait un séjour en Chine et y organise une exposition de design industriel pour le compte du gouvernement allemand (RDA).

Marianne Brandt
1893 Chemnitz, Allemagne
1983 Halle / Saale, Allemagne

◄ Lampe de bureau *Kandem* pour Körting & Mathiesen, 1928

◄◄ Cendrier plaqué nickel et bronze pour l'atelier de métal du Bauhaus de Weimar, 1924

Andrea Branzi

1938 Florence
2023 Milan

▶ Vases en aluminium de la série *Amnesia* pour la Design Gallery Milano, 1991

▼ Fauteuil *Animali Domestici* pour Zabro-Zanotta, 1985

Andrea Branzi étudie l'architecture dans sa ville natale, Florence, avant de fonder, en 1966, le groupe de **Design Radical Archizoom** avec **Paolo Deganello**, Gilberto Corretti (né en 1941) et Massimo Morozzi (1941–2014). Le groupe crée de nombreux objets d'ameublement **Anti-Design** qui marquent les esprits, comme le fauteuil **Kitsch** *Safari* (1968) et la chaise ironique *Mies* (1969). Branzi collabore aussi aux projets architecturaux d'Archizoom comme *No-Stop City* et, de 1972 à 1975, il rédige de nombreux articles théoriques pour le magazine *Casabella*. Branzi ouvre son propre atelier de design à Milan en 1973 et expose ses créations à la Biennale de Venise en 1976, 1978 et 1980. Avec **Michele De Lucchi** et Paola Navone (née en 1950) il organise en 1977 l'importante exposition « Design italien des années 1950 » au Centrokappa de Milan. La réévaluation de l'apport du design italien d'après-guerre qu'entraîne cette exposition a un énorme impact sur le design italien des années 1980. Branzi s'installe à Milan en 1979 où il expose avec **Studio Alchimia**. Parmi ses projets des années 1980, citons le canapé *Century* (1982), la bibliothèque *Magnolia* (1985), ainsi que des céramiques pour **Memphis**. Au cours des années 1990, il crée des meubles d'esprit plus rationaliste comme sa chaise *Niccola* (1992) pour Zanotta. En 1982 et 1983, il est professeur de design industriel à l'université de Palerme, avant d'être nommé directeur des études à la Domus Academy, une école milanaise de design pour étudiants de troisième cycle. Pendant les quatre années suivantes, Branzi est rédacteur en chef du magazine *Modo* et, durant une brève période, président de la revue de Design *Domus*. En 1985, Branzi crée sa ligne de meubles *Animali Domestici* et, deux ans plus tard, publie un livre qui porte le même titre. Dans cet ouvrage, il soutient que l'homme doit établir de nouvelles relations avec son environnement et qu'il est pertinent de concevoir les meubles qui nous entourent comme des animaux familiers. Branzi a reçu un **Compasso d'Oro** (compas d'or) spécial en 1987, en hommage à sa contribution au design. Depuis 1991, il dirige l'agence de design Domus à Tokyo et, de 1991 à 1993, il a participé au projet « Citizen Office » du musée de Design Vitra.

Braun
Fondé en 1921
Francfort / Main

▼ Hans Gugelot &
Gerd Alfred Müller,
rasoir électrique
Sixtant SM 31 pour
Braun, 1962

Max Braun (1890–1951), ingénieur originaire de l'est de la Prusse, fonde en 1921 une entreprise spécialisée dans la fabrication de composants pour courroies de transmission et matériels scientifiques. En 1923, il se lance dans la fabrication d'éléments pour la toute nouvelle industrie des récepteurs radio et, avec l'invention des granulés plastiques en 1925, devient l'un des premiers à fabriquer pièces détachées, cadrans et boutons dans ce nouveau matériau, avec des presses qu'il fait fabriquer spécialement. En 1928, la société s'installe dans un immeuble moderne et fonctionnel sur la Idsteiner Strasse à Francfort et, un an plus tard, entreprend la fabrication de postes de radio qui sont parmi les premiers à intégrer le haut-parleur dans le récepteur. Braun élargit sa gamme de produits en 1932 et devient l'un des premiers fabricants à combiner radio et phonographe en un seul appareil. Braun développe sa première radio alimentée par piles en 1936 et est lauréat de l'Exposition Internationale des Arts et Techniques dans la Vie Moderne (Paris) pour la qualité exceptionnelle de ses phonographes. En 1947, l'entreprise se lance dans la fabrication en série des postes de radio et des lampes de poche *Manulux* et, en 1950, commercialise son premier rasoir électrique, le *S50*. Ce rasoir est équipé d'une tête de rasage oscillante et d'une fine grille d'acier, dispositif encore utilisé aujourd'hui. En 1950, Braun lance également son appareil ménager *Multimix*. Après la mort du fondateur Max Braun en 1951, l'entreprise est dirigée par ses deux fils, Artur (1925–2013) et Erwin (1921–1992), qui décident d'appliquer un programme de design rationnel et systématique et adoptent en 1952 la forme actuelle du logo. En 1953, Erwin pressent qu'il existe un marché pour des radios « honnêtes, discrètes et commodes » d'une esthétique moderne. C'est avec cet objectif qu'il engage le professeur **Wilhelm Wagenfeld** et des designers comme Fritz Eichler (1911–1991), liés à la **Hochschule für Gestaltung d'Ulm**, pour redessiner la ligne de

▲ **Gerd Alfred Müller**, mixer *KM3* pour Braun, 1957

radios et de phonographes de la marque. Cette nouvelle gamme, présentée au Salon de la radio de Düsseldorf en 1955, suscite l'admiration des critiques du monde entier. Fritz Eichler prend la tête du service de design intégré qui se crée en 1956 et développe un graphisme cohérent pour l'entreprise basée sur la simplicité géométrique, le confort d'utilisation et une approche fonctionnelle de la conception. Ce style maison ne concerne pas seulement le design des produits mais s'applique à tous les domaines de l'**identité visuelle** de la marque, qu'il s'agisse de l'emballage, du logo ou de la publicité. De plus, Eichler demande à d'autres designers liés à la **Hochschule für Gestaltung** comme **Otl Aicher**, **Hans Gugelot** et **Dieter Rams** de concevoir des produits élégants à la ligne épurée. Parmi les créations notables de cette période, on retiendra la ligne de radios et de phonographes *Phonosuper SK4* (1955) de Dieter Rams et Hans Gugelot, surnommée ironiquement «Le cercueil de Blanche-Neige». Rams est également l'auteur de la radio portable *Transistor 1* (1956),

▼ **Roland Ullmann**, rasoir *Flex Integral 6550 Ultra Speed* pour Braun, 1998

de la radio de poche *T3-T4* et de la première chaîne Hi-Fi proprement dite, *Studio 2* (1959). Tous ces produits ont contribué à établir la réputation internationale de Braun. En 1955, le designer Gerd Alfred Müller (1932–1991) rejoint l'équipe de design de Braun et signe quelques-uns des projets les plus réussis de la fin des années 1950, notamment le mixer multifonctionnel *KM3* (1957) qui incarne l'esthétique austère et rationaliste synonyme de design allemand d'après-guerre. Dieter Rams devient le chef du service de design de la firme en 1961 et, sept ans plus tard, est nommé directeur du design. Dans sa section design nouvellement ouverte, le **Museum of Modern Art de New York** expose en 1964 toute la gamme de produits Braun. Un an plus tard, dopée par sa réussite commerciale, la société construit son nouveau siège social à Kronberg/Taunus près de Francfort. Les années suivantes, Braun lance une série de projets marquants, dont le briquet *Permanent* (1966) qui substitue au traditionnel cylindre à friction un allumage électro-magnétique, la calculette électronique de poche *ET22* (1976) et la première pendule radio-commandée (1977). En 1967, la firme Gillette (Boston) rachète la majorité des actions de Braun AG et un an plus tard est créé le Prix International Braun pour le design industriel. La société elle-même reçoit le prix de l'identité visuelle à la foire commerciale de Hanovre en 1983 pour sa «conception exemplaire du design, de la présentation et de l'information sur les produits». Braun cesse la production de chaînes Hi-Fi en 1990 pour se concentrer sur les ustensiles d'hygiène personnelle comme l'épilateur *Silk-épil EE1* (1989), la ligne de rasoirs *Flex Control* (1990) qui connaît un énorme succès et la brosse à dents électrique *Plak Control D5* (1991) ainsi qu'une gamme de sèche-cheveux. Durant les années 1990, Braun lance aussi des machines à café innovantes, des robots de cuisine, des mixers, des fers à repasser et des réveils. En 1996,

Braun lance le thermomètre à infrarouges *Thermoscan* qui marque l'entrée de l'entreprise dans le marché de l'équipement de diagnostic personnel. La réussite de Braun tient sans doute au fait que le développement de ses produits associe designers, ingénieurs et experts marketing dans le respect des règles de design élémentaires. Chez Braun, l'innovation dans le design accompagne toujours la recherche de la performance technique et fonctionnelle et l'entreprise a imposé une tradition de progressisme esthétique à son équipe de designers. La grande clarté visuelle des produits Braun résulte d'une organisation logique des éléments et de la recherche d'un tout harmonieux et sans ostentation.

▲ **Dietrich Lubs**, radio-réveil numérique *ABR 314 df time control* pour Braun, 1997

Marcel Breuer

1902 Pecs, Hongrie
1981 New York

▼ Chaise, modèle n° *ti 2*, et tabouret, modèle n° *ti 13*, pour le Bauhaus de Dessau, 1924

Marcel Lajos Breuer reçoit en 1920 une bourse d'études qui lui permet de venir étudier à l'Ecole Supérieure des Arts Appliqués de Vienne. Mécontent de l'école, il n'y fera qu'un bref passage avant de se faire engager dans une agence architecturale viennoise. De 1920 à 1923, il étudie au **Bauhaus** de Weimar. Après avoir suivi le cours préparatoire, il effectue un apprentissage à l'atelier de menuiserie et réussit son examen de compagnon. Pendant sa scolarité, Breuer crée sa *Chaise africaine* (1921) et son *Fauteuil en lattes de bois* (1922–1924). Après la fin de ses études, il se rend à Paris où il travaille dans une agence d'architecture. A son retour, l'année suivante, Breuer devient «jeune maître» et est nommé chef de l'atelier de menuiserie au Bauhaus, qui a dû s'installer entre-temps à Dessau. C'est là qu'il conçoit sa première chaise en tube métallique, la *B3* (1925). La légende veut que le choix novateur du matériau lui ait été inspiré par la bicyclette Adler qu'il venait d'acheter. Breuer a par la suite dessiné toute une gamme de meubles en acier tubulaire, chaises, tables, tabourets et armoires, fabriqués et diffusés par Standard-Möbel, Berlin. Le tube métallique offrait de nombreux avantages, un coût avantageux, une bonne hygiène, et son élasticité supprimait la nécessité de ressorts en assurant un bon confort. Breuer considérait d'autre part ses modèles comme des ustensiles essentiels à la vie moderne. Au Bauhaus, Breuer a aussi conçu l'aménagement intérieur et le mobilier des nouveaux bâtiments de l'école

▲ Fauteuil n° *B35* pour Gebrüder Thonet, 1928–1929

et des maisons des maîtres. Ses fauteuils *B3* ou *Wassily* ont été dessinés à l'origine pour l'appartement de Vassili Kandinsky. Outre ses meubles standardisés, Breuer conçoit une petite maison métallique en 1926 et, un an plus tard, sa maison *Bambos*. La même année, il réalise un graphique sur l'évolution du siège qui se conclut par son idéal anti-matérialiste : être assis sur des « colonnes d'air moelleuses ». Breuer continue d'enseigner au Bauhaus jusqu'en avril 1928 et, pendant les trois années qui suivent, dirige sa propre agence architecturale à Berlin, où il emploie l'ancien étudiant du Bauhaus Gustav Hassenpflug (1907–1977). Durant cette période, Breuer continue à dessiner des meubles, à décorer des intérieurs et des grands magasins mais ses projets architecturaux ne sont pas réalisés. Le **Deutscher Werkbund** (Union allemande pour l'œuvre) lui commande des aménagements intérieurs pour la section allemande de l'exposition de 1930 de la « Société des Artistes Décoratifs Français ». En 1931, les commandes se raréfiant du fait de la crise économique, Breuer ferme son agence de Berlin et voyage dans le sud de la France, en Espagne, en Grèce et au Maroc. L'année suivante, il réalise sa première commande architecturale, la maison Harnischmacher à Wiesbaden, et dessine le mobilier du magasin Wohnbedarf de Zurich. Deux

▲ Bureau de dactylo (variante du *B21*) pour Thonet, vers 1928

▶ Fauteuil *Wassily*, modèle n° *B3*, pour Standard-Möbel et Thonet, 1925–1927

ans plus tard, il s'associe à Alfred (1903–1998) et Emil Roth (1893–1980) pour le projet des Maisons Doldertal, deux immeubles d'appartements zurichois, commandés par Siegfried Giedion (1888–1968), le fondateur de l'entreprise Wohnbedarf. De 1932 à 1934, Breuer élabore une gamme de meubles pliants en rubans d'acier et d'aluminium pour laquelle il met au point une méthode de construction brevetée. Cette ligne de meubles métalliques est fabriquée par Embru et distribuée par Wohnbedarf. En 1933 et 1934, il visite la Suisse et travaille à Budapest avec Farkas Molnár et Josef Fischer sur un projet architectural qui ne sera pas réalisé. Breuer, juif d'origine hongroise, doit fuir les persécutions nazies et émigre à Londres en 1935 où il s'associera d'abord à l'architecte F. R. S. Yorke (1906–1962). Ensemble, ils réalisent plusieurs projets architecturaux et notamment des maisons dans le Sussex, le Hampshire, le Berkshire et Bristol, ainsi que le pavillon Gane, toujours à Bristol (1936), qui mêle le bois et une pierre locale (lointain écho de l'esthétique verre / acier du Bauhaus). Breuer et Yorke sont aussi les auteurs d'un «Centre civique pour le futur» qui n'a jamais été construit. Plus tard, en tant que directeur du design dans la société Isokon, Breuer crée cinq modèles de meubles

en contreplaqué, pour l'essentiel des transpositions de ses modèles métalliques antérieurs. Ces modèles Isokon reflètent la popularité des meubles en contreplaqué d'**Alvar Aalto** qui avaient été exposés en Angleterre en 1933. Breuer lui-même avait déjà conçu des meubles en contreplaqué alors qu'il résidait à Londres, trois ans plus tôt. En 1937, il émigre aux Etats-Unis où **Walter Gropius** lui a offert un poste de professeur à l'université de Harvard, à l'Ecole de Design de Cambridge, Massachusetts. Ils ouvrent aussi une agence d'architecture ensemble, qui sera chargée de la conception du Pavillon de Pennsylvanie à l'Exposition Internationale de New York de 1939. L'agence construit plusieurs maisons particulières, dont la résidence de Gropius. En 1941, Gropius et Breuer se séparent et Breuer fonde sa propre agence qu'il installera à New York en 1946. A la fin des années 1940 et pendant les années 1950, Breuer conçoit et réalise environ soixante-dix maisons privées, principalement en Nouvelle-Angleterre et, en 1947, construit une maison pour lui-même à New Canaan, Connecticut. En 1947, le **Museum of Modern Art de New York** organise une longue exposition itinérante de ses œuvres et l'invite, l'année suivante, à construire sur le terrain du musée une maison bon marché qui réponde aux besoins d'une famille américaine moyenne. En 1953, Breuer fait partie de l'équipe chargée de construire le nouvel immeuble de l'UNESCO à Paris et conçoit aussi le grand magasin Bijenkorff

▼ Fauteuil pour Isokon Furniture Company, 1936

◄ Chaise, modèle n° 301, produite par Ebru pour Wohnbedarf, 1932–1934

à Rotterdam. Il fonde Marcel Breuer and Associates à New York en 1956 et, vers cette époque, comme **Le Corbusier**, fait du béton son matériau privilégié. Il l'emploie de façon extrêmement sculpturale et neuve, par exemple dans sa conception du monumental Whitney Museum of American Art, New York (1966). Breuer fut l'une des figures les plus éminentes du **Mouvement Moderne** et la séduction persistante de ses meubles très «démocratiques» comme le fauteuil *B3*, une icône du design, et la chaise *B32* ou la *Cesca* en porte-à-faux, tous d'immenses succès, atteste sa maîtrise esthétique et industrielle.

Neville Brody

Né en 1957 Londres

Neville Brody suit un cours d'enseignement artistique avant d'étudier le graphisme au College of Printing de Londres de 1976 à 1979. Il conçoit ensuite des couvertures d'albums pour différentes maisons de disques, notamment Stiff Records. En 1981, il est nommé directeur artistique de *The Face*, une revue musicale destinée aux jeunes. Brody va donner une forte identité à ce magazine par son recours à des caractères post-modernes expérimentaux. Il crée un langage graphique nouveau et original, visuellement percutant et plein d'une exubérance juvénile. Ses polices qui déconstruisent les formes des lettres expriment un contenu symbolique.

De 1983 à 1987, Brody travaille comme graphiste pour le magazine culturel *City Limits*, ainsi que pour le *New Socialist* et *Touch*. Il quitte *The Face* en 1986 pour travailler sur *Arena*, une publication similaire. En 1988, une exposition rétrospective de son travail est organisée au **Victoria & Albert Museum** à Londres. Vers 1986, Brody prend ses distances avec son ancien style « fruste », à l'origine du style « néo-romantique », de plus en plus copié et commence ses travaux sur ordinateur Macintosh, influencés par les médias électroniques, qui sont publiés dans les années 1990 notamment par la revue *Fuse*.

▶ Couverture du magasine *Fuse*, 1994

▶▶ Affiche pour la « Fuse 94 Fuse Lab Conference and Exhibition » au Royal College of Art, Londres, 1994

FUSE
THE FORUM FOR EXPERIMENTAL TYPOGRAPHY

FUSE94:FUSELAB:CONFERENCE:EXHIBITION
NOVEMBER 1994 ROYAL COLLEGE OF ART KENSINGTON GORE LONDON SW7
FUSELAB 25 26 27 : CONFERENCE 26 27 : EXHIBITION AND STUDENT FUSE
EXHIBITION NOVEMBER 25 TO DECEMBER 7 : LIVE ON THE INTERNET

Carlo Bugatti

1855 Milan
1940 Molsheim, France

▼ Chaise *Cobra*, conçue pour le salon *Escargot* de l'Exposition de Turin, 1902

Carlo Bugatti étudie à l'Académie de Brera à Milan et aux Beaux-Arts de Paris. Il réalise ses premiers meubles connus en 1880 pour sa sœur Luigia à l'occasion de son mariage avec l'artiste Giovanni Segantini (1858-1899). Les modèles de Bugatti, dans les années 1880, sont souvent asymétriques et recouverts de parchemin décoré. L'influence japonaise est sensible dans nombre de ces créations. En 1888, Bugatti ouvre son atelier d'ébénisterie et de décoration à Milan. Vers 1900, il adopte un style mauresque et ses projets de meubles sont de plus en plus souvent ornés de glands et incrustés de métaux. Il expose son travail à l'Exposition Universelle de 1900 à Paris où il est récompensé par une médaille d'argent. La même année, il crée des meubles pour le palais du Khédive à Istanbul et conçoit une décoration intérieure complètement intégrée à Londres pour Cyril Flowers, premier Lord Battersea, qui est un exemple remarquable et précurseur de la **Gesamtkunstwerk** (œuvre d'art totale). En 1902, il reçoit un diplôme d'honneur à l'Exposition Internationale d'Art Décoratif Moderne de Turin pour son aménagement de quatre intérieurs, dont sa remarquable chambre *Escargot*. Cet intérieur, avec ses chaises *Cobra* (1902) biomorphiques, trahit une inspiration organique plus marquée que ses projets précédents. Il vaut à Bugatti une réputation internationale de décorateur extrêmement excentrique et singulier. En 1904, il vend sa société de décoration milanaise à De Vecchi et s'installe à Paris. Il y ouvre un atelier d'ébénisterie et le Bon Marché diffuse ses créations. Il crée aussi de l'argenterie, produite et présentée pour la première fois par A. A. Hébrard en 1907 et plus tard aux expositions du « Salon des Artistes Décorateurs ». A Paris, Bugatti consacre l'essentiel de ses loisirs à peindre. Ses fils aussi ont brillamment réussi dans leurs domaines respectifs – Ettore (1881-1947) comme designer automobile et Rembrandt (1885-1916) comme sculpteur animalier.

L'expression Nouvelle Vague Californienne désigne un style de graphisme post-moderne extrêmement influent forgé par des designers de la côte ouest des Etats-Unis dans les années 1980. Des graphistes comme **April Greiman** et Lucille Tenazas ont su créer un style original de superposition en combinant des polices de caractères modernes comme le Garamond ou le Baskerville avec des images traitées comme des collages. Inspirés des médias électroniques, les graphismes de la Nouvelle Vague Californienne possèdent une forte qualité tridimensionnelle et une profondeur visuelle inédite, grâce aux filtres successifs à travers lesquels ils dispensent leurs messages. Les designers de cette mouvance ont su créer au moyen de logiciels Macintosh, une imagerie hybride avec des messages cryptés, et la disposition apparemment hasardeuse de leurs images en forme de collages confère à leur travail une vitalité rafraîchissante. Le style de la Nouvelle Vague Californienne a été annoncé par des précurseurs comme Rudy VanderLans (né en 1955) et sa femme Zuzana Licko (née en 1961) qui ont lancé ensemble le magazine d'art graphique grand format *Emigré* en 1982.

California New Wave

Nouvelle Vague Californienne

▲ **April Greiman**, affiche pour le Southern California Institute – Arc Admissions, 1993

George Carwardine

1887–1948

▲ Lampe de bureau *Anglepoise* pour Herbert Terry & Sons, 1932

George Carwardine, ingénieur automobile de formation, fonde Carwardine Associates (Bath) et se spécialise dans la conception de systèmes de suspension. En 1932, il fait breveter le design de sa lampe de bureau articulée *Anglepoise*. Ce modèle novateur qui autorise une grande souplesse de positionnement, est basé sur un principe de tension constante analogue à celui des membres humains. Cette lampe a été produite en série pendant plus de cinquante ans par la société anglaise Herbert Terry à Redditch. Son brevet est racheté en 1937 par le créateur norvégien de luminaires **Jacob Jacobsen** dont le modèle *Luxo 1001,* qui remporte un grand succès commercial, trahit son admiration pour l'*Anglepoise*. Celle-ci, désormais fabriquée en Norvège et commercialisée sous un autre nom, devait influencer durablement les générations ultérieures de lampes de bureau.

Né Adolphe Jean Edouard-Marie Mouron, Cassandre étudie la peinture sous la houlette de Lucien Simon (1861–1945) et René Ménard (1862–1930) à l'Académie Julian, Paris, de 1918 à 1921. Il réalise en 1923 sa première grande affiche, destinée au magasin de meubles parisien Au Bûcheron. Cette image dynamique qui montre un bûcheron musclé au travail, se détachant sur un fond de formes géométriques rayonnantes, est d'un style résolument **Art déco**. Mouron, qui à partir de 1923, choisit le pseudonyme A. M. Cassandre,

A. M. Cassandre
1901 Kharkov, Ukraine
1968 Paris

◂ Affiche pour
le Chemin de Fer
du Nord, 1927

appartient à l'**avant-garde** du Paris des années 1920. Il compte pour amis Robert Delaunay (1885–1941), Fernand Léger (1881–1955), le poète Guillaume Apollinaire (1880–1918) et le compositeur Erik Satie (1866–1925). Son travail est influencé par le Cubisme et le design industriel moderne. Ses affiches pour la Compagnie des Chemins de Fer du Nord – comme l'*Etoile du Nord* de 1927 – contribuent à imposer sa réputation. Avec Charles Loupot (1898–1962) et Maurice Moyrand, il crée une agence de publicité et de conseil en design, l'Alliance Graphique Internationale, et, en 1930, il rejoint l'UAM (Union des Aristes Modernes). Durant sa carrière, Cassandre a dessiné plusieurs centaines d'affiches dont celles pour l'apéritif Pivolo (1924), le journal l'*Intransigeant* (1925), Pernod (1934), Dubonnet (1934) et le paquebot *Normandie* (1935). Ses dessins sont empreints d'une géométrie vigoureuse, mais c'est toujours le choix du texte et de la typographie qui inspire le choix des éléments plus graphiques de l'affiche. Cassandre croyait que le devoir du graphiste était de transmettre le message, pas simplement de le rédiger. Il se rend aux Etats-Unis à plusieurs reprises et dessine aussi des décors de théâtre, empreints, comme ses affiches, d'une monumentalité puissante. Cassandre est l'auteur du caractère typographique *Bifur*, très stylisé et typiquement Art déco, fabriqué par la fonderie Deberny et Peignot en 1929, ainsi que de trois autres caractères : *Acier Nord* (1930), *Peignot* (1936) et enfin *Cassandre* (1968). Outre son enseignement à l'Ecole des Arts Décoratifs en 1934–1935, Cassandre a créé sa propre école de design où **Raymond Savignac**, Bernard Villemot (1911–1989) et André François (1915–2005) ont été élèves. En 1963, il dessine le célèbre monogramme YSL pour Yves Saint Laurent. Cinq ans plus tard, Cassandre met fin à ses jours.

▼ Affiche pour la French Line, vers 1930

◄ Table en plastique moulé par injection, modèle n°4300, pour Kartell, 1982

Anna Castelli Ferrieri

1920 Milan
2006 Milan

Anna Ferrieri étudie l'architecture à l'Ecole Polytechnique de Milan de 1938 à 1943 où elle suit l'enseignement de **Franco Albini** – dans l'atelier duquel elle travaillera par la suite un bref laps de temps. En 1943, elle épouse l'ingénieur chimiste Giulio Castelli qui fonde en 1949 la société **Kartell**, spécialisée dans la fabrication de plastiques. Elle est membre fondatrice du Movimento Studi per l'Architettura, un groupe d'architectes de Milan, ville où elle ouvre en 1946 sa propre agence. L'année suivante elle devient rédacteur en chef de la revue *Casabella-Costruzioni* et sera pendant cinq ans correspondante du magazine anglais *Architectural Design*. En 1952, elle rejoint l'Istituto Nazionale di Urbanistica et quatre ans plus tard fonde avec d'autres designers l'ADI (l'Associazione per il Disegno Industriale). De 1959 à 1973, elle collabore avec l'architecte Ignazio Gardella (1905–1999) avec qui elle réalise un immeuble d'appartements à Milan en 1951. En 1965, elle se consacre au design industriel et, un an plus tard, commence à travailler comme consultante pour Kartell. Elle réalise des objets avec des plastiques de pointe, dont ses récipients cylindriques *4953-54-55-56* en ABS (1969) empilables et combinables de multiples façons pour un rangement optimisé. Le châssis de sa chaise *4830* (1979) combine tube métallique et plastique ABS tandis que le siège est fait de mousse de polyuréthane expansé rigide. Parmi ses autres créations remarquables, citons ses tables pliantes *4300* (1982) et *4310* (1983) réalisées dans une résine polymère avancée. Son expérience de designer et son expertise en technologie des plastiques prédisposaient A. Castelli à diriger Centrokappa, le studio intégré de Kartell.

Livio, Pier Giacomo & Achille Castiglioni

Livio, le plus âgé des frères Castiglioni, étudie l'architecture à l'Ecole Polytechnique de Milan, où il obtient son diplôme en 1936. En 1938, Livio et Pier Giacomo ouvrent un atelier avec Luigi Caccia Dominioni (1913–2016) et créent des couverts en argent et en aluminium. Leur projet le plus remarquable de l'époque, le *Phonola* (1939), la première radio italienne en bakélite, inaugure un nouveau design pour ces postes de radio dont les boîtiers étaient jusqu'alors presque toujours en bois. Le *Phonola* reçoit une médaille d'or à la VIIe Triennale de Milan (1940) dont une importante section est consacrée aux radios. De 1940 à 1960, Livio travaille comme consultant en design, d'abord pour la compagnie Phonola de 1939 à 1960, et plus tard pour Brionvega de 1960 à 1964. De 1959 à 1960, il est président de l'ADI (Associazione per il Disegno Industriale). Livio a aussi réalisé un grand nombre de présentations audiovisuelles et collaboré avec ses frères cadets sur plusieurs projets de luminaires. Sa création la plus connue, la lampe sinueuse *Boalum* (1970) fut réalisée en collaboration avec Gianfranco Frattini (1926–2004).

Livio Castiglioni
1911 Milan
1979 Milan

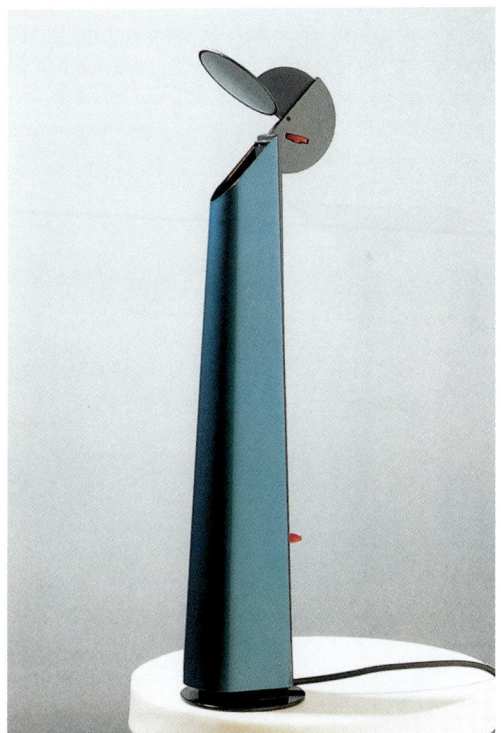

◄ Achille Castiglioni, lampe orientable *Gibigiana* pour Flos, 1980

◄◄ Achille & Pier Giacomo Castiglioni, lampadaire *Luminator* pour Gilardi et Arform, 1955

Pier Giacomo
Castiglioni
1913 Milan
1968 Milan

Pier Giacomo et Achille Castiglioni obtiennent leur diplôme de l'Ecole Polytechnique de Milan respectivement en 1937 et 1944. Achille rejoint l'atelier de design de ses frères aînés sur la Piazza Castello et durant les années d'après-guerre les trois frères collaborent à des projets d'architecture et d'urbanisme et aménagent des expositions, tout en se consacrant au design d'objets. Extrêmement actifs, ils contribuent à l'organisation des expositions de la Triennale de Milan, de l'ADI et du concours pour le **Compasso d'Oro** (compas d'or). Quand Livio se sépare de ses frères en 1952, ses deux cadets continuent à travailler ensemble jusqu'à la mort de Pier Giacomo en 1968. Ils conçoivent l'exposition « Couleurs et formes de la maison d'aujourd'hui », à la villa Olmo, Côme, où pour la première fois, ils exposent leurs « readymade » de 1957, le *Mezzadro* (tabouret de métayer) avec son siège de tracteur et le *Sgabello per Telephono* (tabouret de téléphone) avec une selle de vélo. Les frères créent aussi des objets moins révolutionnaires comme le fauteuil *Sanluca* (1959) de style Neo-Liberty pour le fabricant de meubles Dino Gavina dont ils aménagent les bureaux milanais en 1963. Parmi les autres créations notables de Pier Giacomo et Achille Castiglioni, on retiendra la lampe de bureau *Tubino* (1951), le lampadaire *Luminator* (1955), le lampadaire *Arco* (1962) et la lampe *Taccia* (1962). En 1966, ils dessinent le siège *Allunaggio*, inspiré par le premier alunissage. Dans la longue et prestigieuse liste de leurs clients, figurent **Kartell**, Zanotta, Brionvega, Bernini, Siemens, **Knoll**, Poggi, Lancia, Ideal Standard et Bonacina.

▶ **Achille & Pier Giacomo Castiglioni**, tabouret ready-made *Sella*, 1957 (réédité par Zanotta)

▶▶ **A. & P. G. Castiglioni**, tabouret ready-made *Mezzadro*, 1957 (réédité par Zanotta)

▶▶▶ **A. & P. G. Castiglioni**, radio, tourne-disques et haut-parleurs pour Brionvega, 1966

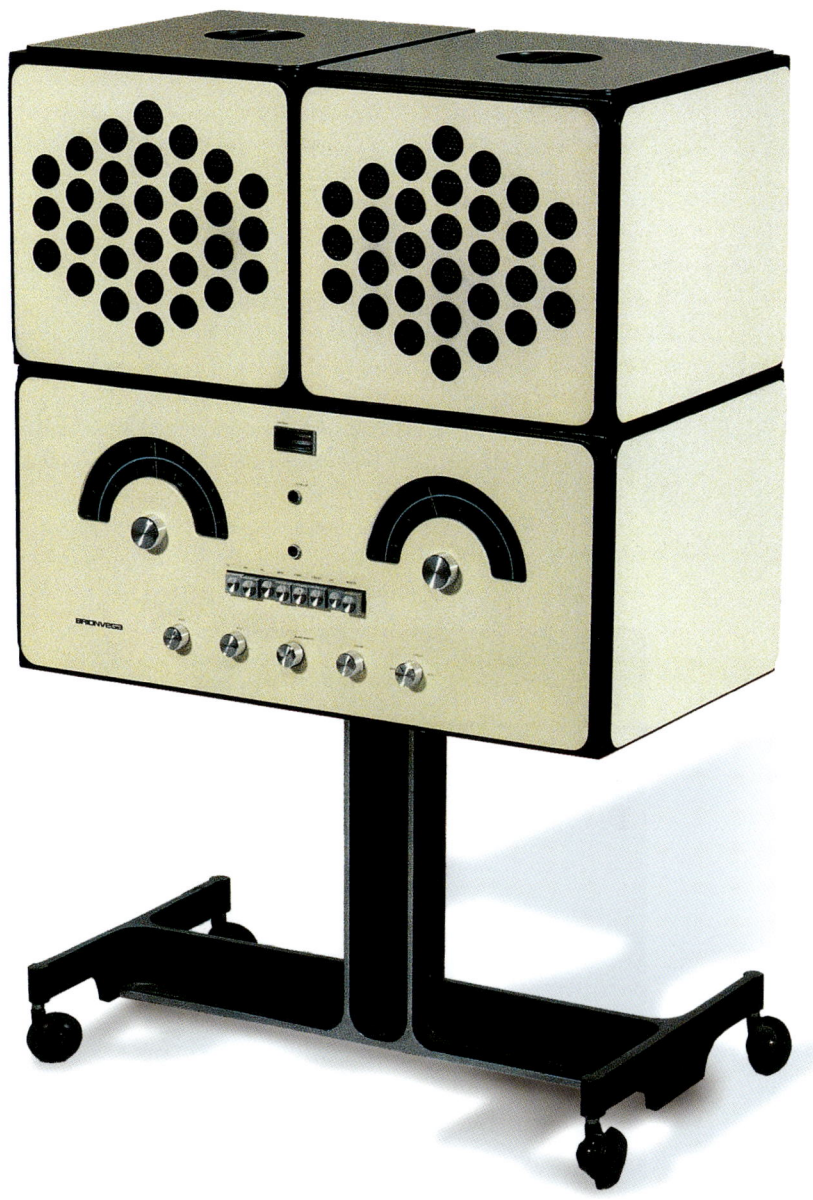

Livio, Pier Giacomo & Achille Castiglioni · 151

Achille Castiglioni
1918 Milan
2006 Milan

Après la mort de Pier Giacomo, Achille continue à travailler comme designer industriel et crée des objets qui remportent un grand succès comme la lampe *Lampadina* (1972) pour Flos, un élégant service à condiments (1980–1984) pour Alessi et la lampe orientable *Gibigiana* (1980) pour Flos. Les frères Castiglioni exercent un grand ascendant sur les générations montantes de designers italiens : Pier Giacomo enseigne à l'Ecole Polytechnique de Milan de 1946 à 1968, Achille est professeur de design industriel artistique de 1970 à 1977 et professeur de design et d'architecture intérieure de 1977 à 1980 à l'Ecole Polytechnique de Turin. De plus, de 1981 à 1986, il enseigne la décoration intérieure à l'Ecole Polytechnique de Milan avant d'y occuper le poste de professeur de design industriel.

Durant sa longue carrière qui s'étend sur plus de cinquante ans, Achille Castiglioni a reçu huit Compasso d'Oro (compas d'or) ainsi que de nombreux autres prix de design. L'esprit du design qu'inventent et déclinent les Castiglioni est issu du **Rationalisme**, mais tempéré d'ironie et d'un sens sculptural de la forme. Cette approche inhabituelle du design a été qualifiée d'« expressionnisme rationnel ». Son humour et la remarquable cohérence de ses créations qui mêlent invention structurelle et séduction esthétique font d'Achille Castiglioni une des figures les plus marquantes du design italien du XXe siècle.

▶ **Livio Castiglioni & Gianfranco Frattini**, lampe *Boalum* pour Artemide, 1969

▶▶ **Achille Castiglioni**, service à condiments *AC01* pour Alessi, 1980

Wendell Castle

1932 Emporia, Kansas
2018 Scottsville, New York

▲ Canapé *Molar*
pour Beylerian, 1969

Wendell Castle a étudié la sculpture à l'université du Kansas. Les brèves recherches de Castle sur la fibre de verre dans les années 1960 ont débouché sur les séries de sièges *Castle* et *Molar*, aux formes très sculpturales et organiques (1969). Vers 1970, Castle se consacra à des projets de meubles en bois lamellé-collé (canapé *Two-Seater love-seat*, 1979). A partir de 1976, il a crée des meubles illusionnistes extraordinaires en bois massif, en utilisant des techniques virtuoses de trompe-l'œil, comme son *Coatrack with Trench Coat* (1978) ou sa *Chair with Sports Coat* (1978). En 1980, Castle a fondé The Wendell Castle Workshop, une école consacrée aux techniques du bois, et s'est consacré pendant quelques années à des projets d'inspiration **Art déco**. Avec ces meubles, réalisés dans des bois exotiques exquisément travaillés, Castle avait l'intention de « repartir là où **Jacques-Emile Ruhlmann**, le dernier des grands *ébénistes*, s'est arrêté ». Vers le milieu des années 1980, Castle adopta une approche du design plus expressionniste. Les surfaces de ses travaux plus récents, comme le bureau et la chaise *Dr. Caligari* (1986), étaient peintes ou colorées et leurs formes, moins fonctionnelles, avaient une connotation plus symboliste.

Don Chadwick étudie le design à l'université de Californie, Los Angeles, où il obtient son diplôme en 1959. Il travaille ensuite dans l'agence d'architecture Victor Gruen & Associates. En 1964, Chadwick ouvre son propre bureau de design à Los Angeles. Parmi ses premiers projets, on retiendra un appareil photo pour prises de vues aériennes et différents projets pour l'industrie aérospatiale. En 1974, il dessine son système *Modular Seating*, édité par **Herman Miller**, pour lequel il utilise un procédé de fabrication de mousse polyuréthane à froid. En 1977, Chadwick s'associe avec **Bill Stumpf**, l'ex-vice-président du design d'Herman Miller. Ils ouvrent ensemble le bureau de design Chadwick, Stumpf & Associates à Winnona, Minnesota. Parmi leurs projets les plus notables on retiendra des ensembles de mobilier de bureau d'une technologie avancée pour Herman Miller, comme *C-Forms* (1979), les systèmes ergonomiques *Ergon* (1970–1976) et *Equa* (1984) ou le fauteuil de bureau très novateur *Aeron* (1992) dont le dossier et l'assise sont recouverts d'un tissu en polyester à larges mailles aérées.

Don Chadwick
Né en 1936
Los Angeles

◄ **Don Chadwick & Bill Stumpf**, fauteuil de bureau *Aeron* pour Herman Miller, 1992

Pierre Chareau

1883 Bordeaux
1950 Easthampton, Massachusetts

Pierre Chareau travaille de 1899 à 1914 à Paris comme dessinateur industriel pour le fabricant de meubles anglais Waring & Gillow. En 1919, Chareau ouvre sa propre agence de décoration et d'architecture et conçoit meubles, luminaires et intérieurs. Il aménage notamment un bureau et une chambre dans l'appartement parisien d'Annie Dalsace. Ces intérieurs, avec leur ameublement conçu sur mesure, sont exposés au Salon d'Automne en 1919. D'autres décors, présentés au Salon d'Automne de 1920, sont salués par la critique. En 1922, Chareau expose pour la première fois son travail au Salon des Artistes Décorateurs. Figure marquante de l'**avant-garde** parisienne, il commence à collectionner des œuvres d'art de Modigliani, Braque, Klee, **Raoul Dufy**, Ernst et Mondrian, entre autres. Un an plus tard, Chareau collabore avec Fernand Léger (1881–1955) et **Robert Mallet-Stevens** sur les décors du film *L'Inhumaine* de Marcel L'Herbier. En 1924, il ouvre son magasin, La Boutique, et commence à travailler avec le ferronnier Louis Dalbert. Leur travail est présenté à l'exposition annuelle du « Groupe des Cinq ». Chareau expose des meubles et des décorations intérieures à l'Exposition Internationale des Arts Décoratifs à Paris (1925), où il rencontre l'architecte hollandais Bernard Bijvoet (1889–1979). Chareau collabore avec Bijvöet à plusieurs projets, parmi lesquels le Clubhouse de Beauvallon (1926) pour Emile Bernheim et la révolutionnaire Maison de Verre, en acier et verre (Paris, 1928–1933), qu'il construit pour Annie et Jean Dalsace. En 1925, Chareau crée des meubles pour **Le Corbusier**

▶ Tissu de soie
Les Cigares, 1929–1930

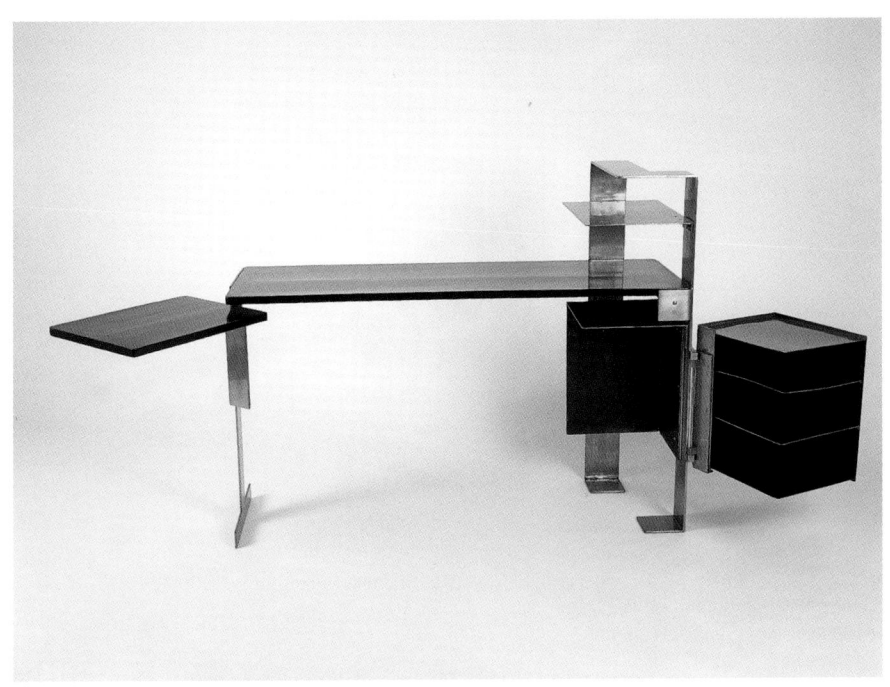

▲ Bureau, modèle n° MB 744, 1927

qui aménage l'atelier de Jacques Lipchitz. A la fin des années 1920, ses réalisations se démarquent définitivement d'une certaine tradition «décoratrice» française pour devenir résolument modernes. Les décorations et l'architecture de Pierre Chareau sont maintenant conçues comme des «machines à vivre» et ses meubles fonctionnent comme des «équipements». En 1929, Chareau quitte la Société des Artistes Décorateurs pour devenir membre fondateur de l'UAM (Union des Artistes Modernes). Durant la crise économique des années 1930, Chareau reçoit peu de commandes. En 1936, toutefois, il expose un mobilier scolaire pliable au Salon d'Automne et, en 1939, sa dernière commande française consiste en conteneurs transformables en mobilier de campagne pour les soldats français des colonies. A l'automne de 1940, Chareau émigre aux Etats-Unis où il est rejoint par sa femme Louise l'année suivante. A New York, il collabore avec l'attaché culturel français et organise des expositions sur Balzac et Daumier. La transformation d'une maison préfabriquée en résidence de week-end pour le peintre Robert Motherwell (1915–1991) à East Hampton, Long Island, est l'un des derniers projets de Pierre Chareau.

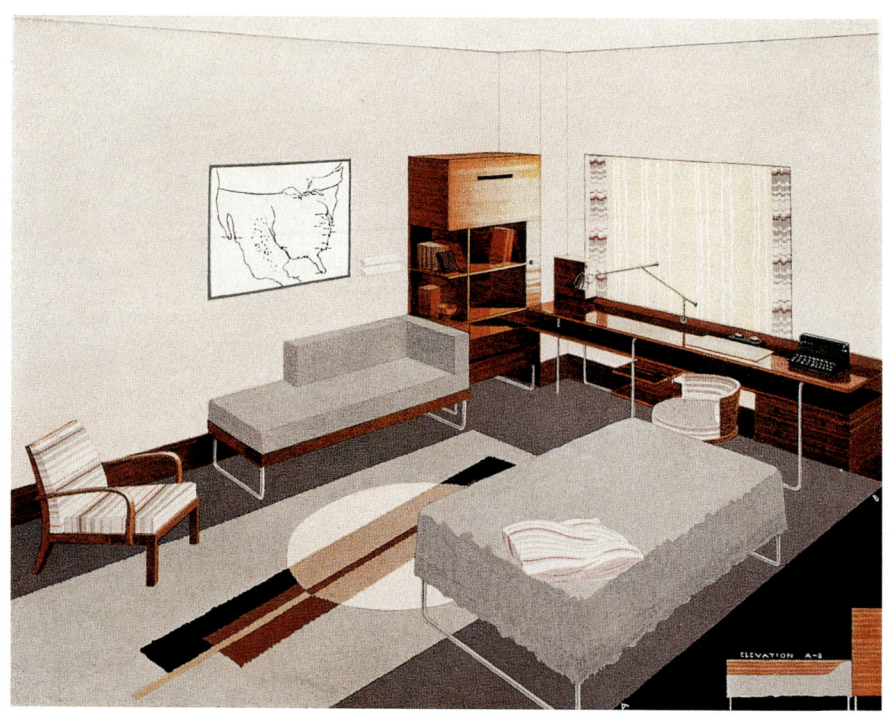

▲ Projet de bureau, 1928–1929

Serge Ivan Chermayeff

1900 Grozny, Azerbaïdjan
1996 Wellfleets, Massachusetts

La famille de Serge Ivan Chermayeff émigre en Angleterre en 1910 pour s'installer à Londres. De 1928 à 1931, il dirige avec **Paul Follot** l'Atelier d'Art Moderne du fabricant de mobilier Waring and Gillows. Un an plus tard il obtient son diplôme d'architecte et, de 1931 à 1933, dirige sa propre agence d'architecture et de design. Il s'associe ensuite pour une durée de trois ans avec l'architecte Erich Mendelsohn (1887–1953) et ils réalisent ensemble le Pavillon De La Warr (Bexhill-on-Sea, 1933–1936), la maison Nimmo (Chalfont-St-Giles, 1934–1935) et la maison Levy (Londres, 1935–1936). En 1937, Chermayeff, l'un des pionniers les plus remarquables du **Style International** en Angleterre, dessine des boîtiers de radio en bakélite et des meubles en métal tubulaire pour **PEL**. En 1939, il émigre aux Etats-Unis, où il travaille d'abord comme urbaniste et architecte avant de devenir directeur du département de design de l'**Institut de Design de Chicago** en 1940. De 1942 à 1946, Chermayeff est responsable du département d'Art du Brooklyn College de New York et, en 1946, après la mort de **László Moholy-Nagy**, il revient à l'Institut de Design de Chicago, dont il est nommé président.

Ivan Chermayeff (1932–2017), fils de l'architecte et designer **Serge Ivan Chermayeff**, étudie à l'université Harvard (1950–1952), à l'**Institut de Design de Chicago** (1952–1954) et à l'Ecole d'Art et d'Architecture de l'université Yale (1954–1955), où il rencontre Thomas Geismar (né en 1932). En 1956, avec Robert Brownjohn (1925–1970), il fonde un atelier de graphisme, Brownjohn, Chermayeff & Geismar. Deux ans plus tard, ils conçoivent une exposition pour le Pavillon Américain, à la Foire internationale de Bruxelles, qui présente des images fragmentaires du cadre de vie américain, notamment des panneaux de signalisation et un logo géant Pepsi-Cola. En 1960, Ivan Chermayeff et Thomas Geismar ouvrent leur bureau de design, Chermayeff & Geismar, et se consacrent à une série de projets graphiques très variés, dont plus de cent refontes d'identité visuelle pour des grandes sociétés comme la Chase Manhattan Bank, Xerox, Mobil Oil et le **Museum of Modern Art de New York**. Leur logo abstrait pour la Chase Manhattan Bank (1960) a servi de prototype pour d'autres commandes similaires et ouvert la voie au développement des logos abstraits dans les entreprises. L'atelier conçoit aussi les Pavillons Américains de l'Expo '67 et de l'Expo '70 et, en 1987, le logo de NBC, le célèbre paon aux couleurs arc-en-ciel. La philosophie de Chermayeff & Geismar tient dans une volonté de résolution rigoureuse : d'abord comprendre exactement le problème posé, puis définir une solution sur mesure exclusivement adaptée à ce problème. Alors que l'atelier affirme ne pas avoir de style maison, son travail révèle des affinités avec l'abstraction géométrique, le minimalisme, dada et le Pop art. Leur graphisme possède une clarté typique, il est direct, polysémique, suggestif, souvent surprenant, et toujours totalement en harmonie avec son temps. Ces caractéristiques ainsi que la cohérence remarquable de leurs travaux extrêmement novateurs ont fait de Chermayeff & Geismar l'atelier de graphisme le plus influent des Etats-Unis – sinon du monde.

Chermayeff & Geismar

Fondé en 1960
New York

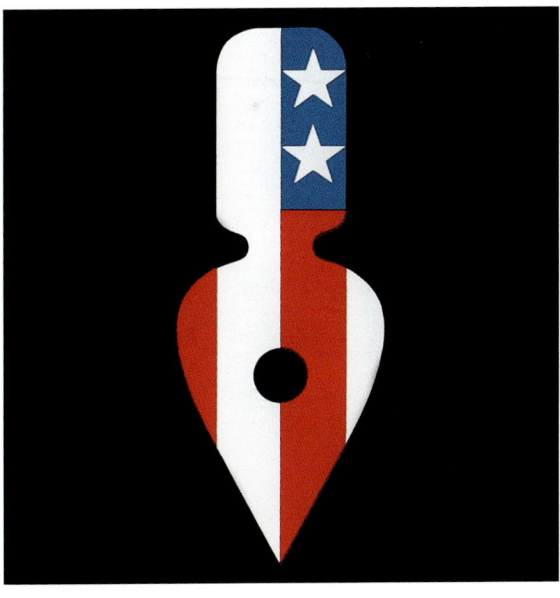

▼ **Tom Geismar**, logo pour Graphics Arts USA, 1963

Pietro Chiesa

1892 Milan
1948 Paris

▼ Lampadaire
Luminator pour
Fontana Arte, 1936

Pietro Chiesa étudie à Grenoble et Turin, puis entre dans l'agence de décoration intérieure de Gionvan Battista Gianotti. En 1921, Chiesa ouvre son atelier, la Botega di Pietro Chiesa, à Milan, où il se consacre surtout à des projets lui permettant d'utiliser le verre, son matériau favori. Quatre ans plus tard, il expose son travail à l'Exposition Internationale des Arts Décoratifs de Paris et collabore avec Gustavo Pulitzer à un projet de vitrages pour des navires de guerre italiens (*Saturnia*, *Vulcania*, *Conte Grande* et *Conte di Savoia*). En 1927, avec **Gio Ponti**, Michele Marelli, Tomaso Buzzi, Emilio Lancia et **Paolo Venini**, Chiesa fonde l'association « Il Labirinto » pour la fabrication de meubles de qualité dans le style **Novecento**. L'association qui veut renforcer l'impact des arts décoratifs sur le cadre de vie domestique, présente son travail à la IIIe Biennale de Monza où Chiesa expose des projets mêlant motifs géométriques et verre opalescent. En 1933, la Botega di Pietro Chiesa fusionne avec une nouvelle société, Fontana Arte, fondée par Gio Ponti et Luigi Fontana. A l'origine, Fontana Arte se concentre sur le design et la fabrication de meubles, d'ustensiles basiques et de verreries et se fera connaître par la suite pour ses luminaires. Directeur artistique de l'entreprise, Chiesa dessine 1500 prototypes. Utilisant le verre comme une matière précieuse, il emploie meulage, moulage et techniques de découpe pour réaliser des pièces d'un grand raffinement comme la table *2633* de 1933. Le travail de Chiesa, représentant majeur de l'**Art déco** italien, a été abondamment exposé : à la Biennale de Monza (1923, 1925, 1927 et 1930), à la Biennale de Venise (1924 et 1925), à l'Exposition Internationale de Barcelone (1929 et 1930), aux Expositions d'Art Décoratif de Paris (1935 et 1937), Berlin (1937) et Buenos Aires (1938). Simples dans leur concept, les formes inventées par Chiesa affirment une certaine monumentalité – dont témoigne parfaitement son lampadaire *Luminator* de 1936.

◀ **Antonio Citterio
& Glen Oliver Löw**,
Modèle de fauteuil
n° *AC1* de la
Citterio Collection
pour Vitra, 1990

Antonio Citterio étudie l'architecture à l'Ecole Polytechnique de Milan et obtient son diplôme en 1972. La même année, il ouvre un bureau à Lissone avant de s'associer avec Paolo Nava en 1973, collaboration qui se prolonge jusqu'en 1981. Citterio travaille aussi avec Gregotti Associati à la restauration de la Pinacothèque de Brera à Milan. En 1981, il ouvre son propre bureau et, depuis 1987, travaille avec son épouse, l'architecte américaine Terry Dwan (née en 1957). Leur bureau de design, Citterio-Dwan, responsable de la restauration partielle de la Pinacothèque de Brera, aménage des showrooms pour B&B Italia, **Vitra** et des magasins pour Esprit. Citterio-Dwan a aussi créé une ligne de mobilier de bureau pour **Olivetti**. Durant sa carrière, Citterio a dessiné des luminaires et des meubles notamment pour **Artemide**, **Kartell**, B&B Italia, Flexform et Moroso. Son projet le plus représentatif est la *Citterio* Collection (1990), ligne de mobilier de bureau conçue avec Glen Oliver Löw, qui concilie soutien anatomique et liberté de mouvement. Citterio est membre de l'ADI (Associazione per il Disegno Industriale) et a enseigné à la Domus Academy. Il a reçu le **Compasso d'Oro** (compas d'or) en 1979 et 1987.

Antonio Citterio
Né en 1950 Meda, Italie

Clarice Cliff

1899 Tunstall, Grande-Bretagne
1972 Newcastle-under-Lyme, Grande-Bretagne

Clarice Cliff commence à travailler dès treize ans dans l'atelier du potier Lingard Webster où elle apprend à décorer la terre cuite au pinceau à main levée. Elle suit aussi les cours de peinture de l'Ecole d'Art de Tunstall et travaille pendant quelque temps chez Hollinshead et Kirkham, où elle apprend les techniques lithographiques pour la décoration des céramiques. En 1916, elle est engagée par la Royal Staffordshire Pottery (A. J. Wilkinson), à Stoke-on-Trent, important centre de l'industrie de la céramique, où elle rencontre Colley Shorter, son futur mari, qui est le directeur de l'entreprise. Pendant un an, elle suit les cours du soir de peinture à l'Ecole d'Art de Burslem et, vers 1926, ouvre son propre atelier de poterie dans la Newport Pottery, une succursale d'A. J. Wilkinson, où elle décore des céramiques vierges de motifs **Art déco** peints main dans des couleurs vives. De 1929 à 1935, Cliff crée à la Newport Pottery la gamme de céramiques colorées *Bizarre*. Celle-ci connaît un tel succès commercial que d'autres peintres sont engagés pour réaliser des motifs à la manière de Cliff, notamment ses lignes ultérieures, *Fantasque* et *Biarritz*. En 1934, elle revient chez Wilkinson comme directrice artistique et supervise la décoration et la fabrication de la série *Bizarre* par des artistes comme Paul Nash (1889–1946), Dame Laura Knight (1877–1970), Duncan Grant (1885–1978) et Vanessa Bell (1879–1961). Dans les années 1930, à l'apogée de la popularité des céramiques *Bizarre*, l'entreprise emploie environ 150 personnes. Cliff associe l'esprit de la céramique traditionnelle avec le style Art déco contemporain pour produire des dessins hybrides, colorés et très géométriques. Son travail a su rendre l'esprit de l'Angleterre des années 1930 et exercer une forte séduction sur un public populaire.

▼ Vase *Bizarre* pour la Newport Pottery, vers 1930

◄ Fauteuil *Tongue* pour SCP, 1989

Nigel Coates étudie l'architecture à l'Architectural Association (Londres), de 1972 à 1974, où il enseigne lui-même de 1979 à 1989. En 1983, il est cofondateur de NATO (Narrative Architecture Today) et rédacteur en chef du magazine du groupe. Avec Doug Branson (né en 1951), il fonde Branson Coates Architecture en 1985 et, depuis, travaille sur de nombreux projets dont des magasins pour Jasper Conran (1986), Katherine Hamnett (1988) et Jigsaw (depuis 1993). Il participe aussi à la conception d'expositions, « Erotic Design », au Design Museum de Londres (1997), « Powerhouse :: UK » (Londres 1998), ainsi qu'à l'aménagement d'une nouvelle galerie dans le Geffrye Museum (Londres 1998). Coates est également l'auteur de nombreux projets architecturaux au Japon. Il a créé quelques meubles remarquables, dont le tabouret *Genie* (1988), la collection *Noah* (1988), la chaise *Tongue* (1989) et la *Gallo* collection (1989) pour SCP et Poltronova, ainsi que des vases pour Alessi (1990) et une collection de mannequins lancée par Stockman en 1994. Ses dessins expressifs sont souvent chargés de connotations sexuelles et célèbrent la vitalité et le chaos typiques de l'environnement urbain. En 1995, Coates est nommé professeur de design architectural au **Royal College of Art de Londres**.

Nigel Coates
Né en 1949 Malvern, Grande-Bretagne

Wells Coates

1895 Tokyo
1958 Vancouver

Wells Coates est né à Tokyo d'un père canadien missionnaire. Sa mère avait été l'élève des architectes Louis Sullivan (1856–1924) et **Frank Lloyd Wright** à Chicago. De 1913 à 1915, Wells Coates fait des études d'ingénieur à l'université de Colombie britannique (Vancouver). Le déclenchement de la Première Guerre mondiale le contraint à les interrompre. Mobilisé, il sert d'abord dans l'infanterie puis comme pilote. Après la guerre, il reprend ses études à l'université de Colombie britannique où il obtient son diplôme en 1921. Il s'installe ensuite en Angleterre et, de 1922 à 1924, suit une formation doctorale en ingénierie à l'université de Londres. De 1923 à 1926, il travaille comme journaliste pour le *Daily Express* dont il sera, pendant une brève période, le correspondant à Paris. Les textes qu'il écrit pendant cette période, empreints d'humanisme, décrivent le design comme un catalyseur du changement social. A Londres, en 1928, il crée des textiles pour la Crysede Textile Company et des décorations pour l'usine de la firme à Welwyn Garden City avec des éléments en contreplaqué. A partir de 1931, Coates est consultant pour Isokon, un fabricant de meubles en contreplaqué pionnier du Modernisme en Angleterre. En 1931, Pritchard, le directeur d'Isokon, demande à Coates de concevoir les appartements Lawn Road Flats, à Hampstead, qui est un exemple séminal du **Mouvement Moderne** dans l'architecture anglaise.

▼ Bureau pour PEL, 1933

▲ Radio *Ekco AD65* pour E. K. Cole, 1934

En 1933, Coates est cofondateur de MARS (Modern Architecture Research Group) et s'associe pour des projets ponctuels avec Patrick Gwynne en 1932 et David Pleydell-Bouverie en 1933. Il conçoit des gammes de radios en bakélite pour Ekco, dont sa célèbre radio circulaire *Ekco AD65* (1934), destinées à une production en série. Ce sont les premiers produits modernes anglais de grande consommation. Après la Seconde Guerre mondiale, Coates travaille à Vancouver où il conçoit des intérieurs d'avions pour De Havilland et BOAC et, dans les années 1950, il dessine des postes de télévision.

Luigi Colani

1928 Berlin
2019 Karlsruhe

Designer allemand, Luigi Colani étudie la sculpture et la peinture à l'Ecole des Beaux-Arts de Berlin de 1946 à 1948. Il se rend ensuite à Paris pour étudier l'aérodynamique et réalise des analyses de concepts de véhicules pour des magazines autos et motos. En 1952 et 1953, Colani entreprend des recherches pour l'avionneur californien Douglas sur les matériaux adaptés aux très grandes vitesses. En 1954, à son retour en Europe, il travaille pour de nombreux clients, parmi lesquels Alfa Romeo, Lancia, Volkswagen, BMW, Thyssen, Boeing, Rosenthal, Villeroy & Boch et Rockwell (NASA). Les formes organiques de son service à thé en porcelaine *Drop* (1970) pour Rosenthal sont le fruit de recherches ergonomiques et fonctionnelles. Ses tabourets en plastique multi-usages de couleurs vives *Sitzgerät* (1971–1972) pour adultes, et *Zocker* (1972) pour enfants, traduisent éloquemment son intérêt pour les matériaux et les fonctions. En 1973, il fonde le Colani Design Centre au Japon. En 1993, Colani dessine des ordinateurs pour VOBIS et deux ans plus tard ouvre un Colani Design Center à Lünen, Allemagne. Les formes organiques et novatrices du design de Colani résultent d'une compréhension profonde de l'ergonomie et du profilage, mais la dimension ludique de ses créations est atypique pour un designer allemand.

▶ Chaises en fibre de verre *Körperform* pour Fritz Hansen, 1971–1973

De 1933 à 1952, Gino Colombini travaille dans l'agence d'architecture de **Franco Albini** et réalise des immeubles commerciaux ou d'habitation tout en se consacrant au design de mobilier. En 1949, il est nommé directeur technique de **Kartell**, une société spécialisée dans la fabrication de plastiques qui vient de se créer. Colombini conçoit de nombreux produits pour Kartell, destinés à un usage domestique quotidien, parmi lesquels un battoir à tapis (1957), un seau à traire les vaches (1958), un presse-citron (1958), un panier-repas pour enfants (1958), une baignoire (1957) et différents paniers et pelles à poussière (1956–1957). Ses créations très novatrices et fonctionnelles sont parmi les premières à exploiter les possibilités du plastique, matériau parfaitement adapté à la production en série. Le grand impact des projets de Colombini pour Kartell lui vaut de recevoir cinq **Compasso d'Oro** (compas d'or) en 1955, 1957, 1958, 1959 et 1960.

Gino Colombini
1915 Milan
2011 Milan

▲ Presse-citron en plastique pour Kartell, 1958

Joe Colombo

1930 Milan
1971 Milan

▲ Pendulettes *Optic*
pour Alessi, 1970

▶ Lampe *Acrilica*
pour O-Luce, 1962

Cesare « Joe » Colombo étudie la peinture à l'Académie des Beaux-Arts de Brera dont il est diplômé en 1949, puis l'architecture à l'Ecole Polytechnique de Milan jusqu'en 1954. En 1951, il rejoint le Movimento Nucleare (Mouvement de peinture nucléaire) qui vient d'être fondé par Sergio Dangelo (1932-2022) et Enrico Baj (1924–2003). Pendant les quatre années suivantes, Colombo, expressionniste abstrait d'inspiration, se consacre surtout à la peinture et à la sculpture et il expose son travail avec d'autres membres du groupe à Milan, Côme, Brescia, Turin, Palerme, Verviers, Venise et Bruxelles. En 1955, Colombo devient membre de l'Art Concret Group, mais vers 1958, il abandonne la peinture pour entamer une carrière de designer. Auparavant il a travaillé à une exposition pour la Xe triennale de Milan (1954) et rédigé des notices sur les céramiques créées après les rencontres internationales d'Albisola. A cette Triennale, Colombo crée aussi trois aires extérieures, où les visiteurs peuvent s'asseoir pour regarder une exposition de postes de télé qui semblent enchâssés dans un écrin. Après la mort de son père en 1959, Colombo reprend la direction de l'entreprise familiale qui fabrique du matériel électrique. C'est à cette époque qu'il s'intéresse aux possibilités de nouveaux matériaux, dont les plastiques renforcés, et décide d'explorer de nouvelles techniques de construction et de fabrication. En 1962, Colombo ouvre son propre bureau de design à Milan et se concentre sur des projets d'architecture et de décoration intérieure, pour la plupart destinés à des hôtels de montagne ou des stations de ski. Ces premières réalisations montrent son intérêt pour la fonction et la structure ainsi que de grandes qualités sculpturales. En 1964, Colombo reçoit le

prix IN-Arch pour son aménagement intérieur d'un hôtel de Sardaigne (1962–1964) dont les plafonds, constitués de prismes de plexiglas, diffractent la lumière. Avec son petit frère Gianni, Colombo développe cette idée pour son projet de lampe *Acrilica* (1962). Son premier projet pour **Kartell** est la chaise n° *4801* (1963–1964) composée de trois éléments en contreplaqué imbriqués les uns dans les autres. La fluidité de la forme de cette chaise annonce ses futurs projets de meubles en plastique, comme la chaise *Universale* n° *4860* (1965–1967), la première chaise pour adultes fabriquée en plastique ABS moulé par injection. L'éventail des objets et ustensiles novateurs créés par Colombo est large : meubles, luminaires, vaisselle de table en verre, poignées de portes, tuyaux, réveils, montres, etc. Il dessine aussi un appareil photo professionnel, le *Trisystem* (1969), un système de climatisation pour Candy (1970), des plateaux-repas pour les avions d'Alitalia (1970) et une table à dessin ergonomique et motorisée (1969). Dès le début de sa carrière, Colombo se passionne pour les systèmes d'habitat modulaires, comme son Combi-Centre de 1963. Suivent d'autres programmes similaires comme l'*Additionnal Living System* (1967–1968), les chaises *Tube* (1969–1970) et *Multi* (1970) transformables, avec leurs multiples positions assises qui reflètent le but premier qu'il assigne au design : l'adaptabilité. Ses projets les plus avant-gardistes restent cependant ses micro-environnements intégrés. Par exemple l'unité d'habitation du futur Visiona, présentée à l'exposition du même nom, organisée par Bayer en 1969. Elle comprenait un intérieur de l'ère spatiale « à la Barbarella » où les meubles se transformaient en éléments modulaires et vice versa. Colombo remplace les meubles

▸ *Central living block* de l'unité d'habitation présenté à l'exposition Visiona I pour Bayer, 1969

traditionnels par des éléments fonctionnels – comme la *Night-Cell* (cellule de nuit), les *Central living blocks* (blocs d'habitat centraux) et la *Kitchen-Box* (boîte-cuisine) – qui concourent à créer un cadre de vie dynamique et multi-fonctionnel. Pour son propre appartement, Colombo dessine les unités *Rotoliving* et *Cabriolet-bed* (1969), suivies de *Total Furnishing Unit* (unité d'ameublement globale, 1971), qui constituent un exemple très marquant de design « monobloc ». Cette unité d'ameublement globale est présentée à l'exposition de 1972 : « Italie : Le nouveau paysage domestique » au **Museum of Modern Art de New York**. Elle se veut une machine à habiter complète qui se décompose en quatre modules : cuisine, placard, salle de bains et lit / vie privée, le tout dans un espace de 28 m². Colombo dessine des produits pour O-Luce, **Kartell**, Bieffe, **Alessi**, Flexform et Boffi et il est couronné par l'ADI (Associazione per il Disegno Industriale) en 1967 et 1968 ainsi que par un **Compasso d'Oro** (compas d'or) en 1970. Sa carrière extrêmement féconde est interrompue tragiquement par sa mort en 1971, à l'âge de quarante et un ans, d'une crise cardiaque.

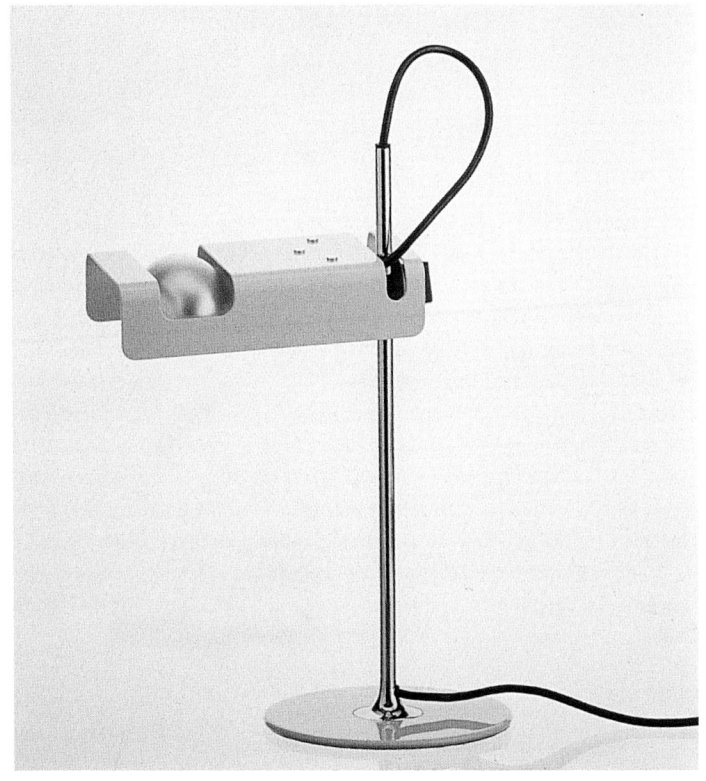

◄ Lampe *Spider* pour O-Luce, 1965

◄◄ Fauteuil *Elda* pour Comfort, 1963

Compasso d'Oro

Compas d'or

Fondé en 1954
Milan

Le Compasso d'Oro (compas d'or) a été créé par Aldo Borletti, le propriétaire de la chaîne de grands magasins La Rinascente, en 1954. Selon ses termes, ce prix est destiné à « encourager les industriels et les artisans à améliorer leurs normes de production, d'un point de vue esthétique et technologique ». A l'origine, le prix du Compasso d'Oro n'est attribué qu'à des produits diffusés par La Rinascente. A partir de 1959, l'ADI (Associazione per il Disegno Industriale) participe à l'attribution du prix et, en 1967, l'assume entièrement. Elle élargit la gamme et les types de produits éligibles au Compasso d'Oro. Parmi les lauréats les plus éminents, citons **Marcello Nizzoli** pour la machine à écrire *Lettera 22* d'Olivetti (1954) et la machine à coudre *Mirella* de Necchi (1957), **Marco Zanuso** & **Richard Sapper** pour la télévision *Doney 14* de Brionvega (1962) et le téléphone *Grillo* de Siemens (1966), **Achille** et **Pier Giacomo Castiglioni** pour leur aspirateur de marque R. E. M. (1957) et **Mario Bellini** pour le tourne-disque radio *Totem* de Brionvega (1979).

▲ **Marco Zanuso & Richard Sapper**, téléphone *Grillo* pour Siemens, 1966

Terence Conran étudie la création textile avec Eduardo Paolozzi (1924–2005) à la Central School of Arts and Crafts de Londres en 1949–1950. Il dessine ensuite des textiles durant un an au Rayon Industry Design Centre et à partir de 1951 crée des intérieurs pour l'agence d'architecture et de design Dennis Lennon & Associates, Londres. En 1952, il monte son propre atelier de création de meubles et de textiles, Conran & Co., et travaille pour Edinburgh Weavers, la John Lewis Partnership et Simpsons de Piccadilly. Un an plus tard, avec Ian Storey, Conran ouvre « Soup Kitchen », une chaîne de restaurants à prix modique qui connaît une grande réussite. En 1956, il crée le Conran Design Group (qui deviendra plus tard Conran Associates) avec John Stephenson. Huit ans plus tard, Conran oblique vers la distribution d'objets design en ouvrant sa première boutique Habitat sur Fulham Road à Londres. Conran développe le concept de « style de vie » et essaie de fournir des produits modernes pour la maison à des prix abordables. De 1982 à 1986, la Conran Foundation sponsorise le Boilerhouse Project au **Victoria & Albert Museum**, et contribue en 1989 à la création du Musée de Design de Londres. Durant les années 1980, Conran achète plusieurs sociétés, parmi lesquelles Mothercare, British Home Stores and Heals, qui constituent avec Habitat et Next l'imposant Storehouse Group. Il démissionne de Storehouse en 1990 et, deux ans plus tard, rachète l'enseigne Conran Shop. Durant les années 1990, Conran ouvre de nombreux restaurants et devient le plus important propriétaire de restaurants londoniens.

Terence Conran
1931 Londres
2020 Kintbury, Royaume-Uni

◀ Magasin Habitat, début des années 1970

Constructivism

Constructivisme

Russie

Le terme de constructivisme désigne à l'origine un mouvement d'art, de design et d'architecture russe. Avant la Première Guerre mondiale, l'**avant-garde** russe, comme ses homologues d'Europe de l'Ouest s'inspire du Cubisme et du **Futurisme**. Après la révolution de 1917, toutefois, elle cherche de nouvelles formes d'expression qui traduisent le désir des soviets de supplanter le système capitaliste par des structures plus démocratiques de production et de distribution des marchandises. C'est dans ce but que des artistes comme **Vladimir Tatline**, **Kasimir Malévitch**, **Alexandre Rodchenko**, Vassili Kandinsky (1866–1944), Naum Gabo (1890–1977), Antoine Pevsner (1886–1962) et **El Lissitzky** commencent à défendre une esthétique et une conception du design adaptées à la production industrielle. La publication de deux manifestes en 1920, *Le Programme du groupe des constructivistes* par Alexei Gan, **Varvara Stepanova** et Rodtchenko, et *Un Manifeste réaliste* de Pevsner et Gabo, annonce la naissance du constructivisme. Les constructivistes, considérant que les arts appliqués peuvent engendrer un nouvel ordre social, décident donc de créer un « art de production » et une architecture utilitaire. L'instabilité économique et politique qui suit la révolution limite cependant la réalisation de projets de grande ampleur, et les constructivistes sont plus ou moins restés confinés au domaine de la conception d'expositions, de la création de céramiques et de motifs décoratifs. Les céramiques constructivistes sont souvent ornées de motifs suprématistes qui engendrent une dynamique puissante et moderne.

▶ **Vassili Kandinsky**, tasse à café et soucoupe pour la faïencerie d'Etat de Petrograd, 1921

▶▶ **Nicolas Souétine**, ecritoire pour la faïencerie d'Etat de Petrograd, 1923

Coop Himmelb(l)au

Fondé en 1968
Autriche

Coop Himmelb(l)au est fondé en 1968 par Wolf D. Prix (né en 1942) et Helmut Swiczinsky (né en 1944). Influencés à l'origine par **Hans Hollein** et Haus-Rucker-Co, le travail de cette agence d'architecture autrichienne explore l'idée d'espace pneumatique. Coop Himmelb(l)au inaugure ses « structures ouvertes » en 1975. L'agence reçoit le Berliner Förderpreis für Baukunst pour le Roter Engel Bar à Berlin, réalisé en 1981. Au cours des années 1980, Coop Himmelb(l)au se veut le pionnier du **Déconstructivisme** ou « architecture ouverte », selon l'expression de Prix et Swiczinski : une approche post-moderne de l'architecture et du design qui fait voler en éclats les formes traditionnelles d'une façon très dynamique et expressive. En 1988, Coop Himmelb(l)au participe à l'exposition « Architecture déconstructive » au **Museum of Modern Art de New York**. La première commande industrielle d'envergure de l'agence est une usine de fabrication de panneaux de carton pour Funder, en Carinthie (1988–1989). Le travail de Coop Himmelb(l)au qui pourrait être décrit comme une « architecture gestuelle » est présenté dans l'exposition « Architects Art » à la Gallery of Functionnal Art, Los Angeles, en 1990. La même année, Wolf D. Prix devient professeur d'architecture à l'Ecole Supérieure des Arts Appliqués de Vienne. La volonté de subversion du modernisme de Coop Himmelb(l)au s'incarne clairement dans le fauteuil *Vodöl* (1989), retravail du fauteuil *Grand Confort* par **Le Corbusier** (1928).

▲ Fauteuil *Vodöl* pour Vitra, 1989

◀ Vase, vers 1972

Hans Coper étudie d'abord l'ingénierie textile en Allemagne avant d'émigrer en Angleterre en 1939. En 1946, il découvre les céramiques de **Lucie Rie** dans son atelier d'Albion Mews, à Londres, et commence à travailler avec elle. Les poteries artisanales de Coper s'inspirent des techniques de production et des formes des céramiques orientales. Ses créations ont été présentées aux Berkeley Galleries de Londres à partir de 1950 et au Röhsska Konstslöjdmuseet, Göteborg, en 1955. Quatre ans plus tard, Coper s'installe à Digswell, Hertfordshire, et commence à produire des céramiques influencées par l'art primitif et cycladique. Le travail de Coper exprime un sens de la monumentalité voisin de la sculpture d'Henry Moore (1898–1986) et de Constantin Brancusi (1876–1957), deux artistes qu'il admire. De 1961 à 1969, il enseigne à la Camberwell School of Arts & Crafts et, en 1966, retourne s'installer à Londres. Entre 1966 et 1975, il enseigne au **Royal College of Arts de Londres**. Les belles créations totémiques de Coper repoussent la frontière entre art et design et, avec Lucie Rie, il est à l'origine d'une renaissance de la céramique artisanale.

Hans Coper
1920 Chemnitz, Allemagne 1981 Somerset, Grande-Bretagne

▶ Chaise empilable *Landi* pour P. et W. Blattmann, 1939 (rééditée par Zanotta sous l'appellation *2070 Spartana*)

Hans Coray

1906 Wald, Suisse
1991 Zurich

Hans Coray étudie les langues jusqu'en 1929 et devient professeur de lycée à Aarau et à Zuoz. De 1932 à 1938, il continue à étudier, s'intéressant aussi bien au design qu'à l'astrologie, à la théologie qu'à la graphologie. Coray commence aussi à travailler le métal et il crée des modèles de chaises. En 1938, il présente la chaise légère *Landi* en aluminium estampé à la «Schweizerische Landesausstellung» (Exposition Nationale Suisse) qui a lieu à Zurich l'année suivante. La chaise, allégée grâce aux perforations qui permettent à l'eau de s'écouler, est parfaitement adaptée à un usage en extérieur. *Landi* a d'abord été fabriquée par P. et W. Blattmann vers 1939 avant d'être rééditée par Zanotta en 1971 sous la référence *2070 Spartana*. En 1941, Coray suit un cours de ferronnerie à Zurich et, après 1945, il devient artiste, designer indépendant – et marchand d'art. Il conçoit plusieurs expositions pour des entreprises chimiques suisses pendant la Seconde Guerre mondiale et, à la fin des années 1940, crée une ligne de meubles en aluminium, métal tubulaire et bois, diffusée par Wohnbedarf. Au début des années 1950, Coray dessine d'autres modèles de chaises, dont certaines rembourrées, avant de se consacrer exclusivement à l'art. Les sculptures de Coray sont exposées à Zurich de 1950 à 1985, à Berne en 1951 et à Cologne en 1981.

La définition de leur identité visuelle, étroitement liée au design de l'emballage, permet aux entreprises et/ou aux marques d'imprimer à leurs produits et services un style visuellement cohérent qui les distingue de leurs concurrents. Le logo, essentiel dans cette stratégie, est présent sur tous les médias qui véhiculent cette identité, du papier à lettres aux campagnes publicitaires. Certaines entreprises, pour qui le design joue un rôle primordial, comme **Braun**, adoptent une démarche d'identité visuelle systématique ; leur stratégie rigoureuse se répercute à tous les niveaux de l'entreprise et ne façonne pas seulement la forme de leurs produits, mais aussi l'architecture de leurs bureaux et de leurs usines. Peter Behrens est le premier designer à appliquer un tel programme quand il devient directeur artistique d'AEG en 1907. Le code de design qu'il met au point ne conditionne pas seulement les produits et le graphisme de la société mais s'étend jusqu'au cadre de travail et aux habitations des employés – stratégie globale qui a contribué à forger l'image très reconnaissable d'AEG. Au cours du XXe siècle, les entreprises se sont progressivement ralliées au langage universel de l'identité visuelle pour renforcer leur compétitivité, phénomène encore accentué par la globalisation actuelle de nombreux marchés.

Corporate Identity

Identité visuelle

▼ **Raymond Loewy Associates**, logos pour Shell, 1967, et BP, 1938 ; **Landor Associates**, logos pour Alitalia, 1969 et Spar, 1970

Les origines du renouveau artisanal remontent au milieu du XIXᵉ siècle, époque où des réformateurs des arts décoratifs comme John Ruskin (1819–1900) et **William Morris** militent pour la préservation et la résurrection des artisanats traditionnels dans une Angleterre submergée par la révolution industrielle. Le succès de Morris & Co., qui produit et commercialise des produits de style vernaculaire, inspire la génération suivante des designers ralliés au **Mouvement Arts & Crafts**, comme **Charles Voysey**, **Charles R. Ashbee** et **A. H. Mackmurdo**. Dans les années 1880, certains membres du mouvement fondent des guildes, comme la Art Worker's Guild, la Century Guild et la **Guild of Handicraft** (Guilde de l'artisanat). Par la suite, des designers affiliés au mouvement établi dans les Cotswolds, comme **Ernest Gimson**, Sydney (1865–1926), Edouard Barnsley (1863–1926) et **Gordon Russell** plaident pour une forme plus austère d'inspiration vernaculaire basée sur une stricte fonctionnalité. Les designers Arts & Crafts américains comme **Gustav Stickley**, Elbert H. Hubbard (1856–1915) et **Frank Lloyd Wright** prônent aussi un retour à l'esprit vernaculaire dans les arts décoratifs et l'artisanat traditionnel avec le style Mission. Dans la seconde partie du XXᵉ siècle, avec la transformation des procédés de fabrication industriels, le divorce entre design et production s'accentue de plus en plus et le déclin du savoir-faire artisanal s'accélère. Pour inverser cette tendance, **John Makepeace** et **Wendell Castle**, deux des figures actuelles les plus marquantes du renouveau de l'artisanat, préservent les techniques de fabrication artisanales dans leur travail de designers-fabricants et dans les écoles d'ébénisterie qu'ils ont fondées. Dans les années 1980, c'est le **Post-Modernisme** et des designers comme Fred Baier (né en 1949) qui incarnent ce renouveau artisanal. La virtuosité technique alliée à la bizarrerie formelle engendrent des objets qui sont l'antithèse du «mobilier du bon citoyen» auquel Ruskin comme Morris étaient si attachés.

Craft Revival
Renouveau artisanal

◄ **John Makepeace**, fauteuil *Millennium 3*, 1988

▼ **Fred Baier** etagère *Megatron*, 1986

Cranbrook Academy of Art

Académie de Cranbrook

Fondée en 1927
Bloomfield Hills, Michigan

▼ Sélection d'objets de designers proches de l'Académie de Cranbrook, années 1940 et 1950 (Harry Bertoia, fauteuil *Diamond*; Eero Saarinen, fauteuil *Grasshopper*; Ray Eames, textile *Cross Patch*; Charles et Ray Eames, paravent; Charles Eames et Eero Saarinen, meuble de rangement et banquette; Maija Grotell et Leza McVey, céramiques)

En 1904, George G. Booth, un magnat de la presse, acquiert le domaine de Cranbrook, à Bloomfield, une banlieue de Detroit (Michigan). Inspiré par les idéaux des réformateurs du design du XIXe siècle, Booth fonde la Detroit Arts and Crafts Society en 1906 avant d'installer par la suite une communauté à Cranbrook. En 1922, il crée la Bloomfield Hills School pour des élèves du primaire et visite l'Académie américaine de Rome qui lui donne l'idée de fonder une institution similaire en Amérique. En 1924, Booth demande à l'architecte suédois **Eliel Saarinen** d'étendre les activités de la Cranbrook Educationnal Community et deux écoles supplémentaires sont ouvertes.Trois ans plus tard, Booth autorise le conseil d'administration de la Cranbrook Foundation à créer une école qui mêlerait arts décoratifs et beaux-arts, à l'instar des écoles européennes où l'enseignement de l'architecture, de la peinture et de la sculpture n'est pas séparé de celui des arts décoratifs. L'Académie est officiellement fondée en 1932 et Saarinen en est nommé président. Comme au **Bauhaus**, les responsables de Cranbrook encouragent activement l'échange d'idées entre les différents ateliers et prônent des méthodes de design rationnel. Parmi les professeurs invités de l'Académie durant les années 1930 figurent **Frank Lloyd Wright**, **Le Corbusier**, et l'équipe d'enseignants rassemble des personnalités comme le sculpteur Carl Milles (1875–1955), la céramiste Maija Grotell (1899–1973) et les créatrices textiles Loja Saarinen (1879–1968) et Marianne Strengell (1909–1998). L'Académie de Cranbrook a compté parmi ses élèves illustres **Ray Eames**, Florence Knoll (1917–2019), **Jack Lenor Larsen**, **Charles Eames** et **Harry Bertoia** qui, avec **Eero Saarinen**, y enseigneront aussi à la fin des années 1930. Dans l'entre-deux-guerres, Cranbrook forge sa réputation d'école de design n° 1 aux Etats-Unis. Aujourd'hui, le projet de Booth continue de prospérer et Cranbrook, bien que petite par la taille, reste un remarquable foyer d'excellence artistique et académique.

◄ Vase à anse double pour Maw & Co., 1892

Walter Crane, fils d'un peintre portraitiste, reçoit d'abord une formation de graveur sur bois. Vers 1863, il conçoit et illustre des livres, surtout pour enfants, pour l'éditeur de best-sellers Edmund Evans. Dans les années 1870, le style illustratif de Crane est influencé par les œuvres de William Blake (1757–1827), les préraphaélites et l'art japonais. En 1867, il commence à dessiner des céramiques, fabriquées par Wedgewood, et des carreaux pour Maw & Co. ou Pilkington. Il crée aussi des papiers peints pour Jeffrey & Co. et des broderies pour la Royal School of Needlework ainsi qu'une tapisserie pour Morris & Co. En tant que décorateur d'intérieur, Crane participe au réaménagement de la résidence londonienne du collectionneur grec A. A. Ionidès au 1, Holland Park. En 1877, il dessine la frise de mosaïque de salon arabe de la Leighton House à Londres. En 1884, il est membre fondateur de la Art Worker's Guild qu'il préside en 1888–1889. Crane contribue aussi à la fondation de la Arts and Crafts Exhibition Society en 1888, dont il sera le président plusieurs années. Il est directeur du design à la Manchester School of Art de 1893 à 1896 avant de devenir le proviseur du **Royal College of Art de Londres** de 1897 à 1898. Dans les années 1890, il écrit plusieurs livres importants sur les arts appliqués, dont *The Decorative Illustration of Books* (L'illustration décorative des livres, 1896) et *Line and Form* (Ligne et forme, 1900). Paradoxalement, l'inspiration Arts & Crafts de Crane a profondément marqué le style **Art Nouveau** qu'il a lui-même sévèrement critiqué.

Walter Crane
1845 Liverpool
1915 Horsham,
Grande-Bretagne

▶ Banc *Mariposa* pour Zanotta, 1989

Riccardo Dalisi

1931 Potenza, Italie
2022 Naples

Riccardo Dalisi étudie l'architecture à l'université de Naples dont il est diplômé en 1957 et où il devient professeur. Au début des années 1970, il participe au mouvement pour un **Design Radical** à Naples et anime des expérimentations de « tecnica povera » (technologie pauvre) en organisant des groupes de designers qui travaillent avec des jeunes des quartiers pauvres de la ville. Cette affirmation (« Faites-le vous-mêmes ») traduit une volonté de susciter créativité individuelle et expression personnelle dans le design et l'urbanisme. Sa recherche, à l'origine du mouvement de l'**Anti-Design**, et des débats qu'il suscite, débouche sur la formation de l'école de contre-design **Global Tools** en 1973. En tant que membre fondateur de Global Tools, Dalisi est une des figures les plus marquantes de l'Anti-Design à la fin des années 1960 et dans les années 1970. Il a écrit plusieurs livres sur ce sujet, dont *L'Architettura della Imprevedibilità* (Architecture imprévisible) en 1969 et *Architettura d'Animazione* (Architecture animée) en 1974. Il organise Minimal Arts avec Filippo Alison (1930–2015), et en 1979 publie un ouvrage sur **Antoni Gaudí i Cornet** qui célèbre l'éloquence stylistique du grand architecte espagnol. Durant les années 1980, Dalisi dessine des meubles en édition limitée pour Zanotta, dont la chaise *Pavone* (1986) et la machine à café *Caffettiera Napoletana* (1987–1988) pour Alessi.

Le grand-duc Ernst-Ludwig de Hesse est le dernier souverain de l'Etat indépendant de Hesse-Darmstadt, rattaché à l'empire allemand en 1871. Il règne de 1892 à 1918 et, en 1899, crée une colonie d'artistes à Darmstadt, probablement à l'exemple des **Vereinigte Werkstätten für Kunst im Handwerk** (Ateliers Unis pour le Travail Artisanal), fondés à Munich vers 1897. Il ambitionne de régénérer l'activité artistique de sa région et d'y réformer les arts décoratifs. Parmi les premiers membres de cette colonie, citons les designers **Josef Maria Olbrich**, **Peter Behrens**, Hans Christiansen (1866–1945), Paul Bürck (1878–1947) et Patriz Huber (1878–1902). A l'origine, la colonie se compose d'un immeuble d'ateliers et de sept maisons d'artistes, dont la Behrens Haus conçue par Peter Behrens comme une **Gesamtkunstwerk** (Œuvre d'art totale) : tous les éléments de sa décoration intérieure jusqu'aux verres, ont été imaginés spécialement pour ce projet. Olbrich réalise des résidences similaires pour lui-même et Hans Christiansen. La colonie expose son salon Darmstadt à l'Exposition Universelle de Paris en 1900. En 1901, elle organise l'exposition « Ein Dokument Deutscher Kunst » (un document d'art allemand) dans ses locaux. Plusieurs bâtiments sont spécialement construits pour l'occasion, dont un hall d'exposition, conçu par Olbrich. Malgré l'excellent accueil que lui réserve la critique, l'exposition ne connaît pas le succès commercial escompté par le grand-duc Ernst-Ludwig. Entre 1899 et 1914, vingt-trois artistes ont travaillé à la colonie, y créant meubles, bijoux, verreries, céramiques et argenterie. Les pièces d'argenterie de Ernst Riegel (1871–1939) et Theodor Wende (1883–1968) furent précisément certaines de ses créations les plus célèbres. Nombre des projets de la colonie, présentés dans les revues

Darmstädter Künstlerkolonie

Colonie d'artistes de Darmstadt

1899–1914
Darmstadt, Allemagne

▼ **Josef Maria Olbrich**, affiche pour l'exposition à la colonie d'artistes de Darmstadt, 1901

▲ Ouverture de l'exposition de la colonie d'artistes, le 15 mai 1901

d'Alexander Koch *Innen-Dekoration* et *Deutsche Kunst und Dekoration*, touchent à travers elles un large public. Chaque année, jusqu'à son départ en 1903, Behrens donne un «Cours pour les maîtres sur les arts appliqués» de quatre semaines au Bayerische Gewerbemuseum de Nuremberg. Les autres professeurs marquants de la colonie sont **Richard Riemerschmid**, Paul Haustein (1880–1944) et Friedrich Adler (1878–1942 env.). L'usine de céramiques et la verrerie créées par la colonie respectivement en 1906 et 1908 stimulent l'expérimentation de techniques de production industrielles. La colonie d'artistes de Darmstadt a exercé une influence directe sur la formation de la **Wiener Werkstätte** en 1903 et a été, en matière de design, le plus important foyer d'innovation dans l'Allemagne d'avant la Première Guerre mondiale.

Jean Daum (1825–1885) est né à Bischwiller, dans le Haut-Rhin. Contraint de s'installer à Nancy par la guerre de 1870–1871, il participe à la création de la Verrerie Sainte-Catherine en 1875. L'affaire rencontre rapidement de graves difficultés financières, dont Jean Daum est partiellement responsable, et pour rentrer dans les fonds qu'il y a investis, il rachète l'usine et la rebaptise Verrerie de Nancy. Ses fils, Auguste et Antonin, le rejoignent respectivement en 1879 et en 1887 pour diriger la production et les finances de la société. A l'origine, les articles que fabrique la Verrerie de Nancy, verres de montres et vaisselle de table, ne diffèrent guère de la production courante de l'époque. Les Daum rassemblent une équipe de dessinateurs et d'artisans qui créent des objets plus novateurs. Durant les années 1890, les Daum éditent des verreries de style **Art nouveau**, qui bien que semblables à celles d'**Emile Gallé** sont moins expressives et techniquement moins raffinées. En 1891, un studio de décoration est monté sous la direction d'Eugène Damann, qui emploiera à son apogée une cinquantaine d'artisans, dont Emile Wirtz, Alméric Walter, Jacques Gruber, Henri Bergé et Eugène Gall. L'usine compte trois cents ouvriers au total et les deux secteurs les plus productifs sont ceux des vases

Daum Frères
Fondé en 1878
Nancy

◀ Vases de verre en camée, vers 1900

▲ Vases de verre en camée, vers 1900

et des abat-jour gravés à l'acide, ces derniers destinés aux luminaires que fabrique aussi Daum, ou à ceux de **Louis Majorelle** et plus tard d'Edgar-William Brandt (1880–1960). En 1893, Daum expose ses premières créations gravées à l'acide à l'Exposition Universelle de Chicago mais c'est à l'Exposition Universelle de Paris, en 1900, que viendra la consécration sous forme d'un Grand Prix et d'une légion d'honneur pour Antonin Daum. En 1906, Alméric Walter ouvre un atelier de pâte de verre. Cette technique consiste à amalgamer du verre pilé avec un liant souvent aqueux et à chauffer le tout pour obtenir une pâte malléable qui est modelée avant de refroidir. La forme qui en résulte est ensuite placée dans un moule, et réchauffée à nouveau pour être vitrifiée. Un grand nombre de verreries datant de cette époque ont été créées par Henri Bergé. Les frères Daum et Emile Gallé ont aussi contribué à la fondation de l'**Ecole de Nancy** dont Antonin est par la suite devenu vice-président. En 1909, Paul Daum (le troisième fils d'Auguste) rejoint l'usine et sa brève présence, à la veille du déclenchement de la Première Guerre mondiale, se traduit par un changement stylistique et une réduction de l'ornementation. Quand la production reprend en 1919, les créations de la Verrerie de Nancy sont plus en harmonie avec le style **Art déco** naissant.

Lucienne Day

1917 Coulsdon, Grande-Bretagne
2010 Sussex, Grande-Bretagne

Lucienne Conradi étudie à la Croydon School of Art de 1934 à 1937, puis au **Royal College of Art de Londres**, où elle obtient son diplôme en 1940. En 1942, elle épouse le créateur de meubles **Robin Day** et devient professeur à la Beckenham School of Art où elle enseigne jusqu'en 1947. En 1948, elle ouvre avec son mari un bureau de design. L'une des premières commandes de Lucienne Day est son tissu *Calyx*, créé pour le Festival of Britain de 1951. Cette création originale récompensée par une médaille d'or à la IXe Triennale de Milan (1951) révèle sa perméabilité aux courants artistiques contemporains et marque l'introduction de motifs abstraits dans la création textile anglaise. *Calyx*, ainsi que d'autres projets de Lucienne Day, textiles, tapis, nappes et papiers peints ont exercé une grande influence sur ses contemporains et suscité de nombreuses imitations durant les années 1950. En 1952, Lucienne Day est la première lauréate du prix de l'American Institute of Decorators qui estime que ses textiles sont les plus beaux du marché américain. Ses motifs abstraits et rythmés sont édités par plusieurs fabricants, dont Wilton Royal Carpets, John Lewis, Alistair Morton's Edinburgh Weavers, Cavendish et tout particulièrement Heal Fabrics qui diffusera ses textiles pendant vingt-cinq ans. De 1957 à 1959, Lucienne Day crée aussi des porcelaines pour Rosenthal. A la fin des années 1970, elle se tourne vers l'artisanat et commence à tisser des tentures en tapisserie. Durant cette période, son mari et elle dessinent aussi des vitraux pour la décoration de maisons particulières. Elle reçoit trois prix du Council of Industriel Design durant les années 1950 et 1960 et a écrit plusieurs livres sur la pratique du design. Lucienne Day n'est pas seulement l'une des plus importantes créatrices textiles du XXe siècle, elle est aussi l'une des rares femmes dont l'œuvre de designer ait bénéficié d'une reconnaissance internationale.

▼ Tissu *Calyx* pour Heal Fabrics, 1951

▶ Chaise empilable *Polyprop* pour Hille International, 1962–1963

Robin Day
1915–2010

Robin Day reçoit en 1935 une bourse d'études pour le **Royal College of Art de Londres** où il obtient son diplôme en 1938. En 1942, il épouse la créatrice textile Lucienne Conradi et après avoir ouvert un bureau de design avec elle en 1948, commence à travailler comme designer indépendant. Il se consacre aussi bien au graphisme et à l'aménagement d'expositions qu'au design industriel. L'année suivante, Robin Day remporte avec Clive Latimer (né en 1915) le premier prix d'une « compétition internationale pour le design de meubles bon marché » organisée par le **Museum of Modern Art de New York**. Cette distinction récompense des modules de rangement en métal tubulaire. Peu après, Hille International lui demande de créer des meubles modernes pour la « British Industry Fair » de 1949. En 1950, R. Day participe à la conception de l'identité visuelle de Hille et devient le directeur du design de la firme. En 1951, Day conçoit le pavillon « Homes and Gardens » du Festival of Britain et reçoit une médaille d'or à la Triennale de Milan. En 1962–1963, Day réalise *Polyprop*, un des premiers modèles de meubles à exploiter les possibilités de production en série des thermo-plastiques. Depuis le lancement de la fabrication en 1963, environ quatorze millions de chaises *Polyprop* ont été vendues dans le monde.

D'origine belgo-néerlandaise, Georges Joseph van Sluijters est fils d'architecte. Après un apprentissage en Hollande, il travaille quelque temps chez un relieur à La Haye. En 1891, il s'installe à Paris et donne des illustrations aux journaux *Le Courrier Français* et *Le Boulevard*. Durant cette période il change son nom, d'abord en van Feuren puis en de Feure. En 1894, ses dessins symbolistes sont exposés à Paris. La même année, il conçoit des meubles **Art nouveau** pour la Maison Fleury. A partir de 1900, de Feure devient directeur artistique de la Maison de l'Art nouveau de **Siegfried Bing**. Il y crée des meubles, des porcelaines, des verreries et tous les équipements de la boutique. Il est aussi chargé de la décoration de deux salons remarqués du Pavillon Bing, à l'Exposition Universelle de 1900 (Paris). Avec Theodor Cossmann, il fonde l'Atelier de Feure, chargé de développer ses projets de meubles et, en 1903, son travail fait l'objet d'une exposition individuelle organisée par Bing. Après la guerre de 1914–1918, il est nommé professeur d'arts décoratifs aux Beaux-Arts, à Paris, puis s'établit quelque temps à Londres où il travaille comme décorateur de théâtre. En 1924, il réalise l'aménagement extravagant des salons de la couturière Madeleine Vionnet à Paris.

Georges de Feure
1868 Paris
1928 Paris

▲ Salon de dames exposé au Pavillon de l'Art nouveau de Siegfried Bing, 1900

Georges de Feure · 193

Michele De Lucchi

Né en 1951 Ferrare, Italie

Michele De Lucchi fait ses études à Padoue et à l'université de Florence où il est l'élève d'Adolfo Natalini (1941-2020). Il est diplômé en 1975. En 1973, avec Pietro Brombin, Pier Paola Bortolami, Boris Pastrovecchio et Valerio Tridenti, il fonde le groupe de design et d'architecture Cavart, et milite pour un **Design Radical** à travers manifestations, publications et séminaires, dont le plus connu, intitulé « Architecture culturellement impossible », se tient dans une carrière de marbre à Padoue. De 1975 à 1977, De Lucchi enseigne l'architecture à l'université de Florence et, en 1978, il s'installe à Milan pour collaborer avec Centrokappa, le studio de design intégré de **Kartell**. Il rencontre ensuite **Ettore Sottsass** et le seconde dans la préparation de la première exposition du groupe **Memphis**. En 1979, il conçoit plusieurs prototypes d'appareils électroménagers post-modernes pour **Studio Alchimia** et devient consultant chez **Olivetti**. En 1981, il est cofondateur de la coopérative Memphis et responsable de l'introduction de motifs géométriques dans les stratifiés plastiques utilisés par l'entreprise. En 1986, il fonde Solid, un groupe de design milanais et commence à enseigner à la Domus Academy. Au début des années 1990, il crée le De Lucchi Group et, depuis lors, multiplie les projets avec le Japon et l'Allemagne, ses créations devenant moins expérimentales et plus adaptées à une production industrielle.

◀ Lampe *Siner Pica* par Belux pour Studio Alchimia, 1979

▶ Prototypes d'appareils ménagers pour Girmi exposés pour la première fois à la Triennale de Milan en 1979 (jamais fabriqués)

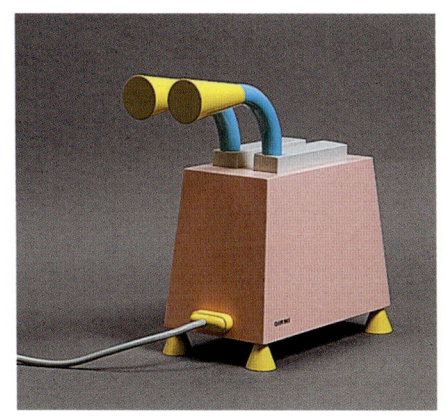
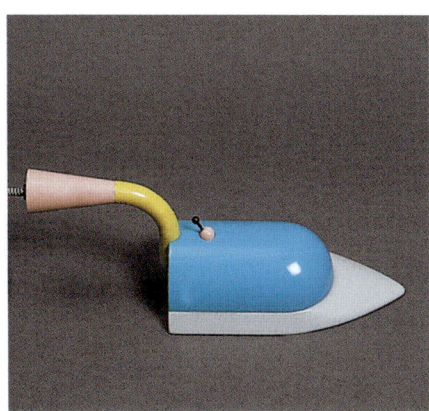

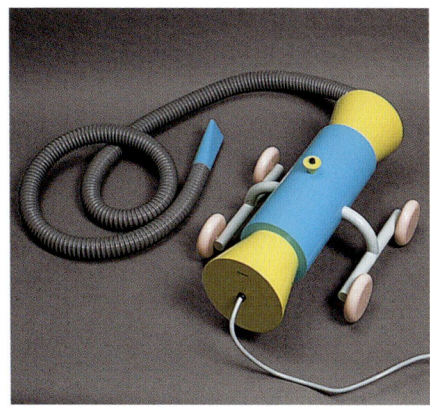
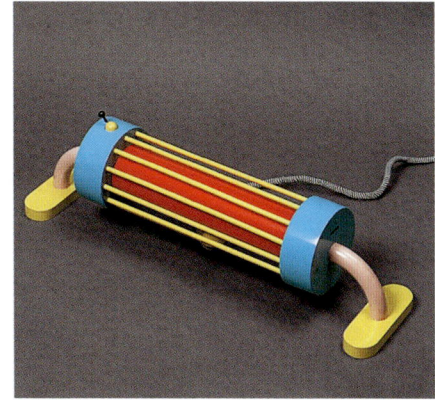

Michele De Lucchi

William De Morgan

1839 Londres
1917 Londres

▶ Grand plat *Pélican* aux coloris persans de la période de Fulham, vers 1888

▼ Carreau *Snake* de la période de Chelsea, vers 1880

Fils d'un professeur de mathématiques et d'une suffragette militante, William De Morgan commence ses études artistiques en 1855 à la Cary's School de Bloomsbury. Il poursuit sa formation aux Royal Academy Schools et, en 1863, est présenté par Henry Holiday (1839–1927), un ami étudiant, à **William Morris** et Edward Burne-Jones (1833–1898). Cette année-là, il se lie étroitement avec les préraphaélites et décide d'abandonner les beaux-arts pour les arts décoratifs. De 1863 à 1872, il réalise des vitraux, des carreaux de céramique et des meubles peints pour Morris, Marshall, Faulkner & Co. En 1869, De Morgan découvre qu'en utilisant une peinture qui renferme de l'argent pour décorer les vitraux, il crée des effets d'iridescence. Cette découverte le conduit à essayer des vernis et des techniques de cuisson pour donner un aspect lustré à ses carreaux de céramique. En 1873, il fonde une poterie à Chelsea (l'Orange House Pottery), dans laquelle il expose et vend ses créations. En 1879, il crée des carreaux pour le salon arabe de la Leighton House et des décors en céramique pour le yacht du tsar de Russie. Morris & Co. diffuse les carreaux de De Morgan, dont la société fabrique des carreaux dessinés par Morris & Co. Cette étroite collaboration s'approfondit encore quand De Morgan installe sa poterie sur un site voisin des ateliers de William Morris à Merton Abbey. Le style caractéristique des céramiques de De Morgan, décorées d'étranges animaux, d'une flore tournoyante ou de galions voguant sur des mers houleuses est influencé par la céramique médiévale et perse. En 1888, il installe son atelier à Fulham et collabore avec l'architecte Halsey Ricardo (1854–1928) dont la Peacock House sur Addison Road (1904) est entièrement décorée, à l'intérieur comme à l'extérieur, de carreaux de De Morgan. En 1906, celui-ci publie son premier roman, *Joseph Vance,* qui connaît un succès instantané aussi bien en Angleterre qu'en Amérique, si bien qu'un an plus tard il renonce à la poterie pour se consacrer à sa carrière d'écrivain. Il publiera six autres romans. Son atelier continue cependant à fonctionner jusqu'en 1911 sous la supervision de Charles et Fred Passenger et de Frank Iles.

▶ Fauteuil *Joe* pour Poltronova, 1970

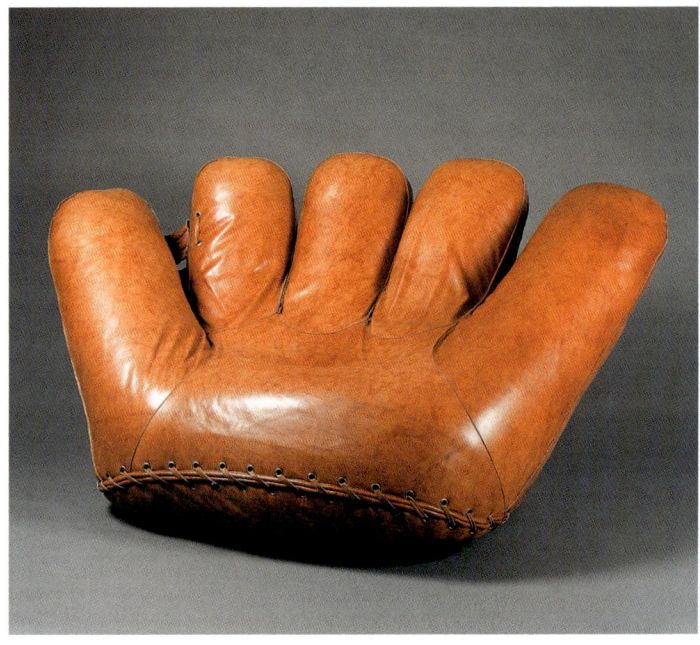

De Pas, D'Urbino & Lomazzi

De Pas
1932 Milan
1991 Milan

D'Urbino
Né en 1935 Milan

Lomazzi
Né en 1936 Milan

Gionatan De Pas, Donato D'Urbino et Paolo Lomazzi ouvrent ensemble une agence d'architecture et de design en 1966 après des études à l'Ecole Polytechnique de Milan. Au départ, ils s'intéressent particulièrement aux meubles modulaires en PVC gonflable. Leur fauteuil *Blow* (1967), une icône de la culture pop des années 1960, est le premier meuble gonflable à être produit en série.

En 1970, l'agence participe à l'aménagement du Pavillon italien à l'exposition internationale d'Osaka et est représentée à l'exposition « Italie : Le nouveau paysage domestique » au **Museum of Modern Art de New York**, en 1972. Le fauteuil *Joe* (1970), hommage au légendaire champion de base-ball Joe DiMaggio, est inspiré des sculptures surdimensionnées et hors contexte de Claes Oldenburg (1929-2022).

En 1979, De Pas, D'Urbino & Lomazzi reçoivent un **Compasso d'Oro** (compas d'or) à la Triennale de Milan pour leur portemanteau *Sciangai* (1974) et, un an plus tard, l'agence est chargée de l'aménagement de l'exposition « Italian Furniture design 1950–1980 » à Cologne. En 1987, le travail des trois designers est présenté à Kyoto. Durant les années 1980, ils animent aussi une émission de télé intitulée « De la cuiller à la ville : le design italien de 1950 à 1980 ». Pendant plus de trois décennies, De Pas, D'Urbino & Lomazzi ont créé avec régularité des modèles de meubles et de luminaires souples, adaptables, interchangeables, dans un esprit parfois radical parfois plus proche du courant dominant, objets fabriqués par Acerbis, **Artemide**, BBB, Bonacina, Cassina, Driade, Palina, Poltronova, Stilnovo et Zanotta.

▼ Publicité Zanotta pour les fauteuils *Blow*, vers 1968

De Stijl

Fondé en 1917
Pays-bas

▲ **Gerrit Rietveld**, dessin isométrique de l'intérieur de la maison Schröder-Schräder à Utrecht, 1927

En octobre 1917, un petit groupe d'architectes, de designers et d'artistes hollandais fondent une revue artistique intitulée *De Stijl*. Présidé par **Theo van Doesburg**, ce groupe rassemble à l'origine Piet Mondrian (1872–1944), Bart Anthony van der Leck (1876–1958), **Vilmos Huszár**, **Jacobus Johannes Pieter Oud**, Robert van't Hoff (1887–1979), Jan Wils (1891–1972) et George Vantongerloo (1886–1965). Le magazine devient un forum de débats sur l'art et le design et attire des intellectuels et des artistes de plus en plus nombreux, venus d'horizons variés. Cette mouvance sans véritable structure est portée par un objectif commun, celui de l'abstraction radicale. La revue présente les derniers développements de l'**avant-garde** de l'art et du design hollandais mais aussi les œuvres des constructivistes russes, des dadaïstes et des futuristes italiens. La publication milite pour un art et un design épurés, par l'adoption d'un langage universel d'inspiration cubiste abstraite, ou comme Piet Mondrian l'a qualifié, « néo-plastique ». Les membres de De Stijl croyaient que la quête de l'honnêteté et de la beauté devait, à terme, éduquer l'humanité et lui apporter l'harmonie. Theo van Doesburg, rédacteur en chef du magazine, est l'infatigable prosélyte des théories de De Stijl lors de ses nombreux voyages en Belgique, en France, en Italie et en Allemagne. En 1921, il noue des contacts avec l'équipe du **Bauhaus** de Weimar et, un an plus tard, y donne des conférences sur De Stijl. Theo van Doesburg développe aussi des rapports avec les constructivistes, comme **El Lissitzky** et **László Moholy-Nagy**. Non seulement le mouvement De Stijl a eu des répercussions importantes sur les arts plastiques mais ses membres ont aussi créé des meubles, des décorations, des textiles, des graphismes et des bâtiments dont l'influence est considérable dans l'histoire du design. La chaise *Red / Blue* (Rouge / Bleu) de **Gerrit Rietveld** (1918–1923) dont la conception synthétise la philosophie du mouvement, fut exposée au Bauhaus en 1923 et inspira la chaise *B3 Wassily* de **Marcel Breuer** en tube métallique (1925–1927). Comme la chaise *Red / Blue* (Rouge / Bleu) de Rietveld, l'architecture et la décoration intérieure de De Stijl sont caractérisées par des formes géométriques et des éléments-blocs qui délimitent l'espace. Des cloisons divisent les aires intérieures et les meubles

▼ **Gerrit Rietveld**, buffet, 1919 (réalisé par G. van de Groenekan)

utilitaires sont réduits au strict minimum. Des lignes fortes créent une dynamique dans ces intérieurs auxquels la suppression de tout ornement confère une grande légèreté. Cette approche immatérielle du design aura des répercussions importantes sur le **Mouvement Moderne**, comme le recours au formalisme géométrique de De Stijl. Bien que le groupe n'ait jamais été formellement organisé, ses créations, très reconnaissables, sont liées par un langage visuel commun – celui de l'abstraction géométrique. L'application de ce nouveau vocabulaire de formes et de couleurs brouille les distinctions traditionnelles entre beaux-arts et arts décoratifs, mais l'intention du groupe – affirmer le rayonnement universel des arts – reste lettre morte. La vision utopique du mouvement De Stijl était inspirée par la vitalité de la ville moderne, son approche utilitaire du design d'objet est influencée par le puritanisme hollandais. Tout en reprenant à son compte nombre d'idées héritées du **Constructivisme** russe, comme le dynamisme spatial, De Stijl est généralement considéré comme le premier mouvement de design moderne parce qu'il s'est fait le champion d'une nouvelle pureté esthétique. La revue *De Stijl* paraît jusqu'à la mort de van Doesburg en 1931, après quoi le mouvement perd peu à peu de son homogénéité et s'avère incapable de retrouver son élan initial.

▼ **Bart van der Leck**, tapis pour Metz & Co., 1918–1919

▶▲ **Gerrit Rietveld**, brouette pour enfant, 1923 (réalisée par G. van de Groenekan)

▶ **Jan Peter Dirk van Gelder**, maison de poupée pour Metz & Co., années 1920

De Stijl · 203

Deconstructivism
Déconstructivisme

La déconstruction est une méthode d'analyse inspirée des travaux du philosophe français Jacques Derrida (1930–2004) qui « invente » ce concept dans les années 1960. Dans ses écrits, celui-ci explique que l'analyse ou la « déconstruction » de la logique de la métaphysique occidentale permet de faire apparaître ses présupposés cachés. La déconstruction a aussi été utilisée pour démontrer qu'un travail de création étant sujet à différentes interprétations, son contenu reste foncièrement ambivalent, ce qui sape sa logique : En soumettant le langage formel du **Mouvement Moderne** à une telle déconstruction, on fait apparaître ses multiples postulations implicites, ce qui conduit à remettre en question ses fondements philosophiques. Durant les années 1970, les idées de Derrida sont traduites et transposées dans un style d'architecture et de design : le Déconstructivisme. Ce courant s'apparente au **Post-Modernisme** en ce qu'il renverse les prémisses traditionnelles du Modernisme. Toutefois, à la différence de celui-ci, il rejette l'historicisme et l'ornementation. De même, le déconstructivisme renvoie souvent à la déconstruction du sens, alors que le Post-Modernisme joue à subvertir le sens et affectionne le second degré. Stylistiquement (mais non philosophiquement) similaire au **Constructivisme** russe des années 1920, le Déconstructivisme affectionne les formes fragmentées et expressives. Ses représentants les plus remarquables dans le design intérieur et l'architecture comptent **Frank O. Gehry**, le groupe **Coop Himmelb(l)au**, Zaha Hadid (1950–2016) et Bernard Tschumi (né en 1944). Le Déconstructivisme, style essentiellement anti-rationnel, est apparenté à l'**Anti-Design** et a eu peu d'impact sur le design de produits, à l'exception de quelques exemples telle la *Radio in a Bag* (1981–1983) de **Daniel Weil** qui prend le contre-pied des formes traditionnelles et déconstruit la logique conventionnelle du design.

▼ **Zaha Hadid**, intérieur du restaurant Moonsoon à Sapporo, Japon 1990

◀ Fauteuil *Torso*, modèle n° 654, pour Cassina, 1982

Paolo Deganello étudie l'architecture à l'université de Florence de 1961 à 1966. Après son diplôme, il est cofondateur du groupe **Archizoom Associati** (**Design Radical**) à Florence avec **Andrea Branzi**, Gilberto Corretti (né en 1941) et Massimo Morozzi (1941–2014). De 1963 à 1974, il travaille au plan d'urbanisme de Prato-Calenzano. Il enseigne aussi : à partir de 1966, à l'université de Florence, de 1971 à 1974, à l'Architectural Association (Londres), puis à l'université de Milan avant de devenir professeur de design à l'ISIA (Istituto Superiore Statale di Disegno Industriale) à Rome. En 1974, Archizoom est dissout et, un an plus tard, Deganello rejoint Corretti, Franco Gatti et Roberto Querci pour former le Collettivo Technici Progettisti (collectif des designers techniques), une coopérative de design qui prône un design radical. A partir de 1972, Deganello écrit des articles dans des revues, *Domus*, *Rasegna*, *Lotus*, *Casabella*, *IN* et *Modo* et, en 1975, avec Ennio Chiggio, il publie une série d'essais dans *Quaderni del Progetto* (Les cahiers du projet). En 1981, il ouvre sa propre agence et conçoit des meubles notamment pour Marcatré, Cassina, Driade et **Vitra**, ainsi que des luminaires pour Venini et Ycami Collection. Son fauteuil démontable *AEO* (1973) et son fauteuil multifonctions *Torso* (1982), inspirés de modèles des années 1950, symbolisent son approche du design. En 1981, le travail de Deganello est présenté au Clocktower (New York) ; il est aussi l'auteur, en 1983, de décorations intérieures pour la société Schöner Wohnen de Zurich.

Paolo Deganello
1940 Este, Italie

Christian Dell

1893 Offenbach, Allemagne
1974 Wiesbaden, Allemagne

Christian Dell effectue son apprentissage d'orfèvre dans l'usine Schleissner & Söhne, Hanau, de 1907 à 1912, tout en poursuivant ses études à La Königliche Preussische Zeichenakademie. En 1912–1913, il travaille chez un orfèvre à Dresde avant de suivre l'enseignement de **Henry van de Velde** à la Kunstgewerbeschule (Ecole d'Arts Appliqués) de Weimar. Après son service militaire, effectué pendant la Première Guerre mondiale, il travaille comme compagnon de 1918 à 1920, puis comme maître orfèvre chez Hestermann et Ernst, à Munich. En 1920, il entre dans l'atelier d'orfèvre d'Emil Lettré (1876–1954) à Berlin. Il retourne ensuite à Hanau et se réinscrit à la Königliche Preussische Zeichenakademie. Un an plus tard, il ouvre son propre atelier d'orfèvre à Hanau et, de 1922 à 1925, devient le maître de formes de l'atelier de métal au **Bauhaus** de Weimar où il travaille en étroite relation avec **László Moholy-Nagy**. A l'inverse de la plupart de ses collègues du Bauhaus, Dell estimait que les designers ne devaient pas complètement rejeter l'historicisme. De 1926 à 1933, il enseigne dans le nouvel atelier de métal de la Frankfurter Kunstschule où il crée des pièces d'argenterie qui sont réalisées dans l'atelier. Durant cette période Dell invente aussi des luminaires novateurs comme sa lampe *Rondella-Polo* (1926–1927) destinée à une production en série. Ses lampes sont fabriquées par Rondella et par Kaiser qui produit sa gamme *Idell,* copiée plus tard par Helo. En 1933, il est radié du corps enseignant de la Frankfurter Kunstschule par le régime nazi et quelques années plus tard, en 1939, il ouvre son propre atelier de bijouterie à Wiesbaden.

◄ Carafe à vin plaquée argent à anse en ébène pour l'atelier de métal du Bauhaus de Weimar, 1922

◄ Appartement de S. L. Rothafel au dernier étage du Radio City Music Hall, New York, 1933

Au milieu des années 1920, après avoir visité l'Exposition Internationale des Arts Décoratifs de Paris (1925), Donald Deskey embrasse définitivement la carrière d'architecte-décorateur. En 1926, il crée des paravents et, un an plus tard, des décors de vitrine pour le grand magasin Saks qui vient d'ouvrir sur la Cinquième avenue ainsi que pour Franklin Simon. Ses décors modernistes en liège et métal pour Saks frappent les esprits. Deskey réalise aussi des paravents peints pour la galerie **Paul Frankl** et des décorations d'intérieur, notamment pour Adam Gimbel et la famille Rockefeller. En 1927, en association avec Phillip Vollmer, il crée des meubles et des luminaires métalliques en édition limitée mais le tandem se sépare au début des années 1930. A la fin des années 1920, Deskey développe aussi un bois laminé teinté connu sous le nom de Weldtex. En 1931, il réalise la décoration **Moderne** du Radio City Music Hall, une réalisation prestigieuse qui incarne le style **Art déco** américain. Durant les années 1930, il réalise une série de projets grand public, machines à laver, distributeurs automatiques, machines d'imprimerie, et même un râtelier pour boules de billard, qui sont exposés au Metropolitan Museum of Art (New York) en 1934. De la fin des années 1930 à 1975, il dirige Donald Deskey Associates et conçoit graphismes, emballages, luminaires et mobilier de bureau. Il aménage aussi des intérieurs et des expositions. Deskey, un des plus importants représentants de l'Art déco en Amérique fut aussi un précurseur du conseil en design industriel.

Donald Deskey

1894 Blue Earth, Minnesota
1989 Vero Beach, Floride

Desny
1927–1933 Paris

▶ Coupe en métal plaqué argent pour Desny, vers 1925

▼ Verre à pied en métal plaqué argent pour Desny, vers 1925

Située au 122, avenue des Champs-Elysées à Paris, La Maison Desny est une entreprise de décoration active entre 1927 et 1933. Bien qu'on dispose de peu d'informations sur ses fondateurs, les décorateurs Desnet et René Nauny, la production de Desny, notamment ses luminaires en métal chromé et son argenterie d'inspiration cubiste, marque son époque par sa modernité. Entreprise de décoration, Desny, pour laquelle travaille le décorateur Louis Poulain, édite un large éventail d'objets, qu'il s'agisse de tapis à motifs géométriques abstraits ou de meubles en aluminium. Desny réalise aussi des peintures murales et des accessoires de salles de bains. Bien qu'inspirées par le modernisme, les créations de Desny se démarquent de l'utilitarisme du **Mouvement Moderne** par leur recours aux bois exotiques et aux matières précieuses. La société est chargée d'aménager d'élégants et luxueux intérieurs pour Pierre David-Weill, Georges-Henri Rivière et Mademoiselle Thurnauer, entre autres. Desny fait appel pour ses décorations intérieures aux sculpteurs Alberto (1901–1966) et Diego Giacometti (1902–1985), à l'artiste André Masson (1896–1987) ainsi qu'à des designers d'**avant-garde** comme **Jean-Michel Frank** et **Robert Mallet-Stevens**. Après le décès de Desnet, en 1933, la société ferme et René Nauny ouvre une boutique de bijoux fantaisie, Hippocampe. Malgré l'existence éphémère de Desny, ses créations d'orfèvrerie qui traduisent l'esprit dynamique du style Art déco, sont aujourd'hui très recherchées par les collectionneurs.

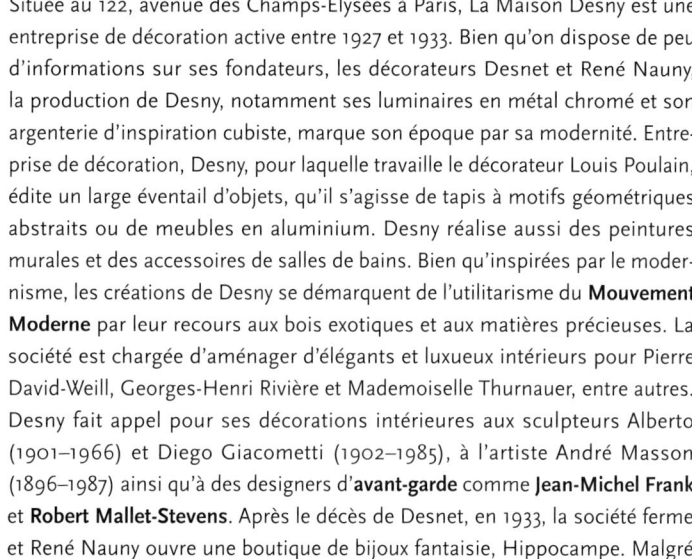

En 1906, la IIIe Deutsche Kunstgewerbeausstellung (Exposition Allemande d'Arts Appliqués), à Dresde, révèle la prééminence d'un nouveau style, plus formel, fonctionnaliste avant la lettre, sur le **Jugendstil**, l'Art nouveau allemand. Ne sont présentés que les projets qui sont le fruit d'une collaboration effective entre des décorateurs associés à des ateliers reconnus comme les **Dresdener Werkstätten für Handwerkskunst** (Ateliers Dresdois pour l'Artisanat d'Art). Leur utilitarisme accru, par rapport aux expositions précédentes de Dresde, traduit la conviction de designers comme **Richard Riemerschmid** qui considère que le seul moyen de fabriquer des produits bien conçus et bien réalisés à un coût abordable est de les faire produire industriellement. En entérinant cette direction, l'exposition affirme un nouvel impératif esthétique et social du design et sert de catalyseur à la formation du Deutscher Werkbund. Fondé en octobre 1907, celui-ci s'efforce de concilier qualité artistique et production industrielle en série. Le groupe fondateur comporte une douzaine de designers, dont Riemerschmid, **Bruno Paul**, **Peter Behrens** et **Josef Maria Olbrich**, ainsi qu'une douzaine de fabricants reconnus, dont Peter Bruckmann & Söhne, Poeschel & Trepte, et des ateliers de design comme la **Wiener Werkstätte** ou les **Vereinigte Werkstätten für Kunst im Handwerk** (Ateliers Unis pour le Travail Artisanal). Peter Bruckmann (1865-1927) est nommé président de l'association qui compte, un an plus tard, environ cinq cents membres. Le Werkbund publie un annuaire avec des articles illustrés sur les projets de ses membres à partir de 1912. On y découvre ainsi des usines conçues par **Walter Gropius** et Peter Behrens et des automobiles d'Ernst Naumann. Cet annuaire donne aussi les adresses de ses membres et leur domaine de spécialisation afin d'encourager la

Deutscher Werkbund

Union allemande pour l'œuvre

Fondée en 1907
Munich

◄ Fritz Hellmut Ehmke, affiche pour l'exposition du Deutscher Werkbund à Cologne, 1914

▼ Liste des membres fondateurs du Deutscher Werkbund

> AUF Grund einer in München stattgefundenen Zusammenkunft von Angehörigen der Kunst und Industrie haben sich zur Gründung eines Deutschen Kunstgewerbebundes bereit erklärt:
>
> PETER BEHRENS .. .. DÜSSELDORF
> THEODOR FISCHER .. .. STUTTGART
> JOSEF HOFFMANN .. .. WIEN
> WILHELM KREIS .. .. DRESDEN
> MAX LÄUGER .. .. KARLSRUHE
> ADELBERT NIEMEYER .. .. MÜNCHEN
> JOSEF OLBRICH .. .. DARMSTADT
> BRUNO PAUL .. .. BERLIN
> RICHARD RIEMERSCHMID .. .. .. MÜNCHEN
> J. J. SCHARVOGEL .. .. DARMSTADT
> PAUL SCHULTZE-NAUMBURG .. .. SAALECK
> FRITZ SCHUHMACHER .. .. DRESDEN
> P. BRUCKMANN & SÖHNE .. .. .. HEILBRONN
> DEUTSCHE WERKSTÄTTEN FÜR
>   HANDWERKSKUNST G. M. B. H. .. DRESDEN
> EUGEN DIEDERICHS .. .. JENA
> GEBRÜDER KLINGSPOR .. .. .. OFFENBACH a. M.
> KUNSTDRUCKEREI KÜNSTLER-
>   BUND G. M. B. H. .. .. KARLSRUHE
> POESCHEL & TREPTE .. .. LEIPZIG
> SAALECKER WERKSTÄTTEN G.M.B.H. SAALECK
> VEREINIGTE WERKSTÄTTEN FÜR
>   KUNST IM HANDWERK A.-G. .. .. MÜNCHEN
> WERKSTÄTTEN FÜR DEUTSCHEN
>   HAUSRAT, THEOPHIL MÜLLER .. DRESDEN
> WIENER WERKSTÄTTE .. .. WIEN
> WILHELM & CO. .. .. MÜNCHEN
> GOTTLOB WUNDERLICH .. .. .. ZSCHOPENTHAL

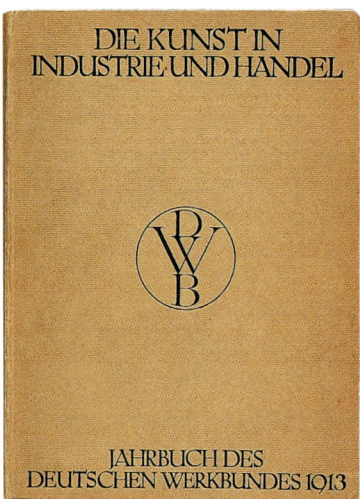

▲ Annuaire du Deutscher Werkbund avec son logo, 1913

collaboration entre art et industrie. En 1914, le Werkbund organise à Cologne une exposition qui fait date, la « Deutsche Werkbund-Ausstellung », dans laquelle on peut admirer une maquette de l'usine de verre et d'acier de Walter Gropius, un pavillon de verre de Bruno Taut et le théâtre du Werkbund, une réalisation d'**Henry van de Velde**. Un an plus tard, les effectifs de l'association se montent à près de deux mille personnes. Le fossé croissant entre fabrication artisanale et industrielle suscite cependant des débats au sein du mouvement : certains de ses membres, par exemple Hermann Muthesius (1861–1927) et Naumann, militent en faveur de la standardisation, alors que d'autres, comme van de Velde, Gropius et Taut, plaident pour la personnalisation. Ce conflit menace de faire éclater l'association. Le besoin croissant de produits de grande consommation, après les ravages de la Première Guerre mondiale, pousse toutefois Gropius à admettre la nécessité de la standardisation et de la production en série. D'autres membres, cependant, comme Hans Poelzig (1869–1939), continuent à résister au changement. De 1921 à 1926, sous la présidence de Riemerschmid, l'approche fonctionnaliste ne cesse de gagner du terrain dans le Deutscher Werkbund. En 1924, l'association publie *Form ohne Ornament* (Forme sans Ornement) qui présente des projets destinés à une fabrication industrielle, expose les mérites de surfaces unies sans ornement et se fait l'avocat du **Fonctionnalisme**. En 1927, le Werkbund confie à **Ludwig Mies van der Rohe** l'organisation d'une exposition unique à Stuttgart intitulée « Die Wohnung » (l'habitation). L'événement phare est un projet de lotissement, le « Weissenhofsiedlung », pour lequel les architectes les plus novateurs d'Europe sont invités à concevoir des pavillons. Dans ces maisons réalisées spécialement pour l'occasion, on peut admirer des meubles en métal tubulaire dessinés notamment par Mies van der Rohe, **Mart Stam**, **Marcel Breuer** et **Le Corbusier**. Cette exposition et l'importante publicité qui lui est faite conduisent à une meilleure acceptation du Modernisme. Malgré la dissolution du Werkbund en 1934, l'association se reforme en 1947, mais son élan initial est retombé. Le Deutscher Werkbund, passerelle entre le Jugendstil et le **Mouvement Moderne**, aura exercé une énorme influence sur l'évolution du design industriel allemand.

De 1918 à 1920, Erich Dieckmann étudie l'architecture à la Technische Hochschule de Dantzig. Il s'inscrit ensuite au **Bauhaus** de Weimar et effectue son apprentissage dans l'atelier de menuiserie, où il sera employé brièvement après l'obtention de son diplôme de compagnon en 1924. Quand l'école est contrainte de déménager à Dessau, il demeure à Weimar comme maître de l'atelier de menuiserie de la nouvelle école, la Bauhochschule, qui succède au Bauhaus. Il la quitte en 1931 pour enseigner le design du meuble dans l'atelier de menuiserie de l'influente Ecole d'Arts Appliqués de Burg Giebichenstein, à Halle. En 1933, les nazis le démettent de ses fonctions et il reste sans emploi durant trois ans, époque où il produit très peu. De 1936 à 1939, à Hanovre, Dieckmann est membre du « Service de la beauté du travail » institué par

Erich Dieckmann

1896 Kauernick / Prusse
1944 Berlin

◄ Fauteuil pour l'atelier de mobilier de la Staatliche Bauhochschule, Weimar, vers 1926

▶ Dessins de prototypes de chaises et fauteuils de profil, 1930–1931

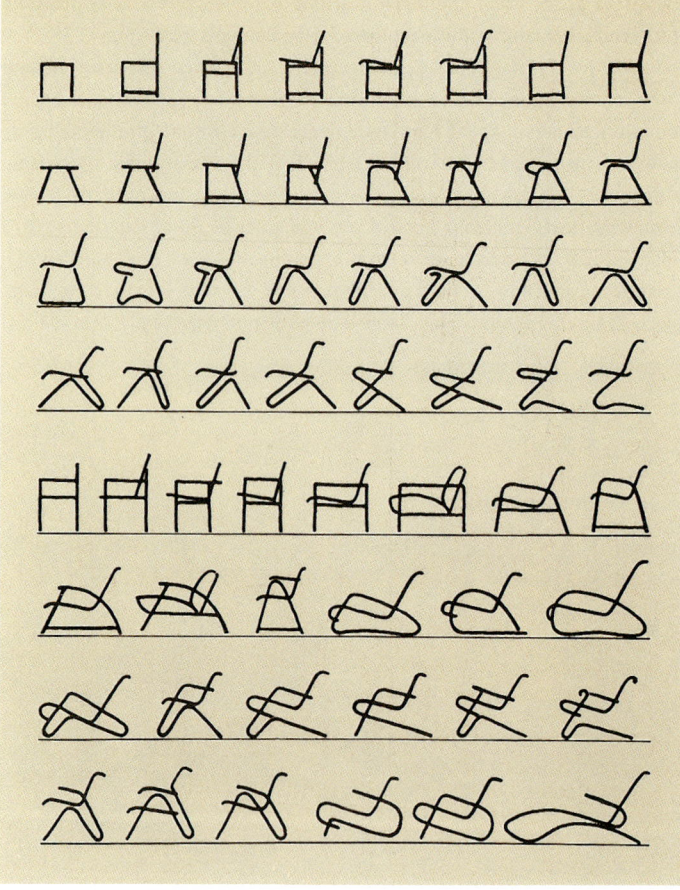

les nazis. Il sera ensuite responsable du département d'artisanat d'art allemand de la Chambre des Arts de Berlin, jusqu'à sa mort en 1944. Bien que Dieckmann ait utilisé les possibilités structurelles du métal tubulaire dans nombre de ses projets de sièges, il reste plus connu pour ses meubles en bois standardisés. Dieckmann opère une élégante synthèse de l'artisanat et du fonctionnalisme dans ces projets sobres caractérisés par leurs formes cubiques et la simplicité technique de leur construction. Son usage des différents bois, hêtre, cerisier, chêne et frêne, tempère les principes du formalisme géométrique associé au **Mouvement Moderne**. Après **Marcel Breuer**, Erich Dieckmann est généralement considéré comme le plus important créateur de meubles parmi les ex-élèves du Bauhaus.

Niels Diffrient étudie l'ingénierie aéronautique à la Cass Technical High School de Detroit, dont il est diplômé en 1946. A la fin des années 1940 et au début des années 1950, il poursuit ses études à l'**Académie de Cranbrook**, Michigan, et à l'université Wayne State, Detroit. En 1954 et 1955, grâce à une bourse Fulbright en design et architecture il étudie en Italie et travaille dans l'agence de **Marco Zanuso** à Milan. Auparavant il a travaillé pendant cinq ans comme designer et modeleur dans le bureau d'**Eero Saarinen** et pendant deux ans chez Walter B. Ford Associates, Detroit. En 1952, il est engagé dans la société du célèbre designer d'objets **Henry Dreyfuss**, dont il devient l'associé en 1956. C'est chez Henry Dreyfuss Associates qu'il compile les données anthropométriques rassemblées dans un important ouvrage en trois volumes : *Humanscale 1-2-3* (1974), *Humanscale 4-5-6* (1981) et *Humanscale 7-8-9* (1981). Il aménage aussi des cabines d'avions pour Hughes, Lockheed et Learjet et dessine des ordinateurs pour Honeywell ou des appareils à rayons X pour Litton Industries. Il quitte l'agence Henry Dreyfuss Associates en 1981, date à laquelle il ouvre son propre bureau de design, Niels Diffrient Product Design, à Ridgefield, Connecticut. Parmi les lignes de mobilier de bureau ergonomique qu'il a dessinées depuis lors, on peut retenir *Diffrient Operational* (1980) pour **Knoll** et *Helena* pour Sunar-Hausmann (1984). Son fauteuil multifonctionnel inclinable *Jefferson,* adaptable à tous les types de corps, introduit ergonomie et technologie de pointe dans l'environnement domestique. Avec sa tablette pour ordinateur et ses options d'éclairage multiples, le fauteuil constitue un micro-environnement de travail intégré utilisable chez soi comme au bureau. Le souci essentiel de Diffrient réside dans la performance fonctionnelle et sa maîtrise de l'ergonomie lui permet de proposer une interaction optimisée entre l'objet et son utilisateur.

Niels Diffrient
1928 Star, Mississipi
2013 Ridgefield, Connecticut

▼ Fauteuil de bureau *Diffrient Advanced Management* pour Knoll International, 1979

Nanna Ditzel

1923 Copenhague
2005 Copenhague

▼ Fauteuil *Sommerfugle* pour Frederica Stolefabrik, 1990

Nanna Hauberg étudie le design de meuble à la Kunsthandvaerkskolen de Copenhague, où elle suit l'enseignement d'Orla Mølgård Nielsen (1907–1994) et de Peter Hvidt (1916–1986). C'est là qu'elle rencontre son futur mari, Jørgen Dietzel (1921–1961), tapissier de formation. En 1944, ils exposent ensemble un mobilier de salon à l'Exposition annuelle d'ébénisterie de Copenhague. Cet ensemble, et notamment une table à thé à plateau amovible réalisée pour Louis G. Thiersen, est particulièrement bien accueilli. Deux ans plus tard, le couple se marie et ouvre un bureau de design à Hellerup. Ils concentrent d'abord leurs efforts sur des solutions adaptées à des séjours de taille réduite et Nanna explore le concept de kitchenette-cloison. Au début des années 1950, elle travaille comme créatrice de mobilier dans l'agence architecturale de Fritz Schlegel (1896–1965), tout en continuant à dessiner et à exposer des meubles avec son mari. En 1952, ils conçoivent une gamme de meubles pour enfants en contreplaqué pour Knud Willadsen Møbelsnedkeri et collaborent avec Gunnar Aagaard Andersen (1919–1982) sur un projet de stand pour l'exposition d'ébénisterie. Durant cette période, Nanna dessine aussi de l'argenterie pour **Georg Jensen**. En 1954, elle et son mari publient le livre *Danish Chairs* et, en 1956, ils sont tous deux lauréats du prix Lunning. A partir de 1957, ils dessinent plusieurs séries de meubles en rotin pour R. Wengler. Leur collaboration prend fin à la mort prématurée de Jørgen en 1961. Mue par son « appétit de changement », Nanna Ditzel enchaîne les projets originaux de meubles, bijoux, vaisselle de table et textiles. Son travail, qui se caractérise par un remarquable sens de la légèreté et de la texture a fait l'objet d'un film produit par le Ministère danois de l'Education en 1992.

◄ Luminaire *Jack*, 1996, avec mur d'*Euroblocks*, 1998

Tom Dixon étudie à la Chelsea School of Art de Londres dont il est diplômé en 1978. A partir de 1983, il imagine des meubles à partir d'objets trouvés et un an plus tard, soude pour une soirée de « performance artistique », des pièces de ferraille sur la scène du Titanic, une boîte de nuit londonienne. En 1987, il crée sa propre entreprise, baptisée Dixon PID, puis Space, qui édite meubles et luminaires en éditions limitées. Ses chaises *Kitchen* (1987) et *S* (1988) qui rejettent délibérément la perfection technique de la fabrication industrielle sont typiques de son travail de l'époque. En 1989, la galerie Yves Gastou (Paris) organise une exposition personnelle des créations de Tom Dixon qui suscite un intérêt considérable des médias. Dans les années 1990, le travail de Dixon s'éloigne de l'artisanat et devient plus sculptural. Parmi ses objets les plus remarquables, il faut citer ses meubles pour Cappellini et sa lampe *Jack* (1996), grand succès commercial, pour le fabricant Eurolounge, avec lequel Dixon est associé. Son travail a été exposé au British Council, à Cologne et à Beyrouth au milieu des années 1990. En 1998, Dixon est nommé directeur du design chez Habitat.

Tom Dixon
Né en 1959 Sfax, Tunisie

Dresdener Werkstätten für Handwerkskunst

Ateliers Dresdois pour l'Artisanat d'Art

Fondés en 1898
Dresde

Comme les **Vereinigte Werkstätten für Kunst im Handwerk** (Ateliers Unis pour le Travail Artisanal) fondés à Munich un an auparavant, les Dresdener Werkstätten für Handwerkskunst (Ateliers Dresdois pour l'Artisanat d'Art) sont destinés à la conception et à la fabrication d'objets et ustensiles domestiques de qualité. La création de tels ateliers se situe dans le droit fil des idées des premiers réformateurs du design britannique comme **William Morris**, mais elle traduit aussi le désir de battre en brèche l'emprise des designers français sur le marché des objets de décoration. Au départ, les Dresdener Werkstätten für Handwerkskunst appliquent des méthodes traditionnelles de fabrication artisanale et produisent de simples objets vernaculaires qui traduisent l'influence du mouvement anglais des Arts & Crafts. Les pièces-types décorées par Richard Riemerschmid vers 1905 présentent des meubles, des textiles et des céramiques produits par les ateliers mais aussi des porcelaines chinoises classiques, des gravures et des cages à oiseaux qui leur confèrent une touche « habitée » chaleureuse. Ces intérieurs absolument sans prétention, aux antipodes du style pompeux dominant, reflètent le désir grandissant d'une réforme du design dans l'Allemagne début de siècle. Malgré leur attachement initial à l'artisanat, les ateliers de Dresde cherchent bientôt à concilier qualité artistique et production industrielle. En 1906, Richard Riemerschmid

▼ *Herrenzimmer* intérieur III, 1905

▲ Richard **Riemerschmid**, bureau *Herrenzimmer*, 1905

dessine une série de meubles standard, c'est le « Maschinenmöbelprogramm » (programme de meubles industriels). Ces modèles, les « meubles mécaniques », sont construits à partir d'éléments standardisés vissés – dont les vis restent à dessein apparentes. Dès l'origine, ce programme révolutionnaire est conçu dans la perspective d'une production industrielle et il aura d'énormes répercussions sur le design de meubles. Riemerschmid construit ensuite une usine (1908–1910) pour les ateliers d'Hellerau, près de Dresde, sans doute pour accroître leur productivité. Les produits fabriqués par les Ateliers Dresdois, pour la plupart conçus par Riemerschmid, sont plus vernaculaires dans leur style et moins originaux que ceux qui sortent des Ateliers Unis pour le Travail Artisanal de Munich ou d'autres ateliers allemands similaires. Même si les ateliers, à cause de leur règles de fabrication pointilleuses, ne pouvaient fabriquer d'objets bon marché, l'effort réel des Ateliers Dresdois pour proposer des modèles d'une conception rigoureuse à un prix abordable influença le design de l'époque et notamment les principes du **Deutscher Werkbund** (Union allemande pour l'œuvre).

▸ Sucrier argenté par galvanoplastie, modèle n° 247, pour Elkington & Co., vers 1880

▸▸ Carafe à vin *Crow's Foot*, modèle n° 2045, pour Hulkin & Heath, 1878

Christopher Dresser

1834 Glasgow
1904 Mulhouse

Christopher Dresser étudie de 1847 à 1854 auprès du botaniste John Lindley à la Government School of Design de Londres où il donne ensuite des conférences durant quatorze ans. Son engagement en faveur de l'« art botanique », dont l'évocation stylisée de la nature repose sur une observation scientifique, contribue à substituer au naturalisme ampoulé et factice du style victorien tardif une ornementation plus rigoureuse. En 1856, Dresser dessine une planche montrant « des plantes et des élévations de fleurs » pour l'important ouvrage d'Owen Jones, *The Grammar of Ornament* (grammaire de l'ornement). En 1857, il est nommé professeur de « botanique appliquée aux beaux-arts » à la School of Design de South Kensington, Londres. Il publie aussi divers articles dans l'*Art Journal* et trois livres qui contribuent à asseoir sa réputation : il est fait docteur honoraire de l'université d'Iéna (Allemagne). Fort de son nouveau titre de docteur, Dresser postule pour la chaire de botanique de l'université de Londres en 1860. Sa candidature n'étant pas retenue, il décide d'embrasser la carrière de designer. Il ouvre son propre atelier, qui connaît d'emblée une réussite exceptionnelle. Dresser crée des modèles de ferronnerie, des céramiques, carreaux, verres, textiles et des meubles en fer forgé pour plus d'une trentaine de fabricants anglais connus. Théoricien écouté du design, il est l'un des premiers à célébrer les mérites des arts appliqués japonais. Ses créations tournées vers l'avenir reflètent sa croyance dans la production industrielle et sa conviction qu'il faut rechercher « la vérité, la beauté, la puissance ». Dresser, qui fut un grand réformateur du design, fut aussi un des premiers designers industriels.

▶ Bouteille thermos et plateau, modèle n° 539, pour l'American Thermos Bottle Company, 1935

Henry Dreyfuss

1904 New York
1972 South Pasadena, Californie

Henry Dreyfuss étudie à l'Ethical Culture School de New York avant d'effectuer un apprentissage dans le bureau du designer industriel **Norman Bel Geddes** en 1923. Chez celui-ci, Dreyfuss se consacre principalement à la scénographie : il dessine des costumes, des décors et conçoit des éclairages pour le Strand Theater de New York et pour la chaîne de music-halls de la station de radio R. K. O. Dreyfuss travaille quelque temps comme consultant pour Macy's, la chaîne de grands magasins, avant d'ouvrir sa propre agence de design industriel à New York en 1929. Son approche directe et empirique du design de produits contribue au succès de son agence qui s'attache une large clientèle de grandes entreprises, dont Bell Telephone, AT&T, American Airlines, Polaroid, Hoover et RCA. Son design (voir le téléphone *Trimline*) se caractérise par des formes amples et sculpturales et incarne le **Style Streamline** (profilé) dans le design américain. Comme **Raymond Loewy**, Norman Bel Geddes et **Walter Dorwin Teague**, Dreyfuss a repensé la conception de multiples produits, pas tant au nom d'innovations techniques qu'esthétiques, afin de susciter une demande accrue des consommateurs. Certains de ses modèles portent sa signature, une pratique nouvelle à l'époque. Dreyfuss, membre fondateur de la Society of Industrial Design et premier président de la Industrial Designers Society of America, a publié deux importants ouvrages d'anthropométrie, *Designing for People* (1955) et *The Measure of Man* (1960). Lui et son épouse se sont suicidés en 1972.

De 1975 à 1978, Nathalie du Pasquier multiplie les voyages, en Afrique, en Australie et en Inde. A son retour à Bordeaux, elle étudie le dessin et le design durant un an, après quoi elle s'installe en Italie, d'abord à Rome puis à Milan. Un an plus tard, elle rejoint le studio Rainbow comme styliste textile et, de 1981 à 1988, crée pour **Memphis** des tissus d'ameublement, des stratifiés plastiques, des meubles et céramiques postmodernes aux couleurs éclatantes. A partir de 1982, elle travaille aussi comme styliste pour Fiorucci, alors à l'avant-garde de la mode. En 1984, Nathalie du Pasquier et son mari **George Sowden** (membre du groupe Memphis) dessinent une série de lampes pour *Arc 74* intitulées Objets pour l'Age Electronique et, en 1988, ils collaborent à nouveau sur une série de montres bigarrées, *Neos*, pour Lorenz. Lors de la dissolution de Memphis en 1988, le couple ouvre son propre bureau de design et réalise projets architecturaux, textiles, tapis, céramiques et couverts. Parmi les clients de du Pasquier, citons Elio Palmisano, la Maison des Couteliers, Lorenz, Pink Dragon, Missoni, Esprit et NAS Oleari. En 1989, elle abandonne temporairement le design au profit de la peinture et est nommée conservatrice du Musée des Arts Décoratifs de Bordeaux. Le dynamisme et les couleurs éclatantes des dessins de du Pasquier s'inspirent des cultures tribales africaines, indiennes et aborigènes mais aussi de différents mouvements, Cubisme, **Art déco** et **Futurisme**, ainsi que d'aspects de la culture urbaine, graffiti et bandes dessinées. Le rayonnement et l'éclectisme de ses dessins de textiles et de stratifiés ont beaucoup contribué à forger le style jeune et pétulant de Memphis et à donner au groupe sa forte identité visuelle.

Nathalie du Pasquier
Née en 1957
Bordeaux

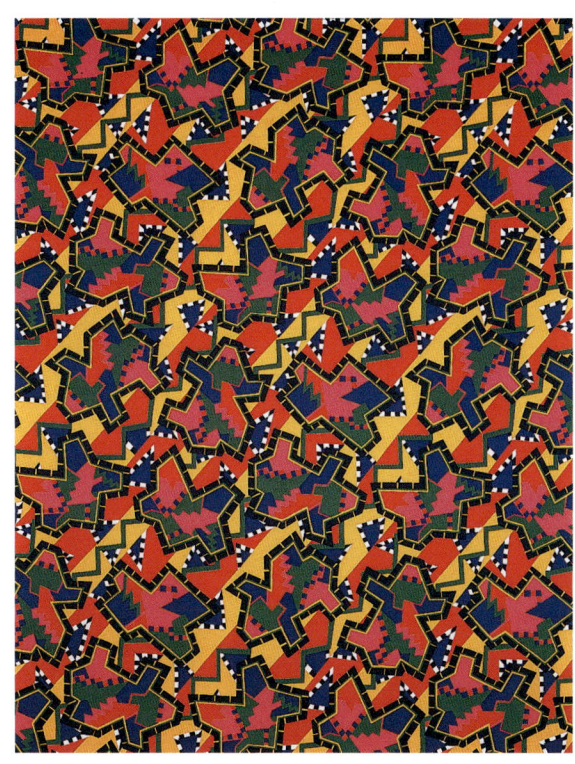

▼ Tissu *Gabon* pour Rainbow, 1982

Raoul Dufy

1877 Le Havre
1953 Forcalquier, France

▼ Tissu *Feuilles* pour Bianchini-Férier, vers 1920

Dufy doit l'essentiel de sa notoriété à sa peinture mais il fut aussi un créateur réputé de textiles et de céramiques pleines de couleur. Il accomplit ses études aux Beaux-Arts, à Paris, et ses premières peintures révèlent l'influence du style impressionniste. Il se rapproche des Fauves vers 1903, grâce à son amitié pour Albert Marquet (1875–1947) et Othon Friesz (1879–1949). Il expose aux côtés d'Henri Matisse (1869–1954), André Derain (1880–1954) et Maurice de Vlaminck (1876–1958) de 1903 à 1909. Durant cette période, il adopte un nouveau style pictural alliant des formes simplifiées et stylisées à des couleurs vives. Après un bref flirt avec le Cubisme, il travaille sur des motifs d'inspiration populaire qu'il a découverts à Munich en 1909 et au Salon d'Automne, à Paris (1910). Il exécute ensuite une série de bois gravés de style primitif pour *Le Bestiaire* de Guillaume Apollinaire. En 1911, il réalise un en-tête pour le couturier Paul Poiret qui l'aide à installer son propre atelier de décoration textile. Plus tard, Poiret lui commandera diverses compositions, dans l'esprit de ceux réalisés dans l'atelier Martine qu'il a créé. De 1912 à 1930, Dufy conçoit des tissus pour l'habillement et l'ameublement, ainsi que des cartons pour les soyeux lyonnais Bianchini et Férier. Entre 1923 et 1930, il crée aussi un décor de paravent et une tapisserie de siège réalisée à Beauvais ainsi que des céramiques pour Artigas. Dufy est également l'auteur de quatorze célèbres tentures murales pour la péniche *Orgues*, appartenant à Paul Poiret et amarrée sur la Seine durant l'Exposition Internationale des Arts Décoratifs de 1925. De 1930 à 1933, il exécute des cartons de soie imprimés pour Amalgamated Silk et Onandaga, New York. Comme ses peintures, les dessins de Dufy sont vibrants et intègrent souvent des lignes calligraphiques fortes et des ombres « blanches ». Ses dessins avec leur spontanéité presque enfantine et leurs rythmes primitifs ont fini par symboliser le style **Art déco**.

Charles Eames
1907 St. Louis, Missouri
1978 St. Louis

Ray Eames
1912 Sacramento, Californie
1988 Los Angeles

Charles Eames étudie d'abord l'architecture à l'université Washington de Saint Louis. De 1925 à 1928, il travaille pendant ses vacances comme dessinateur industriel pour l'agence architecturale Trueblood & Graf. En 1929, il part pour l'Europe où il découvre les œuvres d'architectes du **Mouvement Moderne** comme **Le Corbusier**, **Ludwig Mies van der Rohe** et **Walter Gropius**. En 1930, Charles Eames et Charles Gray ouvrent une agence d'architecture à Saint Louis où ils seront plus tard rejoints par Walter Pauley. Après avoir réalisé quelques maisons particulières, l'agence doit fermer en 1934 à cause de la crise économique qui frappe les Etats-Unis. Eames quitte Saint Louis et s'installe pour quelque temps au Mexique. Il revient à Saint Louis en 1935 et y ouvre une nouvelle agence avec Robert Walsh. L'année suivante, il réalise la maison Meyer (Huntleigh Village). Pour ce projet, Eames demande conseil à l'architecte finlandais **Eliel Saarinen** dont il rencontre le fils **Eero Saarinen** en 1937. En 1938, Eames reçoit, grâce à Eliel Saarinen, une bourse d'études pour l'**Académie de Cranbrook** où il étudie le design et l'architecture dès l'automne de la même année. En 1939, il devient professeur de design et en 1949, chef du département de design industriel de Cranbrook. Cet automne-là, Ray Kaiser, une nouvelle étudiante, arrive à Cranbrook. Elle a suivi l'enseignement pictural de Hans Hofmann, le grand pédagogue de l'expressionnisme abstrait. Elle étudie le tissage avec Marianne Strengell (1909–1998) et apporte

▲ Gouttière pour jambe cassée, commande de la marine américaine, fabriquée par Evans Products Company, 1943

▲ Intérieur avec chaises *LCW* (1945) *LCM* (1945-1946), table *CTW* (1946) et paravent *FSW* (1946) pour Herman Miller

◂ Prototype de la chaise *LCW*, vers 1945

son concours à Charles Eames et Eero Saarinen qui participent au concours « Organic Design in Home Furnishings » (Design organique dans le mobilier domestique) organisé par le **Museum of Modern Art de New York** en 1940. Les modèles révolutionnaires – primés – qu'ils présentent font appel à deux techniques de pointe : le cintrage du contreplaqué suivant des courbes complexes et une technique de soudure électronique qui permet de coller bois et métal mise au point par la Chrysler Corporation. L'année suivante, après avoir obtenu le divorce de sa première femme, Charles épouse Ray à Chicago. Le couple s'installe en Californie et Charles commence à travailler comme décorateur pour la Metro Goldwyn Mayer. C'est à cette époque qu'ils explorent les techniques de cintrage du contreplaqué dans leur appartement et mettent au point la « Kazam! Machine », une presse qui permet de cintrer le contreplaqué sur deux plans géométriques selon des courbes complexes. En 1942, la marine américaine leur commande des gouttières pour membres cassés ainsi que des civières et ils créent la Plyformed Wood Company pour produire en série leur première commande de 5000 gouttières. A cause de difficultés financières, les Eames sont contraints de vendre leur entreprise à la Detroit

▲ Fauteuils *PAC-1*, 1950–1953 avec tables à plateau en laminé pour Herman Miller, vers 1958

◄ Fauteuil *DAR* pour Zenith Plastics et plus tard pour Herman Miller, 1948–1950

Evans Products Company, dont Charles est, quelque temps, le directeur de la recherche et du développement. En 1945, la Evans Products Company produit et distribue une série de meubles pour enfants en contreplaqué moulé conçus par les Eames En 1946, le Museum of Modern Art de New York organise une exposition individuelle intitulée : « New Furniture by Charles Eames », qui présente des prototypes des fameuses séries de chaises en contreplaqué du couple (1945–1946). Ces chaises inventives témoignent de la mission que les Eames se sont assignée : « Procurer la meilleure qualité possible au plus grand nombre et au meilleur marché. » C'est Evans qui, au début, produit ces chaises, mais **Herman Miller** en reprend la fabrication et la distribution exclusive à partir de 1949. En 1948, Charles Eames remporte le second prix du « Concours international pour le design de meubles bon marché » du Museum of Modern Art de New York avec sa série de chaises moulées en fibre de verre. Ce modèle révolutionnaire figure parmi les tout premiers sièges sans garniture produits en série et son concept de coque universelle auquel on peut adjoindre une multitude de piètements différents marquera profondément les designers. Durant les années 1950 et 1960, les Eames, en étroite collaboration avec Herman Miller, créent d'autres meubles très novateurs comme la série *Aluminium Group* (1958). Outre leurs modèles de meubles, ils sont les auteurs de réalisations architecturales marquantes, notamment les

▶ **Ray Eames**, Tissu *Cross Patch* pour Schiffer Prints, 1945

▼ Fauteuil n° 670 et repose-pied n° 671 pour Herman Miller, 1956

maisons Case Study n° 8 et 9 réalisées en collaboration avec Eero Saarinen en 1949 – toutes deux à Pacific Palisades. Les Eames font de la n° 8 leur résidence personnelle (c'est aujourd'hui la « maison Eames »). Quant à la n° 9, elle est construite pour John Entenza, l'éditeur-rédacteur en chef de la revue *Arts & Architecture* sponsor du projet. L'intérieur de la maison Eames est remarquable par la légèreté de son aménagement et le sens de l'espace qu'elle révèle. Les Eames sont aussi les auteurs de nombreux petits films, dont *A Communications Primer* (1953), *Tops* (1969) et *Powers of Ten* (1977) souvent conçus pour accompagner leurs nombreuses expositions. Ils excellaient dans l'aménagement d'expositions car ils savaient communiquer avec force et gaîté des idées souvent complexes à travers toute une variété de supports, et notamment des descriptions linéaires magnifiquement conçues. Les Eames ont aussi été des pionniers des présentations multimédias et leurs principales expositions, *Mathematica* (1961), *Nehru : His Life and His India* (1965), *A Computer Perspective* (1971), *Copernicus* (1972) et *The World of Franklin and Jefferson* (1975–1977) ont profondément marqué leurs contemporains. Autre contribution significative des Eames au design de la communication, leurs présentations filmées comme *Glimpses of the USA* (1959), qui montrait la vie quotidienne en Amérique aux Russes autorisés à assister à la projection

▲ Série *ESU* (*Eames Storage Units*) pour Herman Miller, 1950

▶ *ESU 400* (*Eames Storage Units*) avec panneaux bosselés pour Herman Miller, 1950

lors de l'American National Exhibition à Moscou. Par leur design, leurs films et leurs photographies, les Eames ont contribué à créer un nouveau langage visuel qui a eu un énorme impact aussi bien en Amérique qu'à l'étranger. Leur travail reflète leurs valeurs : adéquation, morale civique, égalitarisme, optimisme, refus du formalisme et légèreté immatérielle. Malgré sa tonalité typiquement américaine, ce message a reçu un accueil enthousiaste dans le monde entier parce qu'il offrait un visage acceptable du modernisme. Les objets des Eames sont attirants non seulement à cause de leur humanité implicite, mais aussi à cause de la façon dont ils concilient poésie et pragmatisme. Le couple partageait les mêmes impératifs éthiques et une profonde affinité pour la construction, mais l'approche du design de Charles privilégiait le point de vue technologique et matériel, le souci de la fabrication. Ray, en revanche, mettait plus l'accent sur les qualités formelles, spatiales et esthétiques des objets. Cette approche dynamique de la résolution des problèmes les aidait à établir des connexions structurelles, fonctionnelles, psychologiques et culturelles entre les différents aspects de leur production. Charles et Ray Eames sont les figures les plus marquantes du **Design Organique** et deux des plus importants designers du XXe siècle. Ils ont apporté la démonstration pratique que le design moderne pouvait et devait servir à améliorer la qualité de la vie, de la perception, de la compréhension et de la connaissance humaines.

Charles Locke Eastlake, neveu du peintre Sir Charles Locke Eastlake (1793–1865) qui fut directeur de la National Gallery de Londres, étudie d'abord l'architecture avec Philip Hardwick (1792–1870), puis aux Royal Academy Schools (Londres). Il expose plusieurs projets à la Royal Academy en 1855 et 1856 avant de se consacrer à la critique d'art. En 1864, il publie le premier d'une abondante série d'articles sur le mobilier et le design d'intérieur intitulé *The Fashion of Furniture* (la mode du meuble). Il est nommé secrétaire adjoint du Royal Institute of British Architects (RIBA) en 1866 et, cinq ans plus tard, secrétaire. En 1868, il publie un important recueil : *Hints on Household Taste in Furniture, Upholstery and Other Details* (Conseils sur le goût domestique...) qui reprend plusieurs articles qu'il a écrits pour le *Cornhill Magazine* et *The Queen*. Cet ouvrage défend le style gothique réformé dont les représentants sont George Edmund Street (1824–1881), Richard Norman Shaw (1831–1912) et John Pollard Seddon (1827–1906). Intégrité de la construction et des matériaux, formes rectilignes, motifs et ornements géométriques, telles sont les caractéristiques du gothique réformé. Les meubles et les papiers peints d'Eastlake lui-même incarnent ces principes, tout comme les bijoux de Sir Matthew Digby Wyatt (1820–1877), le travail du métal de Beham & Froud, les verreries de Salviati, les carreaux géométriques de Maw et les céramiques de Copeland. Le succès de l'ouvrage est tel qu'il est réédité trois fois en Angleterre et six fois aux Etats-Unis entre 1872 et 1879. *Hints* fut à l'origine de nombreuses publications similaires en Amérique, à commencer par *The House Beautiful* (1877) de C. C. Cook's et *Art Decoration Applied to Furniture* (1878) de H. P. Spofford. La célébrité d'Eastlake doit plus à ses écrits et à son prestige d'arbitre du bon goût, qu'à son œuvre de designer. Son livre le plus important est *A History of Gothic Revival* (Histoire du Renouveau Gothique, 1872).

Charles Eastlake
1836 Plymouth, Grande-Bretagne
1906 Londres

◄ Cabinet en chêne marqueté pour Heaton, Butler & Bayne, vers 1867

▼ Frontispice de l'ouvrage *Hints on Household Taste*, publié en 1868

Tom Eckersley
1914–1997

Tom Eckersley étudie à la Salford School of Art de 1930 à 1934. Il y fait la connaissance d'Eric Lombers et ils décident d'ouvrir un bureau de graphisme à Londres en 1934. Cette association se prolonge jusqu'en 1940. Le bureau réalise des graphismes pour les transports londoniens, la Shell, la poste, BP, la BBC et Austin Reed, entre autres. Ces premiers travaux sont inspirés par les affiches d'**Edward McKnight Kauffer** et **A. M. Cassandre** ainsi que par le Cubisme et le **Surréalisme**. Durant la Seconde Guerre mondiale, Eckersley dessine des affiches d'information du public pour le Ministère de l'Information et la Royal Society for the Prevention of Accidents. Il exécute aussi des travaux de cartographie et des affiches pour la Royal Air Force (RAF). De 1937 à 1939, il enseigne à la Westminster School of Art et, après la guerre, travaille comme graphiste indépendant. En 1949, il est élevé à la dignité d'OBE (officier de l'ordre de l'empire britannique) pour les services graphiques rendus pendant la guerre et, un an plus tard, il est admis dans les rangs de l'Alliance Graphique Internationale. De 1958 à 1978, il est directeur du département de design du London College of Printing. Durant cette période, son style graphique devient plus direct : typographie claire et formes simplifiées, avec une touche d'humour si caractéristique du graphisme britannique depuis les années 1930. En 1976, on lui commande une série de peintures murales pour l'aéroport d'Heathrow.

▼ Affiche publicitaire pour Shell, vers 1938

◂ Panneau brodé
(attribué à
O. Eckmann),
vers 1900

Otto Eckmann étudie à l'Ecole des Arts Appliqués de Hambourg, à celle de Nuremberg, puis à l'Académie des Arts de Munich. Il se destine d'abord à la carrière de peintre et, à partir de 1890, il expose son travail à Munich. En 1894, il abandonne la peinture, vend toutes ses toiles aux enchères à Francfort et concentre ses efforts sur le graphisme et les arts appliqués, broderie et tapisserie en particulier. A partir de 1895, il donne des illustrations influencées par les bois gravés japonais à la revue berlinoise *Pan* et, l'année suivante, au magazine munichois *Jugend*. En 1899 et 1900, il dessine des logos pour **AEG** et, en 1900, crée un nouveau caractère typographique, le *Eckmann* pour la Rudhard'sche Giesserei, Offenbach. Eckmann dessine aussi des affiches et des ex-libris d'inspiration **Jugendstil** pour E. A. Seemann, un éditeur de Leipzig, et des carreaux de céramique pour Villeroy & Boch, Mettlach. Sa commande la plus prestigieuse est cependant celle de la décoration intérieure du bureau du grand-duc Ernst-Ludwig IV de Hesse-Darmstadt pour le Neues Palais (1898). Malgré sa mort prématurée à l'âge de trente-sept ans, Eckmann a créé de nombreux textiles, tapis, meubles, papiers peints, céramiques et pièces d'orfèvrerie durant sa brève carrière et il fut l'un des représentants les plus éminents du Jugendstil allemand.

Otto Eckmann
1865 Hambourg
1902 Badenweiler,
Allemagne

▶ **Louis Majorelle**,
Salle du Café de
Paris, Nancy, 1899

École de Nancy

Fondée en 1901
Nancy

Entre 1871 et 1900, nombre d'artisans talentueux qui fuient l'Allemagne s'installent à Nancy qui n'est qu'à vingt kilomètres de la nouvelle frontière franco-allemande. Cet afflux de réfugiés stimule la vie commerciale et culturelle de Nancy qui devient la plus importante ville de l'est de la France. Jean **Daum**, qui fait partie de ces immigrés, fonde la Verrerie Sainte-Claire en 1878 et se lance dans la fabrication de verreries **Art nouveau**. D'autres artisans établis en Lorraine comme **Emile Gallé** et **Louis Majorelle** fabriquent aussi des meubles et des verreries Art nouveau qui connaissent un grand succès auprès de la critique et du public. En 1901, stimulés par l'enthousiasme général pour ce type d'objets, nombre d'entreprises et d'ateliers travaillant dans la région de Nancy se rassemblent pour créer l'Alliance Provinciale des Industries d'Art. Cette Alliance qui deviendra l'Ecole de Nancy est d'abord présidée par Emile Gallé et compte parmi ses membres Louis Majorelle, Victor Prouvé (1858–1943), Eugène Vallin (1856–1922) et les frères Daum (qui présideront l'Alliance après la mort d'Emile Gallé en 1904). La première exposition collective de l'Alliance a lieu au Salon de l'Union Centrale des Arts Décoratifs, Paris, en 1903.

Egon Eiermann étudie l'architecture de 1923 à 1927 à la Technische Hochschule, Berlin-Charlottenburg, et suit l'enseignement de Hans Poelzig (1869–1936). A partir de 1931, il travaille comme architecte indépendant, et réalise plusieurs bâtiments industriels sous le troisième Reich. Durant la Seconde Guerre mondiale, il dessine des meubles pour l'agence qu'il a créée et, après 1945, s'associe avec Robert Hilgers pour se consacrer principalement à la décoration intérieure. En 1949, il crée une maison modèle pour l'exposition « Wie Wohnen », apportant la démonstration que sa relation avec les nazis, n'a pas nui à sa réputation professionnelle. Eiermann dessinait souvent des meubles spécialement pour ses projets architecturaux, meubles qui furent par la suite fabriqués en série. C'est le cas de ses célèbres chaises baquet en rotin (1952), fabriquées par Friedrich Herr, et de ses séries de chaises en contreplaqué cintré produites par Wilde & Spieth. A partir de 1947, il enseigne à la Technische Hochschule de Karlsruhe et, en 1951, participe à la création du « Rat für Formgebung » (Conseil Allemand du Design). En 1962, avec Paul Baumgarten et Sep Ruf, Egon Eiermann participe à la commission de planification du nouveau parlement et du Sénat d'Allemagne de l'Ouest à Bonn. Ses plus importants projets architecturaux sont l'usine Ciba de Wehr (Bade), le Pavillon Allemand de la Foire Internationale de Bruxelles (1958), la Kaiser-Wilhelm-Gedächtniskirche à Berlin (1957–1963) et une tour de bureaux pour les députés du parlement allemand à Bonn (1965–1969). Outre ses prouesses architecturales, Eiermann connaît un grand succès comme designer de meubles, pour lesquels il invente des solutions originales comme celle du mécanisme à ressort qui replie automatiquement sa chaise pliante *SE18* de 1952, fabriquée par Wilde & Spieth, Esslingen. Egon Eiermann qui épousa la célèbre décoratrice d'intérieur Charlotte Eiermann (1912-2001) fut l'une des plus importantes figures du design allemand de l'après-guerre.

Egon Eiermann
1904 Neuendorf / Berlin
1970 Baden-Baden, Allemagne

▼ Chaise pliante, modèle n° *SE18*, pour Wilde & Spieth, 1952

Jan Eisenloeffel

1876 Amsterdam
1957 Laren, Pays-Bas

▲ Service à thé en laiton pour De Woning, vers 1903

Johannes (Jan) Eisenloeffel étudie de 1892 à 1896 à la Rijks Normaalschool d'Amsterdam, où il reçoit une formation de professeur de dessin industriel. De 1893 à 1896, il apprend l'orfèvrerie à l'usine de W. Hoecker & Zoon, Amsterdam et, en 1898, voyage en Russie. Il séjourne à Moscou et à Saint-Pétersbourg où il étudie les techniques de gravure et d'émaillage mises au point par Peter Carl Fabergé (1846–1920). A son retour en Hollande, il retourne chez Hoecker & Zon où il prend la tête de l'atelier d'orfèvrerie de Amstelhoeck, la nouvelle société qu'ils ont fondée à Amsterdam. En 1902, Eisenloeffel ouvre son propre atelier d'orfèvre avec J. C. Stoffels et, l'année suivante, il supervise l'ouverture du magasin De Woning, à Amsterdam, où sont commercialisées ses créations. En 1903, il rejoint l'organisation Kunst aan Het Volk (L'art pour le peuple) qui vise à améliorer la qualité des meubles et ustensiles domestiques. De 1904 à 1907, Eisenloeffel conçoit des objets en métal et de la vaisselle pour l'orfèvre C. J. Begeer, Utrecht, avant de rejoindre les **Vereinigte Werkstätten für Kunst im Handwerk** (Ateliers Unis pour le Travail Artisanal). En 1908, il retourne en Hollande et ouvre un atelier dans la colonie d'artistes de Laren près d'Amsterdam.

Harvey Ellis

1852 Rochester, New York
1904 Syracuse, New Jersey

Harvey Ellis étudie à l'Académie Militaire de West Point mais part pour Venise après en avoir été renvoyé. Il retourne à Albany, New York, pour étudier auprès d'Edwin White (1817–1877) et travaille quelque temps dans l'agence d'architecture d'Arthur Gilman à Rochester. Il suit ensuite une formation de dessinateur industriel dans l'agence d'Henry Hobson Richardson (1838–1886), à Albany. Il est très influencé par le style gothique réformé de Richardson. Il ouvre en 1879 une agence architecturale avec son frère Charles et leur collaboration dure jusqu'en 1884. Pendant la décennie suivante, Ellis travaille comme dessinateur industriel dans le Middle West et se met à peindre et à dessiner des affiches pour le *Rochester Herald* (1895) et le *Harper's Magazine* (1898). Il retourne ensuite à Rochester et, à partir de 1903, dessine des meubles et des textiles dans l'esprit des **Arts & Crafts** anglais pour l'atelier de **Gustav Stickley**. Harvey Ellis donne une série d'articles à son magazine (*The Craftsman*). La plupart de ses créations de l'époque, de style vernaculaire, sont proches des Arts & Crafts anglais et américains. Son élégant fauteuil en chêne de 1904 et la chaise assortie, s'apparentent cependant plus au style **Art nouveau**, avec leurs formes plus légères, moins rustiques et le dessin sinueux de leurs incrustations.

◄ Chaise en chêne pour le Craftsman Workshop, 1903–1904

August Endell
1871 Berlin
1925 Berlin

▸ Portail du Studio Elvira à Munich, 1896–1897

▾ Horloge haute, 1904

Fils d'architecte, August Endell étudie la philosophie à Tübingen avant de s'installer à Munich en 1892 pour étudier les œuvres du philosophe Theodor Lipps (1851–1914). Sous l'influence de **Hermann Obrist**, qu'il rencontre en 1896, Endell abandonne la philosophie pour se consacrer à l'architecture et aux arts appliqués. En 1896 et 1897, il conçoit la façade et la décoration intérieure des studios photo Elvira à Munich. L'ornementation sinueuse de la façade s'inspire du style organique d'Obrist. En 1898, Endell se rapproche des Vereinigte Werkstätten de Munich et réalise un sanatorium à Föhr. Il dessine aussi des illustrations pour les revues artistiques *Jugend* et *Pan* (1897) et, en 1898, publie son premier article sur l'esthétique intitulé *Um die Schönheit*. L'année suivante, il présente des bijoux à l'exposition de la Sécession munichoise. Il s'installe en 1901 à Berlin où sa décoration du Bunte Theater marque un tournant vers un style plus coloré et expressif qui se détache peu à peu des formes tournoyantes du **Jugendstil**. En 1903, il dessine des motifs de feuilles stylisés pour des meubles fabriqués par Theophil Müller aux Werkstätten für Deutschen Hausrat de Dresde. Pendant la décennie suivante, Endell dirige une école de design à Berlin et publie de nombreux articles sur la théorie du design et de l'architecture, dont *Die Schönheit der Großstadt* (La Beauté de la Grande Ville). Durant cette période, il conçoit et réalise aussi de nombreuses maisons et villas à Potsdam et Berlin. Lors du déclenchement de la Première Guerre mondiale, son nom est mis en avant comme possible successeur d'**Henry van de Velde** au poste de directeur de l'Ecole d'Arts Appliqués de Weimar mais c'est **Walter Gropius** qui est choisi. De 1918 à sa mort en 1925, il est directeur de l'Akademie für Kunst und Kunstgewerbe à Breslau.

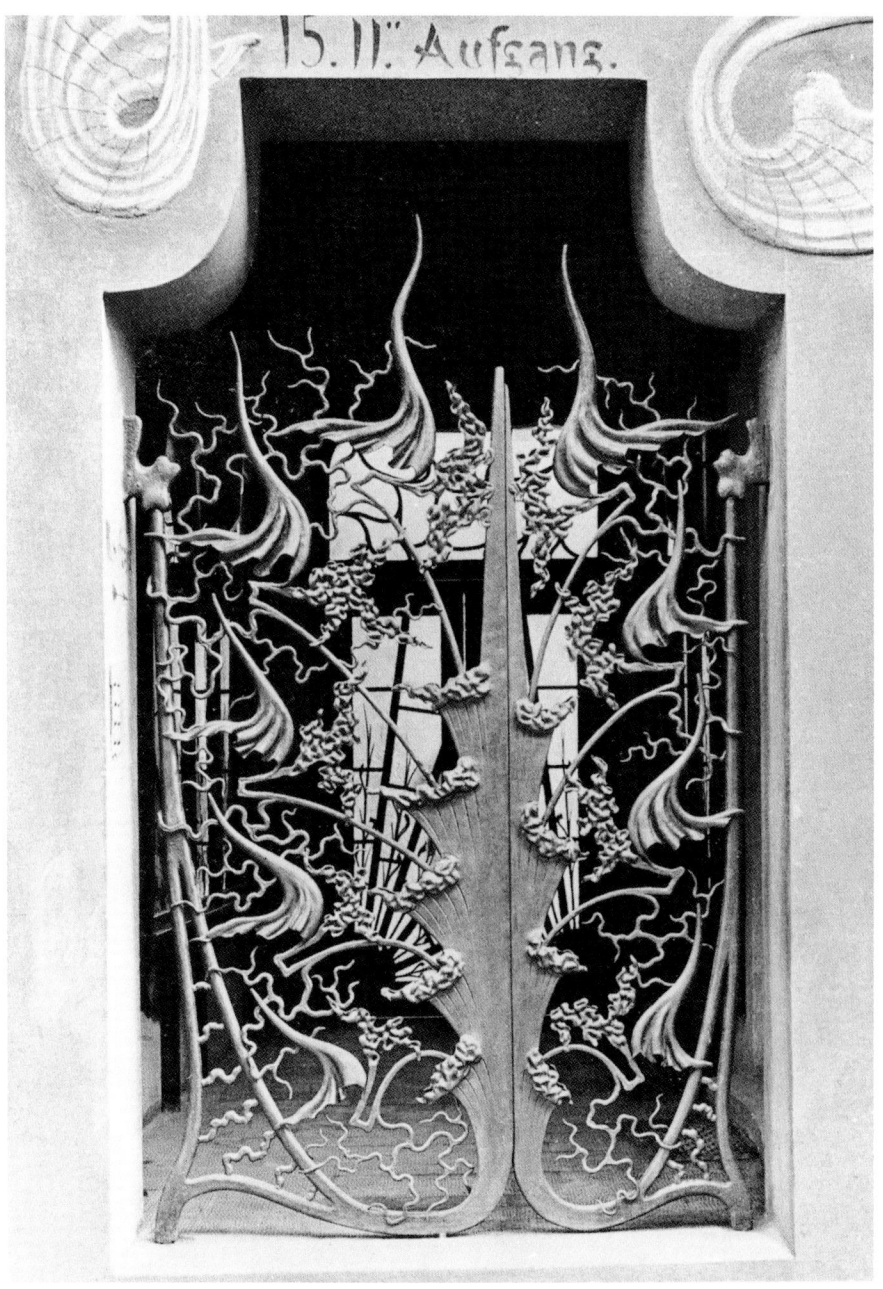

Ergonomi Design Gruppen
Fondé en 1979
Stockholm

▼ **Maria Benktzon & Sven-Eric Juhlin**, couverts *Eat / Drink* pour RFSU Rehab, 1980

Deux groupes de design suédois formés à la fin des années 1960, le Designgruppen et Ergonomi Design fusionnent en 1979 pour former Ergonomi Design Gruppen. L'effectif du nouveau groupe, installé à Bromma, se compose de 14 membres qui se fixent pour objectif la recherche et le développement d'objets sûrs, fiables, efficaces et fidèles aux principes ergonomiques. Le groupe analyse les problèmes des usagers et construit, par exemple, des maquettes grandeur nature de ses projets pour les tester en situation réelle. Nombre de projets mis en chantier par le groupe ont été partiellement sponsorisés par des institutions gouvernementales, dont le Fonds pour le travail d'environnement suédois et le Bureau national pour la santé et la sécurité du travail, ainsi que par des fabricants comme Gustavsberg. Parmi ses projets les plus remarquables, citons la ligne de vaisselle de table *Eat / Drink* (1980), destinée aux handicapés et fabriquée par RFSU Rehab, et la mise au point de machines d'imprimerie et de soudure réduisant les risques d'accident et de blessures dues à des gestes répétés. Parmi les fondateurs du groupe figurent Maria Benktzon (née en 1946) et Sven Eric Juhlin (né en 1940), tous deux anciens élèves de la Konstfackskolan (Ecole d'Arts Appliqués) de Stockholm. Avant de participer à la création du groupe, Benktzon a étudié le stylisme textile pour les personnes handicapées et Juhlin a travaillé chez Gustavsberg. A la suite de recherches entreprises (1972) sur les carences musculaires et les problèmes rencontrés par les handicapés pour prendre et tenir des objets, tous deux se sont spécialisés dans le design pour handicapés.

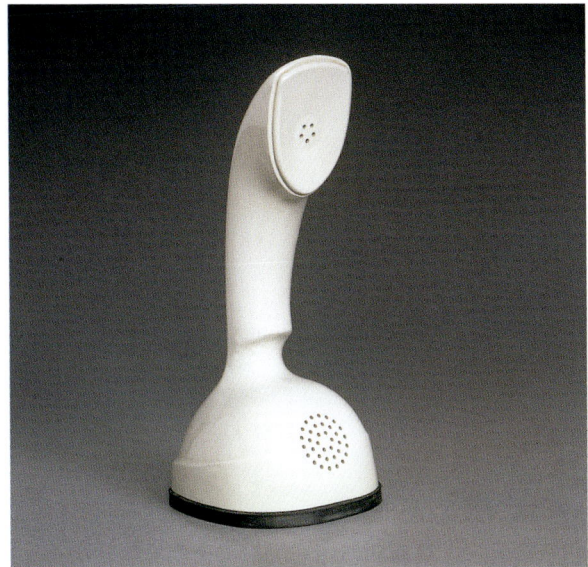

◀ Téléphone
Ericofon, 1954

L'entreprise L. M. Ericsson est fondée à Stockholm en 1876 par Lars Magnus Ericsson (1846–1926). A l'origine, c'est un atelier de réparation télégraphique. Vers 1878, l'entreprise commence à fabriquer ses propres téléphones à partir d'un prototype développé par Alexandre Graham Bell (1847–1922). Peu après, L. M. Ericsson produit des téléphones conçus par ses designers et les exporte dans toute l'Europe. Leur succès conduira la firme à ouvrir plusieurs usines dont une au Mexique. En 1909, l'entreprise fabrique le premier téléphone à support commutateur, un modèle qui sera adopté dans toute l'Europe. Dans les années 1930, l'entreprise demande à l'artiste **Jean Heiberg** (1884–1976) de renouveler ce modèle et à l'ingénieur norvégien Johan Christian Bjerknes de concevoir un téléphone en bakélite. Ce téléphone n'est pas le premier téléphone en plastique, mais ses formes sculpturales sont les plus remarquables et il a inspiré le modèle *Bell 300* (1930–1933) d'**Henry Dreyfuss**. De 1940 à 1954, Hugo Blomberg (1897–1994), Ralph Lysell (1907–1987) et Gösta Thames (1916–2006) développent l'*Ericofon*, un téléphone qui réunit écouteur, micro et cadran dans un unique objet aux formes sculpturales. En exploitant les nouveaux matériaux légers, plastique, caoutchouc et nylon, et grâce à la miniaturisation de certains composants, ce modèle novateur est resté le téléphone monobloc le plus populaire pendant plus de trois décennies. Grâce à son investissement constant dans l'industrie des télécoms Ericsson y occupe toujours une position de premier plan.

L. M. Ericsson

Fondé en 1876
Stockholm

▶ Chaîne hi-fi
Concept 51K pour
Wega, 1975

Hartmut Esslinger

Né en 1944
Altensteig,
Allemagne

Après des études d'ingénieur en électricité à l'université de Stuttgart, Hartmut Esslinger suit une formation de design industriel à la Fachhochschule de Schwäbisch Gmünd. En 1969, il remporte le prix national allemand « Gute Form » et ouvre un bureau de consultant en design à Altensteig. Son premier client est l'entreprise d'électronique Wega Radio, qui sera rachetée par Sony en 1975, une acquisition qui introduit Esslinger sur le marché de l'électronique japonaise grand public. Ses modèles élégants, comme la chaîne hi-fi *Concept 51K* pour Wega (1975) lui apportent une reconnaissance internationale et reflètent une conception du design développée par **Max Bill** et **Hans Gugelot** à la **Hochschule für Gestaltung d'Ulm**. En 1982, Esslinger rebaptise son bureau **Frogdesign** (Frog = Federal Republic of Germany) et il ouvre une agence à Campbell, Californie, pour répondre aux besoins en design de l'industrie informatique naissante à Silicon Valley. En 1986, il ouvre un autre bureau à Tokyo. En 1984, son agence dessine le Macintosh blanc cassé pour Apple et redéfinit les critères esthétiques de l'ordinateur personnel. Frogdesign a aussi dessiné des appareils photo, des synthétiseurs, des jumelles, des outils de communication et des meubles de bureau pour RCA, Eastman Kodak, Polaroid, Motorola, Seiko, Sony, Olympus, A&T, AEG, König und Neurath, Erco, Villeroy & Boch, Rosenthal, Yamaha, etc. Esslinger s'efforce d'humaniser la technologie et de créer des produits plus conviviaux en leur donnant des formes sculpturales ou en y intégrant des références visuelles.

Willy Fleckhaus

1925 Velbert, Allemagne
1983 Castelfranco di Sopra, Italie

Willy Fleckhaus, après des études de journalisme, se découvre plus attiré par les aspects graphiques du journalisme que par l'écriture elle-même. Au départ, il est influencé par le graphisme des magazines et des journaux américains, notamment ceux que supervise Alexei Brodovitch (1898–1971), d'un graphisme moins austère que ceux de l'**Ecole Suisse**. En 1952, Willy Fleckhaus devient directeur artistique du magazine syndical *Aufwärts* pour lequel il utilise des photos pleine page et mêle texte et photos sur une même page. Grâce à son travail, cette publication devient un des premiers magazines de société allemands. Après le succès de *Aufwärts*, Fleckhaus est nommé directeur artistique (1959–1976) de *Twen*, un nouveau magazine grand public qui s'intéresse aussi bien à l'actualité politique et économique qu'à celle du cinéma et de la musique contemporaine. Influencé par son ami **Max Bill** et par la conception directe de la **Hochschule für Gestaltung d'Ulm**, Fleckhaus crée pour *Twen* une mise en page radicalement nouvelle et dans l'air du temps. Bien que sa grille symétrique reste influencée par l'Ecole Suisse, la mise en page, avec ses illustrations recadrées, ses caractères gras et ses vigoureux contrastes de noir et blanc, est d'une immédiateté et d'une originalité saisissantes. Mais sa direction artistique détonne avec la ligne éditoriale du magazine qui a vu se succéder six rédacteurs en chef en douze ans, et le contrat de Fleckhaus n'est pas renouvelé. En 1974, il devient professeur à la Folkwangschule d'Essen et en 1980, à la Gesamthochschule de Wuppertal. Précurseur d'un nouveau genre de graphisme « grand public » dans l'Allemagne de l'après-guerre, opposé à la tradition du Bauhaus, le style Fleckhaus aura eu une influence décisive sur l'évolution du graphisme.

▼ Couverture pour *Twen* n° 4, 1965

Paul Follot

1877 Paris
1941 Sainte-Maxime, France

Les premières créations de Paul Follot, dont certaines sont reproduites dans *Art et Décoration*, sont inspirées du Renouveau Gothique. En 1901, il commence à travailler pour La Maison Moderne, une boutique ouverte en 1899 par Julius Meier-Graefe (1867–1935). Très influencé par son directeur, Maurice Dufrêne (1876–1955), figure éminente du style **Art déco**, Follot dessine de l'argenterie, des textiles, des bronzes et des bijoux modernes pour la boutique. Cette même année, il devient membre fondateur du groupe artistique l'Art dans Tout et, dès lors, soutient rigoureusement la tradition décorative française, dont la domination est menacée par l'ascension du design allemand. En 1904, il s'installe à son compte et expose, quelque temps après, un intérieur **Art nouveau** à la Société des Artistes Décorateurs. Vers 1910, après avoir beaucoup exploré les motifs de feuilles dans son travail, Follot commence à chercher des « architectures calmes » et il adopte un style plus sobre et classique qui fait écho à l'Art déco naissant. Il dessine des céramiques pour Wedgwood en 1911 et, durant sa carrière, il dessinera aussi des textiles pour Cornille et Cie, des tapis pour la Savonnerie et de l'argenterie pour Christofle. Follot, nommé directeur artistique du Bon Marché en 1923, devient, cinq ans plus tard, directeur adjoint de la succursale parisienne de la société de meubles anglais Waring & Gillow.

▼ Théière en cuivre plaqué argent pour Christofle, 1900

◄ Assiette *Tema e Variazioni* (Thème et Variations) *n° 182*, vers 1960

Dès son jeune âge, Piero Fornasetti montre de remarquables talents de dessinateur. Il obtient une bourse d'études pour l'Académie des Beaux-Arts de Brera (Milan) de 1930 à 1932, mais trouve l'enseignement trop formel et, selon la rumeur, se fait renvoyer. Il expose ses premiers dessins à l'université de Milan. Ceux-ci, de style délibérément archaïque et Giottesque, s'opposent à la domination irrésistible du style «Coppedé», **Art déco**, dans le Milan de l'époque. Fornasetti est non seulement influencé par le **Surréalisme** et l'art « métaphysique » de Giorgio De Chirico (1888–1978) et d'Alberto Savinio (1891–1952) mais il s'inspire aussi de la tradition illusionniste lombarde qui séduit son sens de l'humour ironique. Durant les années 1930, il travaille pour la Verrerie Venini et expose des foulards de soie imprimés à la VIIe exposition triennale de Milan (1940) où son travail est remarqué par l'architecte et designer **Gio Ponti**. Tous deux sont mus par le même amour de l'ornement et un profond respect pour le patrimoine artistique italien. Ils collaborent dès la fin des années 1940 à de nombreux projets de meubles et de décorations intérieures. Dans les années 1930 et 1940, Fornasetti dessine plusieurs affiches et couvertures pour les revues *Domus* et *Graphis*. Durant la Seconde Guerre mondiale, il est mobilisé dans l'armée italienne. Il passe le plus clair de son temps à peindre la caserne de son régiment, sur la piazza S. Ambrogio à Milan, des motifs en trompe-l'œil et des motifs de fruits. Fornasetti s'enfuit en Suisse quelque temps pour se soustraire aux bouleversements de la fin de

Piero Fornasetti
1913 Milan
1988 Milan

▲ Bureau *Architettura* (Architecture), vers 1951

▶ Table *Strumenti Musicali* (Instruments de Musique), vers 1953

la guerre et ne revient à Milan qu'après la fin des hostilités. Parmi les nombreux projets de Fornasetti et Ponti dans les années 1950, on retiendra la ligne de mobilier *Architettura*, d'abord présentée à la IXe Triennale de Milan (1951), l'aménagement du paquebot *Andrea Doria* (1952) et la décoration excentrique du casino de San Remo (1950). Fornasetti conçoit aussi céramiques, gilets, paravents, porte-revues, tous revêtus de ses motifs sérigraphiés illusionnistes et ironiques d'instruments de musique, de pièces de monnaie romaine et de soleils étincelants. Ses séries de *Thèmes et Variations* représentent un visage de femme, belle et énigmatique, qui deviendra peu ou prou sa marque de fabrique. En 1970, Fornasetti ouvre une boutique à Milan, à proximité de l'Académie des Beaux-Arts de Brera, où il commercialise ses multiples créations si singulières et ludiques. Après sa mort, en 1988, son fils Barnaba reprend la gestion de ses affaires et, dans les années 1990, installe la boutique dans un local plus grand, Via Manzoni. Rejeté pendant des décennies par les Modernistes, le travail de Piero Fornasetti a connu un regain d'estime et de popularité avec la vague du **Post-Modernisme** au début des années 1980.

Norman Foster

Né en 1935
Manchester

Lord Norman Foster étudie l'architecture et l'urbanisme à l'université de Manchester dont il est diplômé en 1961. Il poursuit ses études, grâce à une bourse Henry, à l'université Yale (New Haven, Connecticut) où il obtient son diplôme en 1963. Avec un autre boursier, Richard Rogers (1933–2021), il y suit l'enseignement de **Serge Chermayeff** et est influencé par le travail de Louis Kahn (1901–1974), l'architecte de la Yale Art Gallery qui abrite la faculté d'architecture. A son retour en Angleterre en 1963, Foster ouvre une agence d'architecture à Londres, la Team 4 Partnership, avec Rogers, Georgie Wolton et Wendy Cheesman (qu'il épouse en 1964). L'agence réalise la remarquable usine Reliance Controls Limited à Swindon. Après la dissolution de Team 4 en 1966, Foster fonde Foster Associates à Londres. De 1968 à 1983, il travaille sur plusieurs projets avec **Richard Buckminster Fuller** et réalise plusieurs commandes architecturales pour Fred Olsen Limited. En 1977, Foster remporte le prix du Royal Institute of British Architects pour son immeuble recouvert de verre noir édifié pour Willis Faber & Dumas à Ipswich (1973–1975). Les nombreux projets qu'il exécute par la suite lui valent sa réputation internationale actuelle. On retiendra notamment le siège de la Hongkong & Shanghai Banking Corporation à Hongkong (1981–1986), l'aéroport de Stansted, Essex (1991) et le nouveau Reichstag (Parlement allemand) de Berlin (1995–1999). Comme son architecture, les meubles **High-Tech** de Foster, par exemple sa série *Nomos* (1986–1988) pour Tecno et les luminaires produits par Erco (1986) montrent un sens géométrique rigoureux et une expertise technologique approfondie : l'architecture et le design élégants mais austères de Foster célèbrent la modernité par un recours à des matériaux et des techniques de construction de pointe.

▶ Table *Nomos* pour Tecno, 1986–1988

Kaj Franck étudie le design de mobilier avec Arttu Brummer au Taideteollinen Korkeakoulu, Helsinki, dont il est diplômé en 1932. En 1938, il devient styliste textile à la manufacture de laine Hyvinkää et, l'année suivante, est mobilisé dans l'armée. Pendant la guerre, il rencontre beaucoup de compatriotes de milieux sociaux moins favorisés et cette expérience transforme profondément sa vision de la société. En 1945, il commence à travailler pour la manufacture de céramiques Arabia et, un an plus tard, dessine une ligne de vaisselle de table pour le Väestöliition (Assistance sociale et familiale). En 1950, il devient directeur artistique de l'Arabia et crée de nombreuses lignes de vaisselle et de couverts multifonctionnels. En 1955, Franck reçoit une bourse Asla pour étudier l'enseignement du design en Amérique et, durant son séjour aux Etats-Unis, il analyse les habitudes alimentaires américaines ce qui a une répercussion directe sur son travail de designer. De 1954 jusqu'à sa démission de l'Arabia en 1973, Franck dessine aussi des verres et couverts en éditions limitées comme sa série *Lumipallo* (boule de neige). Les verreries de Franck ont été fabriquées par Iittala (1946–1950) et Nuutajärvi-Notsjö (1950–1976). Ses modèles de plats et de verres visent, par l'adoption de formes élémentaires, à une pureté esthétique.

Kaj Franck
1911 Viipuri, Finlande
1989 Santorin, Grèce

▲ Vaisselle en verre *Kartio*, 1958, et en faïence *Teema*, 1981

Jean-Michel Frank

1895 Paris
1941 New York

Au lendemain de la Première Guerre mondiale, Jean-Michel Frank travaille comme ébéniste dans l'atelier de **Jacques-Emile Ruhlmann**. Dans les années 1920, il rencontre Eugenia Errazuriz, une personnalité chilienne de la haute société, qui lui transmet sa vision dépouillée de la décoration intérieure. Durant cette période, il crée probablement des modèles pour **Desny** et devient un des premiers designers à utiliser une finition au blanc de céruse sur les surfaces en bois. En 1931, il crée un atelier à La Ruche avec le décorateur Adolphe Chanaux et un an plus tard ils ouvrent un magasin de détail sur la rue du Faubourg Saint-Honoré à Paris. Les meubles et les luminaires de Frank des années 1920 sont influencés par le formalisme géométrique de **Le Corbusier** et de **Robert Mallet-Stevens**. Bien que ses décorations d'intérieurs comme celui de l'hôtel Bischoffstein pour le vicomte Charles de Noailles optent pour la légèreté, Frank attache une grande attention aux détails et utilise des matières luxueuses comme le chagrin, le bronze et le vélin.

Vers 1935, cependant, les décorations de Frank deviennent plus flamboyantes, voire théâtrales, et il commence à utiliser des effets de trompe-l'œil dans ses intérieurs. Il émigre sur le continent américain en 1940, et s'installe à New York où il se suicide peu de temps après.

▼ Chaise de rotin tressé, 1935 (rééditée par Ecart)

◀ Projet de textile *Rox & Fix* pour Svenskt Tenn, 1943–1944

Josef Frank grandit à Vienne où il reçoit une formation d'architecte. De 1925 à 1934, il dirige avec Oskar Wlach « Haus und Garten », une coopérative de décoration intérieure. En 1934, il s'installe en Suède et devient directeur artistique de la firme de décoration intérieure Svenskt Tenn, à Stockholm. Il dessine des textiles, comme *Vegetable Tree* (1944) et des meubles inspirés du mouvement anglais des **Arts & Crafts** et du design viennois du début du siècle. Malgré son rejet des dogmes fonctionnalistes, le travail de Frank, essentiellement moderne, se caractérise par sa pureté formelle. Ses meubles se distinguent par leurs proportions harmonieuses et leur excellente qualité de fabrication ainsi que par leur confort et leur simplicité d'utilisation. Dans ce domaine, Frank devient quasiment un gourou pour la génération plus jeune de designers scandinaves de meubles. De 1941 à 1943, il enseigne la théorie du design et de l'architecture à la New School for Social Research de New York et publie plusieurs ouvrages, dont *Architektur als Symbol* (1930) et *Accidentism* (1958). Avec Carl Malmsten (1888–1972) et **Bruno Mathsson**, Josef Frank est généralement considéré comme un des trois « classiques » du design suédois et un précurseur du Modernisme Scandinave auquel sa contribution a été immense.

Josef Frank

1885 Baden, Autriche
1967 Stockholm

Paul Theodore Frankl

1886 Vienne
1962 Los Angeles

Paul T. Frankl étudie l'architecture à Paris, Berlin, Munich et Vienne. En 1914, il émigre aux Etats-Unis où il est chargé de plusieurs décorations intérieures pour Helena Rubinstein (1870–1965), fondatrice de la marque de cosmétiques du même nom. En 1915 et 1916, il crée des décors de théâtre pour la Theater Guild, New York, et, vers 1925, inaugure ses meubles aux lignes géométriques qu'il baptise *Skyscraper* (gratte-ciel). D'inspiration **Art déco**, ils évoquent l'architecture élancée des immeubles des années 1920 et sont commercialisés dans sa galerie de New York. Ils sont aussi présentés en 1927 à l'exposition « Art in Trade » dans le grand magasin Macy's. Frankl donne des conférences sur « le gratte-ciel dans la décoration » et milite en faveur de son style **Moderne** de décoration intérieure dans des ouvrages qui illustrent son travail : *New Dimensions : The Decorative Arts of Today* (1928), *Form and Re-Form* (1930) et *Space for Living : Creative Interior Decoration and Design* (1938).

▼ Bibliothèque
Skyscraper, vers 1928

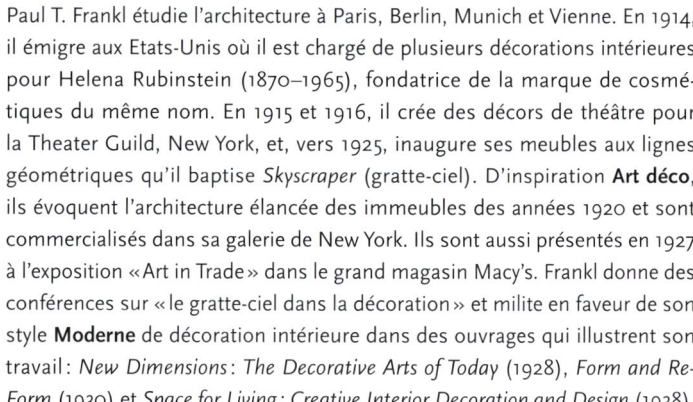

Si la première partie de sa carrière se déroule à New York, où il crée de somptueux objets, comparables aux meubles Art déco de ses contemporains français, c'est à Los Angeles qu'il choisit de s'installer par la suite. En 1928, il est le principal fondateur de l'American Designer's Gallery et en 1930, il contribue à la création de l'AUDAC (American Union of Decorative Artists and Craftsmen). Frankl fut peut-être la figure américaine la plus représentative des Arts Déco à cause de l'influence qu'exerça l'architecture du Manhattan des années 1920 sur son œuvre moderniste. Il estimait que le design devait refléter la culture de son temps et décida de donner aux arts décoratifs américains une identité adéquate et reconnaissable.

Après des études à la Hochschule für angewandte Kunst (Ecole d'Arts Appliqués) de Berlin en 1917 et 1918, Marguerite Friedlaender crée des porcelaines pour la Porzellanmanufaktur Rudolstadt (Thuringe). De 1919 à 1925, elle suit l'enseignement du **Bauhaus** (Weimar), et, comme la céramiste Trude Petri (1906-1989), se consacre à la production d'objets fonctionnels. De 1925 à 1933, elle enseigne à l'atelier de céramique de l'Ecole d'Arts Décoratifs de Burg Giebichenstein (Halle) dont elle deviendra plus tard la directrice. Elle y noue des rapports étroits avec la Staatliche Porzellanmanufaktur (KPM) de Berlin, qui produit ses modèles, dont le service à thé *Hallesche Form* de 1930-1931. En 1926, elle obtient son diplôme de maître, suivi d'une année sabbatique à Höhr-Grenzhausen. En 1930, elle épouse le céramiste Franz Rudolf Wildenhain (1905-1981) son ex-condisciple au Bauhaus et, en 1933, quand elle est démise de ses fonctions par le régime nazi, elle émigre en Hollande. Le couple y ouvre un atelier de céramique, le Het Kruikje, à Putten, qu'ils animeront pendant sept ans jusqu'à ce que Marguerite s'exile aux Etats-Unis. Pendant deux ans, elle dirige l'atelier de céramique du College of Arts and Crafts d'Oakland, Californie. Son mari la rejoint en 1942 et elle fonde la communauté artistique de Pond Farm à Guerneville, Californie. Malgré la dissolution de ce groupe en 1949, l'atelier de céramique continue à fonctionner et elle anime des sessions d'été pour de jeunes étudiants. Les créations d'atelier de Marguerite Friedlaender, comme ses modèles destinés à une production industrielle, se distinguent par leur simplicité formelle.

Marguerite Friedlaender-Wildenhain

1896 Lyon
1985 Guerneville, Californie

◀ Pot en grès pour l'atelier de céramique de l'Ecole d'Arts Appliqués de Burg Giebichenstein, Halle, 1926-1927

Frogdesign

Fondé en 1969
Altensteig, Allemagne

▲ Ordinateur portable *Z-Lite* pour Zenith, 1992

▶ Jumelles pour Zeiss, 1991

Cabinet international de conseil en design fondé en 1969 par le designer industriel **Hartmut Esslinger** à Altensteig, Allemagne. La clientèle du cabinet se compose d'entreprises leader dans le design de produits comme Sony, **AEG**, Zeiss, Olympus et Apple Computer. En 1982, le cabinet adopte le nom de Frogdesign (frog = Federal Republic of Germany, République Fédérale Allemande) au moment où il ouvre une succursale à Campbell, Californie, pour répondre aux besoins de designers de la Silicon Valley. Quatre ans plus tard, une succursale est installée à Tokyo pour répondre à la demande du marché émergent de l'électronique grand public japonaise. Le cabinet emploie une importante équipe de designers – **Ross Lovegrove** y a notamment travaillé. Le style maison de Frogdesign mêle des formes organiques et un rationalisme hérité du **Mouvement Moderne**, du **Bauhaus** et de la **Hochschule für Gestaltung d'Ulm**. Ses produits se signalent par une approche du design extrêmement fonctionnelle et soucieuse d'ergonomie. Mais ce rationalisme est souvent tempéré par des références visuelles expressives, parfois même humoristiques, à la fonction du produit – comme en témoigne le *Personal Communicator* (1992) pour AT&T, avec ses éléments en forme d'oreilles.

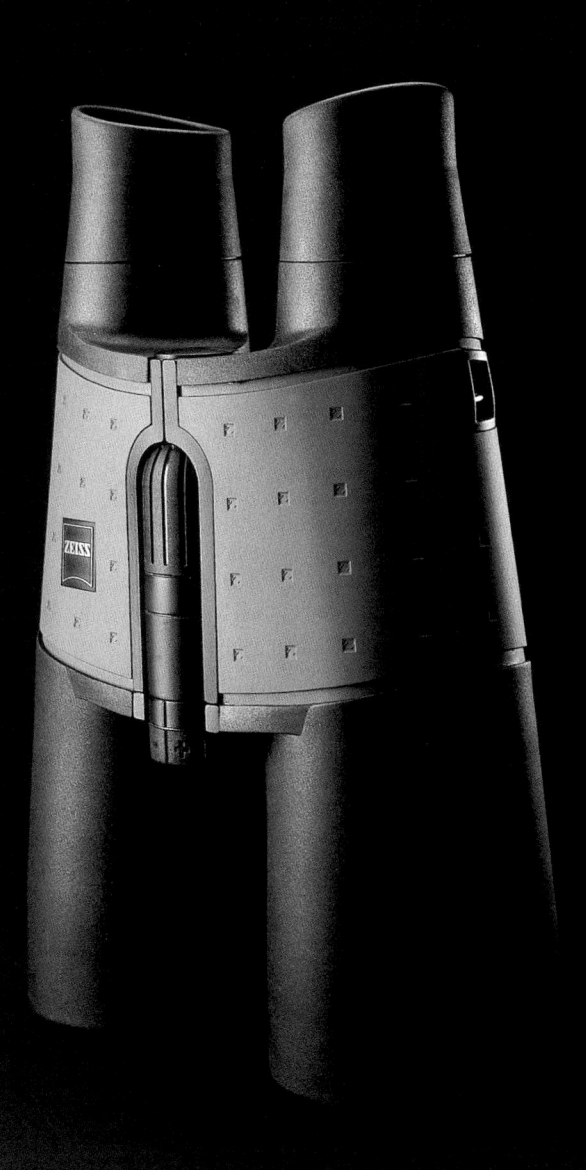

▶ Vingt et une variations sur le caractère *Univers* pour Deberny & Peignot, 1954–1957

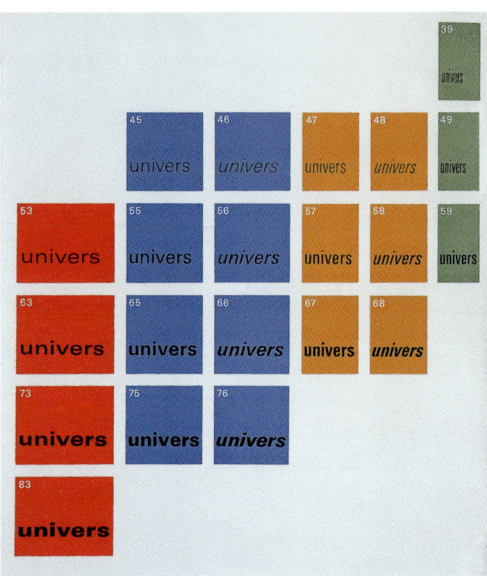

Adrian Frutiger

1928 Interlaken, Suisse
2015 Bremgarten, Suisse

Adrian Frutiger a effectué son apprentissage de typographe avec Ernst Jordi et Walter Zerbe dans la société Otto Schaefli à Interlaken. De 1948 à 1951, il a étudié la sculpture, l'illustration et la gravure à l'Ecole des Arts et Métiers de Zurich. Il a créé des caractères pour la fonderie Deberny & Peignot (1952) avant de travailler comme designer indépendant. Il a dessiné logos et nouvelles polices notamment pour la RATP, l'aéroport d'Orly, Bauer, BP et Air France. En 1962, Frutiger a ouvert son propre studio de design à Paris avec André Gürtler et Bruno Pfäffli, et, de 1957 à 1967, il fut directeur artistique des Editions Hermann. A partir de 1963, il a aussi dessiné des polices de caractères pour IBM et plusieurs caractères remarquables dont *Univers* (1954–1955), spécialement créé pour la photocomposition, et *Frutiger* (1974–1976), initialement destiné à la signalisation de l'aéroport Charles de Gaulle. Frutiger est l'un des fondateurs de l'**Ecole Suisse** de graphisme, et sa conception rationnelle et sophistiquée de la typographie a profondément influencé le graphisme, surtout en France où il a effectué l'essentiel de sa carrière. Durant les années 1970, il a travaillé à améliorer les polices informatiques et ses caractères *OCR-B*, d'une grande lisibilité, constituent une référence internationale. En équilibrant harmonieusement les aspects scientifiques et artistiques de la typographie, Frutiger a créé des caractères rationnels, remarquables par leur lisibilité et leur internationalisme.

Richard Buckminster Fuller

1895 Milton, Massachusetts
1983 Los Angeles

Richard Buckminster Fuller étudie les mathématiques à l'université Harvard de 1913 à 1915 et, deux ans plus tard, s'engage dans la marine américaine. Durant ses études à l'Académie Navale d'Annapolis, il échafaude sa « conception théorique » et son projet de « Flying Jet-stilts Porpoise », un bateau propulsé par turbine, qui n'est publié qu'en 1932. Il quitte l'armée en 1922 et fonde le Stockade Building System dont l'échec financier entraîne sa faillite personnelle.

La mort de sa fillette de quatre ans en 1922, due selon lui à une conception inadéquate de son logement, l'incite à rechercher des solutions universelles aux problèmes sociaux. En 1927, il fonde à New York la société 4-D pour développer ses concepts. Buckminster Fuller veut élaborer une « science du design » qui apporterait des solutions optimales pour une consommation minimale d'énergie et de matériaux. Sa perspective, tirer le maximum du minimum, est empruntée au **Mouvement Moderne**. Il résume cette formule en un terme, Dymaxion, amalgame de « dynamique » et « efficacité maximale ». En 1929, il fonde le magazine *Shelter* dont il est, de 1930 à 1932, l'éditeur et le rédacteur en chef. Durant les six années suivantes, il est directeur et directeur technique de la Dymaxion Corporation qu'il a créée pour réaliser trois prototypes de véhicules aérodynamiques basés sur ses principes et inspirés de la construction aéronautique. Fuller affirmait que la Dymaxion de 1934 pouvait passer de 0 à 100 km/h en trois secondes et que sa consommation de carburant était de 7,5 litres aux 100 kilomètres. Ce prototype, qui souffre

▲ Dôme géodésique à Seattle, 1958

de plusieurs erreurs de conception, ne sera toutefois jamais fabriqué en série. A partir de 1927, Fuller développe aussi le concept de maison Dymaxion et, en 1945, il invente une habitation préfabriquée en métal, la Wichita House. La société qu'il avait créée pour commercialiser cette maison enregistre un extraordinaire afflux de commandes – 38 000 après le lancement de presse – mais la fabrication en série suppose une révision de la conception de la maison. Les investisseurs, découragés par les retards qu'accumule le projet, se désistent et il est abandonné.

La plus célèbre invention de Fuller est le dôme géodésique de 1949 qui se prête à une large gamme d'exploitations industrielles, militaires et civiles (expositions, notamment). Sa démarche du «plus pour moins» réduit au minimum les éléments utilisés dans la construction des dômes qui sont en outre d'un assemblage aisé. Geodesics Inc est créé en 1949 pour développer ce concept de design qui fait époque et permet de fabriquer industriellement des formules d'habitat écologique. Fuller, qui est aussi mathématicien, découvre la synergétique – un système de géométrie vectorielle. Il est aussi le premier à forger l'expression «terre, vaisseau spatial». Communicateur prolifique, Buckminster Fuller pensait que les capacités créatrices de l'humanité étaient illimitées et que l'alliance de la technologie et du design pouvait éliminer les entraves matérielles et spirituelles au progrès de l'humanité vers un avenir meilleur.

▼ Automobile Dymaxion, 1934

▲ Boutique où étaient vendus les produits de l'atelier de métal de l'Ecole d'Arts Appliqués de Burg Giebichenstein, Halle, vers 1927

Functionalism
Fonctionnalisme

Plutôt qu'un style, le fonctionnalisme est d'abord une conception de l'architecture et du design qui s'efforce de résoudre les problèmes pratiques de la façon la plus logique et la plus efficace. Les origines du fonctionnalisme remontent à Vitruve, l'architecte romain du premier siècle avant Jésus-Christ, dont les théories s'inscrivent elles-mêmes dans la tradition hellénistique. L'approche classique ou fonctionnelle de l'architecture a depuis lors connu plusieurs résurrections : à la Renaissance (XVe et XVIe siècles), au XVIIIe siècle avec les architectes néoclassiques et au XIXe siècle grâce à des personnalités éminentes comme Gottfried Semper (1803–1879) et Eugène-Emmanuel Viollet-le-Duc (1814–1879). Dans la seconde moitié du XIXe siècle, des réformateurs du design comme **A. W. N. Pugin** et **William Morris** plaident aussi pour une conception fonctionnelle du design débouchant sur la fabrication de produits utilitaires. Mais c'est l'architecte américain Louis Sullivan (1856–1924) qui, avec sa formule « La forme découle de la fonction » (1896), est en général considéré comme l'inventeur du fonctionnalisme moderne. Les précurseurs du fonctionnalisme prônent une démarche attentive à la culture spécifique et à l'environnement du site dans lequel ils interviennent comme designers ou architectes. A l'inverse, durant la première moitié du XXe siècle, le **Mouvement Moderne** assimile fonctionnalisme et **Rationalisme** et préfère les solutions universelles, donc internationales, aux particularismes architecturaux et décoratifs de chaque pays. L'enseignement du **Bauhaus** est fondé sur

▲ Modèle préfigurant les chaises *B5*, vers 1926, et *B3* pour Standard-Möbel, fabriqués plus tard par Thonet, 1926–1927

◄ **Wilhelm Wagenfeld**, cafetière *Sintrax* pour Jenaer Glaswerke Schott & Gen., 1931

cette perspective et des architectes-designers comme **Ludwig Mies van der Rohe**, **Marcel Breuer**, **Le Corbusier** et **J. J. P. Oud** optent pour des matériaux industriels, métal tubulaire, acier et verre pour créer des meubles et des immeubles fonctionnels. Pourtant ces nouveaux matériaux sont souvent choisis autant pour leur esthétique mécanique moderne que pour leurs possibilités fonctionnelles. Dans les années 1920, le style du vocabulaire formel du fonctionnalisme est codifié, surtout en France et en Allemagne, par des designers d'**avant-garde** désireux de faire entrer la modernité dans la réalité. Dans les années 1930, l'esthétique fonctionnaliste, de plus en plus largement adoptée, débouche sur le **Style International**. Dans les années 1960, l'éthique sociale du fonctionnalisme – considérée par certains designers comme un formalisme stylistique – est remise en question par les tenants de l'**Anti-Design** qui donnera à son tour naissance au **Post-Modernisme**. Le Modernisme du XXᵉ siècle se réduit pour l'essentiel à un mélange de rationalisme et de fonctionnalisme – deux termes à la limite synonymes puisqu'ils renvoient à une logique de construction générée par la technologie comme fondement du design et de l'architecture.

▶ **Fortunato Depero**, projet de carte de visite pour les wCréations Typographiques Depero, 1927

Futurism
Futurisme

Italie

Le Futurisme est fondé en 1909 par l'écrivain italien Filippo Tommaso Marinetti (1876–1944). Comme son appellation l'indique, le mouvement se détourne du passé et proclame son adhésion fervente au progrès technique. Le *Manifeste Futuriste,* que Marinetti publie en 1909, célèbre le potentiel et le dynamisme intrinsèque de la machine et des systèmes de communication. Premier mouvement culturel à prendre ses distances avec la nature et à glorifier la *metropolis*, la grande ville, le Futurisme a marqué d'une profonde empreinte les mouvements de design ultérieurs. Les œuvres d'Umberto Boccioni (1882–1916), Gino Severini (1883–1966), Carlo Carrà (1881–1966) et **Giacomo Balla** traduisent le flux énergétique de la vie moderne dans des compositions cubistes dont la stylisation géométrique suggère les sensations de vitesse et d'accélération. Dans le domaine du graphisme, le Futurisme se traduit par un usage expressif et anticonformiste de la mise en page et de la typographie. Cette idée de structure expressive est aussi importante dans la composition poétique. En 1910, paraît Le *Manifeste de la peinture futuriste* signé de Carrà, Balla, Boccioni, Severini et Luigi Russolo (1885–1947). C'est Balla qui sera le premier à mettre en pratique les théories futuristes dans les arts décoratifs. Dans l'atelier artisanal pour le futurisme dans l'art qu'il ouvre à Rovereto durant les années 1920, l'artiste et designer Fortunato Depero (1892–1960) poursuit ces incursions expressives dans le design. En 1914, Depero écrit *Complessità plastica – gioco libero futurista – l'essere vivente-artificiale* (Complexité plastique – libre jeu futuriste – l'être artificiel-vivant) et dans sa Maison de l'Art, à Rovereto, il invente un style de design néo-plastique qui sera plus tard adopté par les rationalistes italiens. L'architecte Antonio Sant'Elia (1888–1916) rejoint le mouvement en 1914 et expose ses propositions pour la « Nouvelle Cité » à Milan. Les formes amples et dynamiques de ses projets architecturaux excluent toute ornementation et confinent au Brutalisme avec leurs surfaces brutes et leurs couleurs violentes. Malgré la mort prématurée de Sant'Elia en 1916, le *Manifeste pour l'architecture futuriste* marquera profondément les esprits, notamment les fondateurs de **De Stijl**, qui le découvrent en 1917. Le Futurisme s'est efforcé de subvertir la culture bourgeoise et a représenté à certains égards une force de destruction, reflet obligé de l'esthétique agressive de la vie urbaine à l'ère du machinisme. Les futuristes, qui se rallièrent au fascisme, étaient, à travers leur radicalisme, en quête d'un ordre et peuvent donc être considérés comme le premier mouvement de design radical.

▼ Atelier artisanal Fortunato Depero pour l'art futuriste à Rovereto, 1920

Eugène Gaillard

1862 Paris
1933 Paris

▶ Chaise, vers 1905

▼ Chambre à coucher conçue pour le Pavillon de l'Art nouveau de Siegfried Bing, 1900

Eugène Gaillard, frère du bijoutier Lucien Gaillard, commence une carrière de juriste à laquelle il renonce pour se consacrer durant dix ans à la sculpture. Il devient ensuite un important designer d'intérieurs, de meubles et de textiles **Art nouveau**. Ses décorations sont exposées à côté de celles de **Georges de Feure** et Edouard Colonna (1862–1948) dans le Pavillon de **Siegfried Bing** de l'Exposition Universelle de Paris (1900). De 1900 à 1914, il réalise des meubles élégants, au design inspiré de formes naturelles, sans pourtant imiter ni copier la nature. Il explique sa démarche dans son essai *A Propos du Mobilier*, de 1906, dans lequel il affirme son objectif: «[donner] un caractère indéniable au plus humble objet, au meuble ordinaire.» Gaillard, membre fondateur de la Société des Artistes Décorateurs, présente ses créations aux Salons de la Société. Les meubles de Gaillard révèlent un sens plastique incontestable allié à un goût très raffiné de la construction formelle. A la différence de nombreux autres créateurs Art nouveau, les créations de Gaillard évitent l'artifice tout en restant organiques par leur rythme.

Émile Gallé

1846 Nancy
1904 Nancy

Outre ses études au Lycée Impérial de Nancy, Emile Gallé a déjà acquis, à seize ans, de solides compétences en décoration de céramiques et de verreries dans les ateliers de la faïencerie de Saint-Clément. Son père, Charles Gallé-Reinemer, commercialise les articles de cuisine de la faïencerie et il en deviendra plus tard l'un des propriétaires. Emile travaille pour lui, décorant aussi bien les faïences que les verreries. A cette époque, Gallé étudie aussi la botanique avec le professeur Vaultrin, le dessin industriel avec le professeur Casse et la peinture de paysage avec Paul Pierre. De 1864 à 1866, il séjourne à Weimar où il étudie la botanique, la minéralogie et l'histoire de l'art. Après

avoir parachevé sa formation scolaire, Gallé retourne en Lorraine où il passe un an à travailler pour son père avant d'effectuer un apprentissage de verrier de trois ans chez Burgun, Schverer et Co. (Meisenthal), qui fournit aux Gallé les verreries prêtes à décorer. En 1870, il rentre en France et, peu de temps après, s'enrôle dans l'armée et participe à la guerre franco-allemande. Un an plus tard, Gallé représente la firme familiale dans la section « Art de France » de la Première Exposition Internationale annuelle de Londres et, à son retour en France, persuade son père de réinstaller l'entreprise à Nancy, Saint-Clément ayant été annexé par les Allemands. Un nouvel atelier est créé en 1873 à Nancy et, quatre ans plus tard, Gallé devient directeur de l'entreprise familiale. Il développe de nouvelles techniques et ses décorations sont de plus en plus inspirées par la nature. En 1878, à l'Exposition Universelle de Paris, Gallé, chaleureusement salué par la critique, reçoit quatre médailles d'or. Encouragé par ce succès, il construit des ateliers plus grands afin d'augmenter ses capacités de production et en 1884, après une vaine tentative pour trouver des socles en bois adéquats pour ses verreries **Art nouveau**, il achète un terrain où il fait construire un atelier d'ébénisterie. Les meubles que crée Gallé par la suite, directement inspirés par la botanique dans leur structure et leur décor, sont exposés pour la première fois à l'Exposition Universelle de 1889 où ses nouvelles verreries, qui font appel à une vaste palette de techniques, gravure, meulage, dorure, remportent un grand succès. A cette exposition, il reçoit un Grand Prix et la Légion d'Honneur. En 1894, il ouvre un atelier encore plus grand, doté d'une énorme capacité de production. En 1901, il devient le premier président de l'«Alliance Provinciale des Industries d'Art», la future **Ecole de Nancy**.

◂ Vase en marqueterie, 1898

◂◂ Cabinet en acajou marqueté et sculpté, vers 1900

▶ Emblème du «Festival of Britain», 1951

Abram Games

1914 Londres
1996 Londres

Abram Games étudie brièvement l'«art commercial» à la St. Martin School of Art de Londres, avant de travailler dans un atelier de graphisme commercial. Il désapprouve la pratique alors courante chez les graphistes qui consiste à concevoir une affiche-type ensuite adaptée à diverses entreprises avec une typographie différente. Il préfère les affiches des années 1920 et 1930, créées pour des clients spécifiques par des designers comme **A. M. Cassandre**, **Edward McKnight Kauffer** et Tom Purvis (1888–1959). En 1935, Games commence à créer en indépendant des graphismes pour lesquels il utilise souvent des procédés chromolithographiques. Durant la Seconde Guerre mondiale, il dessine une centaine d'affiches pour le War Office dont il devient le responsable officiel du graphisme. Pour encourager l'effort de guerre, il utilise un style direct conforme à sa conviction selon laquelle les images doivent communiquer «un maximum de sens» avec «un minimum de moyens». Dans les années 1940 et 1950, il compte dans sa clientèle les transports londoniens, la poste anglaise, le Financial Times, British Petroleum, Shell et Orient Line. Sa réalisation la plus célèbre reste cependant l'emblème graphique du «Festival of Britain» de 1951. Games fut l'un des derniers graphistes à créer des affiches en lithographie, une technique qui devait être supplantée à la fin des années 1950 par des procédés photomécaniques.

Garouste & Bonetti

Fondé en 1981
Paris

Elizabeth Garouste (née en 1946) outre sa formation à l'Ecole Camondo, Paris, étudie aussi la création de costumes et de décors de théâtre. Elle travaille d'abord à la scénographie de pièces de Fernando Arrabel, puis comme styliste pour Marie Berani. Elle collabore aussi avec son mari, le peintre Gérard Garouste et la décoratrice Andrée Putman (1925–2013). Celle-ci demande à Mattia Bonetti (né en 1952) de repenser la décoration du magasin de ses parents et le stylisme des vitrines. Celui-ci, formé au Centro Scolastico per l'Industria Artistica, a une expérience de photographe. C'est en 1981 que Garouste et Bonetti collaborent pour la première fois à un projet de design, la décoration du restaurant Le Privilège, dans la boîte de nuit parisienne Le Palace. La même année, ils exposent leur première collection d'« objets primitifs » et « barbares » chez Jansen. Leur travail s'écarte délibérément des méthodes de production industrielle et relance une certaine tradition française de la décoration. Garouste et Bonetti entreprennent ensuite des recherches sur les techniques du verre pour le Centre de Recherches sur le Verre (CIVRA) à Marseille et collaborent régulièrement avec la Manufacture Nationale de Sèvres, pour laquelle ils exécutent leur *Cabinet de Sèvres* en 1988. A partir de 1985, ils exposent leurs créations, internationalement reconnues, à la galerie Néotu, à Paris, et en 1987 dessinent une décoration intérieure et des meubles baroques pour les salons du couturier Christian Lacroix. Par la suite, ils repensent aussi l'architecture intérieure des bureaux des éditeurs Hachette et J. C. Lattès. Durant les années 1990, ils conçoivent des conditionnements pour Nina Ricci, des verreries et des céramiques pour Daum, des meubles pour Anthologie Quartett et l'aménagement intérieur du château bavarois de la princesse Gloria von Thurn und Taxis. Le style des premières créations de Garouste et Bonetti a valu à ses auteurs l'étiquette de « Nouveaux Barbares ».

▼ Lampe *Dawson* pour Néotu, 1990

▶ Couverture pour *Understanding Hypermedia 2000*, de Bob Cotton et Richard Olliver pour Phaidon, 1997

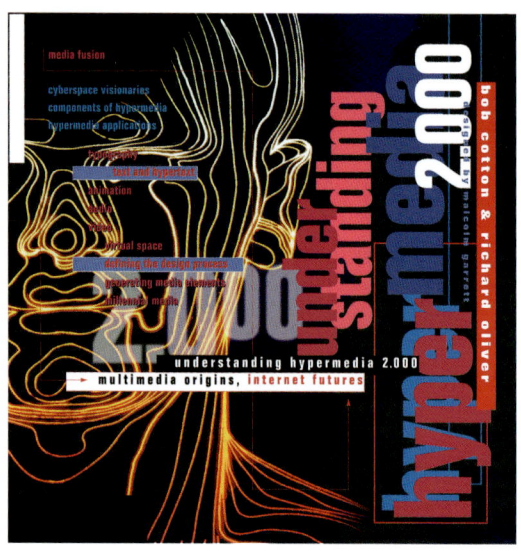

Malcolm Garrett

Né en 1956 Northwich, Grande-Bretagne

Malcolm Garrett étudie la typographie et la communication graphique à l'université Reading durant un an avant de recevoir une formation de graphiste au Manchester Polytechnic. Il est marqué par le mouvement Punk très populaire chez les jeunes de Manchester après l'apparition des Sex Pistols, en 1976. Sa première création est une pochette de disque de style punk pour l'album *Orgasm Addict* (1977) des Buzzcocks. Un an plus tard, il ouvre son propre atelier de graphisme, Assorted Images, et enchaîne les couvertures de disques pour les maisons de production indépendantes qui ont émergé après le succès des premiers groupes Punk. Ses pochettes de disques pour Duran Duran, Simple Minds, Phil Collins et Culture Club visent à développer l'identité visuelle des groupes punks pour les besoins du marché du disque. Dans les années 1980, Garrett donne des illustrations à de nouveaux magazines pour la jeunesse tout en continuant à travailler pour l'industrie du disque. En 1986, il découvre le potentiel de création graphique de l'ordinateur Apple Macintosh qui élimine pratiquement la nécessité de tirages papier et permet de mêler film, ou animation, et images fixes. Les années suivantes, il s'investit entièrement dans la technologie numérique et, en 1989, son studio est l'un des premiers à substituer des terminaux d'ordinateurs aux classiques tables à dessin. Garrett quitte Assorted Images en 1994 et, avec Alasdair Scott, crée AMX, une nouvelle société vouée à la conception et au développement de produits multimédias, y compris des disques compacts et des sites web.

Antoni Gaudí i Cornet étudie les sciences naturelles à l'université de Barcelone de 1869 à 1874, puis l'architecture dans la toute nouvelle Escola Provincial d'Arquitectura (Barcelone). En 1878, on lui demande de concevoir l'éclairage urbain de Barcelone et il travaille sur un projet de coopérative ouvrière à Mataró. A partir de 1882, il noue des liens étroits avec l'architecte Joan Matorell qui l'initie à l'architecture du Renouveau Gothique, alors perçu comme une expression de l'autonomie catalane. Extrêmement fier de ses racines catalanes, Gaudí effectue divers pèlerinages avec le « Centro Excursionista » dans des sites historiques catalans, cathédrales gothiques ou édifices hispano-mauresques, qui façonnent le style de son propre travail. Pour sa Casa Vicens (1883–1888), par exemple, il mêle le style gothique autochtone à des caractéristiques « mudéjar », générant un bizarre effet d'ornementation hybride. Gaudí estimait que l'ornement était un facteur-clé dans la caractérisation d'un édifice ou d'un meuble, et dans nombre de ses projets extrêmement intégrés, comme le Parc Güell (1886–1889), la Casa Calvet (1889–1900) et la Casa Batlló (1904–1906), il multiplie les motifs organiques de fusions, de coulures, de distorsions. En 1883, il entreprend la réalisation de son chef-d'œuvre, la Sagrada Familia de Barcelone, un projet de cathédrale restée inachevée à laquelle il a consacré l'essentiel de sa vie de travail. La Sagrada Familia exprime passionnément son nationalisme catalan et la ferveur de sa foi chrétienne. Avec son style si sculptural et singulier, Gaudí fait figure de précurseur espagnol, quasiment unique, de l'**Art Nouveau**.

Antonio Gaudí i Cornet
1852 Reus, Espagne
1926 Barcelone

▼ Fauteuil en bois sculpté pour la Casa Calvet, vers 1902

▶ Cuisinière *Oriole* en tôle émaillée vitrifiée pour Standard Gas Equipment Corporation, 1931

Norman Bel Geddes

1893 Adrian, Michigan
1958 New York

Norman Bel Geddes étudie l'art au Cleveland Institute of Art et plus tard à l'Art Institute of Chicago. En 1913, il travaille comme dessinateur industriel dans une agence de publicité à Detroit, avant de devenir directeur artistique. En 1916, il écrit une pièce de théâtre et travaille ensuite comme décorateur pour six productions montées à Los Angeles. Deux ans plus tard, il devient décorateur au Metropolitan Opera de New York et, en 1925, s'installe à Hollywood où il dessine de somptueux décors de cinéma pour les réalisateurs Cecil B. De Mille et D. W. Griffith. Influencé par sa rencontre avec **Frank Lloyd Wright**, avec lequel il a travaillé sur un projet théâtral pour Alice Barnsdall en 1916, et son association avec l'architecte expressionniste allemand Erich Mendelsohn (1887–1953), Geddes décide de se consacrer à l'architecture et au stylisme de produits. En 1932, il publie *Horizons*, un ouvrage dans lequel il défend sa vision épurée du design industriel et sa croyance dans la suprématie de la forme en goutte d'eau. Geddes devient l'un des plus fervents zélateurs du **Style Streamline** et conçoit des véhicules futuristes pour le constructeur automobile Graham Paige (1928), des radios pour Philco (1931), des boîtiers de radios pour RCA et des sommiers métalliques pour Simmons. Parmi ses réalisations les plus remarquables, on retiendra les ensembles de cuisine standardisés et notamment la cuisinière modulaire *Oriole* (1931–1936). En 1939, il dessine le stand de General Motors à l'Exposition Internationale de New York. Celui-ci, baptisé « Futurama », reflète sa vision du monde tel qu'il sera en 1960, et annonce notamment la généralisation des autoroutes.

Frank O. Gehry

1929 Toronto, Canada
2025 Santa Monica, Californie

Frank O. Gehry étudie l'architecture à l'université de Californie du Sud, Los Angeles, jusqu'en 1954 et passe un an à la Harvard Graduate School of Design, Cambridge, Massachusetts. Après ses études, Gehry travaille comme architecte et urbaniste pour différentes agences d'architecture à Los Angeles, Atlanta, Boston et Paris. En 1962, il ouvre sa propre agence d'architecture, Frank O. Gehry & Associates Inc. à Los Angeles. Dix ans plus tard, il conçoit la remarquable série *Easy Edges*, composée de quatorze meubles en carton. Ces créations, conçues à l'origine comme des meubles bon marché remportent un succès immédiat. Gehry les retire du marché au bout de trois mois, craignant que son succès de designer de meubles grand public n'altère sa réputation d'architecte. A la fin des années 1970, Gehry réalise des maisons particulières dont sa propre demeure à Santa Monica et la résidence Spiller à Venice, Californie. Pour ces projets, il utilise des matériaux industriels et des formes « déconstruites ». Ses projets d'architecture « déconstructiviste » comme l'Ecole de droit Loyola (1981–1984), le California Aerospace Museum (1983–1984), le restaurant Fishdance à Kobe, Japon (1987), le musée et l'usine de design **Vitra** à Weil am Rhein (1989) sont salués dans le monde entier. Dans les années 1980, il revient au design de meubles et crée *Experimental Edges* (1982), des meubles en carton plus conçus comme des meubles-objets d'art que comme des solutions fonctionnelles pour la maison. De 1990 à 1992, Gehry réalise pour **Knoll International** une série de chaises constituées de bandes de contreplaqué entrelacées. Gehry est aussi l'auteur d'une série de *Fish Lamps* pour les responsables de la Formica Company, à la recherche d'applications novatrices pour ColorCore, le matériau qu'ils venaient de mettre au point. Figure majeure du **Déconstructivisme**, Gehry a reçu de nombreuses distinctions, dont le prix Pritzker en 1989. Sa réalisation architecturale la plus importante est le musée Guggenheim de Bilbao avec son spectaculaire revêtement de titane, achevé en 1997.

▼ Chaise *Wiggle* et trois tables basses de la série *Easy Edges* pour Jack Brogan, 1972 (rééditées par Vitra)

Gesamtkunstwerk

Œuvre d'art totale

L'œuvre d'art totale est la traduction française d'une expression allemande : Gesamtkunstwerk, dont l'usage remonte au XIXe siècle et désigne une synthèse de tous les arts. A l'origine, la notion de Gesamtkunstwerk est associée aux opéras de Richard Wagner (1813–1883) qui mêlent musique et drame. Plus tard, elle renvoie à la notion de design englobant architecture et décoration intérieure, dans lequel chaque élément d'un projet artistique est conçu sur

▶ **Frank Lloyd Wright**, salle à manger de la Maison Hollyhock, Los Angeles, créée pour Aline Barnsdall, 1917–1920

mesure, généralement par un créateur unique. Cette idée de design unifié a été reprise et popularisée par des architectes affiliés au **Mouvement Arts & Crafts** comme **Charles Rennie Mackintosh** et **Frank Lloyd Wright**. Ils ont radicalisé l'idée d'œuvre d'art totale en s'assurant que leurs immeubles étaient fonctionnels et en complète harmonie avec leur environnement. Ils en ont aussi conçu les moindres détails extérieurs et intérieurs, jusqu'à la vaisselle de table et aux poignées de portes. En Autriche et en Allemagne **Josef Hoffmann** et **Peter Behrens** sont aussi des partisans importants du concept d'œuvre d'art totale. L'idée d'un design complètement unifié contenue dans cette notion a plus tard influencé la pratique d'un « design total », dans lequel conception, fabrication et commercialisation des produits relèvent d'une démarche globale.

▶ Avant-projet de caractère *Gill Sans* pour la Monotype Corporation, 1928

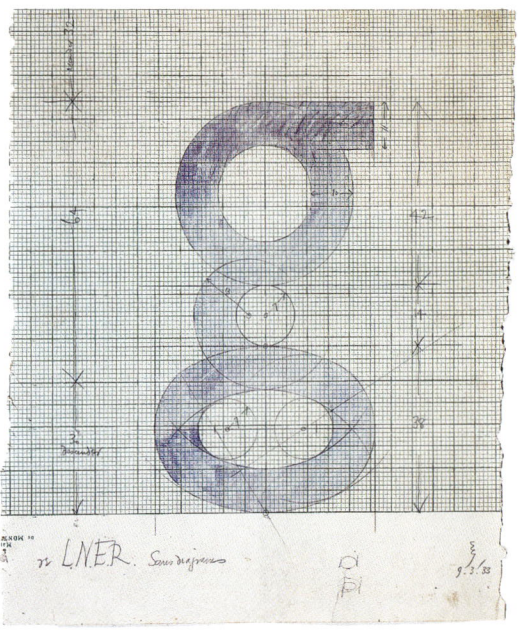

Eric Gill

1882 Brighton
1940 Harefield /
Londres

Eric Gill étudie à la Chichester Art School avant d'effectuer un apprentissage chez l'architecte W. D. Caröe, à Londres, de 1899 à 1903. Durant cette période, il étudie aussi la coupe de caractères avec Edward Johnston (1872–1944) à la Central School of Arts and Crafts de Londres. Après ses études, il travaille comme coupeur de caractères et conçoit plusieurs couvertures de livres pour la maison d'édition Insel Verlag (Leipzig). Il s'installe ensuite à Ditchling (Sussex) en 1907, et acquiert une grande notoriété en tant que graveur lapidaire. En 1913, il se convertit au catholicisme romain et, pendant les cinq années suivantes, se consacre à la gravure des Stations de la Croix dans la cathédrale de Westminster. En 1918, Gill participe à la formation de la Guild of St Joseph and St Dominic. En 1920, il participe à la fondation de la Society of Wood Engravers et, à partir de 1924, assure la direction artistique de l'éditeur Golden Cockerel Press, Berkshire. Sa conception graphique qui unifie stylistiquement illustrations et typographie est dans le droit fil des Arts & Crafts. L'année suivante, il commence à dessiner des caractères pour la **Monotype Corporation**, dont le *Perpetua* (1927) et le *Gill Sans* (1928). En 1928, Gill ouvre un atelier d'imprimerie à Speen dans le Buckinghamshire et travaille pour plusieurs maisons d'édition, dont Cranach Press, Faber & Faber, J. M. Dent & Sons et le Limited Editions Club.

◄ Bougeoir-applique en bronze pour Alfred Bucknell, vers 1907

Ernest Gimson entame ses études d'architecte à l'âge de dix-sept ans dans l'agence d'Isaac Barradale, un architecte local. En 1884, il rencontre **William Morris** et, sur son conseil, s'installe à Londres où il parachève sa formation chez John Dando Sedding (1838–1891), un architecte du Renouveau Gothique. Suivant l'exemple de Morris, Gimson consacre le plus clair de ses loisirs à l'apprentissage des techniques artisanales traditionnelles, ébénisterie et stucage. Tout en travaillant dans l'agence de Sedding, Gimson noue un rapport amical avec Ernest Barnsley (1863–1926) et son frère Sidney Barnsley (1865–1926), à l'époque apprenti chez Richard Norman Shaw (1831–1912). En 1891, avec d'autres membres de l'équipe de Shaw, dont Reginald Bloomfield et William Lethaby (1857–1931), le petit groupe fonde Kenton & Co., une agence de décoration à l'existence éphémère, à Bloomsbury. Celle-ci promet à sa clientèle « bon design et fabrication soignée ». En 1892, Gimson et les Barnsley s'installent dans les Cotswolds et, deux ans plus tard, montent un atelier à Pinbury. Jouissant de revenus indépendants, ils sont en mesure de poursuivre l'idéal de vie rurale du **Mouvement Arts & Crafts** et de produire des meubles raffinés et d'une qualité supérieure sans tenir compte des contraintes commerciales.

Ernest Gimson

1864 Leicester, Grande-Bretagne
1919 Sapperton, Grande-Bretagne

Stefano Giovannoni

Né en 1954 La Spezia, Italie

▲ Récipient *Mary Biscuit* pour Alessi, 1995

Stefano Giovannoni étudie l'architecture à l'université de Florence où il devient ensuite professeur. Il entreprend des recherches de troisième cycle sur le design jusqu'en 1990, tout en enseignant à la Domus Academy de Milan et à l'Institut de Design de Reggio Emilia. Il est membre fondateur du groupe des « bolidistes » qui prône l'application du profilage dans le design de produit et, en 1989, fonde avec Guido Venturini le bureau de design King-Kong Production, actif aussi bien dans l'architecture et le design de produits domestiques, que la décoration intérieure ou la mode. King-Kong conçoit la ligne *Girotondo* pour **Alessi** qui connaît un grand succès avec son motif « stick-man » caractéristique. Dans les années 1990, Giovannoni dessine aussi en indépendant plusieurs produits d'esprit postmoderne pour Alessi, comme la coupe *Fruit Mama* (1993), la brosse à toilettes *Merdolina* (1993) et le récipient *Mary Biscuit* (1995). En 1991, il est chargé de la conception du Pavillon italien pour une exposition au Centre Georges Pompidou : Les Capitales Européennes du Nouveau Design. Giovannoni a aussi travaillé pour Cappellini, Arradaesse et Tisca France et ses créations originales ont fait l'objet de nombreuses expositions en Italie et dans le monde.

Alexander Hayden Girard

1907 New York
1993 Santa Fe, Nouveau Mexique

Alexander Hayden Girard passe la majeure partie de son enfance et son adolescence à Florence avant de partir étudier à l'Architectural Association, à Londres. Après son diplôme, obtenu en 1929, il ouvre une agence d'architecture à Florence et commence à créer meubles et intérieurs. Il poursuit parallèlement ses études à la Royal School of Architecture de Rome dont il est diplômé en 1931. Il parachève sa formation à la New York University et s'installe ensuite à Detroit où il ouvre un studio de design deux ans plus tard. Hayden Girard conçoit des bureaux pour la Ford Motor Company en 1946 et, en 1952, est nommé directeur de la division textile de la société **Herman Miller** pour laquelle il dessine des tissus d'ameublement aux motifs audacieux et aux couleurs vives. Un an plus tard, il transfère son agence à Santa Fe et réalise plusieurs autres aménagements intérieurs, dont la résidence Irwin Miller à Columbus (en collaboration avec **Eero Saarinen**, 1955), la maison de Billy Wilder à Los Angeles, les restaurants l'Etoile à New York et La Fonda del Sol à New York (1960). En 1957, Girard réalise avec **Charles Eames** un documentaire sur le Mexique intitulé « Day of the Dead » (Le Jour des Morts) qui reflète sa profonde fascination pour la culture et l'art populaire mexicains. Tout au long de sa vie, Girard collectionne 160 000 jouets et objets d'art qui forment le fonds de la collection de la Girard Foundation, actuellement hébergée par le Museum of International Folk Art de Santa Fe. Girard a aussi conçu des meubles, des papiers peints et des graphismes, il a repensé l'identité visuelle de la compagnie aérienne Braniff Airlines (1965), mais il doit l'essentiel de sa notoriété à ses textiles aux rythmes vigoureux et aux couleurs saturées.

▼ Textile *Feathers* pour Herman Miller, 1957

▶ Machine à coudre *Logica* pour Necchi, 1982

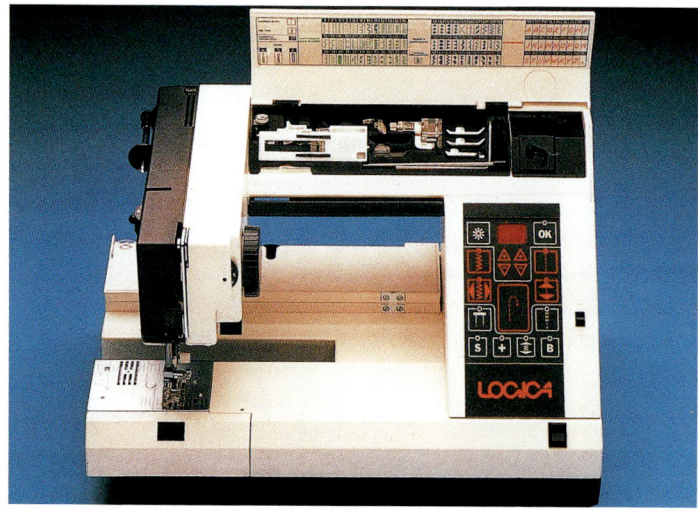

Giorgio Giugiaro

Né en 1938 Garessio, Italie

Giorgetto Giugiaro commence à travailler à l'âge de dix-sept ans au Centre Style Fiat après des études de dessin technique et de graphisme à l'Accademia delle Belle Arti de Turin. En 1959, il devient chef du département de stylisme du carrossier Bertone à Turin. Giugiaro quitte Bertone en 1965 pour devenir directeur du Studio Ghia, spécialisé dans le design automobile, où il dessine le coupé *Dino* pour Fiat en 1967. En 1968, il s'associe avec Aldo Mantovani et Luciano Bosio pour créer l'agence ItalDesign qui offre aux constructeurs des projets de design mais aussi une assistance technique comprenant des études de faisabilité et la construction de prototypes. Giugiaro est particulièrement célèbre pour ses voitures de sports élégantes et racées, comme l'Alfa Romeo *Alfasud* (1971), mais la crise du pétrole du début des années 1970 entraîne la réalisation de véhicules plus utilitaires aux formes rectilignes, comme la *Golf* de Volkswagen (1974), la Fiat *Panda* (1980) et la Fiat *Uno* (1983). En 1981, il fonde le bureau Giugiaro Design et dessine la machine à coudre *Logica* pour Necchi (1982), l'appareil photo Nikon *F4* (1988), une montre chronographe pour Seiko, des casques de moto pour Shoei et des meubles pour Tecno. Dans les années 1980, Giugiaro Design compte environ quatre cents employés et, en 1987, Giugiaro fonde Giugiaro SpA, pour la création de prêt-à-porter et d'accessoires masculins.

Milton Glaser

1929 New York
2020 New York

Milton Glaser étudie à la High School of Music & Art, New York, avant de suivre l'enseignement artistique de la Cooper Union, où il est diplômé en 1951. Il obtient une bourse Fulbright qui lui permet de suivre l'enseignement de Giorgio Morandi (1890–1964) à l'Accademia delle Belle Arti e Liceo Artistico de Bologne, Italie. A son retour à New York en 1954, Glaser fonde le Push Pin Studio avec Seymour Chwast (né en 1931), Reynold Ruffins et Edward Sorel. Ses affiches inspirées par l'art psychédélique, comme son célèbre *Dylan* (1967), *Rainbow Palette* (1966) et *From Poppy with Love* (1969), contribuent à forger sa réputation dans les années 1960 : en 1969 il fait la une du magazine *Time*. Le *Push Pin Graphic Magazine* publie son premier numéro en 1954 pour faire connaître la démarche graphique « plus libre » du studio, caractérisée par l'utilisation de perspectives insolites, de plans « aplatis », de couleurs psychédéliques, de caractères typographiques rétros et d'allusions à l'art du passé. L'esprit ludique de ce style graphique apporte à Glaser des commandes d'illustrations de livres d'enfants. Il aménage également le magasin de jouets Child Craft à New York en 1970 et le Sesame Place Play Park en 1979. Dans les années 1970, Glaser redéfinit la maquette de plusieurs magazines, dont *Paris Match* (1973), *Village Voice* et *Esquire* (1977). Le Push Pin Studio se consacre de plus en plus au développement de l'identité visuelle d'entreprises. Glaser, qui dirige le Push Pin Studio à partir de 1970, décide, après sa fermeture en 1974, d'ouvrir son propre atelier de graphisme, Milton Glaser Inc., à New York. Glaser rejette le formalisme austère de l'**Ecole Suisse** et lui substitue un vocabulaire vibrant et plein d'humour qui puise aussi bien dans la culture contemporaine que dans les styles historiques.

▶ Affiche pour la machine à écrire *Valentine* d'Olivetti, vers 1970

P. 286 : Affiche pour les Jeux Olympiques, 1984

◂ **Ernest Archibald Taylor**, Secrétaire pour Wylie & Lockhead, vers 1906

Glasgow School
Ecole de Glasgow
Années 1890–Début du XXᵉ siècle Glasgow

L'appellation Glasgow School of Art (Ecole de Glasgow) désigne un groupe de designers du début du siècle liés à cette institution à l'époque où elle est dirigée par le progressiste Francis H. Newbery (1853–1946). Ses membres les plus éminents sont **Charles Rennie Mackintosh**, Margaret Macdonald Mackintosh (1864–1933), Frances Macdonald MacNair (1873–1921) et Herbert MacNair (1868–1955) qui exposent ensemble des meubles et des intérieurs d'inspiration celtique et forment le groupe The Four (Les Quatre). Leurs intérieurs blancs à la décoration dépouillée ont une allure éthérée et une grand part de leur travail graphique se focalise sur « l'autre monde ». Leur œuvre est très bien accueillie par les designers de la **Sécession Viennoise**. L'apparition de l'Ecole de Glasgow coïncide avec l'émergence des Glasgow Boys, un groupe de peintres post-impressionnistes comprenant notamment Georges Henry (1858–1943) et E. A. Hornel (1864–1933), eux aussi influencés par des thèmes celtiques et japonais. L'œuvre poétique d'autres designers de l'Ecole de Glasgow, **George Walton**, Talwyn Morris (1865–1911), Jessie King (1875–1949), George Logan (1866–1939), Ann Macbeth (1875–1948) et E. A. Taylor (1874–1951) contribue à l'apparition de l'**Art nouveau**. Bien que l'Ecole de Glasgow soit liée au **Mouvement Arts & Crafts** anglais, ses créations diffèrent sensiblement de celles du sud de l'Angleterre par une inspiration moins vernaculaire et un esprit organique plus prononcé.

Global Tools
Fondé en 1973
Florence

A la fin des années 1960, plusieurs groupes de **Design Radical** se constituent en Italie, dont **Archizoom**, **Superstudio**, **Gruppo Strum**, UFO, 9999, et Zziggurrat. Leurs membres veulent explorer les concepts de design et d'architecture comme outils de communication universels. **Riccardo Dalisi**, qui s'inscrit dans la ligne du design alternatif, organise aussi des ateliers pour enfants pauvres dans le quartier de Traiano à Naples où il expérimente la « tecnologia povera » (technologie pauvre) dans le but de renforcer leur expression créative et leur spontanéité dans le design. Ces recherches conduisent des membres de nombreux groupes de Design Radical à se rassembler dans les bureaux de *Casabella* en 1973 pour débattre de la création d'une école de contre-architecture et d'anti-design. Ce débat débouche sur la création de Global Tools, une coopérative éducative officiellement fondée un an plus tard à Florence, pour « favoriser la créativité individuelle et collective ». Elle organise plusieurs ateliers ou « laboratoires », pour développer une conception du design fondée sur le slogan « faites-le vous-même » et explorer les applications et caractéristiques potentielles des matériaux techniques. Avec son programme politique de gauche et ses dix « thèses » scientifiques et politiques, Global Tools cherche à susciter un rapport créatif des simples citoyens comme des designers au processus d'élaboration du design.

La coopérative est le foyer principal du débat sur le Design Radical et sa dissolution en 1975 marque la fin de la première phase du mouvement en Italie. A la fin des années 1970 et dans les années 1980, d'anciens membres de Global Tools comme Dalisi et **Ettore Sottsass** deviennent des représentants majeurs du **Post-Modernisme**.

◄ Riccardo Dalisi, expérience de « technologie pauvre », Naples, 1973

◄◄ Membres de Global Tools sur la couverture de la revue *Casabella*, 1973

Edward William Godwin

1833 Bristol
1886 Londres

▼ Buffet pour William Watt, 1867–1869

Edward William Godwin étudie d'abord avec William Armstrong, un ingénieur civil, géomètre et architecte, ami du grand ingénieur anglais Isambard Kingdom Brunel (1806–1859). Godwin ouvre son agence à Bristol en 1854, mais la rareté des commandes le contraint à s'expatrier en Irlande en 1857 pour travailler avec son frère, lui aussi ingénieur. Il y travaille à la construction d'un pont de chemin de fer et reçoit aussi sa première commande architecturale importante, l'église St Johnston du comté de Donegal. En 1858, il rencontre l'architecte d'inspiration néogothique William Burgess (1827–1881) et retourne, un an plus tard, en Angleterre. Durant les années 1860, Godwin réalise plusieurs projets architecturaux, dont l'Hôtel de ville de Northampton (1861). Après sa découverte de l'art japonais à l'Exposition Internationale de Londres (1862), il commence à collectionner des objets d'art orientaux qui vont insuffler à ses créations un esprit anglo-japonais. En 1865, il ouvre une agence à Londres et crée des papiers peints pour Jeffrey & Co., des textiles pour Werner & Ramm, de l'orfèvrerie pour Messenger & Co., des carreaux de céramique pour Minton et des meubles pour l'éphémère Art Furniture Company (1867–1868). Il dessine aussi des meubles anglo-japonais pour le magasin de meubles d'art de William Watt ainsi que pour Gillow's et Collinson & Lock. Parmi ses réalisations architecturales, on retiendra Dromore Castle, Limerick (1866–1873), la Maison Blanche de J. McNeill Whistler à Chelsea (1877–1878) et des maisons de style vernaculaire à Bedford Park, dans l'ouest de Londres (1876). Du fait de sa liaison avec l'actrice Ellen Terry (1847–1928), Godwin s'intéresse à la création de costumes de théâtre et, en 1884, il est nommé directeur du nouveau rayon de mode de **Liberty & Co.** qui veut populariser des « vêtements artistiques ». Godwin fut l'une des figures majeures du **Mouvement Esthétique** et, à travers son style anglo-japonais, a introduit une rigueur géométrique de la forme, préfigurant l'évolution du design.

◄ Logo *Eye* pour CBS, 1950

William Golden

1911 New York
1959 Stony Point, New York

William Golden étudie la photogravure et le graphisme à la Vocational School for Boys, New York. Il débute sa carrière à Los Angeles, dans différentes imprimeries, puis entre comme graphiste au journal *Los Angeles Examiner*. Il retourne ensuite à New York où il collabore aux revues *Journal American* et *House & Garden* et travaille quelque temps chez Condé Nast avec Mehemed Fehmy Agha (1896–1978) qui prône l'utilisation d'« espace blanc ». En 1937, il rejoint CBS (Columbia Broadcasting System) dont il est le directeur artistique pendant six ans. De 1941 à 1943, il travaille à Washington pour le Bureau d'information sur la guerre et pendant les trois années suivantes sert comme capitaine dans l'armée américaine. Stationné en Europe, il est responsable de la conception graphique de plusieurs manuels d'instruction militaires. En 1950, il dessine le fameux logo en forme d'œil de CBS et devient un an plus tard directeur artistique pour la publicité et la promotion des ventes de la chaîne. La grande ambition de Golden est d'améliorer la qualité du graphisme et, lors de la conférence d'Aspen sur le design, il défend la notion de probité du design. Il met en garde ses confrères contre la confusion entre art et design en ces termes : « L'évidente fonction d'un designer est la conception. Son talent principal est d'inventer un ordre simple à partir d'un grand nombre d'éléments. » En tant que directeur artistique responsable de l'audacieux programme de design intégré de CBS, Golden peut être considéré comme un pionnier du concept d'**identité visuelle**.

▶ **Design Council**, label de qualité, 1959

Good Design
Bon Design

La notion de Bon Design renvoie à une conception rationnelle du processus de conception selon laquelle les produits sont créés selon certains principes esthétiques et techniques généralement associés au **Mouvement Moderne**. Le **Museum of Modern Art de New York** organise en 1950 la première exposition sur le Bon Design dont l'aménagement est confié à **Charles et Ray Eames**. Les produits lauréats sont sélectionnés par un jury de trois personnes et commercialisés en magasin, accompagnés d'une étiquette «Bon Design». Les principes du Bon Design sont aussi favorablement accueillis en Europe, surtout en Allemagne. En 1952, **Max Bill** est cofondateur de la **Hochschule für Gestaltung d'Ulm** qui vise à propager les vertus du Bon Design, auparavant défendues par les membres du **Bauhaus**. Il est aussi responsable de la création en Allemagne des expositions «Die Gute Industrieform». Ce concept de Bon Design est exemplairement adopté par **Braun** où **Dieter Rams** développe un style maison fonctionnaliste pour les produits électroménagers. En Angleterre, le Bon Design est activement encouragé par le Design Council (fondé en 1960), à travers diverses expositions et sa revue *Design*. Le Design Council a développé l'usage du célèbre label «kitemark» qui distingue les produits de qualité. Dans les années 1960, certains designers réagissent contre le conservatisme et le conformisme du Bon Design. Cette réaction débouchera sur la vogue du **Post-Modernisme** qui veut redonner au design dominant radicalité, émotion et personnalité.

Kenneth Grange étudie à la Willesden School of Arts and Crafts, Londres, de 1944 à 1947. Pendant son service, il reçoit une formation d'illustrateur technique dans le corps des Royal Engineers, avant de travailler comme assistant dans diverses agences d'architecture et de design londoniennes, dont Arcon Chartered Architects, Bronek Katz & Vaughan George Bower et Jack Howe & Partners. En 1958, il ouvre à Londres sa propre agence spécialisée dans le design de produits. Quatorze ans plus tard, il s'associe avec Theo Crosby, Alan Fletchern, Mervyn Kurlansky et Colin Forbes pour créer le studio **Pentagram**. Grange mêle l'influence du **Fonctionnalisme** allemand, qu'illustrent les produits **Braun**, avec une sensibilité britannique à l'adéquation. Ses produits allient pureté sculpturale et sérieux de fabrication. Parmi ses nombreuses créations remarquables pour l'industrie, on retiendra le mixer *Chef* pour Kenwood (1960), l'appareil photo *Pocket Instamatic* pour Kodak (1975), la ligne de stylos *Parker 25* (1979) et le rasoir *Protector* pour Wilkinson Sword (1992). Il a aussi dessiné la carrosserie du train à grande vitesse 125 Intercity (1971–1973) pour les chemins de fer anglais et des abribus pour London Transport (1990). Grange a été souvent primé pour son travail de designer : dix fois lauréat du Design Council, il s'est vu décerner le Prix du Duc d'Edimbourg pour un Design Elégant en 1963. De 1985 à 1987, il est directeur de la Faculty of Royal Designers for Industry avant d'être nommé président de la Chartered Society of Designers. Depuis les années 1970, Grange a aussi reçu beaucoup de commandes d'entreprises japonaises, machines à coudre pour Maruzen, ustensiles de salle de bains pour Inax, conditionnements de cosmétiques pour Shiseido, et son travail a profondément marqué les designers de produits de ces sociétés. Le travail de cette éminente figure du design anglais a fait l'objet d'une exposition rétrospective au **Victoria & Albert Museum** en 1983. Grange considère que la fonction première du design

Kenneth Grange
1929 Londres
2024

▼ Appareils photo
Pocket Instamatic
pour Kodak, 1975

▲ Rasoirs *Protector* pour Wilkinson Sword, 1992

n'est pas de résoudre des problèmes esthétiques mais d'innover et estime qu'il devrait toujours intervenir dans la conception et la fabrication d'un produit. Avec ses objets élégants, méticuleusement conçus dans le détail et d'une qualité irréprochable, il perpétue les vertus traditionnelles du design anglais, l'honnêteté et l'intégrité.

Durant ses études d'architecture à l'université de Cincinnati, Michael Graves effectue des stages dans l'agence Carl A. Strauss & Associates. Reçu à la Graduate School of Design de l'université Harvard, il obtient son diplôme en 1959 et travaille pour l'agence **George Nelson** Associates. Durant cette période, Graves partage avec **Richard Meier** un atelier d'artiste à New York. L'obtention d'une bourse lui permet d'étudier à l'American Academy de Rome de 1960 à 1962. A son retour aux Etats-Unis, il enseigne à l'université Princeton, New Jersey, où il devient professeur d'architecture en 1972. En 1964, il ouvre sa propre agence d'architecture à Princeton et réalise la maison Hanselmann à Fort Wayne, Indiana (1969). Graves participe à une exposition de groupe aux côtés de Peter Eisenman (né en 1932), Charles Gwathmey, John Hejduk et Richard Meier au **Museum of Modern Art de New York**, en 1969. Cet événement lui apporte une notoriété considérable comme membre des « New York Five », renforcée par la parution de *Five Architects*, un ouvrage consacré au groupe. Graves prend peu à peu ses distances avec les préceptes du **Mouvement Moderne** dont il se réclamait jusqu'alors. Il réalise des immeubles et des intérieurs aux couleurs éclatantes, comme la maison Kalko à New York, et des showrooms pour la société Sunar avec des réminiscences stylistiques illustrées notamment par le recours aux pignons et colonnes. A la fin des années 1970, c'est aux meubles post-modernes conçus pour Sunar Hauserman (1979–1981), mêlant inspiration **Art déco** et style Biedermeier, que Graves doit sa célébrité persistante. Dans les années 1980, ses créations ludiques, comme la coiffeuse *Plaza* (1981) de style hollywoodien pour **Memphis**, remportent un grand succès. Ce n'est qu'en 1982, avec sa première grande commande architecturale – l'immeuble des services publics à Portland,

Michael Graves
1934 Indianapolis, Indiana
2015 Princeton, New Jersey

▼ Moulin à poivre pour Alessi, 1988

▲ Vaisselle de table *Corinth* pour Swid Powell, 1984

Oregon – que Graves devient un architecte de premier plan. Il réalise par la suite de nombreux immeubles dont la bibliothèque de San Juan Capistrano en Californie du sud (1983) ; le siège de Humana Corporation, Louisville, Kentucky (1982–1986) ; une aile du Newark Museum (1990) ; l'hôtel Dolphin de Disney World en Floride (1989) ; une extension du Whitney Museum of Art à New York (1989–1990) ; l'établissement vinicole Pegase di Domaine Clos à Napa Valley, Californie, et l'hôtel New York d'EuroDisney, à Marne-la-Vallée. Durant les années 1980, Graves s'impose comme une figure marquante des arts décoratifs et il dessine des bijoux pour Cleo Munari (1985–1987), des céramiques pour Swid Powell et divers objets pour **Alessi**, dont le service à thé et café *Piazza* (1983). En 1993, Graves ouvre un magasin à Princeton pour y commercialiser ses créations. Le style éclectique, hybride et historiciste des objets qu'il crée dans les années 1980 est particulièrement représentatif du **Post-Modernisme**.

Eileen Gray étudie à la Slade School of Fine Art, Londres, de 1898 à 1902, tout en apprenant l'art de la laque à l'atelier d'ébénisterie de D. Charles, dans Dean Street. Elle séjourne pour la première fois à Paris en 1900 et y revient de 1902 à 1905 pour suivre l'enseignement artistique dispensé à l'Ecole Colarossi et à l'Académie Julian. En 1907, elle s'installe à Paris au 21, rue Bonaparte dans un appartement qu'elle habitera jusqu'à sa mort, en 1976. En France, elle apprend les techniques orientales de la laque avec un artisan japonais, Seizo Sougawara. Vers 1910, Eileen Gray commence à réaliser des paravents en laque et des panneaux ornés de motifs figuratifs. Elle expose son travail au Salon des Artistes Décorateurs en 1913 et ses créations attirent l'attention du couturier et collectionneur Jacques Doucet (1853–1929). Il devient son premier client important : elle réalise plusieurs commandes pour lui, dont le paravent à quatre panneaux *Le Destin* (1914) et la table *Lotus* (1915), avant de devoir interrompre son travail à cause de la Première Guerre mondiale. Elle devient quelque temps ambulancière militaire sous la houlette de la duchesse de Clermont-Tonnerre. En 1915, elle séjourne deux ans à Londres avec Sougawara. Elle revient à Paris en 1917, et reçoit sa première commande de décoration d'intérieur pour Mme Mathieu Lévy en 1919. C'est pour cet appartement situé rue de Lota qu'elle réalise ses fameux paravents «tout laque». En 1922, forte de l'expérience acquise au service de nombreux clients, pour lesquels elle réalise des pièces uniques de style **Art déco**, Eileen Gray ouvre son magasin, la galerie Jean Désert. La même année, elle expose son travail à Amsterdam où il est remarqué par l'architecte hollandais **De Stijl** Jan Wils (1891–1972). L'**avant-garde** hollandaise admire sa «chambre-boudoir pour Monte-Carlo» présentée au salon des Artistes Décorateurs de 1923. Cette admiration devient réciproque quand

Eileen Gray
1878 Brownswood / Wexford, Irlande
1976 Paris

▼ Fauteuil *Transat* pour la Galerie Jean Désert, 1925–1926

▶ Table *Swivel*,
vers 1923

▶▶ Paravent,
vers 1922–1925

Eileen Gray découvre une exposition de design hollandais organisée à Paris la même année. Son travail ultérieur est de plus en plus influencé par les formes géométriques pures de De Stijl. En 1924, E. Gray et l'architecte Jean Badovici (1893–1956) entreprennent un voyage d'études pour mieux connaître l'architecture moderniste et il parvient à la convaincre de devenir architecte. C'est alors qu'elle dessine et fait construire sa maison moderniste à Roquebrune-Cap-Martin. C'est pour cette demeure baptisée *E-1027* (1926–1929) qu'elle crée quelques meubles d'inspiration rationaliste dont le fauteuil *Transat* (1925–1930) et la table en tube métallique et verre *E-1027*. En 1930 et 1931, elle aménage l'appartement de Badovici, rue Chateaubriand, puis une autre maison pour elle-même, la villa Tempe a Pailla à Castellar, achevée en 1934. Après l'exposition de son travail au Pavillon des Temps Nouveaux de **Le Corbusier**, en 1937, et son projet de Centre de Vacances qui ne sera pas réalisé, Eileen Gray tombe dans une quasi-obscurité jusqu'en 1970, où elle sera redécouverte par Robert Walker, un collectionneur américain qui achète ses créations, suscitant un sensible regain d'intérêt pour sa vie et son œuvre.

Green Design
Design Vert

Dans les années 1950, **Richard Buckminster Fuller** se fait l'apôtre d'un usage minimal de matériaux et d'énergie dans le design et forge l'expression « vaisseau spatial Terre », invitant ses contemporains à considérer la planète comme un tout. Vance Packard critique aussi la société de consommation dans un ouvrage qui fait date, *The Waste Makers* (1961), où il se montre particulièrement sévère à l'égard de l'obsolescence programmée. Ce livre sera suivi de *Silent Spring* (1962) de Rachel Carson, le premier best-seller à populariser les problèmes écologiques et à provoquer une prise de conscience du public sur ce thème. Plus tard, Victor Papanek dans *Design for a Real World* (1967), montre l'interdépendance du design et de la conscience écologique et milite pour des solutions de design alternatif respectueuses de l'environnement. La crise pétrolière des années 1970, en révélant le caractère limité des ressources naturelles terrestres, devait donner un écho encore accentué à ces thèses. Consécutive à une série de catastrophes naturelles provoquées par l'homme et la prise de conscience croissante que l'industrialisation entraîne le réchauffement de la planète, l'expression « design vert », apparue dans les années 1980, recouvre une conception globale et écologiquement responsable du design. Le design vert veut minimiser le gaspillage d'énergie et de matière première et envisage le cycle de production dans son ensemble : qu'il s'agisse de l'extraction des matières premières et son impact sur l'environnement ; de l'énergie consommée par leur transformation et des séquelles éventuelles de celle-ci ; de l'énergie requise par la distribution et des pollutions éventuelles qu'elle entraîne ; de la durée de vie utile du produit ; de la récupération des composants et de la facilité de leur recyclage et enfin des effets ultimes de leur utilisation sur l'environnement – notamment par incinération ou enfouissement. Le recyclage, censé réduire la consommation d'énergie, tend à perpétuer la culture du jetable. Une durée de vie utile accrue minimise le gaspillage et la consommation d'énergie.

▼ **Jane Atfield**, chaise *RCP2* en polyéthylène à haute densité recyclé pour Made of Waste, 1992

Charles Summer Greene et Henry Mather Greene étudient d'abord à la Manual Training School de St Louis (université de Washington) alors dirigée par Calvin Milton Woodward, défenseur de la dignité du travail artisanal. Les deux frères poursuivent leurs études d'architecture au Massachusetts Institute of Technology, mais travaillent séparément dans différentes agences avant d'ouvrir la leur en 1893 à Pasadena, Californie. En route vers Pasadena, il s'arrêtent à Chicago pour visiter la « World's Columbian Exposition » où ils sont frappés par la section japonaise et notamment le temple Ho-o-den, un édifice de style oriental dont le jeune architecte **Frank Lloyd Wright** est l'auteur. Entre 1893 et 1903, la majorité de leurs projets concernent des résidences privées et leurs premiers meubles sont influencés par ceux de Will Bradley, dont les reproductions illustrent ses articles pour le *Ladies' Home Journal*. Durant cette période, ils se lient d'amitié avec le marchand d'art oriental John Bentz et étudient sa collection personnelle qui leur inspire des formes moins traditionnelles. En 1903, ils découvrent des illustrations de maisons et de jardins japonais et, stimulés par le rapport d'affinité étroit de ces constructions avec leur environnement, développent progressivement une conception originale et globale du design. Ils utilisent des poutres en saillie, des boiseries tachetées et mal équarries en façade, et des matériaux naturels pour leurs intérieurs rustiques et chaleureux. Fidèles aux principes du **Mouvement Arts & Crafts**, les frères Greene réalisent sept bungalows entre 1907 et 1909. Ce sont des projets complètement intégrés, des œuvres d'art totales (**Gesamtkunstwerke**). Ces maisons, dont les résidences Blacker et Gamble, contribuent à asseoir leur notoriété mais, à partir de 1910, le public commence à se détourner du style Arts & Crafts. Il faut attendre les années 1950 pour que la démarche des frères Greene dans l'architecture et le design – évaluer la nécessité et lui donner une belle forme – soit réhabilitée et suscite un regain d'intérêt.

Greene & Greene
Fondé en 1893
Pasadena, Californie

▼ Intérieur de la Maison Gamble, 1908

Vittorio Gregotti

1927 Novare, Italie
2020 Milan

▼ Poignées de porte pour Fusital, 1981

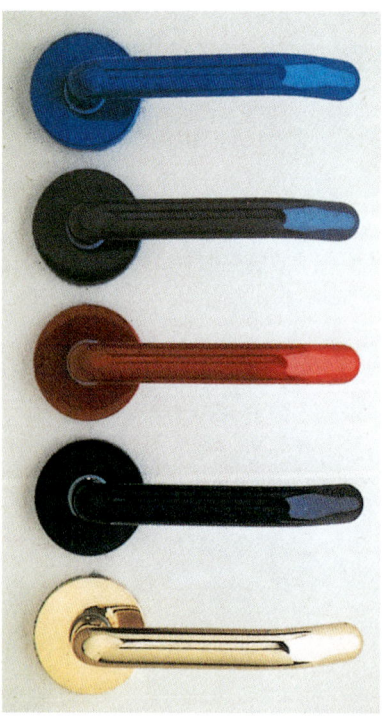

Vittorio Gregotti étudie à l'Ecole Polytechnique de Milan dont il est diplômé en 1951. Avec Ernesto Rogers (1909–1969) et Giotto Stoppino (1926–2011) il conçoit une exposition intitulée «Architettura, misura dell'uomo» (Architecture, mesure de l'homme) pour la IXe Triennale de Milan (1951) et un an plus tard, il fonde à Novare l'agence Architetti Associati avec Giotto Stoppino et Lodovico Meneghetti. Le trio dessine plusieurs modèles de chaises intéressants, un système d'étagères suspendues et une table, le tout avec des éléments en contreplaqué. A cette époque, ils conçoivent aussi leur «Stanza per una ragazza» (chambre pour une jeune fille), dotée d'un système d'étagères innovant. Dans les années 1950, ils réalisent des intérieurs et des meubles de style Neo-Liberty – notamment la chaise *Cavour* de 1959 – et au début des années 1960, des modèles de sièges en jonc tressé. Lorsque l'agence s'installe à Milan en 1964, Gregotti devient professeur à l'Ecole Polytechnique de Milan, un enseignement qu'il poursuit jusqu'en 1978. Il se sépare de ses associés en 1967 pour fonder son propre studio à Milan et, sept ans plus tard, ouvre le studio de design Gregotti Associati avec Pierluigi Cerri (1939–2022) et Hiromichi Matsui. Gregotti, bien que spécialisé dans l'aménagement d'expositions et d'intérieurs, a aussi travaillé dans le design de produits. Durant toute sa carrière, Gregotti a collaboré comme éditorialiste à de nombreuses revues de design dont *Casabella-Continuità* de 1952 à 1960, *Edilizia Moderna* de 1962 à 1964, *Il Verri* de 1963 à 1965 et, dans les années 1980, *La Rassegna Italiana*, puis *Lotus*. Il a aussi publié plusieurs livres dont *Il territorio dell'architettura* (1966) et *New Directions in Italian Achitecture* (1969). À partir de 1978, Gregotti a été professeur de composition architecturale à l'Istituto Universitario di Architettura de Venise et professeur invité dans de nombreux établissements d'enseigne-ment à Buenos Aires, Lausanne, São Paolo et Tokyo, ainsi qu'à l'université de Berkeley, Californie. Le succès de l'agence milanaise de Vittorio Gregotti comme son engagement de longue date dans l'enseignement et sa réflexion sur l'architecture en ont fait l'un des porte-parole du design italien et un de ses plus éminents représentants.

◂ Affiche pour la présentation de « Snow White + the Seven Pixels », 1986

April Greiman

Née en 1948 Rockville Center, New York

April Greiman étudie les beaux-arts au Kansas City Art Institute, dont elle est diplômée en 1970. Elle suit alors l'enseignement de Wolfgang Weingart (1941–2021) et d'Armin Hofmann (1920-2020) à la Allgemeine Kunstgewerbeschule de Bâle. A son retour aux Etats-Unis, Greiman travaille comme graphiste à New York et dans le Connecticut tout en enseignant au Philadelphia College of Art. En 1976, elle s'installe en Californie et développe son propre style de graphisme qui mêle l'influence du **Post-Modernisme** naissant sur la côte ouest avec sa formation initiale qui l'apparente à l'**Ecole Suisse**. Ses graphismes font appel à des superpositions de caractères et d'images qui créent une sensation de tridimensionnalité dans laquelle les différents éléments semblent flotter. Nombre des photos qu'elle incorpore dans ses compositions graphiques sont de Jayme Odgers. Greiman fut l'une des premières graphistes à exploiter pleinement le potentiel de conception graphique de l'ordinateur Apple Macintosh dans les années 1980. Elle est devenue directrice du département de design du California Institute of Arts en 1982 et fut, dans les années 1980, l'une des figures majeures du mouvement graphique de la **Nouvelle Vague Californienne**. En 1990, elle publie *Hybrid Imagery: The Fusion of Technology and Graphic Design*.

Walter Gropius

1883 Berlin
1969 Boston

▼ Cabinet en acajou avec incrustations de bronze, créé pour le salon du docteur Karl Herzfeld à Hanovre, 1913

Walter Gropius étudie l'architecture à la Technische Hochschule, Munich, de 1903 à 1905, puis à la Technische Hochschule de Berlin de 1905 à 1907. Son premier projet de bâtiment, en 1906, est un ensemble de logements bon marché pour des ouvriers agricoles. De 1908 à 1910, Gropius travaille dans l'agence berlinoise de **Peter Behrens** et crée des aménagements de bureaux et des meubles pour le grand magasin Lehmann à Cologne. En 1910, il ouvre une agence avec Adolf Meyer (1881–1929) à Neubabelsberg et adhère au **Deutscher Werkbund** (Union allemande pour l'œuvre), créé en 1907. Membre actif du mouvement, Gropius s'y oppose à Hermann Muthesius (1861–1927) qui milite pour la **standardisation** et unit ses efforts à ceux de **Henry van de Velde** qui plaide en faveur de l'individualisme et de la créativité personnelle dans le design. L'usine Fagus que construit Gropius en 1911 innove avec ses panneaux-écrans suspendus entre les éléments verticaux de l'immeuble. Cette réalisation est présentée dans l'annuaire du Werkbund (*Jahrbücher*) dont Gropius est le rédacteur en chef de 1912 à 1914. Il conçoit aussi une usine modèle pour l'exposition du Deutscher Werkbund à Cologne en 1914, dont la construction de verre et d'acier incarne puissamment le **Mouvement Moderne**. Après la dévastation de la Première Guerre mondiale, Gropius accepte la nécessité de la standardisation et devient directeur de l'Ecole des Arts Appliqués de Weimar, qu'il fusionne avec l'Académie des Beaux-Arts pour créer le **Bauhaus**. Directeur de l'école de 1919 à 1928, Gropius met l'accent sur l'unité des arts et favorise un système d'ateliers dirigés par des « maîtres ». Durant cette période, il réalise aussi plusieurs projets architecturaux pour des particuliers, dont la maison Sommerfeld (1921–1922). Il dessine des meubles peints en blanc et conçoit un modèle de maison préfabriquée pour l'exposition « Weissenhof-Siedlung » (Stuttgart, 1927). Quand le Bauhaus s'installe à Dessau, en 1925, il est contraint de s'imposer un nouveau rationalisme. Les nouveaux bâtiments de l'école spécialement construits et dessinés par Gropius incarnent ce glissement vers la modernité industrielle. En

◄ Le bureau de Walter Gropius au Bauhaus, Weimar, 1923

1934, Gropius émigre en Angleterre où il s'associe avec l'architecte E. Maxwell Fry (1899–1987) jusqu'en 1937. A Londres, Gropius travaille aussi pour Isokon, l'entreprise de Jack Pritchard, où il devient responsable du design en 1936. Un an plus tard, il émigre aux Etats-Unis et devient professeur d'architecture à l'université Harvard.

William H. Grueby

1867 Chelsea, Massachusetts
1925 New York

En 1893, William H. Grueby fonde sa société à Boston, Grueby Faïence. Celle-ci produit des céramiques ornementales et des carreaux inspirés par les œuvres de Luca della Robbia (1400–1482), le céramiste italien de la Renaissance, ainsi que par les céramiques arabes et chinoises. A partir de 1898, Grueby perfectionne l'usage des vernis mats vert foncé et commence à fabriquer des poteries d'atelier avec cette technique. Ses céramiques d'art au vernis mat, qui portent la signature de la fabrique à partir de 1899, auront une influence indéniable sur nombre de céramiques d'atelier américaines et seront beaucoup copiées. Grueby se concentre sur les techniques de vernis et de cuisson de ses poteries d'art, et les formes qu'il utilise sont dessinées d'abord par George Prentiss Kendrick (1897–1902) et plus tard par Addison Le Boutiller. Tous les détails décoratifs, comme les gerbes de jonquilles, sont peints à la main par des étudiantes licenciées en arts plastiques. En 1908, la poterie Grueby fait faillite et rouvre plus tard sous un nouveau nom, Grueby Faïence & Tile Company, qui fabriquera des poteries d'art jusqu'en 1911. Grueby fut un des plus brillants céramistes américains **Arts & Crafts** et il a développé un style de céramique d'atelier authentiquement national d'une grande modernité dans sa remarquable sobriété décorative.

▸ **George Prentiss Kendrick**, vase en faïence pour la Grueby Faïence Company, vers 1900

Gruppo Strum est un groupe de **Design Radical** fondé à Turin en 1963 par Giorgio Geretti, Pietro Derossi, Carla Giammarco, Ricardo Rosso et Maurizio Vogliazzo. Le nom du groupe rappelle en abrégé la notion d'«architecture instrumentale», que ses membres se donnent pour mission de créer. Gruppo Strum participe notamment et avec éclat à l'exposition «Italie: Le nouveau paysage domestique» au **Museum of Modern Art de New York** en 1972; il y présente le siège en mousse de polyuréthane *Pratone* (Grande Prairie) de 1970. Inspiré par les sculptures de Claes Oldenburg (1929–2022), une figure du Pop Art, *Pratone*, fabriqué par Gufram, est l'un des rares exemples d'**Anti-Design** qui ne soit pas resté à l'état de prototype. Les membres du groupe militent très activement pour le Design Radical à la fin des années 1960 et au début des années 1970. Ils organisent des séminaires et écrivent des articles sur le programme politique et les théories du design qui sous-tendent leur mouvement. Le groupe a aussi développé une technique des récits en images pour expliquer les contextes socio-politiques de l'architecture contemporaine. Les groupes de design radical italien comme Gruppo Strum ont posé les fondements philosophiques de l'Anti-Design et, ce faisant, frayé la voie au **Post-Modernisme** du début des années 1980.

Gruppo Strum
Fondé en 1963
Turin

▲ Siège *Pratone* pour Gufram, 1966–1970

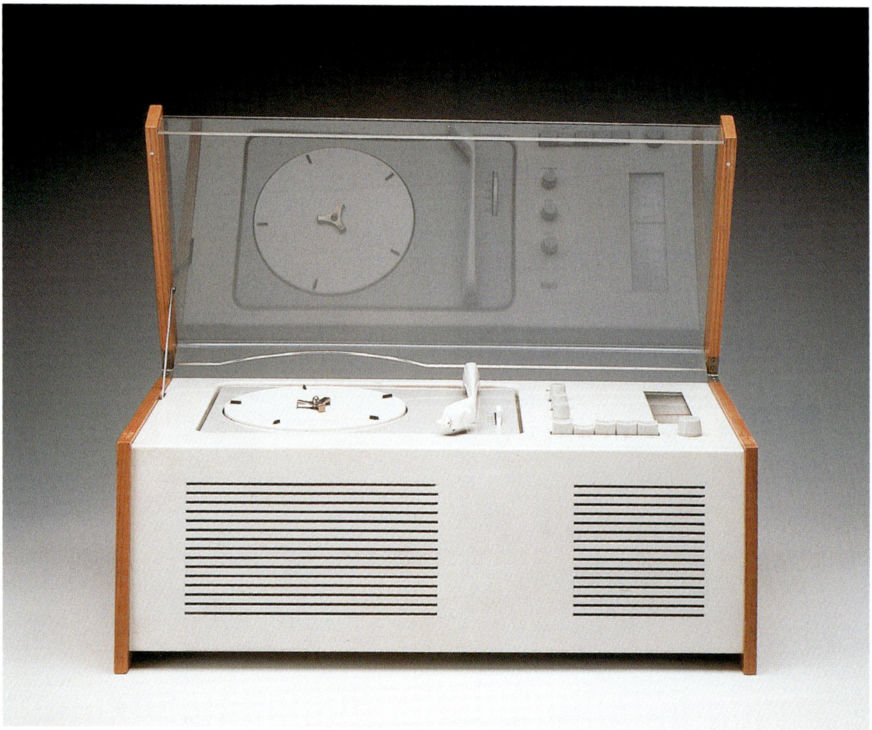

Hans Gugelot

1920 Macassar, Indonésie
1965 Ulm, Allemagne

▲ **Hans Gugelot et Dieter Rams**, phonographe-radio *Phonosuper* pour Braun, 1956

Hans Gugelot descend d'une famille suisse et néerlandaise. De 1940 à 1942, il reçoit une formation d'architecte à Lausanne, avant de poursuivre ses études à la Eidgenössische Technische Hochschule de Zurich. En 1946, après la fin de ses études, Gugelot entame une collaboration de huit ans, en indépendant, avec **Max Bill**. Durant cette période, il conçoit des meubles pour Horgen-Glarus. En 1954, après sa rencontre avec Erwin Braun (1921–1992), Gugelot commence à dessiner des produits élégants pour le fabricant d'électronique grand public **Braun**. Il travaille pour le département de design de Braun jusqu'à sa mort en 1965 et contribue à forger un style maison doté d'une forte identité visuelle, fondé sur un géométrisme sans ornement et une palette de couleurs sobre. Durant cette période, Gugelot anime son propre studio de design, l'Institut Gugelot à Ulm et il dirige aussi le département de design de produit de la **Hochschule für Gestaltung d'Ulm** où il se montre un partisan rigoureux de l'axiome du **Mouvement Moderne** « la forme découle de la fonction ». Son plaidoyer pour le **Fonctionnalisme** a exercé une profonde influence sur le design de produits de **Dieter Rams**, son collègue chez Braun.

Une de ses plus remarquables créations, le *Phonosuper* (1956), est conçue en collaboration avec Rams et surnommée « le cercueil de Blanche-Neige », à cause de son couvercle en acrylique transparent et de son esthétique fonctionnaliste intransigeante. Gugelot n'interrompt pas son activité d'architecte et se spécialise dans la conception de maisons préfabriquées. Il conçoit des produits pour de grandes entreprises industrielles, une machine à coudre pour Pfaff, un projecteur de diapos *Carousel* (1964) pour Kodak et la première gamme allemande de meubles modulables, dont l'unité de rangement *M125* (1954) pour Bofinger. En outre, il a participé comme consultant au développement du métro de Hamburg, de 1959 à 1962, et à la conception de wagons destinés à la circulation en surface. Malgré l'interruption de sa carrière par sa mort prématurée en 1965, l'influence de Gugelot fut immense, surtout dans l'évolution du design allemand de produits. L'Institut pour le Développement et le Design des Produits de Neu-Ulm, une organisation indépendante issue du Groupe de Développement 2 (Hochschule für Gestaltung) fut rebaptisée Gugelot Design après sa mort et se fit le champion de sa conception rationnelle du design jusqu'à sa fermeture, en 1974.

◄ **Hans Gugelot et Reinhold Hocker**, Projecteur de diapos *Carousel S-AV 1000* pour Kodak, 1964

Guild of Handicraft

Guilde de l'artisanat

1888–1907
Londres et Chipping Campden

Après des études à Cambridge, **Charles R. Ashbee** travaille à Toynbee Hall, une mission philanthropique à vocation éducative créée par Canon Samuel Augustus Barnett en 1884 dans l'est de Londres. Il y organise des lectures de l'œuvre de John Ruskin (1819–1900) et, avec des étudiants, réalise la décoration de la salle à manger de Toynbee Hall. En 1887, il fonde la School of Handicraft à Toynbee Hall et, un an plus tard, la Guild of Handicraft. Celle-ci, créée avec un capital social de cinquante livres, compte trois membres fondateurs, dont Ashbee qui en devient le designer en chef. Les membres de la guilde dessinent et réalisent des pièces d'argenterie, de ferronnerie, des bijoux et des meubles. A partir de 1889, ils exposent leurs œuvres chaque année à l'Arts & Crafts Exhibition Society. La guilde accroît aussi son audience sur le continent, grâce aux meubles que réalise **Hugo Mackay Baillie Scott** pour le palais du grand-duc Ernst-Ludwig de Hesse-Darmstadt d'une part et, d'autre part, à la présentation de ses créations à la septième exposition de la Sécession viennoise (1900). La guilde, gérée comme une coopérative, se fait connaître pour son orfèvrerie et ses bijoux, surtout ceux d'Ashbee, David Cameron, William Hardiman, J. K. Baily et W. A. White, qui sont émaillés et incrustés de cabochons en pierres semi-précieuses et en nacre. Ces pièces sont inspirées des écrits de Benvenuto Cellini (1500–1571), qui datent des années 1560, notamment son *Trattato dell'Oreficeria* et son *Trattato della Scultura*. Ashbee traduit en anglais ces traités de la Renaissance sur l'orfèvrerie et la sculpture et il les publie en 1898 en un seul volume qu'il dédicace «aux orfèvres de la guilde de l'artisanat». Le livre est publié par la maison d'édition de la guilde, Essex House Press, dont la fondation avait été inspirée par le succès antérieur de la maison d'édition de **William Morris**, Kelmscott Press. Auparavant, en 1890, la guilde a loué une grande résidence georgienne, Essex House, sur Mile End Road, Londres, pour ses activités de design, de fabrication et d'impression. Elle a aussi ouvert une boutique de détail au 16a Brook Street dans l'ouest de Londres. En 1901, Ashbee déménage et installe la guilde de l'artisanat et cent cinquante personnes (les artisans et leurs familles) à Chipping Campden dans le Gloucestershire. Il veut réaliser l'idéal de William Morris d'une communauté rurale qui subviendrait à ses propres besoins. La guilde crée des ateliers d'été pour les gens du cru comme pour ses étudiants. Mais elle est de plus en plus critiquée parce que ses préoccupations sociales l'emportent sur l'exigence de qualité artistique. En fin de compte, les coûts de transport et de distribution et l'absence d'implantation urbaine provoquent sa faillite. En 1906, la Essex House Press est fermée et, deux ans plus tard, la guilde de l'artisanat, incapable de rivaliser avec les produits meilleur marché qui imitent ses créations, est mise en liquidation.

▶ Charles R. Ashbee, carafe à monture d'argent pour la Guilde de l'artisanat, 1901

Hector Guimard

1867 Lyon
1942 New York

▲ Balustrade de balcon pour les Fonderies de Saint-Dizier, vers 1909

▶ Table à thé, vers 1903

Hector Guimard étudie à Paris de 1882 à 1885 sous la houlette d'Eugène Train et Charles Génuys à l'Ecole Nationale des Arts Décoratifs et, en 1889, à l'Ecole Nationale des Beaux-Arts. Son premier projet est la décoration intérieure du Restaurant Au Grand Neptune à Paris. Cette décoration sera suivie par plusieurs commandes de résidences privées dans et autour de la ville, dont la villa de Charles Jassedé (1893), qui a été conçue comme une **Gesamtkunstwerk** (œuvre d'art totale), englobant la totalité des éléments architecturaux et décoratifs.

Il est ensuite inspiré par l'English Domestic Revival (renouveau de l'architecture anglaise privée) et par les motifs **Art nouveau** sinueux de **Victor Horta**. De 1894 à 1897, il conçoit un immeuble d'appartements parisien, le Castel Béranger, très influencé par les styles Henri II et néogothique. Guimard est le représentant le plus marquant de l'Art nouveau français et son Castel Béranger peut être considéré comme un manifeste de ce style, souvent appelé en France « Style Guimard ».

De 1898 à 1901, Guimard réalise plusieurs projets architecturaux, dont la Maison Coilliot à Lille (1898–1900), le Castel Henriette à Sèvres (1899–1900) et la salle de concert Humbert de Romans à Paris (1898–1900), pour lesquels il dessine des meubles et accessoires d'un remarquable sens organique.

Ses réalisations les plus célèbres demeurent toutefois les entrées en fonte de fer du métro parisien (1903) qui incarnent l'exubérance tourbillonnante de l'Art nouveau. En 1920, Guimard crée ses premiers meubles standardisés destinés à une fabrication en série et, un an plus tard, il conçoit des logements sociaux pour ouvriers et un immeuble d'appartements avec des éléments standardisés.

Avec l'ascension de l'**Art déco** dans les années 1920, Guimard, comme beaucoup d'autres designers associés à l'Art nouveau, passe de mode et son auteur tombe dans une relative obscurité. En 1938, il émigre aux Etats-Unis et s'installe à New York.

▶ Chaise pour la salle à manger de la Maison Coilliot, vers 1898–1900

▶▶ Dossier de chaise, vers 1902

▶ Coupe en laiton, années 1930

Werkstätten Hagenauer

1898–1956
Vienne

Carl Hagenauer effectue son apprentissage d'orfèvre chez Würbel & Czokally à Vienne avant de travailler comme compagnon orfèvre pour Bernauer Samu à Pressberg (aujourd'hui Bratislava, Slovénie). A l'orée du XXe siècle, la demande en objets décoratifs en métal augmente et, en 1898, Vienne compte plus de deux cent trente boutiques et usines qui produisent des objets en métal. Profitant de cette conjoncture favorable, Carl Hagenauer fonde son propre atelier viennois, spécialisé dans le travail du métal, et les objets qu'il fabrique s'exportent dans le monde entier. En 1919, son fils Karl, qui a suivi l'enseignement de **Josef Hoffmann** à la Kunstgewerbeschule (Ecole des Arts Appliqués) de Vienne commence à dessiner des objets domestiques dans une vaste gamme de matériaux, argent, cuivre, ivoire, bois et émail. Les créations de Karl sont influencées par le travail de la **Wiener Werkstätte** et s'écartent délibérément du **Jugendstil**. Durant les années 1920, les articles des ateliers Hagenauer sont de plus en plus inspirés par l'**Art déco** qui s'impose en France à cette époque. L'atelier produit aussi des pièces d'orfèvrerie dessinées par Josef Hoffmann, **Otto Prutscher** et E. J. Meckel. A la mort de Carl Hagenauer en 1928, ses enfants Karl, Franz et Grete reprennent la direction de la société et ouvrent un atelier d'ébénisterie et des boutiques de détail à Salzbourg et Vienne. Quatre ans plus tard, les designers français Jacques Adnet (1900–1984) et René Coulon (1908–1997) dessinent des meubles dont certaines parties en verre trempé sont fabriquées par les ateliers Hagenauer, mais les ateliers finissent par fermer en 1956.

Heal & Sons est créé à Tottenham Court Road, Londres, en 1810 et devient rapidement célèbre pour ses meubles de style Queen Anne et ses chambres à coucher. Ambrose Heal rejoint l'entreprise familiale en 1893, après des études à la Slade School of Fine Art et effectue son apprentissage d'ébéniste chez Messieurs Plucknett of Warwick. Il commence à dessiner des meubles pour Heal & Sons à partir de 1886, d'inspiration Arts & Crafts mais plus utilitaires que ceux produits par **Liberty & Co.** Illustrées dans *Plain Oak Furniture*, le catalogue de 1898 de Heal & Sons, ses premières créations simples et sans prétention sont accueillies avec enthousiasme par Gleeson White, l'éditeur de *The Studio*. Comme son principal concurrent Liberty & Co., la société Heal se lance dans l'édition des «tissus d'art», expose à la Arts and Crafts Exhibition Society à partir de 1899, et à l'Exposition Universelle de Paris en 1900. Ambrose Heal est un membre actif de la Art Workers' Guild et, en 1913, devient président de Heal & Sons. Deux ans plus tard, il participe à la fondation de DIA (Design and Industries Association) une institution qui encourage la collaboration entre designers et industriels. Ses propres modèles de meubles s'inspirent de plus en plus du rationalisme et, dans les années 1930, incarnent le modernisme anglais. En 1939, Heal, qui doit cesser son activité de créateur de meubles à cause de la guerre, est nommé à la Faculty of Royal Designers for Industry.

Ambrose Heal
1872 Londres
1959 Penn, Grande-Bretagne

◄ **Heal & Sons**, horloge murale en chêne cérusé, vers 1905

▶ Couverture de l'ouvrage de Kurt Tucholsky *Deutschland über alles*, 1929

John Heartfield

1891 Schmargendorf / Berlin
1968 Berlin

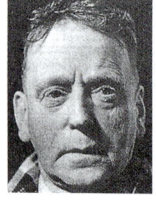

Né Helmut Herzfeld, Heartfield étudie à la Kunstgewerbeschule de Munich de 1908 à 1911 et à la Kunst- und Handwerkerschule, Berlin, en 1913 et 1914. Deux ans plus tard, Heartfield anglicise son nom pour protester contre la campagne anti-anglaise qui sévit en Allemagne. En 1917, avec son frère, il crée une maison d'édition, Malik-Verlag, et conçoit les graphismes de ses publications. Il devient membre fondateur du groupe Dada à Berlin et, très engagé politiquement, rejoint le parti communiste allemand en 1918. Il donne des illustrations et des articles au magazine du parti *AIZ (Arbeiter-Illustrierte-Zeitung)* de 1924 à 1933. Dans son travail typographique aussi bien pour Malik-Verlag que pour *AIZ*, Heartfield adopte une démarche expérimentale et utilise souvent des photomontages; ceux-ci donnent de l'impact à ses illustrations, qui, pendant les années 1930, prennent souvent à parti les nazis. Il est contraint à l'exil à cause de ses convictions politiques, d'abord à Prague en 1933, puis, en 1939, en Angleterre. Durant son séjour en Angleterre, Heartfield dessine des couvertures pour Penguin Books et collabore au *Picture Post* ainsi qu'au magazine de poche *Lilliput*. En 1950, il rentre en Allemagne et s'installe à Leipzig. Il travaille ensuite à Berlin-Est, concevant notamment des décors de théâtre pour le dramaturge Bertolt Brecht.

Jean Heiberg étudie d'abord la peinture à Munich, puis, de 1908 à 1910, suit l'enseignement d'Henri Matisse (1869–1954) à Paris. Il y réside jusqu'en 1929 et devient un adepte du Fauvisme dont les peintures et sculptures connaissent une grande vogue. A son retour à Oslo, il est nommé professeur au Statens Håndverks-og Kunst-industriskole. Peu de temps après, on lui demande de redessiner les nouveaux postes téléphoniques en bakélite qui doivent remplacer les modèles métalliques. La structure intérieure de ce téléphone en plastique, l'un des premiers du genre, est conçue par l'ingénieur norvégien Johan Christian Bjerknes. Deux entreprise s'associent pour réaliser ce projet : le Norsk Elektrisk Bureau et **L. M. Ericsson**, l'entreprise de télécommunications suédoise. Le nouvel habillage de Heiberg pour le modèle de téléphone en bakélite *DHB 1001* (1930) est plus sculptural que les anciens modèles et fera référence dans le design téléphonique jusque dans les années 1950. Le *DHB 1001* a été fabriqué jusqu'en 1932 et distribué en Scandinavie, en Angleterre, en Italie, en Grèce et en Turquie. Ce modèle historique a aussi été fabriqué sous licence par Siemens en Angleterre, en France et en Amérique. Il inspira le modèle de téléphone en plastique moulé créé par **Henry Dreyfuss** pour les laboratoires Bell en 1937.

Jean Heiberg
1884 Oslo
1976 Oslo

◄ Téléphone en bakélite *DHB 1001* pour Siemens, 1932

Poul Henningsen étudie l'architecture à la Tekniske Skole, Copenhague, de 1911 à 1914, et au Polyteknisk Laeranstalt de 1914 à 1917. Il entame ensuite une carrière de journaliste qu'il interrompt au bout de quelques années. Il travaille d'abord comme critique d'art au magazine *Klingen*, puis rédige des articles pour les journaux *Politiken* et *Extra Bladet*. A partir de 1924, il commence à dessiner des luminaires pour Louis Poulsen et la première lampe de sa série *PH* remporte un grand succès auprès du public lors de l'Exposition Internationale des Arts Décoratifs de Paris en 1925. Les lampes *PH*, conçues pour éliminer les reflets et produire une lumière douce et chaude, sont le fruit de dix années d'études scientifiques. Du milieu des années 1920 jusqu'au déclenchement de la Seconde Guerre mondiale, elles sont exportées en Europe Centrale, sur l'ensemble du continent américain, en Afrique et en Asie. Les lampes *PH* sont particulièrement populaires en Allemagne et sont présentées dans le magazine *Das Neue Frankfurt* qui vante la technicité hors pair de leur triple abat-jour. Durant cette période, Henningsen dessine aussi des meubles pour les entreprises Zeiss et Goertz installées à Copenhague. De 1926 à 1928, il est rédacteur en chef du magazine *Kritisk Revy* après quoi il fonde et publie sa propre revue qui n'aura qu'une brève existence, *PH-Revy*. De 1935 à 1939, il collabore au journal anti-nazi *Kulturkampen* et, en 1941, réalise des projets architecturaux à Tivoli. De 1943 à 1945, Henningsen est réfugié politique en Suède et à son retour à Copenhague, après la Seconde Guerre mondiale, il travaille comme correspondant et journaliste pour de nombreux journaux dont le *Social-Demokraten*. Henningsen dénonce les prétentions artistiques du design scandinave et plaide pour une démarche plus utilitaire qui propagerait le **Bon Design** dans les masses. A la différence de ses homologues du **Mouvement Moderne**, cependant, Henningsen considère les formes et les matériaux traditionnels comme parfaitement adaptés à la fabrication de produits plus démocratiques. A sa mort, en 1967, il laisse plus d'une centaine de dessins de lampes dont certaines ont été éditées après sa mort.

Poul Henningsen
1894 Ordrup, Danemark
1967 Copenhague

◀ Suspension *PH Artichoke* pour Louis Poulsen, 1957

▼ Lampe *PH4–3* pour Louis Poulsen, 1966

Frederick Henri Kay Henrion

1914 Nuremberg
1990 Londres

Frederick Kay Henrion reçoit d'abord une formation de créateur textile à Paris avant d'étudier le graphisme à l'Ecole Paul Colin de 1934 à 1936. Les trois années suivantes, il travaille à Londres et Paris, participant à la préparation de la British Empire Exhibition à Glasgow (1938) et à la Foire Internationale de New York (1939–1940). De 1943 à 1945, il est consultant en design pour la section des expositions du Ministère anglais de l'Information et responsable de toutes les expositions du Ministère de l'Agriculture. Il conçoit aussi, pendant la guerre, des affiches de propagande audacieuses influencées par le **Surréalisme**. A la fin de celle-ci, il est engagé comme consultant en design par l'ambassade américaine à Londres et par le US Office of War Information. En 1951, Henrion ouvre un bureau de design, Henrion Design Associates, et imagine des affiches, des graphismes et des logos pour beaucoup d'entreprises, dont la poste anglaise, BOAC, le Council of Industrial Design, Blue Circle Cement, les transports londoniens, KLM et BEA. Henrion est aussi responsable de l'aménagement des pavillons britanniques de l'agriculture et de l'histoire naturelle du « Festival of Britain » de 1951. Son travail est le sujet d'une exposition individuelle, « Designing things and symbols » (concevoir des choses et des symboles) organisée au ICA (Institute of Contemporary Art) à Londres en 1961. Il devient ensuite président de la SIA (Society of Industrial Arts) pendant deux ans et participe aussi à l'Expo '67 de Montréal. Pionnier de la conception de l'**identité visuelle**, Henrion a écrit avec Alan Parkin un livre intitulé *Design Coordination and Corporate Image* (1969).

▼ Affiche *Stub it Out* pour le Ministère anglais de l'Information, 1943

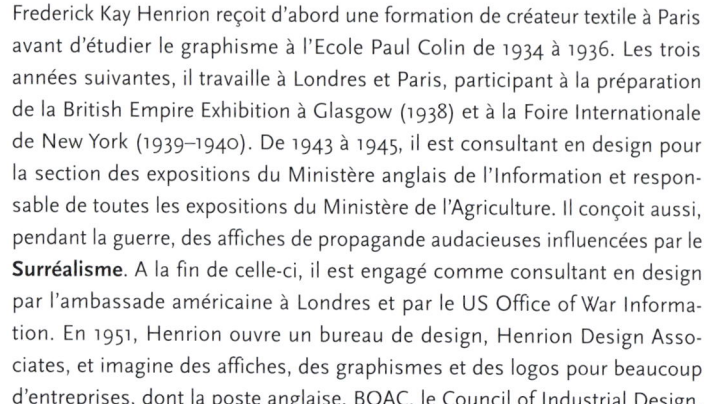

René Herbst étudie l'architecture à Londres et Francfort en 1908. Il s'installe ensuite à Paris et, à partir de 1919, commence à travailler comme architecte. Herbst, acquis à une conception fonctionnaliste du design, va devenir l'un des plus importants designers français de l'entre-deux guerres. Il aménage des stands pour l'Exposition Internationale des Arts Décoratifs de 1925 (Paris) et réalise des intérieurs et des meubles modernistes. A partir de 1927, il dessine des sièges en tube métallique et sangles élastiques que fabrique sa propre société, les Etablissements René Herbst. Un catalogue montrant ses modèles, dont la célèbre *Chaise Sandows* (1928–1929), est édité en 1933. Cette chaise « élastique » sera d'abord utilisée dans la décoration intérieure de l'appartement de M. Peissi (1929) et abondamment exposée par la suite, notamment à l'Exposition des Arts Décoratifs de Bruxelles en 1934. De 1929 à 1932, Herbst donne quatre articles sur l'éclairage au magazine *Lux*, dans lesquels il suggère aux lecteurs de rechercher les conseils d'ingénieurs en électricité. A la même époque, il dessine plusieurs luminaires qui sont distribués par Cottin, dont un plafonnier qui est exposé au salon d'Automne de 1928. En 1930, il est membre fondateur de l'UAM (Union des Artistes Modernes) qui entend s'opposer aux excès décoratifs du Style **Art déco** alors dominant. Herbst est responsable de l'aménagement des expositions de l'UAM qui commencent en 1930, et, après avoir été nommé président de l'Union en 1945, il prend une part active à l'organisation de son exposition de design « Les Formes Utiles » qui se tient à Paris en 1949–1950. Herbst, l'un des modernistes français les plus éminents, décrivait les membres de l'UAM, y compris lui-même, comme des « puritains de l'art » et il rejetait l'ornementation en faveur d'une esthétique industrielle.

René Herbst
1891 Paris
1982 Paris

▼ *Chaise Sandows* pour les Etablissements René Herbst, 1928–1929

Herman Miller

Fondé en 1923
Zeeland, Michigan

▲ Page du catalogue de la Herman Miller Collection, 1952, montrant la gamme *ESU* de Charles et Ray Eames, dans un cadre professionnel

▶ **George Nelson**, *Action Office I* pour Herman Miller, 1964–1965

L'origine de la société Herman Miller remonte à 1847, date de l'arrivée à Zeeland, Michigan, d'un groupe d'immigrants hollandais. Après l'échec de la première entreprise qu'ils créent, une conserverie, ils décident en 1905 d'utiliser l'usine pour y fabriquer des meubles pour leur communauté. D. J. De Pree, est engagé, après ses études secondaires, comme directeur de cette nouvelle aventure. En 1923, De Pree et son beau-père, Herman Miller, acquièrent la majorité des parts de la nouvelle société, d'abord baptisée la Michigan Star Furniture Company puis la Herman Miller Furniture Company. A cette époque, l'industrie du meuble américain est pour l'essentiel constituée de petites sociétés familiales implantées dans la région de Grand Rapids (Michigan), Rockford (Illinois), Jamestown (New York), Chicago et New York. Le style des copies d'anciens produits par ces petits fabricants, dont Herman Miller, est en grande partie dicté par les acheteurs des grands magasins qui essaient de prédire les nouvelles tendances du marché. Les acheteurs, comme la plupart des fabricants, uniquement préoccupés de vendre leurs produits, ne se soucient guère des besoins réels des gens. Dans cette ambiance de compétition féroce et de demandes sans cesse changeantes de

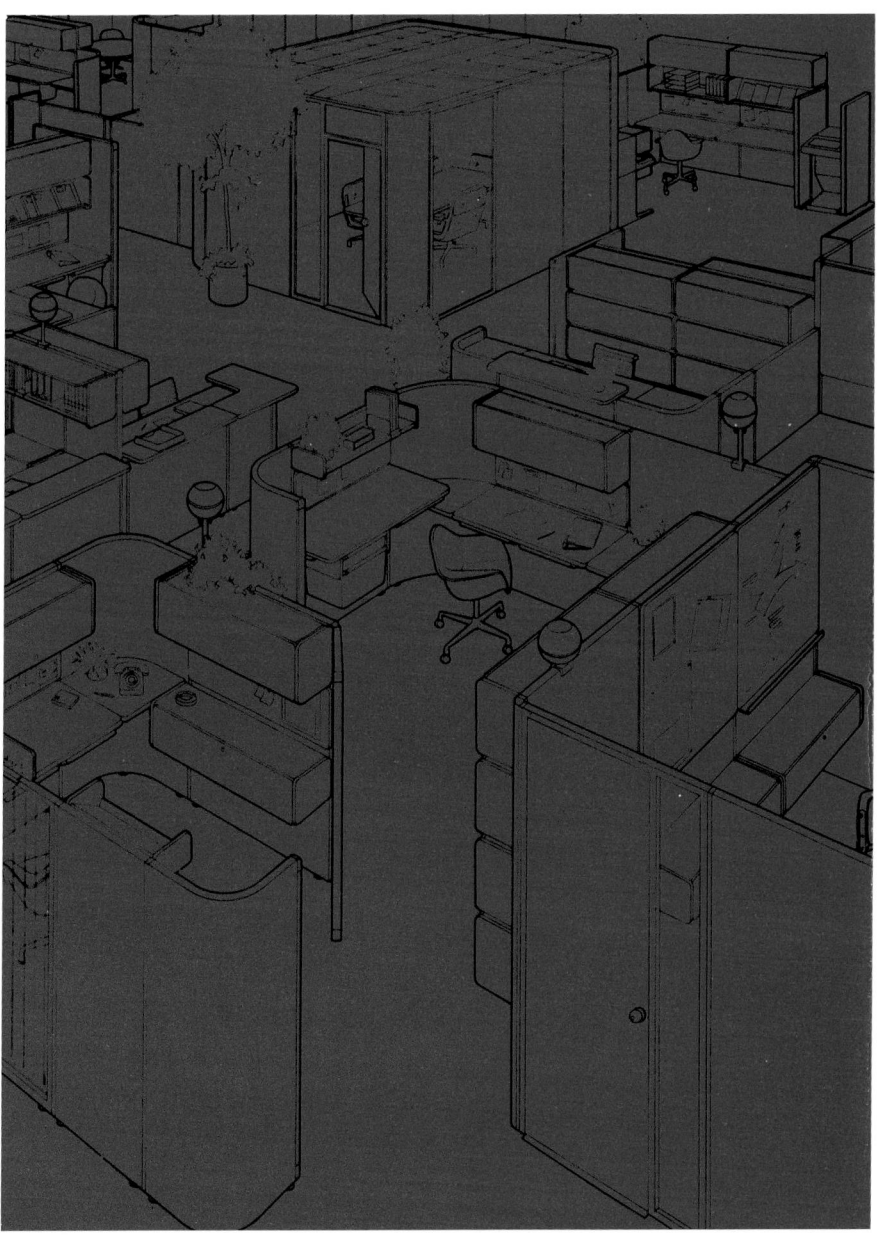

▲ **Bill Stumpf**, *Ethospace* pour Herman Miller, 1984

◂ **George Nelson**, bureau et tabouret *Action Office I* n° 6491 et n° 64940 pour Herman Miller, 1964–1965

la mode, la bourse s'effondre en 1929 et Herman Miller doit faire face à une crise financière. Un an plus tard, De Pree rencontre le designer **Gilbert Rohde** qui lui suggère de produire une gamme de mobilier moderne de qualité supérieure et d'une grande simplicité de conception. Cette idée est une révélation pour De Pree qui reconnaît non seulement le potentiel commercial mais aussi la supériorité éthique du design moderne. De Pree énoncera plus tard trois enseignements fondamentaux de Rhode qui ont influencé la nouvelle orientation de la société : le droit de regard du designer sur la fabrication de ses créations, le devoir du fabricant de produire des meubles « au goût du jour » qui prennent en compte et résolvent les besoins d'ameublement domestiques en utilisant les meilleurs matériaux contemporains disponibles, et enfin l'honnêteté dans le traitement de ces matériaux. Le succès de la gamme d'ameublement de Rohde amène Herman Miller à abandonner la fabrication de meubles de style en 1936 et, en 1941, la société ouvre un nouveau showroom à New York pour exposer ses dernières créations. En 1946, deux ans après la mort de Rohde, De Pree, désireux de perpétuer le modernisme et l'éthique de la société, engage l'architecte **George Nelson** comme directeur du design.

▼ **Robert Propst**, *Action Office II* pour Herman Miller, 1968

Celui-ci est critique et praticien : c'est l'inventeur du concept de mur de rangement (storage-wall). Nelson fera travailler d'autres designers de talent, comme **Charles Eames**, **Isamu Noguchi** et **Alexander Girard** pour créer des meubles modernes. Les années suivantes, Herman Miller s'affirme comme un leader de l'industrie du meuble en produisant des modèles qui satisfont aux critères de **Bon Design** édictés par De Pree : « Durabilité, Unité, Intégrité, Inévitabilité » et révolutionnent la façon dont les gens vivent et travaillent. Parmi les créations de Herman Miller, on retiendra les chaises en contreplaqué cintré de Charles et Ray Eames (1945-1946), les séries de chaises à coque plastique (1948-1950) et, de George Nelson, le *Comprehensive Storage System* (système de rangement global, 1959) et *Action Office I* (1964-1965). En 1968, le lancement d'*Action Office II* de **Robert Propst** transfigure le cadre de travail et grâce à son succès, Herman Miller devient le deuxième fabricant de mobilier dans le monde. L'entreprise continue à jouer un rôle de premier plan sur le marché du mobilier de bureau et a produit différents modèles de fauteuils de bureau d'avant-garde, dont ceux de **Bill Stumpf** et **Don Chadwick** – l'*Ergon* (1976), l'*Equa* (1984) et l'*Aeron* (1992).

▼ **Bill Stumpf & Don Chadwick**, fauteuils de bureau pour Herman Miller

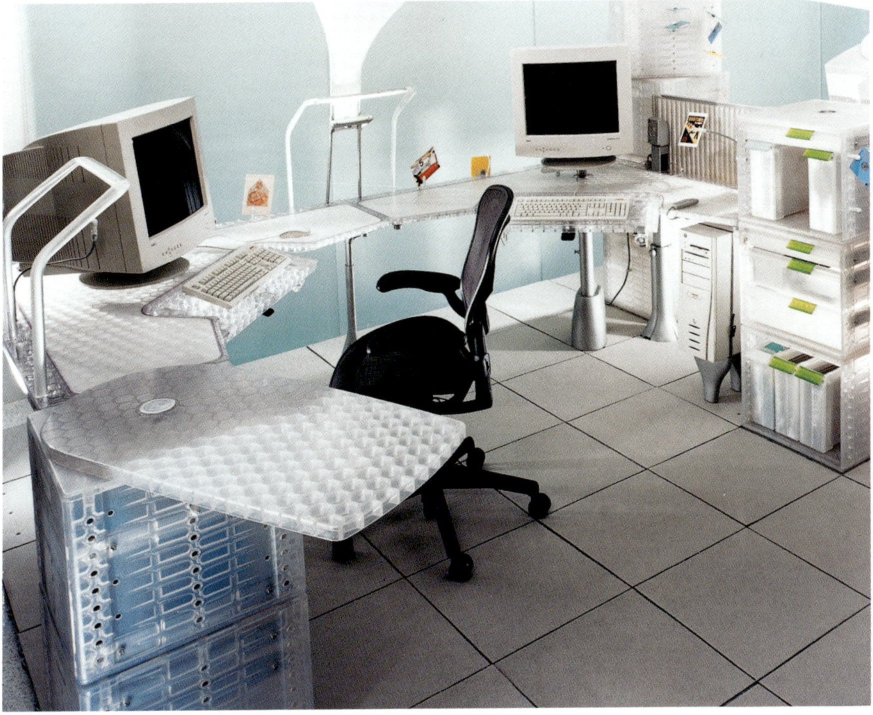

▲ **Ross Lovegrove & Stephen Peart**, mobilier de bureau pour Herman Miller, 1995–1999

▶ Détail du matériau utilisé

▲ **Michael Hopkins**, atelier de la Maison Hopkins, 1979

High-Tech

Le style High-Tech qui fait son apparition dans l'architecture au milieu des années 1960, mêle formalisme géométrique, modernisme classique et certaines suggestions du **Design Radical** de **Buckminster Fuller**. L'utilitarisme qui sous-tend ce style s'oppose aux excès du **Design Pop**. Initié par des architectes britanniques comme **Norman Foster**, Richard Rogers (1933–2021) et Michael Hopkins (1935–2023) qui utilisent des éléments industriels bruts dans leurs immeubles, le style High-Tech a fini par s'imposer dans la décoration intérieure au cours des années 1970. Les matériaux et équipements conçus pour les usines s'imposent dans les intérieurs High-Tech souvent adonnés aux couleurs primaires en hommage à **De Stijl**. Parmi les représentants américains du style High-Tech, Joseph Paul D'Urso et **Ward Bennett** travaillent avec des matériaux industriels de récupération. En 1978, Joan Kron et Susan Slesin publient un livre intitulé *High-Tech – The industrial style and source book for the home* mais ce style se voit supplanté au début des années 1980 par le **Post-Modernisme**. La promotion de composants industriels par le High-Tech a cependant inspiré des designers anglais comme **Ron Arad** et **Tom Dixon** qui créent au milieu des années 1980 des « pièces uniques » à partir de matériaux de récupération, écoperches d'échafaudage, sièges de voitures et plaques d'égout.

◄ Table *Antelope* pour SCP, 1987

Matthew Hilton étudie le design de mobilier au Kingston Polytechnic de Londres et travaille pendant cinq ans comme designer industriel pour CAPA, une agence conseil en design de produit. En 1984, il crée son propre studio spécialisé dans l'ameublement et les luminaires. A partir de 1986, il dessine des meubles pour SCP, Londres, dont la table *Antelope* (1987), avec des pieds zoomorphes en aluminium poli, et la table *Flipper* (1988) au piètement composé de trois ailerons métalliques. En 1990, Hilton conçoit et réalise trois services de couverts d'aluminium en forme de pinces de homard (édition limitée) ainsi que les coupes *Di-ordna* et *To-bor* et le bougeoir *Arclumis*. Dans les années 1990, il dessine des meubles rembourrés pour SCP dont le fauteuil géométrique *Club* (1991), la chaise *Reading* (1995), la chaise aux douces courbes *Balzac* (1991) et le canapé *Orwell* (1996). Les meubles et les tapis de Hilton ont été produits par plusieurs fabricants européens, dont Alterego, Nani Marquina, Mobles 114 et Santa & Cole. Sa plus importante création à ce jour est la chaise *Wait* (1998) pour Authentics – un fauteuil de bureau et de salon doté d'une coque en polypropylène moulé par injection, entièrement recyclable.

Matthew Hilton

1957 Hastings, Grande-Bretagne

Hochschule für Gestaltung, Ulm

1953–1968
Ulm, Allemagne

La Hochschule für Gestaltung est fondée en 1953 à Ulm, par **Otl Aicher** et Inge Scholl (1917–1998), pour relancer le réformisme social du **Bauhaus** désavoué lors de la prise du pouvoir par les nazis dans les années 1930. L'idée de créer une nouvelle école de design naît lors d'une rencontre avec **Max Bill**, en 1947, qui dessine les plans des nouveaux bâtiments de l'institution et devient son premier directeur. Aicher et Scholl se marient en 1952 et les cours de design reprennent un an plus tard avec plusieurs ex-enseignants du Bauhaus dont **Ludwig Mies van der Rohe**, **Josef Albers** et **Johannes Itten**, nommés professeurs invités. Quand **Hans Gugelot** devient directeur du design de produit, en 1954, il plaide en faveur du **Fonctionnalisme**. Les nouveaux bâtiments de l'école ouvrent en 1955 et l'année suivante, Tomás Maldonado, théoricien du design argentin (1922–2018), succède à Max Bill. Bien que l'école s'efforce d'enrichir la méthodologie du design en offrant des cours de sémiotique, d'anthropologie, d'études contextuelles, de théories des jeux et de psychologie, la Hochschule reste surtout connue pour son élaboration d'une méthode fonctionnaliste et systématique du design étroitement liée à l'ingénierie des produits. Son esthétique industrielle a profondément influencé le design de produits allemand ultérieur et c'est peut-être dans les créations de Hans Gugelot et **Dieter Rams** pour **Braun** qu'elle trouve son expression la plus exemplaire. En 1968, un an après le départ de Maldonado qui réclamait «une production de masse, une communication de masse, une participation de masse», les autorités locales cessent de subventionner l'école, déclarant que son programme est devenu trop radical. Peu de temps après, l'équipe d'enseignants décide de fermer l'école. Tandis que certains enseignants s'efforcent de mettre sur pied une méthode systématique et scientifique du design de produits, d'autres tentent de libérer le design du dogmatisme fonctionnaliste. C'est la contradiction fondamentale qui a contrecarré le succès de la Hochschule für Gestaltung et, avant elle, de son inspirateur spirituel, le Bauhaus.

▲ *Uppercase 5*, édité par Theo Crosby, 1961; ces essais choisis par Tomás Maldonado exposent la conception rationnelle du design de la Hochschule für Gestaltung

▶ *Exporter 2* radio portable pour Braun, 1956

Josef Hoffmann étudie l'architecture en 1887 à la Höhere Staatsgewerbeschule de Brünn et poursuit sa formation sous la houlette d'**Otto Wagner** et de Carl von Hasenauer à l'Ecole Supérieure des Arts Appliqués de Vienne. Diplômé en 1895, il devient membre fondateur du groupe artistique Siebener-Club (le club des sept) et voyage avec **Josef Maria Olbrich** en Italie, grâce au Prix de Rome qu'il a obtenu. En 1897, il entre dans l'agence architecturale d'Otto Wagner et est cofondateur de la **Sécession** viennoise, un groupe d'artistes et d'architectes réformistes constitué en réaction à l'**Art nouveau** alors dominant. De 1899 à 1936, Hoffmann enseigne l'architecture et le design à l'Ecole des Arts Appliqués de Vienne. En 1900, il voyage en Angleterre et y rencontre les membres du mouvement anglais des **Arts & Crafts**, dont **Charles Robert Ashbee** et **Charles Rennie Mackintosh** à qui il propose d'aménager les installations de la VIIIe exposition de la Sécession qui a lieu cette année-là à Vienne. L'**Ecole de Glasgow** et surtout Mackintosh exerceront par la suite une grande influence sur le travail d'Hoffmann comme sur celui d'autres designers de la Sécession. En 1903, Hoffmann et **Koloman Moser** créent la **Wiener Werkstätte** avec le soutien financier du riche banquier Fritz Wärndorfer (1869–1939), le principal mécène de la Sécession viennoise. Josef Hoffmann

Josef Hoffmann
1870 Pirnitz, Moravie
1956 Vienne

▲ Coupe à fruits en laiton pour la Wiener Werkstätte, 1925

◂ Vase en verre pour Loetz Witwe, 1911–1912

devient le directeur artistique et un des designers les plus prolifiques de cet atelier-coopérative inspiré de la **Guilde de l'artisanat** de la Ashbee. Beaucoup de créations d'orfèvrerie pour la Wiener Werkstätte ont un caractère architectural tandis que d'autres, plus commerciales et moins onéreuses, sont ornées d'un motif en grille typique qui sera baptisé Hoffmann-Quadratl. Il utilise ce genre de décor ajouré sur beaucoup de ses créations de chaises, dont la célèbre *Sitzmaschine* (vers 1908), fabriquée par **Jacob & Josef Kohn**. Hoffmann a aussi réalisé des verreries pour la J. L. Lobmeyr et **Loetz** Witwe, dans lesquelles le décor apparaît par découpage ou gravure de la couche supérieure qui révèle la sous-couche blanche. Outre son travail de designer d'objets, Hoffmann a aussi dirigé une agence architecturale très prospère à Vienne et réalisé des **Gesamtkunstwerke** (œuvres d'art totales) complètement intégrées comme le Sanatorium de Purkersdorf (1904), le Palais Stoclet à Bruxelles (1905-1911) et le Cabaret Fledermaus (1907). En 1905, Hoffmann quitte la Sécession viennoise et fonde le Kunstschau avec le peintre Gustav Klimt (1862-1918). Deux ans plus tard, Hoffmann devient membre fondateur du **Deutscher Werkbund** (Union allemande pour l'œuvre) et, de 1912 à 1920, est président de l'Österreichischer Werkbund. Hoffmann participe à de nombreuses expositions internationales, dont la Deutsche Werkbund-Ausstellung de Cologne (1914), l'Exposition Internationale des Arts Décoratifs et Industriels Modernes de Paris (1925) et la « Stockholmsutstäliningen » de Stockholm (1930). Alors que sa conception de l'architecture et du design est profondément influencée par le mouvement anglais des Arts & Crafts, l'œuvre d'Hoffmann est résolument anti-historiciste. Les formes rectilignes, épurées et novatrices qu'il a créées ont profondément influencé le vocabulaire géométrique du **Mouvement Moderne**.

▶ *Sitzmaschine*, modèle n° 670, pour J. & J. Kohn, vers 1908

▼ Bar du Cabaret Fledermaus, Vienne, 1907

Hans Hollein

1934 Vienne
2014 Vienne

▲ Canapé *Mitzi*, modèle n° *D90*, pour Poltronova, 1981

Hans Hollein étudie à la Kunstgewerbeschule et à l'Akademie der Bildenden Künste, Vienne, dont il est diplômé en 1956. Il poursuit ses études à l'Illinois Institute of Technology, Chicago, et à l'université de Californie, Berkeley, où il obtient son diplôme d'architecture en 1960. Hollein ouvre sa propre agence à Vienne en 1964 et se fait rapidement connaître pour ses aménagements d'expositions et ses transformations de magasins, comme la Retti Candle Shop (1964–1965) et la Schullin Jeweller's Shop (1973–1974) – l'entrée de cette dernière s'inscrit dans une pseudo-lézarde pratiquée dans la façade. L'habitude de Hollein de faire contraster ses façades avec le cadre environnant, comme dans le cas de la galerie Richard Feigen de New York (1967–1969), l'a fait comparer à des architectes viennois plus anciens comme **Josef Hoffmann** et **Otto Wagner**, Oswald Haerdtl (1899–1959) et **Adolf Loos**. De 1967 à 1976, Hollein enseigne à la Staatliche Kunstakademie, Düsseldorf, et depuis 1976 à l'Académie des Beaux-Arts de Vienne. Il a aussi réalisé des décorations intérieures pour le bâtiment administratif de Siemens à Munich (1972–1973) et le siège social de l'Office du Tourisme de Vienne (1976–1978) qu'il décore d'ornements post-modernes. Dans les années 1980, Hollein conçoit plusieurs modèles de meubles post-modernes, dont le canapé *Marilyn* (1981) ainsi que des pièces d'orfèvrerie et des céramiques pour **Alessi** et Swid Powell.

Victor Horta étudie aux Académies des Beaux-Arts de Gand et Bruxelles et en 1881 rejoint l'agence de l'architecte néo-classique Alphonse Balat. Il est très influencé par l'architecte français Viollet-Le-Duc (1814–1879), vibrant défenseur d'un design totalement intégré des bâtiments et de leur décoration intérieure. Horta adopte cette conception et, dans nombre de ses projets architecturaux, dessine les moindres détails de la décoration, meubles, portes, luminaires, etc. En 1892, Horta rejette l'historicisme, et son projet pour l'hôtel Tassel (1892–1893) illustre cette nouvelle direction stylistique avec son travail ironique sur les balustrades de fer forgé, ses sols carrelés de mosaïques sinueuses et les motifs «en coup de fouet» de ses décorations murales. L'hôtel Tassel est l'un des premiers bâtiments **Art nouveau** et l'une des premières résidences privées à faire un usage à la fois décoratif et structurel du fer forgé. Sa remarquable légèreté visuelle et ses étonnantes caractéristiques spatiales sont le fruit d'une démarche novatrice et de l'usage d'élégants supports en fer. Ces éléments en forme de tiges se ramifiant en vrilles naturalistes ont inspiré l'appellation «ligne Horta». D'autres projets similaires suivent, comme la Maison Autrique (1893), la Maison Winssinger (1895–1896) et l'hôtel Eetvelde (1895–1900), une **Gesamtkunstwerk** (œuvre d'art totale) imaginée pour le baron van Eetvelde. Outre ses résidences privées, Horta est également l'auteur de la Maison du Peuple (1896–1899), le siège du Parti Socialiste Belge doté de la première façade en acier et verre de Bruxelles, et du grand magasin A l'Innovation (1901). Dans son travail ultérieur, il utilise des matériaux de pointe et adopte un style plus austère comme le montre son Palais des Beaux-Arts (1922–1928) en béton armé. Horta est l'une des plus éminentes personnalités de l'Art nouveau et bien qu'il n'ait dessiné d'objets que pour ses projets architecturaux, son œuvre a marqué en profondeur le design moderne.

Victor Horta
1861 Gand
1947 Ixelles / Bruxelles

▼ Salle à manger de l'Hôtel Eetvelde, 1895–1900

Vilmos Huszár

1884 Budapest
1960 Hierden,
Pays-Bas

En 1917, Vilmos Huszár participe à la fondation de **De Stijl** et ses vitraux sont présentés dans un essai de **Theo van Doesburg** sur la nouvelle peinture. De 1917 à 1921, Huszár dessine des couvertures pour le magazine *De Stijl* et donne une série d'articles intitulée «Aesthetische Beschouwingen» (Considérations esthétiques). En 1918, Huszár et Pieter Jan Christophel Klaarhammer (1874–1954) conçoivent la «chambre d'enfant» de la maison de Cornelius Bruynzeel à Voorburg. Il est possible que Huszár ait conseillé **Gerrit Rietveld** sur les couleurs de sa célèbre chaise *Rouge et Bleu* (1918–1923). Vers 1918, il consacre l'essentiel de son temps à la conception de meubles, de textiles, de vitraux et de décorations intérieures globales. Il dessine plusieurs modèles de meubles en tandem avec Piet Zwart (1885–1977) et, en 1923, après son départ de De Stijl, participe avec Rietveld à une exposition en marge de la «Große Berliner Kunstausstellung». Huszár a eu une grande influence sur le mouvement De Stijl par son recours à des couleurs audacieuses et des compositions intérieures dynamiques dans lesquelles, malgré le contraste des éléments isolés entre eux, le spectateur éprouve une forte impression d'espace total ou «unifié».

▶ Couverture de la brochure *Bruynzeel's Fabrieken Gedenkboek* pour Zaanden, 1931

▶▶ Tapis tissé en laine, vers 1925

▶ **Richard Hamilton**, *Qu'est-ce au juste qui rend les foyers d'aujourd'hui si différents, si attirants ?* Collage, 1956

Independent Group

Fondé en 1952
Londres

Formé en 1952, l'Independent Group se réunit régulièrement à l'ICA (Institute of Contemporary Art) à Londres pour analyser les progrès techniques de la production industrielle américaine et réfléchir à l'émergence d'une culture consumériste de masse. Le groupe, formé de Richard Hamilton (1922–2011), Eduardo Paolozzi (1924–2005), Reyner Banham (1922–1988) et **Peter et Alison Smithson**, rejette la philosophie moderniste et tire son inspiration de l'art « vulgaire », de préférence à l'art « noble ». Défenseurs convaincus de la culture populaire, certains membres du groupe plaident en faveur de l'obsolescence calculée des produits, qu'ils considèrent naïvement comme bénéfique à la production et donc à la croissance économique. Ce n'est pas un hasard si Hamilton introduit l'image d'une sucette ornée du mot Pop dans son collage de 1956 intitulé *Qu'est-ce au juste qui rend les foyers d'aujourd'hui si différents, si attirants ?* C'est peut-être la première fois qu'un mot utilisé dans une œuvre d'art est appelé à devenir l'étiquette d'un nouveau mouvement artistique. Cette illustration qui fait date marque d'ailleurs non seulement une nouvelle orientation de l'art mais aussi du design. Hamilton définissait ainsi les caractéristiques du Pop : « Populaire, éphémère, jetable, bon marché, produit en série, jeune, spirituel, sexy, astucieux, séduisant, produit par la grande industrie. » En définissant ainsi le Pop, l'Independent Group a posé les fondations théoriques sur lesquelles, dans les années 1960, devait s'épanouir le **Design Pop**.

En 1933, le régime nazi ferme le **Bauhaus** de Dessau, considéré comme une institution subversive, contraignant nombre de ses enseignants à émigrer pour fuir les persécutions. Après s'être d'abord installé à Londres, **László Moholy-Nagy** part pour Chicago en 1937, à l'invitation de l'Association of Arts and Industries, pour mettre sur pied une nouvelle école de design qui régénérerait la vie économique et culturelle de la ville. Le « Nouveau Bauhaus », comme le baptise alors Moholy-Nagy, basé sur les principes pédagogiques de son antécédent allemand, n'a qu'une existence éphémère : l'Association décide de lui couper les vivres en 1938, parce qu'elle trouve son programme trop expérimental. L'année suivante, Moholy-Nagy rouvre l'école, grâce à l'appui de Walter Papecke, le président de la Container Corporation of America et elle est rebaptisée Chicago School of Design. En 1944, l'école devient l'Institute of Design, dénomination qu'elle gardera par la suite. Après la mort de Moholy-Nagy, en 1946, elle est rattachée à l'Armoury Institute qui deviendra lui-même l'Illinois Institute of Technology. La même année, le designer russe émigré **Serge Chermayeff** succède à Moholy-Nagy comme directeur de l'école. Depuis le début de son activité, l'Institute of Design considère l'enseignement du design, d'un point de vue expérimental et le cursus original, outre les études de design incluait aussi des cours de psychologie et de littérature. Aujourd'hui, la mission de l'Institute of Design reste de « repousser les limites du design » et il se spécialise dans l'application des nouvelles technologies.

Institute of Design, Chicago

Institut de Design de Chicago

Fondé en 1944
Chicago

◂ Photo du bâtiment du New Bauhaus à Chicago, 1937

International Style

Style International

L'appellation Style International a été forgée en 1931 par Alfred H. Barr Jr., le directeur du **Museum of Modern Art de New York**. C'était le titre d'un catalogue, *The International Style : Architecture Since 1922*, qui accompagnait l'importante exposition conçue par Henry-Russell Hitchcock et **Philip Johnson** (1932). Dans l'œuvre de modernistes comme **Le Corbusier**, **Jacobus Johannes Pieter Oud**, **Walter Gropius** et **Ludwig Mies van der Rohe**, Barr reconnaît un style universel qui transcende les frontières nationales, situation inédite dans l'art et l'architecture occidentales depuis le Moyen Age, époque où le « gothique » s'est propagé dans toute l'Europe. Le nouveau mouvement du XXe siècle est donc baptisé en référence à ce précédent.

L'expression Style International désigne spécifiquement les œuvres des architectes et designers du **Mouvement Moderne** qui combinent fonction, technologie et formes géométriques pour produire une esthétique moderne épurée. Bien qu'elle ait parfois été utilisée pour décrire le modernisme initial (1900 à 1933) et l'œuvre de designers comme **Adolf Loos** et J. J. P. Oud, elle est aujourd'hui généralement associée à un genre de modernisme moins utilitaire apparu après la fermeture du **Bauhaus** en 1933. L'expression renvoie aussi au travail de Le Corbusier et de ses disciples qui, durant les années 1920 et 1930, ont développé une version plus élégante et moins austère du modernisme. Les figures les plus représentatives du Style International sont pourtant sans doute Ludwig Mies van der Rohe et Walter Gropius qui, après leur immigration aux Etats-Unis, ont inlassablement tenté d'« internationaliser » le Mouvement, non seulement dans leurs réalisations et expositions

▶ **Le Corbusier, Pierre Jeanneret et Charlotte Perriand**, salle à manger exposée au salon des Artistes Décorateurs à Paris, 1928

▲ **Le Corbusier, Pierre Jeanneret et Charlotte Perriand**, fauteuil *Basculant*, modèle n° *B301*, pour Thonet, vers 1928

▶ **Le Corbusier**, bibliothèque dans le presbytère de l'église de Ville d'Avray, 1928–1929

Style International · 345

architecturales mais dans leur enseignement très influent en Amérique après la Seconde Guerre mondiale. Nombre de défenseurs du Style International ont adopté l'esthétique fonctionnaliste du Mouvement Moderne pour des raisons purement stylistiques. Chez d'autres, en revanche, la pureté esthétique était destinée à favoriser un plus grand universalisme de l'architecture et du design. Des designers d'après-guerre, surtout en Amérique, dont Florence **Knoll**, **Charles Eames** et **George Nelson** ont allié cette conception démocratique et moderne du design avec des méthodes de production industrielles en série afin de créer des produits correspondant à toutes les exigences d'un **Bon Design**.

Dans les années 1920 et 1930, le Style International dans l'architecture et la décoration intérieure se caractérise par le formalisme géométrique, l'usage de matériaux industriels comme l'acier et le verre et une préférence générale pour un rendu blanc. Par la suite, certains architectes et designers comme **Eero Saarinen** et Charles Eames cherchent à humaniser le Style International en adoptant des formes sculpturales et en faisant contraster formes organiques et géométriques, alors que Kenzo Tange (1913–2005) et d'autres poussent le Style International à ses limites logiques avec le Brutalisme, un style architectural qui privilégie des matériaux (béton) et des traitements de surface agressifs et une géométrie rigide.

◄ **Jacobus Johannes Pieter Oud**, lampe de table *Giso 405* pour Gispen, 1928

▼ **Le Corbusier, Pierre Jeanneret et Charlotte Perriand**, chaise longue, modèle n° *B306*, pour Thonet, 1928 (rééditée par Cassina)

▲ **Florence Knoll**, la *Florence Knoll* Collection: Fauteuil *1205S1*, causeuse *1205S2*, canapé à trois places *1205S3* et table *2511T* pour Knoll International, 1954

L'apparition du Post-Modernisme dans les années 1970 et 1980 sonne le glas du Style International. Mais à la fin des années 1980 et dans les années 1990, les bâtiments d'architectes comme **Norman Foster** et Richard Rogers (1933–2021), d'une grande technicité, connaissent un grand succès. Or cette architecture reprend indéniablement les principes du Style International : puissance, élégance et clarté.

Ces dernières années, on a aussi observé un retour à une esthétique rationnelle dans le design de produits et de meubles. Les fabricants semblent en quête de solutions globales et transculturelles, autre axiome du Style International. L'appellation renvoie donc à une période et à un courant spécifiques du Modernisme mais aussi à l'esthétique fonctionnaliste, dont les antécédents remontent aux tout débuts du Mouvement Moderne.

Massimo Iosa Ghini étudie à Florence avant de recevoir une formation d'architecte à l'Ecole Polytechnique de Milan. En 1981, il devient membre du groupe de design Zak-Art et commence à créer des illustrations de « type BD » pour le magazine *Per Lui* et des revues musicales américaines. Tout en travaillant pour Swatch, Solvay et Centro Moda Firenze, Ghini se fait aussi connaître par ses illustrations de magazines pour enfants. A partir de 1982, il aménage des boîtes de nuit et travaille sur différents projets de vidéos et de magazines. En 1984, il collabore avec la firme AGO et, peu après, devient consultant de la RAI, la chaîne de télé italienne, pour laquelle il dessine décors et costumes (émissions grand public ou films d'art et d'essai). En 1986, les modèles de meubles de Ghini sont présentés dans la collection *12 New* de **Memphis**. Il conçoit ensuite sa collection de meubles *Dinamic* (1987) pour Moroso, puis son fauteuil *Juliette* (1987) et sa commode *Bertrand* (1987). Moins colorés et exubérants que les créations des autres membres du groupe, les modèles de Ghini s'inspirent du design américain des années cinquante. En 1983, Iosa Ghini et d'autres designers qui partagent son intérêt pour le **Style Streamline** (profilage), notamment **Stefano Giovannoni** et Pierangelo Caramia (né en 1957), fondent le mouvement Bolidismo. Ghini utilise aussi des formes rétro (années 1950) dans son projet pour la discothèque Bolidio (1988) à New York. En 1988, Iosa Ghini crée également une installation temporaire pour le Centre Georges Pompidou. Il travaille aussi pour Fiam, BRF, Stilnovo et Bieffeplast, entre autres.

Massimo Iosa Ghini

Né en 1959 Bologne

▶ Tables *Jo-Jo* de la *Tran Tran* Collection pour BRF, 1993

Paul Iribe

1883 Angoulême
1935 Roquebrune-Cap-Martin

Né Paul Iribarne Garay, Iribe a commencé sa carrière comme caricaturiste pour des revues et des journaux comme *Le Rire*, *Le Cri de Paris* et *L'Assiette au Beurre*. Il crée son propre journal, *Le Témoin*, en 1908. Il illustre aussi *Les Robes de Paul Poiret*, un portfolio à tirage limité pour le couturier Paul Poiret, qui révolutionne l'illustration de mode et est salué par l'intelligentsia parisienne. Iribe ouvre ensuite son propre studio et, de 1908 à 1914, collabore avec le designer **Pierre Legrain**. A Paris, Iribe imagine textiles, papiers peints et bijoux exquis, qui portent en général sa signature, un motif floral connu sous le nom de « rose Iribe », qui est abondamment copié. Il dessine aussi des meubles et des objets d'art **Art déco**, privilégiant des matériaux précieux comme le chagrin, le bois de rose et l'ébène. Sa plus importante commande de décoration intérieure concerne l'appartement du couturier Jacques Doucet au 46, avenue du Bois (aujourd'hui avenue Foch) à Paris qu'il redécore dans un style somptueux et luxuriant avec l'assistance de Legrain. Pour ce projet, exécuté vers 1912, Iribe dessine une série de fauteuils-gondole et une commode en acajou, chagrin et ébène, ornée de guirlandes de fleurs néoclassiques sculptées et de gerbes florales en marqueterie. Fidèles à la tradition française de l'ébéniste-décorateur, les projets d'intérieurs d'Iribe frôlent le théâtral ; il n'est donc guère surprenant qu'il se soit installé à Hollywood en 1914. Il a l'occasion d'y créer des décors somptueux pour des films de Cecil B. De Mille. Critique virulent de la modernité industrielle, il participe à la rédaction d'un manifeste anti-moderniste en 1926. A son retour en France en 1930, il travaille comme illustrateur de livres et de périodiques, dessine un emblème pour la maison de couture de Jeanne Lanvin et des bijoux fantaisie pour Coco Chanel. En 1935, l'année de sa mort, il fonde le magazine *Le Mot*.

▼ Cabinet en galuchat et ébène, vers 1913–1914

Majia Isola étudie la peinture au Taideteollinen Korkeakoulu (Ecole Centrale des Arts Appliqués) d'Helsinki de 1946 à 1949. Puis, sous la supervision d'Armi Ratia (1912–1979), elle devient pour onze ans la principale styliste de la firme textile Printex, fondée par Vilho Ratio. Isola crée de nombreux textiles d'ameublement produits par Printex. A partir de 1951, elle travaille également pour Marimekko, filiale de Printex créée pour favoriser l'utilisation de textiles Printex dans l'habillement et la décoration. Les tissus qu'elle réalise pour Marimekko comme pour Printex sont présentés à l'Exposition Internationale de Bruxelles en 1958. Les premières créations d'Isola s'inspirent de l'art africain et, au milieu des années 1950, elle dessine des textiles à motifs botaniques. A la fin des années 1950, elle utilise des thèmes d'art populaire slovaque sur ses tissus et, dans les années 1960 et 1970, des motifs traditionnels paysans de Carélie. Nombre de ses imprimés sont des transpositions de son travail artistique. Au milieu des années 1960, elle crée ses plus célèbres gammes de cotons imprimés ornés de motifs géométriques monumentaux en à-plats de couleurs intenses. Ces motifs audacieux, *Kaivo* (vers 1964), *Melooni* (1963) et *Cock and Hen* (1965) reflètent les courants artistiques contemporains et surtout l'ascendant des peintres américains du Colour Field (champs de couleur). Les tissus d'Isola appartenant à cette gamme possèdent une forte qualité graphique et ont fini par incarner non seulement l'esprit de Marimekko mais aussi une nouvelle direction dans le design finnois. Lauréate du prix ID (Industrial Design) en 1965 et 1968, elle est longtemps restée un des seuls designers maison de Marimekko. Les couleurs saturées d'Isola et ses motifs élémentaires, abondamment exposés en Europe, aux Etats-Unis et en Australie, ont exercé une grande influence sur la création textile contemporaine.

Maija Isola
1927–2001 Riihimäki, Finlande

▼ Tissu *Kaivo* pour Marimekko, vers 1964

Arata Isozaki

1931 Kyushu, Japon
2022 Naha, Japon

▼ Cabinet *Fuji* pour Memphis, 1981

Arata Isozaki étudie avec l'architecte brutaliste Kenzo Tange (1913–2005) à l'université de Tokyo, dont il est diplômé en 1954. Durant les neuf années suivantes, il travaille dans l'agence de Tange, avant d'ouvrir son propre bureau en 1963. Il collabore plus tard avec Tange à l'aménagement de l'Expo '70 à Osaka. Parmi les autres projets importants d'Isozaki, on retiendra le Musée d'Art Moderne de Takasaki (1971–1972), le Kitakyshu City Museum of Art (1972–1974), l'immeuble Shukosha, le Fukoka (1975), le Tokyo City Hall (1986), le Musée d'Art Contemporain de Los Angeles (1981–1986) et le Musée Guggenheim de Soho à New York (1992). Comme son architecture, le design de produits d'Isozaki concilie avec talent les cultures orientales et occidentales. Inspiré non seulement de l'art japonais mais aussi du classicisme postmoderne, ses créations multiplient les citations ironiques au **Mouvement Moderne** et à la culture populaire. Ces thèmes se mêlent souvent dans ses meubles comme la chaise *Marilyn* pour Sunar (1972) ou le meuble de rangement *Fuji* pour Memphis (1981). Pour sa montre-bracelet (1987) et ses bijoux Cleto Munari, Arata Isozaki utilise des formes géométriques audacieuses et des citations de styles architecturaux, tandis que la décoration de son assiette *Streams* (1984) pour Swid Powell puise dans les motifs orientaux traditionnels. En 1982, il dessine des meubles pour le concours de Formica « Surface and Ornament Design » destiné à explorer le potentiel de Colorcore, un nouveau matériau développé par la société. Pour ce projet, Isozaki sélectionne les couleurs de ses matériaux au hasard, en jetant des dés, et il déclare : « Celui qui se plaint de la combinaison des couleurs doit protester contre le Dieu qui préside au hasard des dés. » Isozaki a été professeur invité dans de nombreux établissements, dont la Rhode Island School of Design et l'université Yale, et il est l'auteur du livre *The Dismantling of Architecture* (La déconstruction de l'architecture).

Johannes Itten reçoit, de 1904 à 1908, une formation d'instituteur près de Berne, avant d'enseigner brièvement dans une école primaire. De 1910 à 1912, il étudie les mathématiques et les sciences naturelles à Berne et, à partir de 1913, suit l'enseignement pictural d'Adolf Hoelzel (1853–1934) à la Stuttgarter Akademie. En 1916, son œuvre fait l'objet d'une exposition personnelle à la galerie « Der Sturm » à Berlin et il ouvre sa propre école d'art à Vienne. Itten s'intéresse de plus en plus aux philosophies orientales – fascination qui aura un retentissement important sur son enseignement futur. Nombre de ses étudiants viennois le suivent quand il part enseigner au **Bauhaus** de Weimar. En octobre 1919, il est nommé maître et, à partir de 1920, il donne son propre cours préliminaire ainsi que plusieurs cours sur la théorie des formes. Son enseignement est profondément influencé par son adhésion à la doctrine mazdéenne. Avec sa tête rasée et ses vêtements amples, Itten fait figure de « professeur-gourou ». A la grande consternation de ses collègues et des autorités locales il convertit nombre de ses étudiants à la doctrine de cette secte radicale. A partir de 1921, ses responsabilités sont rognées et il devient responsable des ateliers de métal, de vitrail et de peinture murale. Son influence reste toutefois déterminante et sa conception de la pédagogie de l'art et du design s'impose dans les dernières années du Bauhaus à Weimar. Son mysticisme intransigeant entraîne un conflit avec **Walter Gropius**, le directeur de l'école, finalement tranché par la démission d'Itten en 1923. Celui-ci se retire dans un centre mazdéen en Suisse et fonde en 1926 une école d'art privée à Berlin, l'« Ecole Itten ». De 1932 à 1938, Itten dirige une école d'art textile à Krefeld et devient ensuite directeur de l'Ecole des Arts Décoratifs de Zurich. A partir de 1950, il participe aussi à la création du Musée Rietberg de Zurich, consacré aux arts extra-européens, qu'il dirige de 1952 à 1956. Les théories révolutionnaires d'Itten sur l'enseignement de l'art et du design qu'il a inaugurées au Bauhaus ont profondément marqué les écoles de design qui ont généralisé, à son exemple, les cours d'introduction.

Johannes Itten
1888 Südern-Linden, Suisse
1967 Zurich

▼ **Johannes Itten & Friedl Dicker**, page extraite de l'ouvrage « Utopia, Dokument der Wirklichkeit », 1921

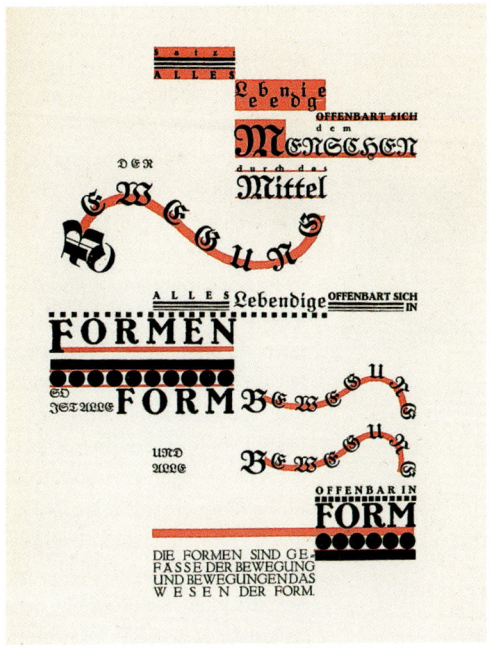

Arne Jacobsen

1902 Copenhague
1971 Copenhague

▲ Chaises *Ant*,
modèle n° 3100,
pour Fritz Hansen,
1951–1952

▶ Chaise *Series 7*,
modèle n° 3107, pour
Fritz Hansen, 1955

Arne Jacobsen reçoit une formation de maçon avant d'étudier à la Kongelige Danske Kunstakademi, Copenhague, dont il est diplômé en 1927. Il montre des talents précoces et remporte, alors qu'il est encore étudiant, une médaille d'argent pour une chaise exposée à l'Exposition Internationale des Arts Décoratifs de 1925 (Paris). De 1927 à 1929, Jacobsen travaille dans l'agence architecturale de Paul Holsøe, après quoi il fonde sa propre agence à Hellerup et commence à travailler comme architecte et designer indépendant. Ses premiers travaux portent l'empreinte des réalisations de **Le Corbusier** (dont il a vu à Paris le « Pavillon de l'Esprit Nouveau »), **Gunnar Asplund** et d'autres designers du **Mouvement Moderne** comme **Ludwig Mies van der Rohe**. Jacobsen fait figure de pionnier du Modernisme dans le design danois, témoin son projet « Maison du Futur » qu'il a conçu en collaboration avec Flemming Lassen, en 1929. Ses premières commandes architecturales importantes sont le projet de logements sociaux Bellavista (1934) à Copenhague, et la maison Rothenborg (1930) à Ordrup, construction fonctionnaliste conçue comme une **Gesamtkunstwerk**. L'aérogare de la compagnie aérienne SAS et l'hôtel Royal de Copenhague (1956–1960) sont ses réalisations les plus célèbres et les plus intégrées. Pour ces deux projets, Jacobsen a dessiné chaque détail de textiles et de meubles aux formes sculpturales, comme ses fauteuils *Swan*

▲ Ustensiles de cuisine en acier inoxydable *Cylinda-Line* pour Stelton, 1967

▶ Couverts *AJ* en acier inoxydable, modèle n° 600, pour Georg Jensen, 1957

et *Egg* (1957–1958), les luminaires, les couverts et jusqu'aux cendriers. Une décennie plus tôt, Jacobsen avait remporté un succès considérable comme designer industriel, surtout avec ses célèbres projets de chaises pour le fabricant de meubles Fritz Hansen. Ses chaises *Ant* et *Series 7* figurent parmi les plus grands succès commerciaux de l'histoire du design. Jacobsen a aussi dessiné des luminaires pour Louis Poulsen, de l'orfèvrerie pour Stelton et Michelsen, des textiles pour August Millech, Grautex et C. Olesen, et des accessoires de salle de bains pour I. P. Lunds. De 1956 à 1965, il est professeur à la Skolen for Brugskunst à Copenhague. Durant les années 1960, le projet architectural le plus important de Jacobsen est le St. Catherine College d'Oxford qui, comme ses réalisations antérieures, est un projet complètement intégré pour lequel il réalise des meubles sur mesure. Jacobsen marie avec les qualités traditionnelles du design scandinave – intégrité des matériaux et de la construction – des formes organiques et sculpturales. Ses meubles simples, élégants et fonctionnels exercent une séduction remarquable et intemporelle.

Jacob Jacobsen
1901 Oslo
1996 Oslo

Jacob Jacobsen reçoit une formation d'ingénieur spécialisé dans l'industrie textile en Angleterre et en Suisse. En 1937, il rachète pour la Scandinavie la licence de la lampe *Anglepoise* de **George Carwardine** (1934), jusque-là fabriquée en Angleterre par Terry & Son. La même année, Jacobsen dessine une variation sur cette lampe, la *Luxo L-1*, dotée d'un système similaire de ressorts solidaires. Entrepreneur talentueux, Jacobsen commercialise avec succès sa lampe redessinée dont le rapport entre l'abat-jour et le pied est plus raffiné que chez Carwardine, et l'esthétique plus fluide. Quelques années plus tard, Jacobsen rachète aussi la licence de fabrication du système de ressorts à tension constante de l'*Anglepoi*se pour les Etats-Unis et, dans les années 1940, il détient de fait le monopole du marché des lampes de bureau aussi bien en Europe qu'aux Etats-Unis. Son entreprise, la Luxo, continue à fabriquer la classique *L-1*, remarquable par l'amplitude de rotation de son bras et de son abat-jour. Ce modèle connaît plusieurs variantes dont une avec un abat-jour plus large, le *Panoramique*. La *Luxo L-1* a remporté de nombreux prix et figure dans les collections permanentes du **Museum of Modern Art de New York**. Bien que les lampes de Jacob Jacobsen aient souvent été imitées au fil des ans, ses prouesses techniques ont rarement été égalées.

◂ Lampe *Luxo L-1* pour Luxo, 1937

◄ **Pierre Jeanneret & Le Corbusier**, salon dans le Pavillon de l'Esprit Nouveau à l'Exposition Internationale des Arts Décoratifs, Paris, 1925

Pierre Jeanneret, le cousin de Charles-Edouard Jeanneret (plus connu sous le nom de **Le Corbusier**), reçoit une formation d'architecte à Genève avant de s'installer à Paris en 1920. Il y travaille dans l'agence Perret Frères, réputée pour son style fonctionnaliste et son utilisation audacieuse du béton. En 1922, il rejoint le studio de son cousin et dessine des lignes de meubles avec Le Corbusier et **Charlotte Perriand**, dont le fauteuil *Basculant n° 301* (vers 1928), la chaise longue *B306* (1928) et le fauteuil club *Grand Confort LC2* (1928). Pour le Salon d'Automne de 1929, le trio dessine aussi une décoration intérieure, où figurent ses propres meubles. Au début des années 1920, Jeanneret rencontre l'artiste « puriste » Amédée Ozenfant (1886–1966) et crée de nombreuses peintures influencées par son œuvre. Il adhère à l'UAM (Union des Artistes Modernes) en 1930 et les meubles qu'il crée avec Le Corbusier et Charlotte Perriand sont présentés à la première exposition de l'UAM. Ses projets ultérieurs réalisés en collaboration avec Le Corbusier, comme la Villa Savoye de Poissy (1928–1931), le Palais des Soviets (Moscou, 1932) et le plan d'urbanisme d'Alger sont présentés aux expositions suivantes de l'UAM. Il fait breveter son modèle de chaise *Scissor* en bouleau (vers 1947) dotée d'un système original de fixation en acier et conçoit d'autres meubles en solitaire. Dans l'immédiat après-guerre, il collabore avec **Jean Prouvé** à la conception de logements préfabriqués et avec Georges Blanchon à un plan d'urbanisme pour Puteaux. A partir de 1952, Jeanneret seconde son célèbre cousin dans plusieurs importants projets d'architecture, dont les bâtiments administratifs de Chandigarh en Inde.

Pierre Jeanneret
1896 Genève
1967 Genève

Charles A. Jencks

1939 Baltimore, Maryland
2019 Londres

Charles A. Jencks étudie l'architecture et la littérature anglaise à l'université Harvard avant de poursuivre ses études à l'université de Londres où il obtient un doctorat en histoire de l'architecture en 1970. Il enseigne à l'Architectural Association, Londres, à partir de 1968 et à l'université de Californie, Los Angeles à partir de 1974. Jencks est aussi l'auteur de plusieurs ouvrages importants sur le Modernisme et le **Post-Modernisme** dans l'architecture, parmi lesquels *Adhocism* (1972), *Modern Movements in Architecture* (1973), *The Language of Post-Modern Architecture* (1977) et *Post-Modern Classicism* (1980). Virulent critique du **Mouvement Moderne**, Jencks qualifie de «boîtes ineptes» les bâtiments des années 1960 inspirés de **Le Corbusier** et **Mies van der Rohe** et prône un nouveau langage architectural à l'opposé de la banalité conformiste du Modernisme. Il estime que les bâtiments doivent afficher une richesse de références symboliques pour ne pas séduire seulement «une minorité intéressée par la résolution de problèmes architecturaux spécifiques» mais aussi le grand public plus préoccupé de «confort, de méthodes de construction traditionnelles et de mode de vie». Durant les années 1970 et au début des années 1980, Jencks applique cette conception post-moderne au design d'objets comme son *Tea & Coffee Piazza* architectonique pour Alessi (1983), qui cite les ordres classiques de l'architecture. En 1983, il dessine des meubles, dont la chaise *Sun* pour la Thematic House à Londres (1983), conçue en collaboration avec la Terry Farrell Partnership.

▲ *Tea & Coffee Piazza* pour Alessi, 1983

Georg Jensen effectue son apprentissage chez un orfèvre à Copenhague et travaille à partir de 1884 comme compagnon orfèvre. De 1887 à 1892, il reçoit une formation de sculpteur à la Kongelige Danske Kunstakademi. En 1898, Jensen fabrique des céramiques sculpturales pour l'atelier de Mogens Ballin's près de Copenhague avant de travailler à la poterie Aluminia et à l'usine de porcelaine Bing & Grøndahl, toujours à Copenhague. Il ouvre son propre atelier d'orfèvre en 1904. Jensen déteste le goût, dominant à l'époque, de l'orfèvrerie de style et il crée donc des bijoux et des objets en métal d'esprit Arts & Crafts, inspirés des formes naturelles : baies, feuilles et vrilles sinueuses. Les créations les plus remarquables de Jensen, les lignes *Blossom* (fleur, vers 1904–1905) et *Grape* (raisin, vers 1918) comprennent aussi bien des couverts de table que des bijoux. En 1907, Jensen persuade l'artiste Johan Rohde (1856–1935) de créer des objets pour son atelier. Quand Jensen présente ses produits à la Panama-Pacific International Exposition, à San Francisco, le magnat de la presse Randolph Hearst est si impressionné par la qualité des pièces présentées qu'il achète tout le stock. C'est le début d'un immense succès commercial, si bien qu'en 1924, Jensen ouvre un magasin sur la Cinquième

Georg Jensen

1866 Råvad / Copenhague
1935 Hellerup / Copenhague

▼ Coupes à fruits en argent de la ligne *Grape*, 1918

avenue à New York. Durant les années 1920, Jensen engage d'autres designers d'**avant-garde**, comme Harald Nielsen (1892–1977), Gundorph Albertus (1887–1970) et Sigvard Bernadotte (1907–2002). A la même époque, Rohde dessine pour Jensen des modèles de couverts aux formes modernes et pures. Après la mort de Georg Jensen en 1935, c'est son fils Jørgen (1895–1966) qui lui succède à la tête de l'entreprise. Fidèle à l'esprit avant-gardiste de son père après la Seconde Guerre mondiale, il décide de faire fabriquer artisanalement des pièces d'orfèvrerie modernes, extrêmement élégantes. Celles-ci, dessinées par **Henning Koppel** et Tias Eckhoff (1926–2016), incarnent la pureté fonctionnelle et esthétique du Modernisme scandinave. La société se met aussi à fabriquer des produits en acier inoxydable, comme les couverts d'**Arne Jacobsen** (1957) et les verreries imaginées par **Finn Juhl**. Depuis les années 1920, le nom de Georg Jensen est synonyme de design moderne scandinave et aujourd'hui encore la société fabrique de beaux objets d'orfèvrerie, des bijoux et des montres aux formes originales et d'une qualité exceptionnelle, œuvres de designers comme **Nanna Ditzel**, Vivianna Torun Bülow-Hübe (1927–2004) et Jorgen Møller (1930–2011).

◄ **Henning Koppel**, plat à poisson avec couvercle pour Georg Jensen, 1954

◄▼ **Sigvard Bernadotte**, couverts en argent *Bernadotte*, 1939

▼ **Harald Nielsen**, couverts en argent *Pyramid*, 1926

Après la fin de ses études de design industriel à la Kunsthandvaerkerskolen (Ecole d'Arts Appliqués) de Copenhague en 1952, Jacob Jensen devient responsable du design chez Bernadotte & Bjørn, le premier cabinet danois de conseil en design industriel, fondé en 1949. En 1959, il s'installe aux Etats-Unis où il ouvre un bureau de design avec Richard Latham (1920–1991) et il enseigne à l'université de l'Illinois, Chicago. A son retour à Copenhague en 1961, Jensen fonde son propre bureau de design industriel et, à partir de 1964, imagine des matériels radio et hi-fi pour Bang & Olufsen. Ses créations élégantes et techniquement performantes comme la chaîne hi-fi *Beogram 1200* (1969), qui a reçu un prix du design danois pour son équilibre harmonieux entre « technique » et « esthétique », et la platine *Beogram 4000* (1972) dotée d'un bras de lecture tangentiel, ont d'emblée constitué une référence en matière de systèmes audio. Jensen, outre son travail de précurseur chez Bang & Olufsen, a aussi créé des produits pour d'autres fabricants danois, dont le téléphone à touches *E76* (1972) pour Alcatel-Kirk, un fauteuil de bureau (1979) pour Labofa, un scanner à ultrasons (1982) pour Bruel & Kjaer et une montre (1983) pour Max René. Les diverses créations de Jensen ont été couronnées par de nombreuses distinctions, dont le prix allemand « Die Gute Industrieform » et le prix IDSA (Industrial Designers Society of America).

Jacob Jensen
1926 Copenhague
2015 Virksund,
Skive Kommune,
Danemark

◂ Platine *Beogram 4000* pour Bang & Olufsen, 1972

◂◂ **Vivianna Torun Bülow-Hübe**, montre-bracelet en acier inoxydable, modèle n° 326, pour Georg Jensen, 1967

Philip Johnson

1906 Cleveland, Ohio
2005 New Canaan, Connecticut

Philip Johnson étudie les humanités et la philosophie à l'université Harvard et obtient son diplôme en 1930. Pendant deux ans, il dirige le nouveau département d'architecture du **Museum of Modern Art de New York**; c'est à cette époque qu'il organise l'importante exposition de 1932, dont il rédige le catalogue avec Henry-Russell Hitchcock : « Le **Style International** : l'Architecture depuis 1922 ». En 1940, Johnson retourne à Harvard étudier l'architecture avec **Marcel Breuer** et **Walter Gropius**. Il obtient son diplôme en 1943 et travaille pendant quatre ans comme architecte indépendant avant de reprendre son poste au Museum of Modern Art en 1946. En 1954, il abandonne ses fonctions pour se consacrer à sa carrière architecturale et s'associe avec **Mies van der Rohe** pour la réalisation de l'immeuble Seagram à New York (1954–1958). Il construit ensuite plusieurs résidences à New Canaan, Connecticut, dont la Glass House (Maison de Verre) en 1949 – influencée par la Farnsworth House de van der Rohe –, la Hodgson House (1950) et la Wiley House (1953). Le succès de son jardin de sculptures au Museum of Modern Art (1953) lui apporte d'autres commandes publiques, dont la Sheldon Memorial Art Gallery à l'université de Nebraska (1963). A la fin des années 1960, ses immeubles deviennent de plus en plus monumentaux, à l'exemple de la Kunsthalle de Bielefeld (1968). Dans les années 1970, il réalise une série de gratte-ciel aux façades de verre, comme l'IDS Center de Minneapolis (1973), le Pennzoil Place à Houston (1970–1976) et l'immeuble de l'AT&T (1978–1983) au fronton brisé post-moderne, qui aura une influence considérable sur ses pairs. Durant sa longue carrière controversée, de l'archi-modernisme au post-modernisme, les immeubles et les créations de Philip Johnson se sont toujours signalés par un sens vigoureux de l'identité architecturale et de la monumentalité classique.

▶ **Philip Johnson & Richard Kelly**, lampadaire pour Edison Price, vers 1953

Jugendstil
Allemagne

Le Jugendstil, littéralement « style jeune », désigne une variante de l'**Art nouveau** apparue en Allemagne dans les années 1890. L'appellation reprend le titre du magazine *Jugend*, fondé à Munich par Georg Hirth en 1896, qui contribua beaucoup à populariser ce nouveau style. Inspirés par les idées réformatrices de John Ruskin (1819–1900) et **William Morris**, les designers Jugendstil comme **Hermann Obrist**, **Richard Riemerschmid** et **August Endell** sont animés d'un idéal qui les distingue des autres représentants du style Art nouveau européen. Ils ne visent pas seulement à réformer l'art mais militent aussi en faveur d'un mode de vie plus simple et moins mercantile. Leur optimisme juvénile et leur vénération de la nature s'exprime puissamment dans leur travail. Comme leurs contemporains bruxellois et parisiens, les designers du Jugendstil s'inspirent du fonctionnement du monde naturel que les progrès de la science et de la technologie révèlent au grand public. Les motifs végétaux sinueux et les formes en « coup de fouet » qu'emploient par exemple August Endell et Hermann Obrist sont directement influencés par les dessins botaniques d'Ernst Haeckel (1834–1919) et par les études photographiques de plantes de Karl Blossfeldt (1865–1932) : la dissection de celles-ci révèle de remarquables motifs de croissance spiralés. La nouvelle vision de la nature qui ressort de ces études détaillées inspire aux designers Jugendstil une traduction artistique de la croissance organique dans leurs œuvres. En Allemagne, ce nouveau style anhistorique concurrence les conventions de l'art impérial officiel imposé par Berlin. Les régions qui souhaitent affirmer leur autonomie culturelle comme Dresde, Munich, Darmstadt, Weimar et Hagen accueillent donc le Jugendstil avec enthousiasme. Cette volonté d'indépendance artistique est certes perceptible dans d'autres grandes cités européennes comme Bruxelles, Nancy et même Glasgow, mais elle est sans doute plus profondément ressentie en Allemagne. Plus que leurs homologues Art nouveau européens, les designers Jugendstil, ont cherché à combler le fossé existant entre « l'artisanat d'art » et la fabrication industrielle. Nombre d'ateliers qui ouvrent adoptent cette nouvelle esthétique et notamment les **Vereinigte Werkstätten für Kunst im Handwerk** (Ateliers Unis pour le

▼ **Otto Eckmann**, vase en grès avec monture de bronze, vers 1900

▲ **August Endell**, projet d'aménagement des loges du Buntes Theater de Berlin, 1901

▶ **Ludwig von Zumbusch**, couverture du magazine *Jugend* publié à Munich, mars 1896

Travail Artisanal) en 1897, et les **Dresdener Werkstätten für Handwerkskunst** (Ateliers Dresdois pour l'Artisanat d'Art) en 1898. Ils visent à fabriquer des objets et ustensiles domestiques de bonne qualité. Mais les objets produits à Dresde, moins élaborés et donc moins onéreux que ceux fabriqués à Munich, demeurent trop chers pour une famille moyenne. Richard Riemerschmid, responsable du design des Ateliers Dresdois, adopte un style simple et vernaculaire qui rappelle le travail de designers anglais Arts & Crafts comme **Charles Voysey**. Il veut réformer le design par la standardisation et son introduction de méthodes de fabrication rationnelles aux Ateliers Dresdois est décisive dans l'évolution qui mène à la création du **Deutscher Werkbund**. Les Vereinigte Werkstätten für Kunst im Handwerk, fondés à Munich par **Bruno Paul** et d'autres designers jouent aussi un rôle clé dans la propagation du Jugendstil. Paul dessine des illustrations et des dessins humoristiques au trait appuyé pour la revue *Simplicissimus*, qui, comme le magazine *Jugend*, popularise la nouvelle esthétique. Son style linéaire s'apparente à celui de son collègue **Bernhard Pankok**, dont la maison Lange à Tübingen (1902) est conçue comme une **Gesamtkunstwerk** (œuvre d'art totale). Comme les intérieurs Jugendstil, d'un modernisme stupéfiant dans leur simplicité, elle porte l'empreinte de l'esprit vernaculaire. A Darmstadt, la cause du Jugendstil est ardemment défendue par le grand-duc Ernst-Ludwig de Hesse-Darmstadt qui

Bedruckter baumwollener Satin von Scheurer Lauth & Co in Thann ¹/Els.

Aus dem Hohenzollern-Kaufhaus (H. Hirschwald), Berlin

▲ Coupe à couvercle, vers 1900

◄ Satin imprimé Scheurer Lauth & Co., Thann

est à l'origine de l'exposition « Ein Dokument Deutscher Kunst » (Un Document d'Art Allemand) en 1901. L'exposition célèbre les réalisations artistiques de la **Darmstädter Künstlerkolonie** (Colonie d'artistes de Darmstadt) fondée grâce aux subsides du grand-duc en 1899. La Darmstädter Künstlerkolonie se compose à l'origine de huit bâtiments dont la « Maison pour l'Art Décoratif », de **Josef Maria Olbrich**, un immeubles d'ateliers d'artistes, et sept résidences destinées aux membres de la colonie. L'importance de la Colonie d'artistes de Darmstadt tient au nouveau style d'architecture civile qu'elle élabore, qui englobe le Jugendstil, mais aussi à son engagement en faveur de l'artisanat d'art. A Weimar aussi, le développement du Jugendstil doit son épanouissement à la fierté de ses citoyens autant qu'à la nécessité économique – et à la générosité ducale.

En 1860, le grand-duc Karl Alexander de Saxe-Weimar subventionne sur ses fonds privés la création d'une école d'art à Weimar. Le comte Harry Kessler persuade son petit-fils, qui lui succède en 1901, d'engager l'architecte belge **Henry van de Velde** comme conseiller artistique à la cour. La conviction que l'éducation artistique stimulera l'économie locale incite finalement les autorités locales à confier à van de Velde la réalisation de la Weimar Kunstgewerbeschule (Ecole d'Arts Appliqués de Weimar) en 1904. Il dirige l'institution jusqu'en 1914 et, durant cette période, crée de nombreuses pièces d'orfèvrerie et des céramiques Jugendstil remarquables par leur simplicité de formes. Le mariage d'innovation structurelle et de formes naturalistes abstraites qui caractérise souvent l'architecture et le design Jugendstil engendre un étonnant mélange de monumentalité et de légèreté visuelle. Ce style, qui atteint son apogée vers 1900, va être supplanté peu après par le rationalisme industriel du Deutscher Werkbund fondé en 1907 par un groupe de designers et d'architectes Jugendstil. Celui-ci s'apparente nettement au mouvement anglais des **Arts & Crafts** par son engouement pour les formes naturelles et vernaculaires comme moyen de réformer le design et, au-delà, la société elle-même. Pourtant son adoption de méthodes de fabrication plus industrielles anticipe les développements futurs du design allemand. Le terme de « Jugendstil » sert aussi à caractériser l'Art nouveau scandinave.

▼ Ferdinand **Morawe**, horloge pour les Ateliers Unis pour le Travail Artisanal, 1903

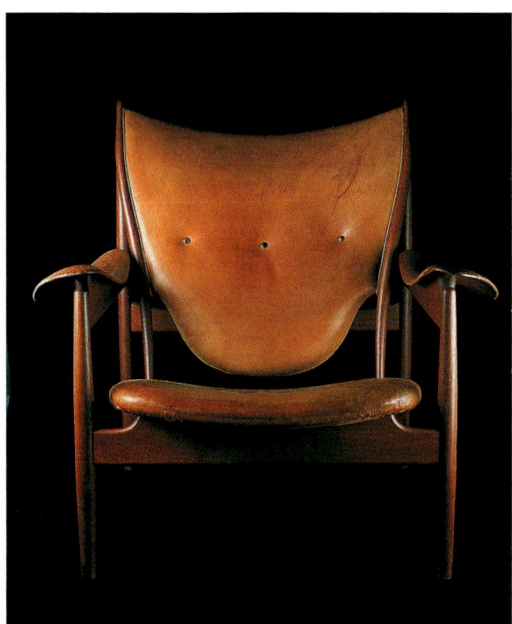

◄ Fauteuil *Chieftain* pour Niels Vodder, 1949

Finn Juhl étudie l'architecture avec le professeur Kay Fisker (1893–1965) au Kongelige Danske Kunstakademi, Copenhague, dont il est diplômé en 1934. Il travaille alors pendant dix ans comme architecte dans l'agence de Vilhelm Lauritzen et, durant cette période, crée de nombreux meubles en collaboration avec le designer Niels Vodder. Les meubles de Juhl comme le fauteuil *Pélican* (1940) et le fauteuil n° 45 (1945) diffèrent sensiblement des « redesign » modernes de meubles traditionnels, que prônent **Kaare Klint** et ses successeurs, et annoncent une nouvelle direction du design danois. En 1945, Juhl ouvre sa propre agence et se consacre au design de fauteuils, de tables et de canapés sculpturaux en bois massif qui lui valent une immense notoriété : il remporte notamment six médailles d'or à la Triennale de Milan et quatorze prix de la Guilde des ébénistes de Copenhague. Ses modèles comme les fauteuils n° 48 (1948) et *Chieftain* (1949) se signalent par un équilibre harmonieux entre la virtuosité de la réalisation et l'expressivité de formes presque « flottantes ». Juhl a mis au point de multiples techniques de fabrication spécialement adaptées au tek, devenu par la suite un matériau de prédilection des designers danois. Après 1945, Juhl devient professeur au département de Design Intérieur de l'Ecole Technique de Frederiksberg et joue à ce titre un rôle décisif dans l'évolution du design danois.

Finn Juhl
1912 Copenhague
1989 Copenhague

Wilhelm Kåge

1889 Stockholm
1960 Stockholm

▼ Vase en grès
Terra Spirea pour
Gustavsberg,
vers 1955

Wilhelm Kåge étudie d'abord la peinture à l'Ecole d'Art Valand de Göteborg, puis avec Carl Wilhelmson (1866–1928) à Stockholm et avec Johan Rohde à Copenhague en 1912. Il complète sa formation par des études de graphisme à la Plakatschule de Munich, où il devient célèbre pour son dessin d'affiche. Kåge est engagé en 1917 par le fabricant de céramiques suédois Gustavsberg pour renouveler sa gamme de produits. A cette époque, la Svenska Slöjdföreningen (Société Suédoise de Design Industriel) encourage activement les fabricants comme Gustavsberg à employer des artistes pour améliorer la qualité des objets domestiques. Le service à dîner *Liljebala* (Lis Bleu) de 1917, avec ses motifs inspirés de l'art populaire, répond exactement à cette exigence, et son coût abordable pour les classes populaires le fera baptiser «service de l'ouvrier». Kåge reçoit un Grand Prix pour ses céramiques à l'Exposition Internationale des Arts Décoratifs (Paris, 1925). Durant les années 1930, il dessine le service *Pyro* («du four à la table», 1930) et la vaisselle de table *Praktika* (1933), à la fois fonctionnelle et bon marché : les lignes simples des couverts facilitent leur rangement (*Praktika* est le premier service de vaisselle de table dont Gustavsberg vend les pièces à l'unité). Outre ses céramiques industrielles, Kåge crée aussi d'exquises pièces d'atelier comme son vase *Terra Spirea* (vers 1955). Ses céramiques en grès moulé *Farsta* (d'après le nom de l'île où se trouve la poterie Gustavsberg) s'inspirent de céramiques chinoises et mexicaines et de formes naturelles, tandis que sa gamme *Surrea* aux formes irrégulières est influencée par le Cubisme et le Surréalisme. Les céramiques fonctionnelles de Wilhelm Kåge destinées au grand public ont marqué un tournant dans la vaisselle de table moderne et ses pièces d'atelier révèlent un artisan hors pair.

◄ **Anna Castelli Ferrieri**, meuble de rangement cylindrique, modèle n° 4966, pour Kartell, 1969

L'entreprise Kartell, spécialisée dans la fabrication de produits en plastique, est fondée en 1949 par Giulio Castelli (1920–2006). Castelli, ingénieur chimiste, est le fils d'un pionnier de la recherche sur les matières plastiques. Il suit en 1954 l'enseignement de Giulio Natta (1903–1979), l'inventeur du polypropylène, et noue à cette époque de multiples contacts avec des architectes et des artistes d'**avant-garde** qui souhaitent s'impliquer directement dans le processus industriel afin de contribuer à la reconstruction du pays. Le premier produit lancé par Kartell est d'ailleurs un râtelier à skis conçu par l'architecte et designer industriel Roberto Menghi (1920–2006). Ce premier objet est suivi d'une série d'ustensiles ménagers, souvent imaginés par **Gino Colombini**. Qu'il s'agisse de presse-citron ou de pelles à poussières, de bassines, de seaux à vaisselle, Kartell a métamorphosé les objets du quotidien en élégants produits en polypropylène étonnamment modernes d'aspect. Le design et les innovations technologiques de l'entreprise lui valent un grand succès et Kartell reçoit le **Compasso d'Oro** (compas d'or) en 1955, 1957, 1959, 1960 et 1964 ainsi que des médailles d'or et d'argent aux Triennales de

Kartell
Fondé en 1949
Milan

▲ **Marco Zanuso & Richard Sapper**, chaise empilable pour enfants, modèle n° 4999/5, pour Kartell, 1961–1964

Milan. Depuis le milieu des années 1950, Kartell produit aussi du mobilier, témoin le meuble de rangement modulaire (1956) en métal et plastique dessiné par Gino Colombini et Leonardo Fiori. Mais Kartell ne devient un fabricant de meubles de premier plan qu'à partir des années 1960 avec la chaise d'enfant empilable n° 4999/5 (1961–1964) de **Marco Zanuso** et **Richard Sapper** et la chaise révolutionnaire n°4860 *Universale* (1965–1967) en plastique ABS de **Joe Colombo**. Celle-ci est la première chaise pour adulte entièrement en plastique moulé par injection. L'entreprise fabrique aussi des meubles d'**Anna Castelli Ferrieri**, Alberto Rosselli (1921–1976), Giotto Stoppino (1926–2011), **Ettore Sottsass** et **Gae Aulenti**, pour la plupart modulaires, à l'instar des éléments de rangement cylindriques en plastique ABS *4953–54–55–56* (1970) de Castelli Ferrieri. Kartell a aussi produit des luminaires, conçus par **Sergio Asti**, **Marco Zanuso**, **Achille et Pier Giacomo Castiglioni**. Kartell reste une entreprise très en pointe dans les années 1980 avec le lancement de meubles dessinés par **Philippe Starck** comme la chaise *Dr. Glob* (1988). Dans les années 1990, l'entreprise remporte un autre Compasso d'Oro pour les modules de rangement translucides *Mobil* (1995) en plastique PMMA d'**Antonio Citterio** et Glen Oliver Loew. La société produit ensuite le système d'étagères *Bookworm*, lui aussi en plastique moulé par injection, œuvre de **Ron Arad**, qui remporte un grand succès commercial. Centrokappa, le département de design intégré de Kartell, dirigé par Anna Castelli Ferrieri, la femme de Giulio Castelli, a aussi réalisé quelques modèles remarquables comme les lignes de mobilier pour enfants *5300, 5312, 5320*, aux couleurs primaires et éclatantes. A ce jour, Kartell continue d'appliquer «une idée du design dans lequel la qualité des relations entre matériaux, formes et fonction est définie en fonction du processus de fabrication industriel», et se distingue par la mise en œuvre de technologies de pointe dans la fabrication de plastiques haut-de-gamme.

Edward Kauffer étudie la peinture aux Etats-Unis et reçoit une bourse de Joseph E. McKnight pour un voyage d'études à Paris en 1913. Il adopte alors le nom de son bienfaiteur et s'installe en Angleterre en 1914. Un an plus tard, il reçoit de Frank Pick (1878–1941) sa première commande importante, une affiche pour le métro londonien. Pick est le responsable de la publicité de la société et, en tant que tel, du graphisme. En 1920, Kauffer devient membre fondateur de Group X, un groupe d'artistes dont le peintre vorticiste Percy Wyndham Lewis (1882–1957) est la figure saillante. L'année suivante, Kauffer renonce aux Beaux-Arts pour se consacrer entièrement au graphisme et au design. Il travaille pour de grandes sociétés dont London Transport, Great Western Railway, Shell-Mex, British Petroleum, Orient-Line et General Post Office, pour lesquelles il réalise des affiches accrocheuses initialement inspirées par le Vorticisme et qui tendent plus tard vers le **Surréalisme**. En 1929, Edward McKnight Kauffer et sa femme, la styliste textile Marion Dorn (1899–1964), exposent des tapis à motifs cubistes et biomorphiques noués main et produits par la Wilton Royal Carpet Factory. Durant les années 1930, il travaille aussi comme illustrateur de livres, notamment sur *Don Quichote* de Cervantes (1930), *Triumphal March* de T. S. Eliot (1931) et *Venus Rising from the Sea* (1931) d'Arnold Bennett. Il dessine aussi de nombreuses couvertures de livres, dont une pour le *Studio Yearbook*. Ses affiches sont présentées dans une exposition individuelle organisée au **Museum of Modern Art de New York** en 1937 et, l'année suivante, il devient le premier designer d'origine étrangère à être élevé à la dignité de Honorary Designer for Industry par la Royal Society of Arts de Londres. En 1940, il revient aux Etats-Unis avec Marion Dorn. Il crée toutefois des affiches pour American Airlines jusqu'en 1953.

Edward McKnight Kauffer
1890 Great Falls, Montana
1954 New York

▼ Tapis en laine tissé main pour la Wilton Royal Carpet Factory, vers 1935

▶ Chaises *Multi-Use* de Frederick Kiesler, dans la « Galerie de l'Art de ce Siècle », de Peggy Guggenheim, New York, 1942

Frederick Kiesler

1890 Vienne
1965 New York

Frederick Kiesler étudie à l'Académie des Beaux-Arts et à la Technische Hochschule de Vienne, de 1910 à 1914. A partir de 1920, il collabore brièvement avec **Adolf Loos** et conçoit des intérieurs et des décors de théâtre. En 1923, Kiesler adhère à **De Stijl** et imagine sa Maison et son Théâtre sans fin, un système de construction modulaire d'une grande souplesse d'agencement qui conjugue des formes ovoïdes. Son projet minimise aussi la consommation d'énergie et réduit considérablement le nombre d'éléments requis pour la construction d'un immeuble. Durant cette période, Kiesler s'associe avec le G group, formé par **Ludwig Mies van der Rohe**, Hans Richter (1888–1976) et Werner Graeff (1901–1978). Il conçoit en 1924 l'Exposition Internationale des Nouvelles Techniques du Théâtre pour la Maison des Concerts de Vienne, et, l'année suivante, le Pavillon Australien de l'Exposition Internationale des Arts Décoratifs (Paris, 1925). En 1926, Kiesler émigre aux Etats-Unis et collabore deux ans avec l'architecte new-yorkais Harvey Wiley Corbett. Il devient membre de l'AUDAC (American Union of Decorative Artists and Craftsmen) et, de 1934 à 1937, est responsable du département de scénographie à la Julliard School of Music de New York. Il a aussi dirigé le Laboratory for design correlation à l'Ecole d'Architecture de l'université Columbia de 1936 à 1942, avant de travailler avec Armand Bartos à New York pendant six ans. Ses modèles de meubles sculpturaux comme les chaises *Multi-Use* (1942) ou les tables *Two-Part Nesting* (1935–1938) ont eu un retentissement énorme. Ils annoncent l'apparition du **Biomorphisme** dans les années 1950 et les décorations intérieures de Kiesler montrent d'extraordinaires qualités de composition spatiale.

La collaboration entre le designer britannique Perry A. King (né en 1938) et le designer espagnol Santiago Miranda (né en 1947) date du milieu des années 1970. Depuis 1956, King travaille pour **Olivetti** : il conçoit du matériel de bureau comme la machine à écrire *Valentine*, qu'il a créée avec **Ettore Sottsass**, et, depuis 1972, supervise la définition de l'**identité visuelle** de la firme. Il a aussi créé (avec Santiago Miranda) une police de caractères pour imprimantes matricielles. A la même époque, King réalise un projet d'identité visuelle pour C. Castelli, des dictaphones pour Süd-Atlas Werke et du matériel électrique pour Praxis, alors que Santiago Miranda (de neuf ans son cadet) étudie à la Escuela de Artes Aplicadas y Oficios Artísticos à Séville. En 1975, King – Miranda entament à Milan une collaboration bientôt couronnée de succès. Ils conçoivent des meubles, des luminaires et des graphismes pour Marcatré, Disform, Flos et Arteluce, tout en développant des ordinateurs et des claviers pour Olivetti. Citons, parmi leurs autres créations, une gamme d'outils électriques pour Black & Decker, des verreries de Murano et les

King – Miranda
Fondé en 1975
Milan

▼ Lampe de bureau
Donald pour Flos,
1978

lampadaires *Lucerno* (1991), conçus pour l'Expo '92 de Séville. Les objets de King – Miranda, pensés pour une fabrication industrielle et mobilisant des technologies de pointe, recèlent une qualité poétique et parfois même une note d'humour comme le prouve leur lampe *Donald* (1978). Selon eux, « Il est clair que le design doit embrasser non seulement la technologie, l'économie mais aussi la sociologie. Ceci nous amène à la conclusion que les designers doivent partir d'un modèle politique ou philosophique sur lequel fonder leur travail. » (King – Miranda 1983, *Design Since 1945*, p. 217.)

◄ Lampadaire *Jill* pour Flos, 1978

◄ Chaises *Omkstack* pour Bieffeplast, 1971

Rodney Kinsman étudie le design de mobilier à la Central School of Art de Londres. En 1966, il crée OMK Design avec Jurek Olejnik et Bryan Morrison et, en 1967, le trio produit sa propre ligne de meubles, la *F Range,* en mousse compacte recouverte de vinyle. OMK conçoit aussi des modèles pour les magasins Habitat de **Terence Conran**. Kinsman, qui dirige OMK depuis la fondation du groupe, a créé quelques meubles remarquables dont la chaise *Omkstack* (1971) qui incarne le style **High-Tech** des années 1970. Ce design très rationnel est conçu pour une production en grande série et fabriqué sous licence par le fabricant italien Bieffeplast – une association qui a perduré. Parmi les autres modèles de meubles créés par Kinsman, on retiendra le système d'étalage *Graffiti* (1981) et les gammes *Vienna* (1984) et *Tokyo* (1985), qui expriment la même esthétique rationnelle. Le premier projet de sièges pour lieux publics, la gamme *Transit,* conçue en collaboration avec Peter Glynn-Smith est lancé en 1981. Il s'agit d'un système métallique ignifugé de forme ondulée, rythmée, conçu à l'origine pour l'aéroport de Gatwick. En 1983, Kinsman reçoit le titre de membre associé de la Society of Industrial Artists and Designers et, en 1988, de membre honoraire du **Royal College of Art**. Il réalise un autre projet de siège gare / aéroport pour Trax en 1989, mais sa création la plus originale est sans doute le banc public en aluminium extrudé *Seville* (1991), imaginé pour l'Expo '92. Kinsman estime que le design ne doit pas être influencé par la mode et s'efforce de créer des meubles à la séduction durable grâce à leur solide conception technologique.

Rodney Kinsman
Né en 1943 Londres

▶ Fauteuil *Wink* pour Cassina, 1980

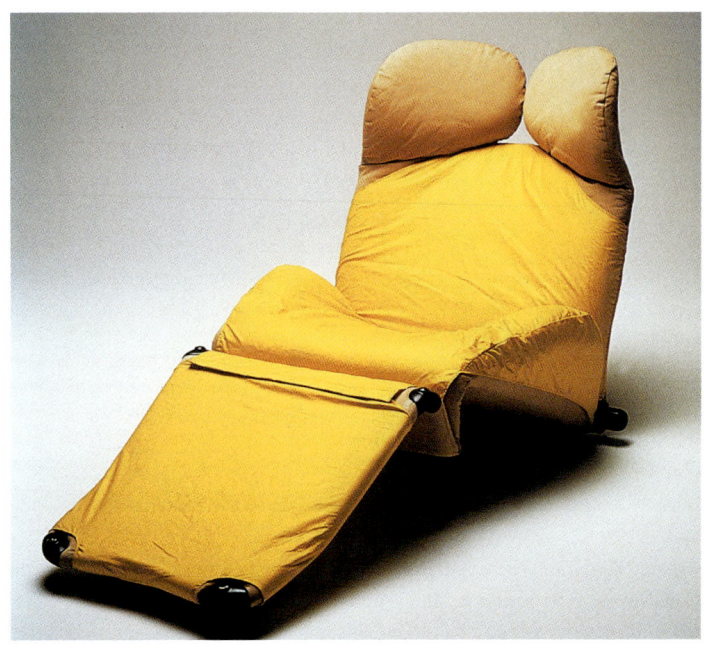

Toshiyuki Kita

Né en 1942 Osaka

Toshiyuki Kita étudie le design industriel au Namiwa College d'Osaka, dont il est diplômé en 1964. Il ouvre son propre studio de design à Osaka la même année. En 1969, il s'installe en Italie, où il rejoint d'abord l'agence de **Mario Bellini** puis celle de Silvio Coppola (1920–1986). C'est à cette époque qu'il commence à dessiner des meubles pour Bernini et, un peu plus tard, pour Cassina. Sa création la plus connue, le fauteuil *Wink* articulé multifonctionnel (1980) avec son repose-tête en oreilles de Mickey, annonce la prédilection du début des années 1980 pour les formes insolites. Ce modèle qui a demandé quatre années de mise au point est déhoussable et conçu pour durer. En 1981, Kita reçoit le Kitaro Kunii Industrial Design Award et, en 1987, il participe à l'exposition « Les Avant-Gardes de la fin du XXe siècle », au Centre Georges Pompidou (Paris). En 1988, il conçoit en collaboration avec le peintre Keith Haring (1958–1990), les tables *On Taro* et *On Giro* pour Kreon. Il transforme en 1989 le hall du siège social de Sony (Tokyo) en espace multifonctionnel. Travaillant aussi bien pour des clients européens (Sharp, Interflex et Tribu) que japonais (Koshudo, Johoku Mokko et Yamagiwa), Toshiyuki Kita a su embrasser les deux cultures – c'est pourquoi il est aujourd'hui considéré comme le plus occidental des designers japonais.

Kitsch

Le terme kitsch provient du verbe allemand « verkitschen » (galvauder) et désigne des objets dont la vulgarité séduit un public populaire. Le Kitsch a donc fini par signifier l'inverse du **Bon Design**. Ce terme qualifiait à l'origine des objets inutiles – souvenirs, bibelots et articles de fantaisie. L'une des premières études sur le sujet est due au philosophe allemand Fritz Karpfen qui publie en 1925 un ouvrage intitulé *Der Kitsch*. Il faut cependant attendre *Kitsch and the Avant-garde*, un article du critique d'art américain Clement Greenberg paru en 1939 pour que son sens s'élargisse et englobe des éléments de la culture populaire contemporaine, comme la publicité commerciale et la littérature à quatre sous. Dans les années 1950, le design kitsch atteint son apogée avec la fabrication de copies bâclées qui n'ont qu'une vague ressemblance avec les objets de qualité « supérieure » qui les ont inspirées. On voit apparaître une quantité de produits banals et bon marché, souvent en plastique, dont la séduction repose sur le clin d'œil et une note d'humour. Ce phénomène relève à certains égards d'une réaction contre la promotion institutionnelle et étatique du Bon Design. Dans les années 1960, le Kitsch garde son sens péjoratif, mais avec les années 1970 débute l'utilisation ironique d'objets Kitsch – consciemment appréciés pour leur mauvais goût – dans la décoration. Avec l'apparition du **Post-Modernisme** des années 1980, le Kitsch est salué pour son honnêteté culturelle et ses tendances subversives. Dans sa dérision du « bon goût », le kitsch aura ainsi fini par trouver un terrain commun avec l'**avant-garde**.

▼ Série de porte-parapluies, fin des années 1950

▶ Chaise, modèle n° *PK22*, pour E. Kold Christensen, 1955

Poul Kjaerholm

1929 Oster Vra, Danemark
1980 Hillerod, Danemark

Poul Kjaerholm reçoit une formation de menuisier avant d'étudier le design de meubles et l'ébénisterie à la Kunsthandvaerkskolen (Ecole d'Arts Appliqués) de Copenhague. Il enseigne ensuite dans cette école pendant quatre ans et à la Kongelige Danske Kunstakademi (Académie Royale des Arts de Copenhague) pendant vingt ans avant d'en devenir, en 1976, le directeur. Durant sa carrière, Kjaerholm se consacre au design de meubles destinés à une production en série et, depuis 1955, travaille principalement avec le fabricant de mobilier E. Kold Christensen (Hellerup). Ses modèles élégants et rationnels comme les chaises *PK22* (1955) et *Hammock PK24* (1965) portent l'empreinte très reconnaissable des fondateurs du **Mouvement Moderne** et notamment de **Le Corbusier**. Après 1970, c'est le fabricant Fritz Hansen qui assure l'édition de ses meubles. Kjaerholm a reçu un Grand Prix à la Triennale de Milan en 1957 et 1960 et, en 1958, il est lauréat du Prix Lunning. De tous les designers scandinaves, Kjaerholm est peut-être celui dont le travail est le plus marqué par le **Style International**. Ses modèles sophistiqués, qui allient logique fonctionnaliste et sensibilité scandinave, expriment une esthétique très pure sous-tendue par une solide maîtrise des matériaux et des techniques de fabrication. Kjaerholm s'est aussi acquis une grande réputation pour ses aménagements d'expositions qui ont fait date par leur sens de l'organisation spatiale.

Après des études de peinture à l'Ecole polytechnique de Frederiksberg commencées en 1903, Kaare Klint effectue son apprentissage chez son père, l'architecte P. V. Jensen Klint, avant de rejoindre les architectes Kai Nielsen et Carl Petersen (Copenhague). A partir de 1917, il commence à travailler comme designer de meubles indépendant et, trois ans plus tard, fonde sa propre agence de design, collaborant notamment avec Fritz Hansen et Rud. Rasmussen. Les meubles de Klint comme la chaise longue *n° 4699* (1933), souvent des «redesign» de modèles antérieurs, mêlent différentes inspirations: esprit vernaculaire, **Shaker**, Régence anglaise et ébénisterie orientale. Il crée le département de mobilier à la Kongelige Danske Kunstakademi (Académie Royale des Arts) de Copenhague en 1924 et il entreprend avec ses étudiants des recherches importantes et novatrices en anthropométrie. Influent théoricien du design, Klint encourage ses élèves à allier les principales qualités du savoir-faire artisanal traditionnel, attention au détail et connaissance approfondie des matériaux, avec des principes de design rationnel. En 1944, il devient professeur d'architecture au Kongelige Danske Kunstakademi de Copenhague et réalise sa lampe *Fruit*, en papier plié. Cette ligne de lampes bon marché est fabriquée par Le Klint, une entreprise artisanale fondée par son père, qui dessinait et fabriquait aussi des lampes en papier. Klint estimait que le design devait servir le public et que le meilleur moyen de parvenir à ce but supposait l'adoption de principes de design rationnels et une bonne connaissance de l'ergonomie. L'enseignement de Klint a posé les fondations du renouveau du design danois après la Seconde Guerre mondiale.

Kaare Klint
1888 Frederiksberg, Danemark
1954 Copenhague

◄ Chaise longue, modèle n° 4699, pour Rud. Rasmussen, 1933

Knoll International

Fondé en 1938
New York

▲ **Florence Knoll**, table de conférence, modèle n° *2080*, pour Knoll International, 1961

▶ **Herbert Matter**, publicité pour le fauteuil *Diamond* de Harry Bertoia pour Knoll International, vers 1952

Hans Knoll (1914–1955), fils de Walter Knoll, un fabricant de meubles allemand, s'installe à New York en 1937 et fonde la Hans G. Knoll Furniture Company. Vers 1941, il fabrique une gamme de meubles modernes dessinés par **Jens Risom**, pour laquelle il utilise notamment des sangles de surplus militaires. A cette époque, Hans Knoll rencontre Florence Schust, une architecte formée à l'**Académie de Cranbrook** et à l'Architectural Association de Londres qui a aussi suivi l'enseignement de **Mies van der Rohe** à l'Armoury Institute de Chicago avant de collaborer avec **Marcel Breuer** et **Walter Gropius**. Schust est engagée comme décoratrice d'intérieur par Hans Knoll en 1943 et elle fait évoluer le style maison, d'inspiration scandinave, vers le **Style International**. En 1946, Hans et Florence se marient et fondent Knoll Associates. Il se lancent dans la fabrication de meubles modernes aux formes sculpturales dessinés par **Eero Saarinen**, **Isamu Noguchi**, **Harry Bertoia**, entre autres, qui relèvent sensiblement le niveau des produits Knoll. En 1948, les Knoll acquièrent les droits de fabrication des modèles de Mies van der Rohe. Dans les années 1950, Florence Knoll définit la personnalité typique du style maison et supervise tous les aspects de l'identité visuelle, du design des showrooms et des bureaux – caractérisés par la clarté de l'organisation spatiale et une

▲ **Massimo Vignelli**, affiche pour Knoll International, 1967 (première affiche dessinée par Vignelli pour Knoll)

attention méticuleuse aux détails – à la conception graphique. Elle engage le graphiste suisse **Herbert Matter**, qui crée alors une série d'affiches à fort impact pour les produits Knoll et dessine le grand K qui fait office de logo. La clarté des graphismes de Matter fait écho à celle des meubles de Florence Knoll et le graphiste contribue beaucoup à la célèbre **identité visuelle** de la marque. En 1955, Hans Knoll meurt tragiquement dans un accident de voiture, mais l'entreprise, sous la direction de Florence Knoll, poursuit son ascension vers le succès. Contrairement à tant de designers, elle exploite parfaitement l'espace disponible avec un sens architectural étonnant : ses intérieurs complètent idéalement les immeubles dans lesquels il s'inscrivent. L'extraordinaire acuité de son « œil » lui permet d'unifier harmonieusement formes, couleurs et matériaux. A partir de 1967, **Massimo Vignelli** renforce l'identité de Knoll par ses graphismes audacieux dotés d'une forte cohérence géométrique. Peu à peu, Knoll s'impose sur le marché des contractants en mobilier de bureau et devient le troisième fabricant mondial sur ce créneau. Aujourd'hui, la marque demeure à la pointe de la création comme le montrent les stations de travail de la ligne *Homer* (1997) due à Luke Pearson et Tom Lloyd.

▲ **Luke Pearson et Tom Lloyd**, bureau mobile *Homer* pour Knoll International, 1997 (avec chaise en fil métallique de Harry Bertoia, modèle n° *420 C*)

◀ **Luke Pearson et Tom Lloyd**, bureau mobile *Homer* pour Knoll International, 1997

Archibald Knox

1864 Ile de Man, Grande-Bretagne
1933 Ile de Man

De 1878 à 1884, Archibald Knox étudie à la Douglas School of Art (Ile de Man), où il deviendra plus tard professeur. Il travaille avec son compatriote, le designer **Hugh Mackay Baillie Scott** avant de s'installer à Londres en 1897 et de devenir professeur à la Redhill School of Art. Il dessine bientôt des textiles et des objets en métaux non précieux avec le concours de **Christopher Dresser** pour le **Silver Studio**. De 1898 à 1912, il signe également des textiles, des tapis et des objets de métal pour **Liberty & Co.** Il est le principal responsable de deux lignes d'objets Liberty : *Cymric* (à partir de 1899) qui comprend de l'argenterie et des bijoux, et *Tudric* (à partir de 1900) composée d'objets en étain. Les formes organiques et les décors tourbillonnants de Knox s'inspirent de motifs celtiques, et ses modèles aux ornements entrelacés et aux émaux turquoise sont emblématiques du « style Liberty » qui connaît une grande vogue en Europe continentale. De 1900 à 1904, Knox réside sur l'Ile de Man. De retour en Grande-Bretagne, il enseigne dans de nombreuses écoles d'art, dont la Kingston School of Art, où ses méthodes font l'objet de critiques des autorités académiques. Il démissionne finalement de son poste à Kingston en 1911 et fonde avec un groupe d'ex-élèves la Knox Guild of Craft and Design, active jusqu'en 1939. Knox cesse de collaborer avec Liberty & Co. qui en 1909 a concédé la fabrication sous licence de certains de ses modèles à James Connell & Co. En 1912, il se rend aux Etats-Unis et crée des tapis pour une fabrique de Philadelphie, Bromley & Co. L'année suivante, il revient à l'Ile de Man et, une fois la guerre finie, recommence à peindre et reprend son enseignement. Il réalise aussi plusieurs pierres tombales néo-celtiques, dont celle d'Arthur Lasenby Liberty en 1917. Les créations d'argenterie extrêmement raffinées d'Archibald Knox et ses ustensiles d'étain aux formes organiques baroques et aux motifs floraux abstraits incarnent la deuxième phase du **Mouvement des Arts & Crafts** anglais.

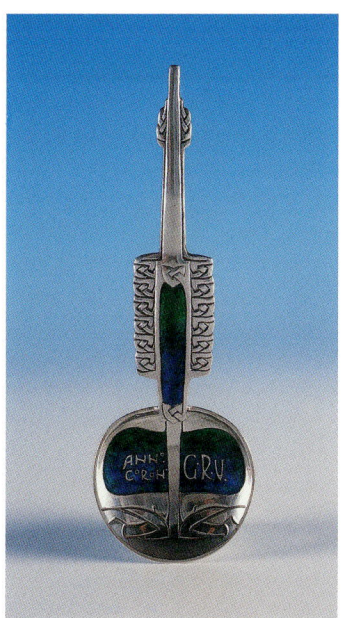

◀ Cuiller du couronnement *Cymric* en argent et émail pour Liberty & Co., 1901

◀◀ Pendule *Cymric* pour Liberty & Co., 1903

▶ Fauteuil pliant *MK* pour Rud. Rasmussen, 1932

Mogens Koch

1898 Copenhague
1993 Copenhague

Après des études d'architecture au Kongelige Danske Kunstakademi (Académie Royale des Arts de Copenhague) achevées en 1925, Mogens Koch travaille comme assistant de Carl Petersen et **Kaare Klint**. En 1932, il dessine sa chaise *MK Safari*, fabriquée par Interna et Rudolf Rasmussen, qui sera suivie de nombreux autres modèles, produits par les fabricants précités ainsi que Danish CWS et N. C. Jensen Kjaer. Influencés par la conception évolutionniste de Klint, les meubles de Koch peuvent être considérés pour l'essentiel comme des «redesign» modernes de modèles traditionnels. Koch réalise de l'argenterie, des textiles et des tapis pour des restaurations d'églises danoises. Son travail est régulièrement exposé à la Triennale de Milan et présenté en Amérique dans l'exposition itinérante «Arts du Danemark» (1960). Il enseigne au Kongelige Danske Kunstakademi de 1950 à 1968, est professeur invité au Massachusetts Institute of Technology à partir de 1956 et à l'Industrial Art Institute de Tokyo à partir de 1962. Ses objets extrêmement fonctionnels sont basés sur des solutions existantes sans cesse améliorées au fil des ans. Koch possède un sens subtil et foncièrement moderne de la résolution des problèmes, tout à fait emblématique du design danois de l'entre-deux guerres.

La fabrique de mobilier J. & J. Kohn est fondée par Jakob Kohn et son fils, qui possèdent déjà une scierie familiale à Holleschau, Moravie (Holesov, République Tchèque) en 1850. Dix ans plus tard, à l'expiration des brevets d'exclusivité de **Michael Thonet** pour la fabrication de meubles en bois cintré, J. & J. Kohn construisent deux usines à Wsetin et Litsch et lancent leur production de meubles en bois cintré. L'entreprise se développe rapidement et huit autres usines sont construites sur différents sites (Pologne et République Tchèque actuelles) si bien qu'en 1873, elle emploie deux mille huit cents ouvriers. Bien qu'il y ait plus de cinquante autres sociétés qui fabriquent des meubles en bois cintré à cette époque, J. & J. Kohn deviennent les plus sérieux rivaux de Gebrüder Thonet. En 1882, la société a des succursales à Hambourg, Berlin, Paris et Londres et, en 1904, elle propose plus de quatre cents modèles et produit cinq mille cinq cents meubles par jour. Le stand de la société, primé à l'Exposition Universelle de Paris en 1900, juxtapose plusieurs intérieurs et présente une gamme de meubles et équipements originale en bois cintré. Ces modèles sont attribués à **Gustav Siegel**, devenu responsable du design de la marque l'année précédente, à l'âge de dix-neuf ans. **Otto Wagner** et l'architecte viennois **Adolf Loos** réalisent également des modèles pour J. & J. Kohn. Loos crée notamment la chaise *Café Museum* (vers 1898). A l'instar de Thonet, J. & J. Kohn inaugurent le mariage de l'«art contemporain» et de l'industrie en lançant la production en série de «modèles artistiques». Ils développent de nouvelles techniques de fabrication et inventent une machine à découper des assises de siège circulaires. Ils développent aussi une méthode qui permet de cintrer le bois presque à angle droit. La façade de l'immeuble J. & J. Kohn

Jakob & Josef Kohn

Fondé en 1850
Moravie

▼ Publicité pour J. & J. Kohn dans le Catalogue de la XVe exposition de la Sécession Viennoise, 1902

à Vienne a été dessinée par **Josef Hoffmann** et **Koloman Moser** qui ont aussi signé plusieurs modèles de meubles pour la firme. Le fauteuil *Sitzmaschine Model n° 670* (vers 1908) d'Hoffmann, produit par J. & J. Kohn, incarne, avec ses motifs géométriques ajourés et ses formes plates, le style sécessionniste si caractéristique de la marque. Le dernier catalogue J. & J. Kohn, publié en 1916, deux ans après la fusion avec Mundus, un autre fabricant de mobilier, présente plus d'un millier de modèles vendus par les succursales de la société en Allemagne, Belgique, Pologne, Suisse et Amérique. En 1922, Kohn-Mundus est absorbée par la société Thonet et dès 1932, le nom de Kohn n'apparaît déjà plus dans celui de la nouvelle société.

▶ **Koloman Moser**, Vitrine en bois cintré et verre pour J. & J. Kohn, vers 1905

Jurriaan Jurriaan Kok étudie l'architecture à l'Ecole polytechnique de Delft avant de rejoindre, à La Haye, l'agence d'architecte de D. P. van Ameijden van Duym, qui dessine notamment des porcelaines pour la fabrique Rozenburg. Grâce à ses relations avec Ameijden van Duym, Kok devient, vers 1893, conseiller artistique de la fabrique Rozenburg dont il reprend un an plus tard la direction. Avant Kok, Theodorus A. C. Colenbrander (1841–1930), responsable du design chez Rozenburg, avait introduit des motifs ornementaux abstraits inspirés de batiks javanais sur les porcelaines. Durant le mandat de Kok, les décors deviennent plus naturalistes, même si l'influence indonésienne perdure. En 1899, Kok invente la porcelaine fine dite «coquille d'œuf» à laquelle Rozenburg doit sa notoriété. A l'Exposition Universelle de Paris, en 1900, la fabrique présente ses collections aux motifs floraux et animaliers influencés par l'**Art nouveau**. Elles sont très vivement saluées par la critique. En 1900, la Haagsche Plateelbakkerij Rozenburg, ayant obtenu une accréditation royale, prend le nom de Koninklijke Porselein-en-Aardewerkfabriek Rozenburg. Kok demeure le directeur de la société jusqu'en 1913, date à laquelle il devient responsable des marchés de travaux publics de La Haye.

Jurriaan Jurriaan Kok

1861 Rotterdam
1919 La Haye

▲ Vases en porcelaine «coquille d'œuf» à décors polychromes pour Rozenburg, 1901–1903

Henning Koppel

1918 Copenhague
1981 Copenhague

▶ Carafe à vin en argent, modèle n° 978, pour Georg Jensen, 1948

▼ Carafe en argent, modèle n° 992, pour Georg Jensen, 1952

Henning Koppel étudie le dessin avec Bizzie Høyer à Copenhague en 1935–1936 et la sculpture avec Anker Hoffmann à l'Académie Royale Danoise des Beaux-Arts de Copenhague, en 1936–1937. Il fréquente ensuite un an l'Académie Ranson, à Paris, où il est clairement influencé par les courants de la sculpture d'**avant-garde**. Koppel passe la Seconde Guerre mondiale à Stockholm où il travaille pour Orrefors et Svenskt Tenn et crée des bijoux d'or et d'argent. Il retourne ensuite au Danemark et entame avec l'orfèvre **Georg Jensen** une collaboration qui durera jusqu'à sa mort en 1981. A partir de 1961, Koppel crée des céramiques sculpturales comme le service *Form 24* (1962) pour le porcelainier Bing & Grøndahl, ainsi que des horloges et des luminaires pour Louis Poulsen, des verreries pour Orrefors et même des timbres-poste. Ce sont cependant ses belles créations d'argenterie pour Georg Jensen qui forgent sa réputation internationale. S'inspirant des sculptures abstraites de Hans Arp (1887–1966) et de Constantin Brancusi (1876–1957), Koppel crée des bijoux biomorphiques en argent, comme son bracelet modèle n° 89 (1946) si précurseur et d'une étonnante plasticité. Les créations de Koppel, pourtant fidèle aux traditions artisanales qui ont fait le renom du Danemark (le pichet à vin modèle n° 978 de 1948 et son plat à poisson de 1954, par exemple), montrent une inspiration organique foncièrement moderne. Il commence par dessiner ses créations à l'encre avant de les modeler en argile, ce qui lui permet d'améliorer les lignes sous tous les angles avant de réaliser l'objet en argent. Ses couverts *Caravel* de 1957 ont introduit des formes expressives dans les collections de Georg Jensen. Koppel a remporté trois médailles d'or à la Triennale de Milan (en 1951, 1954 et 1957) et a été lauréat du Prix Lunning en 1953.

Yrjö Kukkapuro
1933 Yiipuri, Finlande
2025 Kauniainen, Finlande

Yrjö Kukkapuro étudie à l'Institut des Arts Industriels d'Helsinki où il obtient son diplôme de décoration intérieure en 1958. Un an plus tard, il ouvre son propre studio à Kauniainen et dessine des meubles fonctionnalistes. Son travail montre l'influence très perceptible de son ex-professeur Ilmari Tapiovaara (1914–1999), un pionnier des meubles en kit. La forme ergonomique de l'ingénieux fauteuil *Karuselli* (Carousel), de 1965, a semble-t-il été inspirée à Kukkapuro par l'empreinte de son corps dans une épaisse couche de neige. En 1978, il conçoit le fauteuil de bureau plus sobre *Fysio*, dont la forme est déduite de données anthropométriques. Kukkapuro est professeur au Taideteollinin Korkeakoulu (Institut de Technologie) d'Helsinki de 1974 à 1980 et recteur de cette institution de 1978 à 1980. Avec l'ascension du **Post-Modernisme** dans les années 1980, ses créations deviennent plus expressives (voir ses chaises *Experiment* de 1982–1983) et il déclare: «Le Post-Modernisme nous a une fois de plus inoculé cet élément vital que les Français appellent joie de vivre.» Les créations de Kukkapuro, initialement fabriquées par Haimi, sont produites à partir de 1980 par Avarte, une entreprise exclusivement vouée à leur fabrication.

▶ Fauteuil Club *Karuselli* pour Haimi, 1965

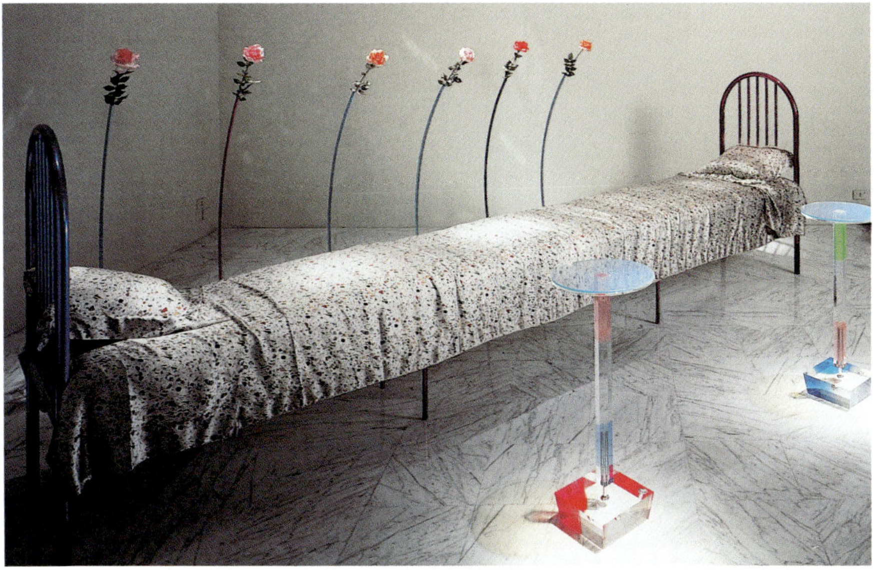

Shiro Kuramata étudie l'architecture au Lycée Technique Municipal de Tokyo, dont il sort en 1953. Il travaille un an pour le fabricant de meubles Teikokukizai et suit l'enseignement du département de design vivant de l'Institut du Design Kuwazawa, dont il est diplômé en 1956. Les sept années suivantes, Kuramata travaille au studio de design San-Ai du grand magasin Maysuya de Tokyo où il se consacre au design d'objets de grande consommation. En 1965, il fonde à Tokyo sa propre agence, le studio de design Kuramata et il aménage des intérieurs pour plus de trois cents bars et restaurants, dont le Judd Club (1969). Il crée également des meubles où son minimalisme japonais se tempère d'un zeste d'ironie occidentale. Il reçoit le Mainichi Design Award en 1972 et devient consultant du conseil d'administration de Mainichi en 1975. Ses extraordinaires *Drawers in an Irregular Form* (meubles à tiroirs de formes irrégulières), de 1977, sont l'une de ses premières créations à lui apporter une reconnaissance internationale. Dans les années 1980, il utilise des matériaux inhabituels comme la résine acrylique et la résille d'acier dans ses meubles poétiques et extrêmement originaux dotés de remarquables qualités spatiales, comme les fauteuils *How High The Moon* (1986) et *Miss Blanche* (1988). Les noms de ces créations illusionnistes en forme de clins d'œil à la culture occidentale renvoient à un morceau de jazz de Duke Ellington et à un personnage de la pièce de Tennessee Williams, *Un Tramway Nommé Désir*. En 1981, Kuramata reçoit le Prix Culturel Japonais du Design et crée, au cours

Shiro Kuramata

1934 Tokyo
1991 Tokyo

▲ Intérieur dans l'exposition « Il Dolce Stile Nuovo della Casa », organisée au Palais Strozzi à Florence en 1991 (lit *Laputa*, tables *Placebo* et vases *Ephemera* pour Cappellini, 1991)

▶ Fauteuil
How High the Moon
pour Kurosaki, 1986
(réédité par Vitra)

▶▶ Commode
Furniture in Irregular Forms pour Fujiko, 1970 (réédité par Cappellini)

des six ans qui suivent, plusieurs modèles pour **Memphis**, dont ses tables *Kyoto* (1983) en ciment et verre et *Sally* en métal et mosaïque de verre (1987). Ces meubles sont plus raffinés et d'une esthétique plus sobre que ceux que diffuse en général le fabricant italien. Dans les années 1980, Kuramata réaménage les boutiques Issey Miyake à Tokyo (1986), Paris (1984) et New York (1987) et repense la décoration intérieure du magasin Seibu de Tokyo. Il achète une maison à Paris en 1988 (conçue par **Robert Mallet-Stevens** pour Joël et Jan Martell) et ouvre un bureau de design rue Royale à Paris. Les meubles de Kuramata ont été fabriqués par de nombreuses sociétés dont **Vitra**, Cappellini, XO, Fijiko, Ishimaru, Mhoya Glass Shop, Aoshima Shoten et Kurosaki.

René Lalique

1860 Ay, France
1945 Paris

Lalique quitte le lycée Turgot en 1876, à seize ans, et effectue son apprentissage chez Louis Aucoc, un grand orfèvre parisien avant de suivre l'enseignement de l'Ecole des Arts Décoratifs de Paris. Il passe ensuite deux ans en Angleterre, où il complète sa formation au Sydenham College, à Londres. A son retour à Paris en 1880, il travaille brièvement pour le joaillier Petit Fils avant de créer son propre atelier avec M. Varenne, un ami de la famille. Il crée en indépendant des bijoux pour Cartier, Boucheron, Destape et Aucoc, dessine des papiers peints et des textiles et étudie la sculpture avec Lequien. En 1886, un an après avoir été nommé responsable de l'atelier de bijouterie de Jules Destape, Lalique le rachète. Cet atelier qui sous-traite des commandes de grands bijoutiers déménage à deux reprises dans des locaux plus spacieux et, à partir de 1894, Lalique expose régulièrement son travail dans les Salons d'artisanat d'art. Prenant le contre-pied résolu du goût de l'époque pour les pierres précieuses et ostentatoires et les montures discrètes, les bijoux de Lalique, conçus comme des objets d'art, privilégient les pierres semi-précieuses, ivoire, corne et émaux. Dans les années 1890, Lalique réalise plusieurs bijoux pour l'actrice Sarah Bernhardt (1844–1923) et présente ses créations dans la Maison de l'Art nouveau, le magasin de **Siegfried Bing**. Il développe par la suite son travail sur verre gravé transparent ou coloré en bijouterie et présente le résultat de ses recherches à l'Exposition Universelle de Paris (1900) où il est salué par une critique enthousiaste. Stimulé par ce succès, Lalique ouvre un petit atelier de verre à Clairefontaine en 1902 et cinq ans plus tard reçoit du parfumeur François Coty une commande de flacons de parfum qui sont fabriqués dans l'atelier Legras et Cie. En 1909, Lalique achète

▶ Vase *Pierrefonds* pour René Lalique et Cie., 1926

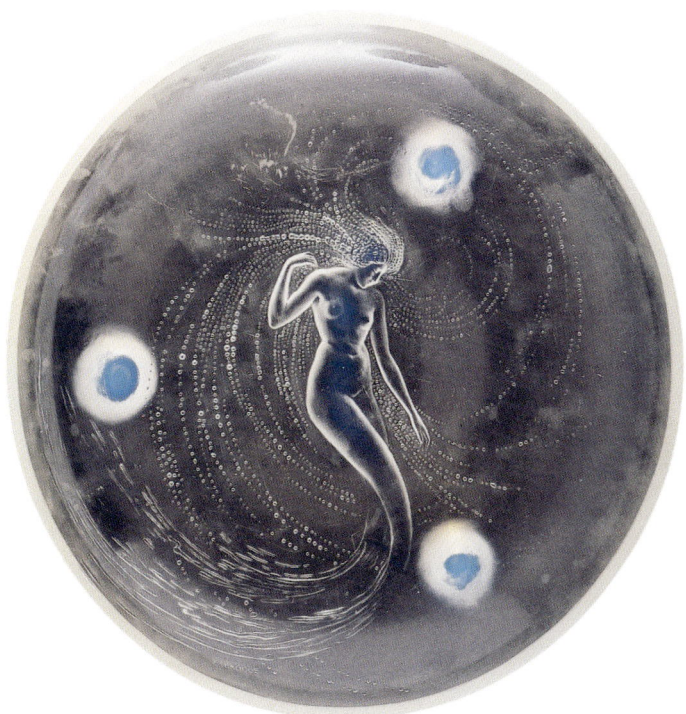

◄ Plat opalescent *Sirène* pour René Lalique et Cie., 1920

les Verreries de Combs-la-Ville, en Seine-et-Marne, pour y faire fabriquer les flacons de parfum de ses clients, dont Worth et Roger & Gallet. Il acquiert ensuite à Wingen-sur-Moder, en Alsace, une seconde usine, beaucoup plus grande que la première où il fait fabriquer ses modèles selon des techniques industrielles modernes. Il met au point une presse qui lui permet de réaliser des hauts-reliefs moulés, outre les techniques plus traditionnelles comme la fonte à la cire perdue et le soufflé-moulé. Le style des verreries de Lalique sera successivement d'inspiration **Art nouveau**, avec des créations délicates et naturalistes, puis **Art déco**, avec des pièces plus massives et extrêmement stylisées. Bien qu'il ait utilisé de nombreux coloris pour ses plats, bibelots, boutons, luminaires, etc., Lalique doit l'essentiel de sa notoriété à ses verreries opalescentes abondamment copiées mais jamais égalées par les autres fabricants. L'usine doit fermer en 1937 mais la société est rouverte en 1945 par Marc, le fils de René Lalique.

▶ Verres *Tulpan* (tulipe) pour Orrefors, 1956

Nils Landberg
1907–1991

Nils Landberg étudie au Konstindustrieskolen de Göteborg de 1923 à 1925 avant de suivre avec son compatriote **Sven Palmqvist** une formation de deux ans dans la nouvelle école de gravure d'Orrefors Glasbruk. Landberg étudie ensuite en Italie et en France avant de retourner en Suède où il travaille comme graveur et devient l'assistant d'Edward Hald (1883–1980). Vers 1935, il crée ses propres modèles pour la société et devient membre de son équipe de design intégré. Ses verreries gravées de cette période sont présentées à Paris, à l'Exposition Internationale des Arts et Techniques dans la Vie Moderne et à l'Exposition Internationale de New York en 1939. Dans les années 1950, Landberg crée des formes abstraites et discrètes en verre transparent ou délicatement teinté. Dans ces pièces, il pousse à ses limites les possibilités d'extension du matériau, ce qui confère à ses créations une vigoureuse tension interne. Le célèbre verre *Tulpan* (1956) au pied effilé, soufflé d'un seul tenant, reçoit une médaille d'or à la XIe Triennale de Milan en 1957. Il dessine aussi de la vaisselle de table et des luminaires ainsi que des portes et des fenêtres décoratives. Landberg démissionne d'Orrefors en 1972 et, quatorze ans plus tard, le musée d'Orrefors consacre une rétrospective à son œuvre.

◄ Chaise *Flex 2000* pour Thonet, 1973–1974

Gerd Lange étudie à la Werkkunstschule d'Offenbach sur le Main de 1952 à 1956 et aménage intérieurs et expositions durant cinq ans tout en travaillant comme designer industriel. En 1964, il ouvre à Kapsweyer son propre atelier-studio spécialisé dans la réalisation de meubles et luminaires sur commande. Lange dessine des meubles pour Thonet, dont la chaise multifonctionnelle *Flex 2000* (1973–1974) et la chaise empilable *Thonet-Cut* (1985). A partir de 1964, il expose son travail chaque année à l'exposition « Die Gute Industrieform » de Hanovre et, en 1969, reçoit deux prix Gute Form (la Bonne Forme) pour ses créations de sièges. Outre les chaises démontables de sa gamme *Farmer* (1966) qui comprend une chaise, une table, un lit et une penderie pour Wilhelm Bofinger (Stuttgart), Lange dessine aussi des meubles pour Drabert et Schlapp ainsi que des luminaires pour Staff et **Kartell**. En 1970, une exposition rétrospective de son travail est organisée par le Rat für Formgebung (Conseil du Design) à Darmstadt. Sa capacité à allier inventivité technique et simplicité formelle explique pour une grande part le succès des meubles de Lange.

Gerd Lange

Né en 1931 Wuppertal, Allemagne

Jack Lenor Larsen

1927 Seattle, Washington
2020 New York

Jack Lenor Larsen étudie l'architecture et le design de mobilier à l'université de Washington, Seattle, et à l'université de Californie du Sud, Los Angeles, dont il est diplômé en 1950. Il suit aussi des cours de tissage et, en 1949, ouvre un atelier de tissage à Seattle. Après un an d'études à l'**Académie de Cranbrook**, Michigan, où il obtient une maîtrise d'arts plastiques, il s'installe à New York où il ouvre un atelier en 1951. Il obtient sa première commande, des tentures murales pour le cabinet d'architectes Skidmore, Owings et Merrill (Lever House), New York, en 1952. A cette époque, Larsen commence aussi à concevoir des textiles tissés mécaniquement qui semblent tissés main. Ces tissages ingénieux font date et seront abondamment copiés. En 1953, il monte Jack Lenor Larsen Inc. et, à partir de 1956, utilise des métiers mécaniques pour fabriquer ses tissus. Deux ans plus tard, il crée le Larsen Design Studio dont il confie la direction à Win Anderson. Larsen devient aussi consultant au Département d'Etat américain sur la question du tissage végétal au Vietnam. Il ouvre des succursales de Jack Lenor Larsen Inc. à Paris, Zurich et Stuttgart, à la fin des années 1960, et rachète en 1972 Thaibok Fabrics à Bangkok. Il crée un département tapis en 1973 et mobilier en 1976. Pendant cinquante ans, Larsen a été à l'origine de nombreuses innovations, dont les tissus d'ameublement en velours imprimé ou stretch, et une gamme de tissus pour rideaux à chaine monofibre Saran. Il a aussi conçu et réalisé de nombreuses collections textiles qui « maintiennent la grande tradition du luxe ». L'inventivité technique de Larsen et son succès comme fabricant ont fait de lui un des stylistes textiles les plus influents du monde.

▶ Tissu *Magnum* pour Jack Lenor Larsen Inc., 1970

Carl Larsson étudie à l'Académie des Beaux-Arts de Stockholm où il suit des cours d'arts plastiques. Encore étudiant, Larsson donne des caricatures à la revue *Kasper* et des illustrations au journal *Ny Illustread Tidning*. Il part pour Paris en 1877 et, en 1882, s'installe avec d'autres peintres suédois à Grez où il peint des aquarelles dont le sens narratif se teinte de réalisme poétique. En 1879, il rencontre l'artiste suédoise Karin Bergöö qu'il épouse en 1883. Dans les années 1880, Larsson rejoint le groupe d'artistes suédois Opponents et travaille comme illustrateur. En 1888, le père de Karin donne à la famille Larsson une petite maison (Lilla Hyttnäs dans la ville de Sundborn) que les Larsson utilisent comme résidence d'été jusqu'en 1901, date à laquelle ils s'y installent définitivement. Dès lors, cette maison devient le centre de leur vie. Karin la décore dans un style «populaire» simple (murs chaulés et meubles encastrés, sols en bois, tissus brodés), tandis que Carl représente leur vie quotidienne et leurs sept enfants dans ses aquarelles. Ses études stylisées aux couleurs vives qui rendent l'atmosphère idyllique, campagnarde et insouciante de leur vie sont reproduites dans l'album *Ett Hem* (Notre Maison, 1899) qui se propose de «réformer le goût et la vie de famille». Le prosélytisme des Carlsson en faveur d'un mode de vie simple et autosuffisant marquera profondément le goût domestique scandinave et allemand.

Carl Larsson
1853 Stockholm
1919 Sundborn, Suède

▲ Aquarelle de l'atelier de Carl Larsson, illustrée dans son ouvrage *Ett Hem* (Notre Maison) publié en 1899

Le Corbusier

1887 La Chaux-de-Fonds, Suisse
1965 Roquebrune-Cap-Martin

Charles-Edouard Jeanneret étudie la gravure sur métaux à l'Ecole d'Arts Appliqués de la Chaux-de-Fonds, Suisse, où son professeur, Charles L'Eplattenier l'incite à apprendre l'architecture. Il construit sa première maison, la Villa Fallett, en 1905, pour un professeur de l'école. Après avoir visité l'Italie, Vienne et Budapest, il s'installe à Paris en 1908 et travaille dans l'agence architecturale d'Auguste Perret (1874–1954), un pionnier du béton armé. Le Corbusier y rencontre Wolf Dohrn, le directeur des **Dresdener Werkstätten für Handwerkskunst**, ainsi que le théoricien allemand du design Hermann Muthesius (1861–1927) et **Peter Behrens**, l'architecte et designer industriel allemand. Il travaille un an dans l'agence berlinoise de Behrens, où il acquiert une précieuse expérience. En 1911, il retourne en Suisse pour enseigner deux ans à l'Ecole des Arts Appliqués de la Chaux-de-Fonds. Il développe aussi un concept de maison préfabriquée en béton armé, la maison *Dom-ino* (1914–1915) et réalise la villa Schwab à La Chaux-de-Fonds (1916). Charles-Edouard Jeanneret s'installe à Paris en 1917 et adopte vers 1920 le pseudonyme «Le Corbusier». Sous l'influence du peintre Amédée Ozenfant (1886–1966), il développe une nouvelle conception de la peinture, le «Purisme» et ils publient ensemble en 1918 un manifeste intitulé *Après le Cubisme, le Purisme*. Les deux années suivantes, Le Corbusier édite la revue *L'Esprit Nouveau* à laquelle il donne de nombreux articles. Il y expose son amour pour l'architecture grecque classique et son attirance pour le concept de machine. Ces articles qui font date sont réunis en recueil sous le titre *Vers une architecture* (1923). Le Corbusier, qui souhaite industrialiser les logements populaires, développe un système d'unités d'habitation, les maisons Citrohan (1920–1922). Il exécute aussi des plans pour une cité utopique de gratte-ciel standardisés, «la Cité contemporaine pour trois millions d'habitants» (1922), qui sont présentés au Salon d'Automne de 1922. La même année, Le Corbusier et son cousin, l'architecte **Pierre Jeanneret**, fondent une agence d'architecture rue de Sèvres, à Paris, et réalisent plusieurs résidences privées et immeubles d'habitation. Pour l'Exposition Internationale des Arts Décoratifs, Le Corbusier dessine le Pavillon de l'Esprit Nouveau, unité-témoin d'un immeuble d'appartements à venir. Cette réalisation lui attirera autant d'éloges que de critiques, ces dernières conduisant finalement Le Corbusier et d'autres à quitter la conservatrice Société des Artistes Décorateurs pour fonder l'Union des Artistes Modernes (UAM) en 1929. Dans le concept de «machine à habiter», forgé par Le Corbusier, les meubles fonctionnels deviennent des «équipements de l'habitation». Cette préoccupation le conduit à dessiner un mobilier, toujours en acier tubulaire, en collaboration avec Pierre Jeanneret et **Charlotte Perriand**, qui a rejoint l'agence en 1927. Apparus pour la première fois en 1928, ces meubles modernes prémonitoires, dont le fauteuil

▶▲ **Le Corbusier, Pierre Jeanneret & Charlotte Perriand**, chaise longue, modèle n° *B306*, pour Thonet et Embru, 1928

▶▼ Illustration extraite du Catalogue Thonet montrant la chaise longue, modèle n° *B306*, en position inclinée

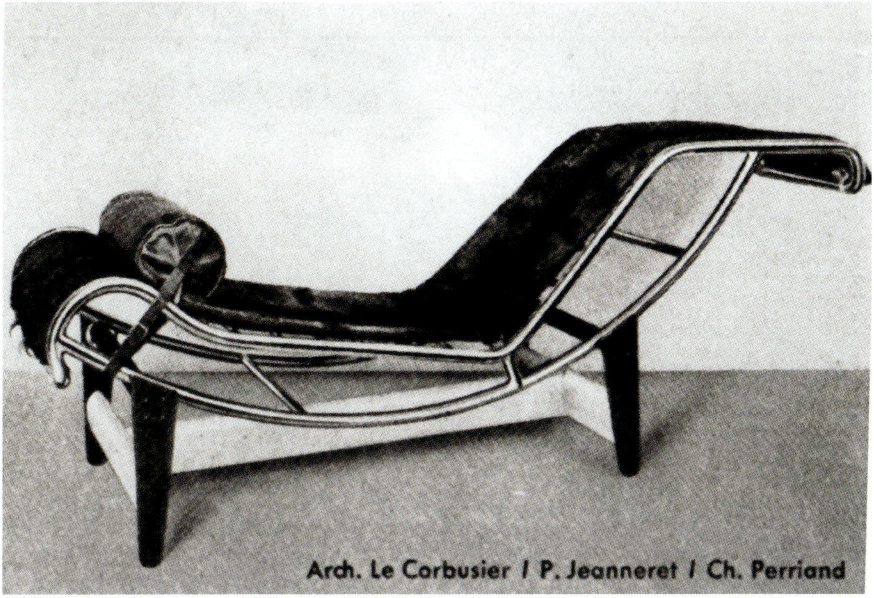

Arch. Le Corbusier / P. Jeanneret / Ch. Perriand

Basculant n° B301 (vers 1928), la chaise longue n° B306 (1928) et le fauteuil-club *Grand Confort* n° *LC2*, expriment une nouvelle pureté esthétique et personnifient le **Style International**. A la fin des années 1920 et dans les années 1930, Le Corbusier se consacre à ses projets architecturaux, dont sa célèbre Villa Savoye de Poissy (1928–1931), la Cité du Refuge, Paris (1930–1933), le Pavillon Suisse de la Cité Universitaire, Paris (1930–1931), et des concepts d'architecture utopique comme le plan d'urbanisme de la Ville Radieuse (1935). Ces projets d'une modernité intransigeante ont eu une énorme influence sur l'évolution de l'architecture, surtout en ce qui concerne les immeubles de bureaux et les zones à forte densité d'habitation. Dans les années 1950, Le Corbusier s'éloigne du formalisme du Style International et adopte un langage plus libre et plus expressif. Il montre son intérêt croissant dans

◂ **Le Corbusier, Pierre Jeanneret & Charlotte Perriand**, fauteuil club, modèle n° *LC2 Grand Confort*, pour Thonet, 1928

▾ **Le Corbusier, Pierre Jeanneret & Charlotte Perriand**, canapé, modèle n° *LC2*, 1928 (réédité par Cassina)

le potentiel sculptural du béton avec son Unité d'Habitation, un programme de logements sociaux à Marseille (1946–1952) et la chapelle Notre-Dame-du-Haut de Ronchamp (1950–1955). Le Corbusier est l'un des plus importants architectes et théoriciens du design et son engagement en faveur du formalisme géométrique aura eu un retentissement considérable. Paradoxalement, le discrédit du **Mouvement Moderne** est pour une grande part dû aux immeubles de style Le Corbusier – pour la plupart d'une médiocre qualité de construction – et à l'insatisfaction des habitants dont ils prétendaient faire le bonheur.

▲ **Le Corbusier, Pierre Jeanneret & Charlotte Perriand**, appartement-atelier au Salon d'Automne, Paris 1929

◄ **Le Corbusier, Pierre Jeanneret & Charlotte Perriand**, fauteuil *Basculant*, modèle n° *B301*, pour Thonet, 1928 (réédité par Cassina)

Yonel Lébovici, créateur parisien, fut l'auteur de luminaires extrêmement originaux. Sa première lampe de table *Satellite* (1965), éditée à vingt exemplaires, reflète l'obsession des années 1960 pour l'ère spatiale. Bien que très futuriste dans ses formes, cette lampe rappelle aussi les sculptures antérieures en acrylique et nylon de Naum Gabo (1890–1977). Diffusant la lumière à partir d'une sphère centrale qui procure une lumière chaude, la lampe est entourée d'épais disques articulés de résine acrylique projetant une auréole brillante. La résine acrylique est aujourd'hui un matériau banal, abondamment utilisé pour les enseignes de boutiques, mais Lébovici fut l'un des premiers à exploiter ses possibilités dans la création de luminaires. Ses modèles de la gamme *Soucoupe* (1970), inspirés de soucoupes volantes, en version courante ou en suspension, fonctionnent plus comme des sculptures lumineuses que comme des solutions pratiques. Lébovici est aussi l'auteur de plusieurs objets de design «hors contexte» et surdimensionnés comme sa sculpture lumineuse *Epingle de sûreté* (1975) influencée par le Pop Art. Dans les années 1980, il continue à explorer des formes et des matériaux insolites. Pour sa lampe *Phototaxie* (1984), par exemple, il oppose un pied pyramidal en bois exotique à des disques de métal nickelé perforés. L'exposition «Lumières» au Centre Georges Pompidou à Paris, 1985, a présenté de nombreux luminaires de Lébovici. Il a aussi créé des lampes, des verreries et du mobilier pour Cardin, le Club Méditerranée, Jansen et Lancel. Typiquement françaises par leur sophistication et leur subversion, les créations séduisantes de Lébovici, éditées en tirage limité, sont aujourd'hui activement recherchées par les collectionneurs.

Yonel Lébovici

1937 Paris
1998 Paris

◄ Lampe *Satellite*, 1965

▼ Lampadaire *Soucoupe*, 1970

Pierre-Émile Legrain

1889 Levallois-Perret, France
1929 Paris

Après des études secondaires au Collège Sainte-Croix de Neuilly, Pierre-Emile Legrain étudie la peinture, la sculpture et la scénographie à l'Ecole des Arts Appliqués Germain-Croix à Paris. En 1908, il réalise quelques illustrations pour les magazines satiriques de **Paul Iribe**, *Le Mot, Le Témoin, La Baïonnette* et *L'Assiette au Beurre*. Legrain intègre le studio d'Iribe, où il demeure jusqu'en 1914, collaborant à de multiples projets, dont la décoration de l'appartement du couturier Jacques Doucet, avenue du Bois (aujourd'hui avenue Foch), et celle de son studio de Neuilly. Legrain et Iribe dessinent ensemble des bijoux pour Robert Linzeler et des modèles de robes pour Paquin. Legrain excelle particulièrement dans la conception de reliures et, en 1917, Doucet lui commande un ensemble de reliures pour les premiers tirages d'auteurs contemporains (André Gide, Paul Claudel, Francis Jammes et André Suarès) qu'il vient d'acquérir. Doucet collabore à ce travail avec Legrain et ces livres sont présentés au Salon de la Société des Artistes en 1919. Legrain travaille aussi pour l'atelier du relieur René Kieffer et réalise des reliures exquises ornées de motifs géométriques dans des matériaux exotiques – chagrin, nacre. Il crée des décorations intérieures et des chaises inspirées de l'art africain typiquement **Art déco**. En 1925, Legrain aménage l'intérieur de la villa Doucet à Neuilly, vitrine de l'art et du design contemporain dans laquelle on peut admirer des meubles d'**Eileen Gray**, de Paul Iribe, de Marcel Coard (1889–1975) et d'André Groult (1884–1967) ainsi que des œuvres d'Henri Matisse (1869–1954), de Pablo Picasso (1881–1973) et d'Amedeo Modigliani (1884–1920). Legrain, membre du Groupe des Cinq, rejoint l'UAM (Union des Artistes Modernes) en 1929. A l'époque de sa mort, il a réalisé environ 1300 reliures et, à lui seul, a complètement renouvelé cet artisanat traditionnel.

▼ *Tabouret Ashanti*, vers 1922

◀ Coiffeuse et tabouret pour l'atelier Jules-Emile Leleu, 1929–1930

Jules-Émile Leleu
1883 Boulogne-sur-Mer
1961 Paris

En 1901, Jules-Emile Leleu et son frère Marcel reprennent la direction de la société de peinture familiale et commencent à travailler comme décorateurs. Vers 1918, Leleu fonde son propre atelier de décoration et d'ébénisterie à Paris où ses créations d'esprit **Art déco** s'apparentent à celles de Jacques-Emile Ruhlmann, de Louis Süe et de la Compagnie des Arts Français d'André Mare. Les formes des premières créations de Leleu, de style néoclassique, sont élégantes mais massives. Vers le milieu des années 1920, ses meubles, allégés, mêlent souvent bois exotiques, chagrin et ivoire. Il reçoit de nombreuses commandes pour des ambassades, des bâtiments administratifs et des résidences royales. Durant les années 1930, la ligne et la structure des meubles de Leleu se simplifient. Son projet d'aménagement de l'hôtel Nord-Sud à Calvi, Corse (1931), est présenté à l'importante exposition «The **International Style**: Architecture since 1922» organisée au **Museum of Modern Art de New York** en 1932. Sa décoration des salons de réception du Palais de l'Elysée, en 1937, constitue sa première réalisation vraiment moderne. Dans nombre de ses projets de décoration, Leleu collabore avec Edgar Brandt (1880–1960), Jean Dunand (1877–1942) et André Lurçat (1894–1970). Il a aussi aménagé et meublé plus de vingt paquebots.

▲ Tissu *Tulip* pour Liberty & Co., vers 1905

Liberty & Co
Fondé en 1875
Londres

Arthur Lasenby Liberty (1843–1917) effectue son apprentissage chez John Weekes, un marchand de nouveautés de Baker Street, Londres, avant de travailler à partir de 1862 chez Farmer & Rogers' Great Shawl and Cloak Emporium dans Regent Street. En 1864, Liberty est nommé directeur de Farmer & Rogers' Oriental Warehouse qui commercialise des ustensiles et bibelots importés d'Extrême-Orient et devient la Mecque des artistes affiliés au **Mouvement Esthétique**. Après une décennie de gestion de ce magasin extrêmement prospère, Liberty se voit refuser une association dans le capital de la société et décide de fonder son propre magasin. Il acquiert un local au 218 Regent Street et baptise avec emphase l'immeuble, de style Tudor, East India House (Maison des Indes Orientales). Le magasin qui ouvre en mai 1875 avec seulement trois employés, ne vend au début que des soieries teintes orientales. Des artistes et des designers comme **William Morris**, Lawrence Alma-Tadema (1836–1912) et Edward Burne-Jones (1833–1898) fréquentent ce lieu où l'on trouve bientôt des bouddhas, des objets en laque, en cloisonné, des Satsumas et des éventails japonais. Dans les années 1880, le magasin Liberty diversifie ses collections et accueille des marchandises chinoises, indiennes, perses (Iran actuel) et indonésiennes. A la même époque la société vend aussi ses propres textiles, teints de «couleurs artistiques», et des imprimés qui reprennent des motifs indiens anciens ou sont dessinés par des stylistes contemporains comme **Charles Voysey**. Ils sont imprimés à la planche dans l'usine de Liberty à Merton Abbey. En 1883, Arthur Lasenby Liberty ouvre une boutique de vêtements à Chesham House dans Regent Street, dont il délègue la direction à **E. W. Godwin**. Il crée aussi un nouvel atelier de décoration et d'ameublement confié aux soins de Leonard F. Wyburd, d'où sortent dans les années 1880 et 1890, des accessoires de style mauresque et des meubles Arts & Crafts vernaculaires, dont la gamme *Athelstan*. Liberty & Co. devient aussi célèbre pour ses lignes *Cymric* et *Tudric*, œuvre d'**Archibald Knox**, déclinant bijoux et ustensiles d'argent et d'étain, et pour ses tapis dûs principalement au **Silver Studio** et à Voysey. Parmi les autres designers travaillant pour Liberty, on retiendra **Christopher Dresser**, **Charles Rennie Mackintosh** et **Hugh Mackay Baillie-Scott**. La ligne de produits Liberty & Co. est diffusée par **Siegfried Bing** et sa «Maison de l'Art nouveau» à Paris et par Metz & Co. à La Haye. Son influence sur la propagation de l'**Art nouveau** en Europe continentale est telle que «Liberty» est devenu un terme générique pour désigner ce style (en Italie, notamment). Contrairement à beaucoup de représentants du **Mouvement Arts & Crafts**, Arthur Lasenby Liberty estimait essentiel d'adopter des méthodes de production mécanisées afin de concilier qualité et coût abordable et c'est l'application de cette théorie qui a assuré à Liberty & Co. le considérable succès commercial qui fut le sien.

▼ **George Walton** (attribuée à), chaise pour Liberty & Co., vers 1905

▶ Vase *Pongo*
pour Gustavsberg,
vers 1953

Stig Lindberg

1916 Umeå, Suède
1982 San Felice Circeo, Italie

Frederick Stigurd (Stig) Lindberg étudie à Jönköping et au Konstfackskolan de Stockholm. De 1937 à 1940, il travaille avec **Wilhelm Kåge** pour le fabricant de céramiques Gustavsberg où il crée de nombreuses pièces **Art déco** et au moins une pièce asymétrique qui annonce son style ultérieur marqué par une approche organique du design. Il étudie aussi au Danemark et à l'Académie Colarossi à Paris, une expérience dont il dira plus tard qu'elle fut décisive pour sa formation artistique. Les céramiques de Lindberg sont d'abord exposées au public à Stockholm en 1941 et, dans l'après-guerre, personnifient le Modernisme Scandinave. De 1945 à 1947, Lindberg dessine des verreries pour Maleras et des textiles pour Nordiska (à partir de 1947) tout en créant des illustrations de livres. En 1949, il succède à Wilhelm Kåge comme directeur artistique de Gustavsberg, et édite de nouvelles gammes dont *Pongo* (1953). Lindberg crée aussi des faïences ornées de scènes peintes inspirées des peintures de Marc Chagall (1887–1985), qui sont fabriquées par Gustavsberg. En 1957, Lindberg démissionne de Gustavsberg pour enseigner au Konstfackskolan (1957–1970) tout en continuant à créer des verreries pour Holmegaard (1959–1960) et Kosta (1965). Il reprend ses fonctions chez Gustavsberg de 1971 à 1980.

◄ Cafetière, modèle n° *L16*, pour l'atelier de céramiques du Bauhaus (Weimar) à Dornburg, 1923

Otto Lindig suit des cours de dessin et de sculpture à Lichte, Thuringe, et poursuit ses études à l'Ecole d'Arts Appliqués de Weimar de 1913 à 1915, tout en travaillant comme assistant sculpteur à l'atelier Bechstein, Ilmenau. De 1915 à 1918, il parachève sa formation sous la direction de Richard Engelmann à l'Ecole Supérieure des Beaux-Arts de Weimar, après quoi il ouvre son propre atelier et, en 1919, s'inscrit au **Bauhaus**, toujours à Weimar. Il suit le cours préparatoire et effectue un apprentissage dans l'atelier de céramique à Dornburg. Sous son impulsion, le service commercial de l'atelier de céramiques du Bauhaus commence à créer des objets, fabriqués à la Aelteste Volkstedter Porzellanfabrik et à la Staatliche Porzellanmanufaktur de Berlin, qui allient travail artisanal et techniques de production en série. En 1926, il devient responsable de l'atelier de céramiques à la Staatliche Bauhochschule Weimar de Dornburg où il réalise des poteries à vernis semi-opaque aux formes simples et dépouillées. Après 1930, Lindig continue à créer des céramiques en dehors de l'atelier de Dornburg et il enseigne à l'Ecole Supérieure des Arts Appliqués de Hambourg de 1947 à 1960.

Otto Lindig

1895 Pössneck, Allemagne
1966 Wiesbaden, Allemagne

▶ Vase pour Kosta Boda, vers 1954

Vicke Lindstrand
1904 Göteborg, Suède
1983 Småland, Suède

Viktor Emanuel (Vicke) Lindstrand étudie le graphisme à la Svenska Slöjdförenings Skola, Göteborg, et, encore étudiant, donne des illustrations à deux journaux locaux. En 1928, il entame sa collaboration avec le verrier Orrefors pour lequel il imagine des modèles ornés de motifs gravés aux formes à la fois classiques et modernes. Ses créations sont présentées à la « Stockholmsutställningen » où elles remportent un très grand succès. Il dessine par la suite une fenêtre pour le Pavillon Suédois de l'Exposition Internationale des Arts et Techniques dans la Vie Moderne (Paris, 1937) et une fontaine de verre pour l'Exposition Internationale de New York (1939). Son style devient plus doux et fluide et ses décors gravés plus rythmés. Tout en continuant à travailler pour Orrefors jusqu'en 1941, Lindstrand collabore aussi avec la Kariskrona Porslinsfabrik et Upsala-Ekeby dont il est directeur artistique à partir de 1943. Il crée ensuite son propre studio à Arhus qu'il anime durant vingt ans tout en assumant la responsabilité du design de la Verrerie Kosta Boda. C'est alors qu'il crée quelques-unes de ses pièces les plus sculpturales qui sont influencées par le travail de designers vénitiens contemporains comme **Fulvio Bianconi**. Les créations de Lindstrand sont toutefois plus sobres dans leur expression organique comme dans leur palette de couleurs.

Eliezer Markovitch (dit El) Lissitzky reçoit une formation d'architecte à l'Ecole Technique Supérieure de Darmstadt de 1909 à 1914 avant de poursuivre ses études à l'Ecole Polytechnique de Riga. En 1919, il est invité par Marc Chagall à enseigner les arts graphiques et l'architecture dans la nouvelle Ecole d'Art de Vitebsk où il devient membre du groupe UNOVIS fondé par **Kasimir Malévitch**. Il met au point son projet PROUN qui propose l'« échange » de l'architecture et de la peinture afin de créer un moyen d'expression plus puissant. Son prototype d'estrade pour orateur (1920), réalisé à Vitebsk, combine verre et poutres d'acier et intègre un ascenseur dans sa structure dynamique. En 1921, Lissitzky devient professeur aux **Vhutemas**, l'institution officielle du design soviétique, et participe à la « Erste Russische Kunstausstellung » (Première Exposition d'Art Russe) organisée à Berlin en 1922. Il publie le magazine plurilingue *Veshch-Objet-Gegenstand*. De 1922 à 1925, il enseigne en Suisse et en Allemagne et noue des liens étroits avec les constructivistes Russes membres de **De Stijl** et du **Bauhaus**. Après la réalisation de sa proposition architecturale la plus radicale, l'immeuble de bureaux « Wolkenbügel » (1924–1925) en collaboration avec **Mart Stam**, il retourne enseigner aux Vhutemas et réalise la section d'art abstrait du Staatliches Museum de Hanovre en 1927. Ses fauteuils pour la « Pressa Ausstellung » de Cologne (1928) et pour la « Hygiene Ausstellung » de Dresde (1930) traduisent l'influence du Bauhaus, de De Stijl et de Dada. Lissitzky dessine aussi le Pavillon Soviétique de l'Exposition Internationale de New York (1939). Il se consacre aussi bien à la photographie qu'à la typographie, aux arts du livre, au graphisme, à la décoration intérieure, et nombre de ses projets sont directement liés à la propagande communiste. La contribution la plus importante de Lissitzky reste cependant les liens noués entre le **Constructivisme** russe et l'**avant-garde** ouest-européenne.

El Lissitzky
1890 Smolensk, Russie
1941 Moscou

▼ Couverture du livre d'Alexander Tairoff *Das entfesselte Theater*, Potsdam, 1923

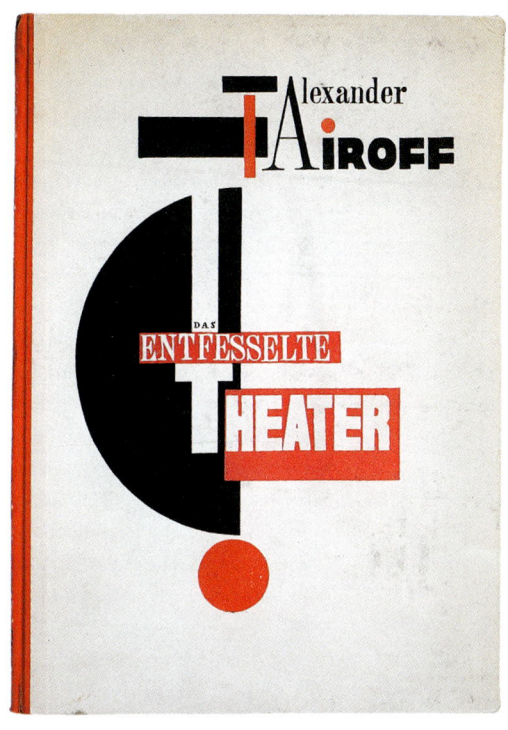

Josep Lluscà

Né en 1948
Barcelone

Josep Lluscà étudie le dessin industriel à l'Escola de Diseño Eina, Barcelone, et à l'Ecole des Arts et Métiers, Montréal. Dans les années 1970, il s'essaie à différentes formes de design avant de se consacrer au mobilier et aux luminaires. Nombre de ces premiers projets, inspirés de la sculpture contemporaine, d'**Antoni Gaudí** et du **Design Organique** des années 1950 ont été conçus pour Norma Europa. De 1985 à 1987, Lluscà est vice-président de l'ADI-FAD (Association des Designers Espagnols) et membre fondateur de l'ADP (Association des Designers Professionnels). Son élégant fauteuil *Andrea*, en fonte d'aluminium et contreplaqué, lancé par Andreu World en 1986, symbolise les meubles bien conçus et bien exécutés produits en Espagne dans les années 1980. Sa gamme de sièges *Lola* de 1989 est produite par Oken et sa lampe *Ketupa* (1989), dessinée en collaboration avec l'orfèvre Joaquín Berao, est éditée par Metalarte. Josep Lluscà, membre de la Commission du Design du gouvernement catalan, a reçu de nombreux prix dont le National Design Award, en 1990. Ses modèles à forte identité catalane comme la chaise longue *Faventia* (1992) et la chaise *BNC* (1988) pour Oken, ont été salués par la critique dans les nombreuses expositions où ils ont été présentés.

▲ Chaise longue
Faventia pour Oken,
1992

La Verrerie de Klostermühle est fondée en 1836 par Johann Baptist Eisner von Eisenstein. Elle est dénommée Glasfabrik Johann Loetz Witwe par le troisième propriétaire dont le petit-fils, Max Ritter von Spaun, reprend la direction de l'entreprise en 1879. Eduard Prochaska est nommé responsable de la fabrication. Von Spaun agrandit l'usine et élargit considérablement la gamme des produits. Il met au point de nouvelles techniques, des finitions métalliques et irisées qui sont brevetées par la société. Les lignes *Onyx* et *Octopus*, lancées en 1888, sont primées à l'Exposition Nationale Allemande d'Arts Appliqués. En 1889, Loetz reçoit un premier prix à l'Exposition Universelle et Internationale de Paris, et un an plus tard édite sa célèbre collection de verreries iridescentes *Karneol*. En 1890, la Verrerie emploie deux cents employés et revendeurs à Vienne, Berlin, Hambourg et Paris. Le stand Loetz de la World's Colombian Exposition, (Chicago, 1893) remporte encore un premier prix pour ses nouvelles lignes *Columbia*, *Pavonia*, *Persica*, *Alpenrot*, *Alpengrün* et *Kamelienrot*. Von Spaun lance les modèles *Papillon* et *Phenomenon* en 1899 et ses collections suivantes sont distinguées par un Grand Prix à l'Exposition Universelle de Paris en 1900. **Koloman Moser** et ses assistants travaillent pour Loetz, comme les designers de la **Wiener Werkstätte**, **Josef Hoffmann**, **Dagobert Peche**, **Otto Prutscher**, Hans Bolek (1890–1978), Leopold Bauer (1872–1938) et Carl Witzmann (1883–1952). De 1903 à 1914, la designer polonaise Marie Kirschner crée plus de deux cents objets en verre pour Loetz. Le fils de Von Spaun reprend la direction de la Verrerie en 1909 et Adolf Beckert en est nommé directeur artistique. Deux ans plus tard, l'entreprise est déclarée en faillite. Relancée, elle demeure active jusqu'à sa fermeture finale, peu après la Seconde Guerre mondiale.

Loetz
1836–1947
Klostermühle, Bohême

▼ Vase en verre iridescent, vers 1900

Raymond Loewy

1893 Paris
1986 Monaco

▶ Re-design du paquet de cigarettes Lucky Strike pour l'American Tobacco Company, 1942

▼ Couverture du *Time*, numéro du 31 octobre 1949

A l'âge de quinze ans, Raymond Loewy fabrique et fait voler un modèle réduit d'avion qui remporte la célèbre James Gordon Bennett Cup. Il étudie ensuite à l'université de Paris et à l'Ecole de Laneau où il obtient son diplôme d'ingénieur en 1918. Durant la Première Guerre mondiale, il sert dans l'armée française et après sa démobilisation, en 1919, part pour les Etats-Unis. A son arrivée à New York, Loewy porte encore son uniforme de l'armée française et n'a que cinquante dollars en poche. Il se fait d'abord engager comme étalagiste pour les grands magasins Macy's, Saks Fifth Avenue et Bonvit Teller avant de travailler comme illustrateur de mode pendant cinq ans à *Vogue*, *Harper's Bazaar* et *Vanity Fair*. Loewy ouvre un bureau de design industriel à New York en 1929 et dessine un boîtier pour la machine à dupliquer mise au point par Sigmund Gestetner. Il en exécute un modelage en argile pour créer une forme élégante, technique qu'il reprendra plus tard pour ses projets automobiles. Son projet de voiture *Hupmobile* s'écarte du style «boîte» dominant et la version de 1934, fuselée et dotée de phares intégrés dans la carrosserie, annonce les formes aérodynamiques qui le rendront célèbres. Le réfrigérateur *Coldspot* qu'il dessine en 1934 pour Sears Roebuck sera le premier appareil électro-ménager dont la publicité vantera l'élégance et la même année, le **Museum of Modern Art de New York**, présente une maquette de son bureau. A partir de 1935, Loewy se voit confier le réaménagement de grands magasins (dont Saks Fifth Avenue). Il conçoit aussi des modèles de locomotives aérodynamiques comme la *K4S* (1934), la *GG-1* (1934) et la *T-1* (1937). En 1937, il publie un ouvrage intitulé *The New Vision Locomotive*. Loewy repense la ligne des autocars Greyhound et dessine un étonnant modèle de voiture pour Studebaker, la *Champion* (1947) qui préfigure son modèle *Avanti*, au look européen, pour le même constructeur. Loewy devient du plus en plus célèbre grâce à son travail sur l'**identité visuelle** des sociétés, en particulier pour le nouveau paquet de cigarettes Lucky Strike (1942). Parmi ses autres clients: Coca-Cola, Pepsodent, National Biscuit Company, British Petroleum, Exxon et Shell. Il s'associe avec quatre autres designers et fonde Raymond Loewy Associates, qui s'agrandit en 1949 pour réaliser divers projets architecturaux et devient la Raymond Loewy Corporation. 1949 est aussi

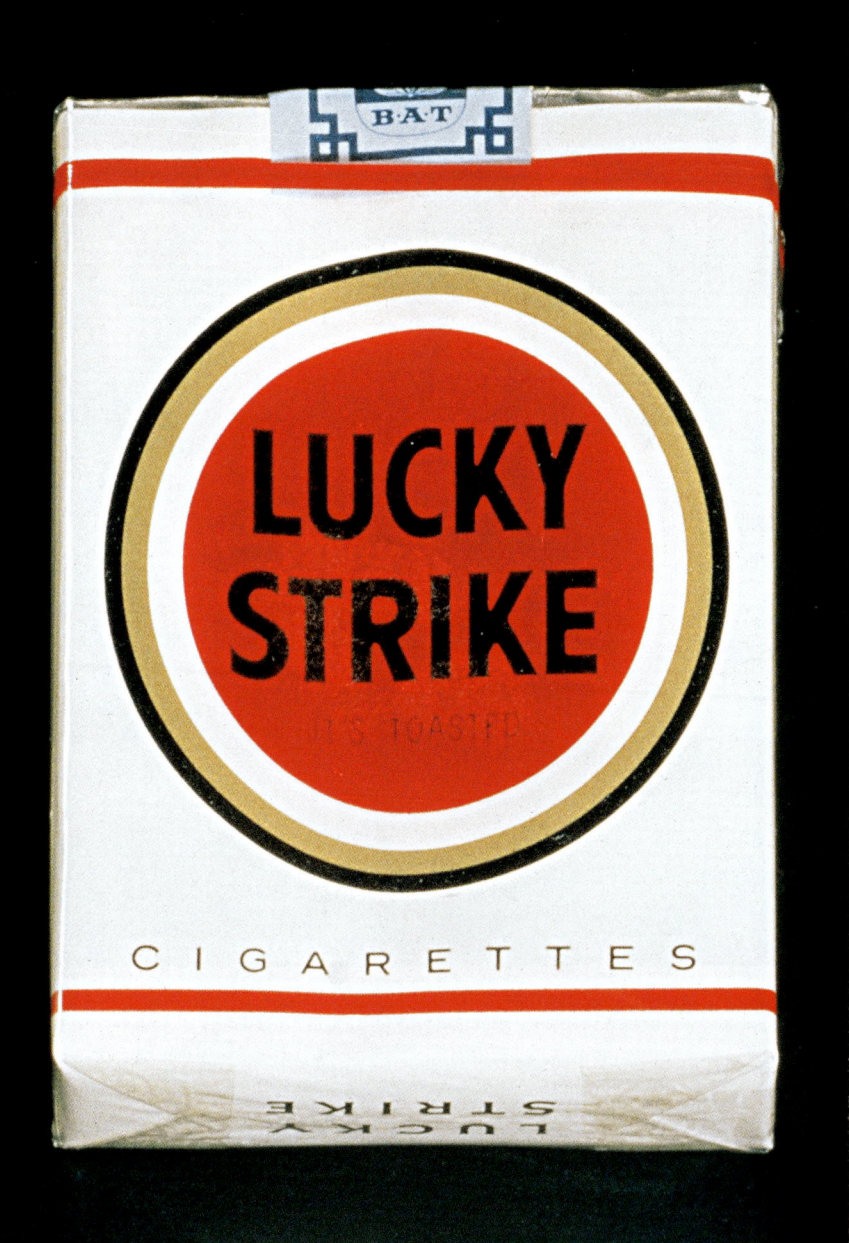

▲ **Raymond Loewy Associates**, service à café, modèle 2000 à motif *Patina,* pour Rosenthal, 1954

l'année où Loewy fait la une du magazine *Time*. Dans les années 1960 et 1970, consultant du gouvernement américain, il est responsable du « redesign » d'Air Force One, l'avion du président John F. Kennedy et de la cabine du vaisseau spatial Skylab (1969–1972) de la NASA. La philosophie du design de Loewy qu'il résume en une formule, «Très avancé mais acceptable », explique l'immense succès de ses produits. Peu de designers du XXe siècle ont été aussi influents et prolifiques que cet éminent pionnier du **Style Streamline**.

Adolf Loos étudie l'ingénierie du bâtiment à la Gewerbeschule, Reichenberg, et l'architecture à la Technische Hochschule de Dresde dont il est diplômé en 1893. Il visite ensuite l'Amérique pendant trois ans, gagnant sa vie comme maçon, et visite la World's Columbian Exhibition à Chicago où il découvre le travail de l'Ecole d'Architecture de Chicago. A son retour en Europe, Loos s'installe à Vienne et travaille dans l'agence d'architecture de Carl Mayreder pendant deux ans. En 1897, il s'installe à son compte et milite pour un style plus géométrique et rationnel que celui de la **Sécession** Viennoise qu'illustre son Café Museum de 1899 (Vienne), ironiquement surnommé Café Nihilismus à cause de sa décoration intérieure très minimaliste. Il publie de nombreux articles, non seulement sur l'art et l'architecture mais aussi sur la culture et le mode de vie et, en 1903, fonde la revue *Das Andere*. Dans un essai retentissant, *Ornament und Verbrechen* (Ornement et Crime, 1908), il affirme que l'excès d'ornementation est responsable de la dégradation des mœurs. Loos crée sa propre école d'architecture qui fonctionne de 1912 à 1914 et est nommé architecte en chef du développement de l'habitat social de Vienne de 1920 à 1922. La corrélation qu'il établit entre moralité et pureté fonctionnelle de la forme assure un retentissement considérable aux conceptions de Loos qui annoncent les débuts du **Mouvement Moderne**.

Adolf Loos
1870 Brno, Slovaquie
1933 Kalksburg, Autriche

◄ Fauteuil *Manz* pour F. O. Schmidt, 1912

Ross Lovegrove

Né en 1958 Cardiff, Grande-Bretagne

Ross Lovegrove étudie le design industriel à l'Ecole Polytechnique de Manchester dont il est diplômé en 1980. Il poursuit ses études au **Royal College of Art** de Londres, où il obtient sa maîtrise en 1983 avant d'intégrer l'agence conseil de **Frogdesign** à Altensteig où il travaille notamment sur la conception de baladeurs pour Sony et d'ordinateurs Apple. Au milieu des années 1980, Lovegrove collabore avec différentes sociétés. Designer intégré pour **Knoll International**, il conçoit l'Office System Alessandri qui connaît une grande réussite et partenaire de l'Atelier de Nîmes, avec **Philippe Starck**, **Jean Nouvel**, Martine Bedin (née en 1957) et Gérard Barrau (né en 1945), il intervient comme conseiller pour Louis Vuitton, Cacharel, Dupont et Hermès. En 1986, Lovegrove retourne en Angleterre où il ouvre un bureau avec Julian Brown. Cette association est dissoute en 1990, date où Lovegrove ouvre Studio X, son propre bureau de design industriel à Londres. Depuis lors, il compte parmi ses clients British Airways, Parker Pens, **Kartell**, Ceccotti, Cappellini, Philips, Moroso, Driade, Apple, Connolly Leather, Olympus, Luceplan, Tag Heuer, Fratelli Guzzini et **Herman Miller**. Parmi ses modèles toujours séduisants et technologiquement aboutis, citons le service de couverts *Organic* (1990) pour la Pottery Barn, la bouteille Thermos *Basic* (1990) pour Alfi Zitzmann (conçue avec Julian Brown), la chaise *Crop* (1996) pour Fasem et l'appareil photo numérique *Eye* (1996) pour Olympus. Tous ces projets aux formes naturalistes sont fabriqués avec des matériaux de pointe et bénéficient de techniques de fabrication avancées ainsi que de la compétence

▸ Agrafeuse *John II* pour Acco, 1997

▸▸ **Ross Lovegrove & Julian Brown**, bouteille Thermos *Basic* pour Alfi Zitzmann, 1990

ergonomique de Lovegrove. Celui-ci a été conservateur de la première collection permanente du Design Museum de Londres en 1993 et, depuis 1997, a présenté son travail lors d'expositions personnelles à Copenhague, Stockholm et Tokyo (cette dernière étant sponsorisée par Yamagiwa Corporation et Idée). Lovegrove est intimement concerné par les problèmes écologiques et le **Design Vert**, et nombre de ses produits comme l'éclairage de jardin *Solar Bud* (1996–1997) à batterie solaire pour Luceplan répondent directement à ces préoccupations. Il a aussi travaillé sur une proposition d'architecture légère, le projet *Solar Seed,* lui aussi alimenté par énergie solaire, et inspiré de la forme d'un cactus. Les objets de Lovegrove, futuristes, immatériels, témoignent d'une recherche globale et incarnent une nouvelle sensibilité organique qui fraye la voie au design du XXIe siècle.

▼ Détail d'une housse à vêtements pour Connolly Leather, 1994

◀ Chaise, modèle n° *ST14*, pour Desta, 1931

Wassili & Hans Luckhardt

Wassili Luckhardt
1889 Berlin
1972 Berlin

Hans Luckhardt
1890 Berlin
1954 Bad Wiessee, Allemagne

Hans Luckhardt étudie à la Technische Hochschule de Karlsruhe tandis que son frère Wassili est formé à la Technische Hochschule de Berlin. Tous deux signataires du programme architectural élaboré par l'Arbeitsrat für Kunst en 1919, ils s'engagent dans le Novembergruppe et Der Ring. Ils envoient de nombreuses lettres et dessins à Bruno Taut (1880–1938) au sujet de son projet de « Correspondance Utopique ». Les frères Luckhardt travaillent ensemble à Berlin à partir de 1921. Leur architecture est d'abord d'esprit expressionniste, témoin leur Hygienemuseum à Dresde, 1921, et le projet d'immeuble de bureaux de la Friedrichstrasse à Berlin, 1922. Mais vers 1925, ils adoptent une approche plus rationnelle de l'architecture et du design de mobilier comme le montre la conception standardisée de leur modèle de chaise *ST14* en porte-à-faux (1931). Ils collaborent à de nombreux projets, surtout à Berlin, dont un lotissement de maisons mitoyennes sur la Schorlemer Allee (1927), l'aménagement de locaux commerciaux pour les sociétés Hirsch and Telschow (1926–1928) et le nouveau plan d'urbanisme de l'Alexanderplatz (1929). En 1951, ils conçoivent le Pavillon Berlinois pour l'Exposition Constructa de Hanovre et, un an plus tard, Hans devient professeur à l'Ecole Supérieure des Beaux-Arts de Berlin.

Charles Rennie Mackintosh

1868 Glasgow
1928 Londres

Charles Rennie Mackintosh effectue son apprentissage dans l'agence d'architecture de John Hutchinson à Glasgow tout en suivant des cours du soir de dessin et de peinture à l'Ecole d'Art de Glasgow. Il entreprend un voyage d'études en Italie en 1891, puis visite Paris, Bruxelles, Anvers et Londres. En 1892, il reçoit la National Gold Medal à South Kensington, Londres. Sept ans plus tard, il intègre l'agence Honeyman & Keppie, nouvellement créée à Glasgow, où il demeure jusqu'en 1913. Mackintosh, Herbert MacNair (1868–1955), Francis Macdonald (1873–1921) et Margaret Macdonald (1864–1933) forment le groupe « The Four » (les quatre) plus tard surnommé par dérision « l'école des fantômes ». Ils exposent pour la première fois ensemble en 1894, puis en 1896 à l'Arts & Crafts Exhibition Society, Londres, en 1896 et à la VIIIe exposition de la Sécession (Vienne, 1900) où ils sont chaleureusement salués par la critique. La même année, Mackintosh épouse Margaret Macdonald, qui collabore avec lui à de nombreux projets décoratifs. Les intérieurs blancs de Mackintosh ont eu une influence profonde sur le travail de **Josef Maria Olbrich** et **Josef Hoffmann**, et l'une des chaises qu'il expose est achetée par

Koloman Moser. Il reçoit un prix spécial au concours « Haus eines Kunstfreundes » (Maison d'un ami de l'art) organisé par Alexander Koch en 1901. L'année suivante, Fritz Wärndorfer (1869– 939), le plus important commanditaire de la **Sécession** viennoise et plus tard de la **Wiener Werkstätte**, lui commande un salon de musique (1902– 1903) qualifié par le critique Ludwig Hevesi de « lieu de délectation spirituelle ». Au tournant du siècle, Mackintosh construit plusieurs bâtiments publics et résidences privées à Glasgow et dans ses environs, dont l'Ecole d'Art de Glasgow (1896–1909), son chef-d'œuvre. Certains de ses projets comme la Maison Hill (1902–1903) sont conçus comme des **Gesamtkunstwerke**, des œuvres d'art totales : tout le mobilier et les équipements sont dessinés en fonction du lieu. Parmi ses décorations les plus importantes, on retiendra les salons de thé de Catherine Cranston, dont deux, ceux de Buchanan Street (1896) et Argyle Street (1897) ont été conçus avec **George Walton**. Les célèbres chaises elliptiques à haut dossier de Mackintosh ornaient le salon de thé d'Argyle Street et ceux d'Ingram Street et de Willow Street ont été entièrement conçus par lui, jusqu'aux couverts.

◀ Salon des Mackintosh au 6, Florentine Terrace, Glasgow, 1906 (reconstitué à la Hunterian Art Gallery, Glasgow)

▼ Chaise à haut dossier pour la salle de déjeuner du salon de thé d'Argyle Street, 1897

Sa conception globale de l'architecture et du design est empreinte de symbolisme et recherche l'équilibre des contraires – moderne et traditionnel, lumineux et sombre, masculin et féminin. En 1914, il quitte Glasgow et s'installe à Londres où il conçoit pour Foxton's et Sefton's des textiles aux couleurs saturées et aux motifs rythmés qui annoncent l'**Art déco**. N'obtenant plus de commandes architecturales en Angleterre, il s'installe à Port Vendres (France) en 1923 où il se consacre entièrement à la peinture d'aquarelles. Mackintosh est le plus important designer de l'**Ecole de Glasgow** et ses manières organique et géométrique ont exercé une énorme influence sur la Sécession viennoise et plus tard la Wiener Werkstätte.

Arthur Heygate Mackmurdo

1851 Londres
1942 Wickham Bishops, Grande-Bretagne

▼ Papier peint produit par Jeffrey & Co. pour la Century Guild, vers 1884

Arthur Heygate Mackmurdo effectue son premier apprentissage chez l'architecte londonien T. Chatfield Clarke (1829–1895) avant de devenir l'assistant de l'architecte néo-gothique James Brooks (1825–1901). Lecteur de Ruskin, Mackmurdo est si impressionné par les idées du maître qu'il s'inscrit à l'école de dessin où celui-ci enseigne. En 1874, il accompagne Ruskin en Italie et, à leur retour, Mackmurdo enseigne avec son mentor au Working Men's College de Londres. Il y ouvre son propre bureau et, deux ans plus tard, rencontre **William Morris** qui le persuade de se consacrer à l'artisanat. Il se forme à la taille des pierres, à la broderie, au travail du repoussé sur cuivre et à l'ébénisterie. En 1882, il s'associe avec Selwyn Image (1849–1930), Herbert P. Horne (1864–1916), Clement Heaton (1861–1940) et Bernard Creswick pour fonder la Century Guild, une coopérative artistique. Celle-ci vise à «restituer à l'artiste tous les domaines de l'art» (tombés aux mains des commerçants). Autres designers notoires affiliés à la Guilde: **William De Morgan** et George Heywood Summer (1853–1940). Mackmurdo édite le premier numéro de la revue *The Hobby Horse*, qui paraît quatre fois l'an à partir d'avril 1884. Avec son large cercle d'amis, dont Ford Madox Brown (1821–1893), James Abbott McNeill Whistler (1834–1903) et Frank Brangwyn (1867–1956), Mackmurdo forme un trait d'union entre la génération des réformateurs tels Ruskin et Morris et celle, montante, des adeptes du **Mouvement Esthétique**. En 1883, il publie *Wren's City Churches* dont le graphisme de la page de titre trahit une forte influence japonaise. Après avoir aidé **Walter Crane** à créer la National Association for the Advancement of Art en 1888, Mackmurdo se consacre au développement de ses théories pour la réforme sociale qu'il expose dans ses ouvrages: *The Human Hive* (1926) et *A People's Charter* (1933).

◄ Lampe *Atollo* pour O-Luce, 1977

Vico Magistretti

1920 Milan
2006 Milan

Vico Magistretti étudie au Champ Universitaire Italien de Lausanne où il suit l'enseignement d'architecture et d'urbanisme d'Ernesto Rogers (1909–1969). Ardent partisan du modernisme, Rogers aura une influence énorme sur la jeune génération de designers italiens et notamment Magistretti. En 1945, celui-ci retourne à Milan où il obtient son diplôme d'architecte et, un an plus tard, il réalise une bibliothèque en métal tubulaire et une chaise longue pour l'exposition du RIMA (Riunione Italiana per le Mostre di Arredamento). Dans une exposition organisée par Fede Cheti (1905–1978) en 1949, on peut admirer ses tables gigognes et une très rationnelle bibliothèque en forme d'échelle, à côté d'objets de **Marco Zanuso**, **Franco Albini**, Ignazio Gardella (1905–1999) et des frères **Castiglioni**. Dans les années 1950, Magistretti est surtout actif comme architecte, et l'immeuble de bureaux qu'il construit à Milan sur le Corso Europa lui assure une réputation d'architecte d'**avant-garde**. Son projet pour la Villa Arosio, présenté au CIAM (Congrès International d'Architecture Moderne) en 1959, suscite de nombreux débats : Magistretti s'efforce de tempérer son Modernisme par l'insertion d'éléments Neo-Liberty. Il adopte une démarche similaire pour son projet de Clubhouse du Carimate Golf Club, en 1959. A cette occasion, il redessine un modèle de chaise paillée traditionnelle,

▶ Lampe *Telegono* pour Artemide, 1968

▼ Chaises *Selene* pour Artemide, 1969

contraire à l'esthétique industrielle du **Style International**. Le fabricant Cesare Cassina, qui a rencontré Magistretti en 1960, commence la production en série de la chaise *Carimate* en 1962. Dans les années 1960, Magistretti conçoit du mobilier en plastique et connaît son premier succès en 1966 avec la table *Demetrio* qui allie innovation technique et pureté de formes. Nombre de ses projets ultérieurs comme la lampe *Eclisse* (1965), la lampe *Chimera* (1966), la table *Stadio*, la chaise monobloc *Selene* (1969), les fauteuils *Gaudi* et *Vicario* (1970) apportent la démonstration de la noblesse du plastique par leur facture d'excellente qualité et leurs formes ingénieuses. Parmi les autres projets célèbres de Magistretti, on retiendra le canapé *Maralunga* avec son appuie-tête ajustable (1973), la bibliothèque repliable *Nuvola Rossa* (1977), la lampe en métal laqué *Atollo* (1977), la chaise et le canapé *Sindbad* avec leur garniture qui rappelle une couverture (1981), la chaise et le canapé réglable *Veranda* (1983) et la chaise *Silver* multi-usages en polypropylène et tube d'aluminium (1989). Considéré comme l'un des plus grands designers industriels du siècle, Magistretti a reçu de nombreux prix dont une médaille d'or et un Grand Prix à la Triennale de Milan, deux **Compasso d'Oro** et une médaille d'or de la SIAD (Society of Industrial Artists and Designers). Il a enseigné à la Domus Academy, Milan, et en 1983, est fait professeur honoraire du **Royal College of Art de Londres** où il a été professeur invité. Qu'il ait utilisé des matériaux traditionnels ou de pointe, Magistretti a toujours recherché un équilibre harmonieux entre ingéniosité technique et élégance sculpturale pour créer des objets d'une modernité intemporelle et d'une remarquable intégrité. Il considérait le stylisme et le design comme complémentaires et estimait la beauté et l'utilité également nécessaires à la création de produits de qualité. Opposé à la culture du jetable, Magistretti n'a cessé de réclamer des objets conçus pour durer.

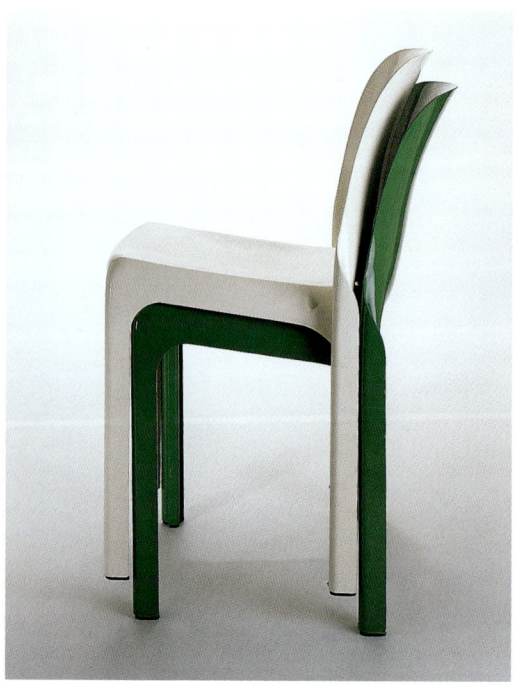

Louis Majorelle étudie la peinture à Nancy et aux Beaux-Arts de Paris de 1877 à 1879. Après la mort de son père Auguste en 1879, il assume la direction de la fabrique familiale de meubles et de céramiques fondée en 1860 à Nancy. A l'origine, Majorelle dessine des meubles de style Rococo, mais dans les années 1890, sous l'influence croissante du naturalisme d'**Emile Gallé** il commence à fabriquer des objets **Art nouveau**, comme la décoration au thème de nénuphar qu'il présente à l'Exposition Universelle de Paris en 1900. Son mobilier, bien que similaire dans ses motifs de marqueterie à celui de Gallé, est plus inventif dans ses formes. Après 1900, Majorelle dessine également des montures et des pieds métalliques pour les abat-jour et les verreries d'Auguste Daum, tandis que **Daum Frères** produit des éléments en verre pour les créations de Majorelle. Celui-ci est nommé vice-président de l'**Ecole de Nancy** dès sa fondation, en 1901. Deux ans plus tard, il expose une étonnante collection de meubles et de luminaires en bronze doré à l'exposition des travaux de l'Ecole de Nancy à Paris. En 1916, son usine nancéenne ayant été ravagée par un incendie, Louis Majorelle décide de s'installer à Paris. Il retourne à Nancy à la fin de la guerre et relance la production. Dans les années 1920, son travail se fait plus formel et moins orné, reflétant l'influence du style **Art déco** naissant. Avec l'aide de son assistant Alfred Lévy, Majorelle décore une pièce pour le Pavillon de Nancy à l'Exposition Internationale des Arts Décoratifs de 1925 à Paris, dont il est membre du jury. Après sa mort en 1926, les ateliers Majorelle de Nancy restent dirigés par Lévy auquel se joint Paul Beucher vers 1935. La société qui a ouvert des magasins de détail à Paris, Lyon et Nancy ne fabrique pas seulement des objets très raffinés et onéreux mais aussi des produits plus sobres et abordables.

Louis Majorelle
1859 Toul, France
1926 Nancy

◄ Fauteuil, vers 1900

▼ Détail d'une rampe d'escalier pour l'Hôtel Bergeret à Nancy, 1904

John Makepeace

Né en 1939 Solihull, Grande-Bretagne

▼ Chaise *Rhythm* pour l'atelier de meubles John Makepeace, 1992

John Makepeace prend goût au travail du bois dès son enfance et il est un habitué de l'atelier d'ébénisterie de Hugh Burkett, un disciple des Arts & Crafts. Il effectue son apprentissage d'ébéniste avec Keith Cooper en 1957 avant d'ouvrir son propre atelier. En 1962, il organise à la Herbert Art Gallery (Coventry) une exposition qui présente le travail d'une dizaine de designers et artisans dont Ann Sutton qu'il épouse deux ans plus tard. Il ouvre ensuite un plus grand atelier à Farnsborough Barn et, lors d'un voyage aux Etats-Unis en 1972, discute avec **Wendell Castle** de la possibilité de créer une école d'artisanat à New York. A son retour, Makepeace se met en quête d'un local approprié pour une institution similaire en Angleterre et, en 1976, acquiert Parnham House à Beaminster dans le Dorset. A côté de Parnham College, son école d'ébénisterie, il installe aussi son propre studio-atelier. A travers ses créations, souvent originales dans leur construction et d'une facture exceptionnelle, John Makepeace, champion d'un artisanat de haute qualité, est le représentant n°1 du **Craft Revival** (Renouveau Artisanal) anglais. En 1987, il fonde le centre de formation de Hooke Park chargé de réfléchir à une utilisation écologique des ressources naturelles dans l'architecture. L'architecte allemand d'inspiration organique Otto Frei, associé à Edmund Happold, ingénieur du bâtiment, et Richard Burton, de l'agence de design ABK, supervisent la construction innovante du centre de formation à partir d'émondes collectées dans les bois environnants : ces arbustes de petit diamètre qui gênent la croissance d'essences sélectionnées, et sont en général utilisés comme bois de chauffage ou transformés en pâte à papier, constituent une énorme réserve pour l'architecture et le design. Cette ressource naturelle méconnue est devenue grâce à Makepeace un filon exploitable à long terme pour fabriquer le mobilier du futur.

Kasimir Malévitch étudie à l'Ecole des Beaux-Arts de Kiev et à l'Institut de Peinture, de Sculpture et d'Architecture de Moscou. D'abord influencé par le Néo-Primitivisme, le Cubisme et le **Futurisme**, il participe en 1913 à la conférence futuriste qui se tient à Uusikirkko en Finlande. Entre 1913 et 1915, Malévitch développe une forme personnelle de cubisme hyperorthodoxe, le Suprématisme. Son manifeste, *Du Cubisme et du Futurisme au Suprématisme : le Nouveau Réalisme Pictural*, publié en 1915, prône « la suprématie de l'émotion pure » par la disposition d'éléments géométriques sur une surface blanche – le « vide » et par l'élimination de la représentation objective. En 1918, Malévitch se rapproche du Izo (le Département des Beaux-Arts du Commissariat du Peuple à l'Education) et écrit un article intitulé *Sur les Nouvelles Doctrines Artistiques*. La même année, il succède à Marc Chagall (1887–1985) à la tête de l'école d'art de Vitebsk et crée en 1919 le groupe Posnovis qui prend plus tard le nom d'Unovis (abréviation de Partisans de l'Art nouveau). Ce groupe d'artistes, auquel appartiennent **Nicolas Souétine**, **El Lissitzky** et Ilia Chashnik est actif jusqu'en 1923. Dans les années 1920, Malévitch dessine maquettes architecturales, affiches, livres, vêtements, textiles et céramiques. En 1922, il s'installe à Petrograd avec quelques étudiants et y crée une succursale de l'Inkhuk (Institut de la Culture Artistique). En 1927, il visite le **Bauhaus** de Dessau qui publiera plus tard son livre *Le monde sans objet*. Resté dans l'histoire de la peinture avant tout comme l'auteur du *Carré blanc sur fond blanc* (1918), tableau de l'abstraction absolue, Malévitch et son esthétique minimaliste ont exercé une grande influence sur l'évolution du Bauhaus vers l'abstraction géométrique. Son œuvre est donc à l'origine du **Mouvement Moderne**.

Kasimir Malevich
Kasimir Malévitch
1878 Kiev
1955 Leningrad

▲ **László Moholy-Nagy**, couverture pour le livre de Kasimir Malévitch, *Le Monde sans objet* – Bauhausbücher 11, 1927

▶ Intérieur du casino de Saint-Jean-de-Luz, 1930 (avec meubles de Marcel Breuer)

Robert Mallet-Stevens

1886 Paris
1945 Paris

Fils d'un historien de l'art, Robert Mallet-Stevens étudie à l'Ecole Spéciale d'Architecture de Paris de 1903 à 1906. Il y est très influencé par le Cubisme et le travail rectiligne de **Charles Rennie Mackintosh** et **Josef Hoffmann**, qui a construit le palais Stoclet à Bruxelles pour l'oncle de Mallet-Stevens. En 1911–1912, il écrit plusieurs articles qui paraissent dans les magazines Le Home, Tekhné, L'Art Ménager et Lux. Mallet-Stevens présente son travail au Salon d'Automne à partir de 1912 et son « Salon de Musique » aux couleurs vives de 1913 est chaleureusement salué par la critique. Avec ses lignes géométriques et son mobilier rationnel, cette pièce introduit le Modernisme dans la décoration intérieure française jusque-là dominée par l'esprit *décorateur* (raffiné et conservateur). Ses réalisations fonctionnelles et dépouillées comme la salle d'exposition Alfa Romeo à Paris (1925) et la villa du vicomte de Noailles à Hyères (1923–1924) marquent profondément l'**avant-garde** du design dans les années 1920 et 1930. En 1922, Mallet-Stevens publie *Une Cité Moderne,* un recueil de planches d'architecture dont Frantz Jourdain (1847–1935) signe la préface. A partir de 1923, il collabore à la revue *l'Architecture Moderne*, avec **Theo van Doesburg** et **Ludwig Mies van der Rohe**. Il réalise de nombreux décors de films, de l'orfèvrerie pour **Desny** et plusieurs bâtiments remarquables dont il dessine le mobilier, souvent en métal tubulaire. En 1930, Mallet-Stevens est co-fondateur de l'UAM (Union des Artistes Modernes) avec **Charlotte Perriand**, **Jean Puiforcat**, **Pierre Chareau** et **Eileen Gray**, et il devient son premier président.

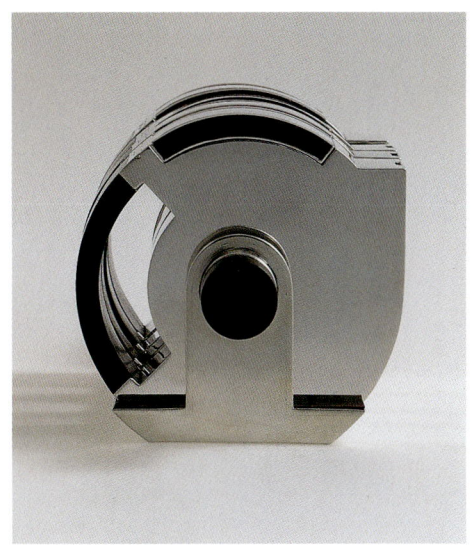

►▼ Service à café et
à thé pour Desny,
vers 1930

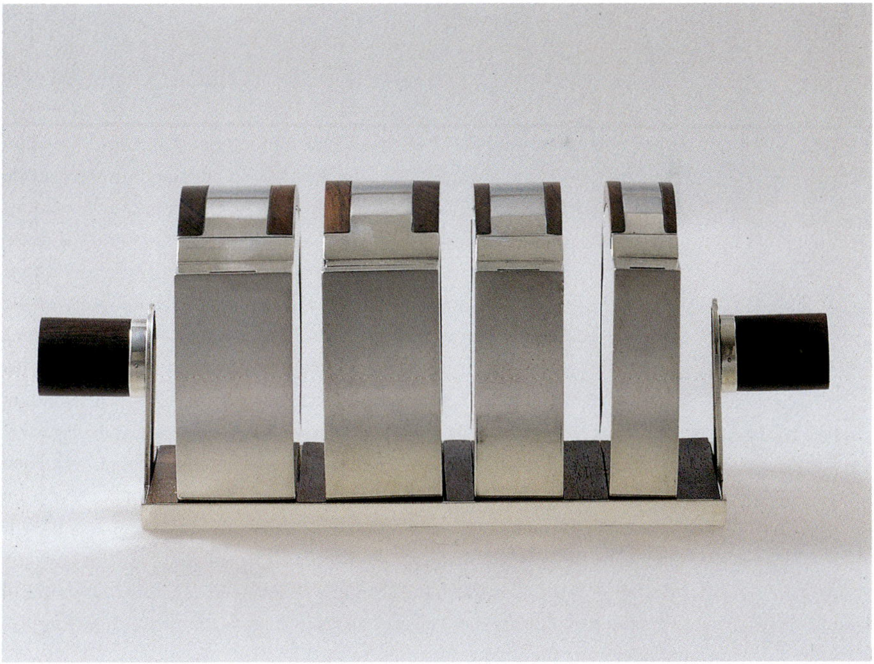

▶ Pendulettes
Section pour Le Porte-Echappement Universel, 1960

Angelo Mangiarotti

1921 Milan
2012 Milan

Angelo Mangiarotti étudie à l'Ecole Polytechnique de Milan jusqu'en 1948. Il ouvre ensuite une agence de design dans l'Ohio et devient professeur invité de l'Institut de Design de Chicago. En 1955, il rentre en Italie et travaille comme consultant en design avec Bruno Morassutti (1920–2008) jusqu'en 1960. Il crée notamment des meubles de rangement empilables, des tables, un distributeur de chewing-gum (1958) et la célèbre gamme de pendules *Section* (1960). Mangiarotti adhère à l'ADI (Associazione per il Disegno Industriale) en 1960 et travaille ensuite comme architecte, designer industriel et urbaniste indépendant, optant pour les constructions préfabriquées et le béton armé dans la ligne du **Style International**. Les objets à la fois fonctionnels et sculpturaux de Mangiarotti, comme le fauteuil *IN* en polyuréthane monobloc (1969) pour Zanotta ou ses vases en verre et ses bols de marbre (1969 et 1970) pour **Knoll**, se distinguent par la qualité remarquable de leur fabrication et de leur finition. Mangiarotti a aussi collaboré avec le designer japonais Motomi Kawakami (né en 1940) et enseigné dans différents établissements dont l'université d'Hawaii en 1970 et les facultés d'architecture des universités de Palerme et Florence de 1982 à 1984.

Gerhard Marcks apprend la sculpture en autodidacte avant de travailler, de 1908 à 1912 dans l'atelier du sculpteur Richard Scheibe à Berlin. En 1914, il sculpte des reliefs en pierre pour le hall d'entrée de l'usine réalisée par **Walter Gropius** pour l'exposition du **Deutscher Werkbund** à Cologne. En 1918, il rejoint l'association radicale d'artistes Novembergruppe fondée à Berlin la même année. Après son service militaire, Marcks enseigne à la Kunstgewerbeschule (Ecole des Arts Appliqués) de Berlin pendant un an. Il adhère ensuite à l'Arbeitsrat für Kunst (Conseil du Travail pour l'Art) à Berlin et enseigne au **Bauhaus** de Weimar. En 1920, Gropius le nomme « Maître de formes » du nouvel atelier de céramiques de l'école qui vient d'ouvrir à Dornburg, à trente kilomètres de Weimar. Marcks y enseigne jusqu'en 1924 et ses céramiques de cette période sont assez ornementées. En 1925, il devient responsable de l'atelier de sculpture de la Kunstgewerbeschule de Halle / Burg Giebichenstein, puis directeur de l'école en 1928, position qu'il conserve jusqu'en 1933. Son travail devient de plus en plus rationnel pour s'adapter aux contraintes de l'industrialisation comme le montre la cafetière *Sintrax* pour la Jenaer Glaswerke Schott & Gen., destinée à une fabrication en grande série. En 1933, chassé de son poste par les nazis, il s'établit à Niehagen. A partir de 1937, il essaie de travailler comme artiste indépendant à Berlin, mais est interdit d'exposer. Les persécutions ne s'arrêtent pas là : en 1943, l'atelier de Marcks à Berlin-Nikolassee est saccagé. Après la Seconde Guerre mondiale, il enseigne la sculpture à la Landeskunstschule de Hambourg pendant quatre ans avant de s'installer à Cologne en 1950 où il se consacre à la création artistique. En 1971, la Fondation Gerhard Marcks est créée à Brême et en 1987 une rétrospective de son œuvre est organisée à Brême, Cologne et Berlin.

Gerhard Marcks
1889 Berlin
1981 Burgbrohl, Allemagne

▼ Cafetière *Sintrax* pour la Jenaer Glaswerke Schott & Gen., vers 1925

▶ Vases *Pago-Pago*
pour Danese, 1969

Enzo Mari

1932 Novare, Italie
2020 Milan

Enzo Mari étudie à l'Académie des Beaux-Arts de Brera, Milan, de 1952 à 1956. Il commence à travailler pour Danese en 1957. L'un de ses premiers projets pour l'entreprise est un jouet éducatif, un puzzle constitué d'une série d'animaux empilables en bois (1957). En 1959, il commence ses recherches sur les plastiques qui débouchent sur la création de nombreux produits de qualité fabriqués par Danese, dont un porte-parapluie cylindrique en PVC (1962) et le vase *Pago-Pago* (1969) en ABS. Autre produits pour anese : *Paros*, un bol sculptural en marbre (1964), un système d'exposition modulaire (1965) et la série de vases en plastique *Tortiglione* (1969). Mari rejoint le mouvement radical Nuove Tendenze en 1963 et enseigne à la Scuola Umanitaria, Milan. Ses théories radicales sont publiées dans *Funzione della ricerca estetica* et sa « Proposta per un'autoprogettazione », qui présente notamment une série de meubles d'esprit « Tecnica Povera » (technologie pauvre), est exposée en 1974. Enzo Mari collabore aussi avec Elio Mari et a travaillé pour ICF, Zanotta, Castelli, Artemide et **Olivetti**. Théoricien en vue du design, Mari a été président de l'ADI (Associazione per il Disegno Industriale) de 1976 à 1979 et a enseigné à Milan, Rome, Parme et Carrare.

Maurice Marinot entre aux Beaux-Arts en 1899 où il suit l'enseignement de Fernand-Anne Piestre qui se brouille avec son élève dont il juge la démarche artistique trop hétérodoxe. En 1905, Marinot expose des peintures au Salon d'Automne avec les Fauves, dont Henri Matisse (1869–1954) et André Derain (1880–1954). Il retrouve ensuite sa ville natale de Troyes mais continue à exposer son travail chaque année au Salon d'Automne et au Salon des Indépendants jusqu'en 1913. A l'occasion d'une visite de la verrerie d'Eugène et Gabriel Viard, Marinot, subjugué par les méthodes de fabrication du verre, déclare qu'il éprouve « un violent désir de ce nouveau jeu ». Il crée alors des verreries avec des émaux de style fauve et la première grande exposition de son travail a lieu en 1913. Quand Marinot comprend que l'émail masque la beauté intrinsèque du verre, il rejette la décoration de surface en faveur de techniques originales comme l'inclusion d'oxydes métalliques entre différentes couches superposées de verre transparent. Il utilise aussi un verre « malfin » (imparfaitement raffiné) afin de créer un effet de bulles. Ses vases en verre aux formes trapues, parfois gravés, sont exposés à New York et à l'Exposition Internationale des Arts Décoratifs de 1925 à Paris. Après la fermeture de la verrerie Viard en 1937, Marinot revient à la peinture. Nombre de ses créations verrières ont malheureusement été détruites par un bombardement en 1944.

Maurice Marinot
1882 Troyes
1960 Troyes

◄ Bouteille avec bouchon, 1929

Javier Mariscal étudie la philosophie à l'université de Valence et les arts graphiques à l'Ecole Elisava, Barcelone, jusqu'en 1971. Trois ans plus tard, avec un groupe d'amis, il publie El Rollo Enmascarado, le premier magazine de bandes dessinées underground espagnol. Sa première exposition individuelle qui a lieu en Barcelone en 1977 présente des dessins, des peintures sur verre, des sculptures et des vidéos. Mariscal dessine le logo « BAR-CEL-ONA » en 1979 et, avec l'assistance technique de Peppe Cortés (né en 1946), réalise son premier meuble, le tabouret de bar Duplex, en 1980. L'année suivante, des prototypes de son mobilier singulier et post-moderne sont présentés à une exposition intitulée « Muebles Amorales » à Barcelone. Mariscal participe ensuite, à l'invitation d'**Ettore Sottsass**, à l'exposition « **Memphis**, un Style International » en 1981 à Milan. Il présente ensuite plusieurs de ses créations « la forme découle de l'amusement », dont ses tables roulantes Hilton inclinées en arrière (1981), avec Memphis. Il crée aussi des céramiques pour Viçon, Barcelone (1985), et Axis, Paris (1986), ainsi qu'une gamme de textiles pour Seibu, Japon (1986-1987). L'humour, les couleurs joyeuses et l'exubérance de ces objets reflètent l'effervescence et l'optimisme de l'Espagne post-franquiste qui connaît une période de prospérité économique croissante. En 1988, Mariscal crée Cobi, la mascotte des Jeux Olympiques de Barcelone (1992) qui devient ensuite un héros du dessin animé télévisé, « The Cobi Troupe » (1990). Avec son compatriote Alfredo Arribas (né en 1954), Mariscal aménage à Barcelone, sur le front de mer, le restaurant El Gambrinus, orné d'une immense crevette de B. D. surplombant un toit en forme de vague. Pour Mariscal, 1992 est l'année de la consécration internationale. Son travail fait l'objet d'une exposition itinérante au Japon. Bien qu'elles rejettent l'histoire et la tradition, les créations de Mariscal affirment fortement leur identité nationale.

Javier Mariscal
Né en 1950 Valence, Espagne

◄ Affiche officielle pour les XXVe Jeux Olympiques de Barcelone, 1992 (avec Cobi)

▼ Chaise Garriri, 1988

▶ Secrétaire pour Nordiska, 1930

▶▶ Tissu *Pythagoras* pour Nordiska, 1952

Sven Markelius

1889 Stockholm
1972 Stockholm

Sven Markelius étudie à la Kungliga Tekniska Högskolan (Institut Royal de Technologie) et à l'Académie Royale des Arts de Stockholm dont il est diplômé en 1915. Il effectue ensuite son apprentissage dans l'agence d'architecture de Ragnar Östberg où il travaille sur la façade de l'Hôtel de Ville de Stockholm. Son architecture s'inspire d'abord du Romantisme puis du Néo-Classicisme. Après avoir découvert **Le Corbusier** et les doctrines esthétiques du **Bauhaus**, Markelius adhère au Modernisme. Pour l'exposition de 1930 à Stockholm, il réalise plusieurs bâtiments ainsi qu'un intérieur où il présente un modèle de secrétaire fabriqué par Nordiska Kompaniet. En 1932, il réalise la salle de concert d'Hälsingborg pour laquelle il crée des chaises sur mesure, fonctionnelles, modernes, empilables. Il conçoit aussi le Pavillon Suédois de l'Exposition Internationale de New York (1939) qui lui vaut une large reconnaissance. Après la Seconde Guerre mondiale, Markelius est élu au conseil architectural des Nations Unies et à la commission artistique et architecturale de l'UNESCO. De 1944 à 1954, il dirige le bureau municipal d'urbanisme de Stockholm et travaille à un plan d'extension de la ville qui englobe les communes voisines (dénommées des «villes-quartiers»). Dans les années 1950, Markelius dessine une gamme de textiles avec Astrid Sampe (1909–2002), fabriqués par Nordiska et commercialisés par **Knoll**.

▶ Vase, modèle n° 5358, pour Aureliano Toso, 1954

Dino Martens

1894 Venise
1970 Venise

Dino Martens étudie la peinture à l'Académie des Beaux-Arts de Venise. De 1925 à 1935, il est artiste-peintre à Murano où il dessine des projets pour plusieurs verriers, dont SALIR, Salviati & C. et la Cooperativa Mosaicisti Veneziani. Il expose ses peintures à la Biennale de Venise de 1924 à 1930 et ses créations verrières à partir de 1932. En 1939, il devient directeur artistique d'Aureliano Toso et imagine sa célèbre gamme *Oriente*, avec son motif «latticinio» en patchwork multicolore. Pour Aureliano Toso, Martens dessine aussi la gamme *Zanfirico* caractérisée par ses formes asymétriques et ses tiges de verre coloré torsadées, incrustées dans du verre transparent. Ces deux lignes abondamment copiées dans les années 1950 ont beaucoup influencé les ateliers de verriers américains. Ses créations, présentées à la IXe Triennale de Milan en 1951, sont aussi exposées au Kunstgewerbemuseum de Zurich en 1954 et au Corning Museum of Glas, New York, en 1959 ainsi qu'à Vérone en 1960 et Venise en 1981 et 1982. Les créations de Martens, belles, expressives, très recherchées par les collectionneurs, incarnent la démarche expérimentale des Verreries de Murano dans les années 1950.

Bruno Mathsson, formé dans l'atelier d'ébénisterie de son père, réalise, dès 1933, du mobilier pour l'entreprise familiale. Son fauteuil *Eva* (1934), très organique, et sa chaise longue *Pernilla* (vers 1934) avec ses accoudoirs en bois lamellé cintré et son cadre en bouleau massif garni de sangles de chanvre tressées sont moins utilitaires mais plus avancés sur le plan ergonomique que les modèles similaires d'**Alvar Aalto**, la chaise longue modèle n° *43* (1936) et le fauteuil modèle n° *406* (1936–1939). En 1936, Mathsson bénéficie d'une rétrospective au musée Röhsska de Göteborg et un an plus tard participe à l'Exposition Internationale des Arts et Techniques dans la Vie Moderne de 1937 à Paris. De 1945 à 1957, Mathsson se consacre surtout à l'architecture et réalise des structures simples en acier, verre et béton, pour des résidences d'été ou des écoles. Il reprend ensuite la direction de l'entreprise familiale Karl Mathsson et, à partir de 1958, crée des meubles avec le mathématicien Piet Hein (1905–1996), dont la table *Superellipse* (1964), fabriquée plus tard par Fritz Hansen. Il reçoit la médaille Gregor Paulsson à Stockholm en 1955 et son mobilier est exposé à Stockholm, Oslo, Dresde et New York en 1963, 1976 et 1982.

Bruno Mathsson
1907 Värnamo, Suède
1988 Värnamo

▲ Fauteuils et chaise longue *Pernilla* pour Karl Mathsson, vers 1934

Herbert Matter

1907 Engelberg, Suisse
1984 Southampton, New York

Herbert Matter étudie la peinture à l'Ecole des Beaux-Arts de Genève de 1925 à 1927 et complète sa formation à l'Académie de l'Art Moderne à Paris. De 1929 à 1932, il conçoit des caractères typographiques et travaille comme photographe pour la fonderie parisienne Deberny & Peignot. Il conçoit des affiches avec **A. M. Cassandre** et seconde **Le Corbusier** sur des projets de bâtiments et d'expositions. Comme **Jan Tschichold**, Matter utilise sa connaissance de la photo et des techniques d'impression industrielles pour mettre au point une technique de surimpression originale qui donne une profondeur visuelle accrue à ses affiches et instaure un rapport dynamique entre typo et photographie. Les affiches de Matter (voir celles qu'il crée pour l'Office de Tourisme Suisse), combinant ces images puissantes avec des caractères audacieux, s'imposent par leur modernité et leur impact très direct. Matter émigre aux Etats-Unis en 1936 et il y travaille comme photographe pour les magazines *Vogue* et *Harper's Bazaar*. Durant la Seconde Guerre mondiale, le gouvernement américain lui commande des affiches de propagande dont «America Calling», de 1941, qui représente un aigle américain en vol. De 1943 à 1946, Matter travaille comme graphiste dans l'agence Eames à Venice, Californie. Il y conçoit des publicités humoristiques et accrocheuses, des affiches pour **Knoll** et travaille sur le fameux logo en K de la société. Sa conception graphique de la publicité Knoll (1959) pour le fauteuil *Tulip* d'Eero Saarinen est remarquable parce qu'elle parvient à rendre le texte inutile : les deux photos qui se suivent et montrent le fauteuil d'abord emballé de papier brun, puis déballé, suffisent à faire passer le message. Le graphisme de Matter qui mêle la clarté visuelle de l'**Ecole Suisse** et la culture populaire américaine, symbolise le graphisme d'**avant-garde** dans les Etats-Unis de l'après-guerre.

▼ Affiche pour le Bureau de Tourisme Suisse, 1935

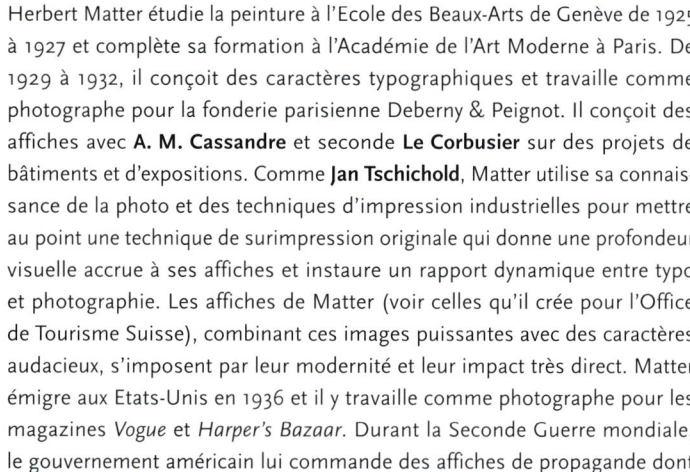

◄ **Ingo Maurer & Team**, lampe *One from the Heart* pour Ingo Maurer GmbH, 1989

Ingo Maurer reçoit une formation de typographe dans le sud de l'Allemagne avant d'étudier le graphisme, de 1954 à 1958, toujours en Allemagne puis en Suisse. Aux Etats-Unis où il émigre en 1960, Maurer travaille comme designer pour IBM et Kayser Aluminium. Trois ans plus tard, il retourne en Europe et embrasse la carrière de graphiste. En 1966, il crée à Munich sa propre entreprise de luminaires, Design M, qui devient célèbre pour ses modèles insolites et souvent teintés d'humour. Certaines de ces créations, comme *Light Structure* (1969–1970) avec ses cinq tubes fluorescents et la lampe *Ilios* (1983) avec son support oscillant et son ampoule halogène suspendue, se réclament d'une esthétique moderne dépouillée. Mais Maurer a aussi réalisé des objets de style pop et post-moderne comme sa lampe *Bulb-Bulb* (1980) en forme de gigantesque ampoule, sa lampe-oiseau *Bibibibi* (1982) et son lampadaire à double cœur *One from the Heart* (1989). Il a aussi dessiné des systèmes de suspension, comme *Baka-Rù* (1986) et *Yayaho* (1984). A la fin des années 1980, il invente des luminaires miniatures basse tension dotés de fixations métalliques qui permettent de les déplacer aisément sur des fils non isolés. En 1985, le travail de Maurer est présenté dans l'exposition « Lumières » au Centre Georges Pompidou à Paris.

Ingo Maurer

1932 Ile de Reichenau, Allemagne
2019 Munich

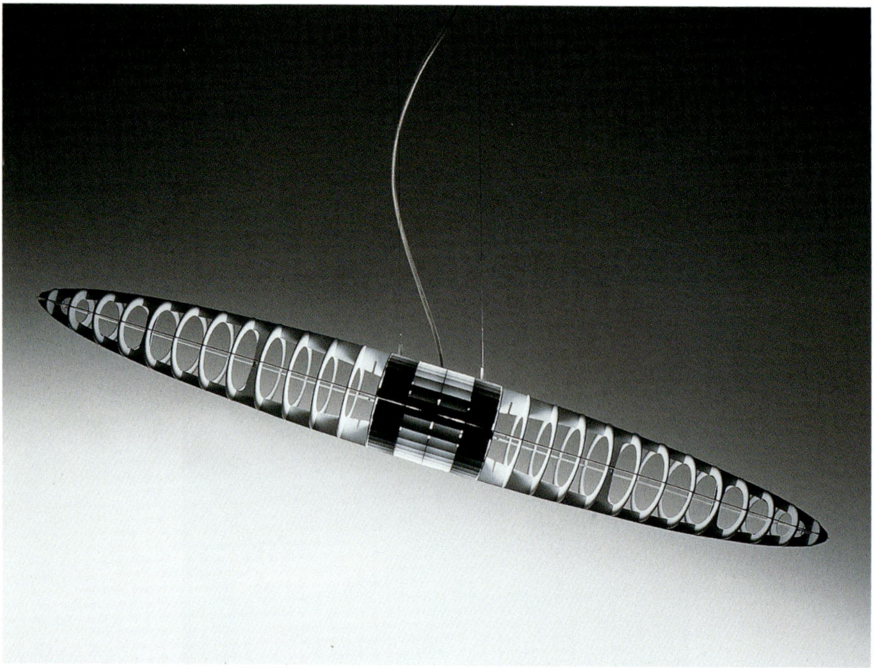

Alberto Meda

Né en 1945 Lenno Tremezzina, Italie

▲ Alberto Meda et Paolo Rizzato, lampe *Titania* pour Luceplan, 1989

Alberto Meda étudie l'ingénierie mécanique à l'Ecole Polytechnique de Milan dont il est diplômé en 1969. Il travaille ensuite pour Magneti Marelli et est nommé en 1973 directeur technique et responsable planning du design des plastiques chez **Kartell**. En 1979, il s'installe à son compte comme ingénieur-designer et conseille notamment Alfa Romeo et Italtel Telematica. En 1983, Meda est nommé professeur de technologie industrielle à la Domus Academy. Quatre ans plus tard, il crée la chaise *Light Light* avec des matériaux de pointe, structure en Nomex-nid d'abeille et âme en fibre de carbone, lui assurant une résistance et une légèreté remarquables. Ses projets de luminaires pour Luceplan comme la lampe *Titania* (1989) avec ses filtres en polycarbonate sont tout aussi innovants. La gamme de sièges en fonte d'aluminium, dont le fauteuil *Armframe* et la chaise longue *Longframe* (1996), fabriquée par Alias dans les années 1990, mêle solidité structurelle et cohérence visuelle, rappelant la formation d'ingénieur de Meda. Parmi ses autres clients figurent Gaggia, Lucifero, Cinelli, Anslado, Mondedison, Carlo Erba, Fontana Arte et Mandarina Duck. Meda a été distingué à maintes reprises notamment par un **Compasso d'Oro** et un prix Design Plus.

◄ *Tea & Coffee Piazza* pour Alessi, 1979–1983

Richard Meier

Né en 1934 Newark, New Jersey

Richard Meier étudie l'architecture à l'université Cornell (Ithaca) dont il est diplômé en 1957. Il travaille ensuite dans l'agence architecturale Davis, Brody & Wisniewski en 1959 et Skidmore, Owings & Merrill en 1960. Il intègre ensuite l'agence de **Marcel Breuer** pendant deux ans avant de fonder Richard Meier & Partners en 1963. Il aménage un atelier et un appartement pour l'artiste Frank Stella (né en 1935) dont le credo « La lumière est la vie » a influencé le Purisme architectural de Meier. En 1969, Meier participe à l'exposition des « New York Five » au **Museum of Modern Art de New York** et les années suivantes il montre un attachement inchangé au **Style International** que prônent ses membres. Les plans géométriques de ses constructions sont souvent basés sur le carré et le cercle. Comme **Le Corbusier**, il privilégie souvent un rendu de surface blanc même si les détails – tôles émaillées et balustrades – rappellent les transatlantiques des années 1920. Les bâtiments volumétriques de Meier ont un style instantanément reconnaissable – blancheur, lumière, espace – qui emprunte ses références au passé tout en affirmant son appartenance au présent. Meier devient professeur invité d'architecture à l'université Yale en 1975. Dans les années 1980, il continue à réaliser des bâtiments et des objets « néo-modernes ».

▶ Couverts *Pride* pour Walker & Hall, 1951 (réédité par David Mellor)

David Mellor

1930 Sheffield, Grande-Bretagne
2009 Sheffield

David Mellor étudie au Sheffield College of Art, au **Royal College of Art** de Londres et à la British School de Rome dont il est diplômé en 1954. Ses projets, alors qu'il est encore étudiant, remportent un succès notable. Son service à café en argent de 1950 reçoit ainsi un Prix National. En 1954, l'année où ses couverts *Pride* (1951), sont mis en fabrication par Walker & Hall, un fabricant de Sheffield, haut lieu de la production de couverts anglais, Mellor y ouvre son propre studio de design. Ses créations ultérieures de couverts, les élégants services *Embassy* (1963) et *Thrift* (1965) ont été largement adoptés par les ambassades et les institutions officielles britanniques. Mellor a aussi été consultant en design pour British Rail, la Poste et le Ministère de l'Environnement anglais. Il fabrique ses propres lignes d'ustensiles de cuisine en 1969 et ouvre sa première boutique à Sloane Square, Londres. Dans les années 1970, Mellor fait fabriquer ses couverts à Broom Hall, Sheffield, mais en 1990 atelier et fabrique sont transférés dans un immeuble historique de Haversage, réaménagé par Michael Hopkins (né en 1935) qui remporte pour cette réalisation un prix du design de la BBC. Mellor a été membre actif du Design Council (Conseil du Design) anglais et en 1983 il a été nommé président du Crafts Council (Conseil supérieur de l'Artisanat).

◄ **Martine Bedin**, lampe *Super* pour Memphis, 1981

Memphis est fondé à Milan en 1981 pour revivifier le mouvement du **Design Radical**. A la fin des années 1970, des designers italiens d'**avant-garde**, comme **Ettore Sottsass**, **Andrea Branzi** et **Alessandro Mendini**, s'engagent avec des membres de **Studio Alchimia** dans une démarche de design alternatif motivée par des considérations intellectuelles et artistiques. Mendini qui se fait le chantre du « redesign » et du « design banal » imprime une marque très reconnaissable aux créations de Studio Alchimia mais Sottsass, qui trouve cette démarche trop restrictive pour la création, finit par se séparer du groupe. Le 11 décembre 1980, il réunit chez lui quelques designers : Barbara Radice (née en 1943), **Michele De Lucchi**, **Marco Zanini**, Aldo Cibic (né en 1955), **Matteo Thun** et Martine Bedin (née en 1957) pour discuter du design et de la nécessité d'une nouvelle démarche créative. Ils décident de s'associer et le groupe se baptise Memphis d'après une chanson de Bob Dylan intitulée « Stuck Inside of Mobile with the Memphis Blues Again », qui était passée plusieurs fois pendant la soirée. Memphis fait aussi référence à la capitale de l'ancienne civilisation égyptienne et à la ville natale d'Elvis Presley : c'est donc un nom codé. Le groupe, qu'ont rejoint entre-temps **Nathalie du Pasquier** et **George Sowden**, se réunit à nouveau en février 1981. A l'époque,

Memphis
Fondé en 1981
Italie

ses membres ont réalisé une centaine de projets colorés et audacieux puisant leur inspiration dans des thèmes futuristes ou des styles décoratifs passés comme l'**Art déco** et le **Kitsch** des années 1950, avec la volonté arrêtée de tourner en dérision les prétentions du **Bon Design**. Ils se lancent dans le projet, cherchent des fabricants de mobilier et de céramiques prêts à produire leurs objets en petites séries. Le groupe persuade la société Abet de fabriquer de nouveaux stratifiés imprimés de motifs très colorés inspirés du Pop Art, de l'Op Art (art optique) ou de l'imagerie électronique, et de réaliser affiches et supports promotionnels. Le directeur d'Artemide, Ernesto Gismondi, prend dès lors la tête de Memphis et, le 18 septembre 1981, le groupe présente son travail pour la première fois dans les locaux d'Arc '74 à Milan. Les meubles, luminaires, horloges et céramiques exposés par Memphis ont été imaginés par un éventail de designers et d'architectes internationaux, **Hans Hollein**, **Shiro Kuramata**, **Peter Shire**, **Javier Mariscal**, **Massanori Umeda** et **Michael Graves**. Les produits Memphis font sensation, sans que cet enthousiasme doive rien à son **Anti-Design** véhément, et, la même année, paraît l'ouvrage *Memphis, The New International Style*, destiné à faire connaître le travail de ses designers. Artemide qui fabrique les

◂ Affiche pour l'exposition « Memphis Milano in London » organisée à la Boilerhouse, Victoria & Albert Museum, 1982

▸ **Ettore Sottsass**, bibliothèque *Carlton* pour Memphis, 1981

◄ **Masanori Umeda**, ring de boxe-coin causerie *Tawaraya* pour Memphis, 1981

▶ **Ettore Sottsass**, vase *Mizar* pour Memphis, 1982

objets réalisés en 1982 par Memphis leur consacre un espace d'exposition dans ses locaux de Corso Europa à Milan. De 1981 à 1988, Barbara Radice est directrice artistique de Memphis et organise des expositions à Londres, Chicago, Düsseldorf, Edimbourg, Genève, Hanovre, Jérusalem, Los Angeles, Montréal, New York, Paris, Stockholm et Tokyo. Nombre de créations monumentales de Memphis utilisent des stratifiés plastiques colorés, matériau privilégié du fait de son « manque de culture ». L'exubérance, l'excentricité et l'ornementation des produits maison témoignent d'un farouche rejet du Modernisme, point de départ des membres du groupe. Les thèmes hybrides et les citations obliques des styles passés qu'affectionne Memphis engendrent un nouveau vocabulaire de design post-moderne. Le groupe a toujours admis que ses créations relevaient d'une « mode », éphémère en tant que telle, et en 1988, quand sa popularité commence à décliner, Sottsass le dissout. Malgré sa brève existence, Memphis, avec sa vitalité juvénile et son humour, a joué un rôle décisif dans l'internationalisation du **Post-Modernisme**.

Alessandro Mendini

1931 Milan
2019 Milan

Alessandro Mendini étudie l'architecture à l'Ecole Polytechnique de Milan où il obtient son doctorat en 1959. Il devient ensuite partenaire de l'agence de design Nizzoli Associati jusqu'en 1970. Il y travaille sur le projet Italsider, un immeuble situé dans un quartier de Tarente en rénovation. De 1970 à 1976, Mendini est rédacteur en chef de *Casabella*, après quoi il fonde la revue *Modo*, qu'il édite jusqu'en 1981. Membre fondateur de **Global Tools**, une école de contre-architecture et design créée en 1973, Mendini est étroitement associé, à la fin des années 1970, aux travaux du groupe de designers **Studio Alchimia**, dont il devient le théoricien n° 1. En 1978, Mendini produit ses premiers exemples de « redesign » : la chaise *Universale* de **Joe Colombo** à finition faux marbre, le fauteuil *Wassily* de **Marcel Breuer** avec des motifs appliqués et la chaise *Superleggera* de **Gio Ponti**, parsemée d'insignes. Avec ces « redesign », Mendini cherche à imposer avec humour l'idée que le respect figé du passé interdit toute véritable novation dans le design. Le redesign vise donc à démystifier les prétentions du Modernisme en montrant que le sens et la valeur d'un objet peut tenir exclusivement à la décoration qu'on y applique. Théoricien, Mendini se fait aussi le chantre de l'idée de « design banal » qui

◄ Re-design du Fauteuil *Wassily* pour Studio Alchimia, 1978

▲ *Fauteuil Proust* pour Studio Alchimia, 1978

▶ **Alessandro Mendini & Bruno Gregori**, commode *Cantaride* pour Zabro-Zanotta, 1984

tente de répondre au vide culturel et intellectuel du design de masse des sociétés industrielles. La banalité des objets existants est soulignée par l'ajout d'ornements bizarres et de couleurs vives comme dans le célèbre fauteuil *Proust* que signe Mendini en 1978. C'est avec la même ambition que Mendini organise l'exposition «L'oggetto banale» (L'objet banal) à la Biennale de Venise en 1980. L'activisme **Anti-Design** de Mendini sonne le glas des interdits modernistes et la renaissance d'un langage symbolique dans le design. Son canapé *Kandissi* (1978) qui sera présenté dans la collection (appelée par ironie *BauHaus I*) de Studio Alchimia en 1980 se joue des frontières entre art et design avec ses motifs en à-plats de couleurs vives inspirés de l'œuvre de Vassili Kandinsky. De 1980 à 1985, Mendini est rédacteur en chef de la revue *Domus* et, à partir de 1983, il enseigne le design à l'Ecole Supérieure des Arts Appliqués de Vienne. En 1981, il est invité par le fabricant de meubles Cassina à participer au projet Bracciodiferro. C'est l'occasion de développer sa gamme de meubles *Mobile Infinito* avec ses éléments décoratifs en métal aimanté combinables à l'infini au gré de l'utilisateur. En 1983, Mendini est responsable du design et de la communication d'**Alessi** pour lequel il supervise le projet *Tea & Coffee Piazza*. Alessi demande ensuite à Mendini de concevoir avec **Achille Castiglioni** et **Aldo Rossi** la Casa della Felicità (1983–1988). Ce projet est suivi par celui du Groninger Museum de Groningen (Hollande, 1988–1993). Il est distingué par plusieurs récompenses et notamment le **Compasso d'Oro** en 1979. Designer prolifique et théoricien en vue, Mendini a joué un rôle de premier plan dans le débat sur l'Anti-Design et la propagation du **Post-Modernisme**.

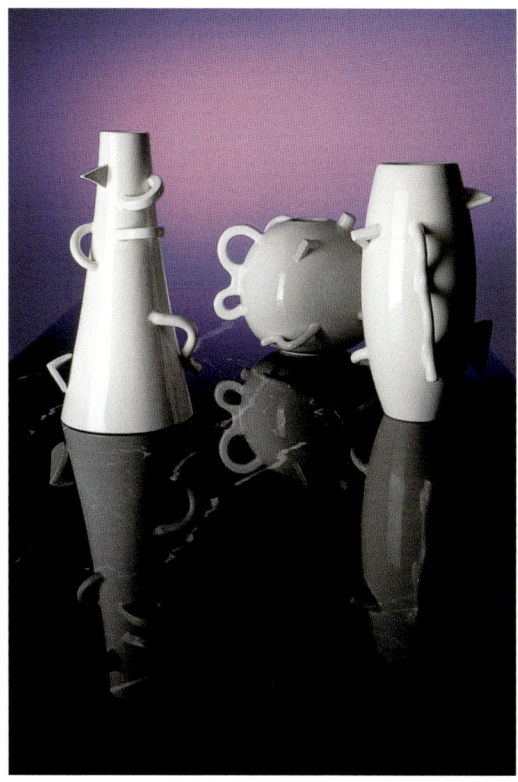

▼ Vases *Manici* (Poignées) produits par Zabro-Zanotta pour Studio Alchimia, 1984

MetaDesign

Fondé en 1979
Berlin

MetaDesign est fondé à Berlin par Erik Spiekermann en 1979. Spiekermann a étudié l'histoire de l'art à la Freie Universität de Berlin avant de travailler comme typographe à Londres dans les années 1970 et d'enseigner au London College of Printing. Il a ensuite été consultant pour Henrion Design Associates et Wolff Olins, deux agences réputées pour leur compétence en matière d'**identité visuelle**. Fort de ce double profil de graphiste et de concepteur d'image de marque, Spiekermann rentre en Allemagne et fonde l'agence MetaDesign. La poste allemande lui apporte une de ses premières commandes : il s'agit de repenser la charte graphique des brochures à destination de la clientèle. Le Studio noue des liens étroits avec la fonderie Berthold et devient membre de l'EDEN (réseau des designers européens) créé en 1991. Le travail graphique et typographique original de MetaDesign et ses refontes d'identités visuelles d'entreprises lui valent rapidement une réputation mondiale. Aujourd'hui, le groupe emploie environ cent soixante-dix personnes dans son agence de Berlin et a ouvert des succursales à Londres et San Francisco. Spiekermann a exposé sa conception de la typographie dans son ouvrage de 1987 *Ursache & Wirkung : Ein Typografischer Roman* (Rime et Raison : le Roman d'un Typographe). MetaDesign est considéré comme la première agence de graphisme allemande et Spiekermann résume sa croyance en un système intégré de communication d'entreprise dans la devise : « Vous ne pouvez pas *ne pas* communiquer. »

▶ Projet d'image de marque pour Boehringer Ingelheim, 1997

Ludwig Mies, de son nom initial, a d'abord reçu une formation de maçon avant de travailler, de 1900 à 1904, comme dessinateur d'ornements en stuc pour une agence d'architecture d'Aix-la-Chapelle. Il s'établit à Berlin en 1905 et travaille dans l'agence de **Bruno Paul** jusqu'en 1907, année où il conçoit son premier bâtiment. En 1908, Mies intègre l'agence de **Peter Behrens** et travaille sur des projets pour **AEG** et pour l'ambassade d'Allemagne à Saint-Pétersbourg. Il y côtoie **Walter Gropius**, Hannes Meyer (1889–1954) et **Le Corbusier**. Comme Behrens, il s'inspire, dans un premier temps, de l'architecture néoclassique de Karl Friedrich Schinkel (1781–1841). Mies quitte l'agence Behrens en 1911 et ouvre l'année suivante son studio à Berlin. Il ajoute à son patronyme le nom de jeune fille de sa mère, van der Rohe, et effectue son service militaire pendant la guerre de 1914–1918. En 1922, il s'engage dans le groupe révolutionnaire Novembergruppe dont il organise les expositions pendant trois ans. Ses projets architecturaux de bureaux, maisons particulières et immeubles sont des propositions «idéales», des plaidoyers modernistes. Il organise en 1927 pour le **Deutscher Werkbund**, dont il est vice-président depuis un an, l'exposition «Die Wohnung» (l'Habitat) au Weissenhofsiedlung de Stuttgart. Cette même année, Mies s'inspire du projet de chaise en porte-à-faux de **Mart Stam**, construite en tuyaux de gaz, pour imaginer ses propres

Ludwig Mies van der Rohe
1886 Aix-la-Chapelle, Allemagne
1969 Chicago

▲ Intérieur du Pavillon Allemand à l'«Exposición Internacional de Barcelona», 1929

versions, les fauteuils *MR10* et *MR20* en métal tubulaire élastique (1927). Ces modèles sont exposés pour la première fois à l'exposition de la Weissenhof. Le Pavillon Allemand pour l'Exposition Internationale de Barcelone présente un certain nombre de ses modèles, dont son célèbre fauteuil *Barcelona* que le roi Alfonse XIII utilise comme «trône» lors de la cérémonie d'ouverture de l'exposition. La décoration intérieure de celle-ci exprime la quintessence du **Style International** et rejette ostensiblement l'utilitarisme généralement associé au **Mouvement Moderne**. De 1928 à 1930, Mies se consacre à la Villa Tugendhat à Brno (Tchécoslovaquie) pour laquelle il crée aussi un mobilier exclusif. La majorité de ses projets architecturaux des années 1920, comme ses propositions de tours en acier et verre, restent théoriques et plus ou moins expérimentaux. Ses meubles, en revanche, sont fabriqués par l'entreprise Berliner Metallgewerbe Josef Müller (1927-1931) et par les Bamberger Metallwerkstätten (dès 1931). Il expose ses créations à la German Building Exhibition en 1931 et signe un contrat avec Thonet-Mundus qui leur concède les droits exclusifs sur quinze modèles de chaises, dont certains conçus avec **Lilly Reich**. En 1930, Mies devient le dernier directeur du **Bauhaus**, où il enseigne l'architecture. Il décide le déménagement de l'école de Dessau à Berlin et, après sa fermeture définitive en 1933, travaille comme architecte indépendant à Berlin. En 1937, il émigre aux Etats-Unis où il ouvre une agence d'architecture à Chicago. Il devient aussi le directeur du département d'architecture de l'Armour Institute (qui deviendra plus tard l'Illinois Institute of Technology), toujours à Chicago. Il a comme étudiante Florence Schust, qui épouse quelques années plus tard Hans **Knoll** et en 1947, Knoll Associates réédite le mobilier de Mies van der Rohe. Celui-ci devient citoyen américain en 1944 et, jusqu'à sa mort en 1969, il travaille à de nombreux projets architecturaux dont la Maison Farnsworth à Plano (Illinois, 1946-1950), l'Opéra de

◄ Fauteuil, modèle n° *MR20*, pour Berliner Metallgewerbe Josef Müller, 1927

▼ Publicité pour la chaise modèle n° *MR10*, vers 1928

Mannheim (1953) et le célèbre Immeuble Seagram à New York (1954–1958), son chef-d'œuvre, conçu avec **Philip Johnson**. C'est aussi Johnson qui rédige le catalogue de la rétrospective « Ludwig Mies van der Rohe » qui a lieu au **Museum of Modern Art de New York** en 1948. Mies van der Rohe, figure éminente du Mouvement Moderne, est un des architectes et designers les plus marquants du XXe siècle.

▶ Fauteuil *Brno*, modèle n° *MR50*, pour Berliner Metallgewerbe Josef Müller, 1929–1930

▶▶ Fauteuil *Barcelona*, modèle n° *MR90*, pour Berliner Metallgewerbe Josef Müller, 1929

▶ **Christian Dell**, cafetière, vers 1929/1930

▶▶ **Christian Dell**, lampe de bureau *Rondella* pour Rondella, 1927–1928

Modern Movement

Mouvement Moderne

Le Mouvement Moderne, dans le design, est guidé par une idéologie progressiste et sociale dont les origines remontent au milieu du XIXe siècle et à la croisade de réformateurs comme **A. W. N. Pugin**, John Ruskin (1819–1900) et **William Morris**. Ces pionniers, considérant le style victorien tardif dominant comme l'expression d'une société corrompue par la cupidité, la décadence et l'oppression, se sont efforcés de réformer la société par une rénovation du design. Malgré son rejet d'une production industrielle au profit de l'artisanat, Morris est parmi les premiers à mettre ses théories en pratique en réalisant des objets domestiques intelligemment conçus et d'une facture de qualité. Ses idées réformatrices ont eu un impact décisif sur le développement du Mouvement Moderne : priorité à l'utilité, à la simplicité, à l'adéquation et rejet du luxe ; obligation morale des designers et des fabricants de produire des objets de qualité ; conviction que le design peut et doit être utilisé comme un instrument de transformation sociale. Ses idées ont stimulé la formation de guildes artisanales et d'ateliers en Angleterre, en Allemagne et aux Etats-Unis, trois pays en pointe dans la fabrication industrielle. Peu à peu les réformateurs prennent conscience que la machine est un moyen en vue d'une fin et que le processus industriel doit être adopté sans réserves dans l'intérêt même de la réforme. La fondation du

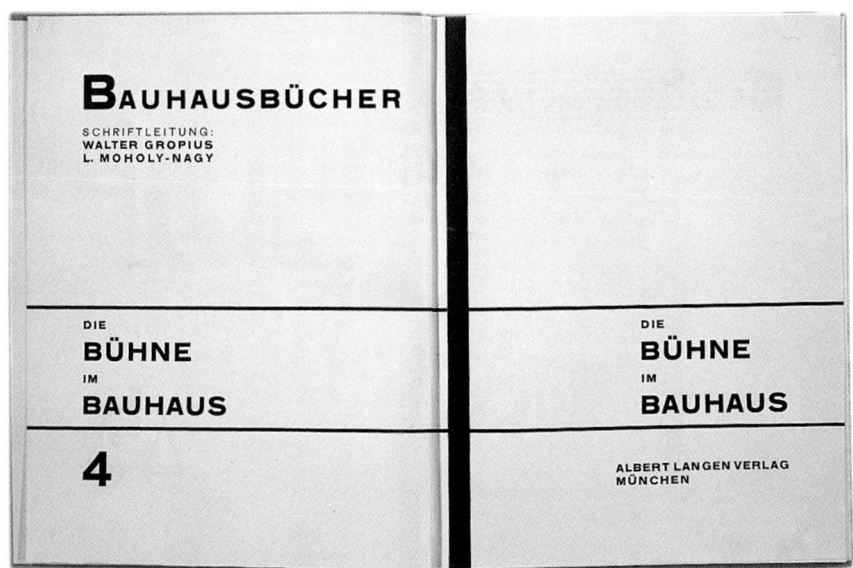

▲ László Moholy-Nagy, pages de titre pour le Bauhausbuch 4 « Die Bühne im Bauhaus » (Cahier du Bauhaus n° 4, « Le Bauhaus et le théâtre ») de Walter Gropius et László Moholy-Nagy, 1925

◄ Marcel Breuer, chaise, modèle n° B33, pour Thonet, 1927–1928

Deutscher Werkbund en 1907 marque un tournant : c'est le moment où l'idéologie réformatrice admet la nécessité de la production industrielle. Les membres du Deutscher Werkbund élaborent une nouvelle conception du design, extrêmement rationnelle, qui élimine l'ornementation et insiste sur le **fonctionnalisme**. Le dépouillement du décor permet la simplification, une meilleure **standardisation** des éléments, et donc une productivité accrue. Ce gain de productivité bénéficie à la fois au consommateur et au fabricant en ce qu'il permet d'améliorer la qualité de la fabrication et des matériaux utilisés. Le langage universel qui résulte de cette esthétique épurée se veut au-dessus des modes. Le célèbre opuscule d'**Adolf Loos** *Ornament und Verbrechen* (Ornement et Crime), paru en 1908, met en évidence le rapport entre ornementation excessive et corruption sociale, tandis qu'une publication ultérieure du Werkbund de 1924 intitulée *Form ohne Ornament* (Forme sans ornement) illustre les vertus de la simplicité rationnelle pour les objets produits en série. Ce rejet de l'ornement est aussi un des credo de **De Stijl**, tandis que **Constructivisme** et **Futurisme** célèbrent la machine et le concept de « production artistique ». Après les ravages de la Première Guerre mondiale, des designers comme **Walter Gropius** reconnaissent l'impératif moral du Modernisme. Gropius devient le premier directeur du **Bauhaus**, fondé en 1919 pour unifier les arts et mettre en pratique les idées des pionniers du Modernisme. Institution-phare du design du XXe siècle, le Bauhaus a eu

▲ Alvar Aalto, salle de conférences et débats de la bibliothèque de Viipuri, 1930-1935

▶ Alvar Aalto, fauteuil à haut dossier pour Huonekalu-ja Rakennustyötehdas, début des années 1930

un énorme impact sur le développement du Mouvement Moderne par sa promotion du fonctionnalisme, des méthodes industrielles de production et des matériaux de pointe – comme le tube métallique. L'efficacité fonctionnelle des architectures d'intérieurs, des meubles, des céramiques, des objets de métal et des graphismes du Bauhaus a engendré un vocabulaire de design cohérent devenu synonyme de Modernisme. Le terme allemand Sachlichkeit (Objectivité) décrit cette nouvelle conception rationnelle du design. Quoi qu'il en soit, vers 1927, quand la «Werkbund-Ausstellung» a lieu à Stuttgart, on assiste à la naissance d'un **Style International** moderniste clairement identifiable qui présente trois particularités : minimalisme, industrialisme et formes orthogonales. **Le Corbusier** joue un rôle décisif dans la promotion de cette esthétique mécanique bien que ses projets soient nettement moins utilitaires que ceux qui émanent du Bauhaus. Dans les années 1930, le Style International se laisse influencer par les modes et ses critiques considèrent qu'il a perdu de vue les objectifs sociaux du Modernisme. Ses représentants poussent l'abstraction géométrique à ses limites ultimes et exploitent des matériaux industriels et un vocabulaire formel austère à des fins stylistiques. Le Modernisme tend à oublier ses fondements éthiques jusqu'à l'apparition de la relève scandinave et surtout d'**Alvar Aalto**, précurseur d'un modernisme convivial avec son **Design Organique**. Le travail d'Aalto est bien accueilli en Angleterre et aux Etats-Unis et pousse une nouvelle génération de designers modernistes comme **Charles et Ray Eames** à poursuivre une démarche globale et organique du design en privilégiant technologies et matériaux de pointe. Les réalisations et la pertinence des présupposés du Modernisme ont fait l'objet de controverses pendant des décennies mais on ne peut lui dénier une ambition démocratique.

Moderne

En design, le terme Moderne renvoie à une forme d'**Art déco** stylistiquement influencée par le **Mouvement Moderne**. Le style Moderne est devenu populaire en Europe dans les années 1920 et 1930, mais c'est aux Etats-Unis qu'il a connu sa plus grande vogue. A cette époque, les représentants de ce style, **Walter Dorwin Teague** et **Raymond Loewy**, inventent le **Style Streamline** et privilégient les surfaces au fini métallique ou chromé brillant pour donner à leurs produits une apparence ostensiblement moderniste. Ce style moderne luxueux se distingue aussi souvent par des formes géométriques massives inspirés de la **Wiener Werkstätte**. Les intérieurs et le mobilier somptueux imaginé par **Donald Deskey** incarnent ce style et sont souvent le résultat de commandes de riches clients privés ou de grandes sociétés. L'architecture d'intérieur et le mobilier du Radio City Music Hall (1932–1933), que signe Deskey, reflètent aussi le mariage entre le style moderne et le prestige des décors du cinéma naissant. Les décors somptueux, miroitants et chromés, des films hollywoodiens ont joué un rôle majeur dans la popularisation du style moderne. L'opulence et l'optimisme inhérent à ce style offrent un refuge illusoire contre les ravages de la grande crise et finissent par symboliser le Rêve Américain. L'énorme impact du style moderne aux Etats-Unis est responsable des nombreuses différences qui opposent encore aujourd'hui le stylisme des produits européens et américains. Bien des aspects décoratifs de ce style ont connu un regain de popularité grâce au **Post-Modernisme** et au design retro de la fin du XXe siècle.

▶ **Warren McArthur** (attribuée à), table, début des années 1930

▶▶ **Walter Dorwin Teague**, intérieur du Pavillon Ford à la Foire Internationale de New York, 1939

Børge Mogensen

1914 Aalborg, Danemark
1972 Copenhague

▲ Chaises *Asserbo* pour Karl Andersson & Söner, 1964

Børge Mogensen étudie au Kunsthandvaerkerskolan (Ecole des Arts Appliqués) de Copenhague de 1936 à 1938 et, de 1938 à 1941, suit à l'école d'ébénisterie de la Kongelige Danske Kunstakademi (Copenhague), l'enseignement de **Kaare Klint** dont il sera l'assistant pendant deux ans à la fin de la guerre. A partir de 1939, il expose son travail chaque année à la Guilde des Ebénistes de Copenhague et dirige la section création de mobilier de l'Association des Coopératives Danoises de 1942 à 1950. Il ouvre ensuite son propre studio et réalise des meubles pour Søborg Møbelfabrik, Frederica Stolefabrik et Karl Andersson & Söner. Comme Klint, Mogensen affectionne le « redesign » de modèles traditionnels, comme le prouvent son canapé modèle n° 1789 (1945), ses fauteuils *Spanish* (1959) et *Asserbo* (1964). Mogensen suit aussi l'exemple de son mentor dans ses recherches ergonomiques qui déboucheront sur la gamme *Øresund* dessinée en collaboration avec Grethe Meyer. A partir de 1953, il dessine des tissus d'ameublement pour C. Olesen en collaboration avec Lis Ahlmann (1894–1979). Les meubles bien conçus et de belle facture de Mogensen sont emblématiques du design danois : usage de matériaux naturels, excellente qualité de fabrication et réinterprétation de formules traditionnelles qui ont fait leurs preuves.

László Moholy-Nagy est d'abord étudiant en droit à Budapest. Après son service militaire, il rallie le groupe d'artistes révolutionnaires Ma (Demain) et donne des illustrations à la revue du groupe. A l'origine tenté par la peinture, Moholy-Nagy se consacre à la photo quand il s'installe à Berlin après un court séjour à Vienne. Son travail de l'époque, exposé à la galerie Der Sturm, reflète l'influence de Dada et du **Constructivisme** et il participe d'ailleurs au congrès dadaiste-constructiviste de 1922 à Weimar. **Walter Gropius**, le directeur du **Bauhaus**, invite Moholy-Nagy à rejoindre son équipe d'enseignants et, en 1923, il partage avec **Josef Albers** la direction du cours préliminaire. Tout en conservant l'essentiel de la structure de ce cours d'introduction mis au point par **Johannes Itten**, ils prennent leurs distances avec les convictions mazdéennes de celui-ci. Ils plaident en faveur d'une adaptation du design à l'industrie et c'est dans cet esprit que Moholy-Nagy élabore son cours « matériaux et espace ». Il succède à Paul Klee (1879–1940) comme « maître de formes » de l'atelier de métal où il compte **Marianne Brandt** et **Wilhelm Wagenfeld** parmi ses élèves. Moholy-Nagy se consacre à la typographie, aux techniques cinématographiques et à la photo. Il édite les *Bauhausbücher* (Cahiers du Bauhaus) et écrit plusieurs ouvrages, dont *The New Vision : From Material to Architecture* (1928). En 1928, il quitte le Bauhaus et s'installe à Berlin où il dirige un atelier de graphisme, aménage des expositions et crée des décors de théâtre. Il s'établit à Amsterdam en 1934 et, de 1935 à 1937, réside à Londres où il dessine des affiches pour London Transport et invente des effets spéciaux pour le réalisateur Alexandre Korda. En 1937, il émigre en Amérique et dirige le New Bauhaus de Chicago à l'existence éphémère. Après sa fermeture en 1938, Moholy-Nagy fonde l'Ecole de Design de Chicago et s'attache à perpétuer le credo fonctionnaliste du Bauhaus aux Etats-Unis.

László Moholy-Nagy
1895 Bácsborsod, Hongrie
1946 Chicago

▼ **Herbert Bayer**, affiche pour l'ouvrage « Experiment in Totality: Moholy-Nagy », 1950

Carlo Mollino

1905 Turin
1973 Turin

▲ Table *Arabesque* pour Apelli & Varesio, 1950

▶ Phonographe-radio, 1949

Carlo Mollino est le fils d'Eugenio Mollino, un des plus grands ingénieurs et architectes de Turin. Il étudie l'ingénierie et l'histoire de l'art avant de s'inscrire à l'Ecole d'Architecture de l'université de Turin dont il est diplômé en 1931. Il travaille ensuite dans l'agence de son père et, en 1933, remporte un premier prix dans le concours pour la réalisation du siège social de la Federazione Agricultori à Cuneo. La même année, il réalise la décoration intérieure de sa propre maison qu'il utilise comme studio photographique pour ses études érotiques de nus féminins. En 1937, il signe la réalisation architecturale de la Società Ippica de Turin considérée comme son chef-d'œuvre, malheureusement détruite depuis. Mollino imagine un mobilier exclusif pour ses différentes décorations intérieures, souvent d'esprit biomorphique. Sa conception très expressive du design, inspirée par le **Futurisme** et le **Surréalisme** et étiquetée « Baroque Turinois » s'oppose au **Rationalisme** des designers milanais. De 1952 à 1968, Mollino professe aussi un cours d'histoire de l'architecture à la faculté d'Architecture de Turin. Designer réputé de voitures de course, il a notamment signé la *Osca 1100*, vainqueur de sa catégorie aux 24 heures du Mans en 1954. Le **Biomorphisme** exubérant de Mollino a profondément marqué le design italien d'après-guerre.

ABCDEFGHIJKLMN
OPQRSTUVWXYZ
abcdefghijklmnopqrst
uvwxyz 1234567890
&.,:;'"""-!?()—

Monotype Corporation

1897–1992
Salfords,
Grande-Bretagne

L'inventeur américain Tolbert Lanston met au point une machine de composition novatrice pour laquelle il dépose un brevet en 1885. Deux ans plus tard, il fonde la Lanston Monotype Corporation pour commercialiser son invention mais ne parvient par à s'assurer les financements nécessaires aux Etats-Unis. Il crée une filiale en Angleterre en 1897 et fait construire une usine à Salfords (Surrey) en 1902. La Monotype diffère sensiblement de sa rivale, la Linotype, en ce que la machine fond des caractères individuels plutôt que des lignes entières. Même si l'impression est plus lente, le procédé monotype est mieux adapté aux documents complexes, surtout quand la réalisation d'un bloc unique de texte n'est pas nécessaire. En 1912, la Lanston Monotype Corporation lance l'*Imprint*, le premier caractère réservé à la composition mécanique, dont la clarté typographique permet à la société de rivaliser avec la qualité des fonderies traditionnelles. En 1922, Stanley Morison (1889–1967) est nommé conseiller typographique. C'est à lui qu'on doit la conception des caractères *Garamond* (1922), *Baskerville* (1923) et *Fournier* (1924). Il demande à **Eric Gill** de dessiner de nouveaux caractères, dont le *Gill Sans* (1928). En 1931, la LMC devient la Monotype Corporation Limited et le *Times* de Londres demande à Morison la création d'un nouveau caractère pour le journal. D'abord fabriqué par Monotype en 1932, le *Times New Roman* deviendra l'un des caractères les plus populaires du XXe siècle.

▲ Stanley Morison, caractère *Times New Roman*, 1931

William Morris étudie la théologie à l'Exeter College de Londres avant de recevoir une brève formation d'architecte sous la houlette de George Edmund Street (1824–1881). Il s'inspire des conceptions sociales et artistiques réformistes de John Ruskin (1819–1900) et du médiévisme romantique des préraphaélites. Convaincu par l'insistance de Dante Gabriel Rossetti (1828–1881), Morris se consacre à la peinture qu'il abandonne rapidement en faveur des arts décoratifs. Son premier projet décoratif de grande ampleur est sa propre maison, la Red House dans Bexleyheath, construite en 1859 par Philip Webb (1831–1915). Elle est meublée, par Morris et son cercle d'amis, de tentures, de broderies, de vitraux et de meubles peints dans le style préraphaélite. Cette collaboration aboutit à la formation de la société Morris, Marshall, Faulkner & Co. en 1861. Dans les années 1860, Morris définit un style mêlant simplicité, utilitarisme et beauté. Son entreprise ne se limite pas à la conception de décorations intérieures complètes, elle commercialise aussi une gamme variée de

William Morris

1834 Walthamstow
1896 Londres

◄ *Pimpernel*, papier peint fabriqué par Jeffrey and Co. pour Morris & Co., 1876

▲ **Morris, Marshall, Faulkner & Co.**, *La Salle à Manger Verte* au South Kensington Museum (aujourd'hui Victoria & Albert Museum), 1866–1867

meubles, vitraux, papiers peints, pièces d'orfèvrerie, céramiques, carreaux de faïence, panneaux brodés, tapis et textiles. Morris, qui souhaite voir les masses accéder à un design de qualité, rejette la mécanisation parce qu'il estime que la division du travail coupe l'ouvrier de son travail et, en dernière analyse, de la société. Mais, paradoxalement, ce refus de la production industrielle renchérit le coût des objets produits par Morris, réservés de fait aux classes aisées. Les efforts de Morris & Co. contribuent néanmoins à revivifier l'artisanat d'art et à montrer l'exemple d'une certaine éthique dans les méthodes de fabrication. Morris ne fut pas seulement le plus éminent représentant du **Mouvement Arts & Crafts**, un designer prolifique et un directeur de fabrique efficace, mais aussi un poète et un auteur réputé dont les écrits reflètent les aspirations sociales utopiques. Socialiste en vue, il contribue à fonder le mouvement travailliste anglais. Ses idées réformatrices ont eu un impact décisif sur le développement du **Mouvement Moderne** : priorité à l'utilité, à la simplicité et à l'adéquation et rejet du luxe ; obligation morale de produire des objets de qualité ; conviction que le design peut et doit servir la transformation sociale.

Jasper Morrison étudie à Londres, à la Kingston School of Art and Design et au **Royal College of Art** dont il est diplômé en 1985. Boursier, il effectue un séjour à la Kunstakademie de Berlin en 1984. Au début des années 1980, Morrison acquiert une certaine notoriété avec ses meubles expérimentaux, la table *Flowerpot* et la chaise *Wing-Nut* (1984). En 1986, il ouvre son propre bureau de design, l'Office for Design, à Londres et présente son travail au magasin Shiseido à Tokyo, à la galerie Néotù à Paris et à l'exposition « British Design » à Vienne. L'année suivante, il aménage une installation pour l'agence Reuter à la « documenta 8 » de Kassel et, en 1988, présente une installation intitulée « Some new objets for the House I » (Quelques nouveaux objets pour la maison I) à la galerie du DAAD à Berlin. Son célèbre fauteuil intérieur / extérieur *Thinking Man* (1987) pour Cappellini est suivi par le siège *Ply* (1989) pour **Vitra**, qui anticipe la démarche dépouillée caractéristique de son travail ultérieur. En 1992, en collaboration avec James Irvine (1958–2013), Morrison lance le *Progetto Oggetto* pour Cappellini, une collection d'objets domestiques créée par de jeunes designers, dont **Stefano Giovannoni**, Konstantin Grcic (né en 1965) et Axel Kufus (né en 1958). La même année, Morrison publie un livre intitulé *A World Without Words* (Un Monde sans Mots) et la poignée de porte qu'il a dessinée pour FSB lui vaut le prix Bundespreis für Produktdesign. En 1993, il conçoit une installation pour le Museum für Angewandte Kunst de Vienne et deux ans plus tard une exposition rétrospective lui est consacrée au Centre d'Architecture Arc en Rêve de Bordeaux. Sa plus importante réalisation à ce jour est le nouveau tramway de Hanovre pour l'Expo 2000, couronnée par le prix du design IF Transportation et le prix de l'écologie. Le travail de Morrison incarne le courant de la « nouvelle simplicité » dans le design.

Jasper Morrison
Né en 1959 Londres

▼ Canapé *Three* pour Cappellini, 1992

Koloman Moser

1868 Vienne
1918 Vienne

▼ Carafe à Sherry, monture métallique plaquée argent, pour E. Bakalowits & Söhne, 1901

De 1885 à 1892, Koloman Moser étudie le design et la peinture à l'Académie des Beaux-Arts de Vienne tout en suivant les cours du professeur Franz Rumpler (1848–1922) à la Allgemeine Malerschule de Vienne en 1886. Alors qu'il est encore étudiant, Moser donne des illustrations aux magazines *Wiener Mode* et *Meggendorfers Humoristische Blätter*. De 1893 à 1895, il reçoit une formation de graphiste à l'Ecole des Arts Appliqués (Kunstgewerbeschule) de Vienne et enseigne le dessin aux enfants de l'archiduc Karl Ludwig. Il fréquente beaucoup d'artistes progressistes dont Gustav Klimt (1862–1918) et est cofondateur en 1894 du Siebener Club (Club des Sept) avec **Josef Hoffmann** et **Josef Maria Olbrich**. A partir de 1895, Moser est graphiste indépendant et contribue avec d'autres artistes à la publication d'une série d'albums intitulés *Allegorien, Neue Folge* (1895) édités par Martin Gerlach. Il est aussi membre fondateur de la **Sécession Viennoise** et, en 1898, devient éditeur de la revue du groupe *Ver Sacrum*, pour laquelle il crée de nombreuses illustrations. Il enseigne la peinture à l'Ecole des Arts Appliqués de Vienne dès 1899 et il y est nommé professeur titulaire en 1900. La même année, Moser expose des meubles et des objets modernistes, dont une série de verres à liqueur, commercialisés plus tard par E. Bakalowits & Söhne, à la VIIIe Exposition Sécessionniste de Vienne et à l'Exposition Universelle de Paris. Il est cofondateur du groupe Wiener Kunst im Haus en 1901 et, deux ans plus tard, s'associe à Josef Hoffmann et Fritz Wärndorfer (1869–1939) pour fonder la **Wiener Werkstätte**. Responsable artistique de cette coopérative artisanale progressiste, Moser crée des meubles, de l'orfèvrerie, des objets en métaux non précieux, des textiles, des bijoux et des illustrations. Il dessine aussi des costumes et des décors de théâtre pour le Cabaret Fledermaus, un théâtre créé par Hoffmann et conçu comme une **Gesamtkunstwerk** selon les préceptes de la Wiener Werkstätte. A partir de 1901, Moser passe des motifs naturalistes et abstraits d'esprit sécessionniste à une inspiration géométrique où l'on

▲ **Ecole de Koloman Moser**, pot en verre et métal plaqué argent pour E. Bakalowits & Söhne, 1902

◄ Boîte en bois pour la Wiener Werkstätte, vers 1905

▲ Pendule pour la Wiener Werkstätte, vers 1906

trouve notamment la grille noire et blanche caractéristique inspirée de l'art antique égyptien et assyrien. La sévère géométrie de ces créations tardives annonce le formalisme géométrique qu'imposera le **Bauhaus** dans les années 1920. Outre son travail pour la Wiener Werkstätte, Moser dessine aussi des verreries pour Loetz, des textiles pour Johann Backhausen & Söhne et des meubles pour **J. & J. Kohn**. Il travaille également comme illustrateur pour différentes maisons d'édition dont H. Bruckmann et, de 1904 à 1906, dessine des vitraux pour l'église Am Steinhof conçue par **Otto Wagner**. Koloman Moser quitte la Wiener Werkstätte en 1908 à la suite d'une dispute avec Fritz Wärndorfer. Il se consacre dès lors à la peinture, tout en continuant à créer des décors de théâtre pour l'Opéra. Ses tableaux sont exposés à Düsseldorf, Dresde, Budapest, Rome et Berlin entre 1909 et 1916. Moser est un designer prolifique aux multiples talents dont l'œuvre marque la transition d'un style naturaliste à une manière géométrique et forme un trait d'union entre XIXe et XXe siècles.

Serge Mouille travaille dans l'atelier du sculpteur et orfèvre Gilbert Lacroix dès 1937 avant de recevoir une formation d'orfèvre à l'Ecole des Arts Appliqués de Paris. Il achève ses études en 1941 et, quatre ans plus tard, tout en commençant à enseigner aux Arts Appliqués, il ouvre son propre atelier. En 1953, il dessine son premier prototype de lampe pour l'architecte et décorateur Jacques Adnet (1900-1984), alors directeur de la Compagnie Süe et Mare des Arts Français. Ce premier lampadaire est équipé de trois ampoules sur des bras pivotant sur un tripode. Les abat-jour en « téton » caractéristiques de Mouille sont étudiés pour une réflexion optimale de la lumière et se règlent dans presque toutes les positions. En 1953, il participe à une exposition du Musée des Arts Décoratifs de Paris et, deux ans plus tard, adhère à la Société des Artistes Décorateurs et à la Société Nationale des Beaux-Arts. Mouille collabore avec Louis Sognot (1892-1970) à des solutions d'éclairage et fait partie d'un groupe de designers d'**avant-garde**, auquel appartient **Jean Prouvé**. Les meubles modernes de celui-ci sont exposés à la Steph Simon Gallery lors de son ouverture en 1956. Les élégantes lampes de Mouille des années 1950 comme *Œil*, *Cocotte*, *Antony*, *Tuyau*, *Saturne*, *Agrafée* et *Secrétaire* sont dotées d'abat-jour en métal réglables ou d'abat-jour en métal émaillé blancs ou noirs qui surmontent d'élégants pieds en tige métallique. En 1958, Mouille présente deux lampes à l'Exposition Universelle de Bruxelles, une grande applique murale à trois bras et une suspension à six bras. Ses modèles de luminaires ultérieurs, comme ceux de l'université d'Anthony et de la Cathédrale de Bizerte sont plus massifs et plus architecturés. En 1961, Mouille fonde la Société de création de modèles pour l'encouragement des jeunes designers et, en 1963, il reçoit une médaille d'or de la Société d'Encouragement à l'Art et à l'Industrie.

Serge Mouille
1922 Paris
1988 Monthiers

▼ Lampe *Standard*, 1953

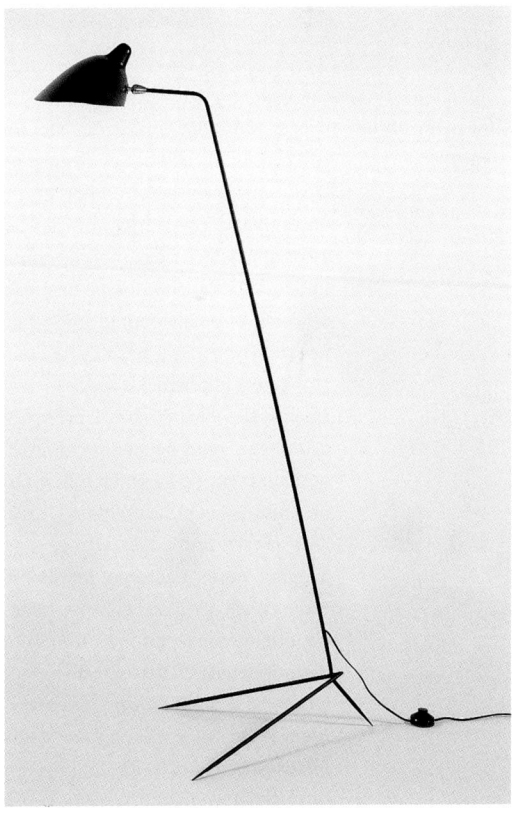

Olivier Mourgue

Né en 1939 Paris

Olivier Mourgue commence sa formation en décoration intérieure en 1954 à l'Ecole Boulle (Paris) et de 1958 à 1961 étudie à L'Ecole Nationale des Arts Décoratifs ainsi qu'en Suède et en Finlande. Après avoir travaillé comme décorateur d'intérieur pour l'Agence d'Architecture Intérieure Gautier-Delaye, à Paris, il dessine des meubles pour Airborne (1963–1966). Il ouvre ensuite un studio à Paris où il crée des meubles pour le Mobilier National (à partir de 1966) et pour Prisunic (1969) ainsi que des habitacles automobiles pour Renault (1977). Son siège *Djinn*, un modèle sculptural et anthropomorphique (1965), est le premier à associer structure en tube métallique et garniture en mousse de polyuréthane. Il est si futuriste que Stanley Kubrick le choisit pour certaines scènes de son film *2001 : l'Odyssée de l'Espace* (1968). Mourgue est aussi l'auteur de l'architecture intérieure des Pavillons Français à l'Expo '67 de Montréal et à l'Expo '70 d'Osaka. Son travail est distingué par un prix de l'ADI (Associazione per il Disegno Industriale) et le prix Eurodomus en 1968. Comme **Verner Panton** et **Joe Colombo**, Mourgue travaille sur le concept de cadre de vie, d'espace et de mobilité : il conçoit un atelier mobile sur roulettes pour lui-même et, en 1970, une salle de bains entièrement en plastique lisse. Il expose aussi un système de cloisons modulaires à l'exposition Visiona 3 organisée par Bayer en 1971 (Allemagne). En 1976, il crée un atelier à Kéralio en Bretagne et devient professeur à l'Institut de Géo-Architecture de l'Ecole des Beaux-Arts de Brest. Pascal Mourgue, le frère cadet d'Olivier, est également un designer réputé.

▲ Ligne de sièges *Djinn* pour Airborne International, 1965

Gabriele Mucchi est le fils du peintre Anton Maria Mucchi. Après des études à Turin, Rome, Catane et Correggio, il reçoit une formation d'ingénieur à Bologne où il obtient son doctorat en 1923. Mucchi se considérait comme un « découvreur de formes pour des objets d'usage quotidien » (le terme de designer industriel n'existait pas encore). Son travail est présenté en 1926 dans l'exposition « Le XXe Siècle Italien », à Milan, et de 1931 à 1933 à la Galerie Bonaparte. En 1934, il s'installe dans une maison à Milan qui devient le point de ralliement d'artistes et d'intellectuels anti-fascistes qui formeront plus tard le groupe Corrente. Bien que membre de ce groupe anti-fasciste, Mucchi appartient aussi, paradoxalement, à la mouvance rationaliste influente dans le design et l'architecture, qui a, un temps, la faveur du régime mussolinien. De 1934 à 1945, Mucchi dessine des sièges pour le fabricant milanais Crespi Emilio Pino, dont son fauteuil *Genni* en métal tubulaire chromé et cuir (vers 1935). Ce modèle a été réédité par Zanotta en 1982. Ses créations sont présentées à Milan en 1949 et à Prague, Berlin et Dresde en 1955. Mucchi est fait docteur *honoris causa* de l'université Humboldt de Leipzig en 1984. Les meubles de Mucchi incarnent le **Rationalisme** italien, dont les adeptes se considéraient comme des champions de l'ère moderne.

Gabriele Mucchi
1899 Turin
2002 Milan

▼ Fauteuil et repose-pied *Genni* pour Crespi, Emilio Pino, vers 1935 (réédité par Zanotta)

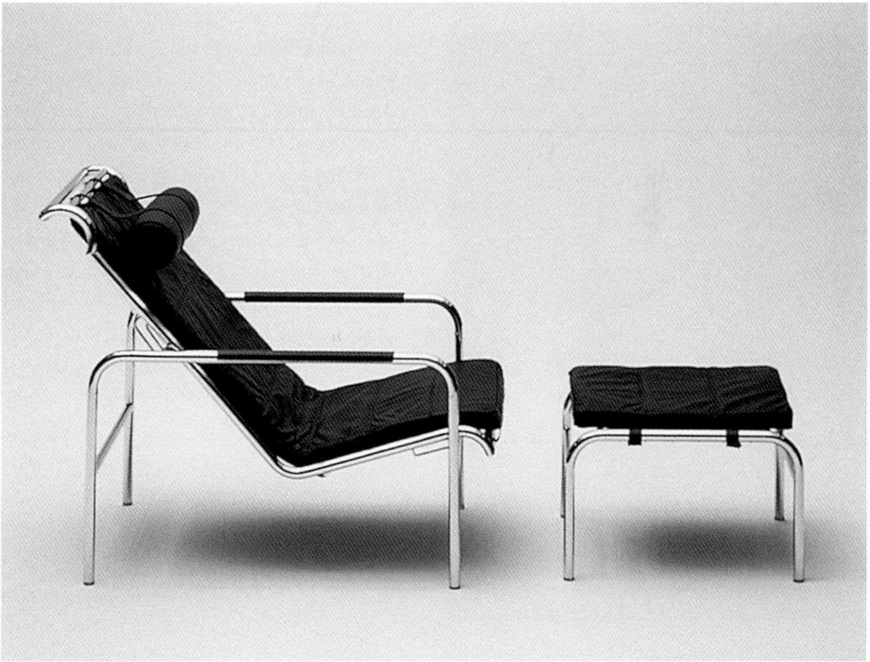

Alphonse Mucha

1860 Ivancice, Moravie
1939 Prague

▶ Affiche publicitaire pour le papier à cigarettes Job, 1896

▼ Zodiaque pour le magazine *La Plume*, 1896–1897

Alphonse Mucha travaille à partir de 1879 comme peintre de décors de théâtre à Vienne où il est influencé par le travail de l'artiste Hans Makart (1840–1884). En 1883, il collabore à un projet d'architecture intérieure pour le Château Emmahof, propriété du comte Khuen-Belassi (Grussbach). Il dessine aussi un paravent en trois panneaux pour le comte qui le rémunère en finançant ses études d'arts plastiques à Munich, puis à Paris de 1884 à 1887. Peu après son arrivée à Paris, Mucha commence à travailler comme designer, illustrateur et graphiste. En 1889, il réalise ses premiers projets de timbres-poste et, en 1892, sa première affiche. Après avoir vu sa fameuse affiche de Sarah Bernhardt en Gismonda, la comédienne lui fait signer un contrat de six ans pour créer les affiches de ses productions. Mucha dessine aussi des bijoux pour l'actrice, qui sont fabriqués par l'orfèvre Georges Fouquet (1862–1957), et il aménage plusieurs intérieurs avec ses motifs tourbillonnants typiques, dont le magasin de Fouquet, rue Royale. Il imagine tous les détails de la décoration, poignées de porte, équipements, vitraux et luminaires. Une exposition des œuvres de Mucha est organisée à Paris en 1897 et un numéro spécial du magazine *La Plume* dédié à son œuvre. Cette exposition itinérante, visible successivement à Prague, Munich, Bruxelles, Londres et New York, contribue à asseoir sa réputation internationale. Le Pavillon de la Bosnie-Herzégovine, conçu par Mucha pour l'Exposition Universelle de Paris en 1900 est primé. Le designer publie deux ouvrages sur son travail en 1902 et 1905. En 1903, il part pour l'Amérique où il dessine des bijoux avec **Louis C. Tiffany**. Ses affiches publicitaires pour Waverley Cycles (1898), le papier à cigarette Job (1896) et le champagne Moët & Chandon (1899) contribuent à faire connaître son travail et, en 1907, un savon à son nom est commercialisé. Les illustrations, les tissus, les affiches et supports publicitaires d'Alphonse Mucha, comme ses cartes postales et ses lithographies, *Les Saisons* (1896), *Les Fleurs* (1897) et *Les Arts* (1898) expriment la quintessence de l'**Art nouveau**.

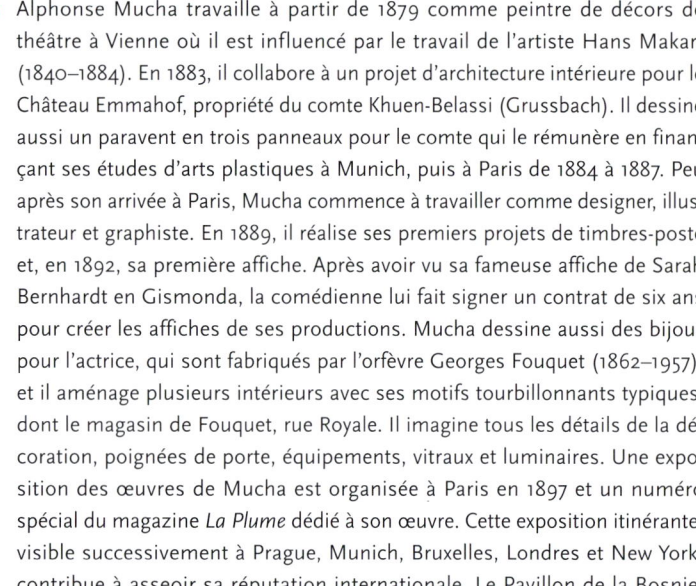

▶ Chaise *Singer*, modèle n° 5000, 1945 (rééditée par Zanotta)

Bruno Munari

1907 Milan
1998 Milan

Bruno Munari commence ses études d'arts plastiques à l'Institut Technique de Naples en 1924 et s'établit comme peintre et sculpteur en 1927, à Milan puis à Rome. Il rejoint le groupe des Futuristes et présente son travail à l'exposition de 1927 « Secondo Futurismo », puis, en 1929, à l'exposition « Trentate Futuristi » ainsi qu'à la Biennale de Venise. En 1932, il se tourne vers la photographie et, un an plus tard, commence à travailler comme graphiste. C'est alors qu'il réalise ses structures cinétiques *Macchine Inutili* (Machines Inutiles). En 1945, il commence à illustrer des livres et surtout, à partir de 1949, des livres pour enfants. Munari est membre fondateur du Movimento Arte Concreta en 1948 et, deux ans plus tard, il commence à travailler sur l'interaction des couleurs en combinant positifs et négatifs photo. Il réalise aussi des objets et des meubles, dont un singe-jouet pour Pigomma (1954) qui reçoit un **Compasso d'Oro**. Il a été consultant en design notamment pour IBM, **Olivetti**, Cinzano, Danese, La Rinascente, Pirelli et Mondadori. Au début des années 1970, il donne des cours de design et de communication visuelle avancée à l'université Harvard et est professeur à l'Ecole Polytechnique de Milan. La chaise *Singer* qu'il crée en 1945 reflète sa croyance dans l'unité du design et des beaux-arts.

◄ *Spotty*, chaise en carton pour enfant, fabriquée par International Paper, 1963

Peter Murdoch

Né en 1940
Birmingham

Peter Murdoch étudie au **Royal College of Art**, Londres, dont il est diplômé en 1963. Pendant ses études, Murdoch dessine son siège pour enfant en carton *Spotty* (1963) qui, avec son motif de pois, devient rapidement une icône de l'ère Pop. Le coût de production modique et le caractère jetable de ce produit du **Design Pop** est parfaitement en phase avec la demande du marché de consommation de masse des années 1960. La chaise est produite en Amérique par International Paper et vendue sous conditionnement plat. L'acheteur assemble en la dépliant et en la repliant cette chaise d'une surprenante résistance grâce à ses cinq épaisseurs de carton de trois types différents. En 1967, Murdoch dessine une chaise, une table et un tabouret *(Those Things)*, construits sur le même principe par sa société Perspective Designs. Ce mobilier d'enfant imprimé d'un motif d'alphabet inspiré de l'Op art (art cinétique) est couronné par un prix du Council of Industrial Design (Conseil du Design Industriel). En 1968, Murdoch ouvre à Londres son propre bureau de design qui se fait d'abord connaître par ses réalisations graphiques, de signalétique et d'**identité visuelle**. La même année, en collaboration avec Lance Wyman, Murdoch dessine la signalétique des Jeux Olympiques de Mexico City.

Keith Murray

1892 Auckland,
1981 Nouvelle-
Zélande

Keith Murray étudie à l'Architectural Association de Londres après son service militaire, effectué pendant la Première Guerre mondiale. En 1925, il part pour Paris où il découvre des créations verrières d'**avant-garde**, d'Europe continentale et surtout scandinaves, à l'Exposition Internationale des Arts Décoratifs. Ces objets surpassent la production des fabricants anglais de l'époque. A son retour en Angleterre, Murray travaille pour la fabrique James Powell's Whitefriars et crée des lignes de verreries simples avec des décors gravés discrets « qui n'altéraient pas la transparence du verre ». Après l'influente Exposition des Arts Industriels Suédois organisée à Londres en 1931, le fabricant de céramiques et de verreries Stevens & Williams cherche un designer qui crée des objets de style moderniste et, sur la suggestion de **Gordon Russell**, demande à Murray de travailler à temps partiel pour sa fabrique de Brierley Hill. La société expose les créations de Murray dans sa salle d'exposition en 1932. En 1933, Murray entame sa collaboration avec Josiah Wedgewood & Sons et crée de l'argenterie pour Mappin & Webb. En 1936, il ouvre une agence d'architecture avec C. S. White et dessine les plans de la nouvelle usine de Wedgewood à Barlaston (1938–1940). Après la guerre, avec son compatriote Basil Ward (1902–1976), il fonde l'agence Murray, Ward & Partners. Les céramiques de Murray pour Wedgewood avec leurs formes volumétriques simples et néanmoins monumentales, représentent parfaitement le Modernisme Anglais des années 1930.

▲ Vases et pichet en céramique pour Josiah Wedgwood & Sons, vers 1934

Le Museum of Modern Art de New York ouvre ses portes en 1929, quelques jours après le crash de Wall Street. Il a pour mission d'encourager une version « présentable » du Modernisme, qui rejette l'idéologie de gauche du **Mouvement Moderne** européen. Alfred Hamilton Barr (1902–1981) est le premier directeur du musée et durant son mandat, qui s'achève en 1943, il présente aux Américains l'art, l'architecture et le design européen d'**avant-garde** dans d'importantes expositions, notamment « The **International Style**: Architecture since 1922 » (Le Style International : l'Architecture depuis 1922) (1932) et « Machine Art » (1932), toutes deux conçues par **Philip Johnson**. Fait essentiel, Barr parvient à gagner des personnalités en vue et de riches mécènes à la cause de l'art moderne et leur soutien financier contribue à le faire connaître d'un large public. Quand, en 1940, le service de la conservation du musée se scinde, **Eliot Fette Noyes**, premier directeur du nouveau département de design industriel, organise un concours et une exposition qui fait date, « Organic Design in Home Furnishings » (Le Design Organique dans l'Equipement de la Maison), qui présente notamment le travail précurseur de **Charles Eames** et **Eero Saarinen**. Ensuite, c'est Edgar Kaufmann Jr. (1917–1989), qui devient responsable du design et organise les expositions sur le **Good Design** (Bon Design) chaque année de 1950 à 1955. Le Musée accueille la série de conférences donnée par **Robert Venturi** dans les années 1960 et, en 1972, organise la fameuse exposition : « Italie : Le Nouveau Paysage Domestique », qui marque l'avènement du **Design Radical**. Dans les années 1980 et 1990, le musée est le théâtre d'importantes rétrospectives et d'expositions marquantes comme « Mutant Materials in Contemporary Design » (Mutation des Matériaux dans le Design Contemporain) (1995). Le Musée d'Art Moderne est abrité dans un bâtiment conçu en 1939 par Philip Goodwin et Edward Durell Stone, plus tard agrandi par Philip Johnson. L'aile ouest et la tour d'appartements ajoutées en 1984 ont doublé la surface du Musée.

Museum of Modern Art
Fondé en 1929
New York

▼ Aperçu de l'exposition « Good Design », organisée par le Museum w of Modern Art, de novembre 1950 à janvier 1951

George Nakashima

1905 Spokane, Washington
1990 New Hope, Pennsylvanie

George Nakashima étudie à l'Ecole Américaine des Beaux-Arts de Fontainebleau en 1928 puis, en 1929, à l'université de Washington, Seattle, où il obtient sa licence d'architecture et, en 1930, au Massachusetts Institute of Technology. Il est d'abord employé par la Long Island State Park Commission et par l'administration de l'Etat de New York. Puis, de 1933 à 1936, il voyage en Europe et visite aussi l'Inde et la Chine avant de gagner le Japon où il travaille dans l'agence architecturale d'Antonin Raymond (1890–1976) pendant deux ans. Il collabore aussi, brièvement, avec Kunio Maekawa (1905–1986). Peu après son retour à Seattle en 1940, il ouvre un atelier d'ébénisterie avec un prêtre, le Père Tibesar. Il est interné dans l'Idaho de 1942 à 1943 à cause de ses origines japonaises et, durant cette période, il commence à apprendre l'ébénisterie traditionnelle japonaise avec un maître américain né d'immigrants japonais. Après sa libération, due à l'intervention de Raymond, Nakashima ouvre un petit atelier d'ébénisterie sur le domaine agricole de l'architecte à New Hope, Pennsylvanie. La plupart de ses meubles, d'une superbe facture, ont été exécutés sur commande spéciale, mais Nakashima a aussi travaillé pour **Knoll** (1946) et Widdicomb-Mueller (1957). Il reçoit la Craftsmanship Medal de l'American Institute of Architects en 1952 et une Médaille d'Or Nationale en 1962. Nakashima aménage aussi les intérieurs de plusieurs bâtiments importants, dont le Monastère du Christ dans le Désert, à Abiquiu, Nouveau-Mexique (1970) et la résidence Nelson Rockefeller à Tarrytown, New York (1973–1974).

▲ Bureau en noyer et chaise *New*, 1971

George Nelson

1907 Hartford, Connecticut
1986 New York

George Nelson étudie l'architecture à l'université Yale jusqu'en 1931 avant de suivre les cours de l'université catholique pendant un an et ceux de l'Académie Américaine de Rome de 1932 à 1934, après avoir remporté un Prix de Rome. En 1935, il collabore aux revues *Architectural Forum* et *Fortune*, puis rédige des monographies sur les architectes en vue pour le magazine *Pencil Points*, tout acquis à la cause moderniste. De 1936 à 1941, Nelson et William Hamby créent une agence d'architecture à New York, après quoi Nelson intègre le corps enseignant de la faculté d'architecture de l'université Yale tout en élaborant de nombreux concepts originaux d'architecture et d'urbanisme, dont celui du centre commercial piéton dans sa proposition «Grass on Main Street» (De l'herbe dans la rue principale) de 1942. Il est aussi l'un des premiers à concevoir des rangements encastrés (voir son mur de rangement de 1944). De 1941 à 1944, il enseigne à l'Ecole d'Architecture de l'université Columbia, New York, et en 1946, il devient consultant en architecture intérieure à la Parsons School of Design (New York). La même année, Nelson remplace **Gilbert Rohde** au poste de responsable du design chez **Herman Miller**, position qu'il conserve jusqu'en 1972. Il y fait entrer d'importants designers comme **Charles Eames**, **Alexander Girard** et **Isamu Noguchi** qui créent

◄ Canapé *Marshmallow* pour Herman Miller, 1956 (recouvert du tissu *Jacob's Coat* d'Alexander Girard)

des lignes de mobilier moderne pour la société. Nelson travaille aussi sur des projets de meubles personnels : système de rangement modulaire sur banc en lattis (1945), bureau *Home-Office* (1946), desserte en contreplaqué moulé (1949), système de rangement *Comprehensive* (1957), canapé *Marshmallow* (1956), gamme de chaises, de tables et de bureaux *Swaged-Leg* (1958), chaise et table *Catenary* (1962), canapé *Sling* (1963) et surtout le mobilier de bureau *Action Office I* (1964-1965). En 1947, il fonde à New York sa propre agence, George Nelson & Co., qui deviendra après son association avec Gordon Chadwick en 1953, George Nelson & Associates. Designer industriel, Nelson a créé la vaisselle de table *Prolon* en mélaminé pour la Pro-Phy-Lac-Tic Brush Co. (1952-1955), plusieurs pendules et horloges murales pour la Howard Miller Clock Company (fin des années 1940 et début des années 1950), les lampes *Bubble* en rubans de plastique (1947-1952) et le système modulaire *Omni* en tubes d'aluminium extrudé pour Dunlap. Nelson s'intéressait aussi au concept d'architecture préfabriquée et, en 1957, il signe l'Experiment House, un habitat modulaire à dôme plastique. Il a lancé l'idée futuriste de « ville enterrée » dans laquelle l'infrastructure urbaine est souterraine afin

▶ Fauteuil *Coconut* pour Herman Miller, 1955

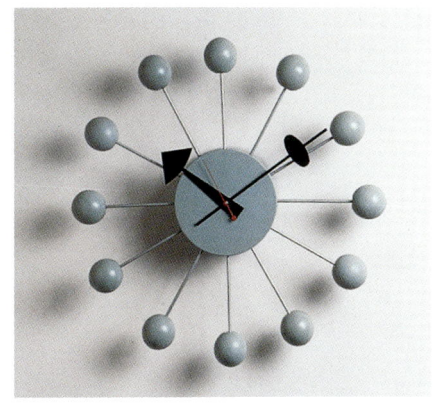

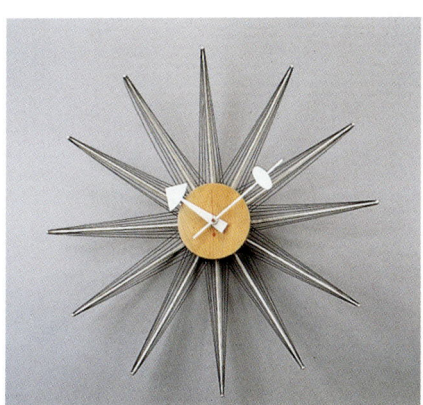

▲▲◀ Horloge murale, modèle n° 4756, pour la Howard Miller Clock Company, 1947

▲◀ Horloge murale *Asterisk*, modèle n° 2213A, pour la Howard Miller Clock Company, 1950

◀ Horloge murale *Spider Web*, modèle n° 2214S, pour la Howard Miller Clock Company, 1954

▲▲ Horloge murale *Ball*, modèle n° 4755, pour la Howard Miller Clock Company, 1947

▲ Horloge murale *Kite*, modèle n° 2201K, pour la Howard Miller Clock Company, 1953

▶ Fauteuil *MAA* de la série *Swaged-Leg* pour Herman Miller, 1958

de créer un environnement « plus humain ». Les thèses prémonitoires de Nelson, critique de design et auteur prolifique, ont profondément marqué leur époque. Il a par exemple prédit, en 1978, que les progrès de la technologie informatique engendreraient toujours plus de « miniaturisation, de fugacité et d'immatérialité » à l'avenir. Nelson, ami proche de **Buckminster Fuller**, a, comme lui, milité pour une idée toujours d'actualité : « en faire beaucoup plus avec beaucoup moins ». Cela suppose, expliquait-il, que le but suprême de la technologie devrait être de faire « tout avec rien ». Nelson n'était pas seulement un designer extrêmement talentueux, mais aussi un écologiste et un très efficace agitateur d'idées, dans ses textes et son enseignement.

▼ Banc *Platform* pour Herman Miller, 1946

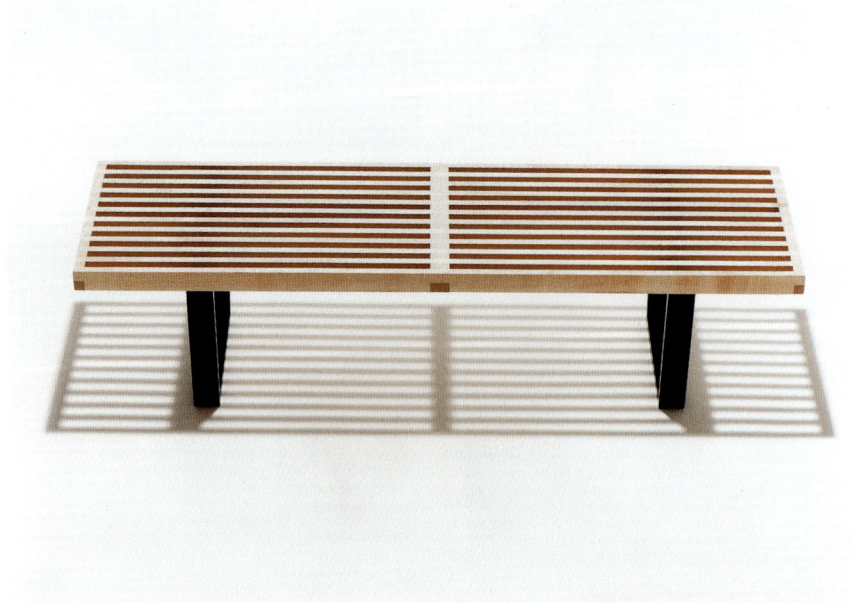

Richard Neutra

1892 Vienne
1970 Wuppertal, Allemagne

▼ Chaise, 1947
(rééditée par Prospettive)

Richard Neutra étudie à la Technische Hochschule de Vienne de 1911 à 1917 et, après la Première Guerre mondiale, travaille comme jardinier municipal à Zurich. En 1921, il est engagé par le service d'urbanisme de Luckenwalde où il rencontre Erich Mendelsohn (1887–1953) dont il va devenir l'assistant dans l'agence que celui-ci dirige à Berlin. Il émigre en Amérique en 1923, où il travaille d'abord pour William Holabird & Martin Roche à Chicago, puis pour **Frank Lloyd Wright** à Spring Green, Wisconsin, et finalement pour l'architecte Rudolf Schindler (1887–1953) à Los Angeles. Il participe à la réalisation de plusieurs projets, dont le Palais des Nations à Genève (1927). En 1926, Neutra ouvre sa propre agence d'architecture, réalise l'ensemble d'appartements Jardinette Apartment House à Los Angeles (1926–1927) et la Maison Lovell (1927–1929), dotée d'une structure en acier qui peut être montée en quarante heures. Il met également au point le système de logements préfabriqués «One plus Two» et le plan d'une ville future qu'il baptise la «Rush City Reformed». En 1928–1929, Neutra fonde l'Academy of Modern Art à Los Angeles où il donne des cours d'architecture. Au cours des années 1930, Neutra expérimente des techniques de construction et des matériaux nouveaux, notamment pour la construction de sa propre maison, la Van der Leeuw Research House (1931–1933). Après la Seconde Guerre mondiale, Neutra réalise des résidences privées et des immeubles d'appartements dans le **Style International**. Par son généreux usage des baies vitrées et des toits en porte-à-faux, Neutra parvient à unifier espaces intérieurs et extérieurs, unité renforcée par un mobilier (souvent en métal tubulaire chromé ou bien encastré) dessiné sur mesure pour ses différents projets. De 1949 à 1959, il collabore avec Robert Alexander à d'importantes commandes publiques comme l'église de Miramar à La Jolla (1957). L'architecture et le design élégants de Neutra portent l'empreinte du mode de vie californien et expriment une forme de Modernisme tempéré.

◄ Fauteuils *Bucky* pour la Fondation Cartier pour l'Art Contemporain, 1995

Marc Newson

Né en 1963 Sydney, Australie

Marc Newson étudie le design de bijoux et la sculpture au College of Art de Sydney dont il est diplômé en 1984. Deux ans plus tard, il fonde le studio de design POD et se spécialise dans la création de mobilier et d'horloges. Il expose ses meubles pour la première fois à la Galerie Roslyn Oxley de Sydney. En 1987, il s'installe au Japon où il réalise des lignes de sièges et de luminaires pour la société Idée de Tentuo Kurosaki, qui commercialise une édition limitée de sa célèbre méridienne *Lockheed Lounge* (1985–1986) en fibre de verre et aluminium riveté. Un an plus tard, une exposition personnelle des meubles sculpturaux de Newson est organisée à Tokyo. Ses créations sont présentées à la galerie Il Milione de Milan en 1989, ainsi que chez VIA (Paris) en 1991. Au début des années 1990, Newson obtient une reconnaissance internationale : des magasins de Francfort et Berlin lui commandent des meubles, il est élu Designer de l'Année par le Salon du Meuble de Paris et participe à l'exposition « 13 nach Memphis » organisée au Museum für Kunsthandwerk, Francfort, en 1995. Cette année-là, la Fondation Cartier pour l'Art Contemporain demande à Newson de créer une installation interactive où il présente ses fauteuils *Bucky* aux formes arrondies et aux couleurs vives. Il signe aussi la tour Swatch Watch pour les Jeux Olympiques tout en continuant à travailler comme architecte d'intérieur à Londres et Tokyo. Les créations ludiques et singulières de Newson sont très influencées par le **Biomorphisme** et les formes profilées du design américain des années 1950.

▶ Machine à écrire *Lettera 22* pour Olivetti, 1950

▶▶ Machine à coudre *Mirella* pour Necchi, 1957

Marcello Nizzoli

1887 Boretto, Italie
1969 Camogli, Italie

Marcello Nizzoli étudie l'art, l'architecture et le graphisme à l'Ecole des Beaux-Arts de Parme de 1910 à 1913 avant de commencer une carrière de peintre. Il expose en 1914 avec le groupe futuriste Nuove Tendenze (Nouvelles Tendances) à Milan. Nizzoli réalise aussi des textiles et des affiches, principalement pour Campari et OM. En 1918, il crée son propre studio de design à Milan et durant les années 1920 se rapproche des Rationalistes. De 1934 à 1936, Nizzoli conçoit avec l'architecte Edoardo Persico (1900–1936) deux magasins Parker (1934) et le Hall des Médailles d'Or pour l'Exposition Aéronautique de Milan. Entre 1931 et 1936, Nizzoli collabore avec **Giuseppe Terragni** sur différents projets. Il travaille aussi comme graphiste indépendant pour **Olivetti** dont il devient en 1938 responsable du design, tout en restant consultant. Ses machines à écrire *Lexicon 80* et *Lettera 22* (1948 et 1950) sont remarquables par leurs formes sculpturales et ses réalisations pour les bureaux et les logements des ouvriers d'Olivetti symbolisent l'engagement de l'entreprise dans un design total. Nizzoli réalise des projets sculpturaux pour d'autres firmes, des machines à coudre et un mixer pour Necchi, des meubles pour Arflex, des briquets pour Ronson et des pompes à essence pour Agip.

Isamu Noguchi, dont le père était un poète japonais et la mère un écrivain américain, reçoit une formation d'ébéniste au Japon en 1917. En 1923, il entame des études de médecine à l'université Columbia, New York, tout en suivant des cours du soir de sculpture à l'Ecole Léonard de Vinci (New York). Il abandonne finalement ses études de médecine et devient assistant du directeur de l'Ecole. En 1927, Noguchi décroche une bourse Guggenheim et part pour Paris où il est pendant deux ans l'assistant de Constantin Brancusi (1876-1957). Au début des années 1930, Noguchi passe plusieurs mois à Pékin et se rend également au Japon où il découvre les jardins Zen. A son retour à New York en 1932 il se consacre à la sculpture. La forme de l'appareil d'écoute à distance en bakélite *Radio-Nurse* pour la Zenith Radio Corporation en 1937 évoque un masque de samouraï japonais. Deux ans plus tard, il dessine une table de salle à manger aux formes étonnamment sculpturales pour A. Congers Goodyear, directeur du **Museum of Modern Art de New York**. Noguchi crée aussi des verreries pour Steuben et plusieurs modèles de meubles pour **Herman Miller** et **Knoll**, dont la table basse *IN50* (1944), le canapé *IN70* (1946) et les tables, les tabourets et le fauteuil à bascule « gouvernail » *IN22* (1954). Au début des années 1940, il crée ses luminaires en papier *Lunar* et, à partir de 1952, dessine de nombreuses lampes *Akari*, revivifiant l'art japonais ancien de la fabrication de papier à partir d'écorce de mûrier. Noguchi, qui compte parmi les sculpteurs les plus remarquables du XXe siècle, a cherché à introduire certains aspects de la sculpture dans la vie quotidienne et il y est parvenu avec ses élégantes créations aux formes organiques produites en série.

Isamu Noguchi
1904 Los Angeles
1988 New York

◀ Lampe *Horn Akari* pour Ozeki & Co., 1960

▼ Appareil d'écoute à distance *Radio-Nurse* pour la Zenith Radio Corporation, 1937

Jean Nouvel

Né en 1945 Fumel, France

Jean Nouvel étudie à l'Ecole Nationale Supérieure des Beaux-Arts de Paris de 1966 à 1971, s'associant avec François Seigneur en 1970. Les deux architectes sont chargés de différents projets, dont la rénovation du théâtre de la Gaîté Lyrique (1977) à Paris, la rénovation et l'extension de la clinique du Centre Médico-Chirurgical de Bezons (1978) et le Collège Anne Frank (1979). Son projet pour le nouveau Ministère des Finances (1982) est remarqué et ses soumissions aux concours du développement du Parc de la Villette, du Centre d'Art Contemporain et de la Médiathèque (1983 et 1984) sont distinguées par des seconds prix. Il crée son agence, Jean Nouvel & Associés, en 1985 et travaille sur plusieurs projets théâtraux : avec le scénographe Jacques Le Marquet, pour Jean-Marie Serreau, la Cartoucherie de Vincennes, l'Opéra de Lyon et le Théâtre de Belfort. La réalisation de l'Institut du Monde Arabe à Paris, du Centre Culturel de Combs-la-Ville et le projet de logements sociaux Nemausus 1 (Nîmes) consacrent le talent de Nouvel sur la scène internationale. Il reçoit l'Equerre d'Argent et le Grand Prix d'Architecture en 1987. A la fin des années 1980, il crée aussi de nombreux modèles de meubles élégants qui rappellent les meubles de Louis Cuny des années 1920 et témoignent de la même esthétique fonctionnaliste que ses immeubles. Le VIA lui donne carte blanche en 1987 pour créer une ligne de meubles en aluminium, dont le coffre *BAO*, la table *IAC* et un système d'étagères extensibles *AAV*. Nouvel a également signé des meubles pour **Knoll** et Ligne Roset ainsi que des luminaires pour Luceplan.

▲ Canapé pour Ligne Roset, 1988

Novecento
Italie

Le mouvement italien du Novecento, créé en 1926, vise à contrer à la fois le « faux antique » et le « moderne hideux » dans l'architecture et le design. Il compte parmi ses adeptes initiaux **Gio Ponti** et Emilio Lancia, rejoints plus tard par Giovanni Muzio (1893-1982) et Tommaso Buzzi. Le mouvement, inspiré par l'**Art déco** français et la **Wiener Werkstätte**, s'oppose au **Rationalisme** de designers comme **Franco Albini**. Plus classicisant que l'Art déco, il ne tente que quelques incursions dans le design industriel dont celle, notable, de la cafetière *Moka Express* (1930) d'Alfonso et Renato Bialetti. Comme le montrent les céramiques néo-classiques de Gio Ponti pour Richard Ginori, l'influence du mouvement est plus sensible dans les arts décoratifs et l'architecture. L'Italie des années 1930 est le théâtre d'une lutte pour l'hégémonie stylistique entre tenants du Novecento et adeptes du Rationalisme. Les fascistes, d'abord acquis au Rationalisme, finissent par adopter le style classicisant du Novecento qui rappelle la gloire du passé impérial italien et s'accorde donc mieux aux rêves de grandeur du Parti mussolinien. Le graphisme italien des années 1930 montre, lui aussi, l'influence du Mouvement Novecento.

◄ **Gio Ponti**, vase pour Richard-Ginori, vers 1925

Eliot Fette Noyes

1910 Boston
1977 New Canaan, Connecticut

Eliot Fette Noyes étudie l'architecture à l'université Harvard de 1928 à 1932 et à la Harvard Graduate School of Design jusqu'en 1938. Il travaille d'abord au bureau bostonien de Coolidge, Shepley, Bulfinch & Abbot avant d'intégrer l'agence architecturale de **Walter Gropius** et **Marcel Breuer** à Cambridge, Massachusetts. Gropius recommande ensuite Noyes pour le poste, nouvellement créé, de directeur du design industriel au **Museum of Modern Art de New York**. A ce poste, qu'il occupe de 1940 à 1942, et un an après la guerre, il est en charge de la célèbre exposition «**Organic Design** in Home Furnishings» (1940). Après avoir été un an directeur du design de l'agence de design industriel de **Norman Bel Geddes**, qui conseille notamment IBM, Noyes fonde en 1947 son propre studio à New Canaan, Connecticut. Responsable du service de design intégré chez IBM de 1956 à 1977, il supervise la mise au point de plusieurs produits révolutionnaires dont la légendaire machine à écrire *Selectric 1* (1961) avec son système de frappe «balle de golf» et son chariot statique. Noyes s'oppose vigoureusement à l'école de stylisme de Harley Earl (1893–1969) et refuse notamment de se plier aux exigences du marketing qui voudrait imposer une modification annuelle des modèles de la marque. Il élabore, au contraire, une forte **identité visuelle** pour IBM par l'intégrité de son design de produits, en associant **Paul Rand** à la définition de la charte graphique et Breuer, entre autres architectes réputés, à la réalisation des bâtiments de la firme. Il est aussi consultant en design pour beaucoup d'autres sociétés dont Westinghouse, Mobil, Xerox et Pan Am. Noyes, qui fut l'un des plus ardents avocats du **Bon Design**, a joué un rôle décisif dans l'émergence du design américain contemporain.

▶ Machine à écrire électrique *Selectric 1* «balle de golf» pour IBM, 1961

◄ Tabouret *Sauna* conçu pour le Palace Hotel d'Helsinki, 1952

Antti Nurmesniemi commence sa carrière de designer dans un atelier de métal puis dans une entreprise aéronautique. Impressionné par l'exposition itinérante «America Builds» du **Museum of Modern Art de New York**, qu'il découvre à Helsinki, il s'inscrit en 1947 à l'Ecole Centrale des Arts Appliqués (Helsinki) où la «Ligne Nordique» dans le design se caractérise par une focalisation sur les problèmes sociaux et techniques. Assistant du décorateur Kyllikki Halme en 1948, Nurmesniemi en garde une passion durable pour le cinéma. Après sa licence obtenue en 1950, Nurmesniemi se rend à Stockholm et Copenhague où il rencontre les créateurs de meubles **Finn Juhl** et **Hans J. Wegner**. A son retour en Finlande, il intègre l'agence de Viljo Revell et Keijo Petäjä, pionniers d'une nouvelle démarche architecturale dans leur pays. De 1951 à 1956, Nurmesniemi aménage des intérieurs et crée des meubles pour leurs projets, dont son tabouret *Sauna* en forme de sabot de cheval pour le Palace Hotel (1951–1952). En 1954, il travaille six mois dans l'agence architecturale de Giovanni Romano à Milan, où il découvre les produits fonctionnels et élégants de **Franco Albini**, **Marco Zanuso** et Roberto Sambonet (1924–1995). Il épouse en 1953 la créatrice textile Vuokko Eskolin (née en 1930) et fonde son propre bureau de design à Helsinki en 1956. Trois ans plus tard, il remporte un Lunning Prize pour ses créations raffinées qui allient formes européennes modernes et qualité artisanale scandinave. Comme son compatriote **Alvar Aalto**, Nurmesniemi défend une approche humaniste du Modernisme, que traduit la beauté pratique de ses produits.

Antti Nurmesniemi
1927–2003

Hermann Obrist

1862 Kilchberg / Zurich
1927 Munich

Hermann Obrist quitte sa Suisse natale pour l'Allemagne en 1876 et étudie les sciences naturelles à l'université de Heidelberg. A partir de 1888, il suit l'enseignement de l'Ecole des Arts Appliqués de Karlsruhe, après quoi il crée des céramiques pour l'usine du grand-duc de Saxe-Weimar-Eisenach à Bürgel. Il s'installe ensuite à Paris pour étudier la sculpture et, en 1892, ouvre un atelier de broderie avec Berthe Ruchet à Florence. Ils s'établissent à Munich en 1894 et, dès l'année suivante, les broderies d'Herman Obrist paraissent dans le magazine *Pan*. Ses bizarres et vigoureux motifs en coup de fouet inspirent des motifs naturalistes abstraits à d'autres designers **Jugendstil**, notamment **August Endell**. Ces formes proviennent directement des recherches scientifiques d'Obrist sur la morphologie des plantes, la structure des cellules et le développement des racines. Obrist est particulièrement frappé par les motifs de croissance spiralés. En 1897, il expose ses textiles à la VIIe Exposition d'Art International, au Glaspalast de Munich, et devient l'un des principaux membres fondateurs des **Vereinigte Werkstätten für Kunst im Handwerk** (Ateliers Unis pour le Travail Artisanal). Outre ses tentures murales et ses céramiques, Obrist crée des meubles, des objets en fer forgé et plusieurs monuments et fontaines. Il dessine sa propre maison, dont le mobilier est créé par **Bernhard Pankok**, et, en 1902, fonde avec Wilhelm von Debschitz une école de design à Munich. Les décorations sculpturales du théâtre **Henry van de Velde** à la Deutsche Werkbund-Ausstellung de 1914 à Cologne, sont aussi l'œuvre d'Obrist qui devient l'un des plus fervents adeptes de la réforme du design et est sélectionné pour la direction de l'Ecole d'Arts Appliqués de Weimar en 1915. Les dessins sinueux et tourbillonnants d'Obrist ne sont pas seulement inspirés par son étude des sciences naturelles, ils sont aussi le fruit de « visions » intérieures et le reflet d'une imagination tourmentée.

▼ Détail de la tenture murale *Grosser Blütentraum*, 1895

George Edgar Ohr effectue son apprentissage chez le céramiste Joseph Fortune Meyer à la Nouvelle-Orléans de 1879 à 1881. Il ouvre ensuite une poterie dans sa ville natale de Biloxi, Mississippi, et commence à produire des objets en faïence sur un tour de potier construit de ses mains. Il utilise à cette fin les argiles locales des rivières Tchouticabouffe et Pascagoula, assisté, pour la préparation de la terre, par son fils Leo. Ohr pince ses poteries aux parois presque aussi fines que du papier et leur donne des formes naturalistes distordues avant d'appliquer des vernis variés qui donnent à ses pots un aspect tigré. Ohr, que ses contemporains surnomment le « potier fou de Biloxi », est un personnage extrêmement singulier et un vendeur percutant qui vante l'unicité de ses créations en clamant « Pas deux pareilles ! ». Il expose plus de six cents objets à la « World Industrial and Cotton Centennial Exhibition » de 1884, à la Nouvelle-Orléans, et montre aussi son travail à la « Arts & Crafts Exhibition ». En 1904, un prix de la « Louisiana Purchase Exhibition » de Saint Louis couronne l'originalité de ses créations. Il ferme pourtant son atelier vers 1909. Les six mille céramiques, fruit de son travail, qu'il a conservées dans l'espoir de les vendre à une collection nationale, resteront dans sa famille jusqu'au début des années 1970. Le style de Ohr, sans équivalent aux Etats-Unis, rappelle des pièces similaires produites en Angleterre, surtout par son contemporain **Christopher Dresser**.

George Edgar Ohr
1857 Biloxi, Mississippi
1918 Biloxi

▲ Vases en terre cuite, vers 1900

Joseph Maria Olbrich
1867 Troppau, Silésie
1908 Düsseldorf

Josef Maria Olbrich étudie l'architecture avec Camillo Sitte (1843–1903) et Julius Deininger à la Staatsgewerbeschule (Ecole Nationale d'Arts Appliqués) de Vienne de 1882 à 1886 avant de travailler pendant quatre ans comme architecte et ingénieur pour August Bartel, entrepreneur de travaux publics à Troppau. Il poursuit ses études d'architecture en 1890 avec Carl von Hasenauer à l'Akademie der Bildenden Künste (Académie des Beaux-Arts) de Vienne et après l'obtention de son diplôme, en 1893, remporte un Prix de Rome. Il collabore brièvement avec **Otto Wagner** avant de voyager en Italie et en Tunisie. En 1894, il retourne à Vienne et retrouve son travail dans l'agence de Wagner où il participe à la planification urbaine du chemin de fer viennois. Il y rencontre aussi **Josef Hoffmann** avec lequel il se lie. En 1897, Olbrich est membre fondateur de la **Sécession** viennoise et un an plus tard il donne des illustrations à *Ver Sacrum*, la revue du groupe. Il est chargé de l'aménagement de la première exposition sécessionniste et dessine les plans du célèbre Immeuble de la Sécession (1897–1898) sur la Karlsplatz de Vienne. La grande salle d'exposition aux lignes géométriques simples, surmontée d'un dôme en fer forgé doré à motifs de feuilles de laurier stylisées, est décorée de thèmes floraux inspirés du **Mouvement Arts & Crafts** anglais. En 1898, Olbrich réaménage la Villa Friedmann dans le style **Art nouveau** et, l'année suivante, il crée des intérieurs colorés pour la Villa Stift et l'appartement de David Beil où il réalise aussi un mobilier exclusif. En août 1899, il s'installe à la **Darmstädter Künstlerkolonie** (Colonie d'Artistes de Darmstadt) fondée

◄ Coupe pour
E. Bakalowits &
Söhne, vers 1901

► Chandelier en
étain pour Eduard
Hueck, vers 1902

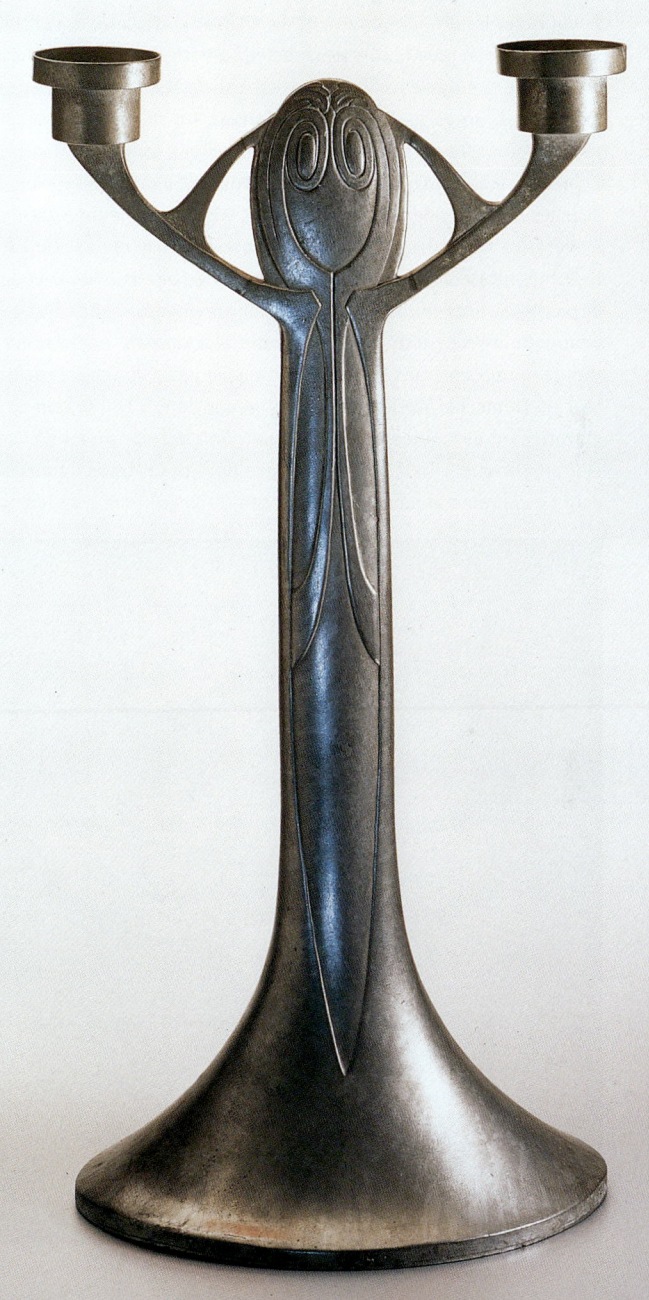

un mois plus tôt par le grand-duc Ernst-Ludwig de Hesse-Darmstadt pour encourager le développement de l'artisanat d'art dans la région. De 1899 à 1907, Olbrich joue le rôle de directeur artistique et de responsable architectural de la colonie où il réalise sept bâtiments, dont sa propre demeure, la maison Glückert, la Tour dite du Mariage, un hall d'exposition attenant, la maison du pasteur et un ensemble de pavillons mitoyens pour les ouvriers. Olbrich réalise aussi une bibliothèque pour le Salon de Hesse où sont exposées les créations de la colonie lors de l'« Esposizione Internazionale d'Arte Decorativa Moderna » de Turin ainsi que de l'argenterie pour Bruckmann & Söhne, des étains pour Eduard Hueck, des bijoux pour Theodor Fahrner et plusieurs luminaires. Le style de son architecture et de son design doit beaucoup à l'œuvre de **Charles Rennie Mackintosh**, notamment pour ses motifs floraux abstraits et ses formes rectilignes. Olbrich est membre fondateur du **Deutscher Werkbund** en 1907 et s'installe à Düsseldorf en 1908 tout en dirigeant son bureau de Darmstadt. Son dernier projet d'envergure est le grand magasin Tietz (1908), à Düsseldorf, pour lequel il travaille dans un esprit monumental néoclassique. Comme son confrère sécessionniste Josef

▶ Détail de marqueterie d'un cabinet, vers 1903

Hoffmann, Olbrich a contribué à faire connaître l'« art nouveau » de l'**Ecole de Glasgow** et le mouvement anglais des Arts & Crafts sur le continent et, à travers son œuvre fonctionnelle mais belle, a frayé la voie à l'apparition de la **Wiener Werkstätte**, du **Deutscher Werkbund** et enfin du **Mouvement Moderne**.

▲ Dessin de la chambre à coucher principale de la maison Olbrich dans la colonie d'artistes de Darmstadt, 1901

Olivetti

Fondé en 1908
Ivrea, Italie

Camillo Olivetti (1868–1943) crée la première usine de machines à écrire à Ivrea en 1908, de retour d'un voyage aux Etats-Unis. Trois ans plus tard, la société C. Olivetti & Co. lance sa première machine à écrire, la *M1*, décrite par un critique de l'époque comme «robuste et élégante». Ses contemporains apprécient aussi la rapidité de son chariot et la souplesse de ses touches. L'entreprise se développe rapidement entre 1920 et 1940, ouvre des succursales dans toute l'Europe et au-delà. Adriano Olivetti, le fils de Camillo, nommé directeur général en 1933, rehausse le prestige de la société en développant une **identité visuelle** forte basée sur le design de produits, l'architecture, l'organisation d'expositions, la publicité et le graphisme. «Coordinateur de l'intelligence», Adriano Olivetti commande des produits de pointe à des designers en vue, témoin la sculpturale *Lettera 22* que signe **Marcello Nizzoli** en 1950. Il engage aussi des graphistes de grand talent comme **Xanti Schawinsky** et Giovanni Pintori (1912–1999), qui créent des affiches et des publicités percutantes pour le groupe. Olivetti lance le premier ordinateur italien en 1959, mais une série de difficultés financières force l'entreprise à vendre sa division électronique après la mort d'Adriano Olivetti en 1960. Olivetti poursuit néanmoins ses recherches dans les systèmes de communication et, en 1965, lance l'ordinateur de bureau programmable *P101*, un produit qui annonce avec vingt ans d'avance les ordinateurs personnels. A la fin des années 1960 et au début des années 1970, la société lance d'autres produits remarquables, dont la machine à écrire *Editor*, conçue par **Ettore Sottsass** et Hans von Klier (1964–1969)

◀ **Ettore Sottsass & Perry King**, machine à écrire portative *Valentine* pour Olivetti, 1969

◀◀ **Xanti Schawinski**, affiche publicitaire pour la machine à écrire *Studio 42* (design de Xanti Schawinsky, Luigi Figini et Gino Pollini) pour Olivetti, 1935

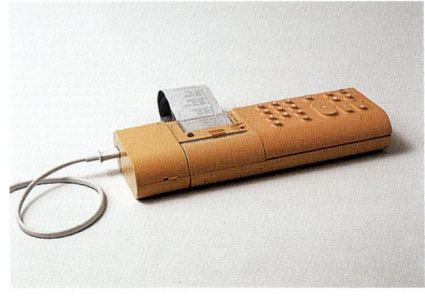

▲▲◄ **Camillo Olivetti**, machine à écrire *M1* pour Olivetti, 1910

▲▲► **Ettore Sottsass & Hans von Klier**, machine à écrire *Editor* pour Olivetti, 1964–1969

▲◄ **Mario Bellini**, calculatrice *Divisumma 18* pour Olivetti, 1973

▲► **Mario Bellini**, calculatrice *Divisumma 28* pour Olivetti, 1973

► Affiche représentant l'ordinateur portable *Philos* (dessiné par Ettore Sottsass) pour Olivetti, 1993

et la calculatrice *Divisumma 18*, dessinée par **Mario Bellini** (1973). En 1969, Olivetti commercialise la machine à écrire *Valentine*, un modèle rouge vif dessiné par Ettore Sottsass et **Perry A. King** qui transforme l'humble ustensile de bureau en un accessoire « tendance » obligatoire. Malgré de nouveaux problèmes financiers en 1970, Olivetti lance de nombreux produits vedettes dont la première machine à écrire électronique en 1978 et le premier ordinateur personnel en 1982. Dans les années 1980, l'entreprise étend son champ d'action aux technologies de l'information et, durant les années 1990, Olivetti se concentre sur les activités de télécommunication. Aujourd'hui, le groupe qui comprend douze sociétés distinctes est actif dans les technologies de l'information et les télécommunications.

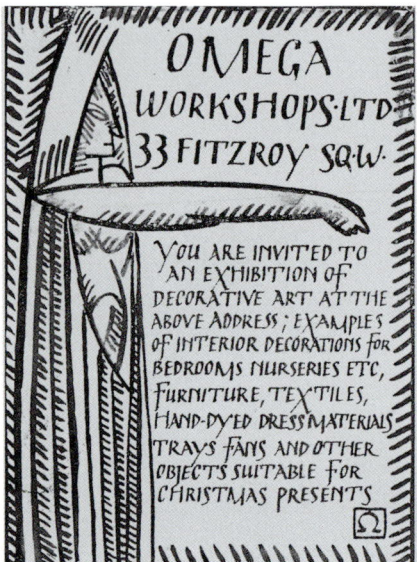 

Omega Workshops

Ateliers Omega

1913–1921
Londres

▲ Carton d'invitation pour une exposition d'Omega Workshops

▶▲ **Roger Fry** (attribué à), fauteuil pour Omega Workshops, vers 1913

Les Ateliers Omega ont été fondés en 1913 à Bloomsbury, Londres, sous l'impulsion de l'artiste Roger Fry (1866–1934). Fry, conservateur des peintures au Metropolitan Museum of Art de New York a organisé une importante exposition sur les Postimpressionnistes à la Grafton Galleries de Londres. Le concept des ateliers est issu de la tentative de Fry de revivifier l'art de la fresque et de donner du travail à ses amis du Bloomsbury Group. En 1912, Fry, Vanessa Bell (1879–1961) et Duncan Grant (1885–1978) décorent de fresques sa maison de Guildford et, en 1913, ses amis exposent des meubles peints à l'Alpine Club Gallery de Londres. Parmi les autres membres des Ateliers Omega on retiendra les peintres vorticistes Percy Wyndham Lewis (1882–1957), David Bomberg (1890–1957) et Paul Nash (1889–1946) ainsi que le designer **Edward McKnight Kauffer**. En 1914, les Ateliers réalisent l'architecture intérieure du Café Cadena à Westbourne Grove et réaménagent entièrement la maison d'Henry Harris à Bedford Square. Les Ateliers déploient leur activité artistique dans des domaines variés, céramique, décoration textile, vitrail, illustration et meubles peints, certains ornés de motifs floraux ou géométriques abstraits. Les Ateliers ferment finalement en 1921. Malgré les imperfections techniques des réalisations du groupe qui trahissent un certain amateurisme, le style Omega, qui englobe aussi le Fauvisme et le Cubisme, est remarquablement avancé pour l'Angleterre de l'époque.

Le Design Organique est une approche globale et conviviale du design inauguré en architecture à la fin du XIXe siècle par **Charles Rennie Mackintosh** et **Frank Lloyd Wright**. Leur méthode de travail suppose des réalisations totalement intégrées, autrement dit des **Gesamtkunstwerke**, des solutions architecturales où le tout, et l'effet qu'il produit, est plus important que la somme de ses parties. L'esprit organique vise à restituer, au moins partiellement, l'esprit de la nature. Dans cette perspective, l'adéquation visuelle et fonctionnelle entre éléments individuels – objets et mobilier – et le contexte architectural dans lequel ils s'inscrivent est cruciale. Tout aussi importante est l'adéquation visuelle et fonctionnelle entre décoration intérieure et conception architecturale d'une part et, d'autre part, l'intégration du bâti dans son environnement par l'harmonie des proportions et un choix pertinent des matériaux et des couleurs. Cohérence globale et esprit naturaliste sont donc au centre de l'architecture organique qui, en revanche, utilise rarement des formes organiques. Ce n'est qu'à la fin des années 1920 et au début des années 1930 qu'**Alvar Aalto**, l'un des grands avocats du Design Organique développe un vocabulaire formel convivial et moderne. Les courbes douces et fluides de ses sièges en contreplaqué moulé et laminé s'opposent au formalisme géométrique rigide du **Style International**. Comme celles des architectes antérieurs d'esprit organique, les réalisations d'Aalto relèvent d'une conception globale, mais son souci principal n'est pas tant la transcendance spirituelle que les

Organic Design
Design Organique

▲ **Alvar Aalto**, chaise longue, modèle n° 43, pour Artek, 1936

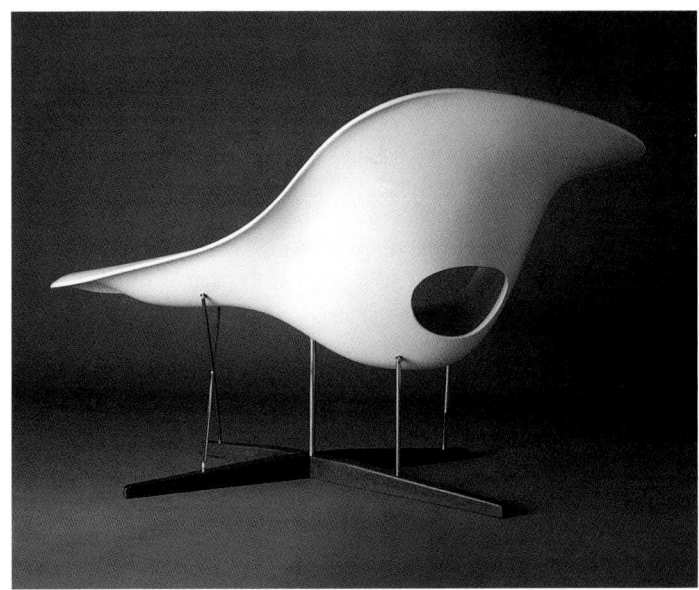

◄ **Charles Eames & Eero Saarinen**, prototype de fauteuil créé pour le concours « Organic Design in Home Furnishings » organisé par le Museum of Modern Art de New York en 1940 (fabriqué par Haskelite Corporation et la Heywood-Wakefield Company)

◄◄ **Charles & Ray Eames**, *La Chaise*, modèle conçu pour le concours « International Competition for Low-Cost Furniture Design » organisé par le Museum of Modern Art de New York, 1948 (réédité par Vitra)

relations fonctionnelles, intellectuelles et émotionnelles qu'entretiennent les utilisateurs de son mobilier avec celui-ci. Aalto considérait le bois comme « le matériau inspirateur de forme, profondément humain » et rejetait les matériaux industriels aliénants comme le métal tubulaire, alors privilégié par l'**avant-garde** des designers européens. Le succès du mobilier et des idées d'Aalto fut si grand, notamment aux Etats-Unis, qu'il apparaît comme le principal, et pratiquement seul responsable de l'évolution du design vers le Modernisme organique. En 1940, **Eliot Fette Noyes** organise un important concours sur le thème du « Design Organique dans l'Equipement de la Maison » au **Museum of Modern Art de New York** pour encourager cette nouvelle conception plus réfléchie du design. Dans le catalogue de l'exposition, Noyes définit le Design Organique comme « une harmonieuse organisation des parties à l'intérieur du tout, selon la structure, le matériau et le but visé. Cette définition exclut toute vaine ornementation, tout superflu, mais la part de la beauté n'en est pas pour autant amoindrie, dans le choix du matériau, le raffinement visuel et l'élégance rationnelle des objets, compte tenu de l'usage auxquels ils sont destinés. » (Catalogue *Organic Design in Home Furnishings*, Museum of Modern Art, New York, 1941). Dans la catégorie « Seating for a Living-Room » (sièges pour un living-room), les réalisations d'**Eero Saarinen** et **Charles Eames**, qui remportent le premier prix, figurent parmi les modèles de meubles les plus importants

Design Organique · 533

du XXe siècle : leurs fauteuils sont révolutionnaires, non seulement du fait de la technologie de pointe employée pour leur coque monobloc en contreplaqué moulé mais aussi à cause de l'étude ergonomique très poussée de la forme de cette coque qui débouche sur le concept de soutien et de contact total. Ces modèles ont eu une influence énorme et frayé une voie totalement neuve pour le design de meubles. Ils témoignent de l'effort des designers pour atteindre un idéal d'unité organique du design, en termes de structure, de fonction et de matériaux, témoins les modèles décisifs de chaises en contreplaqué moulé de Charles et **Ray Eames** (1945–1946), le prototype *La Chaise* à la forme « molle » (1948), la série de chaises *Plastic Shell* (1948–1950), les sièges *Womb* d'Eero Saarinen (1947–1948) et la série de sièges et de tables *Pedestal Group* (1955–1956). Les applications pratiques du Design Organique ont eu aussi un impact significatif sur l'architecture de Saarinen dans les années 1950 et en particulier sur son chef-d'œuvre, le Terminal de la TWA (1956–1962, Aéroport Kennedy), un des plus remarquables bâtiments du XXe siècle. Tout en stimulant l'apparition et la propagation du **Biomorphisme**, le succès du Design Organique dans les années d'après-guerre a continué à inspirer les créations organiques et très

▼ **Maurice Calka**, bureau *Boomerang* pour Leleu-Deshays, 1970

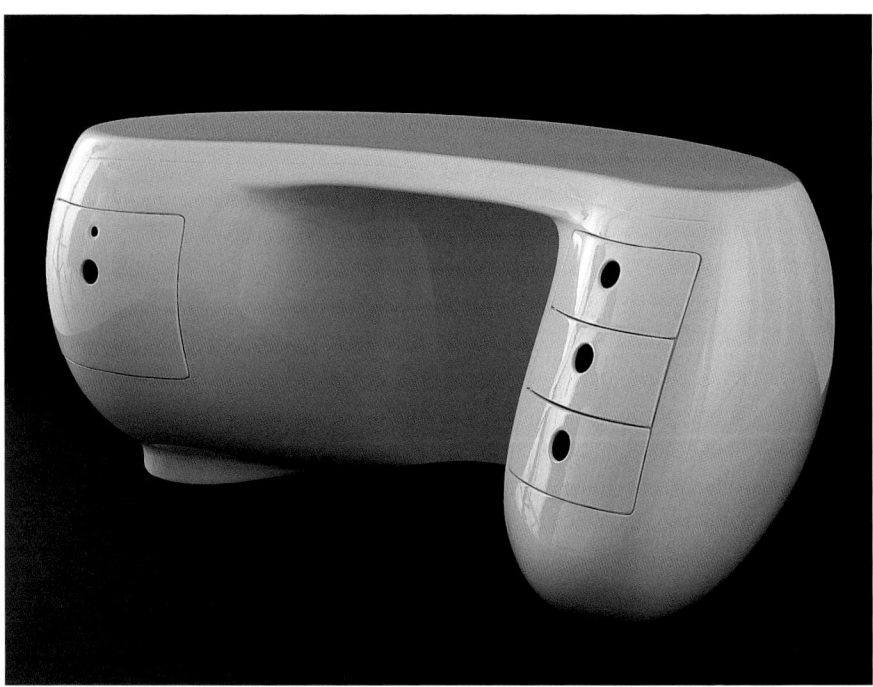

▶ **Ross Lovegrove**, *Collection Lovegrove Landscape* pour Frighetto, 1998

▼ **Ross Lovegrove**, accessoires d'ordinateur *Surf Collection* pour Knoll International, 1992

Design Organique · 535

sculpturales de designers des années 1960 et 1970 comme Maurice Calka (1921–1999), **Pierre Paulin** et **Olivier Mourgue**. Au début des années 1990, stimulé par la collation plus rigoureuse de données anthropométriques et ergonomiques et par les progrès réalisés dans le design et la fabrication assistés par ordinateur, le Design Organique opère un spectaculaire retour en force. Comme Eames et Saarinen, les designers industriels actuels comme **Ross Lovegrove**, cherchent à inventer des objets organiques légers en recourant aux matériaux et aux technologies les plus avancés. Le Design Organique est souvent associé à des matières naturelles, mais c'est le plastique, le plus artificiel des matériaux, qui s'avère le médium le plus fidèle à l'essence de la nature – et le plus fonctionnel parce que le plus malléable : ses formes restent les plus adaptées à la morphologie humaine. C'est sans doute quand son vocabulaire sensuel nous touche inconsciemment et sollicite émotionnellement notre sens inné de la beauté naturelle que le Design Organique atteint son impact maximal.

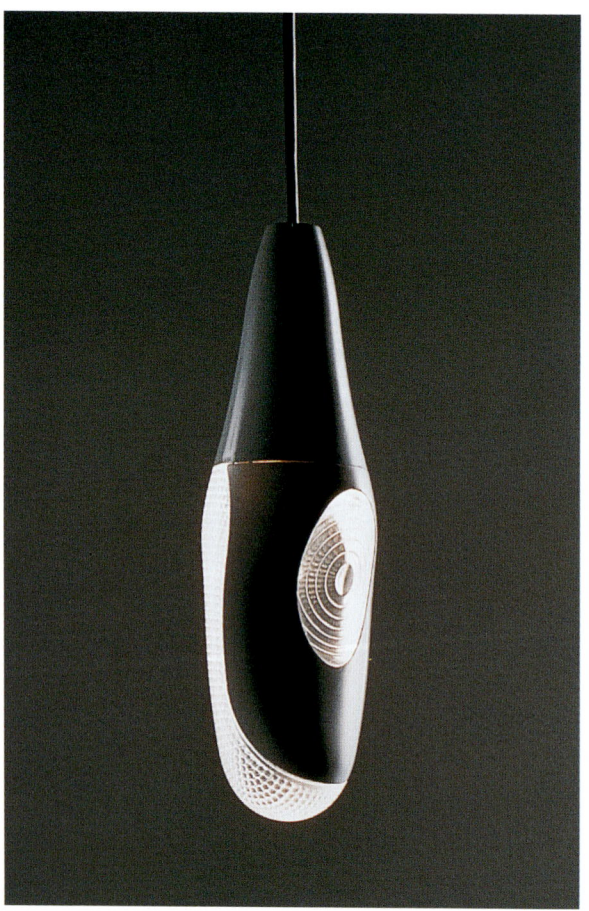

▼ **Ross Lovegrove**, suspension *Pod* pour Luceplan, 1996–1997

J. J. P. Oud étudie à l'Ecole d'Arts Appliqués Quellinus, à Amsterdam, de 1904 à 1907 avant de travailler comme assistant dans l'agence architecturale de P. J. H. Cuipers (1827–1921) et Jan Stuit à Amsterdam. Il collabore ensuite avec l'architecte Theodor Fischer (Munich) en 1911 et s'installe comme architecte indépendant à Purmerend en 1912–1913 et à Leyde de 1913 à 1916. A l'époque, ses bâtiments montrent l'influence du travail d'**Hendrik Petrus Berlage**. La rencontre de Oud et **Theo van Doesburg** en 1916 débouche sur leur collaboration pour la Maison De Geus et la fondation avec Jan Wils (1891–1972) du club d'artistes De Sphinx. Un an plus tard, Oud est cofondateur du mouvement **De Stijl** et l'un des rares membres du groupe à appliquer avec succès ses théories dans la pratique. Grâce à ses contacts avec Berlage, Oud est nommé architecte en chef de la ville de Rotterdam (1918–1933). En 1920, il fonde le groupe Opbouw (Reconstruction) et refuse de signer les manifestes de De Stijl qu'il quitte l'année suivante. En 1921, il part pour Weimar où il rencontre **Walter Gropius** et **László Moholy-Nagy** et c'est le **Bauhaus** qui publie les deux tomes de son ouvrage *Dutch Architecture* (1926 et 1929). Dans les années 1930, il dessine plusieurs modèles de sièges tubulaires pour le grand magasin Metz & Co. Oud est le représentant hollandais le plus important du **Style International** aussi bien dans l'architecture que dans le design.

Jacobus Johannes Pieter Oud
1890 Purmerend, Pays-Bas
1963 Wassenaar / La Haye

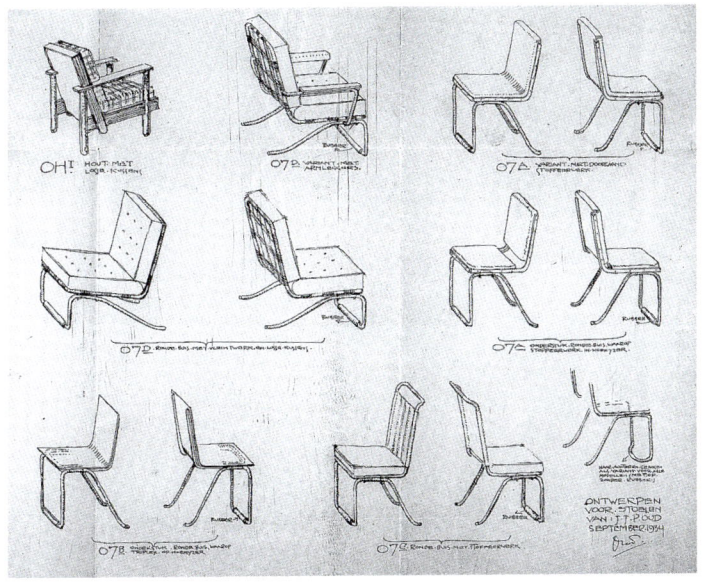

◄ Dessins de chaises pour Metz & Co., 1934

Guiseppe Pagano

1896 Parenzo, Italie
1945 Mauthausen, Autriche

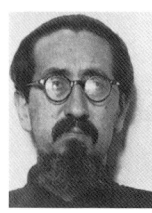

▼ Giuseppe Pagano & Gino Levi-Montalcini, support téléphonique *Chichibio*, 1932 (réédité par Zanotta)

Né Giuseppe Pogatschnig, Pagano italianise son nom quand il s'engage dans l'armée italienne en 1915. En 1920, après son service militaire, Pagano adhère au parti fasciste italien et étudie l'architecture à l'Ecole Polytechnique de Milan jusqu'en 1924. Il collabore étroitement avec Gino Levi-Montalcini (1902–1974) et ils réalisent ensemble l'immeuble de bureaux Gualino (1928–1930) ainsi que divers bâtiments rationalistes pour l'Exposition de Turin (1928). Avec d'autres jeunes architectes ayant participé à l'exposition, dont Levi-Montalcini, Edoardo Persico (1900–1936), Alberto Sartoris et Lavinia Perona, Pagano devient membre fondateur du Groupe des Six, qui s'inspire du Gruppo Sette (Groupe des Sept) créé en 1926 par de jeunes architectes rationalistes, comme **Giuseppe Terragni**. L'usage que fait Pagano du métal tubulaire est tout à fait typique du **Rationalisme** italien, mouvement soutenu par les fascistes au début des années 1930. A partir de 1931, Pagano est consultant pour la revue *Architettura e Arti Decorativi* et, de 1930 à 1943, il appartient à la rédaction de la revue *Casabella*, dont il devient rédacteur en chef dès 1933. Pagano réalise aussi l'Institut de Physique à Rome (1932) et l'Università Bocconi, Milan (1938–1941), pour laquelle il crée des meubles spécifiques dont les châssis sont en contreplaqué. Chef de file du Rationalisme, Pagano est un théoricien du design écouté et ses articles, dont celui paru dans *La Tecnica Fascista* (1939), qui célèbre l'adoption du Modernisme par le régime fasciste, ont eu un grand retentissement. En 1942, Pagano quitte le Parti Fasciste et rallie la résistance. Un an plus tard, il est arrêté et interné à Mauthausen où il meurt en 1945.

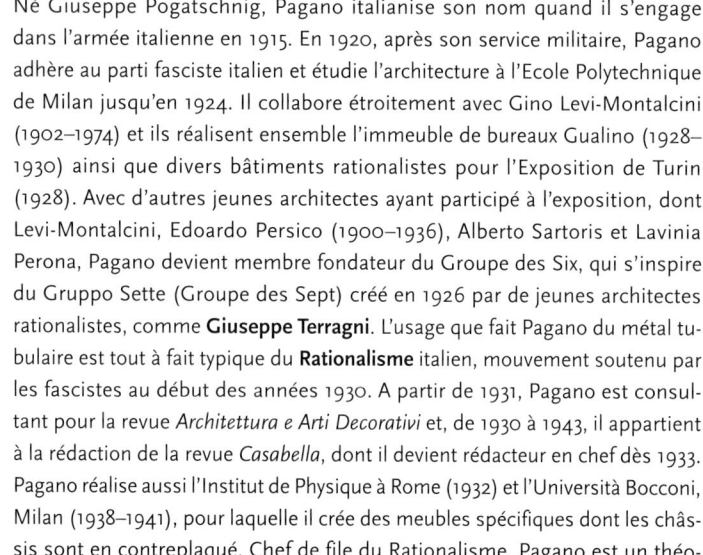

Sven Palmqvist entre en 1928 à l'Ecole de gravure sur verre de la Verrerie Orrefors. Il étudie ensuite au Konstfackskolan et au Tekniska Skolan à Stockholm de 1931 à 1933, puis au Kungliga Konsthögskolan (Stockholm) de 1934 à 1936. Il suit aussi l'enseignement de Paul Cornet et Aristide Maillol (1861–1944) à l'Académie Ranson (Paris) et poursuit ses études artistiques en Allemagne, en Italie, en Tchécoslovaquie et en Amérique. En 1936, Palmqvist retourne chez Orrefors où il met au point la technique *Kraka*, consistant à insérer un motif quadrillé en verre blanc ou coloré entre des couches de verre transparent. En 1954, il invente une méthode de centrifugation du verre en fusion dans un moule qui supprime la nécessité d'une finition manuelle. Il obtiendra d'ailleurs une médaille d'or et un Grand Prix à la Triennale de Milan en 1957 pour ce procédé innovant. A la fin des années 1940 et dans les années 1950, il met au point sa technique *Ravenna* : une mosaïque de petits tessons géométriques de verre coloré bordés de « joints » en bulles d'air constellés de grains de sable. Il utilise cette technique pour réaliser un mur de verre autoportant baptisé « Lumière et obscurité », qui est destiné à l'Union Internationale des Télécommunications de Genève. Ce mur se compose de deux cents pavés de verre *Ravenna*. Palmqvist crée d'exquis objets en verre dans son « atelier industriel » d'Orrefors jusqu'en 1972, après quoi il continue à travailler pour l'entreprise comme consultant extérieur.

Sven Palmqvist
1906 Lenhovda, Suède
1984 Orrefors, Suède

▲ Coupe *Ravenna* pour Orrefors Glasbruk, vers 1954

▶ Page de garde du catalogue de la section allemande de l'Exposition Universelle de Paris, 1900

Bernhard Pankok

1872 Münster, Allemagne
1943 Baierbrunn, Allemagne

Fils d'ébéniste, Bernhard Pankok effectue son apprentissage chez un restaurateur-décorateur de Munich. Il poursuit ses études à la Kunstakademie de Düsseldorf de 1889 à 1891 et à Berlin de 1891 à 1892. Il crée sa propre agence à Munich en 1892 et, à partir de 1896, donne des illustrations aux revues *Jugend* et *Pan*. Un an plus tard, il participe à l'Exposition du Glaspalast et est cofondateur des **Vereinigte Werkstätten für Kunst im Handwerk** (Ateliers Unis pour le Travail Artisanal) avec **Hermann Obrist**, **Richard Riemerschmid** et **Bruno Paul**. Il participe aussi à l'exposition de la Sécession Munichoise en 1899 et dessine des meubles pour la Maison Obrist dans la capitale bavaroise. Ses créations d'esprit **Jugendstil** se distinguent par leurs décors naturalistes gravés et leurs formes insolites. Il dessine sa Chambre Alcove – un boudoir lambrissé – pour l'exposition des Werkstätten à l'Exposition Universelle de Paris en 1900. Obrist la décrira comme une combinaison de volutes rococo et d'éléments de vaisseau viking. En 1900, l'historien d'art Konrad Lange demande à Pankok de bâtir sa maison à Tübingen. Le bâtiment qui en résulte, avec son toit à pignons, s'inscrit dans la tradition de la Forêt Noire, mais les intérieurs sont d'une simplicité étonnamment moderne. La plus célèbre décoration de Pankok concerne cependant un salon de musique qui est exposé à la St Louis World Exhibition de 1904 et plus tard à la Landesgewerbeanstalt à Stuttgart. Plus extravagant que les intérieurs de Lange, ce salon luxueux, foisonnant de détails et de courbes gracieuses, est typique du Jugendstil munichois. En 1908, Pankok adhère au **Deutscher Werkbund** et, en 1913, il est nommé directeur du Königliche Lehr- und Versuchswerkstätte de Stuttgart. Il fusionne cette école avec l'Ecole des Arts Appliqués la même année. Célèbre pour ses meubles et ses intérieurs inspirés de formes naturelles, Pankok fut aussi très estimé comme portraitiste, ainsi que pour ses costumes et décors de théâtre.

▼ La Maison Lange à Tübingen, 1901–1902

Verner Panton

1926 Gamtofte, Danemark
1998 Copenhague

▼ Chaises *Panton* pour Herman Miller, 1959–1960 (rééditées par Vitra)

Après des études secondaires à la Odense Tekniske Skole, Verner Panton reçoit une formation d'architecte au Kongelige Danske Kunstakademi de Copenhague dont il est diplômé en 1951. De 1950 à 1952, il est l'associé d'**Arne Jacobsen** et ils créent ensemble plusieurs modèles de meubles expérimentaux dont la célèbre chaise *Ant* (1951–1952). En 1955, Panton ouvre sa propre agence d'architecture et de design et devient célèbre pour ses propositions architecturales novatrices, notamment la Maison Pliable (1955), la Maison en Carton (1957) et la Maison en Plastique (1960). Mais ce sont surtout ses objets, sièges, luminaires, textiles et tapis, ainsi que ses aménagements d'expositions qui l'imposent comme un designer de premier plan. En 1958, le baron Schilden Holsten demande à Panton de reconstruire et d'agrandir le Komigen Inn, un hôtel situé dans une forêt sur l'île danoise de Funen. Outre une décoration intérieure entièrement rouge, c'est pour cet hôtel que Panton conçoit son célèbre fauteuil *Cone* (1958). Ce siège aux caractéristiques inhabituelles ainsi que sa variante plus tardive *Heart* (1959) ont été fabriqués par Plus-Linje, la nouvelle société de Percy von Halling-Koch. En 1959, une exposition Panton à la foire de Købestaevnet inverse spectaculairement haut et bas : le plafond est recouvert de moquette et les meubles sont disposés à l'envers. Panton signe une installation

▲ Etoffe *Mira-Spectrum* pour Mira-X, vers 1969

tout aussi anticonformiste à la Foire du Meuble de Cologne en 1960. Cette fois-ci, le plafond est couvert de papier argenté. La même année, il réaménage le restaurant Astoria à Trondheim et le résultat choque non seulement à cause des formes inhabituelles qu'il adopte mais aussi à cause de ses couleurs vives. En 1955, Panton conçoit pour Thonet une chaise en porte-à-faux monobloc en contreplaqué moulé. Quelques années plus tard, il développe un prototype plastique de ce modèle révolutionnaire en S baptisé *Panton* (1959–1960). Panton en confie la production à **Herman Miller**. En 1962, il quitte le Danemark et séjourne brièvement à Paris avant d'ouvrir un bureau de design à Cannes. Il s'établit ensuite à Bâle où il seconde Willy Fehlbaum (dépositaire bâlois de Herman Miller et fondateur de **Vitra**) dans la mise au point, qui va durer cinq ans, de la chaise *Panton*, la première chaise monobloc en plastique moulé par injection. Ayant ouvert un bureau à Bâle, Panton travaille pour un large éventail de clients, dont A. Sommer, Kaufeld, Haiges, Schöner Wohnen, Nordlys, Kill, Wega Radio, Thonet, **Knoll International**, Lüber et Bayer. Panton a aussi conçu des «espaces-refuges» psychédéliques pour la Visiona O et la Visiona II de Bayer (1968 et 1970) à Cologne. Ces installations allient formes sculpturales fantastiques et couleurs pures saturées. De 1969 à 1985, il crée des textiles à motifs géométriques pour Mira-X avec la palette de couleurs vives qu'il affectionne. A la fin des années 1960 et au début des années 1970, Panton dessine une gamme de sièges pour Fritz Hansen et une ligne de meubles de rangement ainsi que des lampadaires et des lampes de bureau en fil chromé pour Lüber. Ces objets d'esprit Op Art (art cinétique) sont dérivés de ses meubles en fil métallique de 1959–1960. En 1973, il dessine pour Fritz Hansen la gamme de sièges *1-2-3*, riche de vingt modèles différents et, deux ans plus tard, réalise pour Naef, un fabricant suisse, le *Pantonaef*, un jeu de construction pour enfants. Dans les années 1970, Louis Poulsen produit plusieurs luminaires dessinés par Panton dont les lampes sphériques *VP-Globe* et *Panto* (1975). La décennie suivante est consacrée à la série *Art Chairs – Chair Art* (1981) qui se compose de seize sièges monobloc en contreplaqué aux formes insolites et indéfinissables. En 1985, Panton crée une ligne de sièges aux formes géométriques pures – cube, sphère et cône. A la différence de tant de designers

▼ Fauteuil, fauteuil *Cone* et fauteuil *Heart* pour Plus-Linje, 1960, 1958 et 1959

▲ Installation pour l'exposition Visiona II de Bayer à Cologne, 1970

danois, Panton est plus révolutionnaire que réformiste dans sa conception du design. Tout au long de sa carrière, recourant souvent à des matériaux de pointe, il a créé des objets innovants, audacieux et ludiques qui reflètent sa vision optimiste du futur.

▶ Chandelier en laiton par Seifert & Co. pour les Ateliers Unis pour le Travail Artisanal, 1901

Bruno Paul

1874 Seifhennersdorf/Lausitz, Allemagne
1968 Berlin

Bruno Paul entre à l'Ecole des Arts Appliqués de Dresde en 1886. Après son installation à Munich en 1892, il suit l'enseignement de Paul Höcker et Wilhelm von Diez à l'Académie des Beaux-Arts de Munich. En 1897, Paul est membre fondateur des **Vereinigte Werkstätten für Kunst im Handwerk** avec **Hermann Obrist**, **Richard Riemerschmid** et **Bernhard Pankok**. Ses modèles de meubles montrent l'influence très nette d'**Henry van de Velde**, alors que ses objets métalliques privilégient les formes géométriques simples. Il donne aussi près de cinq cents illustrations humoristiques aux revues *Simplicissimus* et *Jugend*. Son Salon pour un chasseur, un intérieur rustique de style bavarois qui traduit son intérêt pour les styles vernaculaires, remporte un Grand Prix à l'Exposition Universelle de Paris en 1900. Il dessine aussi un salon pour l'Esposizione Internazionale d'Arte Decorativa Moderna à Turin, le bureau du président du parlement à Bayreuth (1904) et une salle d'attente pour la gare de Nuremberg (1905). De 1905 à 1907, **Ludwig Mies van der Rohe** est employé dans son agence et, de 1907 à 1933, Paul dirige l'Ecole des Arts Appliqués de Berlin. Il est membre fondateur du **Deutscher Werkbund** en 1907 et, en 1914, conçoit pour l'exposition du Werkbund à Cologne un restaurant, une taverne et divers bâtiments publics. Il devient consultant architectural du Maharadjah de Mysore en 1932 et, à partir de 1933, travaille comme architecte indépendant à Berlin, Hanau, Francfort et Düsseldorf. Les créations **Jugendstil** de Paul, moins ornées que celles de Pankok et Obrist, anticipent le dépouillement linéaire du **Mouvement Moderne**.

Pierre Paulin
1927 Paris
2009 Montpellier

Pierre Paulin étudie la gravure sur pierre et la céramique à l'Ecole Camondo, Paris. Dès 1954, il crée des meubles pour Thonet et, quatre ans plus tard, commence à collaborer avec le fabricant de meubles hollandais Artifort qui produit la plupart de ses créations, et notamment sa première chaise n° 157 en ABS moulé (1953). En 1958–1959, Paulin travaille en Hollande, en Allemagne, au Japon et aux Etats-Unis. Il fonde un bureau de design à Paris au milieu des années 1960 et réalise une série de sièges garnis de mousse de polyester pour le Mobilier National, dont un canapé modulable en forme de serpent. En 1968, Paulin travaille sur les sièges destinés aux visiteurs du Musée du Louvre et, l'année suivante, reçoit un prix de l'ADI (Associazione per il Disegno Industriale) pour son fauteuil *Ruban 582* (1965). Les formes de ce siège et de son fauteuil *Langue 577* (1967) sont typiques du style de vie décontracté des années 1960 avec leur garniture en mousse de polyester et leurs confortables formes arrondies. En 1970, il dessine des sièges pour l'Expo '70 d'Osaka et réaménage les appartements privés du président Georges Pompidou, à l'Elysée. En 1975, Paulin fonde le groupe ADSA + Partners auquel, en 1984, se joignent **Roger Tallon** et Michel Schreiber. Dans les années 1980, il crée de nouveau des meubles pour le Palais de l'Elysée (1983) ainsi qu'une gamme de meubles artisanaux pour le Mobilier National. Outre son mobilier original, Paulin a aussi signé la décoration intérieure de voitures Simca, des conditionnements pour Christian Dior, la signalétique du Musée D'Orsay et des téléphones pour L. M. Ericsson.

◂ Fauteuil *Langue*, modèle n° 577, pour Artifort, 1967

Dagobert Peche

1887 St. Michael im Lungau, Autriche
1923 Mödling, Autriche

Dagobert Peche étudie l'ingénierie à la Technische Hochschule et l'architecture à l'Académie des Beaux-Arts (Vienne) de 1908 à 1911. Après ses études, il dessine des tapis et des céramiques, inspirés de décors baroques et rococo, qui sont produits en série. Peche participe à l'exposition du Werkbund en 1914 à Cologne et adhère en 1915 à la **Wiener Werkstätte**. Deux ans plus tard, il est nommé directeur de la coopérative dont il devient l'un des membres les plus actifs et les plus prolifiques. De 1917 à 1919, Peche réside à Zurich où il ouvre un magasin pour le compte de la Wiener Werkstätte. Il adopte des formes de plus en plus classiques bien que son travail multiplie les ornements – en général floraux et animaliers – et s'ouvre peu à peu aux tendances contemporaines des arts plastiques. Peche reste l'un des plus remarquables représentants de la Wiener Werkstätte pour laquelle il a réalisé plus de trois mille objets, meubles, céramiques, graphismes commerciaux, reliures, textiles, jouets, vêtements et décors de théâtre, sans oublier les œufs de Pâques décorés et autres décorations d'arbres de Noël. Malgré son style ornemental chargé aux antipodes de la ligne géométrique représentée par **Josef Hoffmann** et **Koloman Moser**, Peche a exercé jusqu'à sa mort, en 1923, une grande influence sur le design des produits de la Wiener Werkstätte.

▶ Coupe en argent pour la Wiener Werkstätte, vers 1915

▶▶ Coffret-bijou en argent pour la Wiener Werkstätte, 1920

▶ Couverture du Catalogue PEL, années 1930

PEL

Fondé en 1931
Oldbury, Grande-Bretagne

Durant la Première Guerre mondiale, la demande en métal tubulaire s'accroît spectaculairement et plusieurs fabricants dont Accles et Pollock décident de s'unir pour créer la société Tube Investments. En 1927, une nouvelle entité, Tube Products, est créée pour exploiter le potentiel industriel offert par le procédé de soudure à l'arc récemment inventé. Tube Products fournit du métal tubulaire à de nombreux fabricants de meubles tout en éditant ses propres modèles à petite échelle. En 1931, Practical Equipment Limited est fondé pour accroître les ventes d'objets en métal tubulaire. Inspiré par le succès des meubles standardisés en tube de métal produits par des fabricants allemands comme Thonet, Practical Equipment Limited (PEL) demande à des designers comme **Wells Coates** et **Serge Chermayeff** de créer une gamme de meubles très rationnels, fauteuils, tables, lits. L'un des produits PEL les plus populaires est un siège empilable dessiné par Chermayeff en 1932, utilisable en extérieur et facile à ranger : on pouvait en stocker une centaine dans un espace de seulement deux mètres carrés. Comme Thonet, PEL vante la qualité supérieure de son mobilier parfaitement adapté à la vie moderne. Parmi ses clients, figurent de nombreux designers modernistes célèbres comme **Edward McKnight Kauffer**, Marion Dorn (1899–1964) et Betty Joel (1896–1985). PEL fabrique aussi des meubles Thonet sous licence dont certains modèles de **Marcel Breuer** et durant la Seconde Guerre mondiale, l'entreprise produit des civières en tube métallique. Dans les années 1930, le mobilier bon marché et fonctionnel de PEL a contribué à populariser le Modernisme en Angleterre.

Jorge Pensi étudie l'architecture à Buenos Aires. En 1977, il s'associe avec Alberto Liévore (né en 1948), Oriol Pibernat et Norberto Chaves pour fonder Gruppo Berenguer, une agence conseil en design. La même année, s'étant fait naturaliser espagnol, Pensi ouvre un autre bureau de design avec Liévore à Barcelone. Leur studio réalise des stands d'exposition pour Perobell et le groupe SIDI en 1984. Dans les années 1980, Pensi collabore à la revue de design espagnole *On Diseño* et se spécialise dans le design de luminaires et de mobilier. Son fauteuil *Toledo* (1986–1988) est plusieurs fois primé (premier prix du SIDI en 1988, deux prix Silver Delta de l'Associazione del Disegno Industriale et un prix Design-Auswahl 90 du Centre de Design de Stuttgart). D'autres objets aux lignes fluides et élégantes comme le fauteuil *Orfilia* (1989) pour Thonet et la suspension *Olympia* (1988) pour B. Lux incarnent le design espagnol des années 1980. En 1994, Pensi aménage l'exposition « Salón Internacionale de Diseño para el Habitát ». Designer espagnol très en vue, il a travaillé comme consultant en design en Italie, en Finlande, en Allemagne, à Singapour, en Amérique du Sud et aux Etats-Unis.

Jorge Pensi

Né en 1946 Buenos Aires

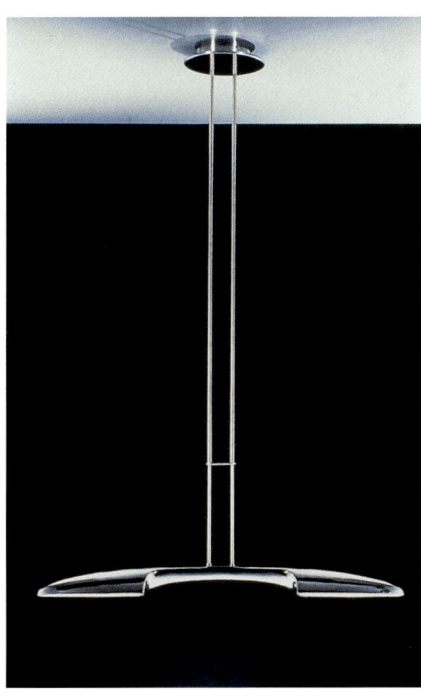

◄ Plafonnier *Olympia* pour B. Lux, 1988

Pentagram
Fondé en 1972
Londres

Pentagram est un studio de design pluridisciplinaire fondé en 1972, qui diffère des autres agences internationales similaires par sa structure «fédérale». Il a compté jusqu'à cinquante designers associés à titre individuel ou collectif. Pentagram s'est développé à partir d'un studio de graphisme plus ancien créé en 1962 par Alan Fletcher (1931–2006), Colin Forbes (1928–2022) et Robert Gill (1931–2021), auxquels se joint, en 1965, l'architecte Theo Crosby. Le designer industriel **Kenneth Grange** et le graphiste Mervyn Kurlansky (né en 1936) collaborent avec le studio dès la création de Pentagram, en 1972. Dans les années 1970 et 1980, John McConnell, David Hillman, Peter Harrison et David Pelham intègrent le studio. Pentagram s'est rendu célèbre par son travail audacieux et incisif sur l'**identité visuelle** de British Petroleum, Reuters, Faber & Faber, le Victoria & Albert Museum, la Tate Gallery, le Guardian, Prestel, etc. Il a aussi élaboré la charte typographique de grandes sociétés comme Xerox, IBM et Nissan. Le «style maison» Pentagram est reconnaissable dans son design de produits, pour l'essentiel dû à Grange, qui dessine le train *Intercity 125* pour British Rail en 1976 et crée des ustensiles de cuisine Kenwood, des briquets Ronson, des stylos Parker et des rasoirs Wilkinson Sword. Sous la direction de

▼ Daniel Weil,
Intérieur du Swatch Timeship à New York, milieu des années 1990

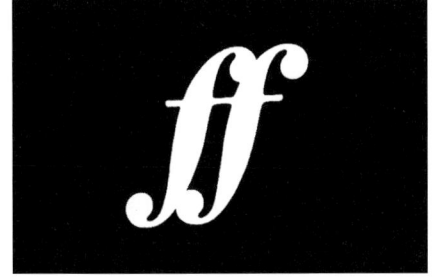

Crosby, Pentagram aménage aussi de nombreuses expositions, le Pavillon de l'Industrie Britannique pour l'Expo '67 de Montréal et *The Environment Game* (1973), puis *British Genius* (1977) à Londres. La conviction que le design doit s'imposer dans tous les domaines de la vie est l'un des axiomes essentiels du groupe. Cette idée a été développée dans différents ouvrages, dont *Pentagram : The Work of Five Designers* (Pentagram : le Travail de Cinq Designers, 1972) et *Living by Design* (1977). Le studio a aussi publié une série d'opuscules, les *Pentagram Papers*, qui développent des points de vue « curieux, distrayants, stimulants, provocateurs et parfois polémiques ». Mais ce sont sans doute ses aménagements de magasins qui révèlent le mieux la vision Pentagram du « design comme mode de vie ». Avec le succès de ses créations graphiques, souvent teintées d'ironie, et de ses produits grand public dont le stylisme subtil tempère l'impact très direct, Pentagram s'est haussé parmi les tout premiers conseils internationaux en design. En 1978, une succursale ouvre à New York suivie d'une autre, en 1986, à San Francisco. Aujourd'hui, le groupe Pentagram jouit d'un immense prestige et reste dirigé par des designers plutôt que par des gestionnaires, ce qui garantit la pérennité de son engagement dans la créativité et l'innovation.

▲▲◄ **David Hillman**, identité visuelle pour la Tate Gallery, 1989–1990

▲▲► **John McConnell**, identité visuelle pour Faber & Faber, 1981

▲◄ **David Hillman**, elément de la maquette du quotidien anglais *The Guardian*, 1988

▲► **Alan Fletcher**, identité visuelle pour le Victoria & Albert Museum, 1988

Charlotte Perriand

1903 Paris
1999 Paris

▼ Projet de salle à manger, vers 1929

Charlotte Perriand suit l'enseignement d'Henri Rapin et Maurice Dufrène (1876–1955) à l'Ecole de l'Union Centrale des Arts Décoratifs de Paris de 1920 à 1925. Elle présente d'abord son travail à la Société des Artistes Décorateurs et, en 1927, conçoit un bar sous le toit pour le Salon d'Automne où elle expose ses premiers meubles en acier chromé et aluminium anodisé. **Le Corbusier** admire son aménagement et l'engage. Elle collaborera avec lui et son cousin **Pierre Jeanneret** pendant dix ans. Perriand est responsable de la plupart des modèles de meubles qui sortent de l'agence Le Corbusier à cette époque, dont les meubles en acier tubulaire (1928–1929) qui relèvent du programme systématique d'« équipement de l'habitation », selon l'expression de Le Corbusier. Ce mobilier révolutionnaire, présenté pour la première fois au Salon d'Automne de 1929, remporte un grand succès. Avec son esthétique moderne intransigeante et son allure fonctionnaliste, il illustre l'hygiène de vie physique et morale que prône Perriand. En 1929, Le Corbusier, Jeanneret et Perriand démissionnent de la Société des Artistes Décorateurs quand son jury refuse de leur accorder l'espace nécessaire et ils fondent l'UAM (Union des Artistes Modernes). L'année suivante, Perriand rencontre le peintre Fernand Léger (1881–1955) qui va devenir un ami fidèle et, en 1931, elle présente ses créations sous son nom aux expositions de l'UAM. En 1937, elle expose avec Jeanneret un refuge de montagne en aluminium à l'Exposition Internationale des Arts et Techniques dans la Vie Moderne (Paris) et en 1940 elle crée avec **Jean Prouvé** et Georges Blanchon une agence d'architecture spécialisée dans la conception de maisons préfabriquées en aluminium. De 1940 à 1942, Perriand est conseillère à l'artisanat auprès du Ministère japonais du Commerce. A son retour en France, après trois ans passés en Indochine, elle reprend son travail d'architecte, dessine des intérieurs et des meubles en indépendante ou en collaboration avec Jeanneret et Blanchon. Parmi ses projets les plus remarquables de cette période, on retiendra son mobilier pour des chalets de montagne (Méribel, 1946–1949) un prototype de cuisine pour l'Unité d'Habitation de Le Corbusier à Marseille (1950), des meubles pour la galerie Steph Simon à Paris (1955–1974), les bureaux londoniens d'Air France (1957) et des salles de conférence pour les Nations Unies à Genève (1959–1970). Dans les années 1980, Perriand préside brièvement le concours du mobilier de bureau organisé par le Ministère de la Culture et travaille comme consultante pour Cassina qui réédite les meubles qu'elle a dessinés avec Jeanneret et Le Corbusier. Plusieurs grandes rétrospectives ont été organisées sur l'œuvre de Charlotte Perriand, au Japon (1955), à Paris (1965 et 1985) et à Londres (1998). Surtout connue pour ses meubles élégants en acier tubulaire de **Style International** des années 1920 et 1930, Perriand a aussi imaginé des meubles artisanaux comme la chaise *Synthèse des Arts* (1955), remarquable tentative d'osmose des traditions orientales et occidentales.

▲ Chaise *Synthèse des Arts* probablement pour Takashimaya, 1955

Gaetano Pesce

1939 La Spezia, Italie
2024 New York

▼ Fauteuil *Up 3* pour C&B Italia, 1969

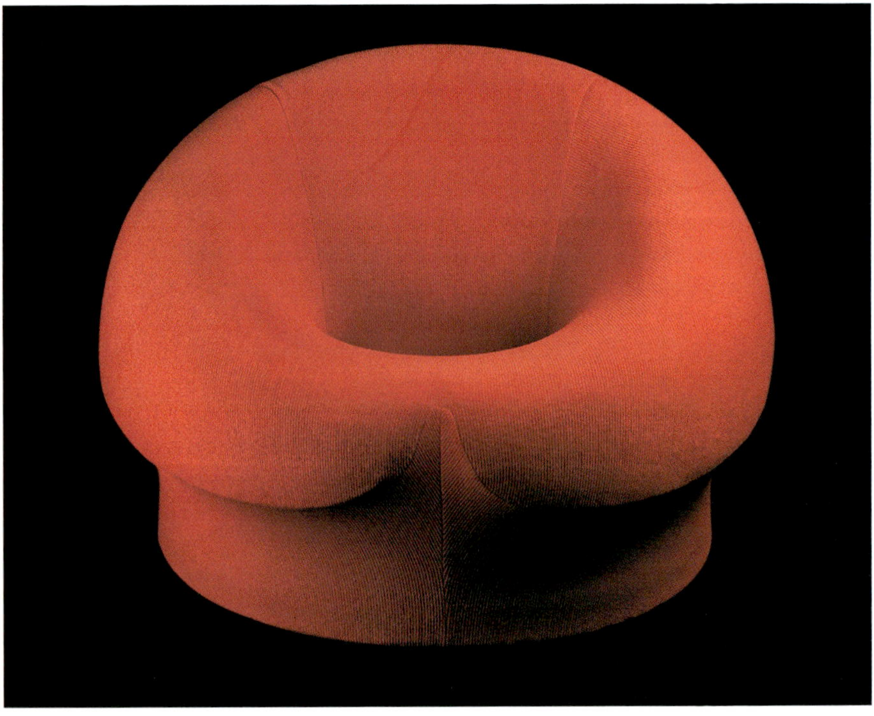

Gaetano Pesce étudie l'architecture et le design industriel à l'université de Venise dont il est diplômé en 1965. De 1959 à 1967, il travaille comme réalisateur indépendant et artiste à Padoue où il explore le cinétisme et l'art sériel. A la même époque, il est membre fondateur du Groupe N qui se consacre à la notion d'art programmé. Pesce exerce aussi son métier de designer à Padoue, de 1962 à 1967, et à Venise à partir de 1968, créant meubles et aménagements intérieurs pour C&B Italia, Cassina, Bernini, Venini et Bracciodiferro. Il signe un mobilier très original à la fois par les matériaux et les méthodes de fabrication qu'il emploie comme la série de fauteuils *Up* (1969) en mousse de polyuréthane par exemple : celle-ci est comprimée sous vide dans des enveloppes en PVC et la galette de mousse ainsi obtenue, une fois ouverte, laisse littéralement jaillir la forme colorée. Designer « contestataire », Pesce participe à l'Exposition « Italie : Le Nouveau Paysage Domestique » qui se tient au **Museum of Modern Art de New York** en 1972. Pour cet événement qui fait date, Pesce, adepte du **Design Radical**, conçoit une curieuse installation qui présente notamment une série de « documents archéologiques » relatifs à une ville fictive de « l'ère des Grandes Contaminations ». En 1973, Pesce

▲ Lampe *Airport*, 1986

déclare que l'architecture et le design devraient « représenter la réalité » et constituer un « témoignage sur l'époque ». Sa quête d'une expression libérée le conduit à explorer l'idée de « performance-design » dans beaucoup de ses projets. Dans la collection *Golgotha* (1972–1973), avec sa table en forme de cercueil et ses chaises revêtues de linceuls, Pesce expérimente pour la première fois l'idée de « série non-répétitive ». Il réutilise ce concept pour ses sièges et son canapé de la série *Sit-Down* (1975) pour Cassina. Chaque exemplaire est légèrement différent des autres à cause de l'instabilité des matériaux utilisés dans le processus de fabrication. De même, sa lampe *Airport*

▲ *Golgotha Suite*, 1972–1973

(1986) est fabriquée à partir d'uréthane à coloration aléatoire et elle se « modèle » pour prendre des formes variées. Ses créations sont souvent teintées d'humour, témoin sa chaise pliante *Umbrella* (1992–1995) pour Zerodisegno et sa chaise *543 Broadway* (1993) pour Bernini, en résine époxy transparente qui tangue et roule avec ses pieds montés sur ressorts. Pesce, qui enseigne à l'Institut d'Architecture et d'Etudes Urbaines de Strasbourg, a été professeur à la Cooper Union school of architecture and art de New York durant de longues années. Toute sa carrière, Pesce s'est posé en adversaire extrêmement inventif du **Mouvement Moderne** qui prônait la standardisation et l'uniformité du design. Pour Pesce, l'architecture et le design sont des activités pluridisciplinaires qui doivent offrir au créateur une liberté d'expression illimitée.

Giancarlo Piretti

Né en 1940 Bologne

Giancarlo Piretti étudie à l'Istituto Statale d'Arte de Bologne dont il est diplômé en 1960. Après la fin de ses études il travaille comme designer intégré pour Anonima Castelli et crée des meubles grand public et du mobilier de bureau. Il devient responsable de la recherche et du design de la société, position qu'il occupe jusqu'en 1972. Durant cette période, Piretti dessine sa chaise pliante en aluminium et Perspex *Plia* (1969), son premier meuble en plastique pour lequel il reçoit plusieurs prix importants : le prix Smau (1971), une médaille d'or à la « Bio 4 » de Ljubljana (1971) et le prix allemand « Gute Form » (1973). Piretti signe aussi le fauteuil *Plona* (1970) et la table *Platone* (1971). De 1963 à 1970, il enseigne à l'Istituto Statale d'Arte de Bologne et à la fin des années 1970, il collabore avec **Emilio Ambasz** à la réalisation de sièges ergonomiques, dont les gammes *Vertebra* (1977) et *Dorsal* (1981) qui améliorent beaucoup le confort des fauteuils de bureau. Ces modèles valent à Piretti un **Compasso d'Oro** et un Prix d'Excellence en Design Industriel. Produits par la société Open Ark aux Etats-Unis, ils sont fabriqués sous licence en Europe par Castelli. Piretti et Ambasz ont aussi signé les gammes de luminaires *Logotec* (1980) et *Osiris* (1984) pour Erco. En 1984, Piretti entame sa collaboration avec Castilia et, quatre ans plus tard, Krueger lance la collection *Piretti* qui décline cinquante modèle de sièges différents. Les meubles novateurs de Piretti, conçus pour une production en grande série se signalent par leurs formes sveltes et fonctionnelles.

▼ Chaise pliante *Plia* pour Castelli, 1969

Flavio Poli

1900 Chioggia, Italie
1984 Venise

Flavio Poli, célèbre comme créateur verrier, a pourtant reçu une formation de céramiste. En 1929, il est engagé par la Verrerie Libero Vitali I. V. A. M. où il travaille comme sculpteur sur verre (solide et soufflé). A partir de 1934, il travaille pour la Verrerie Seguso-Barovier-Ferro et crée sa célèbre ligne *Zodiaco* en verre opalescent. L'entreprise, établie à Murano, prend le nom de Seguso Vetri d'Arte en 1937 et continue à éditer les créations de Poli, dont ses lustres en *vetro traliccio* (verre-treillis) et ses verreries ornementales futuristes *vetro astrale*. Dans les années 1950, Poli dessine une série d'objets en verre plaqué soufflé pour lequel il obtient un **Compasso d'Oro** en 1954. Ces créations massives et monumentales se distinguent par leurs formes simples et dépouillées et leurs couleurs contrastées. En 1963, Poli abandonne son poste de directeur artistique de la verrerie Seguso et, l'année suivante, il entre à la Società Veneziana di Conterie e Cristallerie, qu'il quitte en 1966 pour raisons de santé. De 1950 à 1960, Poli remporte quatre Grands Prix à la Triennale de Milan pour ses belles créations verrières qui combinent facture artisanale traditionnelle et formes contemporaines séduisantes.

▶ Vase *Valva Siderale* pour Seguso Vetri d'Arte, vers 1954

▶▶ Vase en verre plaqué, modèle n° 11902, pour Seguso Vetri d'Arte, 1955

Gio Ponti

1891 Milan
1979 Milan

▼ **Gio Ponti & Piero Fornasetti**, Chambre conçue pour la IXe Triennale de Milan, 1951

Giovanni (Gio) Ponti étudie l'architecture à l'Ecole Polytechnique de Milan dont il est diplômé en 1921. Il travaille ensuite dans l'agence architecturale d'Emilio Lancia et Mino Fiocchi et, de 1923 à 1930, est directeur artistique des céramiques Richard Ginori (Milan et Florence). Ses créations de porcelaines pour Ginori, souvent ornées de motifs néoclassiques **Novecento**, remportent un Grand Prix à l'Exposition Internationale des Arts Décoratifs de 1925 à Paris. A l'époque, Ponti dessine aussi des meubles bon marché pour la chaîne de grands magasins La Rinascente, ainsi que des modèles plus luxueux. De 1925 à 1979, il préside les expositions de la Biennale de Monza où il présente ses propres travaux avec ceux d'autres designers progressistes. La première construction de Ponti, en 1925, est sa propre maison néoclassique, rue Randaccio à Milan. Un an plus tard, il ouvre une agence d'architecture avec Emilio Lancia à Milan ; leur association se prolonge jusqu'en 1933. En 1928, sur la suggestion du journaliste Ugo Ojetti, Ponti lance la prestigieuse revue de design *Domus* qu'édite Gianni Mazzochi.

Domus se donne pour mission initiale de promouvoir le mouvement Novecento qui entend s'opposer à la fois au « faux antique » et au « moderne hideux » dans l'architecture et le design. De 1933 à 1945, Ponti travaille en as-

◄ Chaise *Superleggera*, modèle n° 699, pour Cassina, 1957

sociation avec les ingénieurs Antonio Fornaroli et Eugenio Soncini à Milan. Il exécute de nombreuses commandes aussi bien privées que publiques, durant cette période : l'Ecole de Mathématiques de l'université de Rome (1934), le premier immeuble pour Montecatini (1936), les ensembles d'appartements «Domuses» à Milan (1931–1936). L'Institut Culturel Italien de Vienne demande a Ponti de réaménager le Palais Fürstenberg, qu'il redécore dans un style néo-sécessionniste. A partir de 1930, il dessine des luminaires et des meubles pour la société Fontana. En 1933, il devient, avec **Pietro Chiesa**, codirecteur artistique de sa filiale Fontana Arte. Dans les années 1940, Ponti collabore régulièrement

▲ Chandelier en verre de Murano pour Venini, 1946

avec la revue *Stile* (1941–1947), réalise décors et costumes pour l'opéra de la Scala (1947), crée des bouteilles, des verres et des lustres de verre multicolores pour Venini (1946–1950) et conçoit sa célèbre cafetière pour La Pavoni (1948). Il collabore avec **Piero Fornasetti** sur plusieurs projets de meubles et de décorations intérieures à la fin des années 1940 et dans les années 1950, notamment celle du casino de San Remo (1950). Outre quelques commandes architecturales prestigieuses comme celle du second immeuble pour la Montecatini (Milan, 1951) et la tour Pirelli (Milan, 1956), Ponti dessine aussi de la vaisselle de table pour Krupp Italiana (1951) et Christofle (1955), des équipements sanitaires pour Ideal Standard (1953) et la légendaire chaise *Superleggera* (1957) pour Cassina, dont le classicisme intemporel est très caractéristique de son travail. Dans les années 1960 et 1970, les objets et les constructions de Ponti comme le Musée d'Art de Denver (1971) deviennent plus expressifs et privilégient les formes géométriques puissantes. Outre sa carrière de designer et d'architecte très prolifique, Ponti a aussi enseigné à l'Ecole Polytechnique de Milan de 1936 à 1961 et, par ses articles dans *Domus* et *Casabella*, il a contribué décisivement à la régénération du design italien d'après-guerre.

Pop Design
Design Pop

Le terme Pop été forgé dans les années 1950 pour désigner l'émergence d'une culture populaire. En 1952, l'**Independant Group** est fondé à Londres et ses membres, notamment l'artiste Richard Hamilton (1922–2011), le sculpteur Eduardo Paolozzi (1924–2005), le critique Rayner Banham (1920–1988) et les architectes **Peter et Alison Smithson** sont parmi les premiers à explorer et célébrer la croissance de la culture consumériste populaire en Amérique. Dans les années 1960, des artistes américains comme Andy Warhol (1928–1987), Roy Lichtenstein (1923–1998) et Claes Oldenburg (1929–2022) puisent leur inspiration dans « l'art de bas étage », publicité, conditionnement, bandes dessinées et télévision. La culture Pop commence donc assez logiquement à influencer le design d'objets quotidiens, les designers adoptant une approche plus juvénile et moins sérieuse que celle dictée par le **Bon Design** des années 1950. L'ascension du stylisme de produits dans ces mêmes années, au nom de l'accroissement de la productivité et de l'obsolescence programmée, fournit un terreau fertile pour l'éthique du « jetable après utilisation » qui envahit l'industrie des années 1960. La chaise pour enfants *Spotty* (1963) en carton à pois de **Peter Murdoch** et le fauteuil *Blow* (1967) de **De Pas**, **D'Urbino** et **Lomazzi**, par excellence des objets précaires, sont emblématiques de cette culture de l'éphé-

▼ **Gaetano Pesce**, *Series Up* pour C&B Italia, 1969

mère. Il en va de même des objets-clin d'œil comme les robes en papier, dont tant de magazines (eux-mêmes de plus en plus dépendants de tels produits) vantent la nouveauté dans leurs suppléments en couleurs sur papier glacé. Pour nombre de designers Pop, le plastique devient le matériau de prédilection. Beaucoup de matières plastiques et de procédés nouveaux, comme le moulage par injection, permettent de fabriquer des objets peu coûteux, font leur apparition dans les années 1960. Les couleurs franches, vives, et les formes audacieuses qu'invente le Design Pop balaient les derniers vestiges de l'austérité de l'après-guerre et reflètent l'optimisme général des *sixties*, dopé par une prospérité économique sans précédent et la libération des mœurs. Le Design Pop étant destiné à un public jeune, les produits doivent être bon marché et leur qualité en pâtit souvent. Le caractère périssable de tels produits fait cependant partie de leur séduction, car ils représentent l'antithèse des classiques modernes « intemporels » des années 1950. Le Design Pop, avec ses connotations **Anti-Design**, prend le contre-pied de la sobre devise du **Mouvement Moderne** « Moins c'est Plus » et annonce directement le **Design Radical** des années 1970. Il puise son inspiration dans un vaste éventail de sources : l'**Art nouveau**, l'**Art déco**, le **Futurisme**, le **Surréalisme**, l'Op Art (art cinétique), le mouvement psychédélique, le mysticisme oriental, le **Kitsch** et la fascination pour l'ère spatiale. Il bénéficie de la croissance générale des moyens de communication de masse. La crise du pétrole du début des années 1970 a cependant engendré une conception plus rationnelle du design et le Design Pop doit céder la place au **Renouveau Artisanal**, d'une part et au style **High-Tech**, de l'autre. Par sa remise en question des préceptes du Bon Design et donc du modernisme, le Design Pop annonce à certains égards la naissance du **Post-Modernisme**.

◄ **Gunnar Cyrén**, verres *Pop* pour Orrefors Glasbruk, 1965–1966

▼ Téléviseur *Nivico 3240 GM* pour JVC (Yokohama Plant Victor Co. of Japan), 1970

◄ **Piero Gatti, Cesare Paolini & Franco Teodoro**, fauteuil-sac *Sacco* pour Zanotta, 1968

► **Olive Sullivan**, intérieur, vers 1965

▼ **Martin Sharp**, couverture de l'album du groupe Cream « Disraeli Gears » pour Polygram Int., 1967 (incorporant une photo de Bob Whitaker)

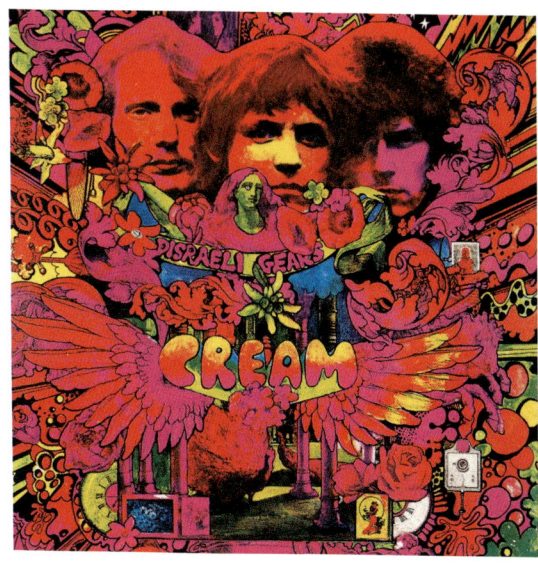

Ferdinand Alexander Porsche

1935 Stuttgart
2012 Salzburg

Ferdinand Alexander « Butzi » Porsche est le fils du célèbre constructeur automobile Ferdinand « Ferry » Porsche (1909–1998) et le petit-fils du professeur Ferdinand Porsche (1875–1951) qui fonde la société éponyme en 1930. Ferdinand Alexander Porsche commence sa carrière d'ingénieur dans l'entreprise Bosch, à Stuttgart, avant de reprendre ses études à la **Hochschule für Gestaltung d'Ulm** en 1957. L'année suivante, il intègre le département de design de Porsche qu'il dirigera de 1961 à 1972. C'est à ce titre qu'il met au point plusieurs modèles pour la marque, dont la *904 Carrera* (1963) et la *911* (1964). Il fonde le Studio de Design Porsche en 1972 et, à partir du milieu des années 1970, se consacre au design d'objets et accessoires raffinés. Ses produits élégants incarnent parfaitement le design de produits allemand. On retiendra notamment l'appareil photo *Contax* pour Yashica (1974), la moto *Cobra* pour Steyr-Puch (1976), des lunettes de soleil pour Carrera (1977), un téléphone pour NEC (1981), le téléviseur *Monolith* pour Grundig (1989), le siège *Antropovarius* pour Poltrona Frau (1983), la gamme de luminaires *Jazz* pour Italiana Luce (1989) et des montres bracelets pour IWC (1976 et 1993).

▼ Lampes *Jazz* pour Italiana Luce, 1989

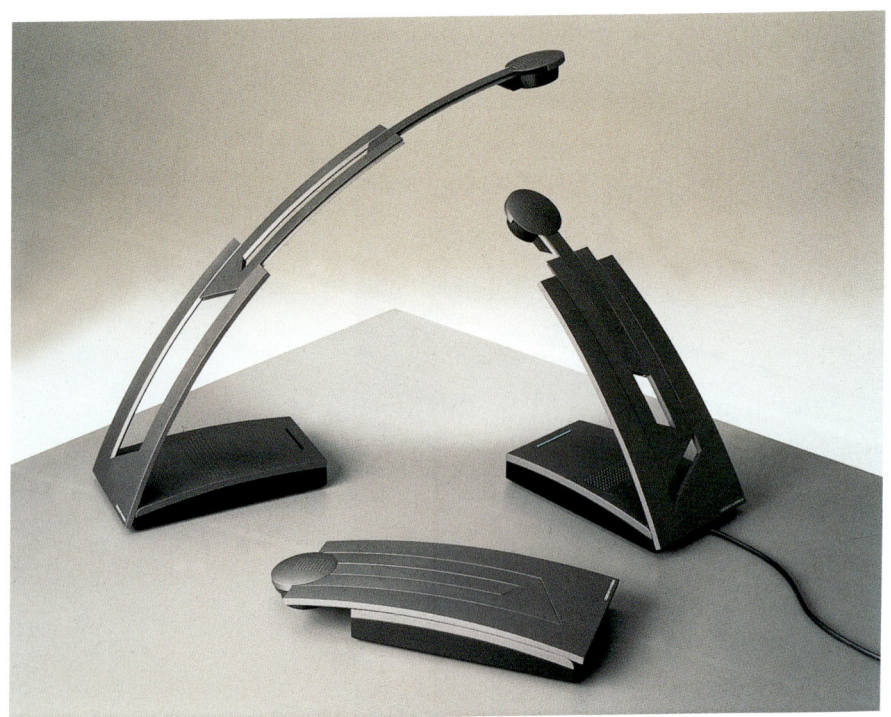

◄ **Ron Arad**, Platine en béton armé *Concrete Stereo* pour One-Off, 1984

Post-Industrialism

Post-Industrialisme

Le terme Post-Industrialisme renvoie pour l'essentiel à une conception post-moderne du design qui rejette les procédés de fabrication industriels dominants. Du début du siècle aux années 1960, les méthodes de fabrication en grande série mises au point par Henry Ford gouvernent le design et la production. Dans les années 1970 et 1980, en revanche, avec le développement des services dans les économies occidentales, beaucoup de designers choisissent de créer des pièces uniques ou des éditions limitées. Ce type de démarche reflète la nature post-industrielle de l'époque et permet aussi aux designers qui ne sont plus soumis aux contraintes des circuits de production industriels d'exploiter plus librement leur créativité individuelle. Des créateurs comme **Ron Arad** et **Tom Dixon** fabriquent des objets « mal finis » qui traduisent leur refus déterminé de la standardisation des produits industriels. La chaîne *Concrete Stereo* (1984) d'Arad prend ainsi le contre-pied du « design léché » qu'incarnent par exemple les produits Bang & Olufsen, et véhicule un message post-moderne plein d'ironie. Le Post-Industrialisme se fait le chantre de la notion d'« œuvre d'art jetable » et donne naissance à de nouvelles pratiques de design, à la fois expérimentales et poétiques.

Post-Modernism
Post-Modernisme

Les origines du Post-Modernisme remontent aux années 1960 et à l'émergence du **Design Pop** et de l'**Anti-Design**. Durant cette décennie de remise en question généralisée, le design moderne s'émancipe. On trouve la première critique substantielle du Modernisme dans l'ouvrage de Jane Jacobs, *The Death and Life of Great American Cities* (La Mort et la Vie des Grandes Villes Américaines, 1961), qui souligne la rupture de la cohésion sociale qu'engendrent l'urbanisme et les ensembles architecturaux inspirés du **Mouvement Moderne**. **Robert Venturi**, dans *Complexity and Contradiction in Architecture* (Complexité et Contradiction en Architecture, 1966), explique à son tour que l'architecture moderne est dénuée d'âme car il lui manque la complexité et l'ironie qui font toute la richesse des bâtiments historiques. En 1972, Venturi, Denise Scott Brown (née en 1931) et Steven Izenour publient *Learning from Las Vegas*, ouvrage de référence qui défend l'honnêteté culturelle de l'esprit marchand incarné dans l'architecture et la signalétique de cette ville bâtie dans le désert. La même année, la traduction en anglais des *Mythologies* (1957) de Roland Barthes assure une large diffusion à ses théories sur la **Sémiotique** – l'étude des signes et des symboles comme moyens de communication culturelle. Les designers en tirent une conclusion : quand les bâtiments et les objets sont imprégnés de symbolisme, spectateurs et consommateurs entretiennent un rapport psychologique plus harmonieux avec eux. Les premiers adeptes du Post-Modernisme soutiennent que l'abstraction géométrique si chère au Mouvement Mo-derne, avec son refus de l'ornement et donc du symbolisme, engendre une architecture et un design déshumanisés et finalement aliénants. Vers le milieu des années 1970, des architectes américains comme **Michael Graves** introduisent dans leurs réalisations des motifs décoratifs qui font souvent référence, non sans ironie, aux styles architecturaux du passé. Des designers affiliés à **Studio Alchimia**, comme **Alessandro Mendini** et **Ettore Sottsass** créent des objets dans un vocabulaire formel post-moderne qui renferment un

▼ **Norbert Berghof, Michael Landes & Wolfgang Rang**, fauteuil *Frankfurter FIII* pour Draenert, 1985–1986

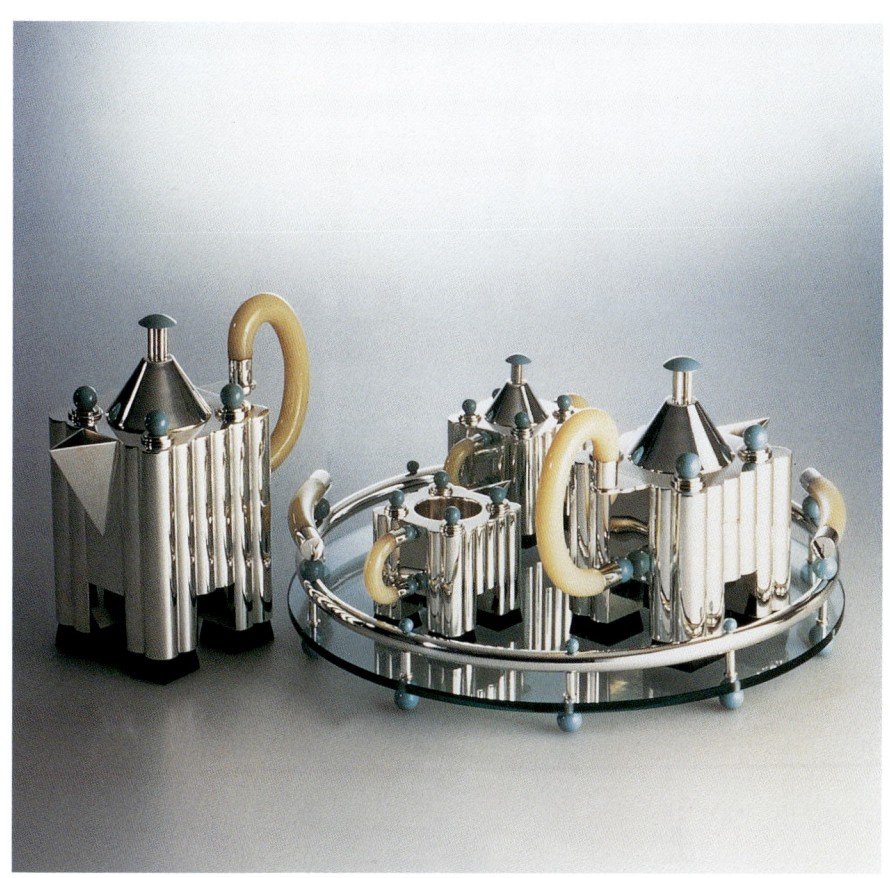

▲ Michael Graves, *Tea & Coffee Piazza* pour Alessi, 1983

commentaire moqueur sur le Modernisme. Ensuite, c'est **Memphis** qui reprend le flambeau avec ses objets Néo-Pop colorés et monumentaux qui, lors de leur première présentation en 1981, créent l'événement dans le design international. Le groupe, en popularisant l'Anti-Design, a contribué à l'internationalisation de la vogue du Post-Modernisme dans les années 1980. Les objets post-modernes résument la pluralité culturelle de la société contemporaine globale et utilisent un langage symbolique universel qui transcende les frontières. Les formes et les motifs que l'on trouve dans de tels « objets symboliques » ne sont pas seulement puisés dans les styles décoratifs passés comme le Classicisme, l'**Art déco**, le **Constructivisme** et **De Stijl** mais se réfèrent aussi parfois au **Surréalisme**, au **Kitsch** et à l'imagerie électronique. Parmi les designers post-modernes les plus remarquables (outre ceux déjà

▲ Charles Jencks, table et chaises *Sun* de la série *Symbolic Furniture*, 1984

◄ Norbert Berghof, Michael Landes & Wolfgang Rang, secrétaire *Frankfurter F1* pour Draenert, 1985-1986

mentionnés) on retiendra **Mario Botta**, **Andrea Branzi**, **Michele De Lucchi**, **Nathalie du Pasquier**, **Hans Hollein**, **Arata Isozaki**, **Shiro Kuramata**, **Richard Meier**, **Aldo Rossi**, **Peter Shire**, **George Sowden**, **Matteo Thun** et **Masanori Umeda**. Leurs créations audacieuses, qu'il s'agisse de céramiques, de textiles, de bijoux, de montres, d'argenterie, de meubles ou de luminaires sont produites en éditions limitées par des sociétés comme **Alessi**, Artemide, Alias, Cassina, Formica, Cleto Munari, Poltronova, Sunar, Swid Powell et Draenert Studio. Comme Hans Hollein l'a remarqué, le rejet post-moderniste de la production industrielle signifie que les créations de ces designers sont forcément «l'affaire d'une élite». Ils représentent donc le triomphe du capitalisme sur l'idéologie sociale qui sous-tendait le Mouvement Moderne. Le caractère éclectique du Post-Modernisme reflète l'ascension de l'individualisme mais aussi l'éclatement de la société qui s'accélère dans les années 1980. La prospérité économique de la décennie, dopée par le crédit, garantit le succès du style post-moderne et à la fin des années 1980, le Post-Modernisme englobe les styles les plus divers, y compris le Noir Mat, le **Déconstructivisme** et le **Post-Industrialisme**. La récession générale du début des années 1990 pousse cependant les designers vers des démarches créatives moins expressives et plus rationnelles et la séduction du Post-Modernisme commence

▲ **Aldo Rossi,** bouilloire *Il Conico* pour Alessi, 1988

à décliner. Même si l'exubérance de l'Anti-Design des années 1980 a été remplacée par le dépouillement tempéré du minimalisme des années 1990, l'influence du Post-Modernisme perdure : sa remise en question du Mouvement Moderne a conduit à une redéfinition importante, et permanente, de l'essence du design.

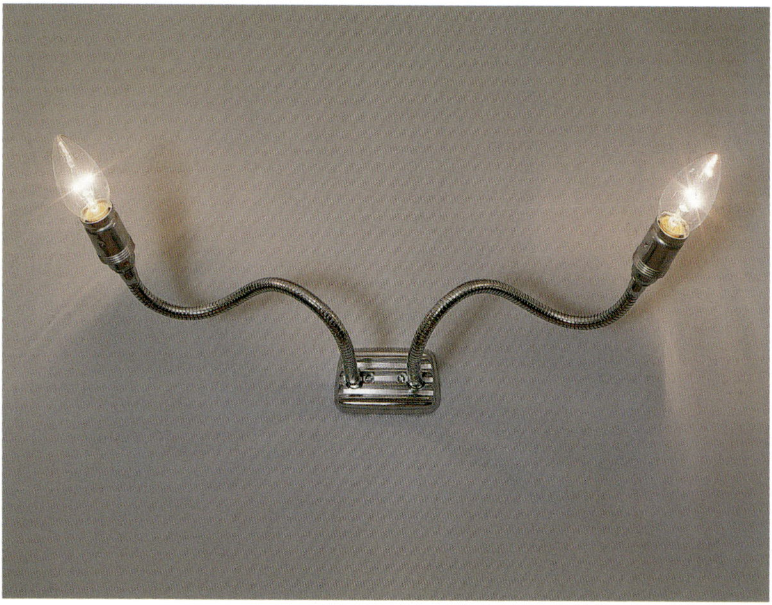

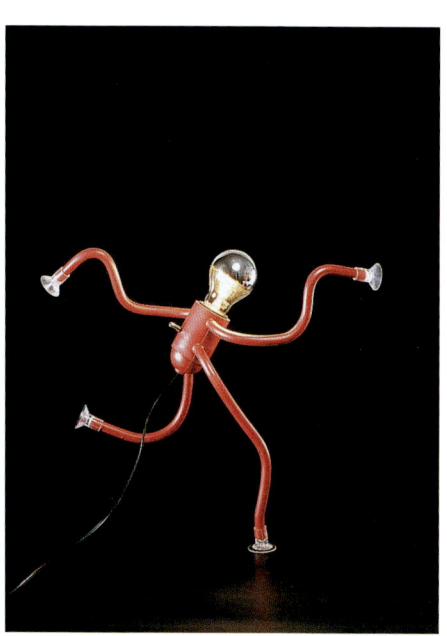

▲ **Stiletto (Frank Schreiner)**, lampe ready-made *Suzuki* pour Stiletto Studios, 1988

◀ **Marco Ferreri & Carlo Bellini**, lampe *Eddy* pour Luxo Italiana, 1986

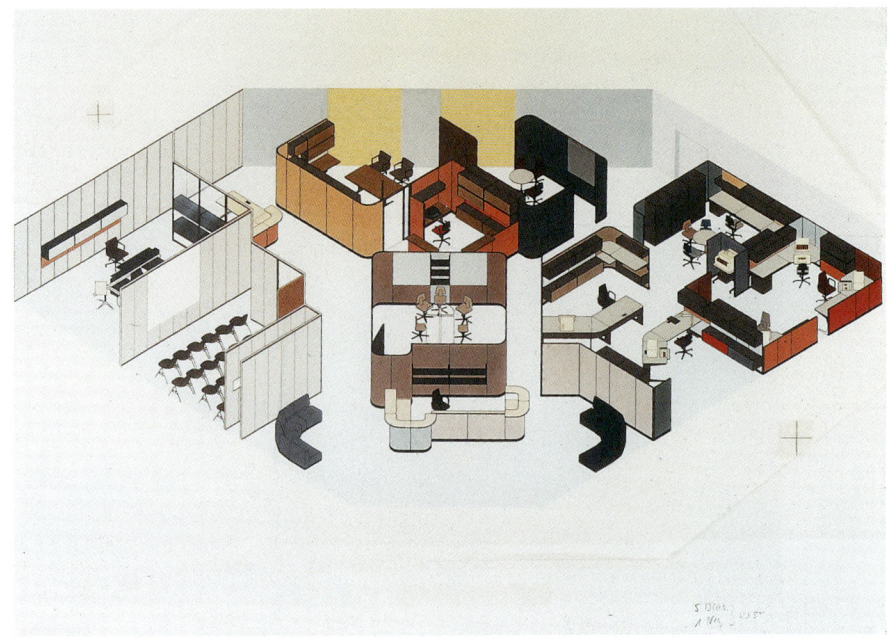

Robert Propst

1921–2000

▲ *Action Office II* pour Herman Miller, 1968

Robert Propst étudie à l'université de Denver jusqu'en 1943 avant de prendre la direction du département d'arts plastiques du Tarleton College à Dublin, Texas, de 1946 à 1948. Il poursuit ses études à l'université du Colorado dont il est diplômé en 1950, année où il fonde sa propre société, la Propst Company. Il signe un vaste éventail de réalisations, qu'il s'agisse d'équipements scolaires et institutionnels, d'aménagements d'églises, de sculptures architecturales, de mobilier hospitalier, de machines à débiter du bois. Dans les années 1950, il effectue des études de design pour **Herman Miller** et finalement, en 1960, sa société est absorbée par la filiale du grand fabricant à Ann Arbor, Michigan. En 1964, Propst seconde **George Nelson** dans la mise au point technique du mobilier de bureau *Action Office I* pour lequel il dessine aussi le tabouret de dessinateur *Perch*. Propst devient président et directeur de la recherche d'Herman Miller en 1968, année de la mise au point de l'*Action Office II*, plus performant et flexible que son prédécesseur. Ce système révolutionnaire de modules et de cloisons se configure facilement pour former des environnements de travail individuels ou collectifs. Il métamorphose littéralement le paysage professionnel et, grâce à son grand succès commercial, propulse Herman Miller au deuxième rang mondial des fabricants de mobilier de bureau.

Jean Prouvé est le fils du décorateur Victor Prouvé (1858–1943), cofondateur de l'**Ecole de Nancy** en 1901. Il effectue son apprentissage chez le ferronnier Emile Robert de 1916 à 1919 et poursuit sa formation avec Szabo à Paris. Après son service militaire, Prouvé s'établit comme ferronnier d'art et ouvre un atelier rue du Général Custine à Nancy. A l'origine, il reçoit des commandes de portes, de grilles et de balustrades, mais en 1924, il commence à dessiner des meubles en tôle d'acier qu'il assemble par soudure électronique, une technique d'invention récente. L'esthétique industrielle puissante de ses meubles attire l'attention d'architectes d'**avant-garde** comme **Pierre Jeanneret**, **Le Corbusier** et **Robert Mallet-Stevens** qui lui commandent des meubles. En 1924, Prouvé met au point la technique du *tube aplati*, qui permet d'accroître la résistance de la structure de ses sièges aux endroits où s'exerce le plus grand effort et en améliore la solidité. Prouvé reçoit un Diplôme d'Honneur à l'Exposition Internationale des Arts Décoratifs de Paris en 1925 pour ses meubles utilitaires et ses techniques de fabrication de pointe. En 1929, il est cofondateur de l'UAM (Union des Artistes Modernes) et présente plusieurs créations, dont trois sièges inclinables, à la première exposition de l'Union en 1930. L'année suivante, Prouvé fonde la Société des Ateliers Jean Prouvé avec son beau-frère l'ingénieur A. Schotte et s'installe dans des locaux plus spacieux, rue des Jardiniers à Nancy. Il investit dans des presses à emboutir et des machines à plier le métal. Prouvé reçoit beaucoup de commandes des collectivités comme en témoignent ses bureaux métalliques pour la Compagnie Parisienne d'Electricité (1935) et ses gammes complètes de mobilier scolaire des années 1930 et 1940. Après la libération de la France, en 1944, Prouvé est élu maire de Nancy et, en 1947, il fonde les Ateliers Jean Prouvé, une grande usine de vingt mille mètres carrés située à Maxéville. Ce lieu, qui ressemble plus à un atelier de construction mécanique qu'à une fabrique de meubles, attire beaucoup de jeunes architectes et, en 1950, il emploie deux cent cinquante

Jean Prouvé
1901 Paris
1984 Nancy

▼ Panneau d'aluminium utilisé comme cloison, pour les Ateliers Jean Prouvé, 1948

▲ Jean Prouvé & Charlotte Perriand, bibliothèque-cloison pour la Maison du Mexique à Paris (motif coloré de Sonia Delaunay), 1953

◄ Chaise *Antony* pour les Ateliers Jean Prouvé, 1950

travailleurs. Prouvé est fait Chevalier de la Légion d'honneur en 1950 et le Cercle d'Etudes Architecturales (CEA) lui décerne un Grand Prix en 1952 pour sa réalisation des façades et des murs-rideaux dans l'immeuble de la Fédération du Bâtiment. Péchiney, l'industriel de l'aluminium, jusque-là actionnaire minoritaire des Ateliers Jean Prouvé, devient majoritaire en 1953 et restructure complètement l'entreprise, poussant Prouvé à la démission. En 1954, il ouvre un studio de design à Paris et, en 1955–1956, il fonde une nouvelle société, Les Constructions Jean Prouvé, avec Michel Bataille. Malgré son rachat en 1957 par la Compagnie Industrielle de Matériel de Transport (CIMT), Prouvé continue à travailler pour elle jusqu'en 1966. Le choix des matériaux comme les méthodes de fabrication de Prouvé sont empruntés à l'industrie aéronautique et nombre de ses créations aux soudures délibérément apparentes évoquent plus l'Art Brut que l'esthétique très raffinée du **Style International**.

Otto Prutscher

1880 Vienne
1949 Vienne

Otto Prutscher étudie à la Fachschule für Holzindustrie (une école technique de menuiserie) avant de suivre l'enseignement de **Josef Hoffmann** de 1897 à 1901 à l'Ecole des Arts Appliqués. Il travaille ensuite pendant deux ans comme architecte indépendant à Vienne, aménage des intérieurs et expose ses réalisations à l'Exposition Universelle de Paris en 1900 et à l'Esposizione Internazionale d'Arte Decorativa Moderna de Turin en 1902. De 1903 à 1909, Prutscher est professeur au Graphische Lehr- und Versuchsanstalt (Institut des Arts Graphiques) de Vienne puis enseigne le dessin libre à l'Ecole des Arts Appliqués. En 1907, il crée de nombreux objets pour la **Wiener Werkstätte**, verreries, textiles, meubles, reliures, orfèvrerie et bijoux. Il propose des projets aux Deutsche Werkstätten et à de nombreux fabricants dont E. Bakalowits, **Loetz**, Ludwig, J. J. Hermann, Chwala, Lobmeyr et **Thonet**, tout en continuant à travailler comme architecte et à aménager des magasins. Il participe au programme d'urbanisme de la municipalité de Vienne et devient en 1919 inspecteur pédagogique pour la formation professionnelle. Destitué par les nazis en 1939, il retrouve son poste de professeur de dessin libre à l'Ecole des Arts Appliqués à la fin de la guerre. Les créations de Prutscher montrent l'influence stylistique d'Hoffmann et se distinguent par la simplicité de leurs formes géométriques et leurs motifs carrés.

◂ Pendule de cheminée en argent pour Nikolaus Stadler, vers 1906

◄ Assiette *Waste Not, Want Not* pour Mintons, 1849

Augustus Welby Northmore Pugin est le fils d'un designer gothique, Augustus Charles Pugin (vers 1769–1832). Il étudie à la Christ's Hospital School de Londres et accompagne les élèves de l'école de dessin architectural de son père dans différents voyages d'études. En 1827, il crée des meubles gothiques pour le château de Windsor et travaille pour les orfèvres royaux Rundell & Bridge. Il rencontre l'architecte écossais James Gillespie Graham (1776–1855) en 1829 et le seconde dans plusieurs projets. En 1829, Pugin crée sa propre fabrique de meubles mais son entreprise fait faillite en 1831 et il devient dès lors un architecte néogothique autodidacte. Il se convertit au catholicisme en 1835 et publie, cette année-là, son premier ouvrage, *Gothic Furniture*. Pugin participe à l'élaboration du projet gagnant de Charles Barry (1795–1860) pour le concours du nouveau Palais de Westminster, à Londres. Dans *Contrasts*, un ouvrage publié en 1836, il compare l'architecture du XIXe siècle à celle du Moyen Age et conclut en faveur de cette dernière. De la fin des années 1830 au début des années 1840, Pugin construit beaucoup d'églises catholiques pour lesquelles il crée des intérieurs et des mobiliers aux ornements néogothiques. En 1841, il publie *The True Principles of Pointed or Christian Architecture* dans lequel il affirme que le gothique est le seul vrai style chrétien alors que le classicisme lui paraît païen. Pugin, l'un des tout premiers défenseurs de la vérité des matériaux, de l'intégrité de la construction et de l'adéquation dans l'architecture et le design, fut un réformateur de grande envergure qui exerça une profonde influence dans ces domaines.

A. W. N. Pugin

1812 Londres
1852 Ramsgate

Jean-Émile Puiforcat

1897 Paris
1945 Paris

▲ Pendule en bronze plaqué argent et marbre, fabriquée par Hour-Lavigne pour Puiforcat Orfèvre, vers 1930

Jean-Emile Puiforcat travaille d'abord dans l'atelier d'orfèvrerie fondé par son grand-père en 1820. Au lendemain de la Première Guerre mondiale, tout en poursuivant son apprentissage chez son père, il suit les cours du sculpteur Louis-Aimé Lejeune qui l'encourage à éliminer les ornements superflus. Puiforcat attache une grande importance aux aspects fonctionnels de ses créations et, sous l'influence de la géométrie pythagoricienne, emploie des formes géométriques simples – sphère, cône, cylindre – pour parvenir à des formes plus rationnelles. Sa maîtrise virtuose des matériaux confère toutefois à ses objets **Art déco** un caractère luxueux. Son travail est présenté au Salon des Artistes Décorateurs de 1921 et à l'Exposition Internationale des Arts Décoratifs de 1925 à Paris. Vers 1926, il devient membre fondateur du Groupe des Cinq et adhère à l'UAM (Union des Artistes Modernes) en 1930. A la fin des années 1920, son beau-frère Luis Estevez construit pour lui une résidence moderne près de Saint-Jean-de-Luz, où il continue à créer des pièces d'orfèvrerie, désormais influencées par les recherches du mathématicien Matila Ghyka sur la théorie du Nombre d'Or. Bien que ses créations relèvent du style Art déco, Puiforcat fut l'un des premiers orfèvres à abandonner la décoration de surface en faveur de formes purement volumétriques.

▲ Service à café et thé en argent et vermeil pour Puiforcat Orfèvre, vers 1933

▶ Service à café et thé pour Puiforcat Orfèvre, 1925

Quasar (Nguyen Manhkhan'n)

1934 Hanoi, Vietnam
2016 Hô-Chi-Minh-Ville, Vietnam

Le designer vietnamien Nguyen Manhkahan'n (connu sous le nom de « Quasar ») a étudié l'ingénierie à l'Ecole Nationale des Ponts et Chaussées de 1955 à 1958. Il a ensuite travaillé sur le projet du viaduc d'Estrées pendant deux ans et sur celui du barrage de Manicouagan (Québec) de 1960 à 1963. En 1964, il a dessiné un prototype de petite voiture urbaine, qui se ramenait à un volume cubique en résine acrylique sur roues, et, trois ans plus tard, ses voitures *Quasar Unipower* furent fabriquées en petite série. Avec d'autres designers, dont Ronald-Cecil Sportes (né en 1943) et Bernard Quentin (1923–), il a exploré les possibilités de « Structures gonflables » – titre de l'exposition de l'ARC (Musée d'Art Moderne de la Ville de Paris) où il les a présentés en 1967. Il a dessiné une série de meubles gonflables en 1966 et un petit logement circulaire gonflable en 1968. A la fin des années 1960, Quasar a commandé des structures gonflables à **Philippe Starck**. Il a créé en 1969 l'entreprise Quasar-France qui produisait des sièges en caoutchouc mousse et des meubles gonflables comme les fauteuils *Apollo Satellite, Venus* et les canapés *Relax* et *Chesterfield*. Designer polyvalent, Nguyen Manhkahan'n a dessiné une ligne de prêt-à-porter masculin pour Bidermann en 1970 et, plus tard, a travaillé sur un projet de canot pneumatique, l'*Hydrair KX1*. Les meubles gonflables de Quasar qui tenaient plus, comme un commentateur l'a souligné, « du mode de vie que du mobilier » reflètent bien l'ascension de la contre-culture à la fin des années 1960.

▼ Quasar, sa femme Emanuelle et leurs enfants, Othello et Atlantique, dans un environnement gonflable, 1968

Jens Quistgaard

1919 Copenhague
2008 Vordingborg,
Danemark

Jens H. Quistgaard est le fils du sculpteur Harald Quistgaard, qui fut professeur au Kongelige Danske Kunstakademi (Académie Royale des Beaux-Arts) de Copenhague. Il reçoit une formation de sculpteur, de menuisier, de potier et de dessinateur industriel avant d'entreprendre un apprentissage d'orfèvre chez **Georg Jensen**. Après la Seconde Guerre mondiale, Quistgaard devient designer indépendant et, dans la gamme de produits qu'il crée, on retiendra sa théière en grès à anse en laiton et jonc (1949). En 1954, Quistgaard reçoit un Prix Lunning et ouvre une fabrique, Dansk International Designs, avec l'entrepreneur américain Ted Nierenberg. Leur association va durer trente ans pendant lesquels Quistgaard co-dirige l'entreprise avec Nierenberg et en signe la plupart des produits. Les créations de Quistgaard se distinguent par des lignes organiques subtiles et une maîtrise virtuose des matériaux dont il met en valeur les qualités intrinsèques, comme le montrent sa batterie de cuisine en fonte émaillée *Kobenstyle* (1954) ou ses couverts en tek et acier *Fjord* (1954). Les formes sculpturales du seau à glaçons en tek qu'il crée en 1960 sont inspirées par l'étude des lignes des vaisseaux vikings, tandis que son anse en forme de pont évoque celles de céramiques japonaises anciennes. A partir de 1984, Quistgaard poursuit son travail de créateur dans son atelier de Copenhague tout en réalisant des immeubles, des meubles et des bijoux pour des sociétés européennes et américaines. Ses objets bien dessinés et de belle facture symbolisent parfaitement le design danois moderne.

◄ Seau à glaçons en teck pour Dansk International Designs, 1960

Ernest Race

1913 Newcastle-Upon-Tyne, Grande-Bretagne
1964 Londres

▲ Fauteuil et table *Antelope* pour Race Furniture, 1950

Ernest Race étudie la décoration intérieure à la Bartlett School of Architecture de Londres de 1932 à 1935 avant de travailler comme dessinateur industriel pour la société de luminaires Troughton & Young. En 1937, il séjourne à Madras (Inde) auprès de sa tante, missionnaire et directrice d'un atelier de tissage. Dès son retour en Angleterre, il ouvre une boutique à Londres pour vendre les textiles de sa tante tissés à partir de ses dessins. En 1945, avec l'ingénieur J. W. Noel Jordan, il fonde Ernest Race Ltd. qui vise à produire en grande série des meubles contemporains bon marché en utilisant les matériaux prévus par le programme **Utility** (utilitaire). De 1945 à 1964, plus de 250 000 sièges *BA* sont fabriqués à partir de 850 tonnes de déchets d'aluminium militaire refondus. Ces meubles très rationnels sont présentés pour la première fois à l'exposition « Britain Can Make It » et Race reçoit une médaille d'or à la IXe Triennale de Milan en 1951. Les restrictions du programme Utility ont aussi conditionné la conception du fauteuil, du banc et de la table *Antelope* (1950) et du siège *Springbok* (vers 1951) commandés par le « Festival of Britain » pour les terrasses en plein air du Royal Festival Hall. Ces meubles avec leurs pieds en tiges terminés par des boules ne sont pas sans rappeler l'intérêt de ses contemporains pour la chimie moléculaire et la physique nucléaire.

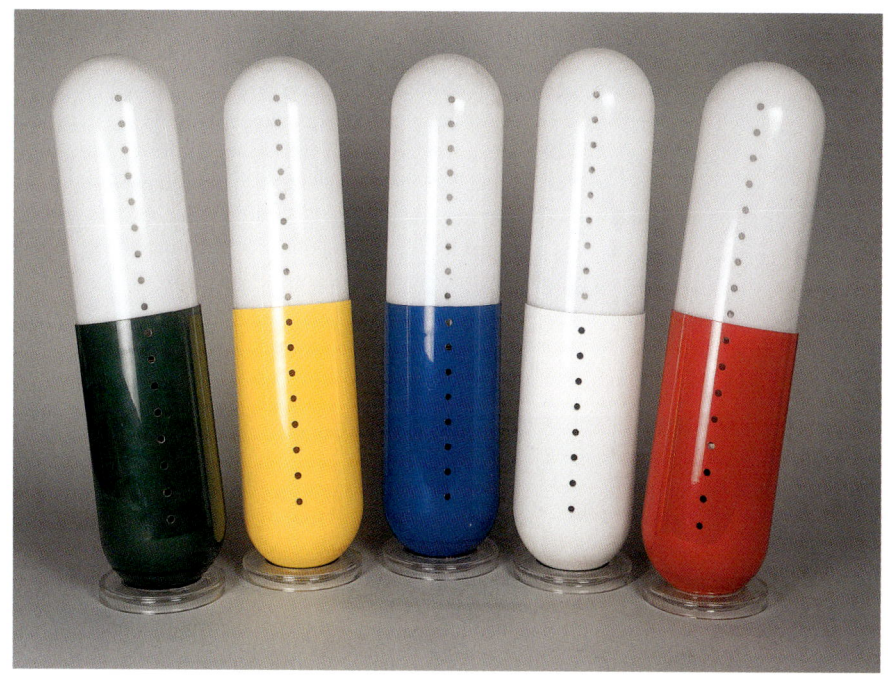

Le Design Radical apparaît dans l'Italie des années 1960 en réaction au **Bon Design**. Proche de l'**Anti-Design**, le Design Radical est toutefois plus politisé et plus expérimental. Il tente de renverser la perception générale du Modernisme à travers des propositions et des projets utopiques. Les premiers représentants du design radical sont les groupes de design et d'architecture **Superstudio**, **Archizoom**, UFO (fondé en 1967 à Florence), **Gruppo Strum**, Gruppo 9999 (fondé en 1967 à Florence), Cavart (fondé en 1973 à Padoue) et Libidarch (fondé en 1971 à Turin). Ces groupes s'en prennent à la notion admise du « bon goût » et organisent des événements et des installations subversifs qui remettent en question les préceptes du rationalisme, les technologies de pointe et, surtout, la société de consommation. Les projets d'architecture radicale comme le *Monumento Continuo* (Monument Continu) de 1969 et la *Wind City* d'Archizoom (1969) spéculent sur l'idée d'« architecture comme instrument politique » alors que *Doric Temple* d'UFO (1972) et *Superonda* (1966) d'Archizoom se distinguent souvent par leur interactivité. Ces projets, à la fois poétiques et irrationnels, représentent parfaitement la contre-culture de la fin des années 1960 et visent à détruire l'hégémonie de l'esthétique du Modernisme. En 1973, des membres de plusieurs groupes

Radical Design
Design Radical

▲ **Cesare Casati & Emanuele Ponzio**, lampes *Pillola* pour Ponteur, 1968

de Design Radical se réunissent dans les bureaux du magazine *Casabella*, revue que dirige **Alessandro Mendini**. Cette réunion débouche en 1974 sur la formation du groupe **Global Tools** (Outils Collectifs), mais un an plus tard cette école d'architecture et de design radicaux se dissout et le débat sur le Design Radical perd de son acuité. C'est pourtant à travers cette remise en question d'axiomes solidement établis sur la finalité du design que des designers radicaux comme **Andrea Branzi**, **Ricardo Dalisi** et Lapo Binazzi (né en 1943) ont posé les fondations théoriques du **Post-Modernisme** apparu au tournant des années 1970 et 1980.

▶ **UFO (Lapo Binazzi)**, *Doric Temple*, prototype, 1971

Dès son enfance, Dieter Rams s'initie aux techniques de construction dans l'atelier de menuiserie de son grand-père. Il étudie l'architecture et la décoration intérieure à la Werkkunstschule de Wiesbaden en 1947–1948 et effectue un apprentissage de trois ans à Kelkheim pour acquérir l'expérience pratique nécessaire avant d'achever ses études à la Werkkunstschule dont il est diplômé en 1953. De 1953 à 1955, il travaille dans le studio d'architecture d'Otto Appel (Francfort), filiale de l'agence américaine Skidmore, Owings & Merrill. En 1955, Rams intègre l'équipe de **Braun** comme architecte et décorateur d'intérieur et, l'année suivante, commence à travailler comme designer de produits pour l'entreprise. Sa création la plus remarquée est la chaîne Hi-Fi *Phonosuper SK4* de 1956, conçue avec **Hans Gugelot**. Les produits de Rams comme le poste de radio *Transistor 1* (1956) et le combiné tourne-disque-radio de poche (1959) s'inspirent de la conception pratique et rigoureuse du design développée par le **Bauhaus** et la **Hochschule für Gestaltung d'Ulm**. En 1961, Rams devient responsable du département de design de Braun et dans les années 1960 il signe notamment la gamme d'appareils culinaires *KM2*, le mixer *M140*, le rasoir électrique *Sixtant* et un briquet de table cylindrique. Ces objets au design moderne et à l'esthétique dépouillée, dans la ligne

Dieter Rams
Né en 1932
Wiesbaden,
Allemagne

▲ Tourne-disque
Audio 1 pour Braun,
1962

du **Fonctionnalisme**, incarnent les vertus du **Bon Design**. Dans les années 1960, Rams dessine aussi le système d'étagères 606 ainsi que les gammes de sièges modulaires 620 et 601/601 pour le fabricant Vitsoe qui apprécie la pureté rationnelle de ses produits. En 1968, Rams devient directeur du design chez Braun et est fait Honorary Designer for Industry par la Royal Society of Arts de Londres. A la fin des années 1960, l'idée d'une « esthétique de produits » est de plus en plus dénoncée comme un simple argument de marketing. Rams, indifférent à ces critiques, persiste à défendre une esthétique industrielle moderne et épurée qui utilise des technologies de pointe pour réaliser des produits rigoureusement conçus. Il estime que la responsabilité principale des designers consiste à instiller de l'ordre dans la vie contemporaine. Dieter Rams compte parmi les designers les plus éminents et les plus influents de la seconde moitié du XXe siècle.

▶ **Dieter Rams & Dietrich Lubs**, calculatrice *Control ET22* pour Braun, 1977

▶▶ Combiné radio-tourne-disque *TP2* pour Braun, 1958–1960

Omar Ramsden

1873 Sheffield, Grande-Bretagne
1939 Londres

▲ **Omar Ramsden & Alwyn Carr**, Boîte en argent et émaux pour l'Atelier Ramsden-Carr, 1902

Apprenti chez un orfèvre de Sheffield, Omar Ramsden suit aussi les cours du soir de l'Ecole des Beaux-Arts de la ville, où il rencontre Alwyn Charles Ellison Carr (1872–1940). En 1898, après un tour d'Europe, Ramsden et Carr ouvrent un atelier d'orfèvrerie à Londres et, un an plus tard, obtiennent leur première commande : une masse de cérémonie destinée à la ville de Sheffield. L'atelier, qui emploie une équipe d'assistants, fabrique une argenterie de style Arts & Crafts, ainsi que des objets en métaux non précieux. Pendant la Première Guerre mondiale, Carr ayant été appelé sous les drapeaux, Ramsden dirige l'entreprise et réalise de nombreux monuments aux morts. En 1919, son association avec Carr prend fin mais, avec ses nombreux assistants, il continue de produire beaucoup de pièces d'orfèvrerie dans des styles reviviscents – Tudor, Queen Anne, Georgian–, dont certaines seront fabriquées en série grâce à des techniques d'extrusion. Afin de faire croire à une fabrication artisanale, plusieurs portent l'inscription « Omar Ramsden me fecit ». Plus commerciales que celles associées d'ordinaire au **Mouvement Arts & Crafts**, les créations de Ramsden, avec leurs volutes et leurs torsades, sont caractéristiques de l'**Art nouveau** d'outre-Manche.

Après des études artistiques à New York, au Pratt Institute, à la Parson's School of Design et à l'Art Students League, où il a pour professeur le peintre expressionniste allemand George Grosz (1893–1959), Paul Rand obtient son diplôme en 1934. Très influencé par les idées exposées dans *The New Vision* (1932), de **László Moholy-Nagy**, il est parmi les premiers aux Etats-Unis à aborder le graphisme moderne à la manière de l'**Avant-Garde** européenne, récusant l'illustration narrative traditionnelle et la symétrie. Sa combinaison dynamique de la typographie et des images donne des résultats puissants, expressifs et souvent drôles. Entre 1936 et 1941, Rand est directeur artistique des magazines *Esquire* et *Apparel Arts*. De 1938 à 1945, ses couvertures de *Direction*, associant photomontage et citations historiques, assurent sa notoriété. De 1941 à 1954, il est directeur de la création chez William H. Weintraub, une agence de publicité new-yorkaise où il a pour collaborateur le rédacteur Bill Bernbach. Ensemble, ils définissent de nouvelles formules publicitaires qui intègrent harmonieusement texte et graphisme. Dans *Thoughts on Design*, publié en 1946, Paul Rand expose en détail ses idées sur la force communicative des symboles. A partir de 1956, consacrant l'essentiel de son activité au design d'image de marque et d'**identités visuelles** il devient consultant pour de nombreuses sociétés importantes : United Parcel Services (UPS), American Broadcasting Company (ABC), Westinghouse Electric Corporation, Cummins Engine Company, IBM. Symboles « codés » et sobriété de la typographie seront déterminants dans l'identité visuelle de cette dernière. Il commence à enseigner le graphisme à l'université de Yale (New Haven) la même année et, en 1972, est admis au nombre des « célébrités » du Club des directeurs artistiques de New York.

Paul Rand
1914 New York
1996 Norwalk, Connecticut

▼ Affiche pour IBM, 1981

▶ *Sitzgeiststuhl* (L'esprit de la chaise), 1927

Heinz & Bodo Rasch

Heinz Rasch
1902 Berlin
1996 Wuppertal

Bodo Rasch
1903 Berlin
1995 Oberaichen

En 1916, Heinz Rasch poursuit ses études à la Kunstgewerbeschule (Ecole des Arts Appliqués) de Bromberg, puis, de 1920 à 1923, dans les Technischen Hochschulen (Ecoles Supérieures Techniques) de Hanovre et de Stuttgart. En 1922, c'est dans cette dernière ville qu'il ouvre une fabrique de meubles avec son frère cadet Bodo. Heinz l'architecte et Bodo l'ébéniste réalisent des meubles en contreplaqué moulé grâce à des techniques de pointe : leur première chaise en porte-à-faux (1924), qui pèse un peu plus de deux kilos, une chaise pliante (1924) pour L. C. Arnold. En 1925, Heinz rejoint la rédaction de la revue *Baugilde* et fait la connaissance de **Ludwig Mies van der Rohe** et de **Mart Stam**. Par la suite, les deux frères présentent tables, chaises et meubles de rangement dans le bloc construit par **Peter Behrens** et Mies van der Rohe pour l'exposition Die Wohnung, organisée à Stuttgart en 1927 par le **Deutscher Werkbund** (l'Union pour l'œuvre). Parmi les objets exposés, la *Sitzgeiststuhl* (L'Esprit de la chaise), qui emprunte son nom à un poème de Christian Morgenstern. Un an plus tard, Heinz Rasch publie un ouvrage intitulé *Der Stuhl* (La Chaise) et, dans les années 1980, contribue à la construction du Stuhlmuseum (musée de la Chaise) de Burg Beverungen.

S'il fait généralement référence à une conception logicienne de l'architecture et du design, le terme de rationalisme désigne aussi une forme de modernisme inaugurée par des architectes et designers italiens à la fin des années 1920 et dans les années 1930. Inspiré par une recherche à la fois sociale et esthétique dont témoignent les œuvres de **Gropius** ou de **Le Corbusier**, en 1926, le Gruppo Sette (groupe des Sept) publie dans la revue *Rassegna* les quatre volets d'un manifeste qui lance le mouvement rationaliste italien. Ses membres – **Giuseppe Terragni**, Gino Pollini (1903–1991), Luigi Figini (1903–1984), Adalberto Libera (1903–1963), Carlo Enrico Rava, Sebastiano Larco et Guido Frette – farouchement opposés au **Futurisme**, cherchent à concilier le **Fonctionnalisme** de l'**Avant-Garde** européenne et la tradition classique italienne. Les premières expressions architecturales du rationalisme italien sont le Bar Craja (1930) de Milan, de Luciano Baldessari (1896–1982), Luigi Figini et Gino Pollini, et la Casa del Fascio (1933), siège du parti fasciste, construit à Côme par Giuseppe Terragni. Les rationalistes célèbrent la modernité à travers un vocabulaire géométrique formel, rigoureux, et l'emploi de matériaux nouveaux, comme les tubes en chromé. Les fascistes, qui se voient en champions d'un nouvel ordre mondial, épousent le rationalisme, avant de lui préférer le conservatisme du **Novecento**. Après la Seconde Guerre mondiale, certains designers, comme **Franco Albini**, perpétuent le style rationaliste.

Rationalism

Rationalisme

Italie

▼ Salle de conférences de la Casa del Fascio (rebaptisée plus tard Casa del Popolo), à Côme, 1933

Eric Ravilious
1903 Acton / Londres
1942 Islande

Eric W. Ravilious étudie à la Eastbourne School of Art de 1919 à 1922, puis, de 1922 à 1925, au **Royal College of Art** de Londres. Il se fait connaître par ses bois gravés illustrant *The Elm Angel* de Walter de la Mare (1930), *La Nuit des rois* de Shakespeare (1932) et *L'Histoire naturelle de Selborne* de Gilbert White (1937). Il conçoit également des vignettes d'imprimeur pour Curwen, des brochures pour les Transports londoniens, des publicités pour Austin Reed, des ornements pour la BBC. Entre 1928 et 1929, il crée, en collaboration avec Edward Bawden (1903–1989), les décorations murales de Morley College. Pendant les neuf ans qui suivent, Ravilious enseigne au Royal College of Art. Vers 1935, lady Sempill, de Dunbar Hay, le présente à Thomas Wedgwood, un fabricant de céramiques pour lequel il avait déjà dessiné des motifs. Désormais il va réaliser pour lui de nombreux décalques appliqués sur des céramiques vierges, puis colorés à l'émail. En 1935, il crée de la verrerie pour Stuart Crystal et décore les murs du Pavillon Britannique à l'Exposition Internationale de Paris, en 1937. En 1940, il devient officiellement artiste de guerre et disparaît deux ans plus tard au cours d'une mission au large des côtes islandaises.

▲ Service à thé *Travel* pour Josiah Wedgwood & Sons, 1937

Dès 1908, Lilly Reich travaille sous la direction de **Josef Hoffmann** à la **Wiener Werkstätte** (Atelier viennois). En 1911, elle retourne à Berlin et s'associe au théoricien Hermann Muthesius (1861–1927), ainsi qu'à Else Oppler-Legband. En 1912, elle entre dans le **Deutscher Werkbund** (Union pour l'œuvre), dont elle sera la première femme élue au conseil d'administration. De 1924 à 1926, elle travaille pour l'Atelier für Ausstellungsgestaltung und Mode, à Francfort, puis entame une longue collaboration professionnelle avec **Ludwig Mies van der Rohe**, qu'elle assiste dans l'organisation de l'exposition « Die Wohnung » (L'Habitat), en 1927 à Stuttgart. Ensemble, ils créent de nombreux meubles, essentiellement en métal tubulaire, qu'on attribuera souvent au seul Mies van der Rohe. Ils codirigent aussi la Deutsche Bauausstellung (1931) et conçoivent la scénographie d'expositions organisées à Berlin en 1927, 1931 et 1943. De 1932 à 1933, Lilly Reich prend la tête de l'atelier de tissage du **Bauhaus**, à Berlin et, en 1939, rejoint brièvement Mies van der Rohe à Chicago. De 1945 à 1946, elle enseignera à la Hochschule für Bildende Künste (Ecole Supérieure des Beaux-Arts) de Berlin.

Lilly Reich
1885 Berlin
1947 Berlin

▲ **Lilly Reich & Ludwig Mies van der Rohe**, penderie et placard, vers 1930

▶ Bol de grès avec décoration en sgraffite, vers 1965

Lucie Rie

1902 Vienne
1995 Londres

De 1922 à 1926, Lucie Rie étudie, sous la direction de Michael Powolny (1871–1954), à la Kunstgewerbeschule de Vienne. Une fois diplômée, elle ouvre dans la capitale autrichienne son propre atelier de poterie, qu'elle dirigera pendant douze ans. En 1938, elle émigre en Grande-Bretagne et, un an plus tard, ouvre dans Albion Mews, à Londres, un nouvel atelier où elle fabrique artisanalement des boutons de céramique. La guerre la contraint à fermer boutique, mais l'entreprise rouvre au milieu des années 1940. En 1946, une longue collaboration commence avec **Hans Coper**, émigré d'Allemagne. Rie et Coper affectionnent tous deux le grès ; on reconnaît les pièces réalisées par Coper à leurs formes sculpturales, tandis que celles de Rie sont d'une précision et d'une finesse extrêmes. Dans la seconde moitié des années 1950, Lucie Rie se fait connaître par ses services à thé et café. Les formes et les vernis qu'elle choisit s'inspirent fréquemment de très anciennes porcelaines chinoises et japonaises. Elle utilise aussi souvent une technique de vernissage « brute », où l'interaction de l'argile et des oxydes au cours d'une cuisson unique produit des effets de surface originaux. Elle introduit le sgraffite dans ses créations à la fin des années 1940. Dans les années 1960 et jusqu'à 1971, elle enseigne aux côtés de Hans Coper à la Camberwell School of Arts & Crafts de Londres.

Après avoir étudié les beaux-arts à l'Akademie der Bildenden Künste de Munich de 1888 à 1890, Richard Riemerschmid s'y établit comme peintre. En 1895, il dessine sa maison et ses meubles, l'année suivante une affiche pour l'exposition bavaroise de Nuremberg et, en 1897, présente une tenture murale, un buffet et des vitraux à l'exposition Glaspalast de Munich. La même année, avec **Hermann Obrist**, **Bernhard Pankok** et **Bruno Paul**, il fonde à Munich les **Vereinigte Werkstätten für Kunst im Handwerk** (Ateliers Unis pour le Travail Artisanal) dont le but est de produire des objets novateurs de qualité.

C'est dans cette optique qu'à partir de 1898 Riemerschmid entreprend de dessiner des meubles dans le style de son siège en chêne pour salon de musique, exposé pour la première fois à Dresde en 1899. Puis il en réalise pour Hermann Obrist, avec qui il collabore à la chambre pour un collectionneur d'art présentée à l'Exposition Universelle de Paris en 1900. Entre 1900 et 1901, il travaille à la décoration intérieure du nouveau théâtre de Munich et, de 1903 à 1905, dirige le Kunstgewerblicher Meisterkurs (cours magistral d'arts appliqués) du Bayerisches Gewerbemuseum (Musée Bavarois des Arts Décoratifs) de Nuremberg.

En 1902, il commence aussi à travailler pour les **Dresdener Werkstätten für Handwerkskunst** (Ateliers Dresdois pour l'Artisanat d'Art) et, à partir de

Richard Riemerschmid
1868 Munich
1957 Munich

◄▼ Pots de grès et chope d'étain pour Villeroy & Boch, à Mettlach, vers 1901

▼ Pichet de grès pour Reinhold Merkelbach, vers 1909

1905, adopte des techniques de **standardisation** pour une ligne de meubles destinée à cette entreprise. Ces Maschinenmöbel (meubles industriels) révolutionnaires sont le fruit des recherches qu'il a entreprises avec son beau-frère, l'ébéniste Karl Schmidt (1873–1948), afin de produire du mobilier à moindre coût. En 1907, Riemerschmid fonde le **Deutscher Werkbund** (Union pour l'œuvre), dont il devient l'un des membres les plus actifs. En 1914, il présente ses œuvres à Cologne, lors de l'exposition consacrée au mouvement (Deutsche Werkbundausstellung). Entre 1907 et 1913, il élabore aussi les plans de la première cité-jardin allemande, Hellerau, où il construit de nombreux ateliers d'artistes. De 1913 à 1924, il dirige la Kunstgewerbeschule (Ecole des Arts Appliqués) de Munich, qui organise en 1913 une exposition majeure de ses projets architecturaux. Puis, de 1918 à 1919, il entre au Künstlerrat der Stadt (Conseil des artistes) de la ville. Il sera président du Deutscher Werkbund de 1921 à 1926 et, de 1926 à 1931, directeur des Kölner Werkschulen (Ecoles des Arts Appliqués de Cologne).

◄ Horloge, chêne et cuivre, pour les Dresdener Werkstätten für Handwerkskunst, 1903

► Chaise pour salon de musique réalisée pour les Vereinigte Werkstätten für Kunst im Handwerk, Munich, 1898–1899

En 1931, il rentre à Munich, où il s'établit comme peintre et architecte indépendant, travaillant dans le style néoclassique. Ses créations pour la production industrielle, alliant l'élégance au rationalisme des formes, auront une influence considérable sur le monde du design. Son approche concilie la recherche artistique du **Mouvement Arts & Crafts** et la standardisation prônée par le **Modernisme** : il parvient ainsi à réaliser des objets de qualité à des prix abordables.

▼ Armoire réalisée pour les Dresdener Werkstätten für Handwerkskunst, 1905

De douze à quinze ans, Gerrit Rietveld travaille dans l'atelier d'ébénisterie de son père. Entre 1904 et 1913, il reçoit une formation de dessinateur en orfèvrerie chez C. J. A. Begeer. En 1906, il apprend le dessin d'architecture dans les cours du soir de P. J. C. Klaarhamer et rencontre Bart van der Leck (1876–1958). Membre actif du groupe artistique Kunstliefde de 1911 à 1912, il ouvre sa propre fabrique de meubles à Utrecht en 1917. Peu après avoir conçu le prototype avant peinture de sa fameuse chaise *Rouge et Bleu* (1918), il fait la connaissance de **Theo Van Doesburg** et de **Jacobus Johannes Pieter Oud**, qui explorent tous deux des formes géométriques similaires aux siennes. En 1919, il est l'un des premiers à adhérer à **De Stijl** et réalise un buffet inspiré par le néoplasticisme prôné par le mouvement. En 1923, il sort sa première version peinte de la chaise *Rouge et Bleu*, dont la revue *De Stijl* rend compte immédiatement ; elle est présentée la même année dans une exposition au **Bauhaus** de Weimar. Deux ans après s'être installé comme architecte indépendant à Utrecht, Rietveld entame, à partir de 1921, une collaboration avec Mrs Truus Schröder-Schräder, pour qui il construit la maison Schröder (1924–1925). Il y conserve un atelier jusqu'en 1932 et y habite à partir de 1958. Parmi leurs projets architecturaux communs, une rangée de maisons attenantes sur Erasmuslaan (1934) et le cinéma Vreeburg (1936), à Utrecht. En 1923, Rietveld s'associe à un autre membre de De Stijl, **Vilmos Huszár**, pour une création destinée au Juryfreie Kunstschau (exposition artistique sans jury) de Berlin. La même année, ses travaux sont exposés avec ceux d'autres artistes du groupe dans la galerie parisienne de Léonce Rosenberg, L'Effort Moderne. En 1928, il entre aux Congrès Internationaux d'Architecture Moderne (CIAM) et travaille dans une optique plus internationale, réalisant de nombreux projets en Hollande comme à l'étranger. Vers 1944, il commence à enseigner dans plusieurs universités. En 1954, il se voit confier la réalisation du Pavillon

Gerrit Thomas Rietveld
1888 Utrecht, Pays-Bas
1964 Utrecht

▼ *Beugelstoel*, éditée par Metz & Co., 1927

▶ Chaise *Rouge et Bleu*, 1918–1923

▶▶ Chaise *Zig-Zag*, éditée par Metz & Co., 1932–1934

des Pays-Bas pour la Biennale de Venise. Pourtant, plus que son œuvre d'architecte, ce sont ses meubles qui marquent leur époque. La géométrie de sa chaise *Rouge et Bleu* inspirera les modèles en acier tubulaire de **Marcel Breuer**, conçus au Bauhaus à la fin des années 1920, lesquels influenceront à leur tour quelque temps les matériaux choisis par Rietveld, comme le prouve sa *Beugelstoel* (1927). Avec les chaises *Zig-Zag* (1932–1934) et *Crate* (1934), il revient à des compositions élémentaires en bois, réponses à la crise économique des années 1930. Dans les années 1940–1950, il accède à la reconnaissance internationale et, en 1958, il crée un fauteuil entièrement capitonné pour l'UNESCO. Rietveld compte parmi les créateurs de meubles et architectes d'intérieur les plus novateurs du XXe siècle, et parmi les principaux pionniers du **Mouvement Moderne**.

D'abord étudiant à l'université de Copenhague, Jens Risom a ensuite appris l'architecture d'intérieur et la création de meubles avec **Kaare Klint** à l'Ecole des Arts Décoratifs de la ville, de 1935 à 1938. De 1937 à 1939, il a également travaillé dans l'agence de l'architecte Ernst Kuhn, où il dessinait du mobilier et des aménagements intérieurs. Puis il a émigré aux Etats-Unis et, de 1939 à 1941, est devenu directeur de la création chez le designer textile Dan Cooper, à New York. En 1941, il a créé la première chaise éditée par **Knoll** : elle fut suivie de nombreuses variantes dont les sangles étaient fournies par les surplus de l'armée. Risom les décrivait comme « élémentaires, très simples, bon marché, faciles à fabriquer ». Outre des sièges, il a aussi créé tables, meubles de rangement, commodes et bibliothèques pour Hans Knoll (1914–1955), avec qui il a collaboré à plusieurs aménagements intérieurs, dont deux présentés à l'Exposition Internationale de New York, en 1939. Entre 1941 et 1943, il a travaillé comme designer indépendant, notamment pour **Georg Jensen**. Après avoir dirigé sa propre entreprise, Jens Risom Design, à New York de 1946 à 1973, il la céda à Dictaphone en 1970. Puis, pendant six ans, il fut l'administrateur de la Rhode Island School of Design. En 1973, il créa une nouvelle agence, Design Control, à New Canaan, dans le Connecticut. Ses meubles, simples mais de belle facture, reflètent bien la retenue scandinave face au modernisme.

Jens Risom
1916 Copenhague
2016 New Canaan, Connecticut

◀ Modèle n° 666, chaise *WSP* pour Hans G. Knoll Furniture Company (plus tard Knoll Associates), 1942 (redessinée en 1946)

◀◀ Chaise *Crate*, éditée par Metz & Co., 1934

Alexander Rodchenko

1891 Saint-Pétersbourg
1956 Moscou

De 1911 à 1914, Alexandre Rodchenko étudie les beaux-arts à Kazan, avec pour professeurs Nicolaï Feshin et Georgii Medvedev. Puis il se spécialise dans l'art graphique à l'Institut Stroganov de Moscou. Inspiré par le **Futurisme**, il peint à la fois des toiles rigoureusement abstraites et d'autres de style cubiste. Il rencontre **Kasimir Malévitch** en 1915, **Vladimir Tatline** un an plus tard, et va devenir le chef de file du **Constructivisme**. Converti au suprématisme de Malévitch, il exécute en 1917 une série d'œuvres intitulée « Mouvement de plans colorés dont l'un se projette sur l'autre » et, la même année, dessine pour le café moscovite Le Pittoresque des projets d'éclairage où s'entrecroisent des éléments qui brisent la lumière. A partir de 1918, il co-dirige avec Olga Rozanova le département des arts appliqués du Narkompros (Commissariat du peuple à l'éducation) et, de 1918 à 1926, enseigne à l'Ecole du Proletcult (Ecole de culture prolétarienne) de Moscou. En 1920, avec **Varvara Stepanova**, sa femme, et Alexei Gan, il publie *Le Programme du groupe des constructivistes* et devient à la fois membre de l'Inkhuk (Institut de la Culture Artistique) et professeur aux **Vhutemas** (Ateliers Supérieurs d'Art et de Technologie) fondés par décret du Soviet. Dans les années 1920, il travaille essentiellement comme graphiste pour les revues *LEF* et *Novyi LEF* (le « front gauche de l'art »), et réalise de nombreuses affiches.

▼ Affiche pour Inga (Théâtre de la Révolution), 1929

A l'origine, Gilbert Rohde est journaliste et caricaturiste politique pour les *Bronx News*. En 1927, il entreprend de dessiner du mobilier. La même année, il se rend à Paris et s'intéresse au travail de l'**avant-garde** française. En 1929, il ouvre une agence à New York et crée du mobilier, notamment pour Heywood-Wakefield et Thonet. L'année suivante, il propose à D. J. De Pree, directeur de **Herman Miller**, de lancer une ligne contemporaine aux formes simples mais de belle facture, et adaptée au style de vie moderne : elle comprendra des meubles de rangement, mais aussi un canapé modulaire et le *Living-Dining Group*. Toujours pour Herman Miller, il réalise le *Executive Office Group*, dont les quinze éléments autorisent quatre cents combinaisons différentes. En 1933, Rohde présente l'intérieur de son « Design for Living House » à l'exposition « A Century of Progress » de Chicago. Il conçoit également des aménagements intérieurs pour l'exposition « Machine Art » du **Museum of Modern Art de New York**, en 1934. De 1939 à 1943, il dirige le département de stylisme industriel de l'Ecole d'Architecture, à l'université de New York. Sa conception du design moderne a modifié la philosophie de Herman Miller, tout comme elle a influencé l'ensemble de l'industrie du meuble aux Etats-Unis.

Gilbert Rohde
1894 New York
1944 New York

▲ Mobilier de rangement pour Herman Miller, 1933 – exposé pour la première fois dans la « Design for Living House » à l'exposition « A Century of Progress » de Chicago, 1933

▶ Jardinière, cuivre et chêne, 1903

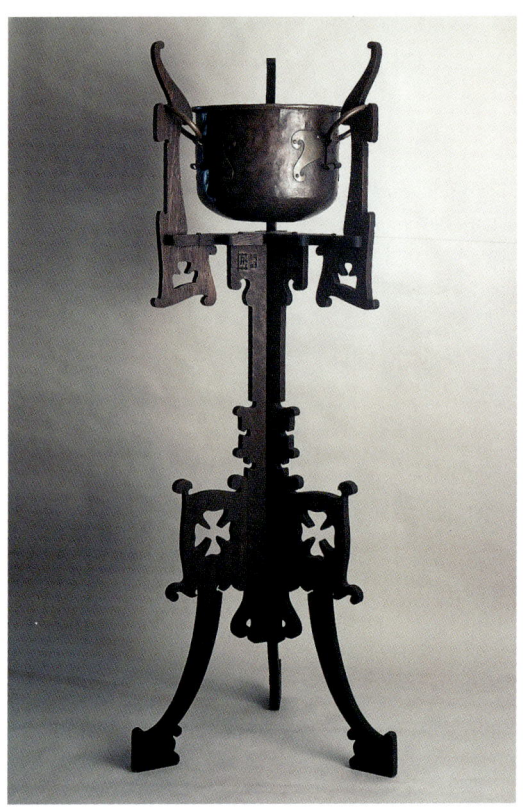

Charles Rohlfs

1853 New York
1936 Buffalo, New York

Vers 1890, Charles Rohlfs ouvre à Buffalo un petit atelier où il fabrique des meubles de style Arts & Crafts. Ses premières pièces en chêne sculpté et percé, ce sont surtout ses amis de Buffalo qui les lui commandent. Pourtant, sa clientèle ne tarde pas à s'élargir : New York, Philadelphie, Londres, Paris, Brême – un grand magasin de Chicago, Marshall Field, assurant la commercialisation de ses œuvres. D'inspirations norvégienne, mauresque, médiévale et **Art Nouveau**, les créations de Rohlfs diffèrent du courant dominant de l'Arts & Crafts américain par leurs dimensions inhabituelles et la richesse de leurs ornements sculptés. Vers 1898, Rohlfs déménage son atelier dans des locaux plus vastes, toujours à Buffalo. En 1902, il expose à l'Esposizione Internazionale d'Arte Decorativa Moderna de Turin. Plus tard, il entre à la Royal Society of Arts de Londres et crée des chaises destinées au palais de Buckingham. Il enseigne dans la communauté artisanale des **Roycrofters**, à East Aurora, près de Buffalo, et devient l'un des chefs de file du **Mouvement Arts & Crafts** américain.

Aldo Rossi étudie l'architecture à l'Ecole polytechnique de Milan d'où il sort diplômé en 1959. Assistant dans les agences d'Ignazio Gardella et **Marco Zanuso**, il travaille aussi pour les revues *Il Contemporaneo* et *Casabella-Continuità*, dont il est le rédacteur en chef de 1961 à 1964. Dans les années 1960, il réalise notamment les plans de rénovation du quartier de la Via Sarini, à Milan, et ceux d'un centre commercial à Turin – deux projets qui révèlent une conception « réductiviste » de l'architecture. En 1963, il assiste Lodovico Quaroni à la Scuola Urbanista d'Arezzo, et Carlo Aymonino à la faculté d'architecture de Venise. En 1964, Rossi prépare avec Luca Meda la XIIIe Triennale de Milan, et publie deux ans plus tard *L'Architettura della Città*. Il devient professeur à l'Ecole polytechnique de Milan en 1969 et, en 1971, remporte avec Gianni Braghieri le concours ouvert pour l'aménagement du cimetière San Cataldo de Modène. Puis, pendant trois ans, il enseigne à la Eidgenössische Technische Hochschule de Zurich. Architecte majeur du **Post-Modernisme**, Rossi participe en 1980 au projet *Tea & Coffee Piazza* d'**Alessi**, et dessine pour lui plusieurs modèles, dont les fameuses cafetières *La Conica* (1984) et *La Cupola* (1989). Il crée également des tapis pour ARP Studio, ainsi que des meubles pour Molteni, Up & Up et Unifor.

Aldo Rossi

1931 Milan
1997 Milan

◀▼ *La Conica*, cafetière espresso éditée par Alessi, 1984

▼ *La Cupola*, cafetière éditée par Alessi, 1989

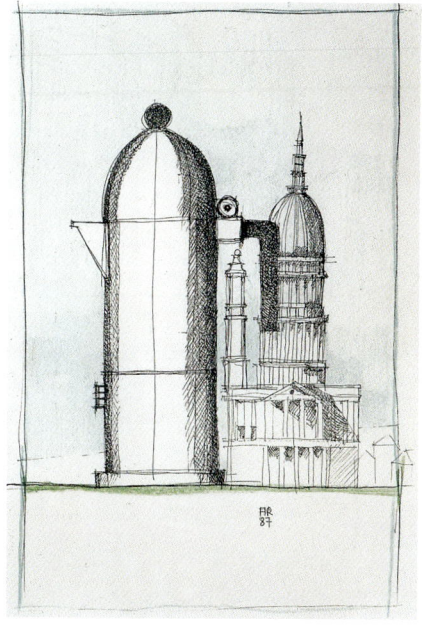

François-Eugène Rousseau

1827 Paris
1891 Paris

François-Eugène Rousseau hérite d'un atelier de porcelainier-faïencier rue Coquillère, à Paris. En 1866, il crée un service de table en faïence d'après des gravures de Félix Bracquemond (1833–1914), elles-mêmes empruntées aux maîtres de l'estampe japonaise, et notamment à Hokusai (1760–1849). A l'origine, Rousseau travaille avec Louis Salon, avant de s'associer, en 1869, avec Ernest-Baptiste Léveillé. Ensemble, ils ouvrent une boutique sous l'enseigne Rousseau-Léveillé, où ils vendent leurs propres créations dont les lignes et motifs s'inspirent de l'art de l'Extrême et du Moyen-Orient, ainsi que des œuvres voisines d'autres créateurs verriers, comme Philippe-Joseph Brocard (actif de 1867 à 1890). Rousseau devient célèbre en redécouvrant le verre doublé et le « craquelé ». Le premier est un procédé chinois du XVIIIe siècle qui consiste à tailler le verre opaque afin d'en révéler la couche claire ; quant au « craquelé », technique vénitienne du XVIe siècle, il s'obtient en plongeant le verre dans l'eau froide entre deux cuissons. Rousseau est l'un des principaux représentants du **Mouvement Esthétique** français. Ses œuvres, décorées, entre autres, par Eugène Michel et Alphonse-Georges Reyen, raviveront l'intérêt du public pour la verrerie ornementale et auront une influence considérable sur le futur style **Art nouveau**.

▲ Assiettes en faïence, 1866 – décorées d'après des gravures de Félix Bracquemond

Créé en 1837 et initialement baptisé Government School of Design, l'établissement enseigne à l'origine la «grammaire de l'ornement» et on y décourage le dessin d'après nature. Les méthodes d'enseignement, conçues par sir Henry Cole (1808–1882), mettent surtout l'accent sur la formation d'étudiants «ornementalistes» censés travailler pour les manufactures. Un département «pratique» s'ouvre en 1852, mais il faudra attendre les années 1890 pour qu'on s'attache vraiment à cet aspect de l'art. En 1896, l'école adopte son nom actuel de Royal College of Art, ainsi qu'un nouveau programme pédagogique prévoyant des cours d'histoire, de philosophie et d'architecture pour tous les étudiants de première année. Après cette année préparatoire, ils choisissent l'une des quatre spécialités proposées: peinture décorative, sculpture, architecture ou stylisme. Les réformes dans ce domaine, en germe au Royal College dans les années 1890 et exploitées plus tard par le **Bauhaus**, auront une influence directe sur l'évolution du **Modernisme**. Pourtant, jusqu'aux années 1950, le programme d'études privilégie les cours d'artisanat au détriment du design industriel. En 1959, s'ouvrent un Design Research Department et une School of Industrial Design. Depuis, celui-ci est à la pointe de l'application pratique.

Royal College of Art
Fondé en 1837
Londres

▼ **Len Deighton**, couverture pour la revue *Ark*, n° 10, printemps 1954

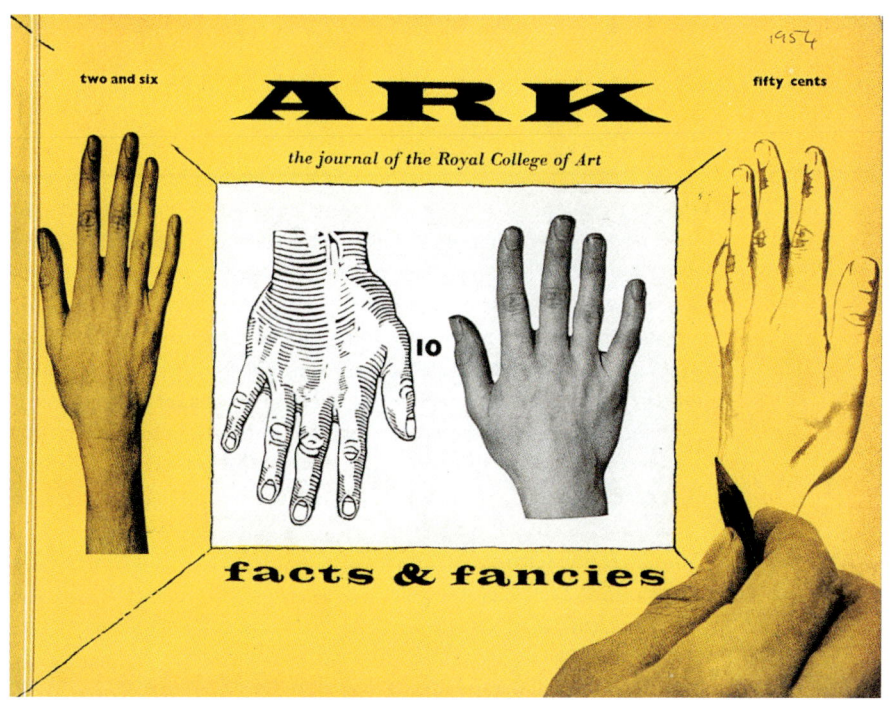

▶ Lampe, verre plombé et cuivre, pour l'atelier des Roycrofters, vers 1910

Roycrofters Workshop

Atelier des Roycrofters

1895–1938
East Aurora, New York

Bien qu'il ne soit pas designer, mais représentant dans la société de savonnettes qu'il dirige avec son beau-frère, Elbert G. Hubbard (1856–1915), autodidacte, est une figure dominante des **Arts & Crafts** américains. Vers 1893, il vend ses parts de l'entreprise et s'installe à East Aurora, près de Buffalo. En 1894, au cours d'un voyage en Angleterre, il rencontre John Ruskin (1819–1900) et **William Morris**. Dès l'année suivante, fortement impressionné par la Kelmscott Press de Morris, il ouvre sa propre imprimerie, qu'il baptise Roycroft Press en hommage à Samuel et Thomas Roycroft, relieurs britanniques du XVIIe siècle. Janet Ashbee, l'épouse de **Charles Ashbee**, décrit Hubbard comme un « anarchiste du tiroir-caisse ». Quelque temps plus tard, « frère Hubbard » ouvre un atelier de reliure et de maroquinerie dans East Aurora : c'est l'acte de naissance de la communauté artisanale Roycroft. En 1896, il monte un atelier d'ébénisterie afin de produire du mobilier de style Mission et des souvenirs pour les clients de l'hôtel Roycroft. Dès 1906, la communauté compte plus de quatre cents ouvriers. Trois ans plus tard, elle ouvre un atelier de ferronnerie. En 1915, Hubbard et sa femme périssent dans le naufrage du Lusitania. Leur fils Bert prend leur relève jusqu'à la fermeture de la communauté, en 1938.

A partir de 1907, Jacques-Emile Ruhlmann prend la tête de l'entreprise de décoration familiale, où se fournissent notamment l'architecte Charles Plumet et le grand couturier Jacques Doucet. En 1911, ce dernier l'encourage à présenter ses œuvres au public et, deux ans plus tard, Ruhlmann expose ses meubles luxueux et élégants au Salon d'Automne. En 1919, il fonde avec Pierre Laurent les établissements Ruhlmann et Laurent, pour lesquels il crée des tapis, des tissus, des luminaires et des meubles en bois exotique – loupe d'amboine, bois de Macassar – avec incrustations d'ivoire ou d'écailles de tortue. Ces créations sont recensées dans de nombreuses revues et, notamment, dans un article du magazine *Art et Décoration*, en 1920. La décoration de son Hôtel du Collectionneur – qui comprend non seulement ses œuvres, mais aussi

Jacques-Émile Ruhlmann
1879 Paris
1933 Paris

◀ Chaise *Défenses* pour les Etablissements Ruhlmann et Laurent, vers 1920

▲ Meuble à tiroirs laqué pour les Etablissements Ruhlmann et Laurent, 1930

celles de **Jean-Emile Puiforcat, Pierre-Emile Legrain**, Edgar-William Brandt (1880–1960) et Jean Dunand (1877–1942) – fait sensation à l'Exposition Internationale des Arts Décoratifs de 1925, à Paris. Au cours des années 1920, les meubles de Ruhlmann se font plus imposants et, en 1929, il expose son élégante *Chambre d'étude pour un prince héritier* au Salon des artistes décorateurs. Dans les années 1930, il commence à introduire l'argent et le métal chromé dans des meubles aux lignes de plus en plus modernes. On lui passe de nombreuses commandes : la décoration des salons de thé du paquebot *Île-de-France*, divers aménagements dans le palais de l'Elysée, un ensemble mobilier pour le palais du maharadjah d'Indore. Les meubles et intérieurs de Ruhlmann respirent le luxe, non tant par leur ornementation, mais par le traitement délicat des matériaux. Son œuvre de grande qualité perpétue la tradition des décorateurs parisiens et illustre l'élégance somptueuse de l'**Art déco** français.

Gordon Russell passe son enfance au Lygon Arms, l'hôtel de son père, à Broadway, dans les Cotswolds. Cette région du sud-ouest de l'Angleterre étant très liée au **Mouvement Arts & Crafts**, c'est dans ce style que Russell crée, en 1911, ses premier objets et meubles destinés à l'hôtel paternel. Meilleur dessinateur qu'artisan, il confie des croquis très détaillés de ses œuvres à d'autres qui se chargent de les exécuter. Ce net cloisonnement entre la conception et la réalisation lui permet de passer sans encombres de l'artisanat à la production industrielle. Son expérience du front, au cours de la Première Guerre mondiale, va beaucoup influencer ses options sociales et politiques ultérieures. Pendant toutes les années 1920, il continue de dessiner des meubles de style Arts & Crafts, et est récompensé par une médaille d'or à l'Exposition Internationale des Arts Décoratifs de 1925, à Paris. Mais, dans les années 1930, il s'oriente vers l'avant-garde du modernisme britannique et, en 1935, ouvre une nouvelle fabrique de meubles sur Park Royal, à Londres. A la fin des années 1930, elle compte huit cents employés. En 1941, il rejoint le Bureau du design du Utility Furniture Committee et, de 1947 à 1959, dirige le Council Of Industrial Design. Pour Gordon Russell, le design doit servir le public : cette idée, issue de ses débuts dans l'Arts & Crafts, deviendra l'un des fondements du design moderne britannique dans les années 1940 et 1950.

Gordon Russell

1892 Cricklewood / Londres
1980 Kingcombe, Grande-Bretagne

▲ Mobilier de chambre à coucher pour Russell & Sons, début des années 1920

Eero Saarinen

1910 Kirkkonummi, Finlande
1961 Ann Arbor, Michigan

Eero Saarinen est le fils du célèbre architecte finlandais **Eliel Saarinen** – le premier président de l'**Académie de Cranbrook** à Bloomfield Hills, dans le Michigan. Né en Finlande, Eero Saarinen émigre aux Etats-Unis avec ses parents en 1923. Il commence par étudier la sculpture à l'Académie de la Grande-Chaumière, à Paris, de 1929 à 1930, puis se consacre à l'architecture à l'université de Yale (New Haven), où il obtient son diplôme en 1934. Boursier de Yale, il passe un an à voyager en Europe. A son retour, il obtient un poste d'enseignant à l'Académie de Cranbrook. En 1937, il entame une collaboration avec **Charles Eames** – un de ses pairs à l'académie : elle se concrétisera par une série de meubles très progressistes, primés au concours «Organic Design in Home Furnishing», organisé par le **Museum of Modern Art de New York** en 1940. Parmi les objets présentés au concours, un placard modulaire aux lignes très rationnelles et une série de fauteuils révolutionnaires – structure moulée monobloc, siège en forme de coque – qui inaugurent l'idée d'un contact et d'un maintien continus. Ces fauteuils comptent parmi les réalisations les plus importantes du XXᵉ siècle et ouvrent une voie entièrement nouvelle dans la création de meubles. On en retrouve l'esprit dans les pièces très appréciées que Saarinen conçoit plus tard pour **Knoll** : le fauteuil *Womb n°70* (1947–1948), la *Saarinen Collection* de sièges de bureau (1951) et le *Pedestal Group* composé

▶ Chaise *Tulip (Pedestal Group)*, modèle n° 150, éditée par Knoll Associates, 1955–1956

▶ Terminal de la Trans World Airline (TWA) à l'aéroport John F. Kennedy, New York, 1956–1962

▼ Architecture d'intérieur du terminal de la Trans World Airline (TWA) à l'aéroport John F. Kennedy, New York, 1956–1962

▶ La collection *Womb*, éditée par Knoll Associates, 1947–1948

de chaises et de tables (1955–1956). Par ce dernier, Saarinen veut liquider la « forêt de pieds » qui encombre les maisons. Pourtant, sa quête d'une unité organique totale – aussi bien matérielle et structurelle, que fonctionnelle – demeure inaboutie, les matériaux lui imposant certaines limites techniques. Saarinen travaille aussi dans l'agence de son père, à Ann Arbor. En 1941, il s'associe à J. Robert Swanson. A la mort d'Eliel Saarinen, en 1950, il ouvre ses propres bureaux, Eero Saarinen & Associates, à Birmingham, dans le Michigan. Tout comme ses œuvres de designer, ses travaux d'architecte se caractérisent par des formes organiques, expressives et sculpturales. Parmi ses réalisations les plus remarquables : le mémorial Jefferson de Saint-Louis (1947), la patinoire de hockey David S. Ingalls à l'université de Yale (1953–1959) et quelques chefs-d'œuvre : l'extraordinaire terminal de la TWA à l'aéroport Kennedy de New York (1956–1962), et l'aéroport international de Washington DC (1958–1963). A l'instar de Charles Eames, Eero Saarinen prône un modernisme à visage humain, ce qui fait de lui l'un des principaux pionniers du **Design Organique**.

Gottlieb Eliel Saarinen étudie les beaux-arts à l'université d'Helsinki et l'architecture à l'Institut Polytechnique de la ville ; il obtient son diplôme en 1897. Son style architectural est influencé par l'**Ecole de Glasgow** et par la **Sécession viennoise**. Il devient une figure majeure du mouvement romantique national en Finlande et, en 1912, rejoint le **Deutscher Werkbund** (Union pour l'œuvre). En 1922, il remporte le deuxième prix du concours d'architecture ouvert pour l'immeuble du Chicago Tribune, et émigre aux Etats-Unis avec sa femme, Loja. Dans les premiers temps, il habite Evanston, Illinois, puis s'établit à Ann Arbor, où il est professeur invité à l'université du Michigan. En 1923, il fait la connaissance du riche magnat de la presse et philanthrope George C. Booth, qui lui confie la réalisation de la Educational Community (groupement éducatif) de Cranbrook. Deux ans plus tard, Saarinen emménage à Bloomfield Hills et, en 1932, l'**Académie de Cranbrook** est officiellement inaugurée : il en est le premier président. Sous son autorité, elle devient la première école de design des Etats-Unis, un vivier d'où sortiront beaucoup des plus talentueux designers du pays.

Eliel Saarinen
1873 Rantasalmi, Finlande
1950 Bloomfield Hills, Michigan

◄ **Eliel Saarinen, Herman Gesellius & Armas Lindgren**, projet pour un manoir à Kirkkonummi, 1902

Lino Sabattini

1925 Correggio, Italie
2016

▲ Service à thé et café *Como* édité par l'Orfèvrerie Christofle, 1956

Lino Sabattini commence à travailler dans une dinanderie ; c'est là qu'il fait une rencontre déterminante, celle du potier Rolando Hettner. Autodidacte du design, il dévore la très influente revue *Domus*. L'une de ses premières créations est une théière, qu'éditera le fabricant allemand W. Wolf. En 1955, il ouvre son atelier de travail du métal à Milan. Là, il fait la connaissance de l'architecte et designer **Gio Ponti**. A l'époque directeur de *Domus*, Ponti rend compte des créations de Sabattini dans sa revue et, en 1956, lui organise une exposition à Paris. De 1956 à 1963, Sabattini est aussi directeur de la création chez Christofle, à Paris. Il réalise pour cette orfèvrerie un grand nombre d'objets en métal, aux formes lisses, abstraites et libres, comme son service à thé et à café *Como* (1956). A la même époque, Rosenthal, Nava et Zani & Zani éditent ses créations de métal et de verre, ainsi que ses céramiques. En 1964, il ouvre à Bregnano une agence et un petit atelier, l'Argenteria Sabattini, afin de fabriquer ses créations en nombre limité. Parmi elles, la saucière *Estro* (1977), la ménagère en inox *Instrumenta* (1978), les couverts de service en argent *Pale* (1973), les couverts en titane *Insect Legs* (Pattes d'insectes) (1986) et le vase argenté *Connato*. Lino Sabattini est membre de l'ADI (Associazione per il Disegno Industriale) et ses créations sont régulièrement exposées à la

▲ Couverts en inox *Instrumenta* éditées par Argenteria Sabattini, 1978

Triennale de Milan. Plusieurs fois récompensé, il recevra notamment une médaille d'or à la « Mostra Internazionale dell'Arredamento » de Monza, en 1971, et, en 1979, un **Compasso d'Oro** pour *Eskimo*, un seau à champagne argenté de forme cylindrique (1978). Ses créations novatrices, alliant tradition de l'exécution et modernité du style, dégagent une impression de qualité unique.

Richard Sapper

1932 Munich
2015 Milan

De 1952 à 1954, Richard Sapper a étudié l'ingénierie et l'économie à l'université de Munich. De 1956 à 1957, il fut designer de carrosseries chez Mercedes Benz, à Stuttgart, puis partit pour l'Italie où il travailla dans l'agence milanaise d'Alberto Rosselli (1921–1976) et **Gio Ponti**. Il y resta jusqu'en 1959. Cette année-là, il créa pour Lorenz l'horloge *Static*, qui fut récompensée par un **Compasso d'Oro**. Il entra comme designer aux magasins La Rinascente et dans l'agence de **Marco Zanuso**, qui l'employèrent pendant les deux années suivantes. En 1970, il ouvrit sa propre agence de design à Stuttgart et devint consultant, notamment pour Fiat et Pirelli. Sa collaboration avec Zanuso se poursuivit jusqu'en 1975 et, ensemble, ils créèrent plusieurs « classiques » du design : la chaise *Lambda* pour Gavina (1963), la chaise d'enfant empilable *n°4999/5* en polyéthylène moulé par injection (1961–1964) pour **Kartell**, le téléviseur *Doney 14* (1962), le poste de radio *TS 502* (1965), les téléviseurs portables *Algol* et *Black Box* (1965 et 1969) pour Brionvega et le téléphone pliant *Grillo* pour Siemens (1965). En 1972, Sapper réalisa seul, pour Artemide, la lampe de bureau *Tizio* qui connut un formidable succès et dont le design ouvertement **High-Tech** en fit un objet culte des années 1980. Toujours en 1972, il fonda avec **Gae Aulenti** le Urban Transport Systems Study Group (Groupe d'étude des transports

▶ Bouilloire *Bollitore* pour Alessi, 1983

◄ Lampes *Tizio* pour Artemide, 1972

urbains) ; leur recherche aboutit à une exposition lors de la XVIIIe Triennale de Milan, en 1979. Sapper a été consultant en conception de produits pour IBM depuis 1980 et, au cours des années 1980, il a combiné son style High-Tech avec le **Post-Modernisme** pour créer plusieurs designs remarquable pour **Alessi**, dont la *Cafetière* (1979), la bouilloire à sifflet *Bollitore* (1983), la montre *Uri Uri* (1988). Il dessina aussi des meubles pour **Knoll**, Unifor, Molteni et Castelli. En 1981, il devint membre de l'ADI (Associazione per il Disegno Industriale).

Timo Sarpaneva étudie les arts graphiques à la Taideteollinen Korkeakoulu (Ecole Centrale des Arts Appliqués) d'Helsinki, de 1941 à 1948. Deux ans plus tard, il devient styliste et prend la tête du département exposition des verreries Karhula-Iittala. Parmi les innovations techniques de ses débuts chez Iittala, un procédé de soufflage du verre à la vapeur, qu'il utilise pour ses premières pièces aux formes sculpturales : *Kajakki* (1953), *Maailmankaunein* (1954) et *Linnunsilmä* (1953), ainsi que pour ses assiettes en verre fin aux couleurs délicates connues sous le nom d'*Aquarelles*. Au milieu des années 1950, Sarpaneva crée sa série *I-Glass*, qui s'efforce de combler le vide existant entre une coûteuse verrerie d'art et la verrerie utilitaire. Cette série, fabriquée industriellement, comprend dix-sept pièces, disponibles en plusieurs coloris, parmi lesquels gris lilas, gris-bleu, gris fumée et gris-vert, que l'on peut combiner pour obtenir des effets différents. Il met au point d'autres techniques de traitement du verre pour ses gammes *Ambiente* (1964), *Archipelago* (1978) et *Claritas* (1984). Beaucoup de ses créations – ses vases *Claritas* (1984), édités par Iittala, sa casserole en fonte au manche de bois (1960) pour Rosenlew – ont des formes closes qui évoquent les galets polis du tantrisme indien, alors que ses imposantes sculptures de verre *Lasiaika*, par exemple, ont des lignes plus ouvertes, plus expressives. Professeur à l'Ecole des Arts Appliqués d'Helsinki dès le milieu des années 1950, Sarpaneva est deux fois lauréat du grand prix de la Triennale de Milan, en 1951 et 1957. En 1963, il reçoit à Londres le titre de « designer royal honoraire pour l'industrie » et, en 1967, celui de docteur honoris causa au **Royal College of Art**. Outre ses élégantes créations en verre, Timo Sarpaneva a également réalisé des céramiques, des objets en métal, des tissus, des livres et des décors de théâtre.

Timo Sarpaneva
1926 Helsinki
2006 Helsinki

◂ Vase *Claritas* pour Iittala, 1984

▾ Vase *Orkidea* pour Iittala, 1953

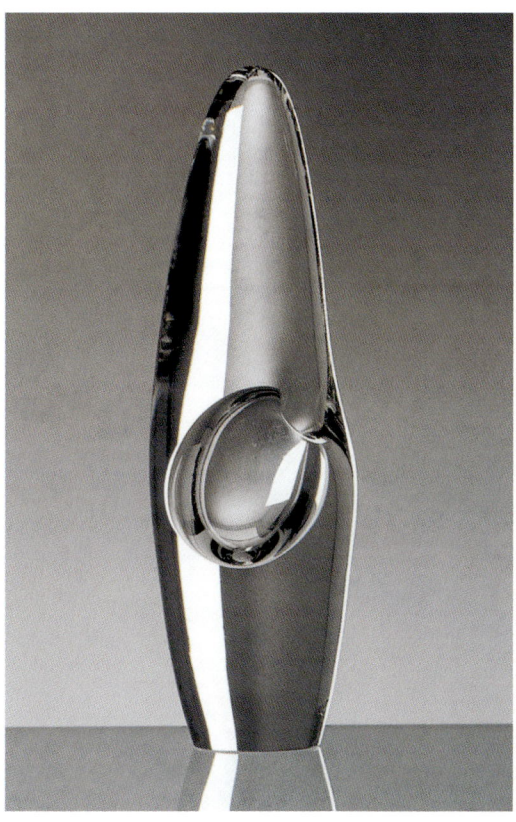

Raymond Savignac

1907 Paris
2002 Trouville-sur-mer

▶ Affiche pour Air France, 1956

▼ Affiche pour Monsavon, 1949

Dès 1922, Raymond Savignac débute comme dessinateur-calqueur à la Compagnie des Transports Parisiens. En 1924, il est embauché comme concepteur par l'agence publicitaire Lortac et, dans le même temps, travaille en tant qu'assistant de **A. M. Cassandre**. Dans les années 1930, il se met à dessiner des affiches à la manière de Cassandre, mais son style, moins graphique, s'apparente davantage à celui du dessin animé. Opposé à la démarche moderne qui consiste à juxtaposer des éléments graphiques, il lui substitue cette devise : « Une image, une idée ». Ses affiches retiennent l'attention par leur humour, que lui soufflent souvent les gags des films de Charlie Chaplin ou de Buster Keaton, et par des notes surréalistes définissant, selon lui, un « scandale visuel ». Ses images sont si fortes qu'elles demandent peu ou pas de message rédactionnel. Sa publicité pour Monsavon, réalisée en 1949, le fait définitivement reconnaître comme l'un des premiers affichistes français. Par la suite, il travaillera notamment pour Bic, Perrier, Verigoud, Frigéco, Maggi et Citroën, ainsi que pour des entreprises publiques comme Air France, la SNCF ou la RATP. En 1964, le prix Martini couronne son affiche *Vite Aspro* et, en 1969, il crée les décors et costumes de « L'Avare » à la Comédie-Française. Savignac publiera deux ouvrages : une autobiographie, en 1975, et, en 1987, *Savignac de A à Z*. Si son graphisme est typiquement français, la drôlerie surréaliste de ses images est, elle, immédiatement perceptible et universelle.

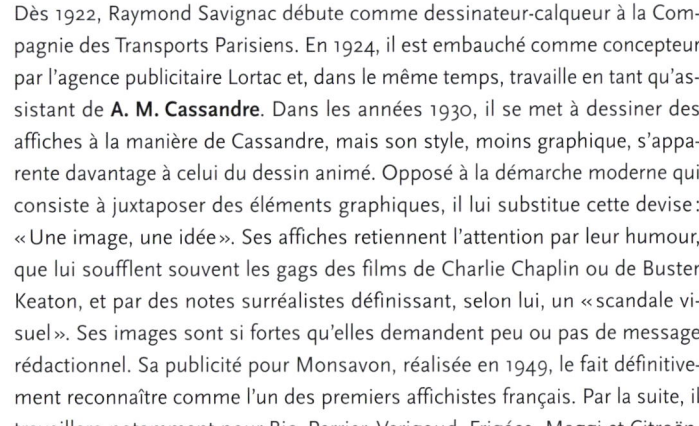

◄ Chaise, modèle n° 783, pour Bernini, 1977

◄◄ Vase, modèle n° 3901, pour Venini & C., 1938

Carlo Scarpa

1906 Venise
1978 Sendai, Japon

Carlo Scarpa fait ses études d'architecte à l'Accademia di Belle Arti de Venise, où il obtient son diplôme en 1926. Un an plus tard, il ouvre son agence dans la ville. On trouve à la fois dans son travail les influences de l'architecture vénitienne (mêlant style byzantin et gothique), de la **Sécession viennoise**, de **De Stijl** et de **Frank Lloyd Wright**. Expert dans la restauration et la reconstruction de monuments historiques, il est aussi le scénographe de nombreuses expositions et réalise plusieurs architectures d'intérieur, parmi lesquelles celle de la villa Ferruccio Asta, à Venise (1931). On remarque particulièrement ses travaux de rénovation des musées qui allient avec brio éléments historiques et modernes, montrent une habile maîtrise de la lumière naturelle et recréent les espaces : galerie de l'Accademia à Venise (1952), Galleria Nazionale della Sicilia dans le palais Abatellis de Palerme (1953–1954), Musée de Castelvecchio à Vérone (1956–1964). A Venise, Scarpa crée, avec G. D'Agaro et C. Maschietto, le magasin d'exposition de la firme **Olivetti** (1957–1958) qui combine, de la même manière, l'ancien et le nouveau. Il dessine aussi des meubles pour Gavina et, de 1926 à 1930, devient consultant pour M. V. M Cappelin & C., verriers à Murano, et, de 1932 à 1947, pour Venini & C.

Tobia & Afra Scarpa

Tobia Scarpa
Né en 1935 Venise

Afra Scarpa
1937 Montebelluna, Italie
2011 Trevignano, Italie

▲ Chaise *Africa* pour B&B Italia, 1975

Tobia Scarpa, fils de l'architecte **Carlo Scarpa**, et Afra Bianchin furent tous deux étudiants à l'Istituto Universitario di Architettura de Venise. Ils se marièrent et, de 1957 à 1961, collaborant épisodiquement avec sa femme, Tobia a travaillé pour les verreries Venini & C., à Murano. En 1960, les Scarpa commencèrent à dessiner des meubles pour Gavina, dont les plus connus sont le divan *Bastiano* (1961) et le lit *Vanessa* (1962). Comme celui de Carlo Scarpa, leur mobilier – la chaise 925 (1965), par exemple – reflète une profonde intelligence des matériaux et une communion avec l'artisanat traditionnel italien. En 1960, ils ont ouvert leur agence dans la ville natale d'Afra, Montebelluna, et ont créé des meubles pour B&B Italia, **Knoll**, Stildomus, la Compagnie des Philippines, Maxalto et Molteni & C., des luminaires pour Flos et des couverts pour San Lorenzo. En 1962, ils ont travaillé l'**identité visuelle** de Benetton et, deux ans plus tard, ont dessiné l'une des usines de la société. Ils ont également aménagé le magasin d'exposition Cassina à Meda (vers 1966), l'usine italienne de B&B à Novedrate (1967) et la maison Benetton près de Trévise (1966) caractérisés à la fois par une impression de simplicité et par une utilisation de l'espace raffinée. Dans les années 1980, les Scarpa ont restauré des places dans toute l'Emilie et la Vénétie.

Après avoir étudié les beaux-arts et l'architecture à Zurich, Cologne et Berlin, Alexandre « Xanti » Schawinsky s'inscrit au **Bauhaus** de Weimar, où il travaille avec Oskar Schlemmer (1888–1943) au département théâtre. Lorsque l'école s'installe à Dessau en 1925, Schawinsky la suit. L'année suivante, il est engagé comme décorateur au théâtre municipal de Zwickau, avant de s'établir à Magdebourg, où il est graphiste de 1929 à 1931. En 1933, il quitte l'Allemagne pour Milan. Là, il travaille notamment pour **Olivetti** et Motta, et incorpore le photomontage dans ses conceptions graphiques. Avec Luigi Fugini et Gino Pollini, il dessine en 1936 la machine à écrire portable *Studio 42* d'Olivetti. La même année, sur l'invitation de **Josef Albers**, il émigre en Amérique et enseigne au Black Mountain College, en Caroline du Nord. En 1939, il réalise l'architecture intérieure du Pavillon de Pennsylvanie à l'Exposition Internationale de New York (1939). A partir de 1950, il choisit de se consacrer à la peinture et s'aménage un atelier près du lac Majeur, en Italie. Jusqu'à sa mort, en 1979, il partagera son temps entre l'Italie et New York. Ses affiches publicitaires aux photomontages audacieux ne comportent que peu ou pas de message rédactionnel, laissant les images parler d'elles-mêmes.

Xanti Schawinsky
1904 Bâle
1979 Locarno, Suisse

▼ Publicité pour la machine à écrire *MP1* d'Olivetti, 1935

▶ **Josef Maria Olbrich**, affiche de la IIe exposition de la Sécession viennoise, 1899 – représentant le Pavillon d'exposition de Olbrich

◄ **Max Klinger**, statue de Ludwig van Beethoven au Pavillon de la Sécession, lors de la XIVe exposition, 1902

En 1897, Gustav Klimt (1862–1918), Carl Moll (1861–1945) et Josef Engelhart (1864–1941) fondent avec les architectes **Josef Maria Olbrich**, **Koloman Moser** et **Josef Hoffmann** la Vereinigung bildender Künstler Österreichs-Secession (Union sécessionniste des artistes autrichiens), une formation dissidente, opposée à la tradition académique compassée et conservatrice de la Künstlerhaus (Maison des artistes). La même année, Olbrich crée son fameux Pavillon d'exposition de la Sécession et sa vaste coupole en fer forgé doré imitant les feuilles du laurier : un motif impérial parfaitement approprié pour la capitale autrichienne. Achevé en 1898, le bâtiment, situé sur la Karlsplatz, offre au groupe un lieu d'exposition permanent. Les vitraux, l'aménagement intérieur de Moser et, au-dessus de l'entrée, la devise inventée par le critique d'art Ludwig Hevesi : « Der Zeit ihre Kunst, der Kunst ihre Freiheit » (Au temps son art, à l'art sa liberté) sont un concentré de l'esprit fin de siècle qui règne à Vienne – à l'époque la quatrième ville d'Europe. La première exposition de la Sécession a lieu dans les locaux de la Société d'Horticulture, le pavillon de Olbrich n'étant pas terminé. Il accueillera en revanche la deuxième exposition et les suivantes. Afin de promouvoir sa cause, la Sécession publie également une revue, *Ver Sacrum* (Printemps sacré), à partir de 1898. Les premières œuvres des Sécessionnistes viennois puisent essentiellement leur inspiration dans l'**Art nouveau** mais, après le tournant de la huitième exposition (1900), uniquement consacrée aux arts décoratifs, leur production s'affirme. Cette exposition comprend des œuvres de **Charles Rennie Mackintosh**, **Charles Robert Ashbee** et **Henry van de Velde**. La géométrie implacable du Sanatorium de

Secession
Sécession
Vienne

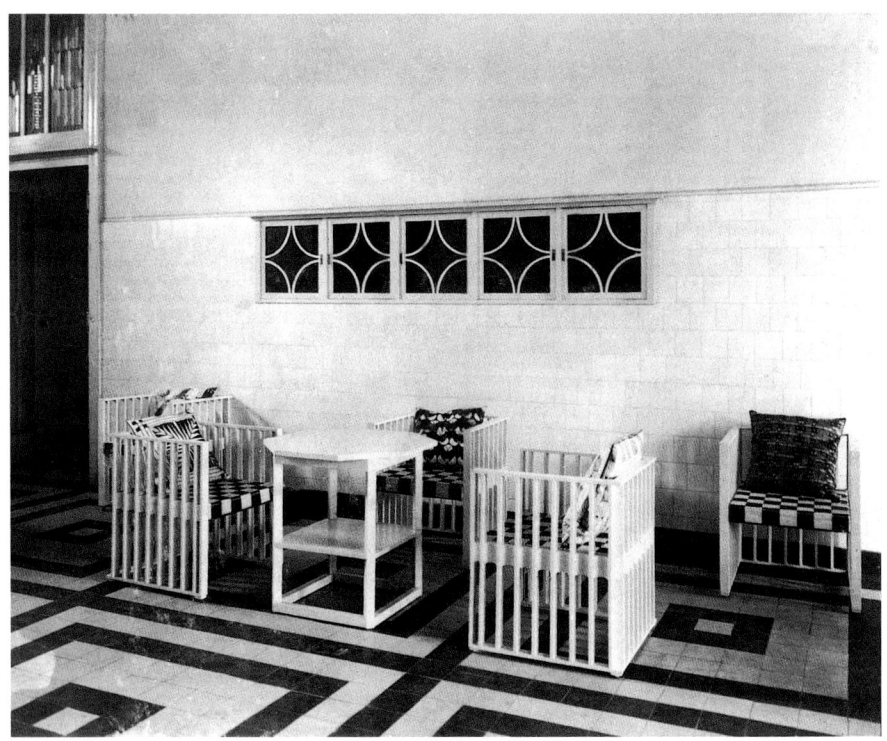

▲ Josef Hoffmann, grand hall du Sanatorium de Purkersdorf, 1904

▶ Koloman Moser, fauteuil créé pour le Sanatorium de Purkersdorf, 1902

Purkersdorf (1904-1906), réalisé par Josef Hoffmann, à laquelle fait écho le fauteuil cubique noir et blanc de Koloman Moser, créé spécialement pour l'occasion, illustre bien le style sécessionniste d'après 1900 et annonce l'abstraction géométrique du **Modernisme**. Inspirés par la **Guild of Handicraft** (Guilde artisanale) de Charles Ashbee, Hoffmann et Moser fondent en 1903, avec le banquier Fritz Waerndorfer (1869-1939), la **Wiener Werkstätte** (Atelier viennois) qui fabrique et commercialise les créations « art nouveau » des sécessionnistes viennois. Mais les tensions s'accumulent au sein du groupe. En 1905, le peintre Carl Moll est attaqué par certains de ses pairs : comme Hoffmann, Klimt et ses partisans – les « stylistes » – quittent la Sécession. Celle-ci n'en continue pas moins d'exister ; Franz Messner en est président de 1919 à 1920. Même si on l'associe souvent à l'Art nouveau, la Sécession viennoise est plus teintée de classicisme que d'autres avant-gardes européennes. Son esthétique géométrique aura une influence déterminante sur l'évolution du design moderne.

Semiotics
Sémiotique

La sémiotique fait sa première apparition dans le débat philosophique au XVIIe siècle grâce à John Locke (1632–1704), homme politique et philosophe anglais. En tant qu'étude des signes et des symboles, elle s'applique d'ordinaire à la linguistique, mais peut aussi se révéler pertinente pour le langage visuel. Dans toute l'histoire du design, les bâtiments, les aménagements intérieurs, les objets ont été ornés de symboles destinés à leur communiquer un sens, une valeur, ou à les doter d'un caractère particulier. Chez beaucoup de designers associés à l'**Arts & Crafts**, par exemple – **Charles F. A. Voysey**, **Charles Rennie Mackintosh** – le design est censé satisfaire l'esprit et répondre à une nécessité fonctionnelle ; aussi cherchent-ils à charger leur œuvre d'une signification spirituelle en utilisant certains motifs : cœurs percés, cercles, carrés – symbolisant l'amour, le corps et l'âme. Le psychologue suisse Carl Jung (1875–1961) entreprend une vaste recherche sur les symboles, et surtout sur les symboles alchimiques, qu'il pense être les codes de l'inconscient. Au début du XXe siècle, le philosophe anglais d'origine autrichienne Ludwig Wittgenstein (1889–1951) s'attelle à l'étude de la sémiotique (ou sémiologie), en élaborant dans les années 1920 sa « théorie de l'image », selon laquelle les signes sont des images de la réalité ; le linguiste suisse Ferdinand de Saussure (1857–1913) pose, quant à lui, le langage des signes comme un phénomène social ; et le philosophe américain Charles Sanders Peirce (1839–1914) considère la sémiotique comme un « système formel [et logique] de signes ». Ces recherches analytiques au cœur de la sémiotique visent cependant moins à révéler la signification des signes qu'à mettre au jour les a priori sexuels, raciaux ou sociaux qui les sous-tendent.

En 1938, le sémioticien behavioriste Charles Morris divise la sémiotique en trois branches : la pragmatique (la manière dont les signes sont utilisés), la sémantique (leur sens) et la syntaxe (la façon dont ils sont ordonnés). Plus tard, on verra dans la sémiotique un outil permettant d'analyser le visuel : l'écrivain et sémioticien italien Umberto Eco, qui publie *Traité de sémiotique générale* (1975) et *Sémiotique et philosophie du langage* (1983), sera le premier à appliquer cette discipline à l'architecture. Roland Barthes (1915–1980) apportera ensuite à son tour une large contribution au débat grâce à une série de travaux littéraires, parmi lesquels ses célèbres *Mythologies* (1957), ouvrage qui, traduit en anglais en 1972, aura une influence déterminante sur l'évolution de l'**Anti-Design**.

Dans les années 1970, on finit par juger aliénante l'esthétique du **Modernisme**, fondée sur la pure abstraction géométrique, car son absence d'ornement – signes et symboles – la coupe de l'une des ressources fondamentales de la communication culturelle. Les tenants du **Post-Modernisme** – **Charles Jencks**, par exemple–, qui prônent un retour au symbolisme en architecture

comme dans le design, vont faire gagner beaucoup de terrain à la sémiotique dans les années 1980. Aujourd'hui, nombre de designers tiennent la communication visuelle pour un aspect important du design et cherchent à doter leur œuvre d'un sens ou d'un caractère spécifique en lui appliquant les théories de la sémiotique.

▲ **Dan Friedman**, *Desire*, meuble de rangement pour Néotu, 1990

Gustave Serrurier-Bovy

1858 Liège, Belgique
1910 Anvers

Fils d'ébéniste, Gustave Serrurier-Bovy étudie l'architecture à l'Académie des Beaux-Arts de Liège. Ses premiers travaux d'architecte, nettement influencés par les **Arts & Crafts** anglais et l'œuvre de Viollet-le-Duc (1814–1879), datent de 1883. L'année suivante, il visite l'Angleterre et, à son retour, ouvre à Liège un grand magasin de meubles, tissus et papiers peints, pour lequel il obtient une concession de la firme **Liberty & Co.** où il vend également des articles importés d'Iran, du Japon et d'Inde. Vers 1890, il sort son premier catalogue, où figure du mobilier Arts & Crafts. En 1896, il ouvre un nouveau magasin à Bruxelles et, la même année, expose ses créations à la Arts & Crafts Exhibition Society de Londres. En 1899, il monte à Liège une grosse unité de fabrication et, avec l'architecte René Dulong, crée la succursale parisienne de son enseigne : L'Art dans l'habitation. Lui succéderont les magasins de La Haye, en 1904, et de Nice en 1906. En 1902, il délaisse l'Arts & Crafts pour l'**Art nouveau**, et ses dernières réalisations, à partir de 1910 environ, adoptent des lignes de plus en plus géométriques.

▲ Portemanteau, chêne, vers 1898

▶ Pendule de cheminée, acajou, cuivre et verre coloré, vers 1905

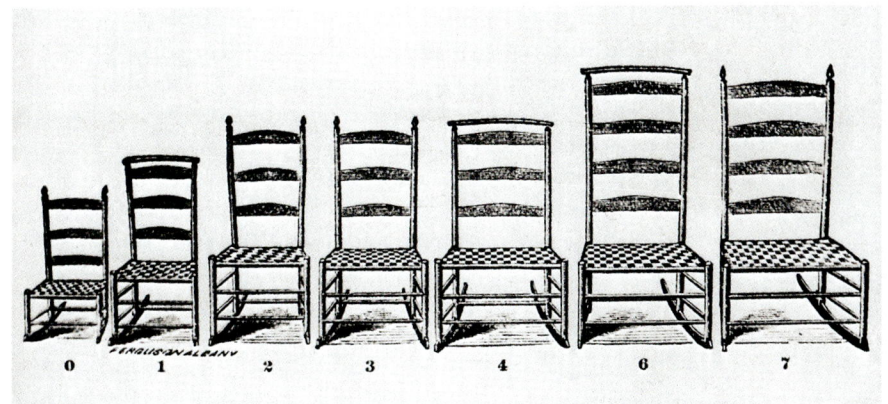

Fondée dans le nord de l'Angleterre, l'« Union de ceux qui croient au retour du Christ » est une secte qui fait figurer la danse collective parmi ses rituels, d'où le surnom de « Shaking Quakers » ou « Shakers » (trembleurs) donné à ses adeptes. Fuyant les persécutions, en 1774, la « mère » Ann Lee (1736-1884), guide spirituel de la secte, émigre en Amérique, où la rejoignent plus tard des fidèles de la Nouvelle-Angleterre et de l'Etat de New York. C'est dans ce dernier que s'établit, en 1785, la première communauté shaker, à New Lebanon (rebaptisé Mount Lebanon en 1861), suivie au fil des décennies par dix-huit autres disséminées dans huit Etats différents. Les shakers doivent vivre séparés du « monde », mettre leurs biens en commun et s'astreindre au célibat. Leurs communautés visent à une totale autarcie, et le travail physique constitue un élément essentiel dans la vie spirituelle des frères et des sœurs. Leur devise, « Mains à l'ouvrage et cœurs à Dieu », guide leurs travaux quotidiens. Les objets usuels, mais de facture soignée, qu'ils fabriquent reflètent leur foi en un mode de vie « pur et simple ». Au cours du XIXe siècle, voyant diminuer des revenus agricoles dont ils ont pourtant grand besoin, les shakers se retrouvent contraints de vendre les meubles et objets qu'ils produisent. En 1871, ils fondent une manufacture de chaises à Mount Lebanon. Fabriquées en série, celles-ci n'ont pas la qualité des meubles qu'ils réalisaient auparavant et sont commercialisées grâce à des catalogues édités spécialement. Si leurs créations sont de plus en plus appréciées pour leur simplicité et leur finition honnête, dans les années 1860 et 1870, le nombre des disciples, lui, ne cesse de décroître. A la fin du XIXe et au début du XXe siècle, beaucoup de communautés disparaissent. Lorsque la dernière ferme à son tour, en 1947, les objets produits par les shakers sont véritablement devenus des pièces de collection – au grand dam des quelques rares adeptes restants.

Shaker
Etats-Unis

▲ Page extraite d'un catalogue shaker montrant différentes chaises, 1874

◄ Fauteuil à bascule, érable teinté, fabrique Shaker de New Lebanon, vers 1880

Peter Shire

Né en 1947 Los Angeles

▼ Table *Brazil* pour Memphis, vers 1981

Après des études de céramiste au Chouinard Institute of Art de Los Angeles, Peter Shire ouvre son atelier en 1972. Dès 1975, une galerie de Hollywood lui consacre sa première exposition. On reconnaît dans les formes sculpturales et les couleurs vives de ses meubles et céramiques l'esthétique «funk» qui apparaît en Californie à la fin des années 1960. Apparenté à l'**Anti-Design**, le funk se caractérise par l'emploi de couleurs «chaudes» et par des lignes singulièrement non fonctionnelles. Le travail de Peter Shire retient l'attention de **Ettore Sottsass** qui l'invite à rejoindre le groupe **Memphis**. Ses meubles – la chaise *Bel Air* (1982), la table *Brazil* (1981)–, avec leurs éléments asymétriques et leurs couleurs vigoureuses, se situent à mi-chemin entre l'art et le design. Quant à ses céramiques – théières excentriques fort peu maniables–, elles font l'admiration de Sottsass pour leur ingénieuse structure en «bloc». Les couleurs «ensoleillées» et les lignes expressives des créations de Peter Shire illustrent parfaitement le **Post-Modernisme** californien.

Gustav Siegel
1880 Vienne
1970 Vienne

Après trois ans d'apprentissage en ébénisterie, Gustav Siegel entre à la Kunstgewerbeschule (Ecole des Arts Appliqués) de Vienne en 1897 ; il y restera jusqu'en 1901 et sera admis aux cours d'architecture de **Josef Hoffmann**. En 1899, alors qu'il n'a que dix-neuf ans, il est nommé directeur du bureau d'études de **J. & J. Kohn** par Felix Kohn, son président. L'année suivante, Siegel réalise une chambre à coucher qui est présentée à l'Exposition Universelle de Paris. Il émane de cet ensemble, dont le décor mural et le mobilier sont en bois cintré, un mouvement organique maîtrisé typique de l'**Art nouveau** viennois. Il est difficile d'identifier les réalisations de Siegel pour J. & J. Kohn après 1900, car **Otto Wagner** et Hoffmann produisent pour l'entreprise des œuvres d'un style similaire. On peut néanmoins lui attribuer la plupart des meubles en bois cintré édités par J. & J. Kohn entre 1900 et 1914. Beaucoup des réalisations les plus célèbres de la société – l'ensemble *n° 728*, par exemple – traditionnellement prêtées à Hoffmann, peuvent parfaitement avoir été exécutées par Siegel. Il est en tout cas l'auteur incontestable de l'ensemble *n°415*, qui figure dans *The Studio* en 1908, ainsi que d'une jardinière exposée en 1901–1902 à la Winterausstellung de l'Österreichisches Museum für Kunst und Industrie (musée autrichien pour l'Art et l'Industrie), à Vienne. Il réalise également pour la compagnie un grand nombre d'affiches et de publicités parues dans les catalogues d'exposition de la **Sécession** viennoise en 1904 et 1908. En tant que responsable du bureau d'études de J. & J. Kohn, Siegel a joué un rôle déterminant dans l'essor du mobilier en bois cintré, ainsi que dans l'expansion du style sécessionniste.

▼ Ensemble créé pour le stand J. & J. Kohn à l'Exposition Universelle de Paris, 1900

Jutta Sika

1877 Linz, Autriche
1964 Vienne

▲ Service à thé et café pour la Wiener Porzellan-Manufaktur Josef Böck, vers 1901–1902

Formée à la Graphische Lehr- und Versuchsanstalt (Centre de Recherche Graphique) de Vienne de 1895 à 1897, puis, avec **Koloman Moser**, à la Kunstgewerbeschule (Ecole des Arts Appliqués), de 1897 à 1902, Jutta Sika est membre du Werkbund (Union pour l'œuvre) autrichien, de la Wiener Kunst im Hause (l'Art Viennois dans la Maison) et de la Vereinigung bildender Künstlerinnen Österreichs (Union des Artistes Autrichiennes). Ses œuvres sont présentées en de nombreuses occasions : Exposition Universelle de Paris en 1900, Louisiana Purchase Exhibition (Exposition Internationale de Louisiane) de Saint Louis en 1904, Exposition Internationale des Arts Décoratifs de Paris en 1925. Outre des céramiques et des cartes postales pour la **Wiener Werkstätte** (Atelier viennois), Jutta Sika réalise des créations verrières pour E. Bakalowits, des décorations de Noël pour la Hofkonditorei Demel, des vêtements pour Flöge, des ustensiles de métal pour Argentor, et, pour la Wiener Porzellan-Manufaktur Josef Böck (manufacture viennoise de porcelaine Josef Böck), des porcelaines dont certaines sont décorées d'un motif floral créé par Antoinette Krasnik. Son service à thé et à café (1901–1902) édité par Böck, d'une modernité remarquable, tant dans sa forme que dans sa décoration, sera repris dans de nombreuses revues. De 1911 à 1933, Jutta Sika enseigne également à la Gewerbliche Fortbildungsschule (Centre de Formation Professionnelle) de Vienne.

Après des études à l'Ecole des Beaux-Arts de Reading en 1873, Arthur Silver (1853–1896) entre comme assistant chez Henry W. Batley, créateur de meubles affilié au **Mouvement Esthétique**. En 1880, il fonde dans l'ouest de Londres le Silver Studio, qui réalise non seulement des décors de papiers peints et de tissus, mais aussi tous les travaux d'architecture d'intérieur. Dans les années 1880 et 1890, ses papiers peints ressemblent souvent à ceux de Morris & Co., mais étant imprimés à la machine et non à la main, ils sont moins chers. Arthur Silver crée aussi des papiers peints de styles néo-Adam et anglo-japonais. Au début des années 1890, Harry Napper et John Illingworth Kay rejoignent le studio, suivis, plus tard, d'**Archibald Knox** et de **Charles F. A. Voysey**. De 1895 au début des années 1900, le Silver Studio produit essentiellement des créations de style **Art nouveau**, souvent reproduites dans des revues étrangères, et en particulier dans *Der Moderne Stil*. En 1901, les fils d'Arthur Silver, Harry et Rex, reprennent la direction du studio. Dans les années 1930, ils proposeront des créations modernistes riches en couleurs. Le Silver Studio ne fermera ses portes qu'en 1963.

Silver Studio
Fondé en 1880
Londres

▼ **Arthur Silver**
(attribué à), papier peint *Poppy* pour le Silver Studio, vers 1895

▸ Table *PCSS* éditée par Néotu, 1991

Bořek Šípek

1949 Prague
2016 Prague

Bořek Šípek a appris à dessiner des meubles à l'Ecole des Arts Décoratifs de Prague, où il a obtenu son diplôme en 1968. Plus tard, il a étudié l'architecture à la Hochschule für Bildende Künste (Ecole Supérieure d'Arts Appliqués) de Hambourg et la philosophie à l'université de Stuttgart. Il a poursuivi sa formation d'architecte à la Technische Hogeschool (école polytechnique) de Delft. Entre 1977 et 1979, il fut assistant technique à l'Institut du Design Industriel de l'université de Hanovre. Pendant les quatre ans qui suivirent, il enseigna la théorie du design à l'université de Essen, en Allemagne. Après quoi il partit s'installer aux Pays-Bas et, en 1984, fonda à Amsterdam l'agence de design Alterego, avec David Palterer (né en 1949). Dans les années 1980, il devint célèbre grâce à des meubles comme la chaise *Bambi* (1988), qui alliait à des lignes insolites un mélange de matériaux inhabituel, et à ses créations en verre soufflé, produites à Murano pour Sawaya & Moroni, ainsi que dans sa Tchécoslovaquie natale, à Novy Bor. Depuis cette époque, il a dessiné des meubles pour Néotu, Driade, Sawaya & Moroni et **Vitra**, des verreries pour Quartett, et des céramiques pour la manufacture de Sèvres. L'approche postmoderne de Šípek s'oppose au design industriel rationaliste, qui, obsédé par la prouesse technologique, fait peu de cas selon lui « de la fonction comme de l'individualité humaine ». Pour lui, le design devait exprimer ou interpréter la culture dont il était issu et s'apparenter à l'art plus qu'à la technique.

◄ Chaise *Trundling Turk*, modèle n° *NF3400*, éditée par Tecta, créée en 1954 – redessinée en 1994

Peter et Alison Smithson étudient tous deux l'architecture à l'université de Durham, dans la ville de Newcastle-upon-Tyne, de 1944 à 1949. En 1950, ils s'installent à Londres et, un an plus tard, deviennent membres de Team X – un groupe de dix jeunes architectes dissidents des CIAM (Congrès Internationaux d'Architecture Moderne). Dans les années 1950, leurs projets urbanistiques et architecturaux leur assurent une renommée internationale : étude d'urbanisme « Hauptstadt in Berlin » (1957–1958), plans de l'hôtel de ville sur Golden Lane, à Londres, et projet des Cluster Cities (« grappes de villes »). Les réalisations architecturales des Smithson dans les années 1950–1960, parmi lesquelles la cathédrale de Coventry (1951) et l'ambassade de Grande-Bretagne à Brasília (1964), auront une influence décisive sur l'apparition du Brutalisme. Protagonistes actifs du **Groupe Indépendant**, formé en 1952 pour étudier l'émergence de la culture populaire américaine, ils participent en 1954 avec certains de ses membres à l'exposition « This is Tomorrow » à la galerie Whitechapel de Londres. La même année, ils créent le siège cubique, *Trundling Turk* et, en 1955, la chaise de salle à manger *Pogo*, création minimaliste en acier tubulaire et acrylique. Puis ils imaginent la chaise en plastique *Egg* pour leur « House of Tomorrow ». Les Smithson ont aussi écrit plusieurs ouvrages théoriques sur le design et l'architecture.

Peter & Alison Smithson

Peter Smithson
1923 Stockton-on-Tees, Grande-Bretagne
2003 Londres

Alison Smithson
1928 Sheffield, Grande-Bretagne
1993 Londres

Ettore Sottsass

1917 Innsbruck, Autriche
2007 Milan, Italie

▲ Théière en céramique *Basilico*, 1969

Alors qu'il est encore étudiant en architecture à l'Institut Polytechnique de Turin, de 1935 à 1939, Ettore Sottsass publie déjà des articles sur l'art et l'architecture d'intérieur avec le designer turinois Luigi Spazzanpan. Soldat dans l'armée italienne de 1942 à 1945, il entre après la guerre dans le cabinet de **Giuseppe Pagano**, puis, en 1947, ouvre sa propre agence à Milan : The Studio. En 1956, il part pour les Etats-Unis et travaille quelque temps dans l'agence du designer **George Nelson**, chez qui il participe à *The Experimental House* : un système d'architecture de produits. A son retour en Italie, en 1957, il est engagé comme directeur artistique chez Poltronova, où il se lance dans la création de luminaires et de meubles contemporains, dont la table et les chaises en fibre de verre *Mobili Grigi* (1970). C'est l'année suivante qu'il commence à travailler comme consultant en design chez **Olivetti**. Nombre des produits qu'il dessine pour la marque resteront célèbres : la calculatrice *Logos 27* (1963), les machines à écrire *Tekne 3* (1964), *Praxis 48* (1964), *Valentine* (en collaboration avec **Perry King**, 1969), le mobilier de bureau *Synthesis* (1973) et la machine à écrire électrique *Lexicon 90* (1975). Mais sa réalisation la plus remarquable dans ce domaine demeure la calculatrice électronique *Elea 9003* (1959), qui lui vaudra un **Compasso d'Oro** en 1959. En 1956, il entreprend de dessiner des céramiques pour le marchand new-yorkais William Hunter. En 1961, il se rend en Inde et, à son retour, crée plusieurs collections de céramiques inspirées par le tantrisme et par les formes qu'il a découvertes en Orient. Parmi elles, les *Ceramiche delle Tenebre* (1963), la série des *Offerta a Shiva* (1964), *Yantra* (1968), *Tantra* (1969), ainsi que le gigantesque et totémique *Indian Memories* (1972). En 1967, la revue *Domus* publie sous le titre *Memoires di panna montata* une série de photographies de Sottsass illustrant le « Londres branché des sixties ». Après une longue tournée de conférences dans les universités anglaises, Sottsass est nommé en 1968 docteur honoris causa au **Royal College of Art** londonien. Pour l'exposition « Italie : Le nouveau paysage domestique », au **Museum of Modern Art de New York** (1972), il crée un « House Environment » : un prototype de « conteneurs » en fibre de verre grise, comprenant cuisinière / four, évier / lave-vaisselle, douche / toilettes, étagères / rangement, siège / lit et penderie modulaire. Protagoniste essentiel du **Design Radical**, Sottsass devient en 1973 l'un des membres fondateurs de la coopérative **Global Tools**. En 1976, le Cooper Hewitt Museum of Design de New York l'invite à exposer une série de photos représentant des constructions dans des paysages désertiques ou montagneux, reflets de ses idées sur l'architecture et le design. La même année, le Centre International de Design de Berlin organise une grande rétrospective de son œuvre, qui voyagera ensuite à Venise, Paris, Barcelone, Jérusalem et Sydney. En 1978, la ville de Berlin lui

▼ *Mobili Grigi*, édité par Poltronova, 1970

▶ Meuble *Casablanca* pour Memphis, 1981

▼ Chaise de bureau *Synthesis 45* pour Olivetti, 1973

commande un projet pour la reconstruction de son musée d'art moderne. L'année suivante, Sottsass participe à la collection *Bau.Haus I* de **Studio Alchimia**, avec des meubles en plastique stratifié. En 1981, s'efforçant de faire revivre le Design Radical, il fonde le groupe **Memphis**, avec Renzo Brugola, Mario et Brunella Godani, Ernesto Gismondi (1931–2020) et Fausto Celati. Tenant de l'**Anti-Design** et publicitaire de talent, Sottsass devient vite le phare de Memphis, qui compte essentiellement parmi ses membres des jeunes designers diplômés depuis peu. La première exposition de Memphis, à la galerie Arc 74 de Milan, en 1981, présente plusieurs de ses créations monumentales et colorées, notamment les meubles *Casablanca* (1981) et *Carlton* (1981). En 1981, il monte avec certains collaborateurs du groupe Memphis – Aldo Cibic (né en 1955), **Matteo Thun** et **Marco Zanini** – l'agence de conseil milanaise Sottsass Associati. Dans les années 1980, elle travaillera à l'aménagement intérieur des magasins Fiorucci, en étroite collaboration avec **Michele De Lucchi** qui a participé à la conception de la première exposition de Memphis. Sottsass

Associati réalise également plusieurs commandes architecturales, dont la Maison Wolf à Ridgeway, dans le Colorado (1987–1988), la Maison Esprit à Wels, en Autriche (1987–1988), le bar Zibibbo à Fukuoka, au Japon (1988), et la Maison Cei à Florence (1989–1992).

Jusqu'en 1985, Sottsass continue de travailler pour Memphis, puis il finit par quitter le groupe en 1988. Dans les années 1980, il réalise aussi des bijoux pour Cleto Munari, des ustensiles en métal pour **Alessi**, des meubles, objets en verre et céramiques pour la Design Gallery Milano et de la vaisselle pour Swid Powell. Sa compagne, la critique d'art Barbara Radice (née en 1943) l'a dépeint comme un « nomade culturel », et il est vrai qu'à travers toute sa carrière il a abordé le design d'une manière presque « anthropologique », par des références à la culture populaire, à des cultures étrangères, et en puisant son inspiration dans ses expérience personnelles. Figure majeure

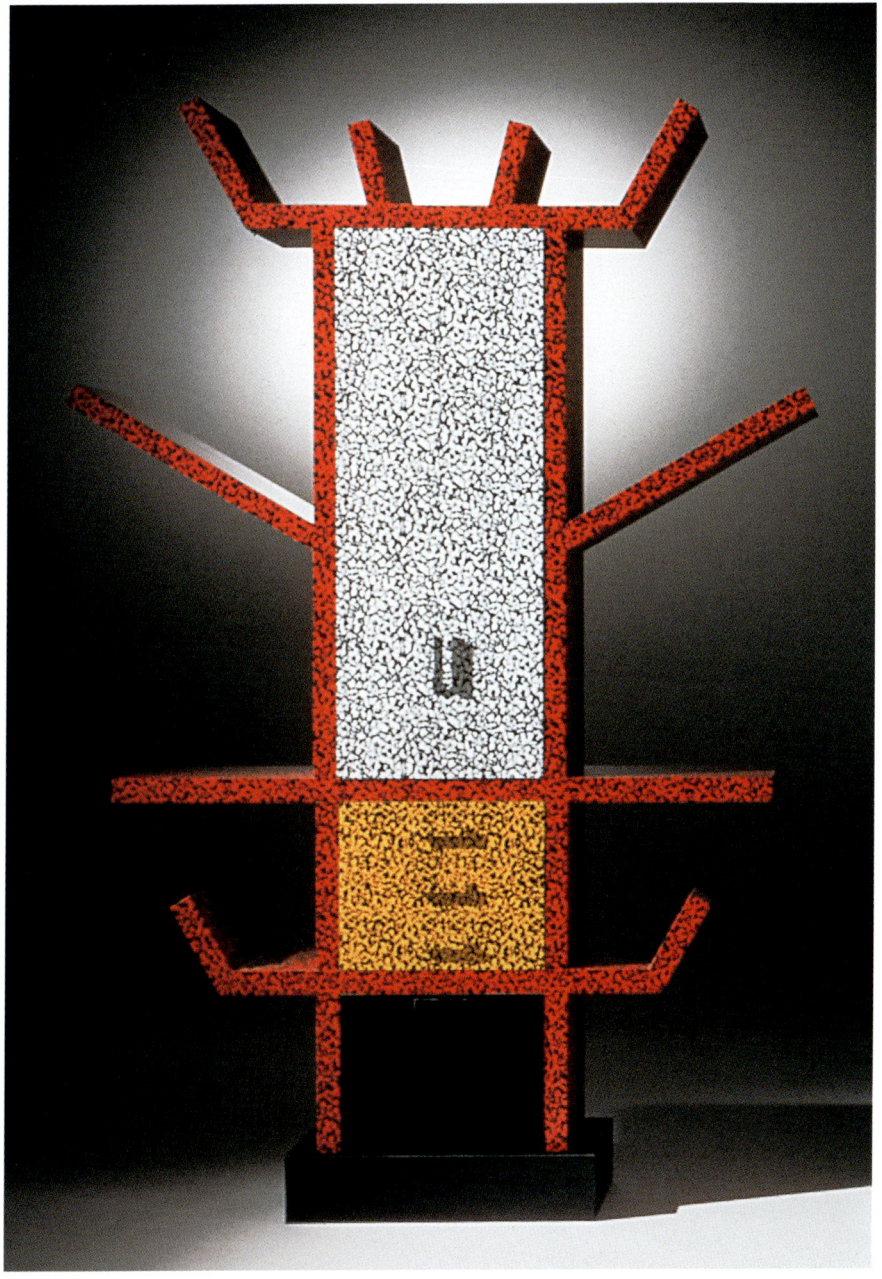

◄ Vase en céramique *Senza Spiegazioni* de la *Rovine Collection*, pour la Design Gallery Milano, 1992

◄◄ *Adesso Perro*, étagères en bois laqué et verre de la *Rovine Collection*, pour la Design Gallery Milano, 1992

du Design Radical dans les années 1970, il est devenu le plus important designer du **Post-Modernisme** des années 1980. A l'image de la personnalité irrésistible de son créateur, son œuvre oscille sans cesse entre la poésie et une exubérance colorée. Jamais terne ni fade, elle est un questionnement constant. En 1994, le Centre Georges Pompidou a consacré à Sottsass une importante rétrospective, couvrant quarante ans d'une carrière extraordinaire et controversée.

George Sowden

Né en 1942 Leeds, Grande-Bretagne

George James Sowden étudie l'architecture au Gloucester College of Art, dont il est diplômé en 1968. Deux ans plus tard il s'établit à Milan et commence à travailler comme conseiller chez **Olivetti**, où il dessine des calculatrices et des ciété. En 1980, Sowden ouvre avec sa femme, **Nathalie du Pasquier**, sa propre agence dans la ville. En 1981, il participe à la création du groupe **Memphis** pour qui il travaillera beaucoup : depuis ses premières réalisations qui font cohabiter stratifiés aux motifs audacieux et tissus colorés (souvent conçus par Nathalie du Pasquier) – vitrine *Antibes* (1981), placard *Luxor* (1982), horloge *Metropole* (1982), chaise *Mamounia* (1985), table *Pierre* (1981) – jusqu'aux créations en bois plus sobres qu'il réalisera ultérieurement dans le style **Craft Revival** (Renouveau Artisanal) : chaises *Liverpool* (1986) et *Gloucester* (1986). Sowden conçoit aussi des tissus pour Memphis : *Quadro* (1983), *Triangolo* (1983). Après la dissolution du groupe, en 1988, il travaille parfois seul, parfois avec sa femme : papiers peints pour Rasch, céramiques pour Swid Powell et objets en métal pour **Alessi**. Parmi les autres clients du Studio Sowden Design Associates, figurent Olivetti, Italtel et Shizuoka, au Japon. En 1990, les Musées des Arts Décoratifs de Bordeaux, Marseille et Lyon lui consacrent une rétrospective. En 1997, Alessi lance *Dauphine*, une calculatrice colorée spécialement conçue par Sowden pour la cuisine, et dont la forme organique marquera un tournant dans son travail. Sowden sera récompensé par un prix SMAU (remis au Salone Attrezzature Macchine per Ufficio) et par un **Compasso d'Oro**.

▼ Vitrine *Antibes* pour Memphis, 1981

◄ Chaise en porte-à-faux composée de tuyaux à gaz soudés, 1926 (reconstruite par Tecta)

De 1917 à 1919, Martinus Adrianus Stam étudie le dessin à Amsterdam, puis, jusqu'en 1922, travaille dans un cabinet d'architectes de Rotterdam. Ensuite, il s'installe à Berlin, où il rencontre plusieurs des principaux architectes de l'**Avant-Garde**, parmi lesquels Hans Poelzig (1869–1936), Bruno Taut (1880–1938) et **El Lissitzky**. En 1925, il rentre à Amsterdam en passant par Paris. Un an après, il réalise le prototype d'une chaise en porte-à-faux révolutionnaire, faite de tuyaux à gaz soudés. Lors des rencontres architecturales qui se tiennent à Stuttgart en 1926, afin d'organiser l'exposition de Weissenhof prévue l'année suivante, Stam produit des croquis de son prototype qui vont inspirer **Marcel Breuer**, **Heinz** et **Bodo Rasch**, ainsi que **Ludwig Mies van der Rohe** pour ses chaises *MR10* et *MR20* (1927). En 1927, il est avec ses compatriotes **Gerrit Rietveld** et **Hendrik Petrus Berlage**, le cofondateur des Congrès Internationaux d'Architecture Moderne (CIAM). Urbaniste en Russie de 1931 à 1932, il continue de concevoir des meubles fonctionnalistes conformes à son idéologie socialiste. La chaise en porte-à-faux dont il est l'inventeur, et que perfectionneront Mies van der Rohe et Breuer, est une révolution structurelle et compte parmi les plus grandes réussites du design au XXe siècle.

Mart Stam
1899 Purmerend, Pays-Bas
1986 Goldbach, Suisse

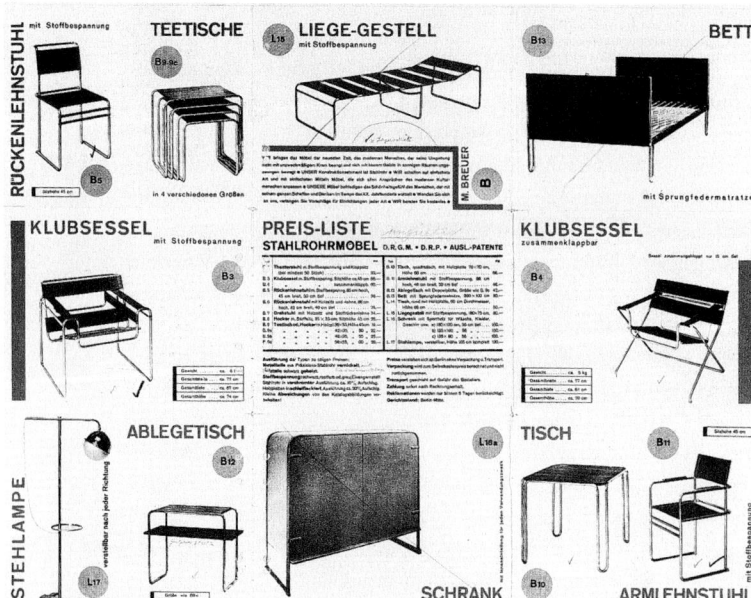

◄ Couverture du catalogue Thonet-Mundus, représentant des meubles standardisés de Marcel Breuer, 1931

Standardization
Standardisation

La standardisation est un facteur déterminant de la fabrication en série puisqu'elle permet d'assembler des pièces normalisées, nécessitant donc peu ou pas d'ajustage, et de les interchanger d'un article à l'autre. En découlent des avantages évidents : augmentation du rendement, de la productivité, possibilité pour les fabricants de « cloner » véritablement certains produits et d'obtenir ainsi un meilleur contrôle de la qualité. Certains membres du **Deutscher Werkbund** (Union pour l'œuvre), comme Hermann Muthesius (1861–1927), prônent la standardisation en tant qu'instrument de démocratisation du design. L'une des premières sociétés à adopter un système standardisé cohérent est **AEG**, grâce à **Peter Behrens**, dont le travail reflète une compréhension profonde des techniques de fabrication modernes. Plus tard, le **Bauhaus** de Dessau soulignera l'importance de la standardisation et ses designers – **Marcel Breuer**, **Gerhard Marcks**, **Wilhelm Wagenfeld** – réaliseront des créations standardisées destinées à la production industrielle à grande échelle. De la même façon, en France, **Le Corbusier** conçoit une unité d'habitation (1925) et une ligne de meubles (1928) aux éléments modulaires standardisés. Après guerre, les designers industriels adoptent totalement la standardisation, qui offre des moyens de fabrication optimaux et ouvre la voie de la rentabilité. Dans les chaises à coque plastique (1948–1950) réalisées par **Charles** et **Ray Eames**, comme dans la série *Polyprop* (1962–1963) de **Robin Day**, par exemple, les sièges standardisés peuvent être attachés à différents pieds, offrant ainsi une grande variété de choix.

◄ Pages extraites du catalogue *Das Neue Möbel* (*Le Nouveau Meuble*), de Standard Möbel GmbH, représentant des meubles standardisés de Marcel Breuer, 1928

▶ Chaise *Costes* pour Driade, 1984

▶▶ *Le Paravent de l'autre*, paravent pour Driade, 1992

Philippe Starck
Né en 1949 Paris

Fils d'un ingénieur aéronautique, Philippe Starck fait ses études à l'Ecole Camondo. En 1965, il remporte le concours de mobilier de La Villette. En 1968, L. Venturi, puis **Quasar** lui commandent des meubles gonflables. La même année, il monte sa propre société afin de les produire lui-même. En 1969, il est nommé directeur artistique chez Pierre Cardin, pour qui il crée soixante-cinq meubles. Dans les années 1970, designer indépendant, il réalise notamment l'aménagement intérieur de la discothèque La Main Bleue, à Montreuil (1976), et Les Bains-Douches, à Paris (1978). Après un tour du monde, Starck rentre à Paris et, en 1980, fonde Starck Products afin de commercialiser ses créations : la chaise *Francesca Spanish* (1970), le tube fluorescent mobile *Easy Light* (1977), le canapé *Dr. Von Vogelsang* (1978). En 1982, il se voit confier, avec quatre autres designers, une prestigieuse commande : la réfection des appartements privés du président à l'Elysée ; deux ans plus

▲ Chaises et table *Dr Glob*, pour Kartell, 1990

◀ Lampe *Ara*, pour Flos, 1988

tard, il réalise l'aménagement intérieur du Café Costes, à Paris. Ces deux projets contribueront à lui établir une renommée internationale. Dans les années 1980, il devient une «star du design» particulièrement prolifique. On remarque l'élégance somptueuse des hôtels Royalton (1988) et Paramount (1990), à New York, dans la tradition des grands décorateurs français. Il aménage également plusieurs discothèques, magasins (Kansai, Yamamoto, Bocage, Creeks et Hugo Boss) et restaurants, pour lesquels il dessine aussi le mobilier, les éclairages, les poignées de portes, les vases et autres objets. Ses meubles lui assurent la célébrité: chaise à trois pieds *Costes* (1984), chaise en plastique moulé par injection *Dr Glob* (1990), élégant fauteuil crapaud *Lord Yo* (1994) et chaise pliante *Miss Trip* (1996), destinés à **Vitra**, Disform, Driade, Baleri, XO ou Idée. Comme à ses meubles, Starck donne à ses luminaires et objets des noms pleins de caractère, de sensualité, et des lignes attirantes. Au nombre de ses plus grands succès commerciaux, la petite lampe *Ara* pour Flos (1988), le presse-citron *Juicy Salif* (1990–1991), la passoire *Max le Chinois* (1990–1991) et la bouilloire *Hot Bertaa* (1990–1991) pour Alessi. A son œuvre de designer viennent s'ajouter ses travaux d'architecte international. Parmi les bâtiments officiels qu'il a réalisés: l'immeuble Asahi, avec sa flamme dorée (1990),

▲ Bouilloire *Hot Bertaa*, pour Alessi, 1990–1991

▲▶ Passoire *Max le Chinois*, pour Alessi, 1990–1991

▶ Presse-citron *Juicy Salif*, pour Alessi, 1990–1991

et le sculptural Nani Nani (1989), à Tokyo, Le Baron Vert à Osaka (1992) et le Groningen Museum (1993). Philippe Starck est également l'architecte de nombreuses résidences privées, comme en témoignent la Maison Le Moult, à Paris (1985–1987), la Maison Formentera aux Baléares (1995), la villa de Placido Arango Jr. à Madrid (1996) et, enfin, la Maison Starck (1994), en bois, dont plans et dossier de fabrication sont vendus par les 3Suisses. Dans les années 1990, tout en s'efforçant d'humaniser la technologie, il se lance dans l'électronique grand public pour Thomson, Saba et Telefunken. Il introduit, par exemple, une innovation dans son téléviseur *Jim Nature* (1994) pour Saba : un panneau d'aggloméré très dense vient se substituer au plastique pour le revêtement extérieur. Il dessine également pour la marque Aprilia un prototype de scooter, ainsi que la *Moto 6,5* (1995). Aujourd'hui, Starck reconnaît que beaucoup de réalisations des années 1980–1990, y compris certaines des siennes, relevaient d'un « sur-design » narcissique, créé par l'attrait de la nouveauté et la mode. Travaillant désormais sur le temps, il affirme qu'il est au cœur du design aujourd'hui, lequel ne pourra durer que si la morale, l'honnêteté et l'objectivité sous-tendent le processus créatif. Pour lui, le designer doit ajouter un plus au « bonheur ».

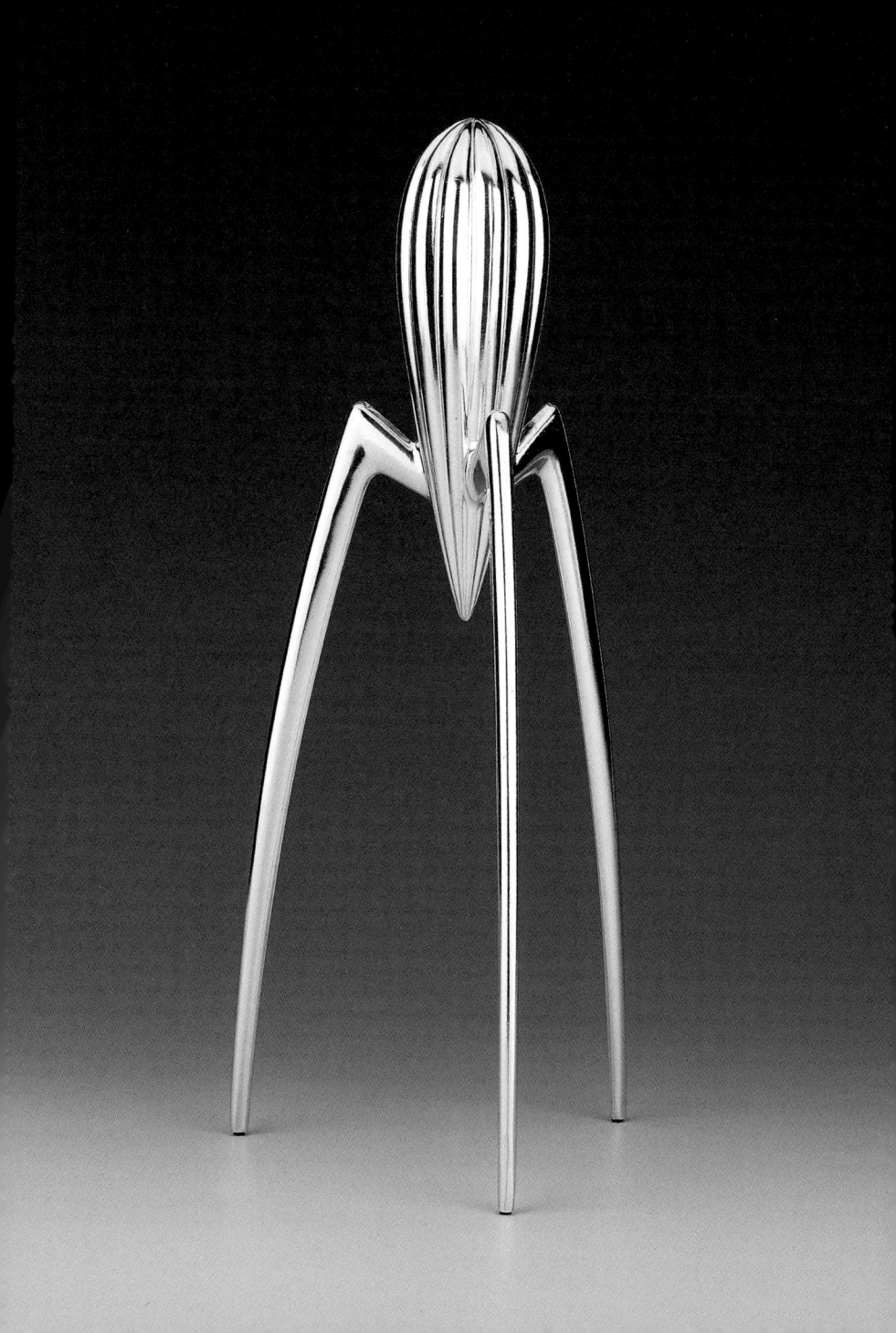

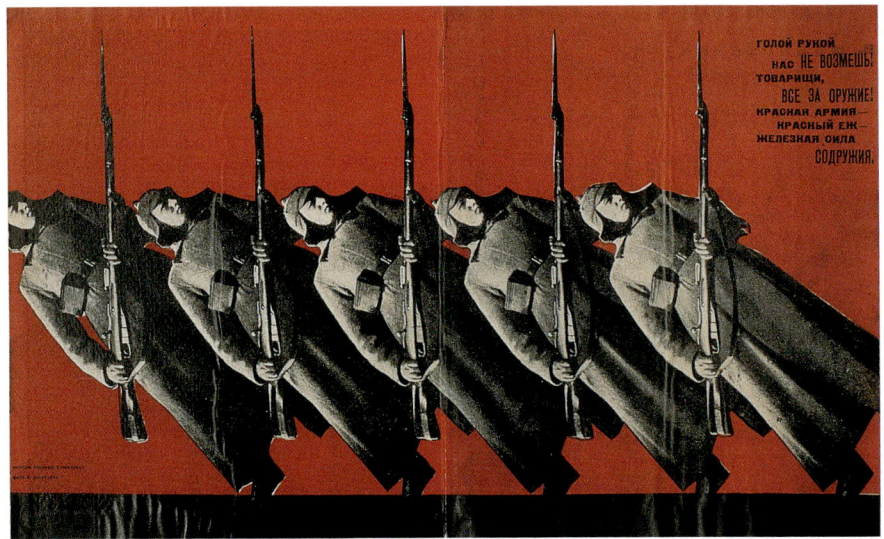

Varvara Stepanova

1894 Kovno, Lituanie
1958 Moscou

▲ Pages de garde pour le livre de Vladimir Maïakovski *Groznij smech*, 1932

De 1910 à 1911, Varvara Stepanova étudie les beaux-arts à Kazan. En 1912, elle s'installe à Moscou, où elle suit les cours de l'Institut Stroganov de 1913 à 1914. A partir de 1918, elle assiste aussi à ceux de la section Izo du NKP (le département beaux-arts du Narkompros). Protagoniste active de l'**Avant-Garde** moscovite, Varvara Stepanova va travailler comme peintre et comme illustratrice. En 1922, elle crée pour « La Mort de Tarelkine » des costumes qui révèlent une approche fonctionnelle du stylisme vestimentaire. Comme son mari, **Alexandre Rodchenko**, elle est une figure majeure du **Constructivisme** russe. De 1923 à 1924, elle réalise des tissus pour la Pervaya Gosudarstvennaya Sittenabivnaya Fabrika (Première usine textile d'Etat), près de Moscou. Au cours de cette période, elle fabrique cent cinquante cartons : vingt-cinq de ses tissus à motifs géométriques seront exécutés. De 1924 à 1925, elle enseigne au département textile des **Vhutemas** (Ateliers Supérieurs d'Art et de Technologie) et, de 1923 à 1928, collabore également aux revues *LEF* et *Novyi LEF* (le « front gauche de l'art »). Vers 1925, elle se consacre au graphisme et, avec Rodchenko, travaille sur la typographie, sur des affiches, sur des maquettes de livres et de revues. Ensemble, ils ouvrent la voie à l'utilisation du photomontage, qui produit des images de propagande frappantes. Dans les années 1930, Varvara Stepanova sera graphiste pour la revue *URSS en construction*. Elle continuera de réaliser des photomontages dynamiques qui renforcent l'impact des messages politiques.

Gustav Stickley fait son apprentissage de tailleur de pierre avec son père dès 1869. En 1875, il s'installe en Pennsylvanie et travaille dans l'usine de son oncle, spécialisée dans la production de chaises cannées. Neuf ans plus tard, à Binghampton, New York, il fonde avec deux de ses frères, Albert (1862–1928) et Charles (vers 1865–1928), la Stickley Brothers Company, que rejoindront en 1888 les deux cadets Leopold (1869–1957) et John George (1871–1921). Au début, ils fabriquent surtout des copies, mais Gustav se passionne pour les idées novatrices de John Ruskin (1819–1900) et de **William Morris** et, en 1898, au cours d'un voyage en Europe, il rencontre **Charles F. A. Voysey** et découvre le travail d'autres créateurs associés aux **Arts & Crafts** britanniques. A son retour, il décide de monter seul sa propre affaire, la Gustav Stickley Company, à Syracuse, New York. En 1901, elle deviendra les United Crafts (les artisanats réunis). A l'origine, inspirée par l'idéal de Morris d'une communauté artisanale autarcique, cette entreprise est censée s'apparenter à une guilde : chacun participe aux bénéfices et le bois est fourni aux ateliers par la scierie de la communauté, dans les Adirondacks. Pourtant, avec le temps, les artisans ne touchent plus leurs dividendes. La compagnie finit par être restructurée et rebaptisée The Craftsman Workshops (Les Ateliers de l'artisan). Ses meubles en chêne massif de style Mission, simples et de belle

Gustav Stickley

1857 Osceola, Wisconsin
1942 Syracuse, New York

▼ Buffet en chêne pour les Craftsman Workshops, vers 1902–1903

Gustav Stickley · **669**

▶ Lustre en fer forgé et cuivre martelé pour les Craftsman Workshops, vers 1905

facture, lui assurent une renommée certaine. En 1901, Stickley lance la revue *The Craftsman* (L'Artisan), afin de promouvoir ce type de réalisations, ainsi que la philosophie artistique et sociale du mouvement Arts & Crafts. L'année suivante, il ouvre un atelier de ferronnerie. En 1903, Harvey Ellis (1852–1904) rejoint l'entreprise : ses créations, souvent incrustées de métal, sont plus raffinées que celles de Stickley. Les articles produits par The Craftsman Workshops sont tout d'abord commercialisés dans des catalogues de vente par correspondance, jusqu'en 1913, année d'ouverture d'un magasin d'exposition de douze étages à New York. Deux ans plus tard, cette extension trop ambitieuse conduit l'entreprise à la faillite et à son absorption par la L. J. G. Stickley.

Adelgunde « Gunta » Stölzl étudie à la Kunstgewerbeschule (Ecole des Arts Appliqués) de Munich de 1913 à 1917. Infirmière dans un hôpital de campagne entre 1917 et 1918, elle reprend ses études au **Bauhaus** de Weimar après la guerre. Là, elle suit l'enseignement de Paul Klee (1879–1940), assiste au cours préliminaire de **Johannes Itten**, et travaille dans l'atelier de tissage, où elle crée une garniture pour le siège et le dossier d'une chaise créée par **Marcel Breuer** (1921). Elle réalise également des tissus pour la maison Sommerfeld de **Walter Gropius** (1921–1922). Vers 1923, elle obtient le grade de « compagnon » puis, en 1924, apprend la teinture et les techniques de production à la Fachschule für Textil-Industrie (école du textile) de Krefeld. La même année, elle ouvre à Herrliberg, près de Zurich, les tissages Ontos dont elle va assurer la direction pendant neuf mois. En 1925, elle retourne au Bauhaus et devient « maître » dans l'atelier de tissage, qu'elle dirigera ensuite à partir de 1927. Elle quitte l'école en 1931 et, avec deux de ses anciens étudiants, Gertrud Preiswerk et Heinrich Otto Hürlimann, fonde à Zurich les S-P-H Stoffe (Tissus SPH), qui fabriqueront notamment des tapis et des tissus d'ameublement pour Wohnbedarf. A partir de 1937, elle assume seule la direction de l'atelier et, deux ans plus tard, présente son travail à l'Exposition nationale suisse. Dans les années 1950, elle réalise des tapisseries et ne ferme son entreprise qu'en 1967. Gunta Stölzl est la seule grande créatrice textile du Bauhaus : au cours de sa carrière, elle a opéré la transition décisive de l'artisanat à la production industrielle.

Gunta Stölzl
1897 Munich
1983 Küssnacht, Suisse

◄ Projet à l'aquarelle pour un tissu, vers 1925–1926

Marianne Straub

1909 Amriswill, Suisse
1994 Berlingen

Marianne Straub commence à tisser dès l'enfance, puis, de 1928 à 1931, se forme avec Heinrich Otto Hürlimann (ancien élève de **Gunta Stölzl**) à la Kunstgewerbeschule (Ecole des Arts Appliqués) de Zurich. Intéressée par les techniques de fabrication industrielles plutôt qu'artisanales, elle poursuit ses études au Bradford Technical College, en Angleterre, où, de 1932 à 1933, elle apprend le tissage sur métier mécanique. Elle travaille quelque temps chez Gospels, l'atelier d'Ethel Mairet (1872–1952), à Ditchling, un atelier de tissage artisanal où l'on utilise des teintures naturelles. De 1934 à 1937, elle devient conseillère en design auprès du Rural Industries Board, qui veille sur les intérêts des filatures lainières du Pays de Galles. Grâce à ses connaissances techniques et à la modernité de ses créations, dont ses tissus d'ameublement pour **Gordon Russell**, elle parvient à revivifier l'industrie du tissage dans cette région. En 1937, elle est nommée styliste en chef de l'entreprise textile Helios, à Bolton, une filiale de Barlow & Jones. Elle y dessine une ligne de tissus imprimés modernes et, en dépit des restrictions imposées par la guerre, fait un usage novateur de différents fils. En 1947, elle devient PDG de la société, qui sera rachetée trois ans plus tard par Warner & Sons. Représentante de Warner, elle est invitée à participer au Festival Pattern Group, créé pour le Festival de Grande-Bretagne par Mark Hartland Thomas, le directeur du Council of Industrial Design. Les motifs biomorphiques de son rideau *Surrey*, en rayonne et laine (1951), conçu spécialement pour l'exposition, évoquent les irisations de certains cristaux et révèlent l'intérêt de l'époque pour la cristallographie et la chimie moléculaire. Marianne Straub réalise également des tissus pour Heals et Tamesa Fabrics et enseigne au **Royal College of Art**, ainsi qu'à la Central School of Arts & Crafts de Londres.

▼ Rideau *Surrey* pour Warner & Sons, 1951

◀ *Jumo*, lampe en bakélite de style Streamline pour Jumo Brevete, Paris, 1945

Streamlining
Style Streamline

Le style Streamline – configurations arrondies, polies, souvent profilées en forme de larme – est d'abord utilisé au début du XXe siècle dans les transports (bateau, avion ou automobile) afin d'améliorer la performance dynamique et aérodynamique des véhicules à grande vitesse. Dès les années 1930, pourtant, on lui découvre une vocation moins fonctionnelle : donner aux produits domestiques un air plus lisse et attirant pour le consommateur. En Amérique, le crash de Wall Street en 1929, la dépression qui s'ensuit et l'instauration en 1932 d'un National Recovery Act (Plan de relance national) bloquant les prix à la vente, obligent les fabricants à une farouche concurrence. Plutôt que d'investir dans la mise au point de nouveaux produits, beaucoup préfèrent avoir recours à des designers pour redessiner ou « profiler » des articles

▶ **Ben Bowden**, *Bicycle of the Future* (équipée d'accumulateurs), exposée à la section « Design for the Future » de l'exposition « Britain Can Make It », 1946

existants et leur donner un air neuf. Ce profilage contribue aussi à différencier leurs produits de ceux de la concurrence ; par ailleurs, le fait de les redessiner chaque année raccourcit le cycle de vie esthétique des produits et, de ce fait, augmente les ventes. Il est intéressant de constater que beaucoup des designers américains qui s'y sont essayés – **Raymond Loewy**, **Norman Bel Geddes**, **Henry Dreyfuss** et **Walter Dorwin Teague** – travaillaient précédemment dans la mode, le théâtre ou la publicité. A l'aide de maquettes d'argile, ils parviennent à donner des formes lisses et un air moderne à presque tous les biens de consommation courante : réfrigérateurs, aspirateurs, radios, appareils photo, téléphones. Beaucoup des revêtements extérieurs de ces produits sont en bakélite, un plastique thermodurcissable parfaitement adapté au Streamline. En 1934, le réfrigérateur *Coldspot* que Loewy crée pour Sears est le premier appareil ménager vendu sur son aspect plutôt que sur ses performances techniques. Dans les années 1940, le style Streamline est déjà très répandu et on fait un triomphe à ses designers ; en 1949, Loewy est le premier à faire la couverture du magazine *Time*. Sa photo s'accompagne de cette légende : « Il donne un profil aérodynamique à la courbe des ventes. » En apportant une « valeur ajoutée » aux produits et en dopant le commerce, le style Streamline aidera les industries américaines à renouer avec la rentabilité.

Bill Stumpf étudie le design industriel à l'université de l'Illinois et le design environnemental à l'université du Wisconsin, où il obtient son diplôme en 1968. **Herman Miller** lui commande alors une chaise de bureau à la fois confortable et d'un prix abordable, qu'il souhaite vendre avec les postes de travail *Action Office II* de **Robert Propst**. Ce sera *Ergon* (1970), comme son nom l'indique l'une des premières chaises de bureau ergonomique. Entre 1970 et 1973, Bill Stumpf est vice-président de la recherche chez Herman Miller, puis, en 1973, il ouvre sa propre agence à Winona, dans le Minnesota. En 1977, il s'associe à **Don Chadwick** et, ensemble, ils réalisent la nouvelle génération de sièges de bureau d'Herman Miller : la gamme *Equa* (1984). La même année, Stumpf crée le système de bureaux paysagés *Ethospace* et, en 1992, s'associe à nouveau à Chadwick pour fabriquer *Aeron*, un siège révolutionnaire qui se fabrique en une minute seulement, et dont le tissu aéré à larges mailles permet d'éviter le rembourrage, opération toujours coûteuse en temps. Tout comme **George Nelson** et Robert Propst, ses prédécesseurs chez Hermann Miller, Stumpf était un inventeur de talent, et son travail a eu un impact décisif non seulement sur les produits de l'entreprise, mais sur l'environnement des bureaux en général.

Bill Stumpf
1936 Saint-Louis, Missouri
2006 Rochester, Minnesota

◄ **Bill Stumpf & Don Chadwick**, chaise de bureau *Equa* pour Herman Miller, 1984

▶ Assiette (vierge pré-révolutionnaire) décorée d'un motif suprématiste pour la faïencerie d'Etat de Petrograd, 1923

Nikolai Suetin
Nicolas Souétine

1897 Kaluzhshaya Gubenia, Russie
1954 Leningrad

Nicolas Souétine est l'élève de **Kasimir Malévitch** à l'Ecole des Beaux-Arts de Vitebsk de 1918 à 1922. En 1920, il est l'un des membres fondateurs du groupe artistique de Malévitch, Posnovis (qui deviendra plus tard Ounovis). En 1922, comme beaucoup d'autres designers, dont Malévitch et Ilya Chashnik (1902–1929), il s'établit à Petrograd. Un an plus tard, il commence à y travailler pour la faïencerie d'Etat. C'est à cette époque que Malévitch et lui créent plusieurs architectures suprématistes, appelées « architectones » et « planites ». Entre 1923 et 1926, Souétine dirige également le département d'idéologie générale de l'Inkhuk (Institut de la culture artistique) à Petrograd. En 1925, il participe à l'Exposition Internationale des Arts Décoratifs (Paris) et, de 1927 à 1930, entre au laboratoire expérimental de l'Institut d'histoire de l'art de Leningrad, travaillant aussi bien sur le mobilier que sur l'architecture. Entre 1932 et 1954, il devient le directeur artistique de la faïencerie d'Etat de Lomonosov, où il crée d'abord des céramiques suprématistes avant de passer à des créations de style populaire. En tant que chef de file de l'**Avant-Garde** russe, il conçoit le Pavillon Soviétique de l'Exposition Internationale des Arts et Techniques dans la Vie Moderne, en 1937, à Paris, et, deux ans plus tard, celui de l'Exposition Internationale de New York.

◀ Fauteuil en contre-plaqué cintré pour Makers of Simple Furniture, 1933–1934

Gerald Summers apprend la menuiserie dans le cadre de sa scolarité à Eltham College. Ayant quitté l'école à seize ans, il effectue, de 1915 à 1916, son apprentissage chez Ruston, Proctor & Co., une entreprise de constructions mécaniques du Lincolnshire. En 1916, il part se battre en France et c'est là qu'il commence à envisager de « faire des choses avec le bois ». Après la guerre, alors qu'il est cadre chez Marconi Wireless Telegraph Co. Ltd., il rencontre sa future femme et collaboratrice, Marjorie Amy Butcher. Elle désire renouveler son mobilier et, pour elle, Summers dessine une coiffeuse et une penderie. De là naîtra leur projet de fabriquer des meubles; ainsi, vers 1932, le couple fonde son entreprise : Makers of Simple Furniture (Fabricants de meubles simples) dans Fitzroy Street, à Londres. Ils produisent des meubles modernes en contreplaqué cintré, aidés en cela par les compétences techniques de Jack Pritchard, le propriétaire d'Isokon. En 1933, Summers commence à expérimenter le contreplaqué d'aviation, un bois très mince et souple qui lui permet de réaliser des formes plus organiques et novatrices, comme son fauteuil monobloc (1933–1934). Mais, en 1940, les restrictions sur les matières premières imposées par la guerre obligent la société à fermer ses portes.

Gerald Summers

1899 Alexandrie, Egypte
1967 Barnet / Londres

Superstudio

Fondé en 1966
Florence

Adolfo Natalini (1941–2020) et Cristiano Toraldo di Francia (1941–2019) créent Superstudio en décembre 1966, à Florence, l'idée initiale étant de mener des recherches théoriques sur l'urbanisme et le design. La même année, Florence connaît l'une des pires crues de l'Arno de son histoire : deux événements qui, d'une certaine manière, viennent symboliser l'anéantissement de la culture traditionnelle. En effet, Superstudio remet en cause le **Rationalisme** en matière de design et cherche à remplacer la ville, en tant que système de hiérarchies sociales, par « un nouvel état d'égalité et de liberté ». Ses projets provocateurs de « superstructures » comme « Il momento continuo » (1969), révèlent un univers onirique d'où les biens de consommation auraient disparu et où l'architecture serait soit antifonctionnelle et autodestructrice, soit symbolique. Le groupe participe aux deux expositions « Superarchitettura » de Pistoia et Modène, respectivement en 1966 et 1967. En 1970, en collaboration avec Groupo 9999, il fonde une « Ecole indépendante pour le développement d'une architecture conceptuelle » (Sine Space School). Dans les années 1970, Alessandro Magris (1941–2010), Roberto Magris, Gian Pietro Frassisinelli et Alessandro Poli rejoignent le groupe. En 1972, Superstudio participe à la section « Counterdesign as Postulation » (L'Anti-Design comme postulat) de l'exposition « Italie : Le nouveau paysage domestique » au **Museum of Modern Art de New York**. Son travail a eu une influence capitale dans l'évolution du **Design Radical**.

▶ Table *Quaderna* à stratifié quadrillé de Abet pour Zanotta, 1971 – élaborée à partir des *Istogrammi d'architettura* (Histogrammes d'architecture) conçus par le groupe en 1969

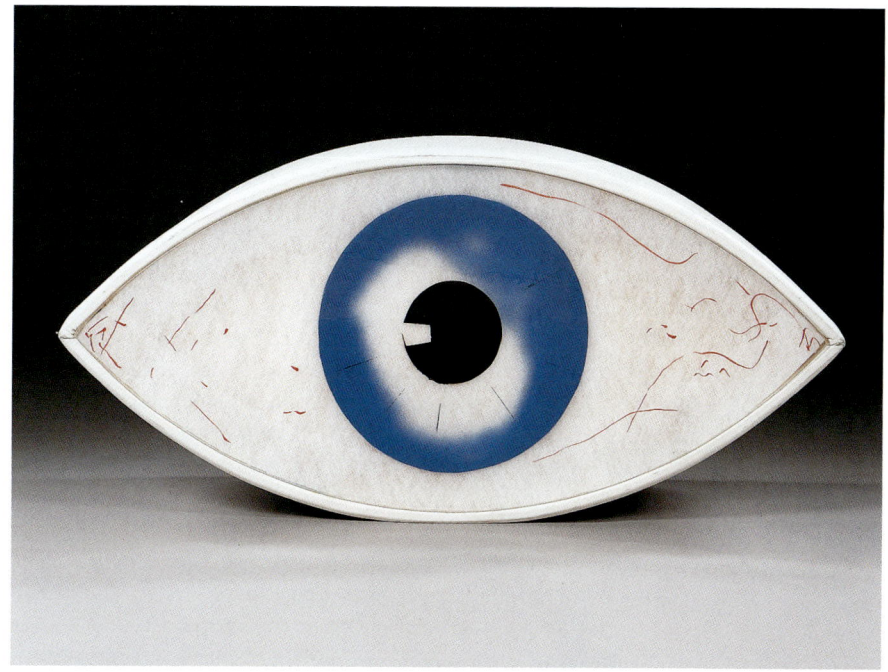

Directement inspiré par les recherches sur l'inconscient et l'analyse des rêves menées par Sigmund Freud (1856–1939), en tant que mouvement artistique le Surréalisme peut aussi être tenu pour une émanation du symbolisme et du dadaïsme auxquels il est venu se substituer. On pense que c'est Guillaume Apollinaire (1880–1918) qui a inventé le terme en 1917, André Breton (1896–1966) écrivant le *Manifeste du surréalisme* en 1924. Il y définit le Surréalisme comme un « automatisme psychique pur par lequel on se propose d'exprimer [...] le fonctionnement réel de la pensée. Dictée de la pensée, en l'absence de tout contrôle exercé par la raison, en dehors de toute préoccupation esthétique ou morale ». Dans les années 1920, les tenants du Surréalisme, comme Salvador Dalí (1904–1989) et Man Ray (1890–1976), créent des assemblages qui cherchent à combiner objectivité et subjectivité, raison et non-sens, conscient et subconscient. Dans les années 1930, le mouvement se fait plus politique et nombre de ses membres s'engagent activement dans le Parti communiste. Son antirationalisme s'oppose à toute idée préconçue sur la nature de l'art ou du design et brouille les distinctions entre eux : on peut, par exemple, considérer le canapé *Mae West* de Salvador Dalí (vers 1936) comme une œuvre d'art fonctionnelle.

Surrealism
Surréalisme

▲ **Man Ray**, chaise *Le Témoin* pour Gavina, 1971

Swiss School
Ecole Suisse
Suisse

On désigne par le terme d'« Ecole Suisse » un style typographique mis au point à Zurich et à Bâle avant et pendant la Seconde Guerre mondiale. La Suisse ayant conservé sa neutralité politique pendant la guerre, les designers suisses se sentent libres de développer les théories typographiques avancées par le **Bauhaus**. Ernst Keller (1891–1968), enseignant à la Kunstgewerbeschule (Ecole des Arts Appliqués) de Zurich dès 1918, s'est déjà taillé une excellente réputation à l'échelon national pour sa typographie et son graphisme novateurs. Son élève, Theo Ballmer (1902–1965), qui a fait son apprentissage au Bauhaus, mêle à une approche rationnelle des principes spatiaux inspirés par **De Stijl** afin de créer des grilles de maquettes. Dans les années 1920, le graphisme de l'Ecole Suisse se caractérise par l'emploi du photomontage et de nouvelles polices de caractères (caractères sans empattements). Dans les années 1930, **Max Bill**, lui aussi élève au Bauhaus, y introduit une maquette asymétrique d'inspiration constructiviste. Parfois appelé « style graphique international », dans les années 1930 et 1940, le style de l'Ecole Suisse a les caractéristiques suivantes : caractères sans empattements, utilisation de l'« espace blanc » et de la « photographie objective » (c'est-à-dire d'images réalistes). En résulte une esthétique « réductiviste », d'une précision clinique. L'Ecole Suisse exposera ses travaux à l'Exposition nationale suisse de 1939. Dans les années 1950–1960, son influence dépassera les frontières grâce à la revue *New Graphic Design*, créée en 1959. Le succès de ses caractères – *Univers* 1954, conçu par **Adrian Frutiger**, ou *Helvetica*, redessiné en 1957 par Max Mieddinger (1910–1980) – contribue aussi beaucoup à sa renommée internationale. Dans les années 1960, Karl Gerstner (1930–2017) et Wolfgang Weingart (1941–2021) exploreront des mises en pages plus expressives sans abandonner pour autant l'approche moderniste de l'école.

▼ **Karl Gerstner**, affiche *auch Du bist liberal* (*toi aussi tu es libéral*), 1959

◂ Verre *Perrier*, 1996

◂◂ Guéridon *Pi* pour Néotu, 1984

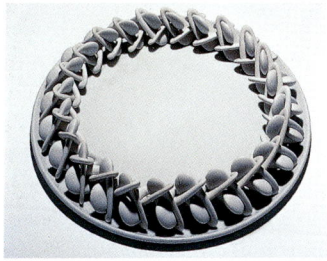

◂ *Message*, serviette pour la maroquinerie Delvaux, 1992

◂◂ Centre de table en biscuit, *Collection Satragno* pour le CRAFT (Centre de Recherche sur les Arts du Feu et de la Terre) de Limoges, 1994

Martin Székély fait ses études à Paris, d'abord à l'Ecole Estienne, puis à l'Ecole Boulle. En 1979, il crée pour Souvagnat vingt-cinq pièces qui sont exposées au Salon du meuble à Paris. En 1983, il réalise sa chaise longue *Pi* pour VIA et, deux ans plus tard, la Collection Pi, lancée par Néotu. Ces premières créations aux qualités graphiques certaines sont exemplaires du style Matt Black (noir mat) lisse. A la fin des années 1980, les meubles de Székély – sa chaise *Marie-France* pour Néotu (1989), par exemple – adoptent des formes plus sculpturales et colorées. Il aménage plusieurs salles du musée de la Picardie à Amiens (1986–1992), la boutique Régina Rubens à Paris (1992), dessine les plans du commissariat de police de La Courneuve (1992), le podium des Jeux Olympiques d'hiver de 1992, à Albertville, et, en 1994, les bancs de la cathédrale d'Evry construite par **Mario Botta**. Dans les années 1990, il réalise un grand nombre d'éléments du mobilier urbain de J. C. Decaux : réverbères, cabines téléphoniques, kiosques, bancs, bornes et poteaux indicateurs.

Martin Székély

Né en 1956 Paris

Kazuhide Takahama

1930 Mijasaki, Japon
2011 Paris

▲ Canapé *Suzanne* pour Gavina et Knoll International, 1965

Kazuhide Takahama étudie l'architecture à l'université industrielle de Tokyo, où il obtient son diplôme en 1953. En matière de design, il adopte l'approche fonctionnaliste du **Mouvement Moderne** avec une sensibilité toute japonaise aux matériaux et à l'esthétique. En 1954, lors de la Xe Triennale de Milan, il rencontre le fabricant de meubles Dino Gavina, qui va l'inviter à travailler pour lui en Italie. Sa première création pour Gavina est *Naeko* (1957), un canapé-lit aux lignes géométriques sévères. Plus tard, il crée *Dadà* (1965), un meuble de rangement modulaire lui aussi très rationnel, composé de cubes empilables en bois, ou en plastique moulé par injection. En 1965, Takahama réalise également les sièges *Suzanne*, *Raymond* et *Marcel* – autant de prénoms en hommage à Marcel Duchamp (1887–1968), à son frère et à sa sœur–, en mousse de polyuréthanne, un polymère qu'il réutilisera trois ans plus tard pour le système *ESA* (1968), dont les blocs peuvent former des lits, des canapés ou des chaises. Il crée des meubles en contreplaqué d'une géométrie élémentaire, mais laqués à la manière traditionnelle – chaise *Kazuhide* (1968), table à abattant *Antella* (1978), placard *Bramante* (1973)–, ainsi que plusieurs luminaires novateurs pour Gavina, dont la série *Saori* (1973) en hommage au peintre et sculpteur Lucio Fontana (1899–1968). Les créations très pures de Takahama atteignent une dimension universelle par un habile mariage des cultures occidentale et orientale.

Roger Tallon étudie l'ingénierie électrique à Paris de 1947 à 1949, puis, de 1951 à 1953, travaille comme styliste au Studio Avas. En 1953, il rencontre le designer industriel et théoricien Jacques Viénot (1893–1959) et intègre le bureau d'études Technès, où il devient directeur de recherches en 1960. Là, il conçoit un grand nombre de nouveautés, parmi lesquelles des appareils photo pour SEM (1957 et 1961), une machine à écrire pour Japy (1960), un téléviseur portable pour Téléavia (1963), la gamme de meubles *Module 400* (1964), un escalier modulaire hélicoïdal en aluminium pour Lacloche (1966), des verres pour Daum (1970) et la montre *Chronographe X* pour LIP (1973). De 1957 à 1964, il est également conseiller chez General Motors pour le design des réfrigérateurs Frigidaire. En 1963, il commence à enseigner à l'ENSAD (Ecole Nationale Supérieure des Arts Décoratifs) et crée en 1973 l'agence de design pluridisciplinaire Design Programmes SA. A la fin des années 1960 et dans les années 1970, Roger Tallon se taille une réputation internationale grâce à ses créations dans le domaine des transports: métro de Mexico (1969) et train *Corail* (1977) pour la SNCF. En 1983, il s'associe à **Pierre Paulin** et Michel Schreiber (né en 1950) pour fonder ASDA + Partners, tout en continuant de dessiner des trains: *TGV Atlantique* (1988) pour la SNCF, *Eurostar* (1987) pour Euro-Tunnel. En 1973, il reçoit à Londres le titre de «designer royal honoraire pour l'industrie» et, en France, le grand prix national de la création industrielle, en 1985. Très tournées vers l'ingénierie, les réalisations de ce grand designer français sont innovantes, tant sur le plan matériel que structurel.

Roger Tallon
1929 Paris
2011 Paris

▼ Chaises *Module 400* éditées par Lacloche, 1964

Vladimir Tatlin
Vladimir Tatline

1885 Moscou
1953 Novodevitchi, Russie

▼ Maquette du Monument à la IIIe Internationale, 1919-1920

Vladimir Tatline étudie à l'Ecole de Peinture, Sculpture et Architecture de Moscou, ainsi qu'à l'Institut des Beaux-Arts de Penza. Il commence à travailler comme peintre et, en 1911, s'associe à **Kasimir Malévitch**. Deux ans plus tard, il fait la connaissance de Pablo Picasso (1881-1973), dont les collages le fascinent tant qu'il se met lui-même à réaliser des compositions en relief où se mêlent tôle, verre, fil de fer et « objets trouvés ». Dans les années 1910, il se lie aux futuristes russes, un mouvement littéraire pour qui révolution politique et artistique doivent aller de pair. Protagoniste de l'**Avant-Garde**, il réalise avec **Alexandre Rodchenko** et G. Yakulow (1884-1928) le mobilier constructiviste du Café Pittoresque (1917). En charge du Plan de Propagande Monumentale de Lénine après la Révolution de 1917, il conçoit le Monument à la IIIe Internationale (1919-1920), dont la maquette est exposée à Moscou et à Petrograd. Cette spirale irréalisée et sans doute irréalisable devait être fabriquée avec des poutrelles de fer et supporter des salles pivotantes. Inspirée par des monuments comme la tour Eiffel, elle symbolise, par la modernité de sa structure, le désir révolutionnaire d'un nouvel ordre mondial. Il en émane une tension et un dynamisme qui illustrent bien le **Constructivisme** russe. En

1918, Tatline est nommé président de la section Izo du NKP (le département beaux-arts du Narkompros), à Moscou, et de 1919 à 1920, dirige également le département peinture des Svomas (rebaptisés plus tard **Vhutemas**). En 1921, il ouvre à Petrograd un atelier où il va se concentrer sur « les volumes, les matériaux et la construction ». Au nombre de ses réalisations, une chaise en porte-à-faux en acier tubulaire (1927-1928) et le planeur *Létatline* (1932). En 1921, il fonde une section « art industriel » au musée de la Culture artistique de Petrograd et enseigne le design industriel aux Vhutemas à partir de 1927. Son enseignement comme son œuvre se nourrissent de sa fascination pour la « culture des matériaux ».

◀ Lampe de bureau, modèle n° 114 *Executive*, pour Polaroid, 1939

De 1903 à 1907, Walter Dorwin Teague suit les cours du soir de l'Art Students League de New York, avant de travailler comme illustrateur pour un catalogue de vente par correspondance, ainsi que pour l'agence de publicité new-yorkaise Ben Hampton. En 1912, il ouvre son propre studio de typographe et graphiste indépendant. C'est en 1926, au cours d'un séjour à Paris, qu'il découvre l'œuvre de **Le Corbusier**. A son retour à New York, il crée une agence-conseil en design industriel – l'une des premières du genre – et commence en dessinant des appareils photo pour Eastman Kodak, dont le *Bantam Special* (1936), plus convivial et compact que les modèles antérieurs. En 1930, il conçoit avec son fils la carrosserie de la *Marmon Model 16*, dont le profilage aérodynamique offre moins de résistance à l'air que les autres automobiles de l'époque. Il utilisera le **style Streamline** pour d'autres produits : verreries

Walter Dorwin Teague

1883 Decatur, Indiana
1960 Flemington, New Jersey

pour la division Steuben de Corning Glass Works, vaisselle pour Pyrex, stylos et briquets pour Scripto, lampes pour Polaroid, machines à ronéotyper pour A. B. Dick, postes de radio pour Sparton et Piano du Centenaire pour Steinway. Outre des articles de consommation courante, Teague réalise une carrosserie de camion en plastique pour UPS, des supermarchés pour Colonial Stores, les aménagements intérieurs du Boeing 707, le Pavillon des Etats-Unis dans diverses foires commerciales internationales, des scénographies d'exposition pour Ford, des stations-service pour Texaco, ainsi qu'un grand nombre d'objets présentés à l'Exposition Internationale de New York en 1939, dont sa gigantesque caisse enregistreuse pour la National Cash Register Company. Il est aussi l'auteur du capital *Design This Day – The Technique of Order in the Machine Age* (1940), qui célèbre le «style nouveau et fascinant» né des possibilités offertes par les machines. Son attachement aux proportions, à la symétrie, ainsi qu'à des méthodes de fabrication mécanisées est à l'origine de ses créations à la fois novatrices et fonctionnelles.

▶ Radio *Bluebird* pour Sparton, 1934–1936

◀ Chaise *Follia*, 1934–1936 (rééditée par Zanotta)

Giuseppe Terragni suit les cours du Lycée Technique de Côme, avant d'étudier l'architecture au Politecnico di Milano (Ecole Polytechnique de Milan), où il obtient son diplôme en 1926. La même année, il devient l'un des membres fondateurs du Gruppo Sette (groupe des Sept), créé à Milan par de jeunes architectes rationalistes. En 1927, avec son frère Attilio, il ouvre une agence à Côme, puis réalise dans cette même ville le très controversé Novocomum, un immeuble d'habitation de cinq étages (1927–1928). Figurant parmi les chefs de file du rationalisme italien, il participe à la première exposition d'«Architecture Nationale» qui se tient à Rome en 1928 et construit à Côme la Casa del Fascio (1932–1936), siège du parti fasciste. Pour ce bâtiment en forme de boîte, il dessine un mobilier sur mesure, dont la chaise en porte-à-faux *Sant'Elia*, en acier tubulaire chromé et cuir (1936), et la chaise *Follia* (1934–1936). On compte parmi ses autres réalisations la maternelle Asilo Sant'Elia (1936) et la Casa Giuliani Frigerio (1939–1940), à Côme, la Casa Bianca de Seveso (1936–1937) et la Casa del Fascio de Lissone (1938–1939). Lors de la Seconde Guerre mondiale, il est envoyé sur le front russe, et il rentre en Italie en 1943, gravement déprimé. Les créations raffinées de Terragni illustrent bien le style sévère et très formaliste du **Rationalisme** italien.

Giuseppe Terragni
1904 Meda, Italie
1943 Côme, Italie

▶ Page extraite du catalogue de Gebrüder Thonet, 1904

▶▶ Modèle n° 14, fauteuil pour Gebrüder Thonet, vers 1859

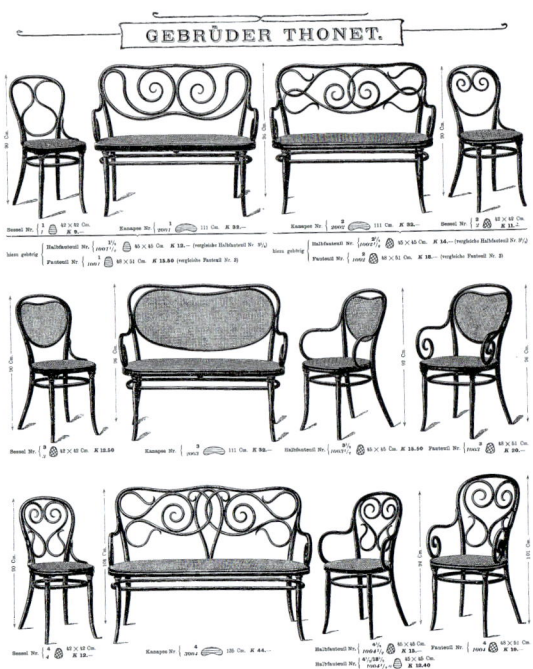

Michael Thonet

1796 Boppard, Allemagne
1871 Vienne

En 1819, Michael Thonet ouvre une fabrique de meubles dans sa ville natale de Boppard am Rhein. Vers 1830, il commence à étudier la technique du bois cintré et réalise plusieurs sièges de style Biedermeier qu'il présente aux expositions de Coblence en 1841 et Mayence en 1842. Ils recueillent un succès tel que le prince de Metternich invite leur créateur à Vienne. La cour autrichienne accorde à Thonet un brevet d'invention pour sa nouvelle technique de pliage du bois stratifié. Avec l'ébéniste viennois Carl Leistler, Thonet commence alors à travailler à des sièges destinés au palais Liechtenstein. Aidés par le prince de Liechtenstein et par l'architecte britannique P. H. Desvignes (1804-1883), Thonet et ses fils – Franz, Michael, August et Joseph – ouvrent, en 1849, leur fabrique de meubles à Gumpendorf, dans la banlieue de Vienne. Pendant deux ans, ils mettent au point des techniques de fabrication en série, dont le chauffage du bois à la vapeur avant la mise en forme. Les Thonet exposent leurs nouvelles créations à la Great Exhibition de Londres en 1851 où ils remportent une médaille de bronze. Dès 1853, l'entreprise, appelée désormais Gebrüder Thonet (Thonet et frères), emménage dans des locaux plus spacieux et produit en série des chaises dont les lignes, sous l'influence du regain rococo de l'époque et du goût pour les courbes, se caractérisent par

▲ Publicité de Gebrüder Thonet représentant la chaise modèle *B32* de Marcel Breuer, 1933

une composition simple, rejetant tout ornement superflu. En 1857, la société ouvre une première usine à Korycany, en Moravie, et ne cesse de se développer dans les années qui suivent : cette réussite extraordinaire due à une mécanisation de la production lui permet de vendre à des prix très compétitifs. Un exemple : en 1860, son modèle le plus célèbre, la chaise *n° 14*, coûte moins cher qu'une bouteille de vin. Dès 1891, ces chaises de bistrot semblent douées d'ubiquité : il s'en est déjà vendu sept millions trois cent mille. Au début des années 1900, beaucoup des plus grands architectes viennois, dont **Josef Hoffmann**, se mettent à dessiner des meubles dans le style Sécession pour Gebrüder Thonet. En 1929, la filiale française est créée, Thonet Frères, qui fabrique les créations progressistes en acier tubulaire de **Marcel Breuer**, **Ludwig Mies van der Rohe** ou **Le Corbusier**. La fabrique déménagera plus tard à Frankenberg, mais Thonet continuera d'éditer les anciens modèles comme les nouveaux.

Matteo Thun étudie l'architecture à l'université de Florence, d'où il sort diplômé en 1975, puis la sculpture à l'Académie Oskar Kokoschka de Salzbourg et à l'université de Californie, à Los Angeles. Recommandé par **Marco Zanini**, il est invité à rejoindre l'agence de design d'**Ettore Sottsass**, Sottsass Associati, et devient par la suite l'un des cofondateurs de **Memphis**. Il réalise plusieurs céramiques pour la première collection du groupe, notamment le service à thé *Nefertiti* et le vase *Tuja* : lignes géométriques audacieuses et motifs gris et rouges. En 1982, il conçoit, toujours pour Memphis, une large gamme d'objets en porcelaine blanche, épurés par rapport à ses céramiques antérieures, mais aux lignes étranges – comme ses pièces en forme de nuages. Ces créations sont partiellement décorées d'un motif tacheté imprimé en sérigraphie : plateau en porcelaine *Manitoba*, vase *Titicaca*, coupe à fruits *Kariba*, amphore *Garda*, théière *Chad*, tasse *Onega*, vase *Ladoga*. En 1982, Matteo Thun réalise également quatre théières aux lignes insolites – vagues, formes géométriques, zigzags – en totale contradiction avec tous les préceptes du **Bon Design** fonctionnel. La même année, il commence à enseigner à la Kunstgewerbeschule (Ecole des Arts Appliqués) de Vienne, et ses étudiants l'aident à réaliser son projet « In the Spirit of the USA » : une commande à tirage limité de Villeroy & Boch. En 1983, il crée ses purs vases blancs *Volga* et *Danubio*, ainsi que trois plafonniers. Thun quitte Sottsass Associati en 1984 et, un an plus tard, publie un manifeste intitulé *The Baroque Bauhaus*, exhortant les designers à intégrer à leur travail des références décoratives historiques. Il est aussi le créateur pour Bieffeplast du semainier en métal *Settimana* (1985) et des luminaires *Stillight* (milieu des années 1980), du vase *Via Col Vento* pour Lobmeyr (1986) et des tapis de la collection *Dialog* chez Vorwerk (1988).

Matteo Thun
Né en 1952 Bolzano, Italie

▼ Vases *Danubio* et *Volga* fabriqués par Porcellane d'Arte San Marco pour Memphis, 1983

Louis Comfort Tiffany est le fils de Charles Lewis Tiffany (1812–1902), fondateur, en 1853, de la fameuse orfèvrerie et joaillerie new-yorkaise, Tiffany & Co. Louis Comfort étudie la peinture en 1896 avec George Inness (1825–1894) et, l'année suivante, expose ses toiles à la National Academy of Design de New York. Il commence à travailler sur verre en 1873 et, en 1879, monte avec Candace Wheeler, Lockwood de Forest et Samuel Colman une entreprise de décoration, Louis C. Tiffany & Associated Artists. Elle reçoit vite de nombreuses commandes, parmi lesquelles l'aménagement intérieur de la maison de Mark Twain (1880–1881) et celui de plusieurs salons de la Maison Blanche pour le Président Chester A. Arthur (1882–1883). La Tiffany Glass Company succède à Tiffany & Associated Artists, dissoute en 1883. Puis, en 1892, lorsque Tiffany crée une verrerie à Corona, sur Long Island, elle devient la Tiffany Glass & Decorating Company. Un an plus tard, celle-ci commence à produire les créations en verre lustré *Favrile* et Tiffany présente son impressionnante chapelle « byzantine » – mosaïques, lampes, lustres de verre et vitraux – à la World's Columbian Exposition de Chicago. Les vases *Favrile*, conçus comme de la « verrerie d'art », ne ressemblent à rien de ce qui se fait alors en Amérique. **Siegfried Bing** expose les objets et vitraux de Tiffany dans sa galerie L'Art nouveau, à Paris, de 1895 à 1899. Ils sont aussi présentés à l'Exposition Universelle de Paris en 1900 et, la même année, leur créateur rebaptise son entreprise Tiffany Studios. A la mort de son père, en 1902, Louis Comfort Tiffany devient directeur artistique de Tiffany & Co., pour qui il commence à réaliser des bijoux. Tiffany Studios continuera d'assurer la production de ses ravissantes créations de style **Art nouveau** jusqu'à la fermeture de la verrerie, en 1924.

Louis Comfort Tiffany
1848 New York
1933 New York

◄ Lampe *Pond Lily* pour Tiffany Studios, vers 1900

▼ Vase *Jack-in-the-Pulpit* pour Tiffany Studios, 1907

Total Design

Fondé en 1963
Pays-Bas

Créée en 1963 à Amsterdam par le typographe Wim Crouwel (1928–2019) et quatre de ses confrères – dont le créateur de meubles Friso Kramer (1922–2019) et le graphiste Benno Wissing (1923–2008)–, l'agence Total Design a une ambition pluridisciplinaire, comme le suggère l'adjectif «total». Au titre de ses premières commandes, elle doit notamment repenser l'**identité visuelle** de la compagnie pétrolière PAM (1964), depuis les logotypes jusqu'aux pompes à essence et stations-service. En 1965, elle est sollicitée afin d'imaginer la nouvelle signalétique de l'aéroport Schiphol d'Amsterdam. Wissing dirige le projet (1967), l'un des premiers programmes de signalétique globale. La simplicité visuelle de ce système particulièrement élaboré – caractères sans empattements et symboles clairs–, aura une influence considérable sur la signalétique des transports publics dans le monde entier. Par la suite, Total Design s'agrandit, créant des subdivisions par équipes de créateurs. Elle réalise, entre autres, une maquette standardisée et une police de caractères unique pour les catalogues du musée Stedelijk. Plus tard, elle créera un logotype pour la poste néerlandaise PTT (1978–1979). On reconnaît dans l'audacieuse simplicité de ses créations graphiques et typographiques l'influence minimaliste de l'**Ecole Suisse**. Total Design a réintroduit la ligne droite dans le graphisme hollandais.

▼ Projet signalétique pour l'aéroport Schiphol d'Amsterdam, 1967

Fils d'un peintre d'enseignes, Jan Tschichold étudie le graphisme à l'Akademie für Graphische Künste und Buchgewerbe (Académie des Arts Graphiques et des Métiers du Livre) de Leipzig, de 1919 à 1921. En 1923, il visite l'exposition du **Bauhaus** à Weimar et découvre le graphisme de **László Moholy-Nagy**, ainsi que la « nouvelle typographie » préconisée par l'école. Il deviendra par la suite l'un des principaux représentants de cette nouvelle approche de la typographie : caractères sans empattements, anhistoriques, mises en pages asymétriques et simplifiées. Son manifeste, intitulé *elementare typographie*, publié en 1925, expose ses dix commandements : la typographie doit être d'abord fonctionnelle, sociale, support de communication. Tschichold préconise aussi l'usage de la photo, qui renforce l'impact du graphisme, comme dans ses affiches pour les cinémas Phoebus-Palast. A partir de 1926, il enseigne à l'université de Munich et, en 1928, publie un ouvrage capital : *Die Neue Typographie*. En 1933, il émigre en Suisse ; là, il explore des formes typographiques « classiques ». Plus tard, de 1946 à 1949, il travaille en Grande-Bretagne où il réalise une maquette standardisée pour les Penguin Books. Protagoniste majeur de la nouvelle typographie, Tschichold est aussi un représentant essentiel de l'**Ecole Suisse**.

Jan Tschichold

1902 Leipzig, Allemagne
1974 Locarno, Suisse

▲ Affiche de l'exposition « der berufsphotograph, sein werkzeug – seine arbeiten » (le photographe professionnel, son outil – ses œuvres), organisée à Bâle, 1938

▶ Bouilloire à thé en cuivre nickelé pour le Metallwerkstatt Wolfgang Tümpel, 1927

Wolfgang Tümpel

1903 Bielefeld, Allemagne
1978 Herdecke, Allemagne

Apprenti orfèvre dans l'atelier d'August Schlüter, Wolfgang Tümpel étudie à la Kunstgewerbeschule (Ecole des Arts Appliqués) de Bielefeld, de 1921 à 1922. Puis, pendant trois ans, il est élève au **Bauhaus** de Weimar, suivant à la fois le cours préliminaire et un apprentissage en orfèvrerie. Il apprend le travail du métal avec Karl Müller (1888–1972) et obtient son grade de compagnon à la Kunstgewerbeschule Burg Giebichenstein de Halle, en 1926. Membre de la Société d'orfèvrerie en 1927, il fonde à Halle le Werkstatt für Gefässe-Schmuck-Beleuchtung (Atelier de vaisselle, joaillerie et luminaires). Là, il réalise des créations standardisées destinées à la production industrielle, dont ses lampes cylindriques pour Goldschmidt und Schwabe et sa bouilloire à thé en cuivre nickelé (1927), dont les formes sont coulées sur des moules volumétriques. En 1929, il part pour Cologne, où il dessine des objets en métal pour WMF et en argent pour Bruckmann & Söhne. De 1934 à 1950, il dirige son propre atelier à Bielefeld, de 1951 à 1968, enseigne à la Landeskunstschule (Ecole supérieure d'Arts Plastiques) de Hambourg et, en 1968, monte un nouvel atelier à Hambourg-Ahrensburg. Ses créations élégantes et fonctionnelles combinent le vocabulaire géométrique formel du Bauhaus et les principes de **standardisation** adoptés à Halle.

◄ **Oscar Tusquets Blanca & Lluís Clotet**, Ventilateur *Campana Diáfana* pour B. D. Ediciones de Diseño, 1979

A Barcelone, Oscar Tusquets Blanca étudie la peinture, l'architecture et le design à la Escuela de Artes y Oficios de la Llotja de 1954 à 1960. Toujours à Barcelone, de 1958 à 1965, il se spécialise dans l'architecture en suivant les cours d'Oriol Bohigas (1925–2021) et Frederico Correa à la Escuela Técnica Superior de Arquitectura, tout en travaillant dans le cabinet de Correa et Alfonso Milá. En 1964, il s'associe à Pep Bonet, Cristian Cirici et Lluís Clotet, nés comme lui en 1941, pour fonder l'agence Studio PER. Elle sera remarquée pour sa démarche architecturale originale et son soin du détail, tant dans les constructions que dans les aménagements intérieurs et les créations de meubles. En 1972, le groupe monte sa propre fabrique, B. D. Ediciones de Diseño, qui produira de nombreux meubles et objets conçus par Tusquets. La même année, celui-ci publie une édition espagnole de *Learning from Las Vegas*, de **Robert Venturi** et, avec Clotet, crée l'immeuble Belvedere Regás, l'un des premiers manifestes architecturaux du **Post-Modernisme**. Dans les années 1980, il collabore au projet *Tea & Coffee Piazza* d'**Alessi** (1983) et produit un grand nombre de meubles, comme sa chaise *Gaulino* (1987) évoquant la silhouette émaciée du Don Quichotte de Cervantes. Conférencier prolixe, Tusquets compte parmi les plus grands designers espagnols.

Oscar Tusquets Blanca
Né en 1941
Barcelone

Masanori Umeda

Né en 1941
Kanagawa, Japon

▲ Ring de boxe *Tawaraya* pour Memphis, 1981 (de gauche à droite: Aldo Cibic, Andrea Branzi, Michele De Lucchi, Marco Zanini, Nathalie du Pasquier, George Sowden, Martine Bedin, Matteo Thun et Ettore Sottsass)

▶ Chaise *Getsuen* pour Edra, 1990

Masanori Umeda étudie à l'Institut du Design Kuwasawa, où il obtient son diplôme en 1962. Entre 1967 et 1969, il travaille dans l'agence d'**Achille et Pier Giacomo Castiglioni**, à Milan, puis, de 1970 à 1979, devient conseiller en design chez **Olivetti**, où il rencontre **Ettore Sottsass** avec qui il noue des liens étroits. En 1981, Sottsass l'invite à participer à la première collection créée par **Memphis**. C'est à cette occasion qu'Umeda réalise son fameux ring de boxe *Tawaraya* (1981), symbole de la contestation post-moderniste. Il crée pour Memphis d'autres meubles qui sont autant de réflexions ironiques sur la société japonaise contemporaine – sa bibliothèque-robot *Ginza* (1982), par exemple –, ainsi que des céramiques : vase *Orinoco* (1983), coupe à fruits *Parana* (1983). En 1986, il monte sa propre agence, U-Meta Design, à Tokyo. Depuis, il a réalisé une série de meubles dans laquelle on peut voir un commentaire désabusé sur un pays déchiré entre tradition et culture moderne : desserte *Anthurium* (1990), chaises *Getsuen* (1990), *Rose* (1991) et *Orchid* (1991), éditées par Edra. Pour Umeda, le mercantilisme effréné du Japon a détruit sa beauté naturelle. Il espère redécouvrir par des lignes florales les racines de la culture nippone. Au nombre de ses créations, on remarque encore des articles de salle de bains féminins et masculins pour Xspace (1989) et plusieurs aménagements intérieurs postmodernes, dont ceux du magasin de kimonos Yamato à Yokohama (1986) et de la banque Tomato à Kurashiki (1989).

Joseph Urban

1872 Vienne
1933 New York

De 1890 à 1893, Josef Urban est étudiant à Vienne, tout d'abord à l'Akademie der Bildenden Künste avec Karl von Hasenauer, puis au Polytechnicum. En 1897, avec son beau-frère Heinrich Lefler (1863–1919), il aménage pour l'exposition d'hiver de l'Österreichisches Museum für Kunst und Industrie une salle aux motifs sécessionnistes. En 1900, il devient membre fondateur de la Hagenbund, un groupe d'artisans viennois qu'il présidera de 1906 à 1908. En 1902, toujours avec Lefler, il transforme et décore l'immeuble de la Hagenbund, une ancienne halle appelée Zedlitzhalle. Deux ans plus tard, son œuvre artisanale est exposée au Pavillon Autrichien de la Louisiana Purchase Exhibition, à Saint Louis. En 1911, il émigre aux Etats-Unis et ouvre une agence spécialisée dans les décors de théâtre et de cinéma. En 1927, il conçoit un théâtre pour les revues de Florenz Ziegfeld et crée les somptueux décors de ses fameuses Follies. Il est également le premier directeur artistique à réaliser des décors de film modernistes et conçoit vingt-cinq décors préfigurant le style **Art déco** pour les productions Cosmopolitan de William Randolf Hearst. Entre 1918 et 1933, il est aussi le chef décorateur du Metropolitan Opera où il travaille sur cinquante-cinq spectacles. En 1921, lors d'un séjour à Vienne, il entre en contact avec la **Wiener Werkstätte** (Atelier viennois). Dès son retour à New York, il fonde l'Artists Fund, qui apporte une aide financière aux designers de la Wiener Werkstätte, laissés pratiquement sans ressources par la récession économique qui a suivi la guerre en Europe. La même année, il crée la Wiener Werkstätte of America Inc., société pour laquelle il réalise un somptueux magasin d'exposition sur la Cinquième avenue. Mais l'entreprise est un échec commercial, et Urban l'abandonne vers 1924. Plus tard, il créera le premier immeuble de **Style International** des Etats-Unis : celui de la New School for Social Research (1929–1930), à New York.

▼ Fauteuil en noyer, vers 1901

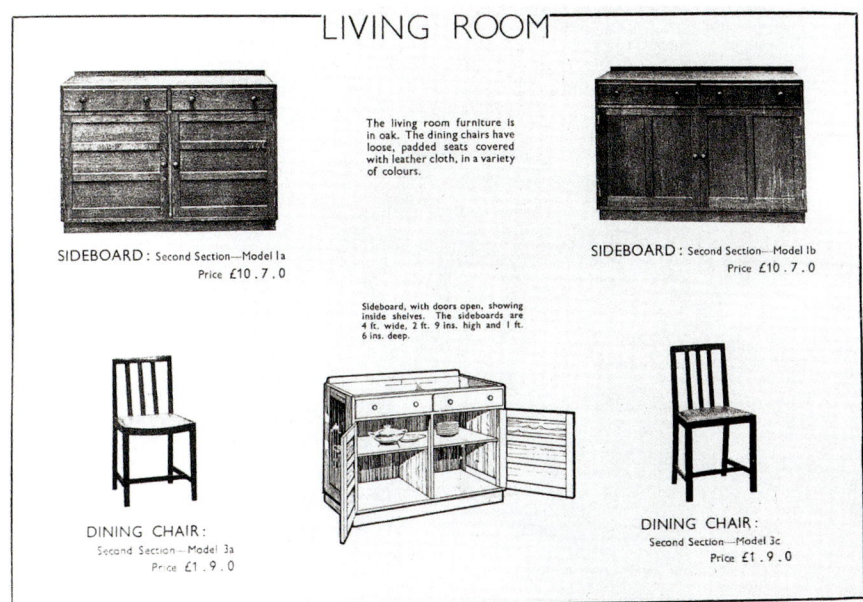

En Grande-Bretagne, entre 1941 et 1951, la fabrication des biens de consommation – depuis les meubles jusqu'aux vêtements – est soumise au Utility Scheme (Plan utilitaire). L'effort de guerre impose d'affecter les matières premières à un usage militaire et le Ministère du Commerce Britannique soumet les fabricants à de strictes réglementations. Il s'agit autant de rationner les matières premières que de satisfaire à l'idéologie sociale gouvernementale. En février 1941, le programme Standard Emergency Furniture (Mobilier courant de dépannage) est lancé, afin de fournir des meubles aux familles sinistrées. Quatre mois plus tard, on interdit aux fabricants de produire d'autres meubles que ceux conformes aux vingt modèles autorisés. L'année suivante, on crée le Utility Furniture Advisory Committee (Comité consultatif du mobilier utilitaire), dont font partie des designers comme **Gordon Russell**, pour veiller à la mise au point de la première gamme Utility réalisée par H. J. Cutler et Edwin Clinch. Influencé par les valeurs de justesse et d'honnêteté du design prônées par l'**Arts & Crafts**, le Mobilier utilitaire, essentiellement moderne, se caractérise par des compositions simples, aux surfaces dépourvues d'ornement. En 1948, l'Etat lève certaines des restrictions sur les matériaux ; il continuera pourtant jusqu'en 1951 à percevoir des taxes importantes sur les meubles non conformes au Utility Scheme.

Utility furniture
Mobilier utilitaire
1943–1952
Grande-Bretagne

▲ Page extraite du « Utility Furniture Catalogue » (Catalogue du meuble utilitaire), 1943

▶ Table en acajou pour la Société Henry van de Velde, Ixelles, vers 1898

Henry van de Velde

1863 Anvers
1957 Zurich

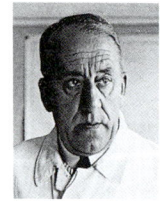

Après avoir étudié la peinture à l'Académie des Beaux-Arts d'Anvers de 1881 à 1884, Henry van de Velde se forme pendant un an dans l'atelier parisien de Carolus Duran. En 1886, il rejoint Als ik Kan et fonde avec d'autres L'Art Indépendant, deux groupes artistiques anversois. Deux ans plus tard, il est admis dans le cercle progressiste postimpressionniste des «Vingt». C'est à cette époque qu'il rencontre Georges Seurat (1859–1891), Paul Signac (1863–1935), et découvre les toiles de Van Gogh (1853–1890) qui influenceront profondément son œuvre. En 1892, inspiré par les idées réformatrices de John Ruskin (1819–1900) et **William Morris**, il abandonne la peinture pour le design. La même année, il expose une broderie au salon des Vingt et dessine divers ornements destinés à des livres et à des revues. En 1894, il publie *Déblaiements d'art*, prônant la réunion des arts, et commence à enseigner les «Arts d'industrie et d'ornementation» à l'université de Bruxelles – plus tard dans sa carrière, il s'opposera pourtant à la notion de design industriel. Son premier projet architectural est la maison Bloemenwerf, qu'il construit à son propre usage, dans la ville de Uccle, près de Bruxelles, en 1895. En 1897, elle reçoit la visite de Julius Meier-Graefe (1867–1935), fondateur de la revue

▲ Chaise *Bloemenwerf* pour la Société Henry van de Velde, Ixelles, 1894–1895

▶ Salle à manger de la maison Bloemenwerf à Uccle, près de Bruxelles, vers 1895

Dekorative Kunst (Art décoratif), et de **Siegfried Bing** : van de Velde décorera quatre salles de L'Art nouveau, la galerie parisienne de ce dernier. En 1896, il expose une pièce au Salon de la libre esthétique et, l'année suivante, ouvre son atelier, la Société Henry van de Velde, à Ixelles, non loin de Bruxelles, afin de produire lui-même ses meubles, qui seront présentés à l'Internationale Kunstausstellung (Exposition artistique internationale) de 1897, à Dresde. En 1899, il travaille à la façade de la galerie parisienne de Meier-Graefe, La Maison Moderne, dont il décore aussi l'intérieur. Ses créations sont plus « anglicisées » que celles de son compatriote **Victor Horta**, dont le style **Art nouveau** français s'adapte mieux au goût belge. Pour finir, van de Velde s'établit à Berlin : ses réalisations moins décoratives, plus fonctionnelles, fabriquées par la Hohenzollern Kunstgewerbehaus (Maison des arts appliqués Hohenzollern) de Wilhelm Hirschwald, y sont très appréciées. Là, il repense les décorations des magasins Havana (1900) et du salon de François Haby, barbier impérial (1901). Ces aménagements révèlent un remarquable équilibre entre expressivité des lignes et exigences fonctionnelles. En 1902, il part s'installer à Weimar, où il devient conseiller artistique du grand-duc Wilhelm Ernst, transforme l'entrée et la salle de lecture de la maison où vécut Nietzsche (1903) et construit la Kunstgewerbeschule de la ville (1906). Représentant majeur du **Jugendstil** à Weimar, il est nommé directeur de cette nouvelle école

▼ Vase en grès couvert d'un vernis au sel pour la Steingutfabrik & Kunsttöpferei Reinhold Hanke (Fabrique de grès et poterie d'art Reinhold Hanke), 1902

▼▶ Fourchette à escargot, couteau à caviar et fourchette à huître, argent et écaille de tortue, fabriqués par Koch & Bergfeld pour Theodor Müller, 1902

▲ Saucière en porcelaine pour la Staatliche Porzellanmanufaktur Meissen, vers 1903

lorsqu'elle ouvre ses portes en 1908. Il collabore aussi avec plusieurs artisans locaux, notamment avec l'atelier d'ébénisterie Scheidemantel et le joaillier Theodor Müller, qui produit ses pièces d'argenterie remarquablement fluides. En 1903, van de Velde réalise pour la Staatliche Porzellanmanufaktur Meissen, un service de table à la fois élégant et fonctionnel aux lignes et aux motifs abstraits et organiques. Bien que cofondateur du **Deutscher Werkbund** (Union pour l'œuvre), il ne peut accepter la **standardisation** industrielle telle que la conçoit Hermann Muthesius (1861–1927) et quitte le groupe en 1914. Un an plus tard, il est contraint d'abandonner son poste d'enseignant à Weimar et finit, en 1917, par émigrer en Suisse, où il travaille comme architecte indépendant. Entre 1926 et 1936, il fonde et dirige l'Institut Supérieur d'Architecture (ISAD) de Bruxelles, puis, en 1947, retourne en Suisse. C'est là qu'il publie ses mémoires en 1956. Moderniste de la première heure, Henry van de Velde réalise des créations Jugendstil qui préfigurent deux traits caractéristiques du design moderne : le **Fonctionnalisme** et l'abstraction.

Theo van Doesburg

1883 Utrecht
1931 Davos, Suisse

Né Emil Marie Küpper, van Doesburg prend le nom de son beau-père, Theodorus Doesburg. Après des études théâtrales à l'Ecole d'Art Dramatique de Cateau Esser, à Amsterdam, il commence en 1912 à enseigner la peinture et rédige des critiques d'art. De 1914 à 1916, il est réquisitionné dans l'armée. C'est à cette époque qu'il rencontre le philosophe Evert Rinsema, le poète Anthony Kok, et qu'il entre en relation avec **Vilmos Huszár**, Bart Anthony van der Leck (1876–1958), Piet Mondrian (1872–1944) et **Jacobus Johannes Pieter Oud**. En 1916, il est cofondateur du groupe artistique De Sphinx et collabore à la décoration de la maison du maire De Broek, dans le Waterland. L'année suivante, il s'installe à Leyde et, avec Huszár, van der Leck, Kok, Oud et Jan Wils (1891–1972), crée la très influente revue *De Stijl*, dont il sera le rédacteur en chef. Celle-ci va jouer un rôle capital dans la formation du groupe **De Stijl** qui rassemble architectes, designers et artistes. De 1917 à 1921, van Doesburg travaille à plusieurs projets architecturaux avec Oud, Wils, **Gerrit Rietveld** et Cees Rinks de Boer (1881–1966), et réalise des peintures murales et des vitraux aux lignes géométriques fortes dans des couleurs fondamentales. A partir de 1920, il fait de fréquent séjours en Belgique, Italie, France et Allemagne, afin d'y promouvoir les idées de De Stijl et, en 1921, se lie avec le **Bauhaus** de Weimar, où il tentera en vain d'enseigner un an plus tard. C'est l'atelier de Karl-Peter Röhl, dans cette même ville, qui accueillera son cours sur De Stijl. En 1923, établi à Paris, il expose avec d'autres membres du groupe à la galerie L'Effort Moderne de Léonce Rosenberg. Mais, en 1925, refusant son internationalisme, Mondrian quitte De Stijl. A la suite de ce conflit, van Doesburg publie son manifeste sur l'«Elémentarisme», concept qu'il a développé en 1924. Cinq ans plus tard, il crée la revue *Art concret* et, en 1931, fonde à Paris le groupe Abstraction-Création. A sa mort, la même année, l'ultime numéro de *De Stijl* sera dédié à ce porte-parole majeur du mouvement.

▼ Theo van Doesburg & Kurt Schwitters, *Kleine Dada Soirée*, affiche lithographique, 1923

Après des études de langues, Harold van Doren part habiter Paris et travaille comme conférencier au musée du Louvre. Il traduit *Paul Cézanne* (1923) et *Jean Renoir* (1934), deux biographies d'Ambroise Vollard, et joue même dans un film de Renoir, *La Fille d'eau*. A son retour aux Etats-Unis, il entre comme conservateur adjoint au Minneapolis Institute of Arts, et démissionne dès que se présente pour lui l'occasion de travailler dans une discipline alors très jeune : le design industriel. L'un de ses premiers clients est Hugh Bennett, le président de la Toledo Scale Company, qui lui commande une balance. Celle-ci, un des premiers moulages plastiques à échelle industrielle, est légère, novatrice et utilise une toute nouvelle matière : le Plaskon. Van Doren crée de nombreuses réalisations, directement inspirées du **style Streamline**, pour Maytag, Goodyear, Ergy, Philco, Schwartzbaugh et DeVilbiss. Avec J. G. Rideout, il conçoit pour Air-King Products une radio de plastique vert en forme de gratte-ciel (1930–1931) qui connaîtra une large diffusion, ainsi qu'un scooter pour enfant (1936). Pionnier du conseil en design industriel et du **style Streamline**, van Doren publie en 1940 *Industrial Design : A Practical Guide to Product Design and Development* (Design industriel : guide pratique du design produit et de son développement).

Harold van Doren
1895 Chicago
1957 Philadelphie

▶ Photographie montrant Harold van Doren (à gauche) et Hugh Bennett (à droite) avec les balances re-stylisées de van Doren pour la Toledo Scale Company, années 1930

▶ Lampe en cuivre martelé avec abat-jour en mica pour le Copper Shop, vers 1915

Dirk Van Erp

1859 Leeuwarden, Pays-Bas
1933 San Francisco

Dirk Van Erp quitte la Hollande pour les Etats-Unis en 1886. Quatre ans plus tard, il travaille comme dinandier naval à Mare Island, près de San Francisco, sur les chantiers de la Marine américaine, et fabrique des vases avec des douilles en cuivre usagées. Dès 1906, Vickery Atkins & Torrey, magasin à la mode à San Francisco, les commercialise avec succès. Puis, en 1908, Van Erp monte son Copper Shop (Magasin de cuivres) à Oakland, afin de se consacrer à la fabrication d'objets « d'art », dont ses fameuses lampes en cuivre à abat-jour en mica. A cette époque, il est aidé par Harry Dixon (1890–1967) et sa fille, Agatha. En 1910, la boutique est transférée à San Francisco. Là, Van Erp s'associe quelque temps à Miss D'Arcy Gaw, qui crée plusieurs de ses premières lampes en mica. Dès 1915, cette entreprise florissante ne se contente plus de fabriquer des lampes et des vases, mais produit également coupes, accessoires pour fumeurs et cache-pots, parfois avec des carreaux de **Grueby**. Surfaces martelées et rivetage apparent expriment le credo **Arts & Crafts** : « révéler la structure. » En 1916, Van Erp retourne aux chantiers navals afin de contribuer à l'effort de guerre, laissant l'atelier à son fils William. Il prendra sa retraite en 1929 mais, jusqu'à sa mort, en 1933, ne cessera de dessiner des objets.

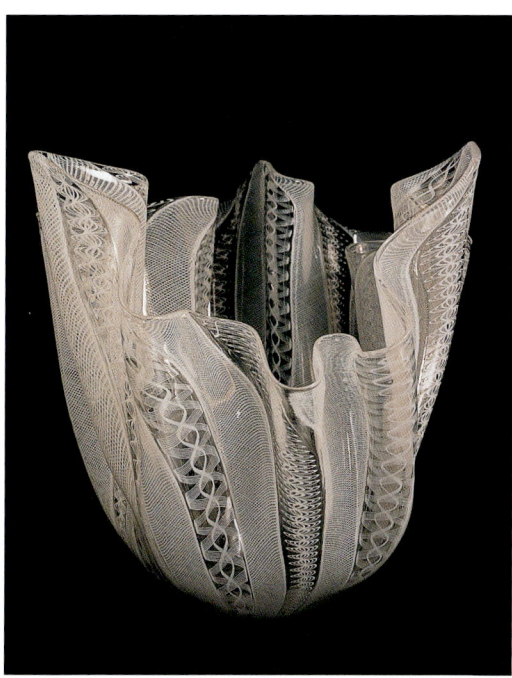

◄ **Fulvio Bianconi & Paolo Venini**, vase *Fazzoletto* (*Mouchoir*) pour Venini, vers 1949

Paolo Venini est étudiant en droit à Milan, quand il fait la connaissance de Giacomo Cappellin (1887–1968), propriétaire d'une boutique de verreries. En 1921, avec Andrea Rioda (1878–1921), ancien directeur de la Compagnia di Venezia e Murano, et Vittorio Zecchin (1878–1947), qui a travaillé pour les verreries Artisti Barovier, il crée à Venise la Vetri Soffiati Muranesi Cappellin, Venini & C. Vittorio Zecchin en est le directeur technique et artistique jusqu'en 1925, année où Paolo Venini monte une nouvelle fabrique à Murano, avec le sculpteur Napoleone Martinuzzi (1892–1977) et l'ingénieur Francesco Zecchin (1894–1986). Au début, l'entreprise asseoit sa production sur les anciennes créations de Vittorio Zecchin, d'inspiration néoclassique, et sur celles, nouvelles, de Martinuzzi : sculptures de verre « animées » et objets de style primitif. Puis, de 1927 à 1928, Venini lance trois innovations : *pasta vitrea opaca* (verre opaque), *vetro incamiciato* (verre doublé) et *vetro pulegoso* (verre bullé), afin d'obtenir des pièces plus sculpturales. Avec **Gio Ponti**, **Pietro Chiesa** et Tommaso Buzzi (1900–1981), il fonde le groupe Il Labirinto pour encourager la coopération entre fabricants et promouvoir les arts décoratifs. En 1932, Buzzi devient le directeur artistique de Venini et fait adopter la technique du *vetro laguna* : une feuille d'or introduite dans le verre donne à celui-ci un effet

Paolo Venini
1895 Milan
1959 Venise

moucheté. Dans les années 1930, Paolo Venini et **Carlo Scarpa** s'engagent dans une étroite collaboration : leur but est de reproduire les vases *murrhins* des Romains en faisant fondre de petits morceaux de verre afin de créer un « mur ». Dans les années 1950, la verrerie Venini fabriquera les pièces colorées de **Fulvio Bianconi** et **Massimo Vignelli** et, dans les années 1960, celles de **Tobia Scarpa** et **Tapio Wirkkala**.

▶ Bouteilles *Incalmo* avec bouchons pour Venini, 1950

◄ **Robert Venturi & Denise Scott-Brown**, chaise *Queen Anne* de la Collection *Venturi* pour Knoll International, 1984

De 1943 à 1950, Robert Venturi étudie l'architecture à l'université de Princeton, avant de travailler dans les agences d'**Eero Saarinen** et Louis Kahn (1901–1974). Il obtient ensuite une bourse d'études de deux ans pour l'American Academy de Rome. De retour aux Etats-Unis, il enseigne l'architecture à l'université de Pennsylvanie, de 1957 à 1965. En 1966, il donne au **Museum of Modern Art de New York** une série de conférences qui va former la trame d'un ouvrage capital, *Complexity and Contradiction in Modern Architecture* (1966), dans lequel il fustige l'indigence culturelle et la banalité visuelle des constructions modernes et se fait le chantre du **Post-Modernisme**. Ce livre est suivi d'un autre, tout aussi décisif: *Learning from Las Vegas*. Ecrit avec Denise Scott Brown (née en 1931) et Steven Izenour, il puise son inspiration dans les écrits de Roland Barthes sur la **Sémiotique** et plaide pour une architecture plus symbolique, où le commun des mortels puisse réellement se retrouver. Venturi conçoit aussi plusieurs immeubles « hybrides », qui empruntent leurs citations visuelles à des styles historiques comme à la culture populaire contemporaine. De la même manière, le style de ses objets – Collection *Venturi* pour **Knoll** (1984), projet *Tea & Coffee Piazza* pour **Alessi** (1983) – est symbolique et fondamentalement post-moderne.

Robert Venturi
1925 Philadelphie
2018 Philadelphie

Vereinigte Werkstätten für Kunst im Handwerk

Ateliers Unis pour le Travail Artisanal

Fondés en 1897
Munich

▲ **Richard Riemerschmid**, salon de musique exposé à la « Deutsche Kunstausstellung » de Dresde, 1899

A l'origine des Vereinigte Werkstätten für Kunst im Handwerk, on trouve le succès de la section Arts Décoratifs à l'exposition du Glaspalast de Munich : ses participants – **Bernhard Pankok**, **Hermann Obrist**, **Bruno Paul** – décident alors de monter une société qui fabriquerait et commercialiserait leurs œuvres. Fondée sur le modèle des guildes du Mouvement **Arts & Crafts** britannique, elle sera la première des nombreuses entreprises allemandes créées afin de produire des réalisations « artistiques » de qualité. **Richard Riemerschmid** et **Peter Behrens** s'y associent par des objets quotidiens. Mais le parti pris artisanal des Werkstätten implique des coûts de fabrication assez élevés. Ces œuvres **Jugendstil** seront présentées à l'exposition du Glaspalast de Munich en 1898, à l'Exposition Universelle de Paris en 1900, à la Louisiana Purchase Exhibition de Saint Louis en 1904 et à l'Exposition Internationale de Bruxelles en 1910.

Premier musée dédié aux arts décoratifs, le Victoria & Albert Museum doit sa création au rapport d'une Commission parlementaire qui préconise, en 1836, la constitution d'une collection de biens manufacturés à des fins éducatives. En 1837, la Government School of Design ouvre ses portes et parvient à obtenir une série d'objets lui permettant de démarrer son enseignement. C'est la Great Exhibition de 1851 qui déclenche la fondation d'un musée des Manufactures dans Marlborough House l'année suivante : y sont tout d'abord exposés les objets issus de la Government School et ceux achetés lors de la Great Exhibition. Henry Cole (1808–1882), designer réformateur, est le premier conservateur du musée – c'est lui qui supervisera son déménagement à South Kensington en 1857 –, mais c'est à John Charles Robinson (1824–1913) que l'on doit la riche collection que l'on connaît. Le musée est rebaptisé Victoria & Albert Museum en 1899, lorsque la reine Victoria pose la première pierre du bâtiment actuel, construit par Aston Webb (1849–1930). Il abrite encore aujourd'hui la plus vaste collection d'objets de design du monde.

Victoria & Albert Museum
Fondé en 1899
Londres

▲ La Galerie des glaces du Victoria & Albert Museum, balustrade de verre de Danny Lane, ouverte en avril 1994

▶ *Fungo (Champignon)*, lampe pour Venini, vers 1955

Massino Vignelli

1931 Milan
2014 New York

De 1950 à 1953, Massimo Vignelli étudie l'architecture au Politecnico di Milano, puis à la Faculté d'Architecture de Venise. A partir de 1953, il réalise des créations verrières pour **Venini** et, de 1958 à 1960, enseigne à l'**Institute of Design** de Chicago, tandis que sa femme, Lella Vignelli (1934–2016), travaille pour les architectes Skidmore, Owings & Merrill. En 1960, ils ouvrent à Milan le bureau d'études en design et architecture Lella et Massimo Vignelli. Quatre ans plus tard, Massimo commence à travailler pour la Container Corporation of America, à Chicago, dont il réalise le nouveau logo. En 1965, avec Bob Noorda (1927–2010) et Jay Doblin (1920–1989), il fonde à Milan l'agence de conseil en design Unimark International. La même année, les Vignelli s'établissent définitivement aux Etats-Unis et, en 1966, Unimark ouvre à New York une antenne spécialisée dans l'**identité visuelle**. En 1971, le couple crée la société Vignelli Associates, conçoit des lignes d'identité gaphiques pour **Knoll**, American Airlines, Bloomingdale's, Xerox, Lancia, Cinzano et Ford, des meubles pour Poltronova, Sunar, Rosenthal et Morphos, des créations verrières pour Venini, Steuben et Sasaki, et des magasins d'exposition pour Artemide et Hauserman. La pureté des lignes et des couleurs constitue le trait distinctif de l'art de Vignelli.

◄ Antonio Cittero & Glen Oliver Löw, *T-chair* pour Vitra, 1990

Willy Fehlbaum crée la fabrique de meubles Vitra à Weil am Rhein en 1950, et produit sous licence européenne la collection **Herman Miller**, qui lance en 1957, la gamme de mobilier conçue par **Charles et Ray Eames** et par **George Nelson**. Plus tard, Vitra fabrique la chaise *Panton* de **Verner Panton** (1959–1960), distribuée pour la première fois en 1967. Dix ans plus tard, Rolf Fehlbaum prend la succession de son père à la présidence de la société. Après l'incendie qui détruit l'usine en 1981, il choisit Nicholas Grimshaw (né en 1939) pour la reconstruire. Par la suite, les différents bâtiments du complexe industriel Vitra seront confiés à des architectes de renom : **Frank O. Gehry**, Tadao Ando (né en 1941), Zaha M. Hadid (1950–2016) et Alvaro Siza (né en 1933). La *Vitra Edition* – collection de chaises expérimentales éditées en nombre limité et dessinées par **Ettore Sottsass**, **Gaetano Pesce**, **Shiro Kuramata** et **Ron Arad** – est lancée en 1987, afin de compléter le mobilier de bureau de la société, réalisé par **Mario Bellini** et **Antonio Cittero**. La même année, Rolf Fehlbaum, qui dispose déjà d'une ligne de chaises « classiques » d'après-guerre, en acquiert plusieurs autres, fabriquées entre 1880 et 1945 : elles formeront la base de la collection qu'abrite aujourd'hui le Vitra Design Museum construit par Frank O. Gehry (1989).

Vitra
Fondé en 1950
Bâle

Vkhutemas

Vhutemas

Fondés en 1920
Moscou

▲ **Alexandre Rodchenko**, mobilier destiné à la salle de lecture du club des ouvriers, Pavillon Russe de l'Exposition des Arts Décoratifs, Paris, 1925

Fondés en 1918, les Vhutemas (Ateliers Supérieurs d'Art et de Technologie) succèdent aux Svomas (Ateliers Artistiques Libres). Ces ateliers soviétiques, qui sont aussi une école de design progressiste, comptent parmi leurs professeurs de nombreux chefs de file du **Constructivisme** : **Alexandre Rodchenko**, **Varvara Stepanova**, **Vladimir Tatline**, Naum Gabo (1890–1977), Antoine Pevsner (1886–1962), Liubov Popova (1889–1924), Alexandre Vesnin (1883–1959). Fidèles à l'idée d'un « artiste-producteur », ils nouent des contacts avec l'industrie, développent de nouvelles méthodes pédagogiques et, à travers **El Lissitzky**, **Kasimir Malévitch** et Vassili Kandinsky (1866–1944), entretiennent des liens étroits avec le **Bauhaus**. Comme d'autres institutions soviétiques – tels l'Inkhuk (Institut de culture artistique) ou l'Izo (département beaux-arts du Narkompros) –, les Vhutemas jouent un rôle décisif dans la formation de l'idéologie artistique en URSS. Mais, si le régime soutient les débuts de l'**avant-garde** russe, il ne tarde pas, néanmoins, à la persécuter : en 1932, tous les organismes d'architecture et de design – dont le Vhutein (Institut Supérieur d'Art et Technique), nouvelle appellation des Vhutemas depuis 1927 – sont abolis au profit de syndicats contrôlés par le Parti.

◄ Chaises de chêne, sans doute réalisées par C. H. B. Quennell, 1898

Fils d'un pasteur anglican peu orthodoxe, puisque fondateur de l'Eglise théiste, Charles F. A. Voysey est animé, comme son père, d'un puissant sens moral qui va nourrir son œuvre. Bien qu'influencé par **A. W. N. Pugin**, il rejette l'historicisme au profit d'une architecture vernaculaire. De 1874 à 1882, il est apprenti chez plusieurs architectes de la mouvance néogothique : John Pollard Seddon (1827–1906), Henry Saxon Snell (1830–1904) et George Devey (1820–1886). Il monte sa propre agence en 1882 et travaille dans la tradition **Arts & Crafts** de **William Morris** et **A. H. Mackmurdo**. Il conçoit vers 1888 et jusqu'en 1914 un grand nombre de maisons individuelles parfaitement intégrées à la campagne environnante dans l'esprit d'un **Gesamtkunstwerk** (Œuvre d'art totale) informel. Les intérieurs clairs et confortables de ces « cottages » sont meublés en chêne massif et décorés de tissus neutres. Les réalisations de Voysey, dépourvues de références historiques, illustrent bien la seconde période du mouvement Arts & Crafts et forment un lien stylistique entre le XIXe et le XXe siècle. D'inspiration fondamentalement britannique, son adhésion à des lignes et à des motifs vernaculaires en fait l'un des pionniers d'un style dont la simplicité aura une influence déterminante, notamment sur l'architecture des banlieues au tout début du siècle.

Charles F. A. Voysey

1857 Hessle, Grande-Bretagne
1941 Winchester

▲ Ferrures de porte, sans doute réalisées par William Bainbridge Reynolds, 1895

◀ *The Huntsman*, dessin pour un tissage mécanique, vers 1919

Apprenti en orfèvrerie chez Koch & Bergfeld, Wilhelm Wagenfeld étudie à la Kunstgewerbeschule (Ecole des Arts Appliqués) de Brême de 1914 à 1919, puis à la Zeichenakademie (Académie de Dessin) de Hanau pendant trois ans. Il termine ses études au **Bauhaus** de Weimar, où il suit le cours préliminaire et travaille dans l'atelier de métal avec **László Moholy-Nagy**. C'est au Bauhaus que Wagenfeld crée sa fameuse lampe *MT8* (1923–1924), que l'atelier fabriquera en série. Après avoir obtenu le grade de «compagnon», il devient l'assistant de Richard Winkelmayer à l'atelier de métal de la Bauhochschule (Ecole Supérieure de Construction) de Weimar, dont il prend la direction en 1928. Il y réalise des objets utilitaires, comme la boîte à thé *M15* (vers 1929), à la géométrie moins austère que celle de ses créations antérieures au Bauhaus. A cette époque, il crée également des poignées de porte pour S. A. Loevy, à Berlin, ainsi qu'un grand nombre d'articles ménagers pour Walther & Wagner, à Schleiz. Wagenfeld travaille comme designer indépendant pour les verreries Jeaner Glaswerke Schott & Gen., dont il redessine la collection d'objets usuels, parmi lesquels la cafetière *Sintrax* (1931) et son célèbre service à thé en verre (1930). A la fin des années 1930, il travaille de plus en plus pour l'industrie, comme en témoignent ses bocaux empilables produits en série par les verreries Vereinigte Lausitzer Glaswerke, dont il conçoit aussi la marque et le matériel promotionnel. Dans les années 1930, il réalise

Wilhelm Wagenfeld

1900 Brême, Allemagne
1990 Stuttgart, Allemagne

▲ *Kubus*, bocaux en verre moulé pour les Vereinigte Lausitzer Glaswerke, 1938

également des céramiques pour les fabriques de porcelaine Fürstenberg et Rosenthal. Il expose son approche fonctionnaliste du design dans des revues comme *Die Form*, enseigne, de 1931 à 1935, à la Staatliche Kunsthochschule de la Grunewaldstrasse à Berlin, et, de 1947 à 1949, à la Hochschule für Bildende Künste. En 1954, il ouvre son propre atelier Wagenfeld Werkstatt à Stuttgart, où il crée des objets destinés à la production industrielle, et notamment un plateau-repas mélaminé pour Lufthansa (1955). Dans l'esprit du Bauhaus, il insiste sur les obligations morales, sociales et politiques des designers, et se consacre à la réalisation de produits bon marché, fonctionnels et « démocratiques ».

▶ Lampe *MT9/ME1*, pour le Bauhaus de Dessau, 1923–1924

◄ Bureau et tabouret pour la Österreichische Postsparkasse (Caisse d'épargne de la poste) de Vienne, 1906 – fabriqués par Gebrüder Thonet

Otto Wagner

1841 Penzing / Vienne
1918 Vienne

Otto Wagner étudie à la Technische Hochschule de Vienne, à la Bauakademie de Berlin, puis, de nouveau à Vienne, à l'Akademie der Bildenden Künste, sous la direction d'Eduard van der Nüll et d'August Siccard von Siccardsburg. En 1862, il entre dans le cabinet de l'architecte viennois Ludwig von Förster, qu'il reprendra plus tard sous son nom. Ses premières constructions – essentiellement des immeubles d'habitation et de bureaux – influencées par le classicisme de Karl Friedrich Schinkel (1781–1841), ne sont pas dénuées d'historicisme. La ville de Vienne lui commande un plan d'urbanisme (1892–1893) et lui demande de revoir son réseau ferré – auquel viennent s'ajouter viaducs, ponts et plus de trente stations – pour accueillir le métro (1893). De 1894 à 1916, Wagner enseigne l'architecture à l'Akademie der Bildenden Künste de la capitale autrichienne et compte parmi ses étudiants **Adolf Loos**, **Josef Hoffmann** et **Josef Maria Olbrich**. En 1894, il publie *Moderne Architektur*, qui marque un tournant dans sa carrière : après cet ouvrage, il délaisse peu à peu l'ornementation. En 1899, il devient membre de la **Sécession** et, sans renoncer totalement au classicisme, se met à travailler dans le style

▲ Salle du conseil d'administration de la Österreichische Postsparkasse (Caisse d'épargne de la poste) de Vienne, 1905-1906

Art nouveau. Dès 1900, il emploie une équipe de soixante-dix designers et architectes – parmi lesquels Olbrich, Hoffmann, Leopold Bauer (1872–1938), Max Fabiani (1865–1962) et Jŏze Plĕcnik (1872–1957). Son chef-d'œuvre, la Österreichische Postsparkasse (Caisse d'épargne de la poste autrichienne), à Vienne (1904–1906), est conçu comme un **Gesamtkunstwerk** (Œuvre d'art totale). Il en réalise également la décoration intérieure : installations en aluminium créées tout spécialement et mobilier en bois cintré, révélant une orientation fonctionnaliste précoce. Des variantes du mobilier de la Postsparkasse seront fabriquées plus tard par Gebrüder **Thonet** et **J. & J. Kohn**. Wagner crée aussi pour J. C. Klinkosch des pièces d'argenterie qui seront présentées dans la section autrichienne à l'Esposizione Internazionale d'Arte Decorativa Moderna de 1902, à Turin. De 1904 à 1907, il collabore à la revue *Hohe Warte*, puis entre au **Deutscher Werkbund** (Union allemande pour l'œuvre). Il compte parmi les architectes viennois les plus progressistes du début du XXe siècle. Son enseignement à l'Akademie der Bildenden Künste et son adhésion au « Nutzstil » (style fonctionnel) ont influencé toute une génération d'architectes et de designers.

George Walton est le fils d'un ingénieur et peintre amateur. Il suit les cours du soir de la Glasgow School of Art et, en 1888, ouvre sa propre entreprise de décoration. Son frère aîné, E. A. Walton (1860–1922), fait partie des Glasgow Boys – un groupe d'artistes postimpressionnistes. C'est grâce à lui que George obtient ses premières commandes. En 1890, il expose avec la Arts & Crafts Society et, en collaboration avec **Charles Rennie Mackintosh**, décore les salons de thé de Catherine Cranston sur Buchanan Street (1896) et Argyle Street (1897). En 1896, sa florissante entreprise devient une société anonyme et, l'année suivante, George Walton part s'installer à Londres. On lui commande du mobilier et des devantures pour les magasins d'exposition Kodak à Londres, Glasgow, Dublin, Milan, Bruxelles, Vienne et Moscou. En 1898, il ouvre de nouveaux bureaux à Scarborough et, trois ans plus tard, reçoit la première d'une longue suite de commandes pour des maisons individuelles. De 1916 à 1921, il construit des bâtiments publics pour le Central Liquor Traffic Board et, dans les années 1920, crée des tissus pour Morton Sundour. L'œuvre de cet éminent représentant de l'**Ecole de Glasgow** se situe néanmoins dans la droite ligne des **Arts & Crafts** anglais.

George Walton
1867 Glasgow
1933 Londres

▲ Buffet *Brussels* pour George Walton & Company, vers 1900

Kem Weber

1889 Berlin
1963 Santa Barbara, Californie

Karl Emanuel Martin – dit «Kem» – Weber commence son apprentissage chez Eduard Schultz, ébéniste impérial à Potsdam. Puis il étudie à la Kunstgewerbeschule (Ecole des Arts Appliqués) de Berlin, sous la direction de **Bruno Paul**, qu'il aide à réaliser le Pavillon Allemand de l'Exposition Universelle de Bruxelles, en 1910. Diplômé en 1912, il entre dans l'agence de Paul, où il conçoit la section allemande de la Panama-Pacific International Exhibition qui doit avoir lieu à San Francisco en 1915. Il part pour les Etats-Unis surveiller les travaux, mais l'imminence de la guerre en Europe les interrompt. Dans l'impossibilité de regagner Berlin, Weber reste en Californie. Après la guerre, il s'établit à Santa Barbara, où il ouvre une agence spécialisée dans la décoration de style colonial espagnol. A cette époque, il puise son inspiration dans le Cubisme, ainsi que dans les architectures mayas, égyptiennes et minoennes. En 1921, il s'établit à Los Angeles et commence à réaliser du mobilier, des aménagements intérieurs modernistes et des emballages pour

▼ Fauteuil *Airline* pour Airline Chair Co., vers 1934–1935

▲ *The Zephyr*, pendule à affichage numérique, modèle n° 305-P40, pour Lawson Time Inc., 1934

Barker Brothers, un magasin de meubles et de décoration. En 1924, il adopte la citoyenneté américaine et est nommé directeur artistique de Barker Brothers, poste qu'il occupe jusqu'en 1927. Il fonde alors une agence de design industrielle à Hollywood. Ses créations modernistes sont présentées à la deuxième International Exposition of Art in Industry organisée en 1928 par le grand magasin Macy's, à New York : grâce à elle, il est bientôt célébré comme l'un des designers les plus modernes des Etats-Unis. Dans les années 1930, il travaille pour divers fabricants de meubles de Grand Rapids – dont Widdicomb, Baker, Berkey & Gay et Mueller – et réalise de l'argenterie pour Friedman Silver à New York, ainsi que des pendules pour Lawson Time, à Alhambra. Il emploie fréquemment le **style Streamline**, comme en témoigne son siège *Airline* (1934–1935) conçu pour les studios Walt Disney. Pendant la Seconde Guerre mondiale, il construit un système d'unités d'habitation préfabriquées pour la Douglas Fir Plywood Association (contreplaqués en sapin de Douglas), à Tacoma. Après 1945, il se consacre à des commandes architecturales mettant en jeu des matériaux traditionnels et naturels. Toujours élaborés dans un vocabulaire moderniste, ces projets s'éloignent pourtant du **Style International** de ses débuts. Le travail de Kem Weber illustre bien l'approche moins austère du Modernisme sur la côte Ouest des Etats-Unis.

Hans J. Wegner

1914 Tønder, Danemark
2007 Copenhague

Fils d'un maître cordonnier, Hans J. Wegner est élevé dans le goût de l'artisanat. Il effectue un apprentissage dans l'atelier de H. F. Stahlberg et, après son service militaire, étudie de 1936 à 1938 au Teknologisk Institut de Copenhague, puis à l'Ecole des Arts Décoratifs, avec le créateur de meubles Orla Mølegaard Nielsen (1907–1993). En 1938, il travaille pour les architectes Erik Møller et Flemming Lassen à Aarhus. Deux ans plus tard, il collabore avec Møller et **Arne Jacobsen** à l'aménagement de l'hôtel de ville, pour lequel il crée des meubles simples mais de belle facture. De 1943 à 1946, Wegner dirige sa propre agence de design à Aarhus. Entre 1946 et 1948, il s'associe à Copenhague avec l'architecte Palle Suenson, puis ouvre une nouvelle agence dans la capitale danoise. Dans les années 1940, il travaille aussi avec Johannes Hansen, industriel du meuble et président de la Guilde des ébénistes, pour qui il réalise de nombreux sièges, dont le fauteuil *Round* (1949), plus connu sous le nom de *The Chair* ou de *Classic Chair*. Dès les années 1950, Wegner s'affirme comme l'un des plus grands designers scandinaves. L'équilibre subtil et la facture magnifique de ses chaises, pour la plupart en bois massif, lui valent une reconnaissance internationale. Elles seront fabriquées par Johannes Hansen, Fritz Hansen, Andreas Tuck, Getama. A. P. Stolen, Carl Hansen & Søn et PP Møbler. Comme en témoignent ses chaises *Chinese* (1943), *Peacock* (Paon) (1947), *Y* (1950) et *Valet* (1953), Wegner a une approche organique typiquement scandinave du design, à l'opposé du formalisme géométrique moderniste. Concepteur et artisan de talent, il simplifie les lignes et la structure, créant ainsi de magnifiques interprétations du mobilier traditionnel.

▼ Chaise *Valet*, modèle n° *JH 250*, pour Johannes Hansen, 1953 (rééditée par PP Møbler)

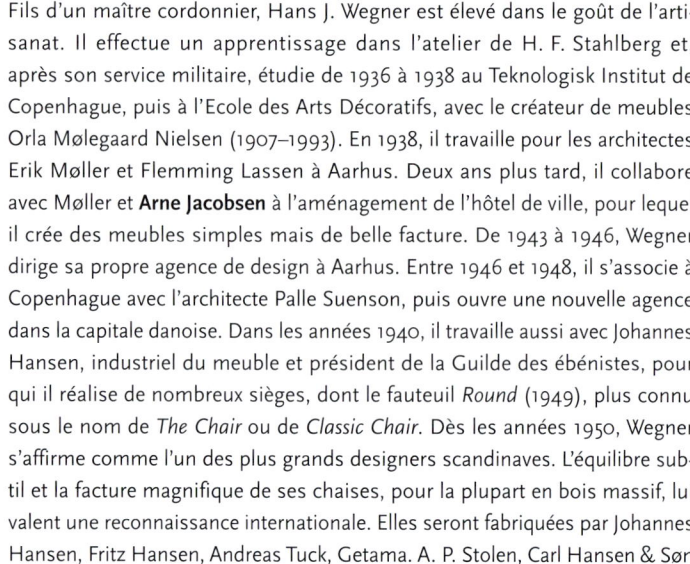

▶▲ Chaise *Peacock*, modèle n° *JH 50*, pour Johannes Hansen, 1947 (rééditée par PP Møbler)

▶ Chaise pliante, modèle n° *JH 512*, pour Johannes Hansen, 1949 (rééditée par PP Møbler)

▶▶▲ Fauteuil *Round*, modèle n° *JH 501*, pour Johannes Hansen, 1949 (connu sous le nom de *The Chair* ou *Classic Chair* – réédité par PP Møbler)

▶▶ Chaise *Y*, modèle n° 24, pour Carl Hansen, 1950

▶ Classeur de bureau, modèle n° *B290*, pour Gebrüder Thonet, 1928–1929

Bruno Weil

Dates inconnues
Autriche

Après des études d'architecte, Bruno Weil devient directeur de **Thonet Frères**, à Paris. C'est à ce poste, qu'il occupera de 1928 à 1933, qu'il adopte le pseudonyme de Béwé, calqué sur la prononciation allemande (bévé) de ses initiales. Il réalise des meubles en acier tubulaire : classeur de bureau *B290* (1928–1929), chaise empilable *B256* (1932), tables *B143/144* (1932), banquette-lit *B267* (1935), bureau modulaire *B287* (1935). Sous sa direction, l'entreprise Thonet Frères ne fabrique pas seulement les meubles conçus par des designers allemands, comme **Ludwig Mies van der Rohe** et **Marcel Breuer**, mais aussi les créations d'architectes français novateurs : André Lurçat (1894–1970), **Le Corbusier**, **Pierre Jeanneret**, **Charlotte Perriand**. En 1939, Weil émigre aux Etats-Unis, où il réalise sa gamme de sièges *Bentply* (1943), qu'ont inspirée les premières chaises en bois cintré de **Charles Eames** et **Eero Saarinen**.

Daniel Weil étudie l'architecture à l'université de Buenos Aires où il obtient son diplôme en 1977. De 1978 à 1981, il suit une formation de designer industriel au **Royal College of Art** de Londres. Désireux d'élaborer « une nouvelle image des appareils électroniques, qui leur permette d'échapper à celle, ordinaire, de la boîte », il réalise une série de postes de radio, luminaires et pendules à affichage numérique, enchâssés dans des coques de plastique imprimées en sérigraphie. Ces créations déconstruites, comme la *Bag Radio* (1981–1983), qui révèlent leurs composants électroniques et leurs branchements intérieurs, sont produites par sa propre entreprise, Parenthesis Limited, de 1982 à 1990. Entre 1985 et 1991, Daniel Weil s'adjoint la collaboration de Gerard Taylor (né en 1955), avec qui il conçoit objets, meubles et aménagements intérieurs pour **Alessi**, **Knoll**, Esprit, etc. Associé dans l'agence pluridisciplinaire **Pentagram** en 1992, il travaille pour de nombreuses sociétés : les disques EMI, Swatch, Granada Hospitality, le Crafts Council of Great Britain. De 1983 à 1986, Weil est chargé de cours auprès de l'Architectural Association de Londres. En 1991, il obtient une chaire d'esthétique industrielle et de design des transports au Royal College of Art, où il est également directeur des études.

Daniel Weil
Né en 1953 Buenos Aires

▼ *Bag Radio* pour Parenthesis, 1981–1983

Wiener Werkstätte

Atelier viennois

1903–1932 Vienne

▶ **Josef Hoffmann**, vase en cristal taillé fabriqué par Ludwig Moser & Söhne pour la Wiener Werkstätte, vers 1920

▼ **Dagobert Peche**, affiche pour l'atelier de mode de la Wiener Werkstätte, 1920

La Wiener Werkstätte (Atelier viennois) est officiellement fondée à Vienne en juin 1903 par les sécessionnistes **Josef Hoffmann** et **Koloman Moser**, et par le riche banquier Fritz Wärndorfer (1869–1939). A l'image des premières associations anglaises de ce type, et surtout de la **Guild of Handicraft** (Guilde de l'artisanat) de **Charles Ashbee**, la coopérative cherche comme cette dernière à conjuguer art et artisanat. Dès octobre 1903, elle ouvre divers ateliers : orfèvrerie, travail du métal, du cuir, reliure, ébénisterie, ainsi qu'un cabinet d'architecte (précédemment celui d'Hoffmann) et un atelier de design. Privilégiant éclairage et hygiène, la Wiener Werkstätte est aussi exemplaire dans sa façon de traiter ses ouvriers : les ébénistes, par exemple, bénéficient d'une à deux semaines de congés payés, avantage pratiquement sans précédent. Les réalisations de la Werkstätte ne portent pas seulement le monogramme de leur auteur, mais aussi celui de l'artisan qui les a fabriquées, dans une

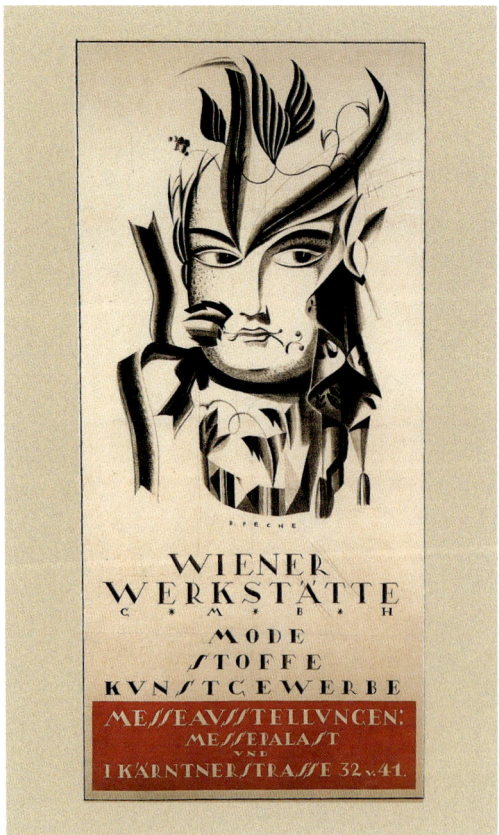

volonté d'instaurer une égalité véritable entre artistes et artisans. Ses membres – et Hoffmann plus que tous – refusent de compromettre la qualité de leurs créations afin de les rendre plus abordables, et tiennent à utiliser les meilleurs matériaux disponibles. Si cette démarche est un gage d'excellence, elle est aussi un obstacle au succès financier, et le parti pris de démocratisation de la Wiener Werkstätte s'en trouve affaibli. Pourtant, dès 1905, elle remplace la **Sécession** à la tête des associations artistiques et artisanales viennoises et emploie plus d'une centaine d'ouvriers. Ses œuvres sont recensées dans des revues comme *Deutsche Kunst und Dekoration* (Art et décoration en Allemagne) et *The Studio* ; elle touchera un public plus large grâce à diverses expositions (Berlin 1904, Vienne et Brno 1905, Hagen 1906) et en participant à des manifestations internationales : Werkbund-Ausstellung à Cologne en 1914, Exposition Internationale des Arts Décoratifs à Paris,

▲ Josef Hoffmann, théière en argent pour la Wiener Werkstätte, 1903–1904

▶ Josef Hoffmann, vase en argent doublé de verre pour la Wiener Werkstätte, 1906

en 1925. Entre 1903 et 1932, la Werkstätte fabrique les meubles, créations verrières, objets de métal, bijoux, vêtements, papiers peints, céramiques et travaux graphiques de plus de deux cents artistes (dont beaucoup sont d'anciens étudiants de la Kunstgewerbeschule : **Otto Prutscher**, **Jutta Sika**, Michael Powolny (1871–1954), Carl Otto Czeschka (1878–1960), Berthold Löffler (1874–1960) et Emmanuel Josef Margold (1889–1962)). Elle entreprend aussi trois chantiers essentiels, répondant à l'idée du **Gesamtkunstwerk** (Œuvre d'art totale) : son théâtre, le Cabaret Fledermaus (Chauve-Souris, 1907), le Sanatorium de Purkersdorf, réalisé par Josef Hoffmann (1904–1906), et le Palais Stoclet (1905–1911). Ce dernier, édifié à Bruxelles, est représentatif du style sécessionniste de ses débuts : lignes droites sévères, compositions complexes et matériaux luxueux. Fritz Wärndorfer émigre aux Etats-Unis en 1914 et, sous l'égide de son nouveau mécène, Otto Primavesi, les productions de la Werkstätte se font moins élitistes, les lignes s'assouplissent, le style gagne en éclectisme – comme en témoignent, par exemple, les œuvres de **Dagobert Peche**. La Wiener Werkstätte ouvrira une filiale à New York en 1921, une autre à Berlin en 1929, mais devra pourtant déposer son bilan en 1932.

De 1933 à 1936, Tapio Wirkkala étudie la sculpture à la Taideteollinen Korkeakoulu, l'Ecole Centrale des Arts Appliqués d'Helsinki (devenue Ecole Centrale de Design Industriel). Il se consacre aux arts plastiques et au graphisme, puis, en 1947, partage avec **Kaj Frank** le premier prix d'un concours organisé par les verreries Iittala, pour qui il commence à travailler en indépendant. Ses vases en verre soufflé *Kantarelli* (Chanterelle, 1946) saisissent l'essence abstraite de la nature et sont caractéristiques d'un modernisme scandinave qui mêle artisanat traditionnel et expressivité des lignes organiques. Cette série de vases, fabriquée entre 1947 et 1960, contribue à établir sa renommée internationale. Il émane de ses meubles et de ses coupes de bouleau laminé en forme de feuilles une beauté naturelle qui fait leur succès. Wirkkala prépare le bois cintré multicolore, qu'il taille et creuse afin de produire d'étonnantes zébrures. Ses créations, exposées aux Triennales de Milan de 1951 et 1954, remportent six grands prix. De 1951 à 1954, il est directeur artistique de la Taideteollinen Korkeakoulu d'Helsinki et, de 1955 à 1956, travaille dans l'agence new-yorkaise de **Raymond Loewy**. Il dessinera aussi de la verrerie pour Venini, des céramiques pour Rosenthal, des couteaux pour Hackman, des luminaires pour Airam. Wirkkala a su maintenir avec talent l'équilibre entre artisanat et techniques industrielles, et créer pour la maison des objets à la fois esthétiques et fonctionnels.

Tapio Wirkkala

1915 Hanko, Finlande
1985 Esbo, Finlande

▲ Vases *Kantarelli* pour Iittala, 1946

◄ Chaise en bois laminé pour Asko, vers 1955

Après des études d'ingénieur à l'université du Wisconsin de 1885 à 1887, Frank Lloyd Wright part s'installer à Chicago, où il travaille quelque temps dans l'agence de l'architecte Joseph L. Silsbee, avant de rejoindre le cabinet Adler & Sullivan. En 1889, il construit lui-même sa maison à Oak Park, dans l'Illinois. L'année suivante, il est chargé de superviser toutes les commandes de résidences d'Adler & Sullivan. Il quitte pourtant la société en 1892, suite à un différend à propos d'un travail entrepris pour son compte. En 1893, il ouvre sa propre agence à Chicago et se consacre principalement à la réalisation de maisons individuelles autour de Oak Park et dans d'autres banlieues de Chicago. De 1900 à 1911, il conçoit ainsi une cinquantaine de « Maisons de la Prairie ». Les toits en pente douce de ces maisons basses, construites avec des matériaux naturels – pierre, brique et bois–, soulignent par leurs lignes horizontales la beauté naturelle des plates étendues de la prairie du Mid-West. L'intérieur est novateur et, lui aussi, en harmonie avec le paysage : absence de cloisons, murs-rideaux et teintes naturelles douces optimisent la lumière. La plupart de ces habitations, tout comme les constructions ultérieures

Frank Lloyd Wright

1867 Richland Center, Wisconsin
1959 Phoenix, Arizona

◀ Chaises créées pour la Isabel Roberts House et la Francis W. Little House, 1908 et 1902

◀◀ Tissu pour F. Schumacher & Co., 1955

de Wright, sont réalisées dans un esprit de **Gesamtkunstwerk** (Œuvre d'art totale) : équipements et mobilier sont créés exprès pour elles et partiellement encastrés. Pour Wright, ces projets globalisants doivent posséder un caractère « naturel » et une transcendance spirituelle. A l'instar des Maisons de la Prairie, les immeubles de bureaux et bâtiments publics qu'il dessinera par la suite – tel celui abritant l'administration de la Larkin Company, à Buffalo (1903–1905) – sont conçus de façon à produire l'environnement le plus agréable possible. L'agencement du Larkin Building, par exemple, est révolutionnaire : l'immeuble est fonctionnel ; des galeries découvertes et une cour centrale lumineuse donnent en outre une impression de « convivialité », tous les employés travaillant ensemble plutôt que dans des bureaux isolés. Wright réalise spécialement pour ce projet un mobilier de bureau en métal géométrisant, qui s'harmonise tant sur le plan pratique que visuel avec l'environnement. Comme dans le Larkin Building, dans le Unity Temple de Oak Park (1904–1907), la sensation d'espace et de lumière de l'intérieur contredit la rigueur géométrique de l'extérieur. La structure novatrice de ce bâtiment en porte-à-faux, ses murs-rideaux – en maçonnerie, bois, béton ou verre – marquent, dans la carrière de Wright, un tournant vers ce qu'il appelle la « destruction de la boîte ». Son travail s'éloigne de plus en plus des **Arts & Crafts** qui ont inspiré ses débuts, à mesure qu'il progresse dans l'exploration du potentiel structurel et décoratif qu'offrent les blocs de béton « industriels » : il les exploitera avec succès dans l'Imperial Hotel de Tokyo (1915–1922) et dans quatre maisons de Los Angeles (début des années 1920). Durant la crise des années 1930, alors que les commandes se font rares, il fonde une communauté éducative connue sous le nom de Taliesin Fellowship et publie son autobiographie en 1932. Ses affaires, alors chancelantes, sont relancées par deux commandes importantes : le bâtiment administratif S. C. Johnson & Son

◄ Service à café et service de table pour l'Imperial Hotel de Tokyo, fabriqués par Noritake, Japon, vers 1922

▼ Chaise *Peacock* (*Paon*) réalisée pour l'Imperial Hotel de Tokyo, vers 1921–1922

▶ Fauteuil pivotant conçu pour les bureaux du bâtiment administratif de la Larkin Company, vers 1904

▶▶ Intérieur du bâtiment administratif de S. C. Johnson & Son, 1936–1939

(1936–1939) et la maison sur la cascade d'Edgar J. Kaufmann, Falling Water (1935–1939). Avec leurs structures de béton armé en porte-à-faux, ces chantiers, comme plus tard celui du musée Guggenheim (1943–1946 et 1955–1959), annoncent une architecture totalement nouvelle et libérée. Toutes les réalisations de Frank Lloyd Wright disent l'allégeance de l'artiste face à la nature et sa foi profonde en l'importance des valeurs humaines, ou, comme il le dit lui-même, en l'humanité. Dans son exploration du **Design organique**, il tente de transposer symboliquement la spiritualité de l'homme comme celle de la nature. Ni traditionaliste ni moderniste, Wright est d'abord et avant tout un humaniste.

▶ Poste de travail conçu pour le bâtiment administratif de S. C. Johnson & Son, vers 1937 (fabriqué par Metal Office Furniture Company)

▶ Vaisselle *American Modern* pour Steubenville Pottery, vers 1937

Russel Wright

1904 Lebanon, Ohio
1976 New York

Russel Wright étudie la peinture à l'Académie des Beaux-Arts de Cincinnati et la sculpture à l'Art Students League de New York. En 1924, **Norman Bel Geddes** et le dramaturge Thornton Wilder lui proposent de concevoir des décors de théâtre : il se met à fabriquer des masques satiriques qui lui assurent rapidement aussi bien une source de revenus qu'une bonne publicité. Il réalise alors une ligne d'accessoires de bar en aluminium qui connaît le même succès et déclenche pour de bon sa carrière de designer industriel. En 1930, il ouvre une agence à New York, où il produit des objets métalliques : shakers, services à thé, pichets... Ces créations, qui mêlent **Fonctionnalisme**, style **Art déco** et style Mission vernaculaire, sont présentées à l'exposition « Machine Age » du **Museum of Modern Art** en 1934. Certaines – comme ses meubles en érable « blond » *Modern Living* pour Conant-Ball (1935) – seront très populaires, car moins chères que celles importées d'Europe et mieux adaptées au goût américain. Sa célèbre vaisselle *American Modern* (1937) reflète parfaitement l'approche du design « à l'américaine » qui est la sienne : tout à la fois décontractée et moderne. Glorifié pendant sa carrière, Russel Wright est le premier designer d'objets quotidiens à voir son nom figurer dans les publicités des fabricants.

Sori Yanagi étudie la peinture et l'architecture à l'Ecole des Beaux-Arts de Tokyo, où il obtient son diplôme en 1940. Il entre alors comme assistant dans l'agence de design de **Charlotte Perriand** et y reste jusqu'en 1942, alors qu'elle travaille comme conseillère pour l'artisanat auprès du Ministère du Commerce nippon. En 1951, il remporte le premier prix du « Concours de Design Industriel Japonais » qui vient de se créer et, l'année suivante, fonde l'Institut de Design Industriel Yanagi. Ses créations – comme le tabouret en bois cintré *Butterfly* (Papillon), fabriqué par Tendo Mokko (1954) – combinent avec une harmonieuse élégance culture occidentale et orientale, artisanat traditionnel et technologie industrielle. Yanagi a du design une conception quasi spirituelle typiquement orientale ; pour lui, « la beauté des lignes et des idées ne sort pas seulement de la planche à dessin ». En 1977, il devient président du Musée des Arts et Traditions Populaires de Tokyo et participe à l'exposition « Récipients contemporains : l'art de verser », qui se tient en 1982 au Musée d'Art moderne de la ville.

Sori Yanagi
1915 Tokyo
2011 Tokyo

◄ Tabouret *Butterfly* (Papillon) pour Tendo Mokko, 1954

Marco Zanini

Né en 1954 Trente, Italie

▲ Théières *Colorado*, *Sepik* et *Mississippi* fabriquées par Ceramiche Flavia pour Memphis, 1983

Marco Zanini fait des études d'architecte à l'université de Florence, où il a pour professeur Adolfo Natalini (1941–2020). C'est également à Florence qu'en 1975 il rencontre **Ettore Sottsass**, dans un atelier organisé par **Global Tools**. Entre 1975 et 1977, il travaille pour la Argonaut Company à Los Angeles et, en tant que designer indépendant, à San Francisco. Après avoir obtenu son diplôme en 1978, il entre comme assistant dans l'agence milanaise de Sottsass et, deux ans plus tard, rejoint la toute nouvelle société de conseil Sottsass Associati. Il compte aussi parmi les membres fondateurs du groupe **Memphis**, pour qui il conçoit un certain nombre de meubles, dont le canapé *Dublin* (1981) et la bibliothèque *Union* (1983). Zanini réalise également des créations verrières pour Memphis – la coupe avec couvercle *Rigel* (1982), les verres *Arturo* et *Vega* (1982)–, ainsi que des céramiques colorées aux lignes insolites : théières *Colorado* et *Mississippi* (1983) et vases *Victoria*, *Baykal* et *Tanganyika* (1983). Avec Sottsass, il aménage une pièce qui sera présentée à l'exposition du design italien à Tokyo, en 1984 : ses lignes géométriques sont audacieuses et ses stratifiés, imprimées par sérigraphie, multicolores. Sottsass et Zanini collaboreront aussi au design d'appareils électroniques pour Enorme.

Après des études d'architecte au Politecnico di Milano (Ecole Polytechnique de Milan), dont il est diplômé en 1939, Marco Zanuso ouvre en 1945 son agence milanaise et se consacre au design de produits et de meubles aussi bien qu'à des projets d'urbanisme. Codirecteur de la revue *Domus* avec Ernesto Rogers (1909–1969) de 1946 à 1947, année où il devient rédacteur en chef du magazine *Casabella* (jusqu'en 1949), il est l'un des designers italiens les plus en vue de l'après-guerre. En 1948, Pirelli lui demande d'expérimenter le caoutchouc-mousse dans le rembourrage des sièges : ce sera le fauteuil *Antropus* (1949), le premier produit par Arflex, l'unité de fabrication créée par Pirelli. Suivent plusieurs autres sièges rembourrés en caoutchouc-mousse, dont la chaise *Lady* (1951) et le canapé *Triennale* (1951), exposés pour la première fois à la IXe Triennale de Milan où Zanuso obtient un grand prix et deux médailles d'or. En 1956, il remporte aussi un **Compasso d'Oro** avec sa machine à coudre *Modèle 1100/2* pour Borletti, dont les lignes à la fois rationnelles et sculpturales sont caractéristiques de son travail. Zanuso entreprend en outre plusieurs commandes architecturales : les usines d'**Olivetti** à São Paulo (1955) et Buenos Aires (1955–1957), celle de Necchi à Pavie (1961–1962),

Marco Zanuso Sr.
1916 Milan
2001 Milan

◀ Fauteuil *Antropus* pour Arflex, 1949

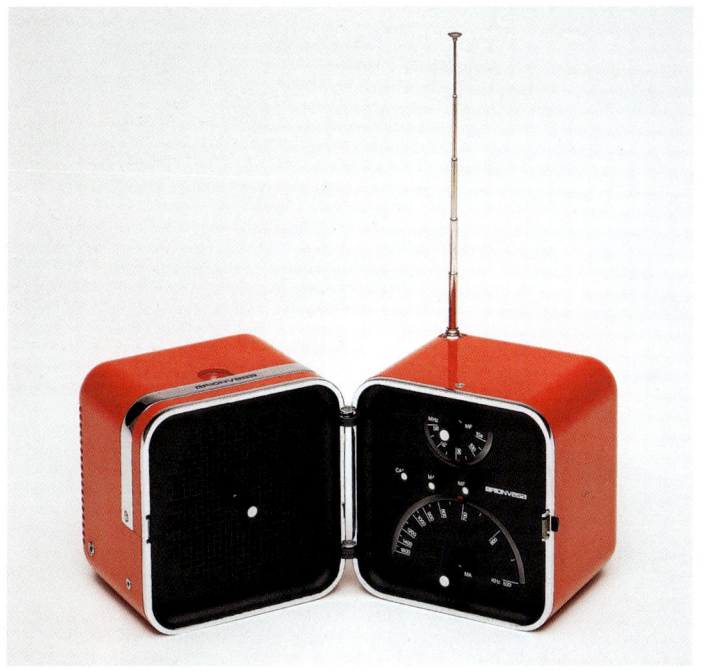

révèlent son intérêt pour les constructions préfabriquées. De 1958 à 1977, associé à **Richard Sapper**, il va dessiner un grand nombre d'objets et de meubles devenus des «classiques»: la légère chaise *Lambda* en acier étampé émaillé, éditée par Gavina (1959–1964), la chaise d'enfant empilable *n°4999/5* pour **Kartell** (1961–1964), premier siège en polyéthylène moulé par injection, les téléviseurs *Doney 14* (1964) et *Black 201* (1969) pour Brionvega, aux composants électroniques miniaturisés, le téléphone *Grillo* pour Siemens (1966), révolutionnaire parce que pliant, et les balances de cuisine *2000* pour Terraillon (1970). En 1956, Zanuso devient membre des CIAM (Congrès Internationaux d'Architecture Moderne) et de l'INU (Istituto Nazionale Urbanista). La même année, il est également cofondateur de l'ADI (Associazione di Disegno Industriale), dont il sera président de 1966 à 1969. Conseiller municipal à la mairie de Milan entre 1956 et 1960, il entre à la commission d'urbanisme de la ville en 1961. Depuis le début de sa carrière, Zanuso expérimente de nouveaux matériaux, de nouvelles technologies, et conçoit, pour la fabrication industrielle, des objets lisses et fonctionnels qui redéfinissent souvent le potentiel formel des modèles existants.

▲ **Marco Zanuso & Richard Sapper**, Radio *TS502* pour Brionvega, 1964

◀ Fauteuils *Lady* pour Arflex, 1951

P. 748: **Marco Zanuso & Richard Sapper**, téléviseur *Black 201* pour Brionvega, 1969

◄ Avant-projet corrigé du caractère *Melior* (1949), 1966

Hermann Zapf
1918 Nuremberg
2015 Darmstadt

En 1938, Hermann Zapf commence à travailler dans la fonderie de caractères de Paul Koch à Francfort et, en 1941, la fonderie Stempel publie un tirage limité de son alphabet calligraphique *Feder und Stichel* (Plume et Gouge). Après son service militaire, il entre chez Stempel, dont il sera le directeur artistique de 1947 à 1956. Ses polices les plus connues sont le *Palatino* (1950), élaboré à partir d'un caractère Renaissance, et l'élégant *Optima* (1952–1955), qu'il décrit comme un « caractère romain sans empattement ». C'est à cette époque qu'il rédige *Das Blumen ABC* (1948) et le *Manuale Typographicum* (1954). De 1957 à 1974, il est graphiste consultant auprès de la Mergenthaler Linotype Company, à New York, et, de 1966 à 1973, auprès de Hallmark International, à Kansas City. Dans les années 1960, Hermann Zapf écrit encore deux guides typographiques et, de 1972 à 1981, enseigne la typographie à la Technische Hochschule de Darmstadt. Professeur en typographie informatique au Rochester Institute of Technology de New York de 1977 à 1987, il sera parmi les premiers à créer des polices numériques, dont l'italique *Zapf Chancery* (1979), et en adaptera plusieurs autres à l'usage de l'ordinateur. Il réintroduit la beauté de la calligraphie dans ses polices et compte parmi les plus grands typographes du XXe siècle.

Eva Zeisel

1906 Budapest
2011 New York

▲ Soupière en grès pour la Majolika-Fabrik Schramberg, vers 1930

De 1923 à 1924, Eva Zeisel étudie la peinture à l'Académie Royale des Beaux-Arts de Budapest. Puis, après un apprentissage de la poterie, elle ouvre un atelier à la manufacture de céramique Kispest de Budapest, où elle crée des prototypes destinés à la production industrielle. A partir de 1927, elle travaille pour la Hansa Kunstkeramik de Hambourg et, entre 1928 et 1930, réalise pour la Majolika-Fabrik Schramberg des créations de style constructiviste, aux lignes géométriques et aux décorations polychromes peintes à la main. De 1930 à 1932, Eva Zeisel habite Berlin et conçoit des céramiques pour Christian Carstens. Plus tard, elle part pour Moscou où elle dessine des pièces pour les manufactures de porcelaine Lomonosov et Dulevo. Elle est nommée directrice artistique de l'industrie porcelainière de la République Russe en 1935, mais, l'année suivante, elle est emprisonnée pour des motifs politiques. Après sa libération en 1937, Eva Zeisel retourne à Budapest avant de fuir vers les Etats-Unis, afin d'échapper à l'occupant nazi. En Amérique, elle continue de concevoir des services de table modernes, dont la ligne *Museum White* (1942–1945), mise au point en collaboration avec le **Museum of Modern Art de New York**, et enseigne au Pratt Institute ainsi qu'à l'Ecole de Design de Rhode Island, à Providence.

En 1862, Ignaz Zsolnay crée les Céramiques Zsolnay à Pécs, en Hongrie. En 1865, Vilmos Zsolnay (1828–1900) prend la direction de l'usine qui, dans les années 1870, connaît une rapide expansion et devient la plus grande manufacture de céramiques de l'Empire austro-hongrois. En 1883, les Céramiques Zsolnay emploient quatre cent cinquante ouvriers et, en 1900, un millier. Aux créations de grès des débuts, décorées dans un style populaire, se substituent dans les années 1870 des poteries vernissées inspirées de céramiques Renaissance et des pièces polychromes de style Iznik, les «faïences ivoires». L'usine commande des créations à plusieurs designers et artistes de renom, parmi lesquels le peintre József Rippl-Rónai (1861–1930) qui, dans la lignée des **Arts & Crafts** hongrois, conçoit de nombreux objets peints dans le style **Art nouveau**. Lajos Makk (1876–1916) réalise lui aussi pour Zsolnay des céramiques vernissées remarquablement modernes. Outre des articles ménagers, l'usine fabrique également pour l'industrie (des isolants électriques en porcelaine, par exemple) et pour le bâtiment, avec ces tuiles qui deviendront typiques de certaines constructions sécessionnistes, comme celles de l'architecte Ödön Lechner, en Hongrie. Miklós (1857–1925), le fils de Vilmos Zsolnay, lui succède à la tête de la société mais, après la Seconde Guerre mondiale, le déclin s'amorce et, bien qu'elles existent encore aujourd'hui, les Céramiques Zsolnay restent surtout célèbres pour leurs innovations artistiques du début du siècle.

Zsolnay
Fondé en 1862
Pécs, Hongrie

▼ **Vilmos Zsolnay & Lajos Makk**, vase en grès vernissé pour les Céramiques Zsolnay, vers 1900

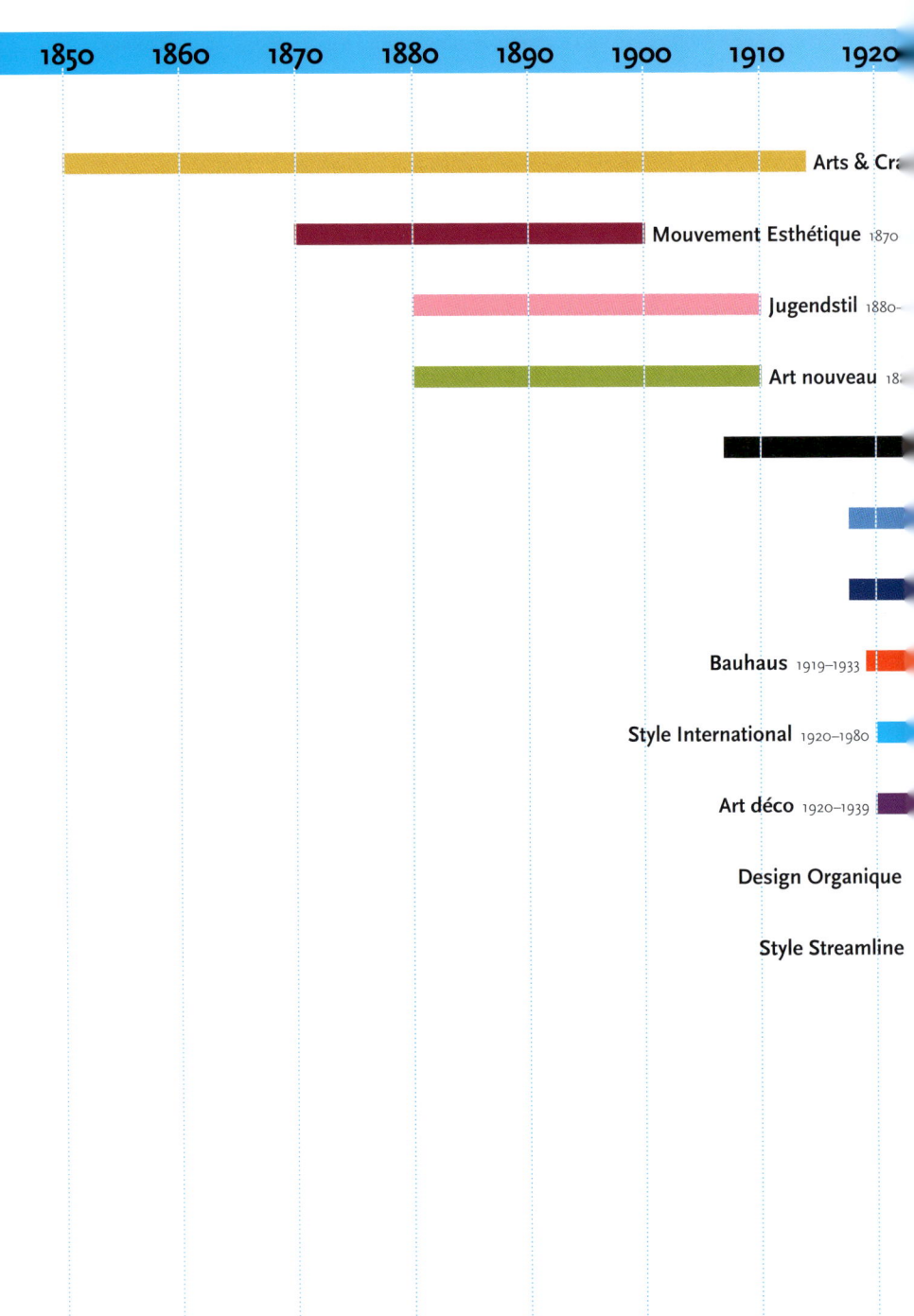

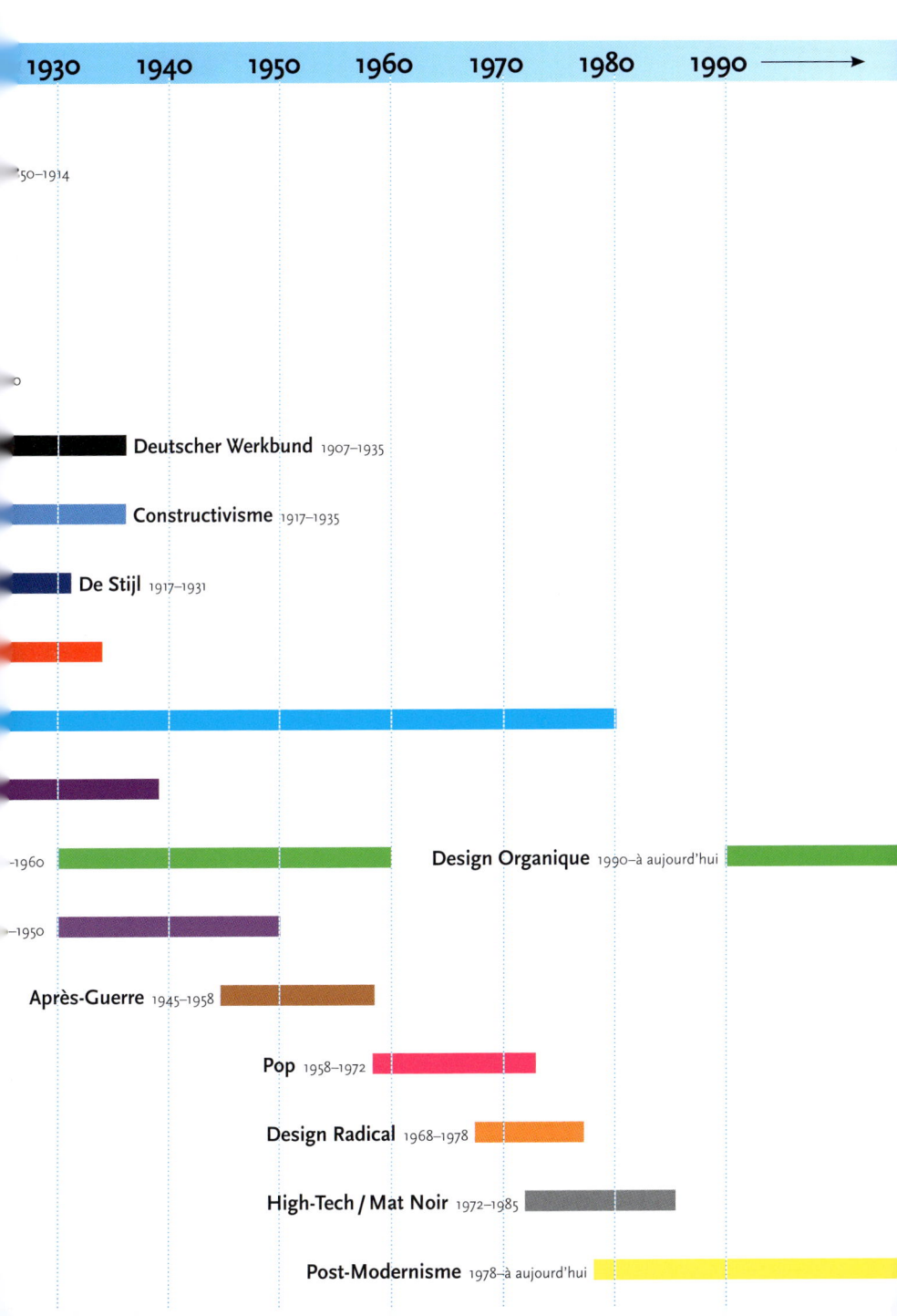

1937 Frank Lloyd Wright *Poste de travail*

1908 Fondation d'Olivetti

1924 Wilhelm Wagenfeld *Lampe MT9 / M1 pour le Bauhaus*

1936 Alvar Aalto *Vase Savoy*

1945 Charles & Ray Eames *Chaise LCW*

1924 Marianne Brandt *Cendrier pour l'atelier de métal du Bauhaus*

1929 Ludwig Mies van der Rohe *Fauteuil Barcelone*

1914 Exposition du Deutscher Werkbund à Cologne

1903 Fondation de la Wiener Werkstätte

1942 Raymond Loewy *Nouveau paquet de cigarettes Lucky Strike*

1918–23 Gerrit Rietveld *Fauteuil Rouge et Bleu*

1931 Eric Gill *An Essay on Typography*

1900 — **1910** — **1920** — **1930** — **1940**

1904 Georg Jensen *Atelier d'orfèvrerie*

1907 Peter Behrens *Identité visuelle AEG*

1907 Deutscher Werkbund

1909 Manifeste Futuriste

1913 Monotype crée *imprint*, le premier caractère destiné à la composition mécanique

1915 Kasimir Malévitch lance le *Suprématisme* à Leningrad

1917 Création de De Stijl
Débuts du *Constructivisme* en Russie

1919 Fondation du Bauhaus

1920 Vhutemas

1925 Exposition des Arts Décoratifs et Industriels, Paris

1925 Marcel Breuer *Fauteuil Wassily*

1927 *Weissenhofsiedlung*, Stuttgart

1929 Museum of Modern Art, New York

1931 PEL

1937 Exposition Universelle, Paris

1940 Ch. Eames & E. Saarinen remportent le concours *Le Design Organique dans l'équipement de la maison*, MOMA

1941 Utility

1943 IKEA

1948 Kaj Franck *Service Kilta*

1995–1999 Ross Lovegrove & Stephen Peart *Office System*

1970 Shiro Kuramata *Meuble à tiroirs de formes irrégulières*

1958 Richard Buckminster Fuller *Dôme Géodésique à Seattle*

1981 Fondation de Memphis

1996 Tom Dixon *Lampes Jack*

1951 Arne Jacobsen *Chaises Ant*

1962 Hans Gugelot & Gerd A. Müller *Rasoir électrique Sixtant SM31*

1972 Otl Aicher *Pictogrammes pour les Jeux Olympiques de Munich*

1985 Michael Graves *Bouilloire*

1995 Stefano Giovannoni *Récipient Mary Biscuit*

1954 Max Bill *Ulmer Hocker*

1969 Joe Colombo *Bloc d'habitat central*

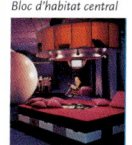

1990 Philippe Starck *Presse-citron Juicy Salif*

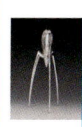

1976 Fondation de Studio Alchimia

1950 — **1960** — **1970** — **1980** — **1990** →

1951 Rat für Formgebung, Darmstadt
1951 Festival of Britain
1953 Hochschule für Gestaltung, Ulm
1954 Adrian Frutiger dessine le caractère *Universe*
1955/56 Eero Saarinen *Siège Tulip*
1963 Total Design, Amsterdam
1966 Fondation d'Archizoom Associati, Florence
1968 Verner Panton *Chaise Panton* début de la production en série
1972 Exposition: *Italie: Le nouveau paysage domestique*, New York
1972 Fondation de Pentagram, Londres
1973 Global Tools, Florence
1979 Ergonomi Design Gruppen, Suède
1980 Nouvelle Vague Californienne, Etats-Unis
1983 Swatch, Suisse
1989 Design Museum, Londres
1989 Vitra Design Museum, Weil am Rhein
1992 Expo '92, Séville

Appendice

Bibliographie
Remerciements
Crédits photographiques

Bibliographie

Abercrombie, S., *George Nelson, The Design of Modern Design*, MIT Press, Cambridge, Massachusetts 1995
Anscombe, I., *Arts & Crafts Style*, Phaidon Press, Londres 1991
Anscombe, I. & Gere, C., *Arts & Crafts in Britain & America*, Academy Editions, Londres 1978
Arwas, V., *Glass, Art Nouveau to Art Deco*, Academy Editions, Londres 1987
Bangert, A., *Italian Furniture Design*, Bangert Verlag, Munich 1988
Banham, R., *Theory and Design in the First Machine Age*, Architectural Press, Londres / New York 1960
Bayley, S., *The Conran Directory of Design*, Conran Octopus, Londres 1985
Bernsen, J., *Hans J. Wegner*, Dansk Design Centre, Copenhague 1994
Blackwell, L., *Typo du 20ᵉ siècle*, Flammarion, Paris 1994
Börnsen-Holtmann, N., *Italian Design*, Benedikt Taschen Verlag, Cologne 1994
Branzi, A., *Il Design Italiano, 1964–1990*, Electa, Milan 1996
Branzi, A., *The Hot House: Italian New Wave Design*, Thames & Hudson, Londres 1984
Brino, G., *Carlo Mollino, Architecture as Autobiography*, Thames & Hudson, Londres 1987
Bröhan, T. & Berg, T., *Avantgarde Design 1880–1930*, Benedikt Taschen Verlag, Cologne 1994
Bruchhäuser, A., *Der Kragstuhl*, Stuhlmuseum Burg Beverungen, Alexander Verlag, Berlin 1986
Brunhammer, Y., *André Arbus, Architecte-Décorateur des Années 40*, Editions Norma, Paris 1996
Brunhammer, Y., *Les Styles des années 30 à 50*, Baschet & Cie, Paris 1987
Byars, M. (ed.), *The Design Encyclopedia*, Laurence King, Londres 1994
Carruthers, A. & Greensted, M., *Good Citizen's Furniture: The Arts and Crafts Collection at Cheltenham*, Lund Humphries, Londres 1994
Collins, M. & Papadakis, A., *Post-Modern Design*, Academy Editions, Londres 1989
Conway, H., *Ernest Race*, Design Council, Londres 1982
Cumming, E. & Kaplan, W., *The Arts & Crafts Movement*, Thames & Hudson, Londres 1991
De Bonneville, F., *Jean Puiforcat*, Editions du Regard, Paris 1986
Dietz, M. & Mönninger, M., *Japanese Design*, Benedikt Taschen Verlag, Cologne 1994
Dietz, M. & Mönninger, M., *Lights, Leuchten, Lampes*, Benedikt Taschen Verlag, Cologne 1993
Droste, M. & Bauhaus Archiv, *Bauhaus 1919–1933*, Benedikt Taschen Verlag, Cologne 1990
Droste, M., Ludewig, M. & Bauhaus Archiv, *Marcel Breuer*, Benedikt Taschen Verlag, Cologne 1992
Du Pree, H., *Business as Unusual, The People and Principles at Herman Miller*, Herman Miller Inc, Zeeland, Michigan 1986
Duncan, A., *Louis Majorelle, Master of Art Nouveau Design*, Thames & Hudson, Londres 1991
Eidelberg, M., (ed.), *Design 1935–1960: What Modern Was*, Musée des Arts Décoratifs, Montréal/Harry N. Abrams, New York 1991
Eidelberg, M., (ed.), *Designed for Delight, Alternative Aspects of Twentieth-Century Decorative Arts*, Musée des Arts Décoratifs, Montréal/Flammarion, Paris/New York 1997
Fahr-Becker, G., *Wiener Werkstätte 1903–1932*, Benedikt Taschen Verlag, Cologne 1994
Favata, I., *Joe Colombo and Italian Design of the Sixties*, Thames & Hudson, Londres 1988
Fehrman, C. & K., *Postwar Interior Design: 1945–1960*, Van Nostrand Reinhold, New York 1987
Ferrari, F., *Carlo Mollino Cronaca*, Stamperia Artistica Nazionale Editrice, Turin 1985
Fiell, C. & P., *Charles Rennie Mackintosh*, Benedikt Taschen Verlag, Cologne 1995
Fiell, C. & P., *Modern Chairs*, Benedikt Taschen Verlag, Cologne 1993
Fiell, C. & P., *Modern Furniture Classics since 1945*, Thames & Hudson, Londres 1991
Fiell, C. & P., *1000 Chairs*, Benedikt Taschen Verlag, Cologne 1997
Fiell, C. & P., *William Morris*, Benedikt Taschen Verlag, Cologne 1999
Fleming, J., Honour, H. & Pevsner, N., *The Penguin Dictionary of Architecture*, Penguin Books, Londres 1966
Forty, A., *Objects of Desire, Design and Society 1750–1980*, Thames & Hudson, Londres 1986

Friedman, M. & Bock, M., *De Stijl, 1917–1931: Visions of Utopia*, Phaidon, Oxford 1982
Garner, P., *Eileen Gray, Designer and Architect*, Benedikt Taschen Verlag, Cologne 1993
Garner, P., *Sixties Design*, Benedikt Taschen Verlag, Cologne 1996
Geddes, N. B., *Horizons*, Little, Brown, Boston 1932
Gere, C. & Whiteway, M., *Nineteenth-Century Design: From Pugin to Mackintosh*, Weidenfeld & Nicolson, Londres 1993
Giedion, S., *La mécanisation au pouvoir*, Editions du Centre Georges Pompidou, Paris 1980
Gössel, P. & Leuthäuser, G., *L'Architecture du XXe siècle*, Benedikt Taschen Verlag, Cologne 1991
Greenhalgh, P. (ed.), *Modernism in Design*, Reaktion Books, Londres 1990
Greenhalgh, P. (ed.), *Quotations and Sources on Design and the Decorative Arts*, Manchester University Press, Manchester 1993
Hall, G. & Snowman, M. R., *Avant Premiere, Contemporary French Furniture*, VIA/Editions Eprouve, Paris/Londres 1988
Heskett, J., *Industrial Design*, Thames & Hudson, Londres 1980
Hiesinger, K. & Marcus, G. (ed.), *Design Since 1945*, Thames & Hudson, Londres 1983
Hiesinger, K. & Marcus, G., *Landmarks of Twentieth-Century Design*, Abbeville Press, New York 1993
Hollis, R., *Le graphisme au XXe siècle*, Thames & Hudson, Paris 1997
Hufnagl, F. (ed.), *Einblicke – Ausblicke: Für ein Museum von morgen*, Die Neue Sammlung, Staatliches Museum für Angewandte Kunst, Arnoldsche, Stuttgart 1996
Jervis, S., *The Penguin Dictionary of Design and Designers*, Penguin Books, Harmondsworth 1984
Jodidio, P., *Sir Norman Foster*, Benedikt Taschen Verlag, Cologne 1997
Jodidio, P., *Richard Meier*, Benedikt Taschen Verlag, Cologne 1995
Katz, S., *Plastics, Designs and Materials*, Studio Vista, Londres 1978
Larrabee, E. & Vignelli, M., *Knoll Design*, Harry N. Abrams, New York 1981

Le Corbusier, *L'Art décoratif d'aujourd'hui*, G. Crès, Paris 1925
Le Corbusier, *Vers une architecture*, G. Crès, Paris 1923
Licitra Ponti, L., *Gio Ponti, The Complete Work*, Thames & Hudson, Londres 1990
Loos, A., *Paroles dans le vide*, Editions Champ Libre, Paris 1979
Loos, A., *Trotzdem 1900–1930*, Brenner-Verlag, Innsbruck 1931
Los, S., *Carlo Scarpa*, Benedikt Taschen Verlag, Cologne 1994
Margolin, V. (ed.), *Design Discourse – History, Theory, Criticism*, University of Chicago Press, Chicago 1989
Margolin, V. & Buchanan, R. (ed.), *Discovering Design, Explorations in Design Studies*, University of Chicago Press, Chicago 1995
Margolin, V. & Buchanan, R. (ed.), *The Idea of Design*, MIT Press, Cambridge Mass. 1995
Mastropietro, M., *An Industry for Design; The Research, Designers & Corporate Image of B&B Italia*, Edizioni Lybra Immagine, Milan 1986
Mauriès, P., *Fornasetti, Designer of Dreams*, Thames & Hudson, Londres 1991
McDermott, C., *Essential Design*, Bloomsbury, Londres 1992
McDermott, C., *The Design Museum Book of 20th Century Design*, Carlton Books, Londres 1997
Morgan, A. L. (ed.), *Contemporary Designers*, St. James Press, Londres 1985
Mumford, L., *Techniques et civilisations*, Seuil, Paris 1950
Myerson, J., *Gordon Russell, Designer of Furniture*, Design Council/Gordon Russell Ltd., Londres 1992
Myerson, J., *Makepeace, A Spirit of Adventure in Craft & Design*, Conran Octopus Ltd., Londres 1995
Nelson, G., *George Nelson on Design*, The Architectural Press, Londres 1979
Neuhart, J. & M. & Eames, R., *Eames Design: The Work of the Office of Charles & Ray Eames*, Harry N. Abrams, New York 1989
Ostergard, D., *Bent Wood and Metal Furniture: 1850–1946*, The American Federation of Arts, New York 1987

Pevsner, N., *Pioneers of the Modern Movement*, Faber & Faber, Londres 1936

Pevsner, N., *Les sources de l'architecture moderne et du design*, Thames & Hudson, Londres 1993

Pfeiffer, B. B., *Frank Lloyd Wright*, Benedikt Taschen Verlag, Cologne 1991

Radice, B., *Memphis – Research, Experiences, Results, Failures and Successes of New Design*, Thames & Hudson, Londres 1985

Rieman, T., *Shaker, The Art of Craftsmanship*, Art Services International, Alexandria, Virginia 1995

Schaefer, H., *The Roots of Modern Design*, Studio Vista, Londres 1970

Schweiger, W., *Wiener Werkstätte, Design in Vienna 1903–1932*, Thames & Hudson, Londres 1984

Sembach, K.-J., *Art Nouveau*, Benedikt Taschen Verlag, Cologne 1991

Sembach, K.-J., Leuthäuser, G. & Gössel, P., *Le design du meuble au XXᵉ siècle*, Benedikt Taschen Verlag, Cologne 1991

Sottsass Associati, Rizzoli, New York 1988

Sparke, P., *Italian Design, 1870 to Present*, Thames & Hudson, Londres 1988

Sparke, P. (ed.), *The Plastics Age, From Modernity to Post-Modernity*, Victoria & Albert Museum, Londres 1990

Starck, Benedikt Taschen Verlag, Cologne 2000

Taylor, B. B., *Pierre Chareau*, Benedikt Taschen Verlag, Cologne 1998

Triggs, T. (ed.), *Communicating Design, Essays in Visual Communication*, B. T. Batsford Ltd., Londres 1995

Van Geest, J., *Jean Prouvé*, Benedikt Taschen Verlag, Cologne 1991

Vanlaethem, F., *Gaetano Pesce*, Thames & Hudson, Londres 1989

Vegesack, A. von, *Deutsche Stahlrohr-Möbel: 650 Modelle aus Katalogen*, Bangert Verlag, Munich 1986

Vercelloni, V., *The Adventure of Design: Gavina*, Jaca Book, Milan 1987

Walker, J., *Design History and the History of Design*, Pluto Press, Londres 1989

Warncke, C-P., *De Stijl 1917–1931*, Benedikt Taschen Verlag, Cologne 1994

Whiteley, N., *Design for Society*, Reaktion Books, Londres 1993

Whiteley, N., *Pop Design; Modernism to Mod*, Design Council, Londres 1987

Wichmann, S., *Jugendstil Art Nouveau, Floral and Functional Forms*, Little, Brown & Co., Boston 1984

Woodham, J., *Twentieth-Century Design*, Oxford University Press, Oxford 1997

Zerbst, R., *Antoni Gaudí*, Benedikt Taschen Verlag, Cologne 1993

Catalogues d'exposition

Arts Council of Great Britain, *Thirties, British Art & Design before the War*, Hayward Gallery, Londres 1979 / 80

Barry Friedman Ltd., *Gerrit Rietveld : A Centenary Exhibition. Craftsman and Visionary*, New York 1988

Centre Georges Pompidou, *Design Français 1960–1990 : Trois Décennies*, A. P. C. I. / Centre Georges Pompidou, Paris 1988

Centre Georges Pompidou, *Ettore Sottsass*, Editions du Centre Georges Pompidou, Paris 1994

Centrokappa, *Il Design Italiano Degli Anni '50*, Ricerche Design Editrice, Milan 1985

The Detroit Institute of Arts & The Metropolitan Museum of Art, *Design in America, The Cranbrook Vision*, Harry N. Abrams, New York 1983

Fisher Fine Art, *Pioneers of Modern Furniture*, Lund Humphries, Londres 1991

Library of Congress and Vitra Design Museum, *The Work of Charles and Ray Eames: A Legacy of Invention*, Harry N. Abrams, New York 1997

Museum of Modern Art, *Italy: The New Domestic Landscape*, Museum of Modern Art, New York 1972

Museum of Modern Art, *The Modern Poster*, Museum of Modern Art, New York 1988

Museum of Modern Art, *Mutant Materials in Contemporary Design*, Museum of Modern Art, New York 1995

Singer Museum, *Jan Eisenloeffel 1876–1957*, Waanders, Zwolle 1996

Tada Architectural Studio, *Finn Juhl Memorial Exhibition*, Tada Architectural Studio, Osaka 1990

Victoria & Albert Museum, *Art & Design in Europe and America 1800–1900*, The Herbert Press, Londres 1987

Victoria & Albert Museum, *British Art & Design 1900–1960*, Victoria & Albert Museum, Londres, 1983

Vitra Design Museum, *100 Masterpieces from the Vitra Design Collection*, Vitra Design Museum, Weil am Rhein 1996

The Whitechapel Art Gallery, *Modern Chairs 1918–1970*, Lund Humphries, Londres 1970

Avertissement

Cet ouvrage est un véritable lexique du design. Les entrées des articles suivent l'ordre alphabétique et l'usage anglais dominant pour ce qui est des notions et des patronymes. Vous trouverez ci-dessous la traduction des termes utilisés.

Académie de Cranbrook → Cranbrook Academy
Art déco → Art Deco
Atelier des Roycrofters → Roycrofters Workshop
Atelier Omega → Omega Workshop
Ateliers Dresdois pour l'Artisanat d'Art → Dresdener Werkstätten für Handwerkskunst
Ateliers Unis pour le Travail Artisanal → Vereinigte Werkstätten für Kunst im Handwerk
Atelier viennois → Wiener Werkstätte
Biomorphisme → Biomorphism
Bon Design → Good Design
Colonie d'artistes de Darmstadt → Darmstädter Künstlerkolonie
Compas d'or → Compasso d'Oro
Constructivisme → Constructivism
Déconstructivisme → Deconstructivism
Design Vert → Green Design
Design Organique → Organic Design
Design Pop → Pop Design
Design Radical → Radical Design
Ecole Suisse → Swiss School
Ecole de Glasgow → Glasgow School
Fonctionnalisme → Functionalism
Futurisme → Futurism
Guilde de l'artisanat → Guild of Handicraft
Identité visuelle → Corporate Identity
Kasimir Malévitch → Kasimir Malevich
Mobilier utilitaire → Utility furniture
Mouvement Arts & Crafts → Arts & Crafts Movement
Mouvement Esthétique → Aesthetic Movement
Mouvement Moderne → Modern Movement
Nouvelle Vague Californienne → California New Wave
Œuvre d'art totale → Gesamtkunstwerk
Post-Industrialisme → Post-Industrialism
Post-Modernisme → Post-Modernism
Rationalisme → Rationalism
Renouveau artisanal → Craft Revival
Sécession → Secession
Sémiotique → Semiotics

Standardisation → Standardization
Style Streamline → Streamlining
Style International → International Style
Nicolas Souétine → Nikolai Suetin
Surréalisme → Surrealism
Union allemande pour l'œuvre → Deutscher Werkbund
Vladimir Tatline → Vladimir Tatlin
Vhutemas → Vkhutemas

Remerciements

Nous souhaitons rendre hommage au travail d'équipe considérable accompli par tous ceux, éditeurs, maquettistes et services techniques de Taschen, qui ont travaillé sur ce projet. Nous sommes aussi extrêmement reconnaissants aux fabricants, distributeurs, studios de design, commissaires-priseurs et institutions publiques qui nous ont apporté leur concours. Des remerciements particuliers à Barry Friedman qui nous a ouvert ses archives photographiques – et pour sa patience. Nous voulons enfin remercier nos familles pour leur aide et leurs encouragements et particulièrement nos filles Emelia et Clementine pour leur bonne humeur et leur compréhension.

Remerciements particuliers à :
Bauhaus-Archiv, Berlin
Thomas Berg, Bonn
Christina et Bruno Bischofsberger, Zurich
Torsten Bröhan GmbH, Düsseldorf – Torsten Bröhan
Bonhams, Londres – Alex Payne
Bridgeman Art Library, Londres
Christies Images, Londres – Camilla Young
Fine Art Society, Londres
Fischer Fine Art, Vienne
Barry Friedman Ltd., New York
Haslam & Whiteway, Londres – Michael Whiteway
Hunterian Art Gallery, Glasgow
International Design Press Agency, Barcelone
Knoll International, New York – Carl Magnusson
Herman Miller, Zeeland – Bob Viol
Mithra Neuman, Exeter

Musée des Arts Décoratifs, Montréal
Museum of Modern Art, New York
Die Neue Sammlung, Munich – Dr. Josef Strasser
The Daniel Ostroff Agency, Los Angeles – Daniel Ostroff
Sotheby's, Londres – Philippe Garner
Studio X, Londres – Ross et Miska Lovegrove
Stuhlmuseum Burg Beverungen, Beverungen
John Toomey Gallery, Oak Park – John Toomey
Victoria & Albert Museum, Londres
Vitra Design Museum, Weil am Rhein

Crédits photographiques

Nous sommes extrêmement reconnaissants aux personnes et aux institutions qui nous ont autorisés à reproduire des images. Nous voulons aussi remercier les nombreux designers, fabricants et institutions qui nous ont obligeamment fourni les portraits des designers reproduits dans cet ouvrage. La plupart des documents historiques présentés ici proviennent des archives de design de Thomas Berg Kunsthandel, Bonn, Fiell International Ltd., Londres et Benedikt Taschen Verlag, Cologne.

Adelta, Dinslaken : 19
Airbourne International, Montreuil-sous-Bois : 496
Studio Alchimia, Milan : 32, 33, 40, 194
Alessi, Crusinallo : 36, 153, 168, 283, 295 (photo : William Taylor), 360, 448, 459, 573, 576, 613 (gauche), 613 (droite), 626, 666, 667 (gauche), 667 (droite)
Alias, Grumello del Monte : 124
AMX Studio, Londres : 274
Karl Andersson & Söhner, Huskvarna : 484
Arflex, Milan : 30, 96 (gauche), 96 (droite), 121, 745, 746
Artek, Helsinki : 16 (en haut), 16 (en bas), 17, 531
Artemide, Milan : 627
Artery, New York : 743
B&B Italia, Novedrate : 565, 634
Fred Baier, UK : 183
Bang & Olufsen, Londres : 365
Ch. Bastin & J. Evrard, Bruxelles : 57

Bauhaus Archiv, Berlin: 353 (photo: Atelier Schneider), 443
Bayer, Leverkusen: 170–171, 545
Bernini, Milan: 633
Galerie Bischofsberger, Zurich: 562
Bonhams, Londres: 42, 43, 179, 373, 415, 543, 547, 556, 557, 575
Braun, Francfort: 131, 132, 133
BRF, Sienne: 349
Bridgeman Art Library, Londres: 146
Neville Brody, Londres: 140, 141
Torsten Bröhan, Düsseldorf: 15, 22, 23, 26, 29, 92, 99, 101, 102, 107, 122, 126, 176, 177, 206, 213, 257, 264, 346, 447, 492, 523, 606, 696, 704 (gauche), 704 (droite), 719, 720, 732, 737
Buckminster Fuller Archives, Etats-Unis: 262
Cappellini, Milan: 399, 491
Casabella, Milan: 288
Cassina, Milan: 104, 205, 347, 382, 411, 412, 563
Cathers & Dembrosky, New York: 67, 241, 612, 708
Chermayeff & Geismar, New York: 159, 181
Christies Images, Londres: 47, 50 (en bas), 60, 69, 81, 189, 190, 256, 270, 275, 306, 323, 416, 455, 468 (en haut), 475, 502, 521, 616, 642, 669, 670, 700, 740
Luigi Colani, Cologne: 166
The Corning Museum of Glass, Corning: 54
Riccardo Dalisi, Italie: 289
Michele De Lucchi, Milan: 195 (toutes les images)
Fortunato Depero Museum, Rovereto: 266, 267
Design Council / DHRC, University of Sussex: 120, 292
Design Gallery Milano, Milan: 656, 657
Di Palma – Arteluce, Bovezzo: 379, 380
Draenert Studio, Francfort: 572, 574
Driade, Milan: 662, 663
Ecart, Paris: 254
Erco, Londres: 27
Ergonomi Design Gruppen, Stockholm: 244
L. M. Ericsson, Stockholm: 245
Eurolounge, Londres: 217
Fiell International, Londres: (photos: Paul Chave): 154, 192, 228, 355, 384, 398, 401, 410, 438, 559, 588, 620, 682, (photos: Peter Hodsoll): 110, 225, 337, 501, 506, 509, (photo: James Barlow): 172, 689, (Mithra Neuman Collection): 226, 233, 505, (Archive): 272, 462

Fifty / 50, New York: 366
Fine Arts Society, Londres: 71
Fischer Fine Art, Vienne: 14, 452, 728
Flos, Bovezzo: 148, 149, 664
Fontana Arte, Corsico: 75, 160
Frederica Stolefabrik, Frederica: 216
Barry Friedman, New York: 13, 50 (en haut), 51, 52, 53, 56, 70, 84, 85, 90, 91, 95, 118, 119, 127, 136, 142, 156, 157, 201, 202, 203 (en haut), 203 (en bas), 206, 208, 209, 221, 237, 240, 269, 271, 313, 314, 315, 335, 345 (en haut), 371, 391, 394, 409 (en haut), 418, 419, 429, 433, 435, 440, 472, 474, 476, 487, 493 (en bas), 494, 546, 548, 560, 584, 585 (en bas), 599, 602, 604, 605, 607, 608, 639, 643, 648, 671, 676, 677, 703 (en haut), 705, 719, 739
Frogdesign, Altensteig: 258, 259
Fusital, Italie: 302
Studio Gavina, Savena: 79
April Greiman, Los Angeles: 77, 143, 303
Gufram, Balangero: 38, 39, 307
Habitat, Londres: 175
Carl Hansen, Odense: 727 (en bas droite)
Fritz Hansen, Allerød: 4–5, 354
Zaha Hadid, Londres: 204
Haslam & Whiteway, Londres: 25, 62, 63, 65, 78, 197, 220, 234, 281, 312, 317, 489, 524, 583, 614, 718 (en haut), 718 (en bas), 723, (The Birkenhead Collection): 24, 64, 196
H. D., Etats-Unis: 425, 594
Michael Hopkins & Partners, Londres: 330 (photo: Tim Street-Porter)
Hunterian Art Gallery – University of Glasgow, Glasgow: 434 (photo: Antony Oliver)
IDPA, Barcelone: 424, 697
Iittala, Helsinki: 253, 628, 629, 735
Italiana Luce, Milan: 570
Georg Jensen, Copenhague: 357, 361, 362, 363 (gauche), 363 (droite), 364
Kartell, Milan: 147, 167, 375, 376, 665
Lillian Kiesler, New York: 378
Klikki, Helsinki: 519 (photo: Ilmari Kostianinen)
Knoll International, New York: 31, 215, 350, 387, 388, 622
Michael Koetzle, Munich: 247
Kunstgewerbemuseum, Berlin: 174 (photo: Saturia Linke)

Kreo, Boulogne : 681 (quattre images)
Krueger, Greenbay : 37
Kunsthalle, Tübingen : 342 (Collection G. F. Zundel)
Landor Associates, New York : 181
Ligne Roset, Paris : 516
Pearson Lloyd, Londres : 389 (en haut), 389 (en bas)
Raymond Loewy Associates, Londres : 181, 426
Londres Transport Museum, Londres : 98
Luceplan, Milan : 458
B. Lux, Berrut Bizkaia : 551
Luxo Italiana, Presezzo : 358, 577 (en bas)
John Makepeace, Beaminster : 182, 442
Institut Mathildenhöhe, Darmstadt : 187
Ingo Maurer, Munich : 457
David Mellor, Londres : 460
Memphis, Milan : 461, 463, 466, 652, 655, 698
Alessandro Mendini, Milan : 467
MetaDesign, Berlin : 470
Metz & Co. Archive, Amsterdam : 537
Herman Miller, Zeeland, Michigan : 155, 227, 229, 230, 232, 324, 325, 326 (en haut), 327, 328, 508, 578, 611, 675
P. P. Møbler, Allerød : 726 (photo: Schakenburg & Brahl), 727 (en haut à gauche – photo : Schakenburg & Brahl), 727 (en haut à droite – photo : Schakenburg & Brahl), 727 (en bas à gauche – photo : Schakenburg & Brahl)
Musée des Arts Décoratifs de Montreal, Montreal : The Liliane and David M. Stewart Collection : 12, 222, 397, 486 (photos : Schecter Lee); 34, 44, 46, 112, 152, 249, 374, 402, 422, 449, 539 (photos : Giles Rivest), 351, 428, 485, 507, 742 (photos : Richard P. Goodbody); gift of Susan A. Chalom : 566 (photo : Giles Rivest); Anonymous gift : 73, 420, 585 en haut (photos : Giles Rivest); Gift of Dr. Luc Martin : 111 (photo : Richard P. Goodbody); Gift of Artemide S. p. A. : 125 (photo : Giles Rivest); Gift of Paul Leblanc : 129 (photo : Giles Rivest), 377 (photo : Richard P. Goodbody); Gift of Geoffrey N. Bradfield : 223, 609 (photos : Giles Rivest), 587 (photo : Richard P. Goodbody), 724 (photo : Schecter Lee); Gift of Geoffrey N. Bradfield/©Eames Office : 231 (photo : Richard P. Goodbody); Gift of the Société des Décorateurs Emsembliers du Québec : 224 (photo : Giles Rivest); Gift of Herman Miller Inc. : 283 (photo : Richard P. Goodbody); Gift of Mr. and Mrs. Roger Labbé : 334 (photo : Giles Rivest); Gift of Jack Lenor Larsen : 406 (photo : Giles Rivest); Gift of Louise Armstrong in memory of Harris Armstrong : 453 (photo : Giles Rivest); Gift of Dr. Arthur Cooperberg : 507 (photo : Richard P. Goodbody); Gift of Fifty/50 Gallery, New York : 507 (photo : Giles Rivest), Gift of Warner & Sons Limited : 672 (photo : Richard P. Goodbody); Gift of Maurice Forget : 699 (photo : Giles Rivest); Gift of Knoll International : 711 (photo : Giles Rivest); Gift of Massimo Vignelli : 714 (photo : Giles Rivest); Gift of David A. Hanks in memory of David M. Stewart : 725 (photo : Richard P. Goodbody)

The Museum of Modern Art, New York : 108 (Gift of The Lauder Foundation/Leonard & Evelyn Lauder Fund. Photograph ©1998 The Museum of Modern Art, New York), 109 (Photograph © 1998 The Museum of Modern Art, New York), 115 (Philip Johnson Fund. Photograph © 1998 The Museum of Modern Art, New York), 503 (Photograph by Leo Trachtenberg. Courtesy The Museum of Modern Art, New York), 610 (Gift of Jay Leyda. Photograph ©1998 The Museum of Modern Art, New York), 680 (Photograph ©1998 The Museum of Modern Art, New York), 695 (Gift of the designer. Photograph © 1998 The Museum of Modern Art, New York), 706 (Gift of Philip Johnson, Jan Tschichold Collection. Photograph © 1998 The Museum of Modern Art, New York), 748 (Gift of the manufacturer. Photograph © 1998 The Museum of Modern Art, New York)

Necchi, Pavie : 286
Néotu, Paris : 273, 641, 650
Die Neue Sammlung – Staatliches Museum für angewandte Kunst, Munich : 18, 28, 61, 82, 93, 103, 113, 130 (photo : S. Gnamm), 145, 165, 219, 246, 284, 285, 287, 290, 308, 319, 333, 396, 414, 423, 427, 439, 445 (en haut), 445 (en bas), 446, 456, 479, 495, 513, 514, 515, 520, 522, 534 (photo : A. Bröhan), 544 (photo : A. Bröhan), 555, 561, 567 (photo : A. Bröhan), 592 (Photo : Hummel), 593,

595, 603, 631, 632, 644, 668, 673, 683 (photo: A. Bröhan), 685 (photo: A. Bröhan), 686, 693, 709 (photo: Hansmann), 721 (photo: A. Bröhan), 738, 747 (photo: Koller)
O-Luce, Milan: 169, 173, 437
Olivetti, Milan: 512, 526, 527, 528 (quatre images), 529, 635, 654
OMK, Londres: 381
One-Off, Londres: 571
Robert Opie Collection, Londres & Gloucester: 106, 236
Stuart Parr Gallery, New York: 482
Pentagram Design, Londres: 293, 294, 552, 553 (quatre images), 729
Gaetano Pesce, New York: 558
Poltronova, Montale: 338, 653
Polygram International, Londres: 569 (en bas)
Louis Poulsen, Copenhague: 320, 321
Swid Powell, Etats-Unis: 296
Private Collection, Londres: 97, 191, 498, 499, 630
Prospettive, Pise: 510
Quasar, Paris: 586
Rud. Rasmussen Snedkerier, Copenhague: 385 (photo: Ole Woldbye), 392
Leah Roland, New York: 248, 731, 733
Bill Rothschild, New York: 207
Royal College of Art, Londres: 615
Gordon Russell, Londres: 619
Sabattini Argenteria, Bregnano: 625
SCP, Londres: 163, 331
Science & Society Picture Library / Science Museum, Londres: 517
Silver Studio Collection – Middlesex Polytechnic, Middlesex: 649
Sotheby's, Londres: 35, 66, 80, 162, 164, 297, 298, 299, 304, 311, 316, 352, 386, 390, 403, 404, 417, 454, 464–465, 468 (en bas), 481, 504, 511, 517, 530 (droite), 582, 589, 590, 598, 600, 617, 618, 624, 646, 658, 679, 691, 692, 702, 717, 734, 736, 744
St. Bride's Print Library, Londres: 260, 280, 318
Steelcase Strafor, Colnbrook: 742
Stelton, Hellerup: 356
Stiletto Studios, Berlin: 577 (en haut)
Tim Street-Porter, New York: 278–279, 301

Studio X, Londres: 329 (en haut), 329 (en bas), 430 (photo: José Lasheras), 431 (photo: John Ross), 432, 535 (en haut), 535 (en bas), 536
Stuhlmuseum Burg Beverungen, Beverungen: 596, 659
Olive Sullivan, Londres: 569
Svenskt Tenn, Stockholm: 255
Benedikt Taschen Verlag Archiv, Cologne: 55, 58, 59, 74, 77 (en haut), 83, 86, 87, 88, 89 (photo: Lepkowski), 94, 134 (photo: Lepkowski), 135 (photo: Lepkowski), 137, 138 (photo: Lepkowski), 139 (photo: Lepkowski), 151, 210, 211, 212, 214, 239, 265 (photo: Lepkowski), 305, 309, 332, 369, 372, 383, 395, 407, 421, 450, 451, 477, 478, 493, 540, 579, 580, 581, 590 (photo: Clarissa Bruce) 601 (gauche), 601 (droite), 749, 751
Walter Dorwin Teague Associates, New York: 483
Tecno, Milan: 123, 252
Tecta, Lauenförde: 144, 651
Thonet, Frankenberg: 405
TWA, Etats-Unis: 621 (en haut), 621 (en bas)
UPI / Bettmann Archive, Londres: 343
Venini, Venice: 564, 710
Victoria & Albert Museum, Londres (Picture Library): 322, 436
Victoria & Albert Museum, Londres (Press Office): 300, 490, 713
Vitra, Weil am Rhein: 161, 178, 277, 400, 542, 712 (photo: Hans Hansen)
Vitra Design Museum, Weil am Rhein: 326 (en bas), 532
Westvaco, New York: 291
Wolfsonian Foundation, Miami: 244
Frank Lloyd Wright Foundation, Scottsdale: 741
Zanotta, Milan: 41, 114, 128, 150 (gauche), 150 (droite), 180, 186, 199, 469 (photo: Ramazzotti), 497, 500, 538, 568 (photo: Masera), 607, 678, 687 (photo: Masera)

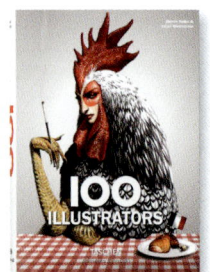
100 Illustrators

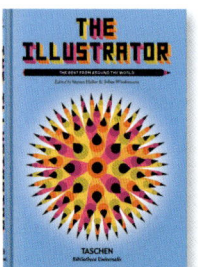
The Illustrator

D&AD.
The Copy Book

The Package Design
Book. Volume 2

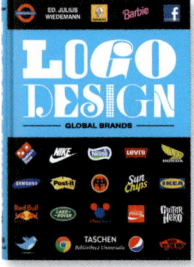
Logo Design.
Global Brands

Bookworm's delight:
never bore, always excite!

TASCHEN
Bibliotheca Universalis

Modern Art

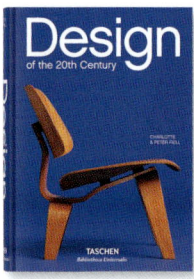
Design of the 20th Century

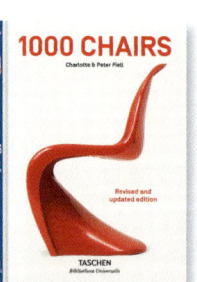
1000 Chairs

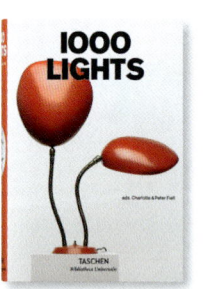
1000 Lights

Industrial Design A–Z

Bauhaus

1000 Record Covers

20th Century Photography

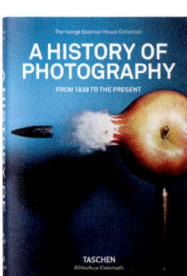
A History of Photography

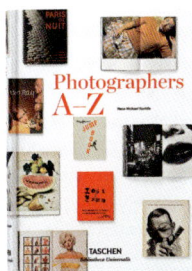 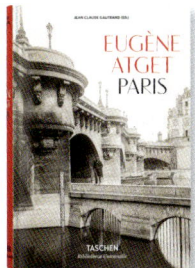  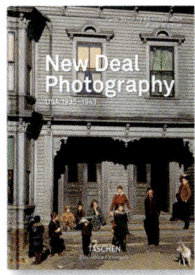

Photographers A–Z | Eugène Atget. Paris | Photo Icons | New Deal Photography

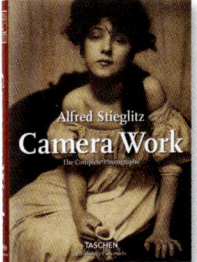 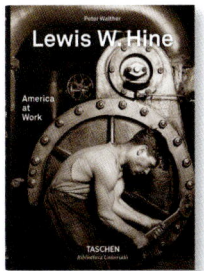  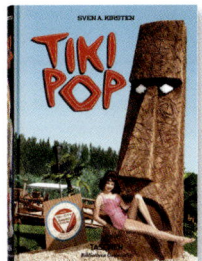

Stieglitz. Camera Work | Lewis W. Hine | Curtis. The North American Indian | Tiki Pop

  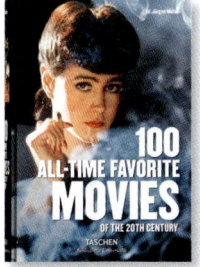 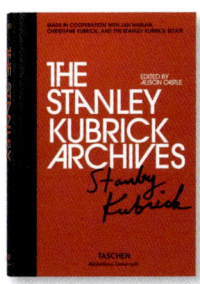

Film Noir | Horror Cinema | 100 All-Time Favorite Movies | The Stanley Kubrick Archives

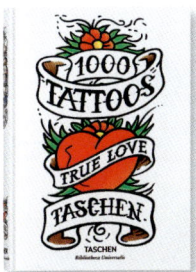   

1000 Tattoos | Fashion History | 20th Century Fashion | 20th Century Classic Cars

Colophone

© 2026 pour les œuvres de
Anni & Josef Albers : The Josef and Anni Albers Foundation/VG Bild-Kunst, Bonn
Charles & Ray Eames : Eames Office, Venice, CA, www.eamesoffice.com
Richard Hamilton : R. Hamilton. All Rights Reserved/ VG Bild-Kunst, Bonn
John Heartfield : The Heartfield Community of Heirs/ VG Bild-Kunst, Bonn
Le Corbusier : FLC/VG Bild-Kunst, Bonn
Man Ray : Man Ray 2015 Trust, Paris/VG Bild-Kunst, Bonn
Jean Nouvel : Jean Nouvel/VG Bild-Kunst, Bonn

© 2026 pour les œuvres de André Arbus, Giacomo Balla, Herbert Bayer, Lucian Bernhard, Max Bill, Mattia Bonetti, Marianne Brandt, Gunnar Cyrén, Fortunato Depero, Elisabeth Garouste, Walter Gropius, Johannes Itten, Pierre Jeanneret, Stig Lindberg, Javier Mariscal, Ludwig Mies van der Rohe, Serge Mouille, Jacobus Johannes Pieter Oud, Charlotte Perriand, Jean Prouvé, Richard Riemerschmid, Gerrit Rietveld, Aleksander Rodchenko, Raymond Savignac, Varvara Stepanova, Stiletto, Gunta Stölzl-Stadler, Bart van der Leck, Henry van de Velde, Wilhelm Wagenfeld, Frank Lloyd Wright : VG Bild-Kunst, Bonn

Couverture : Charles & Ray Eames, Prototype de la chaise *LCW*, vers 1945
© Eames Office, Venice, CA

Quatrième de couverture : Joe Colombo, *Central living block* de l'unité d'habitation présenté à l'exposition Visiona I pour Bayer, 1969

Les auteurs : Charlotte et Peter Fiell sont des spécialistes du design à la réputation internationale. Ils ont signé plus de 70 ouvrages sur l'histoire, la théorie et la critique du design. Les Fiells donnent des conférences, des cours en tant que professeurs invités, ils organisent des expositions et conseillent des industriels, des musées, des salles des ventes et d'importants collectionneurs privés du monde entier. Ensemble, ils ont écrit de nombreux livres pour TASCHEN, notamment *1000 Chairs*, *Design du XXe siècle*, *Design industriel A-Z*, *1000 Lights*, *Design scandinave* et, plus récemment, les ouvrages en deux tomes *Ultimate Collector Cars*, *Ultimate Collector Motorcycles* et *Ultimate Collector Watches*.

UN LIVRE TASCHEN, UN ARBRE PLANTÉ !
Chaque année, nous compensons nos émissions de CO_2 avec l'Instituto Terra, un programme de reforestation de l'État du Minas Gerais, au Brésil, fondé par Lélia et Sebastião Salgado. Pour plus d'informations sur ce partenariat environnemental, rendez-vous sur : www.taschen.com/institutoterra.
Inspiration : illimitée.
Empreinte carbone : (presque) nulle.

Envie d'en savoir plus ? Consultez *taschen.com* pour découvrir nos toutes dernières parutions, parcourir notre nouveau magazine et vous abonner à notre newsletter.

© 2026 TASCHEN GmbH
Hohenzollernring 53, D–50672 Köln
www.taschen.com

Edition originale :
© 2000 Benedikt Taschen Verlag GmbH

Traduction française : Daniel Roche, Paris

Printed in Bosnia-Herzegovina
ISBN 978-3-8365-4109-1